東大寺の新研究3

東大寺の思想と文化

栄原永遠男
佐藤　信
吉川真司 編

法藏館

序

全三巻からなる『東大寺の新研究』の最終巻として、ここに「東大寺の思想と文化」を発刊する。

すでに第一巻「東大寺の美術と考古」、第二巻「歴史のなかの東大寺」の序において述べられたことでもあるが、『東大寺の新研究』は科学研究費の助成を受けた共同研究「東大寺史の総合的再構成――『東大寺要録』を中心に――」（研究代表者・栄原永遠男）の成果報告書と言うべきものである。共同研究の場として「東大寺要録研究会」が組織・運営され、十六回を数えた研究会では、文献史学・考古学・美術史学・建築史学・仏教学などの第一線の研究者が報告を行ない、活発な議論が繰り広げられた。これらの研究報告は、『東大寺要録』の注釈を含めて全部で八十七本に及び、まさしく古代以来の東大寺の歴史を総合的に再構成するための、斬新にして堅固な基礎を提供するものであった。かかる成果を集大成し、斯学の発展に寄与せしめるとともに、多方面からの御高批をいただきたいと考え、『東大寺の新研究』全三巻を刊行することとなったのである。

この第三巻「東大寺の思想と文化」には、表題のとおり、古代～中世の東大寺で育まれた思想・教学・儀礼や、美術と建築と典籍に代表される仏教文化に関わる論文を収録した。共同研究の中心的素材と言える『東大寺要録』、および『東大寺続要録』そのものを論じた諸篇も載せることができた。法華堂の建築・彫刻については、すでに第一巻で集中的に検討したところであるが、本巻ではさらに幅広い対象を扱うこととなった。東大寺が、質・量ともに日本屈指の文化財を伝える寺院であることには贅言を要すまい。そのなかで仏教思想と不可分のものとして形成された寺院文化の歴史的意義が、さまざまな観点から解明されるに至った。東大寺史の研究は、今後いっそうの展開が期待されるが、本書の諸成果がながく参看され続けることを期待するものである。

『東大寺の新研究』の完結までには、さまざまな方々や機関のお世話になった。とりわけ東大寺からはつねに多大なる御支援を賜わり、おかげさまで順調に共同研究を推進することができた。改めて、心より御礼申し上げる。また、大部の学術書の出版をお引き受けいただき、つつがなく全巻刊行を果たして下さった法藏館に対しても、厚く御礼申し上げる。

二〇一八年三月三十一日

吉川真司

東大寺の思想と文化＊目次

第三部　東大寺の建築

第四部　諸文献と東大寺

東大寺の思想と文化

第一部

東大寺と華厳学

大仏建立前後の文献に見える忠孝と仏教の関係

石井公成

はじめに

古代日本において、孝は儒教の徳目である以上に仏教の徳目だったのではなかろうか。つまり、孝に努めれば浄土往生、不孝であれば地獄落ちといった報いが用意されているというのが、主要な受け止め方だったように見える。ただ、現世での報いを強調する『日本国現報善悪霊異記』（以下、『霊異記』）では、孝と不孝の結果はこの世でたちまち現れることになっている。このように孝を仏教の文脈でとらえる傾向は、平安時代にまで及んでおり、『源氏物語』では「孝ず」という動詞の語は、亡き親に対する追善供養を意味するだけでなく、追善供養そのものを意味する語として用いられている例も見られる(1)。

そうした状況である以上、孝と対になる忠についても、日本においては受容に当たって仏教の影響があったことが考えられよう。実際、東大寺の大仏の開眼法要やその前後の写経の願文などでは、忠を強調している例がいくつも見られる。そこで、本稿では、当時の忠孝の概念と仏教の関係を探ってみたい。

第一章　大仏建立と忠

第一節　「供養舎那仏歌辞」

『東大寺要録』巻第二「供養章　第三」に「供養舎那仏歌辞」が収録されている。以下に見る内容からして、天平勝宝四年（七五二）の開眼供養の際に、大勢の楽人その他によって歌われたものと思われる。

有一蓮花香水海　　一蓮花香水海有り
分十世界満無辺　　十世界に分かれて無辺に満つ
毎華顕身敷妙理　　華ごとに身を顕して妙理を敷き
触処示説啓芳縁　　処に触れて示説して芳縁を啓く
三明菩薩智恵眼　　三明の菩薩、智恵の眼
能滅衆生業障纒　　能く衆生の業障の纒を滅す
我皇称讃舎那徳　　我が皇称讃す、舎那の徳
群臣儛踏法堂前　　群臣儛踏す、法堂の前
未見珍花開綵色　　未見の珍花、綵色を開き
非常宝樹覆香煙　　非常の宝樹、香煙を覆う
以茲修善施百姓　　この修善を以て百姓に施す
忠心転潔共承天　　忠心うたた潔く、共に天を承く

宗社不傾連万代　　宗社傾かず、万代に連なり
重雖継日照千年　　重ねて日を継ぐと雖も、千年を照らす

すなわち、盧舎那仏の悟りの世界である蓮華蔵世界が十方世界に遍満し、それぞれの世界の花の一つ一つから盧舎那仏の化身である仏が現れ、妙理を説いて人々を真理の世界と縁を結ばせるのであって、我が天皇はそうした素晴らしい盧舎那仏の徳を称讃し、群臣はこの大和の国分寺である東大寺の金堂の前で舞踊して、盛大な法要が営まれるため、その功徳によって天皇家が安泰で永続し、代が変わっても治世が変わらずに輝くことだろうという祝いの歌だ。

このうち、「毎華」は一般的な表現のようだが、中国古典では用例はほとんど無く、仏教文献でも現存する中では慧沼の『十一面神呪心経疏』のみ、「敷妙理」も窺基『法華玄賛』、そして慧沼『最勝王経疏』という法相宗文献に見えるのみであることが注目されよう。『法華玄賛』の末注である栖復『法華経玄賛要集』にも一例見えるが、栖復は八世紀末から九世紀初めの僧であり、この場合、考慮する必要はない。

この歌で特に注目されるのは、「この修善を以て百姓に施す　忠心うたた潔く、共に天を承く」とある部分だろう。功徳を広い対象に振り向ける場合は、「一切衆生」を対象とするのが通例だが、ここでは、「百姓」となっており、国内の臣民だけが対象とされている。大仏を建立することによって生ずる功徳を、天皇は我が身でなく、臣民たちに振り向けるのであって、臣民たちはこれまで以上に忠の心を強めて天皇に尽くすというのだから、実質としては、臣民に忠に努めるよう命じたに等しい。功徳を振り向けてもらった臣民たちは、感謝してこれまで以上に忠義に励むべきなのだ。ただ、地方の農民などにまで忠が期待されているとは考えがたい。功徳そのものは国内のすべての人々にまで及ぶとされているのだろうが、直接には天皇に奉仕する貴族や官人たちを強く意識しての言葉と

考えてよいだろう。

このことは、右の歌のうちに「承天」の語が見えることからも推察される。「承天」とは、『易経』の坤の卦について、文言伝が、

坤は至柔にして動くや剛なり。至静にして徳方なり。……坤道はそれ順なるか。天を承けて時に行う。積善の家には必ず余慶あり。積不善の家には必ず余殃あり。臣にしてその君を弑し、子にしてその父を弑するは、一朝一夕の故にあらず。その由って来るところのもの漸なり。

と述べている個所に基づく。つまり、乾（天）である君主に従うべき存在である坤（地）にほかならない臣下にとっては、「順」こそが正しい在り方なのであって、「天を承けて時に行う（承天而時行）」、つまり、君主の命令に従いその時々で忠義な行動に努めるべきであり、そうした善行を積んだ家は子孫が栄え、不善を重ねた家には災いがふりかかるのであり、臣下が主君を殺し、子が父を殺すのは、一朝一夕のことでなく、それに至る長い過程があってのことだというのだ。

ここでは、この法要がなされた大和国分寺たる東大寺を初めとする国分寺の建立は、皇族でない身で反対をおしきって皇后となっておりながら、身内から藤原広嗣のような反乱者を出してしまった光明皇后が恐懼し、父不比等に与えられた莫大な封戸を返上して進めた事業であったこと、その光明皇后は右の文言伝に基づく「積善藤家」の方印を用いていたことに注意すべきだろう。また、その光明子と聖武天皇の間に生まれた皇子は一歳で亡くなったため、唯一の女子を皇太子とし、さらに天皇として即位させていたことも無視できない。健康に問題があった聖武太上天皇が亡くなってしまえば、孝謙天皇の治世は安泰でなくなる危険性があったうえ、たとえ安泰であっても、女帝である孝謙天皇の後はどの系統の皇族が天皇となり、どの系統の貴族が大臣となってどのような政治を行って

いくか、聖武天皇と光明皇后が推し進めてきた政策・事業がどれだけ守られていくのか、不安をぬぐいきれなかったのが当時の状況であったと思われる。聖武天皇の発願に基づいて建立された大仏に対し、孝謙天皇と聖武太上天皇によって行われた開眼供養という「修善」への参加は、そうした孝謙天皇と聖武太上天皇、そして以後のこの路線を継ぐ天皇に「忠」を尽くすことを誓う行為にほかならない。

なお、「忠心」の度合について「潔」の語を用いるのは日本独自の表現ではなかろうか。「供養舎那仏歌辞」における「うたた潔」い「忠心」とは、これに先立つ天平勝宝元年（七四九）四月甲午朔に、建築途上であった盧舎那仏の堂を背にした聖武天皇が群臣に発した宣命中で、天皇を守る大伴氏・佐伯氏に「明き浄き心もちて仕へ奉れ」[2]と命じているのと同じ内容を指すと見てよい。

一方、中国古典では、「潔忠」という言い回しは稀だ。「忠」と「潔」が結びついた用例は「忠であって潔」という文脈が多く、「忠」については「忠信・忠誠・忠厚・赤忠」など、「潔」については「貞潔・高潔・廉潔」などの形で用いる例が多い。『霊異記』巻上の「忠臣小欲知足諸天見感得報示奇事縁第廿五」でも、「忠而有仁、潔以無濁」とあって、「忠」と「潔」は対比されており、「忠心」がいかに「潔」であるかを述べる形ではない。

問題は、「明浄心（明き浄き心）」という語は、中国の古典文献に見えないのに対して、仏教文献では prasanna-citta などの訳語として用いられており、晋訳『華厳経』にもしばしば見える。仏典の用例では、むろん、忠義などの意味は含まれておらず、『華厳経』では、「諸衆生に於いて、歓喜心・明浄心・柔軟心・慈心・愛念心・摂取心・饒益心・安楽心・最勝心を発し、諸善根を以て迴向す」（『大正新脩大蔵経』九・四八九中。以下、大正蔵と略す）などというように、仏や菩薩の心として示されている。「明き〜心」というのは、忠義な心を意味する漢語の「赤心」に基づく可能性もあるが、「明浄心」という表現自体については、『華厳経』を初めとする仏教経典から借りたものと見てよいだろう。

第二節　光明皇后の一切経書写願文

開眼供養以前では、「五月一日経」と称される光明皇后による一切経書写の願文でも、「忠」が説かれていた。[3] 天平十二年（七四〇）五月一日という紀年の入った願文を有するこの写経は、天平六年（七三四）十一月に帰国した玄昉が将来した一切経に基づいて書写が開始されたものとされてきた。一切経書写については、玄昉帰朝以前の天平五年頃から始まっていたことが指摘されているが、[4] 作業が本格化したのは玄昉が一切経および『開元釈教録』を将来してからと見てよいだろう。

皇后藤原氏光明子、奉為尊考贈正一位太政大臣府君・尊妣贈従一位橘氏大夫人、敬写一切経論及律。……又願、上奉聖朝、恒延福寿、下及寮采、共尽忠節。[5]

皇后藤原氏光明子、尊考贈正一位太政大臣府君・尊妣贈従一位橘氏大夫人の奉為に、一切の経論及び律を敬写す。……又た願わくは、上、聖朝に奉りて恒に福寿を延べ、下、寮采に及ぶまで共に忠節を尽さんことを。

すなわち、光明皇后が亡き父母のために一切経を書写すると述べ、これは、その功徳が父母に及ぶよう願うだけでなく、上は天皇に回向することによってその寿命が永く延び、下は官人に至るまで「共に忠節を尽さんこと」を願っての写経であるという。ここで重要なのは、官人たちが忠節を尽すことは、天皇の寿命が延びるのと同様の良い結果とみなされていることだろう。つまり、忠節を尽すことができるのは臣下にとって幸せなことなのであって、それを保証しているのが、光明皇后の一切経書写という仏教の修善だとされているのだ。

そもそも忠節を尽すには、天皇に任じられ役についていなければならず、そうした役は、律令制以降も氏族で代々受け継いできたものが多い。そうである以上、その役職に励むことは、天皇に対して「忠節」を尽したことになると同時に、その役をになってきた父祖を継承して「孝」を果たすことになるのだろう。ただし、この願文では、「孝」の語そのものは用いられていない。

第三節　藤原夫人願経

五月一日経とほぼ同じ時期に進められていた一切経書写事業が、聖武天皇の妃の一人であった「正三位藤原夫人」による一切経書写の願文だ。天平十二年（七四〇）三月十五日の紀年を持つこの写経の識語でも、忠に言及している。識語は、「亡考贈左大臣府君」、すなわち亡き父であって天平九年（七三七）に亡くなった藤原房前と、「見在」の「内親群主」の奉為に一切経の書写を発願して荘厳まで終わったと述べ、亡き父の追善と母の長寿・安寧のために供養の斎を設けると述べている。聖武天皇の妃の一人であったこの「正三位藤原夫人」の母については、不比等と結婚する前に橘三千代が美努王との間に生み、房前と結婚した牟漏女王と推測されており、一切経の写経は北大家写経所で行われたことが示すように、藤原北家の協力、そして牟漏女王の異父妹である光明皇后の庇護を得てなしえた大事業であった(6)。

その写経の識語には、次のような願文が記されている。

伏願　聖朝万寿、国土清平、百辟尽忠、兆人安楽、及檀主藤原夫人、常遇善縁、必成勝果、倶出塵労、同登彼岸。

伏して願わくは、聖朝万寿、国土清平、百辟尽忠、兆人安楽にして、及び檀主の藤原夫人は常に善縁に遇い、必ず勝果を成じ、倶に塵労を出で、同に彼岸に登らんことを。

すなわち、今上天皇の長寿、国土の安寧、百官の忠義、万民の安楽を願い、さらに、檀主である藤原夫人が生々世々、常に仏教上の良き出遭いに恵まれ、必ず仏道を成就するよう願われている。

注目すべきは、この「百辟尽忠」に近い表現が、唐の西明寺円照が貞元十年（七九四）四月の徳宗の誕生日に直接「令旨」を受けて編集し、一年後に撰進した『大唐貞元続開元釈教録』巻下の末尾に録された上表中に見えることだ。円照は、従来の経録の編集状況と不備について語り、今回の経録編集の経緯と意義に触れた後、次のようにしめくくっている。[7]

伏冀上資聖祚宝暦遐長、殿下諸王福延万業、文武百辟尽孝尽忠、三宝永興、遠安邇粛。如或上聞聖慈允許、伏乞宣布天下流行。軽冒威厳、伏希詳覧。謹奉啓。貞元十一年四月二十四日。翻経臨壇西明寺沙門円照啓上。

（大正蔵五五・七七五中）

伏して冀くは、上は聖祚に資して宝暦遐かに長く、殿下諸王は福、万業（葉）に延び、文武百辟は孝を尽くし忠を尽くし、三宝永く興り、遠くは安らかに邇くは粛かならんことを。もし或いは上聞きて、聖慈もて允許せば、伏して乞うらくは、宣布して天下に流行せしめんことを。軽がるしく威厳を冒すも、伏して希くは詳に覧られんことを。謹んで奉啓す。貞元十一年四月二十四日、翻経臨壇西明寺沙門円照、啓上す。

「百辟尽孝尽忠」という形だが、「百辟尽忠」と述べる藤原夫人経と類似していることは明らかだろう。ここで興味深いのは、経録編纂の功徳によって皇帝の長寿、皇太子や皇子たちの長い繁栄が願われるだけでなく、文武百官の忠孝が強調され、「三宝永く興」るという状況はその後で述べられていることだろう。これは、文武百官が忠孝であればこそ三宝が永く興隆する、という図式を示すものではなかろうか。

円照のそうした姿勢は、同書の巻中の末尾に記された上表文にも見える。

謹随聞見励己書之、録成三巻。伏冀、聖祚遐長、福延万葉。文武百寮、尽孝尽忠、三宝永興、遠安邇粛。如聖恩允許、伏乞宣布流行。軽冒天威。伏深戦越謹進。（大正蔵五五・七六六上）

謹んで聞見に随い、己を励まして之を書き、三巻を録成す。伏して冀くは、聖祚遐かに長く、福、万葉に延び、文武百寮、孝を尽くし忠を尽くし、三宝永く興り、遠く安らかにして邇くは粛かならんことを。如し聖恩もて允許せば、伏して宣布流行せしめんことを乞う。軽がるしく天威を冒す。伏して深く戦越し、謹しんで進む。

ここでも、「文武百寮、孝を尽くし忠を尽く」すことが強調され、その後に「三宝永く興」ることが願われている。

また、円照が書写した唐訳『華厳経』の末尾には、こうある。

大唐貞元十四年、歳在戊寅四月辛亥朔、翻経沙門円照、用恩賜物、奉為皇帝聖化無窮、太子諸王福延万葉、文武百官恒居禄位。伏願先師考妣上品往生、法界有情同霑斯益。手自書写此新訳経、塡続西明寺菩提院東閣一切経闕。（大正蔵一〇・八四九上）

大唐の貞元十四年、歳、戊寅に在る四月辛亥朔、翻経沙門円照、恩賜の物を用い、皇帝の奉為には聖化窮り無く、太子諸王は福、万葉に延び、文武百官は恒に禄位に居らんことを。伏して願わくは、先師考妣は上品往生し、法界有情は同に斯の益に霑わんことを。手自ら此の新訳の経を書写し、西明寺菩提院東閣の一切経の闕を塡続す。

すなわち、徳宗から頂いた物を用いて、新訳の四十巻『華厳経』を自ら書写したと述べ、その功徳によって、徳宗や皇太子や百官の長寿繁栄を願い、さらに先師と自らの父母の上品往生を願い、法界有情すべてがこの功徳にうるおうよう願った後、この写経によって西明寺菩提院東閣の一切経に欠けている経典を補うと述べている。ここでは、文武百官が「恒に禄位に居」ることが願われていることが注目されよう。忠については言及されていないが、これによって、前の二つの願文で願われていた「尽孝尽忠」とは、実質としては現在の官位を保って職務に励むことを意味することがわかる。また、これによって、これまで見てきた奈良時代の忠孝に触れた願文は、中国のこうした手本に基づいていたことが知られる。

円照の願文は天平期の願文より後のものであるため、天平期の願文は、功徳を願う唐代の写経関連の願文、とりわけ一切経関連の願文から影響を受けたことだろう。円照にしても、そうした文章を手本として書いていたはずだ。そうなると、可能性が高いのは、開元十八年（七三〇）以降に成立した智昇『開元釈教録』や、これと関連する写経に当たっての願文に、円照が書いているような内容のものがあったことだ。それが一方では奈良時代の日本にもたらされて影響を与え、一方では円照に影響を与えたのだろう。

ただ、日本の願文と円照の願文には、いくつかの重要な違いがある。まず、円照の願文では「文武百辟尽孝尽忠」「文武百寮尽孝尽忠」であり、二例とも「孝」を「忠」より先に出している。これに対して、藤原夫人経では「百辟尽忠」、五月一日経は「及寮采、共尽忠節」であり、「供養盧舎那仏歌辞」でも「百姓、忠心転潔」、であって「孝」は触れられていない。

第四節　玄昉願経

ところが、これに近い時期で「孝」に触れている日本の例がある。玄昉発願の『千手千眼陀羅尼経』[8]（以下、『千手千眼経』と略す）の識語に見える願文の前半部分だ。

天平十三年七月十五日僧正玄昉発願。敬写千手千眼経一千巻。藉此勝因、伏願　皇帝陛下太上天皇皇后殿下、与日月斉其明、共乾坤合其徳、聖寿恒永、景福無壃。皇太子殿下及諸親王等・文武百官・天下兆民、咸資化誘、各尽忠孝。

天平十三年七月十五日僧正玄昉願を発し、敬んで『千手千眼経』一千巻を写す。此の勝因に藉り、伏して願わくは、皇帝陛下・太上天皇・皇后殿下、日月と与に其の明を斉しくし、乾坤と共に其の徳を合わせ、聖寿恒に永くして、景福壃り無く、皇太子殿下及び諸の親王等、文武百官、天下兆民、咸く化誘を資け、各の忠孝を尽くさんことを。

すなわち、天平十三年（七四一）に、『千手千眼経』一千巻書写の功徳により、天皇・太上天皇・皇后の長寿と多幸を祈り、皇太子・皇子・文武百官・天下兆民はすべて天皇の教化をお助けして、それぞれ忠孝を尽くすよう願っている。これを見れば、玄昉も円照も、皇帝の長寿などとならんで百官が忠孝を尽くすよう願う写経関連の願文を利用していることがわかる。

ただ、玄昉の場合、前年の天平十二年（七四〇）には吉備真備と玄昉を排除しようとした広嗣の乱が起きているため、百官の忠義を強調する必要はあっただろうが、孝を特に強調する必要はなかったと思われる。一方、中国では、『孝経』が示すように、孝は単なる道徳を超えた世界の根本原理であって忠より尊重されるものの、「孝忠」という言い回しはない。熟語としては「忠孝」と言われるのであって、用例はさほど多くないが、「尽忠孝」という表現は『後漢書』『晋書』その他に見られ、仏教文献では『広弘明集』にも一例見えている。実際にはさまざまな文献で用いられていただろう。玄昉はそれらを参照し、四字句にする必要から「各尽忠孝」という表現にしたと思われる。中国の史書では「各尽忠節」という表現もかなり見られるが、玄昉がそうした形にしなかったのは、天皇に直接仕えることのない地方の「兆民」などをも考慮したためかもしれない。

この願文で注目されるのは、『識語』が注意しているように、臣下だけでなく、皇太子や諸親王たちについても「忠孝」が要求されていること、そして、現存する奈良写経のうち、臣下の忠節に言及しているのは、五月一日経、藤原夫人願経、玄昉願経だけであることだろう。(9) 五月一日経は、玄昉が将来した一切経に基づくと言われており、写経事業そのものに玄昉の影響があるとされている。五月一日経や藤原夫人経の願文を玄昉自身が書いたとは考えにくいが、玄昉の願文のこうした特徴を見ると、共通する要素が見られることは確かであり、何らかの形で玄昉が関わっていたと見てよいだろう。

ここで見逃せないのは、玄昉の願文が書かれたふた月前の五月五日、聖武天皇が内裏に群臣を集め、礼と楽を整備した天武天皇が制定した五節の舞を皇太子である阿部内親王に舞わせた際、元正太上天皇が聖武天皇に詔して「また今日行い賜う態を見そなわせば、直に遊びとのみには在らずして、天下の人に君臣祖子の理を教え賜うとに有るらしとなも思しめす」と述べていることだ。「君臣」の「理」であれば「忠」だろうし、「祖子」の「理」は「孝」ということになろう。そうなると、天平十三年に至って、「忠」とともに「孝」を強調する必要がある状況が生まれていたということになる。

第五節　国分寺建立の詔に付された諸願

玄昉の写経事業がなされた天平十三年（七四一）には、国分寺建立の詔が発せられた。この詔と、『千手千眼経』識語に見える玄昉の願文には、「聖法之盛、与天地而永流、擁護之恩、被幽明而恒満」という句が共通していることから、国分寺建立詔には玄昉の関与が推定されている。(10) その国分寺建立の詔については、『類聚三代格』巻三では、それに続けて「天平十三年二月十四日」という紀年を記した「諸願」が付されており、国ごとの国分寺・国分尼寺にそれぞれ「水田一十町」を布施すると述べ、僧寺は金光明四天王護国寺、尼寺は法華滅罪寺とするなどのさまざまな願が列記されている。そのうち、注目されるのは、「太上天皇、大夫人藤原氏、及び皇后藤原氏、皇太子」以下の人々が彼岸に向かうよう願った文に続く次の部分だ。

一　願。藤原氏先後太政大臣、及皇后先妣従一位橘氏大夫人之霊識、恒奉先帝、而陪遊浄土、長顧後代、而常衛聖朝。乃至、自古已来至於今日、身為大臣竭忠奉国者、及見在子孫、倶因此福、各継前範、堅守君臣之礼、長紹父祖之名、広洽群生、通該庶品、同辞愛網、共出塵籠(11)。

一　願。若悪君邪臣、犯破此願者、彼人及子孫、必遇災禍、世世長生無仏法処。

天平十三年二月十四日

一　願う。藤原氏の先後の太政大臣、及び皇后先妣、従一位橘氏大夫人の霊識、恒に先帝に奉じて浄土に陪遊し、長く後代を顧みて常に聖朝を衛らんことを。乃至、古より已来、今日に至るまで、身、大臣と為りて忠を竭して国に奉ぜし者、及び見在の子孫、倶に此の福に因り、各の前範を継ぎ、堅く君臣の礼を守り、長く父祖の名を紹ぎ、広く群生を洽し、通じて庶品を該ね、同に愛網を辞し、共に塵籠を出でんことを。

一　願う。若し悪君邪臣、此の願を犯し破らば、彼の人及び子孫、必ず災禍に遇い、世世長く無仏法の処に生まれんことを。

天平十三年二月十四日

すなわち、国分寺建立の功徳によって、藤原氏の前後の太政大臣、および皇后の亡き母である橘三千代が常に先帝にお仕えして浄土にお供し、永く後代を顧みて本朝を守るよう、また古代から今日に至るまで、大臣となって忠を尽くして国に奉じた者、そしてその子孫は、この国分寺造営の功徳によって、前任者たちの手本を受け継ぎ、君臣の礼を固く守り、永遠に父祖の名を継ぐよう、そして、広く上下のさまざまな身分の人々すべてが愛著の世界・しがらみで縛られた世界から出離するよう願われている。このうち、「堅く君臣の礼を守り」という部分が、直前で見た五節の舞の際の元正太上天皇の「君臣祖子の理を教」えるという部分と対応していることは明らかだろう。

ただ、この文章には問題がある。というのは、現に大臣となって忠を尽くしている者やその子孫、あるいは過去に大臣となって忠を尽くした者の子孫についてであれば、「各の前範を継ぎ、堅く君臣の礼を守り、長く父祖の名を紹」ぐよう願われるのはわかるが、古い時代に大臣となって忠に尽くした者たちは、すでに亡くなっているため、改めてそうした行いをするのは不可能だからだ。つまり、亡くなっている者については、直前の願に記されていたように、彼岸に渡るよう願い、現存している大臣、その子孫、すでに亡くなっている大臣の子孫については、父祖を継いでその氏の名を辱めない存在となるよう願うべきではなかろうか。

また、末尾の「広洽群生、通該庶品、同辞愛網、共出塵籠」という部分も落ち着かない。通常の民間の願文であれば、皇帝の長寿を祈り、自分の父母の追善や近親の病気快癒などを願い、そして一切衆生の成道を願ってしめくくる、といった構成がよく見られるが、右の願のうちの「庶品」は、上から下までの役職の者、百官を意味するため、これだと農民などは含まれないことになろう。あるいはそうした庶民まで含めた意味で使っているのかもしれないが、それにしても、命あるものを意味する「衆生（sattva）」の語と違って、動物などは含まれない。一方、対句の上の部分で用いられている「群生」は、多くの人民を指すこともあるが、あらゆる生き物を指す場合もあるため、対句のうちの上の句の方が広い範囲を指すような印象を受けてしまう。「及一切衆生（一切衆生に及ぶまで）」などの表現を用いれば良かったのだが、四字句の対句にし、天皇に忠節を尽くす役人たちに良い報いがあるという点を強調しようとしすぎて、こうした表現になってしまったのではなかろうか。

なお、これらの諸願の末尾は、この願を破る「悪君邪臣」とその子孫が必ず災いに遭い、永遠に仏法の無い世界に生まれるようにという願でしめくくられている。これは実は仏教的な願とは言えない。とりわけ、子孫まで災いが及ぶようにというのは、自業自得を根本の立場とする仏教に反しており、むしろ、先に見た『易経』文言伝の「積善の家には必ず余慶あり。積不善の家には必ず余殃あり」という句に基づく発想だ。実際に誰が文章を書いたのかは不明だが、この時期の光明皇后関連の願文などには、しばしば共通した発想が見られる。

こうした「悪君邪臣」については、議論の多い銅銘文でも触れられており、末尾で「若し後代の聖主賢卿有りて、此の願を承成せば、乾坤、福を致さん。愚君拙臣、此の願を改替せば、神明、訓を効さん」と述べてしめくくられている。当時、将来の天皇・大臣に対する不安がどれほど強かったかを物語るものだ。

なお、発想という点では、この国分寺建立の詔に付された諸願には、「憲法十七条」と共通する面が見られる。つまり、諸願が「忠」を重視し、これを仏教と結びつけている点は、法家である『管子』の言葉を用いている「憲法十七条」が、個人の判断を敵視して「私」を否定し、規定どおりに行動すべきであることを強調する法家の「無私」を仏教における「我」の否定と結びつけ、しかも、三宝に依らねば「枉を直す」ことはできないと断言している点に似る。「憲法十七条」では、その「枉」とは、実際には「君父に順わず」「天（である君）を覆わんと欲す」ることなどであって、要するに、我意に基づいて君父との対立を引き起こすことであり、不忠・不孝の行いにほかならないが、それを正すには「篤く三宝を敬」うしかないとされている。これを逆に言えば、「三宝を敬」わない者は、不忠・不孝の候補者ということになろう。「憲法十七条」では、人の善を隠すような「諂詐の者」、上に媚びて下の人間を悪く言い、また下の者には上の人間の過失を説くような「佞媚の者」については、「皆な君に忠無く、民に仁無し」と批判しているが、「憲法十七条」が「忠」の語を用いているのはここだけであって、「憲法十七条」

が第一条から第三条にかけて最も危惧しているような抗争を招く不忠ではない。
諸願の場合も、重視されているのは、天皇への忠と、父祖の名を継いで職務に励むことであって、それを可能にするのは、聖武天皇の国分寺建立という善行がもたらす功徳なのであり、その奉仏事業に背く者は、「憲法十七条」の第三条が、「故に詔を承けては必ず慎め。謹まずんば自ら敗れん」と警告していたように、滅びるほかなく、諸願の場合は、その滅亡は子孫にまで及ぶとされている。

第六節　崇仏と忠の結びつきの先例

前節で見た諸願では、藤原氏の前後の太政大臣、すなわち鎌足と不比等、そして光明皇后の母である橘三千代の「霊識」が先帝に仕えて浄土にお供することが願われていた。日本におけるこうした奉仕が記された最古の資料は、法隆寺金堂釈迦三尊像銘だろう(12)。
三尊像銘では、病気で倒れた上宮法皇のことを周囲が憂い、等身の釈迦像を作ることを誓うことによって延命ないし浄土往生を願ったと説いた後、次のように述べている。

如願敬造釈迦尊像、并侠侍及荘厳具竟。乗斯微福、信道知識、現在安穏、出生入死、随奉三主、紹隆三宝、遂共彼岸。

願の如く釈迦の尊像を敬造し、并びに侠侍及び荘厳具も竟る。斯の微福に乗じ、信道の知識、現在安穏にして、出生入死せば、三主に随奉し、三宝を紹隆し、遂に彼岸を共にせん。

重病の時にこうした誓願がなされても、像が完成するのはほとんど死後かなりたってのことであるため、彫り込まれる願意も変わってくるのだが、ここで重要なのは、この造像の功徳によって、誓願をともにして奉仏事業に取り組む仲間たちが、現在は安穏で暮らし、死んで輪廻する場合は、上宮法皇、その王后、そして上宮の母后という「三主」に随って常に同じ場所に生まれてお仕えし、三宝紹隆に努め、ついには共に彼岸におもむくよう願われている点だ。むろん、何度生まれ変わっても上宮法皇は王子やそれに近い存在となり、誓願した仲間はそのたびに親族や臣下となることが想定されているうえ、上宮法皇が最初に成道して仏となり、親族や臣下はその仏の説法を聞いて後の世で仏になることが想定されているのだろう。

すなわち、三尊像銘では、この世だけでなく来世でも続く三主への忠義と仏教の信仰とが重なっている。ただ、銘文では、守屋合戦や推古天皇の「興隆三宝」の詔が示すように、仏教が流布し始めたばかりの時期であったためか、「紹隆三宝」という点が強調されている。これに対し、国分寺建立の際の諸願では、奉仏事業を重視している点は同じであっても、国分寺の造営と維持に限定されている。また、藤原氏の亡き太政大臣などが「後代を顧みて」国家を守ってくれることを強く願っているのは、それだけ不安な状況であったことを示すとともに、国分寺造営事業に当たっては藤原氏の勢力の維持が強く願われていたことを示していよう。

『東大寺要録』巻第二「縁起章」では、「聖徳伝」に続いて、「私云」として、「聖武天皇は、聖徳太子の後身、救世観音の垂迹なり」と記しているのは、『東大寺要録』の編纂時ないしそれに近い頃の記述だろうが、『法隆寺東院縁起』によれば、天平七年（七三五）の十二月に、阿倍内親王が「聖徳尊霊及今見天朝」のために『法華経』講読の法会を催し、翌年には皇宮職の支援で道慈らによる大がかりな『法華経』講会が開かれるなど、光明皇后・阿倍内親王が聖徳太子信仰に関わっていたことは事実であるため、聖武天皇の在世中から、聖武天皇を聖徳太子になぞらえた礼賛がなされていたとしても不思議はない。その場合、太子関連の資料が利用されるのは当然のことだろう。聖武天皇と聖徳太子のつながりは深く、その聖徳太子伝でも、「忠」と仏教は結びついている。たとえば、「縁起章」の「聖徳太子御伝」で引用されていた『霊異記』巻上の「信敬三宝得現報縁第五」では、太子の侍者であった大部（大伴）屋栖古連公の忠義譚と死後再生譚について述べたのち、次のように評している。

賛曰、善いかな、大部氏。仏を貴び法を儻い、情を澄し忠を効し、命福共に存し、世を逕て夭すること無し。武は万機に振るい、孝は子孫に継ぐ」と。諒に委る、三宝の験徳にして、善神の加護なることを。

すなわち、大伴氏は、仏法を尊んで心を寄せ、清らかな心で太子に忠義を尽くして仕え、寿命にも財産にも恵まれ、若死にすることが無く、治世において武略を発揮し、子孫にまで孝が受け継がれたと賛が誉めたたえているが、これによってそうした素晴らしい状態は三宝の神秘的な効力のおかげであって善神の加護であることが本当にわかる、というのだ。平安初期に現在の形となった『霊異記』のうち、聖徳太子の部分は奈良末に出来上がっていたと推測されている。仏教を尊び、清い心で忠義に励むという善行があったからこそ、武門の氏族として活躍することができ、代々孝をもって知られたという流れであり、ここでも仏教信仰と忠、さらには孝が結びついている。つまり、忠も孝も、仏教によって保証されているのだ。ただし、太子の作とされる三経義疏では、仏教を忠や孝と結びつけて論じた個所はない。

第二章　聖武天皇の一乗帰依

第一節　聖武天皇の一切経書写の詔

これまで、聖武天皇・光明皇后・孝謙天皇関連の資料に見える忠孝と仏教の関係について見てきた。では、その聖武天皇と光明皇后はどのような仏教教理を重視していたのか。天平六年（七三四）甲戌の勅願による一切経書写に際しては、次のような詔が発せられていた。

詔曰、朕以万機之暇、披覧典籍、全身延命、安民存業者、経史之中、釈教最上。由是、仰憑三宝、帰依一乗、敬写一切経。巻軸已訖。読之者、以至誠心、上為国家、下及生類、乞索百年、祈祷万福。聞之者、無量劫間、不堕悪趣。遠離此網、倶登彼岸。

詔して曰く、朕、万機の暇を以て典籍を披覧するに、身を全うし命を延べ、民を安んじ業を存するは、経史の中、釈教最上たり。是に由り、仰いで三宝を憑み、一乗に帰依して、一切経を敬写す。巻軸、已に訖る。之を読む者は、至誠心を以て、上は国家の為、下は生類に及ぶまで、百年を乞い索め、万福を祈祷せん。之を聞く者は、無量劫の間、悪趣に堕ちず、此の網を遠離し、倶に彼岸に登らん。

この「帰依一乗」の宣言は、藤原氏の氏寺である興福寺が三乗思想を奉ずる法相宗の中心であったことを考えると、驚くべきものだ。法相宗では一乗説を「出生大乗」と「摂入大乗」に分け、不定種姓と菩薩種姓の者たちを真理に引き入れるための一乗説を「摂入大乗」と称して方便説とする一方で、一切の教えを「出生」すると説く『勝鬘経』の一乗説を真実説と見、一乗を根本と説く場合もあったことが指摘されているが[13]、諸宗との論争においては諸経が説く一乗は方便説であるとして、三乗真実を強調しがちであった。実際、藤原氏の氏寺である興福寺は、三乗説を奉じる法相宗の中心であり、『東大寺要録』「本願章」が引く『延暦僧録』の「仁政皇后菩薩伝」では、

仁政皇后又添六宗、存本取利、請上名徳、敷三乗教。即張大教網、在生死流渡人天、真置涅槃岸。

仁政皇后、又た六宗を添え、本を存し利を取り、名徳を請上して、三乗教を敷く。即ち大教網を張り、生死の流れに在りて人天を渡し、真に涅槃の岸に置く。

とあるように、三乗教による教化を力説していた。その光明皇后に影響を与えたとされる玄昉にしても、中国では

法相宗の智周に学んだと伝えられている(14)。

当時、聖武天皇に近かった人物で一乗説を奉じていた僧が影響を与えたとするなら、道慈が候補となろう。「天平三年（七三一）九月八日写了」という奥書を有する聖武天皇の『雑集』には、成立して間もない唐の釈霊実の『鏡中集』十巻から選んだ三十首が書写されており、周知のように、その中には「盧舎那仏像讃一首并序」が含まれている。森本公誠は、養老二年（七一八）十二月に帰朝し、天平元年に律師に任じられた道慈が『雑集』の編纂を手助けしたと推測している(15)。

一乗説であれ三乗説であれ、この時期の願文に登場する以上、その受け止め方は、これまで見てきた忠孝の問題と無関係ではありえまい。しかし、円照の願文が経録の編纂や写経を皇帝の奉為の事業と称し、その願文で忠孝を強調していたのと違い、一乗思想については、皇帝との結びつきは中国ではあまり見られず、強調されてもいない。たとえば、『広弘明集』巻第四に収録される「侍中安前将軍丹陽尹邵陵王上啓」は、梁武帝への上表文であって、講経と注釈作成で知られる武帝を「皇帝菩薩」と称してその衆生教化を礼賛した後、次のように述べている。

故能随方逗薬、示権顕因、崇一乗之旨、広十地之基。是以万邦迴向倶禀正識。

故に能く方に随いて薬を逗じ、権を示して因を顕し、一乗の旨を崇めて、十地の基を広む。是を以て万邦迴向し、倶に正識を禀く。（大正蔵五二・一一二中）

病気に合った処方に随って薬を与え、仮の方便を示して因として実践すべき行を明らかにし、一乗の意義を尊んで菩薩の修行の段階である十地の基礎を弘められた、と武帝を礼賛しているものの、一乗の思想が皇帝にふさわしいものであることなどは説いていない。

同書の巻第一九に収録された武帝の皇太子、蕭綱が武帝に講経を重ねて懇願した上表文、「重啓請御講」でも、状況は同様だ。

伏願以平等慧行如來慈、為度蒼生降希有事、使朝満一乗、情皆十善。

伏して願わくは、平等の慧を以て如来の慈を行い、蒼生を度せんが為に、希有の事を降し、朝をして一乗に満たしめ、情をして皆な十善ならしめんことを。（同・二三四中）

ここでも、一乗経典を講義して人々を修善に導いていただきたいと願うのみであって、一乗でなければならない理由は示されていない。

唐の高宗が龍朔二年（六六二）に沙門・道士に皇帝と父母への礼拝を命じて沙門不拝問題が再燃した際、それに反対する程士顒等が上表した「京邑老人程士顒等上請表一首」でも、「陛下、慈もて九有を済い、一乗を開暢す（陛下慈済九有、開暢一乗）」（同・二九〇上）とあって、皇帝が慈悲に基づいて世間の人々を救い、一乗説を弘めたとするのみだ。また、高宗はいろいろな系統の僧侶を尊重していたものの、当時、最も影響力があったのは、三乗説に立つ新訳唯識説をもたらした玄奘だったうえ、高宗にしても則天武后（武則天）にしても、一乗説のみを最高としてそれに帰依すると宣言したことはない。

第二節　「法華会縁起」の一乗説

これに対して、日本で着目されるのは、『東大寺要録』巻第四「諸会章」第五に収録される「法華会縁起」が、一乗と皇帝の関係について次のように述べていることだ。「三月十六日法華会」の割注として、「天平十八年丙戌[16]二月十六日」に良弁僧正が「公家」に奏上して諸寺とともに羂索院でこの法華会を修したと述べた後、「法華会縁起に云う」として、次の文を掲げている。

僧正大綱敬作是念。天生万物、一人為尊。仏説五乗、一乗為本。故奉為一人講一乗経、荘厳照臨之鴻徳、報答覆備之厚恩。以去天平十八年丙戌三月、奉為掛畏大雄大聖天皇・孝謙天皇・仁聖大后、荘厳堂閣、羅列幡蓋、敷設法筵、屈請名僧、開方便門、示真実相。

僧正大綱、敬いて是の念を作す。天は万物を生ずるも、一人を尊と為す。仏は五乗を説くも、一乗を本と為す。故に、一人の奉為に、一乗経を講じて、照臨の鴻徳を荘厳し、覆備の厚恩に報答せんと。去にし天平十八年丙戌三月を以て、掛けまくも畏き大雄大聖天皇・孝謙天皇・仁聖大后の奉為に、堂閣を荘厳し、幡蓋を羅列し、法筵を敷設し、名僧を屈請して、方便門を開き、真実相を示す。

これによれば、良弁は、天は万物を生じたが、一人だけを尊い存在としており、仏は五乗を説いたが、一乗を根本としているため、その最も尊い天皇ご一人のために一乗経を講経し、東大寺にご降臨して恩恵を与えてくださった厚恩に報いようと考え、天平十八年（七四六）三月に聖武天皇・孝謙天皇・光明皇后のおんために、堂閣を荘厳して名僧を招き、『法華経』の講経を行ったという。すなわち、根本一乗としての『法華経』講経の法会を行ったのは、天皇のためなのであって、忠なる行いとしてのことなのだ。

「天生万物、一人為尊」については、『注維摩』中の僧肇の注が「天生万物、以人為貴」（大正蔵三八・三四六上）と述べているのを改めたものだろう。「一乗為本」の句は、法相宗では基の『妙法蓮華経玄賛』に一例見えるが（大正蔵三四・六八四中）、経文解釈の途中で触れているにすぎない。また、天平十八年というのは、審詳による『華厳経』講義が金鍾寺で初めて行われた天平十二年（七四〇）の六年後であるため、一乗説を強調する華厳宗の教義が広まり始めていても不思議ではないが、華厳宗の主要な文献では「一乗為本」の立場は説かれているものの、この表現そのものは見えない。

また、周を建国して帝位につき、華厳宗の大成者である法蔵と関係が深かった武則天（則天武后）にしても、一乗を特別に重視した様子は見られない。聖暦二年（六九九）に新たに漢訳された『華厳経』に付された御製の「序」では、『華厳経』を「諸仏之密蔵、如来之性海」「もって実相の門を開き、還た一味の沢に符す（式開実相之門、還符一味之沢）」と評し、「大乗頓教」と称しているものの、「一乗」の語は用いていない（大正蔵一〇・一上～中）。同じく長安四年（七〇四）に新訳された『大乗入楞伽経』（以下、『楞伽経』と略す）に対する御製の序では、『楞伽経』を「諸仏心量之玄枢」と呼んで言葉を離れた境地、如来蔵を示すものと礼賛し、「一乗を瞻るも、而も測る罔し（瞻一乗而罔測）」と述べ、『楞伽経』の一乗説については、見上げてみても、自分などには推測しがたいと謙遜している（大正蔵一六・五八七中）。これは、『楞伽経』自身が、「一乗」については「乗」であって「乗」でないといった逆説的・否定的な形で述べており、難解であることによろう。則天武后は即位に当たって『大雲経』の女帝出現記事を利用するなどしたが、一乗の強調はしていない。

これに対して、三論宗の吉蔵の場合は、「一乗為本」の句は、『法華遊意』（同・六四三上）と『法華玄論』に見えており、とりわけ『法華玄論』では、『法華経』の意義を論じた重要な部分でこう説いている。

復次欲説根本法輪故、説是経。根本法輪者、謂三世諸仏出世、為一大事因縁、即説一乗之道。但根縁未堪故、於一説三。即以一乗為本、三乗教為末。但大縁既熟、堪受一乗、今欲還説根本法輪故、説此経也。

（大正蔵三四・三六六上）

復た次に根本法輪を説かんと欲するが故に、是の経を説く。根本法輪とは、謂く、三世諸仏の世に出るは、一大事因縁の為なれば、即ち一乗の道を説くなり。但だ根縁未だ堪えざるが故に、一に於いて三を説く。即ち一乗を以て本と為し、三乗教を末と為す。但だ大縁既に熟し、一乗を受くるに堪えれば、今は還た根本法輪を説かんと欲するが故に、此の経を説くなり。

『注維摩』は広く読まれたものの、系統としては三論宗に属す。つまり、「法華会縁起」の議論は、三論宗の教学に基づく点が多いのだ。良弁は法相宗の教学を学んでいたため、この「法華会縁起」については、実際に良弁によって右のような趣旨で法華会が開催されたのか、東大寺内で一乗説を奉じて『法華経』を尊重していた後代の三論宗系の学僧による作文なのか、検討する必要がある。

おわりに

これまで、大仏の開眼供養時の歌とその少し前の時期の写経の願文を中心にして、忠孝と仏教の関係を見てきた。現存する上代の写経識語の願文にあって、臣下の忠節に触れるのは、天平十二年三月十五日の紀年を持つ藤原夫人願経、天平十二年五月一日の紀年を持つ光明皇后の五月一日経という二つの一切経書写以外は、天平十三年七月十五日の紀年を持つ玄昉願経の識語だけであることは、この時期はそうした点を強調する必要があったことを示していよう。すなわち、天平十年（七三八）一月には阿倍内親王が史上初の女性皇太子となったほか、七月十日には長屋王を誣告した中臣宮処東人が大伴子虫に惨殺されたうえ、十二月には政局に不満を持つ藤原広嗣が大宰府に左遷され、天平十二年八月二十九日には、吉備真備と玄昉の排除を訴えた広嗣の上表が謀反と断じられ、追討軍がさしむけられるなど、不安な要素が重なっていた時期であった。

また玄昉の願文が書かれるふた月前の五月五日には、聖武天皇が内裏に群臣を集め、礼と楽の整備に努めた天武天皇が制定した五節の舞を皇太子に舞わせ、「君臣祖子の理」を教えていることも見逃しがたい。天平勝宝四年

（七五二）の開眼供養の際の祝いの歌において、臣下の忠義が強調されているのは、不安な状況が続いていたためだろう。このように、忠や孝が仏教行事の中で強調されるところに、古代日本の、とりわけ大仏建立前後の時期の特徴を見ることができる。

註

（1）田中徳定『孝思想の受容と古代中世文学』（新典社、二〇〇七年）一五四～一五五頁。
（2）宣命については、新日本古典文学大系『続日本紀　二・三』（岩波書店、一九九〇・一九九二年）の訓読に依る。
（3）古代日本における誓願の機能については、石井公成「上代日本仏教における誓願について――造寺造像伝承再考――」（『印度学仏教学研究』第四〇巻二号、一九九二年三月）。
（4）山下有美『正倉院文書と写経所の研究』第三章第二節「五月一日経の位置づけ」（吉川弘文館、一九九九年）。
（5）写経の識語については、上代文献を読む会編『上代写経識語注釈』（勉誠出版、二〇一六年。以下、『識語』と略す）に依る。ただし、訓みは通常の漢文訓読の形にしておく。
（6）栄原永遠男『奈良時代の写経と内裏』第Ⅲ部第九章「北大家写経所と藤原北夫人発願一切経」（塙書房、二〇〇〇年）、川崎晃『古代学論究――古代日本の漢字文化と仏教――』第三部第六章「藤原夫人と内親郡主」（慶應義塾大学出版会、二〇一二年）。
（7）註（6）の川崎論文では、「百辟」を「諸国の王」としている（二八四頁）が、百官の意と見るべきだろう。
（8）栄原永遠男『奈良時代写経史研究』第三章「千手経一千巻の写経事業」（塙書房、二〇〇三年）。
（9）『識語』一八五頁。
（10）井上薫『奈良朝仏教史の研究』（吉川弘文館、一九六六年）二五九頁。『識語』二〇四頁。
（11）『神道大系』一〇古典篇（神道大系編纂会、一九九三年）。句読点は、私意による。
（12）石井公成『聖徳太子――実像と伝説の間――』（春秋社、二〇一六年）。
（13）師茂樹「法相宗の「一乗方便」説再考――諸乗義林を中心に――」（『印度学仏教学研究』第四七巻第一号、一九九八年十二月）。

（14）川崎、註（6）前掲書、第三部第一章「僧正玄昉の教学について」。

（15）森本公誠『聖武天皇――責めはわれ一人にあり――』（講談社、二〇一〇年）一五五頁。

（16）以下に引かれる文と合わないため「三月」の誤記だろう。

奈良時代における華厳教学の展開と『大乗起信論同異略集』

中西俊英

はじめに

奈良時代の仏教については、「国家仏教」「僧綱制度」「南都六宗」といった日本仏教独自のテーマへのアプローチや、正倉院文書の分析などをとおして、研究が蓄積されてきた。これらに比して、当時の仏教教理解釈をはじめとした思想面の解明は、資料的な限界があるものの、やや遅れているように思われる。本稿においては、奈良時代の華厳教学(1)に焦点をしぼった上で、華厳教学関係の典籍が将来されたとされる天平八年(七三六)から天平勝宝期頃までに時代を限定し、華厳教学と関連する歴史的なことがらを仏教学の成果をふまえて批判的に検証することで、仏教学のみならず歴史学などをふくめた学際的な議論の前提を提供することを目的としたい。また、この頃に撰述されたと推定される『大乗起信論同異略集』(以下、『同異略集』)にも注目し、当時の教学の様相や内容面に反映された時代情況などについて、先行研究を批判しつつ、筆者の見解を提示したい。

第一章　典籍の伝来と『華厳経』の講説

第一節　定説とされる凝然『三国仏法伝通縁起』の認識

凝然（一二四〇～一三二一）の『三国仏法伝通縁起』巻中・「華厳宗」の項には次のようにある（［a］～［c］は筆者挿入）。

壬申巳後至第四十五代天瑞国押開豊桜彦聖武天皇御宇天平八年丙子之歳、経一百八十年。此年七月二十日大唐道璿律師来朝。［b］璿公是華厳寺普寂和尚之弟子。［c］普寂即華厳宗法匠随北宗神宗禅師伝達摩禅法。［b］璿公随普寂習伝華厳及以禅法、亦明律宗、亦善天台宗、達菩薩戒。［a］璿公齎華厳宗章疏始伝日本。（中略）［a］当知此宗最初伝者、天平八年大唐道璿律師乃其人也。講弘伝者、丙子之後経五箇年天平十二年庚辰審祥禅師乃厥匠也。発願初興者、良弁僧正是其英也。　（DBZ101, 115ab）

ここでは、凝然が把握した華厳宗の歴史が語られている。［a］では華厳関係の典籍をはじめてもたらしたのは天平八年に来日した道璿（七〇二～七六〇）であること、［b］では道璿は普寂（六五一～七三九）の弟子であり、普寂から華厳と禅をまなんだこと、［c］では普寂が「華厳宗法匠」であることなどが示されている。この凝然の認識は、東大寺内の伝統やさまざまな書物から得られた情報を加味して形成されたと思われるものの、近年までさほど議論されることなく定説とされてきた。しかし、あくまでも凝然の認識であり、これら［a］～［c］については、以下に批判的研究を紹介するように、慎重に扱う必要がある。

近年、仏教東漸のあり方をインド・中国・日本の三ヵ国間に限定して自ら属する奈良仏教を正統とみる凝然の三国仏法伝通史観にたいしては批判があり[2]、凝然の仏教理解・仏教史理解およびそれを定説としてきた研究について見直しがすすんでいる。伊吹敦（二〇一一）は、上記における凝然の誤解の原因を、道璿の師とされる普寂を凝然が「華厳宗法匠」とみなした点に求めた上で、塔銘や碑銘資料を考察し、普寂が華厳教学に通じていた点はみられないと考証している。筆者もこの考証にしたがう立場であり、上記でいう「璿公賷華厳宗章疏始伝日本」は首肯しがたい。

かつて、結城令聞（一九七八、一六～一七頁〈以下、数字のみ掲げる〉）は、石田茂作（一九三〇）所収の「奈良朝現在一切経目録」（以下、石田目録）にもとづき、天平八年における『円覚経』や菩提流支訳『十地経論』の書写記録、天平九年における竺法護訳『菩薩本業経』や祇多蜜訳『菩薩十住経』といった『華厳経』各品の異訳経典の書写記録、天平十年における仏駄跋陀羅訳『華厳経』（以下、『六十華厳』）の書写記録といった「華厳部」の典籍の書写記録にもとづき、天平八年の道璿来日と時を同じくして書写記録が増加することから、「華厳章疏の伝来は凝然の云うように道璿説を採らざるを得ない」と述べた。

しかし、石田目録における「華厳部」は主として『大日本校訂縮刷大蔵経』にもとづくものである。同大蔵経を利用して編纂された『大正新脩大蔵経』では『円覚経』は「経集部」収録であって「華厳部」ではなく、思想的にも『華厳経』との関連は薄い。それゆえ、石田目録の「華厳部」と華厳章疏とは厳密に区分した上で書写記録をいま一度見るべきである。とりわけ『華厳経』各品の異訳経典にかぎっていえば、その書写記録は天平十四年が最も多い。また、『華厳経探玄記』（以下、『探玄記』）をはじめとした『華厳経』注釈書や『華厳五教章』（以下、『五教章』）といった教理綱要書の書写も天平十五年以降が中心である[3]。これらの典籍の書写には、光明皇后発願の「五月一日経」の写経事業における写経範囲が『開元釈教録』未収録典籍へ拡大したという時代背景がある[4]。書写記録にかぎっていえば、注目されるのは天平十四年もしくは十五年なのであって、書写記録にもとづいて華厳典籍の将来を道璿に帰すことはできない。当時は、国家間の関係とは別に、民間レベルでの新羅との人物の往来が盛んであり、[5] 華厳関係の典籍の伝来は新羅経由の可能性もある。道璿と同じ船でもたらされた典籍もいくつか存在すると推測されるものの、「青丘留学」[6]「新羅学生」[7]である審詳（?〜七四五もしくは七五二）[8]の蔵書を底本として『探玄記』全二十巻が書写されるなど、[9]新羅経由の典籍も必要不可欠であり、それらによって奈良時代の一切経における華厳典籍群が構成されたと現時点では考えておきたい。

第二節　『華厳経』の講説

『東大寺要録』諸宗章所収の「東大寺華厳別供縁起」（以下、「別供縁起」）によれば、道璿来日の四年後、天平十二年（七四〇）の十月八日に『華厳経』の講説が開始された。[10]「別供縁起」の記載にもとづいて、講説の時期および担当者などを表にすれば**表1**のようになる。

表1

	年	講師	複師	担当箇所
第一期	天平十二年〜十四年	審詳	慈訓・鏡忍・円証	『六十華厳』全六十巻
第二期	天平十五年	慈訓		『六十華厳』第一巻〜第二〇巻
	天平十六年	鏡忍		『六十華厳』第二一巻〜第四〇巻
	天平十七年	円証		『六十華厳』第四一巻〜第六〇巻
第三期	天平十八年〜二十年	厳智	標瓊・性泰	『六十華厳』全六十巻
第四期	天平勝宝元年〜三年	智憬	澄叡・春福	『六十華厳』全六十巻・『探玄記』全二十巻[11]

まず、『華厳経』の講説の日について、「別供縁起」は十月八日と記しており、この記述は、先行する文献の中では、天長六本宗書の一つである『華厳宗一乗開心論』[12]にのみ確認され[13]、「別供縁起」はこれにもとづいたと推測される。一方、延暦十年（七九一）頃撰述とみられる『円融要義集』[14]は以下のように記載する（傍線引用者、以下同）。

仍以去天平十二年、屈請其師、並集京城名僧、方始金鐘道場講演此一乗。当時紫雲亘覆春山、天皇御覧、奇嘆無量。天皇由是、乃発弘誓、於此一乗極為尊重、特設御智識華厳別供[15]。

「紫雲亘覆春山」とあるように、『円融要義集』は講説の時期を春としており、『華厳宗一乗開心論』と異なる。この点について、関連する先行研究を紹介しつつ、筆者の見解を述べたい。

山下有美（二〇〇二、七）は、「別供縁起」が第四期の講説について述べたすぐ後に続ける「奉始経之日　天朝幸行盧舎那仏前奉証彼講」という記事に注目し、『続日本紀』天平二十一年（天平勝宝元・七四九）の四月丁未（十四日）条の「天皇幸東大寺、御盧遮那仏前殿。大臣以下百官及士庶、皆以次行列[16]」との関連から、第四期の講説は盧遮那仏前で四月に開講する形式であったと指摘する。

宮﨑健司（一九九八、六三）は、講説に参照された経疏の考察とあわせ、『東大寺要録』巻四・諸会章に記載される毎年十一月の華厳講に注目し、当初は冬に講説されていたと推測する。さらに、天平十七年五月の平城京遷都、八月の盧舎那仏造営の開始、天平十八年十月の金鐘寺への行幸ならびに燃灯供養、天平十九年九月の盧舎那仏鋳造開始、天平勝宝元年十月の盧舎那仏鋳造終了、めまぐるしく展開するこれらの出来事から勤修する堂宇にも変化が生じたとし、第三期における講説時期の変化を示唆する。

当初の講説時期を冬とみる論拠はやや弱いと思われるため、当初から春に開講された可能性も考慮しなければならないが、上記の一連の出来事が講説場所に影響をあたえた可能性は考慮しうる。これらをふまえた上で、筆者は、

『華厳経』講説当初の時期は春の可能性もふくめて不明とするほかないが、大仏造立などの大規模事業によって講説の時期や場所が変化し、第四期にいたって春に開講され、それが定例化したと考える。第四期以降の講説を念頭において、『円融要義集』は「紫雲亘覆春山」と記載したのではないだろうか。

また、「別供縁起」がもとづいた可能性の高い『華厳宗一乗開心論』が、第一期の開講を「十月八日」と記載する点についても少し検討しておきたい。同書は、『六十華厳』や実叉難陀訳『華厳経』（以下、『八十華厳』）、地婆訶羅による「入法界品」欠文の翻訳状況などについて、法蔵の『華厳経文義綱目』と『探玄記』、慧苑（六七三?～七四三?）[17]の『続華厳略疏刊定記』（以下、『刊定記』）を引用し、日時や檀越などの情報を細かく記載する。そして、『刊定記』に収録されている聖暦二年（六九九）十月十五日から十二月十二日にかけておこなわれた法蔵の『八十華厳』講説およびその際の奇瑞、真言宗の遍照（八一六～八九〇）の親伝に収録される奇瑞[18]を紹介する。この後で、「又有我日本国依憑華厳僧正良弁大徳。以去天平十二年庚辰十月八日、於金鍾山寺奉為聖朝、請青丘留学華厳審詳大徳。初開講時堂上現紫雲」[19]と述べる。『華厳経』講説関係の奇瑞を紹介するという文脈で「十月八日」と記されるのであり、とりわけ天長六本宗書という性格上から日時を細かく記載したと思われる。なお、その際の典拠は不明であるが、『八十華厳』の訳出が完了した十月八日に則天武后が瑞祥を夢にみたという慧英『華厳経感応伝』[20]の以下の記事を、可能性の一つとして指摘しておきたい。

至聖暦二年十月八日訳新経訖。詔請蔵公、於仏授記寺講此新経。至華蔵世界品、講堂及寺院地皆震動。挙衆驚異、都維那恵表僧弘置等連状聞奏。勅批云、昨敷演微言、弘揚秘頓。初訳之日、夢甘露以呈祥。開講之晨、感地動而標異。斯乃如来降迹。用符九会之文。豈朕庸虚敢当六種之震。（T51, 176b）

ところで、「天平三年九月八日写了」の奥書を有する聖武天皇の宸翰『雑集』には『鏡中釈霊実集』が存在し、その中に「盧舎那像讃一首幷序」[21]があることから、当時すでに聖武天皇は盧舎那仏についての知識を有していたと推測される。その後、上記の講説と同じ年である天平十二年の二月に、聖武天皇は河内知識寺へ行幸する。聖武天皇は知識の協力によって造られた盧舎那仏像を見、みずからも造ろうと思ったと記録されている[22]。『華厳経』そのものでは盧舎那仏は断片的にしか説かれず、盧舎那仏の姿についての具体的記述もほとんど存在しないため、知識寺の盧舎那仏の姿は盧舎那仏とはいっても釈迦仏に近い可能性がある。それゆえ、この像の姿が聖武天皇の『華厳経』信仰とりわけ大仏の造立へ直接的な影響をあたえたとは考えがたい。盧舎那仏についての知識を聖武天皇がすでに有していたことも加味すれば、盧舎那仏の像に惹かれたというよりも、むしろ、民間の自主的な仏教信仰集団である「知識」が力をあわせて現実に仏像を造ったこと、そしてその背景に盧舎那仏信仰があるということ、これらが聖武天皇に決定的な影響をあたえたと思われる。そして、「一枝の草、一把の土」であっても知識の一員として自主的に造像に加わることを要請[23]する「大仏建立の詔」や、知識寺訪問同年の『華厳経』講説へと展開してゆくのだろう。また、講説の進展とともに、奈良仏教界における『華厳経』理解も次第に深まったと考えられる。

聖武天皇自身の華厳信仰については、石井公成（一九九六、四四三～四八九）が指摘するように、『最勝王経』を代表とする伝統的な護国信仰と結びついたものであって、大仏造立の詔や国分寺建立の詔といった詔勅の中に特徴的な教理用語がほとんどないように、中国の『華厳経』解釈である華厳教学の影響を受けたものではない。『華厳経』では、その冒頭から仏の「威神力」や「神通力」およびそれにもとづく神変が繰り返し強調されるのであって、延命などの現世利益をもたらす呪術的側面の需要から、まずは注目されたと考えられる。そして、『最勝王経』を中心とした護国仏教の潮流の中で、『華厳経』が説く帝王のすがた、とりわけ仏法にもとづく理想的な政治をおこなって国を安定させる「菩薩としての王」の姿にも共感していったのであろう。これまでの研究では、『華厳経』みずからが説く「菩薩としての王」という面には注意されていなかったように思われる。[24][25]また、以上をふまえると、聖武天皇による東大寺や国分寺の目的について、総国分寺としての東大寺および盧舎那仏を中心に諸国の国分寺を相即相入させて蓮華蔵世界を成就するためなどと、華厳教学的解釈を読み込んで理解することが困難なことは言うまでもない。

第二章　「華厳経為本」の詔と華厳教学

講説の開始から九年後の天平勝宝元年（七四九）閏五月二十日、聖武天皇は東大寺をはじめとした畿内の十二の寺へ多くの施物と田畑を施入し、これらの供物によって、「一切の大乗小乗経律論抄疏章等」を「転読講説」し続けることを命じる詔を発する。いわゆる「華厳経為本」の詔である。

この詔およびその実態については、それまでの通説[26]を継承しつつも、「王権・国家による思想面における合目的々な権力意志と南都六宗の教学内容との内在的連関性をめぐる、権力論的視座の希薄性[27]」を問題視し、新たな解釈を示した中林隆之（二〇〇七）が注目される。詔の背後に存在する国家側の思想的イデオロギーの解明を目指しつつ、より包括的に、鎮護国家の政策や追善法会、南都六宗の編成といった一連の出来事を相互に関連する権力的事業として読み解くことを目的とし、思想・教学面の考察に仏教学の成果も利用するなど、仏教学の側でも注目すべき研究である。ただし、以下に述べるように、「華厳経為本」の詔の解釈については、考察の方向性や視点については首肯できるものの、仏教理解については基礎的な誤解も多く、修正すべき点がいくつか存在する。

同（二〇〇七、二五六〜三四一）は、天平勝宝三年（七五一）頃に作成された「布施勘定張」を考察し、南都六宗との関係を指摘する鬼頭清明（一九九三）やその作成過程を考察した黒田洋子（一九九九）の知見をふまえ、転読講説すべき経典や論書が政府主導で配当される点に注目する。そして、その背後に確認される国家側の思想的イデオロギーとして、「如来蔵思想重視」という傾向を指摘する。その論拠の一つとして、華厳宗・法性宗・律宗・倶舎宗といった各宗に配当される経論に如来蔵思想重視の傾向が共通する点を指摘するが、とりわけ真諦訳『倶舎論』にまで如来蔵思想の要素を強引に見て取るなど、受け入れられない点が多い[29]。ただし、各宗に配当される経論の重複チェックが宗をまたいでなされている点や、先に言及した、政府主導の下での転読講説すべき経典の配当などから、各宗を総括する動きとして国家の介入を見て取るという前提については、可能性を否定できないと考える。

思想面における国家の介入はあったのか、詔の背後に権力者側の思想的イデオロギーが存在したのか。すべてを包摂する一元論的な思想として如来蔵思想を捉えた上で、それを背後に存在するイデオロギーとみなす点については首肯できないが[30]、筆者は、別の観点からそのような思想的イデオロギーが存在した可能性を提示したい。それは、九年間にわたる講説の進展にともなう『華厳経』にたいする理解から生まれたもの、すなわち中国ないし新羅の『華厳経』解釈を吸収した成果にもとづくものである。筆者は、九年間の『華厳経』研究の結果、天平十二年段階よりも教理的にすすんだ『華厳経』の理解がなされ、それが「華厳経為本」の詔に反映したと考える。

大仏造立の詔や国分寺建立の詔については、華厳教学に特徴的な用語は確認されない。しかし、「華厳経為本」の詔の場合は、『華厳経』が説かれた理由として法蔵『探玄記』が示す十種類の理由の一つである「為本故」という用語の影響[31]や、『華厳経』を根本とみなす経典観の影響などが確認される。とりわけ後者は重要であろう。『華厳経』を根本とみなす経典観なくして、「華厳経為本」の考え方は成立しない。『華厳経』では『華厳経』を根本とみる考え方は説かれておらず、このような考え方の成立には、『華厳経』とその他の経典との関係を考察した中国仏教の相対的な経典把握方法である「教相判釈」（以下、教判）の理解が必要不可欠である。

中国仏教における『華厳経』の位置づけについては、木村清孝（一九九二、五六～五七）が、隋代までの状況をまとめ、菩薩だけを教化の対象とする高度な教えである「頓教」に『華厳経』を配当する経典観が有力であることを指摘している。また、敦煌文献を中心とした近年の地論教学研究において明らかになった地論宗の教判においても、『華厳経』は『大集経』『涅槃経』とともに「通宗大乗」に配当されて頓教と円教を兼ねるもの[32]や、「頓中之円」と規定されるなど[33]、『華厳経』＝「頓教」という経典観が中心である。

これらにたいし、『華厳経』を根本とみなす経典観の嚆矢としては、吉蔵『法華遊意』における三種法輪説がある。三種法輪とは「根本法輪」「枝末之教」「摂末帰本」であり、第一に『華厳経』が、第三に『法華経』が配当される。三乗のさまざまな教えを一つの一乗に帰すのが「摂末帰本」の法輪たる『法華経』であり、『華厳経』は根本とされつつも、「福徳が薄く、鈍い機根には理解できない」場合があるとされ[34]、上記の「頓教」と同様、限定的な教えとみられている。

『華厳経』を根本とみなし、さらにはその他の教えをも包摂する円満・完全なる経典であるという見方は、智儼や法蔵の『華厳経』解釈すなわち華厳教学を待たなければいけない。智儼は、『華厳経』はあらゆる経典を包摂するから他とは異なる経典であるという経典観を示し、法蔵『五教章』や『探玄記』は、『華厳経』がすべてを包含する「本」であり、それ以外の経典は「末」とし、本末関係で諸経典の関係性を把握する[35]。また、法蔵『探玄記』は、『華厳経』を重視する立場から、吉蔵の三種法輪説における『華厳経』の限定的側面を省略して紹介している[36]。

以上から、『華厳経』と並行して智儼や法蔵の文献の研究がすすまないことには、『華厳経』を根本とみなす考え方は生じてこないと推定される。「以花厳経為本、一切大乗小乗経律論抄疏章等、必為転読講説、悉令尽竟、遠限日月、窮未来際」とし、根本たる『華厳経』にもとづき、その枝葉ともいうべき一切の大乗・小乗の経・律・論によって永遠に転読講読し続けることを命じる詔には、智儼や法蔵の華厳教学における『華厳経』の経典観が反映されていると考える。そして、『華厳経』の位置づけと同様、華厳教学が各宗教学を総括する根本として注目された可能性もある。当時の教学内容における権力論的視座を考える上でも重要であり、この点については次章で考えてゆきたい。

第三章 『大乗起信論同異略集』からみた奈良時代の華厳教学の特徴

第一節 『大乗起信論同異略集』とその思想傾向

大日本卍続蔵経第一輯第七套第四冊には、『大乗起信論同異略集』（以下、『同異略集』）というテキストが収録されている。続蔵の表記に拠れば、「青丘沙門見登之補」とある。ただし、円超の『華厳宗章疏并因明録』（九一四年成立）には「起信論同異章一巻　興福寺智憬述」（T55, 1134b）と、永超『東域伝灯目録』（一〇九四年成立）には「唯識起信論同異章一巻　興福寺智憬述」（T55, 1159a）とある。また、凝然も『五教章通路記』の二ヵ所（T72, 297b・458b–c）で、「興福寺智憬大徳」として『起信論同異章』を引用しており、その内容は現存の『同異略集』と一致する。これらの記述や、崔鈆植（二〇〇一、七九）が指摘する序と跋の記述[37]により、現在では、この『同異略集』は智憬（?～七四一～七五三～?）[38]の撰述である可能性が高い。この点について、筆者には異論は無く、本稿では別の観点から補足する。

また、「見登之補」について、本文を智憬の作とした上で、序と割注を見登の補とみる望月信亨（一九二二、二七七〜二七八）の指摘がある。これにたいして、崔鈆植（二〇〇一、七九）は、序の内容の考察にもとづき、序は見登の補ではないとする。[39] また、割注を見登の補とみることについては、新羅の太賢（八世紀頃）の文献が第四門の割注で引用されることが理由の一つである。しかし、著者が割注として挿入したものではなく、もともと太賢『成唯識論学記』に割注の形式で存在していたものであって、それを『同異略集』の著者がそのまま引用していることが、崔鈆植（二〇〇一、八五）によって明らかにされている。

その他、「集者云」（四ヵ所）、「集者判云」（一ヵ所）、「集者案云」（一ヵ所）、「案云」（八ヵ所）などの表現についても、崔鈆植（二〇〇一、八五〜八六）により、すべて同一人物の手によるものであり、原著者によるものである可能性が指摘されている。

以上の先行研究にもとづき、本稿でも、『同異略集』の著者は智憬であるという立場を採る。ただし、後代において補足された箇所にかんしては現時点ではすべて検討し終えていないため、本稿の考察対象にはふくめない。なお、撰述年代について、金天鶴（二〇〇四、四二）は奈良時代における経典貸借の記録から、天平勝宝五年（七五三）以降の著作と推測する。これらのことから、『同異略集』は奈良時代の華厳教学を考える上で重要な文献であるといえよう。

『同異略集』の内容は、『成唯識論』を中心とした法相唯識の教説と『大乗起信論』（以下、『起信論』）の教説との比較であり、第一建立真理同異門・第二建立真智同異門・第三建立八識同異門・第四建立唯識同異門・第五建立熏習同異門・第六建立三身同異門・第七建立執障同異門・第八建立行同異門の八門から構成される。

『同異略集』では元暁と法蔵の文献の引用頻度が最も高い。吉津宜英（一九九一、五四八〜五五一）は、『同異略集』が両者の文献を引用する際に「象龍同云」として一体化して扱う例が三例あること、末尾で両者を並べて顕彰していることなどから、「元暁・法蔵融合形態」として解釈し、「龍象一体化」の思想傾向が現れていると指摘する。[40]この見解については首肯しうる点もあるが、「一体化」とは言い切れない面もあり、元暁と法蔵の重視度の相違という点から修正意見もいくつか提示されている。以下にはそれらを紹介しつつ、筆者の立場についても述べたい。

崔鈆植（二〇〇一）は、『同異略集』では『起信論』を高く評価しながらも、法蔵の影響を受けて『起信論』の思想を華厳より不完全なものとみていると指摘する。また、元暁と法蔵の関係については、元暁を重視しながら法蔵の見解で補足していると述べる。

金天鶴（二〇〇四）は、引用傾向の詳細な考察[41]にもとづき、崔鈆植（二〇〇一）と同様、元暁と法蔵の一体化のみでは捉えられず、智憬は両氏を重視しているものの、総じて法蔵の方に傾斜していると指摘している。

引用と関連し、本稿で新たに追加しておくべき知見としては、元暁の『金剛三昧経論』や『両巻無量寿経宗要』、さらには『易経正義』の引用である。先行研究はこれらの文献の引用に注意していない。

まず、『同異略集』における『金剛三昧経論』の引用は、著者名・典籍名を省略し、地の文であるかのように引用されている。端的な一つの例を次頁の**表2**に示そう。

表2から分かるように、『同異略集』は、上記において『起信論』の内容を法相唯識の教理を利用して解釈する。『同異略集』は、仏果の位における一心の智としてのはたらきを、大円鏡智・平等性智・妙観察智・成所作智の四種類に区分し、『金剛三昧経論』の文を用いてその内容を説明するのである。『同異略集』では、元暁の文献を同様の形式で引用することがしばしば確認される。次に確認する『両巻無量寿経宗要』の引用も同様である。

表2

智憬『同異略集』第二建立真智同異門　(Z1-71-4, 366左b-367右a)
今此『起信論』中、因位之中、雖有八識心王心所差別、而皆是一心流転起動故皆一味一心耳。仏果之位、転此一味一心、而得一味円智。則此一味円智、随其功用、別開為四。**即此一心、離闇成明、明白清浄、無影不照**、是名大円鏡智。**即此一心、遠離二辺、通達自他平等**、是名平等性智。即此**一心、無所観故、於諸法則、無不観察**、是名妙観察智。即此**一心、無所作故、於利他事、無所不作**、是名成所作智。**四智既円、始覚斯満**、還同本覚。本覚之内、具四大智、持諸功徳、無所不成。同一心量、是名一大法身。然此始覚円智是一心、随他動之義。
元暁『金剛三昧経論』(T34, 979b)
一心顕時、八識皆転、故於是時、四智円満。所以然者、**即此一心、離闇成明、明白清浄、無影不照**。故言、其地清浄。如浄瑠璃。是顕大円鏡智之義。**即此一心、遠離二辺、通達自他平等**無二、故言、性常平等。如彼大地。是顕平等性智之義。如是**一心、無所観故、於諸法門、無不観察**。故言、覚妙観察。如慧日光。是明妙観察智之義。如是**一心、無所作故、於利他事、無所不作**。故言利成得本。如大法雨。雨潤万物、令成菓実。此智亦爾。利他事成、令得本覚。是明成所作智之義。**四智既円、是始覚満也**。入是智者、已下次顕諸識不生。得是四智、正是妙覚之位。故言、是入仏智地。是時既帰一心之源、八識諸浪不更起動故。入智地者、諸識不生也。上来二分、演始覚竟。

表3

智憬『同異略集』第二建立真智同異門　(Z1-71-4, 367左b)
答。唯識正義云、仏果之徳、有色声之差別。以転色蘊依得色自在等故。又『経』云、一音演説法、随類各得解等、故有色声之徳也。龍軍論師云、**自受用身、遠離色形、法性浄土、為所住処。是故都無色相可得。如『本業経』**言、「**果体円満、無徳不備、理無不周、居中道第一義諦、清浄国土、云無名無相、非一切法可得、非有体、非無体**」。**乃至広説**。唯有大定智悲都無色声徳。 今此『起信論』中、遣二偏執、会二義宗、以為論宗……
元暁『両巻無量寿経宗要』(T37, 126c)
明有色・無色門者、如前所説四種門中、初一門顕自受用土、後三門説他受用土。三門有色、不待言論。自受用土、説者不同。或有説者、**自受用身、遠離色形、法性浄土、為所住処。是故都無色相可得。如『本業経』**説、「**仏子。果体円満、無徳不備、理無不周、居中道第一義諦、清浄国土、無極無名無相、非一切法可得、非有体、非無体**」。**乃至広説**。

表3上段の『同異略集』は、仏果の徳には差別が有るのかという問いにたいする答えの一部である。『同異略集』は、有と主張するのが唯識派の説であり、無と主張するのが龍軍論師の説であるとし、最終的には『起信論』で両者の矛盾を会通することを試みている。『起信論』における会通の側面と『同異略集』の関係については後述する。下段の『両巻無量寿経宗要』では、自受用土と他受用土における色の有無という問題について、他受用土が有色であることについて異論はないが、自受用土が有色であることには諸説あると紹介している。『同異略集』で引用されるのは、『両巻無量寿経宗要』が自受用土について述べる諸説のうちの第一の説である。ただし、『両巻無量寿経宗要』は、その説と龍軍論師とを結びつけてはいない。『同異略集』が龍軍論師に結びつけるのは、円測の『仁王経疏』の影響であると考えられる。『仁王経疏』には次のようにある。

所以如是諸論異者、為顕聞声最勝依故。『瑜伽』等説耳為聞。就分別義故。『仏地』等、云識為聞。為顕諸法無作用故。『智度論』及『雑集』等、和合為聞。各拠一義、互不相違。

依唯識理、以解聞者、自有二釈。故『仏地』云、「有義。如来慈悲本願増上縁力。聞者、識上文義相生。此文義相、雖親依自善根力起、而就強縁名為仏説。由耳根力、自心変現、故名我聞。有義。聞者、善根本願増上縁力、如来識上文身相生。此文義相、是仏利他善根所起、名為仏説。聞者識心雖不取得、然似彼相、分明顕現、故名我聞」。解云、仏地二師所説、初即那伽犀那。那伽此云龍、犀那云軍。即是龍軍論師也。不許仏果有色声等。第二師義許仏果中具色声等。護法等宗、皆依後釈。

（T33, 363b）

『仁王経疏』は『仏地経論』における二説のうち、仏果に形や音声があることを認めない説を龍軍の説と解釈する。また、インド唯識派ダルマパーラ（Dharmapāla・護法　五三〇～五六一）らの主張は龍軍と反対の説であり、仏果に形や音声を求める説にもとづくと説明する。『同異略集』は、『両巻無量寿経宗要』を引用し、さらには『仁王経疏』も参照した可能性が高い。筆者はその意図について「唯識派vs○○」という対立図式（ここでは「唯識派vs龍軍」）を具現化するためと考える。この点についても後述する。なお、『東域伝灯録』巻上には、「無量寿経宗要一巻或両巻元暁撰　同経宗要指事一巻　同経宗要指事一巻智憬」（T55, 1055c）などとあり、智憬に元暁『両巻無量寿経宗要』と関連した著作があったことが確認される。『同異略集』において『両巻無量寿経宗要』を引用する箇所は、現存しない智憬『無量寿経宗要指事』とパラレルな箇所なのかもしれない。

その他、『同異略集』の序の冒頭においては、『周易正義』の序文が引用されている。

表4

智憬『同異略集』序（Z1-71-4, 365右a）	唐・孔穎達『周易正義』序（『十三経注疏附校勘記上冊』、中華書局、一九八〇年、第六頁）
夫龍出於河、則八卦宣其象、麟傷於澤、則十翼彰其用。時歴三古、業資九土。	若夫龍出於河、則八卦宣其象、麟傷於沢、則十翼彰其用。業資凡聖、時歴三古。

智儼や法蔵の文献では、上記のように直接的に中国古典を引用することはほとんど無い。元暁においては外典の引用が確認され、『老子』と『荘子』が八割を占める。儒教倫理や老荘思想と仏教との関係を詳細に論じた箇所は無いものの、『荘子』は内容面においても重要な箇所で引用される[42]。ただし、上記『同異略集』における『易』や『易経正義』の引用は、内容を補足するというよりも、序の冒頭であることから、文体などの修辞的な面での引用と推測され、元暁とはやや異なる。興福寺の善殊（七二三～七九七）の『因明論疏明灯抄』には、『周易』を用いた注釈が二例確認される[43]ことから、善殊と同様、興福寺所蔵の漢籍を元に序を作成したのかもしれない。

以上、先行研究を紹介しつつ、引用についていくつかの例を補足した。天平勝宝三年（七五一）五月二十五日付の「華厳宗布施法定文案」(DNK11, 557–568)は、天平勝宝三年時点での華厳宗として必要な仏典を列記したものであり、天平十二年(七四〇)からはじまる『華厳経』講説、天平十六年(七四四)の「知識華厳別供」設置といった、十年以上の『華厳経』研究の伝統をふまえたものである。この中では元暁と法蔵の文献が群を抜いて多い。天平勝宝元年(七四九)から天平勝宝三年(七五一)にかけて第四期『華厳経』講説の講師をつとめた智憬が、『同異略集』を撰述するに際して、両者の文献を参照した可能性は高い。ただし、上記でいくつかの例を確認したように、元暁の文献をベースとしている箇所も多い。先行研究の指摘のとおり、元暁を重視しながら法蔵の見解で補足したとするのが穏当であると思われるが、『同異略集』における法蔵や華厳教学と元暁の関係については、次節において著者問題とも関連する『大仏頂如来密因修証了義諸菩薩万行首楞厳経』(以下、『大仏頂経』)の引用を考察した後で、よりくわしく精査したい。

第二節　『大仏頂経』の引用と会通

『同異略集』において注目されるのは、第一建立真理同異門における『大仏頂経』の引用である。[44] この引用の背景には、空有論争を淵源とする法相宗と三論宗の争いという当時の奈良仏教の時代状況があり、この点は『同異略集』の著者とも関連する。

日本における法相宗と三論宗の対立についてはさまざまな記録が残っており、師茂樹(二〇一五、三五〇~三五一)が先行研究をまとめて一覧表にしている。本稿と関連する部分を中心に引用したい。

表5

	法相宗と三論宗の論争
養老二年（七一八）	道慈帰朝（『大仏頂経』伝来？）。
天平七年（七三五）	玄昉帰朝（『大乗掌珍論』伝来？）。
天平八年（七三六）	中臣名代帰朝（『大仏頂経』再請来）。
天平八～十八年（七三六～七四六）	三論・法相の僧を請集し、『大仏頂経』の真偽について「検考」する。
天平勝宝四年（七五二）	智光、法相宗を激しく批判する『般若心経述義』を執筆か。
宝亀三年（七七二）	戒明・徳清入唐。
宝亀七年（七七六）	『東大寺六宗未決義』申上。
宝亀十年（七七九）	諸僧都らが大安寺に集まり、『大仏頂経』が偽経であると主張、戒明が連署を拒否。思託、大仏頂行道。
奈良末～延暦の頃	慶俊と仁秀の論争。『掌珍量道』成立か。
延暦十七年（七九八）	三論・法相の争いを調停しようとする詔。
延暦二十年（八〇一）	三論・法相の争いを調停しようとする詔。
延暦二十一年（八〇二）	三論・法相の争いを調停しようとする詔。最澄の高雄講経に対し、善護の謝表。
延暦二十二年（八〇三）	三論・法相の争いを調停しようとする詔。霊船、「空有の論争」にかんする唐決のために入唐か。
延暦二十三年（八〇四）	三論・法相の争いを調停しようとする詔。
弘仁四年（八一三）	紫宸殿に諸宗の大徳が集まる中、大安寺三論宗の勤操が法相宗を批判。
天長七年（八三〇）	天長勅撰六本宗書。

法相宗と三論宗の論争の論点は、「空」と「有」の対立のみならず、仏性論争などさまざまな要点が混在した複雑なものである[45]。そのうち、なぜこの論争が『大仏頂経』の真偽論争と関連するかといえば、法相宗側の批判の対象となるインド中観派バーヴィヴェーカ（Bhāviveka・清弁　四九〇～五七〇頃）の『掌珍論』とほぼ同文の論理式が『大仏頂経』に確認されるからである。

天長勅撰六本宗書の一つである玄叡『大乗三論大義鈔』が、法相・三論両宗の諸師を集めて『大仏頂経』の真偽問題を議論した結果、真経であると落ち着いたと記載するように[46]、三論宗側は『大仏頂経』を真経とする立場である。一方、法相宗側は『大仏頂経』が偽経であると主張する。『大仏頂経』には清弁の比量（掌珍比量）とほぼ同じ論理式があるので、もし『大仏頂経』が偽経であるならば、清弁の比量は容易に否定される。しかし、『大仏頂経』が真撰ならば、掌珍比量と同じものを釈尊が説いたことになり、掌珍比量は否定しがたい。それゆえ、この『大仏頂経』の真偽問題が三論・法相の間の論争と関連するのである。

さて、ここで、『同異略集』第一建立真理同異門における『大仏頂経』引用の文脈を確認しておきたい。『同異略集』第一建立真理同異門では、唯識比量における「真性空」すなわち「勝義においては（真故・真性）」という限定句を認めるか否かについて、ダルマパーラとバーヴィヴェーカが論争したとし、バーヴィヴェーカの『掌珍論』、『成唯識論』における批判を紹介した後で、基（六三二～六八二）の『成唯識論述記』と慧沼（六五〇～七一四）の『成唯識論了義灯』を引用する（［1］～［4］は筆者挿入）。

若許真性空者、俗諦亦無、真俗並無、是名悪取空。故護法論師与清弁菩薩深諍論矣。［1］故『掌珍』云、「真性有為空　如幻縁生故　無為無有実　不起似空華」。［2］『唯識論』云、「有依似比量、撥無此識及諸法」等。［3］大乗基云、其空比量有有法一分不極成過故名似比量。［4］『唯識灯』云、真性之中、既無言説、取何有為以為有法。故名有法不極成。

（Z1–71–4, 365右b）

上記において、［1］の『掌珍論』の論理式「真性有為空　如幻縁生故　無為無有実　不起似空華」については、師茂樹（二〇一五、一三〇～一三一）が以下のように二つに分類して説明しており参考になる（**表6・7**参照）。

表6

〈主張〉	真理においては作られたものは空である。
〈理由〉	原因によって生ずるから。
〈同類例〉	およそ〝原因によって生ずる〟ものは、すべて〝空である〟。たとえば幻のように。

表7

〈主張〉	真理においては作られていないものには実体はない。
〈理由〉	生じないから。
〈同類例〉	およそ〝生じない〟ものはすべて〝実体はない〟。たとえば空中の花のように。

〈主張〉における「真理においては」という限定句の使用が『掌珍論』の論理式の特徴であることは言うまでもないが、師茂樹（二〇一五、一三一）が指摘しているように、異類例が無いのも独自な点である(47)。

上記引用の『同異略集』では、この論理式に関連して［2］で『成唯識論』を引き、この識（阿頼耶識）とすべてのダルマは存在しないというのは似比量（不完全な推論）だとする見解を紹介する。さらに、『成唯識論』の解釈を敷衍するものとして、［3］で基の説を引用する。文献名の明示は無いが、これは基の『成唯識論述記』（T43, 359a）である。その中で、基も、真理においてすべては存在しないとする『掌珍論』の推論は似比量であると批判する。その理由として、清弁の空の推論では主張の主語が部分的に立論者と対論者のあいだで承認されていないという過失（有法一分不極成過）があると指摘している。また、その後の［4］で引用される慧沼の『成唯識論了義灯』（T43, 733b）も、基の見解同様、立論者と対論者のあいだで前提の共有ができないという批判を述べる箇所である。つまり、「真理においては」という限定句を主語の一部とし、その解釈について、適用範囲をどこまで認めるか否かが、バーヴィヴェーカとダルマパーラの論争の原因とされている。

そして、上記の引用箇所の後で、『起信論』が持ち出され、空と有の両説が和会されてゆく。結論としては、バーヴィヴェーカとダルマパーラの二人の主張は、論争に似ているが、その意図は論争することではなく、互いに相手を批判しあい、それによって、如実不空と如実空という真如の二つの意味が成立しているというもの(48)である。『大仏頂経』の引用はこの後にあり、最後は法蔵『華厳五教章』義理分斉・三性同異義の引用で締めくくられる。

ここで筆者が注目したいのは、『同異略集』が基や慧沼を引用した理由である。バーヴィヴェーカとダルマパーラの論争は有名なものであり、多くの文献に紹介されるが、たとえば法蔵の文献では、その後にわざわざ基や慧沼の文献が補足的に引用されることはない。基や慧沼の引用は、バーヴィヴェーカとダルマパーラの論争が中国へも波及しているとみせるため、または、論争を大きなものとみせることで、その後で示す『起信論』の会通の能力をより高めるためとも考えられる。

筆者は、基や慧沼の引用について、先に言及した「唯識派vs龍軍」という対立図式と同様に、対立関係を具体化して際立たせる目的によるものと考える。実は、基の『掌珍論』の論理式にたいする評価は、上記でみたような批判的なものだけではない。先行研究では、『掌珍論』の論理式にたいする批判のみならず、基の『因明入正理論疏』など、一定の評価をあたえ、「真比量」とみなす見解も指摘されている(49)。つまり、基は『掌珍論』の論理式について相反する態度を採っているが、『同異略集』は、『掌珍論』の論理式を批判する立場の意見のみを収録するのである。

同様の意図が背景にあると推測される例として、『同異略集』第二建立真智同異門の以下の用例を指摘しておきたい。

> 然戒賢論師幷大乗基等一類師云、四智心品、雖冥合理無能所別、而理是無為、智是有為。故理雖凝常、而智刹那生滅等。
>
> 智光論師及吉蔵師等一類師云、未至仏果、無明所隔、故刹那生滅。而既至仏果之位、無明都尽、冥合真理、無能所別、境如智、智如境。故如境智亦常都無刹那生滅等。（Z1–71–4, 366右 bc）

上記では、「戒賢・基」と「智光・吉蔵」の意見の相違が述べられる。前提として対立関係が措定されている。前者の主張では、理は無為であり、智は有為で生滅変化するものである。後者の主張では、仏果獲得以前と以後に区分され、仏果獲得以前であれば刹那滅であるが、仏果獲得後の智は生滅変化しないという。そして、この後で、如来や智が常住か無常かの教証として、『涅槃経』や『大品般若経』が引用される。

> 前師引証云、如『涅槃経』云、「如来非常、以有知故。常法無知、猶如虚空」。『大品経』云、「何等為有為法。若法生住滅、欲界・色界・無色界乃至十八不共法及一切智是名有為法」。依如此文、故知非常。而余処説無為常住者、以不同生死磨滅有為、永離彼有為、故名無為、窮未来際、相続不断、恒在無尽、故説常住等。
>
> 後師引証云、『涅槃経』云、「以法常故、諸仏亦常」。『楞伽経』言、「更有余法、依彼法故、得言如来世尊是常。依内証智、証常法故」。『智度論』云、「薩婆若不与過去世合。何以故。過去世是虚妄、是生滅。薩婆若是実法、非生滅故。未来現在亦如是説」等。依如此文故知仏徳無為常住。而余処亦説有為無常者、以始起法不同法身本有之常故、作是説等。（Z1–71–4, 366右 b）

「戒賢・基」「智光・吉蔵」の両方の立場ともに、教証として『涅槃経』の同じ経典を引用する。しかし、上記で傍線を付しているように、『同異略集』は、同じ経典の別の箇所ではそれと相反する見解が述べられていると指摘する。矛盾の創出とその解決が『同異略集』の描く構図なのである。『同異略集』の上記箇所においては、「戒賢・基」が如来や智の無常であることの教証を引用しているが、それとは逆に、唯識派の慧沼の『能顕中辺慧日論』では、『楞伽経』を引用し、如来は常である説を紹介する例[50]も確認される。しかも、『能顕中辺慧日論』の引用[51]は上記の「智光・吉蔵」説で引用される教証と同じ箇所である。対立者である「智光・吉蔵」と唯識派の慧沼が同じ意見を有しているのである。それゆえ、「戒賢・基」が上記の主張のみであるかは疑問であり、対立関係は、むしろ、『同異略集』の著者によって強調されている可能性が高い。『同異略集』には、実際に戒賢や基が述べていたことを明らかにするというよりも、半ば彼らの主張を切り取る形で、法相・三論の対立関係を必要以上に具現化する意図が見受けられるのである。そして、同時に、対立が際立てば際立つほど、会通の教説としての『起信論』が顕彰されてゆく。対立の具現化とそれを解決する『起信論』、『同異略集』の基底にはこの考え方がある。

その他、さきの**表5**で確認した三論宗と法相宗の論争の流れと、『同異略集』の撰述時期と推測される天平勝宝五年（七五三）以降とをあわせると、『同異略集』は当時の日本の時代背景を考慮して、『大仏頂経』を引用し、論争の調停を試みたと考えられる。それゆえ、『同異略集』は日本で著された蓋然性が高く、このことは智憬が著者であることをより確定的にするであろう。

第三節　『大乗起信論同異略集』における『起信論』と華厳教学

最後に、『同異略集』における『起信論』と華厳教学の関係を考察し、それとあわせて、『同異略集』における元暁と法蔵の位置づけにかんして私見を述べたい。

まず、『同異略集』での如来蔵思想と華厳教学の関係について、金天鶴（二〇〇四、四一～四二）の指摘を紹介したい。

『同異略集』第四建立唯識同異門は、『探玄記』玄談の「能詮教体」で示される「第四縁起唯心門」（T35, 118b）と、『探玄記』の十地品の注釈で示される「十門唯識章」（T35, 347a）とを引用し、教判的規定をおこなっている。そこで注目すべきは、『起信論』を五教判の終教に位置づけた上で、始教から頓教までを兼取すると規定する点である。この終教の規定は、『同異略集』の特徴として興味深い。金天鶴（二〇〇四、四二）は、『起信論』をふくむ終教の規定は、法蔵や元暁にはみられないと指摘する。さきに触れたように、法蔵『五教章』は、智儼の教説をふまえ、すべてを包含するからこそ他と違う教えであり、それこそが『華厳経』が位置づけられる円教であると述べる。そして、円教におけるすべてを包含する側面は、とりわけ『五教章』の中の別教一乗の該摂門などで説明される[52]。法蔵が五教判を説く文脈では、終教に一切を包含する側面は語られない。しかし、法蔵の最晩年の文献である『入楞伽心玄義』（以下、『玄義』）は、注釈対象である『楞伽経』を『起信論』と同じ如来蔵縁起宗に位置づけた上で、『楞伽経』の宗趣（根本的思想内容）について、多くの仏説を包摂するものとして説明しており、『同異略集』における終教との類似性が推測される[53]。それゆえ、金天鶴（二〇〇四、四二）のように法蔵の中にこのような考え方が存在しないと断言はできない。

また、筆者は、上記の『同異略集』における終教の規定については、慧苑『刊定記』の教判の影響も強いと考えている。慧苑『刊定記』は、『華厳経』と如来蔵思想とを第四の真具分満教に配当した上で、「四つ角で授けられる一乗の教えは、此の第四教（真具分満教）に相当する」[54]と述べる。『法華経』における火宅の譬喩を念頭においた表現であるが、これは『五教章』では別教一乗の分相門で引用されるものであり[55]、円教のみで終教とは関連しない。また、智儼『五十要問答』において一切の教説を含む『華厳経』を表現していた「不共教[56]」について、『刊定記』は第四の真具分満教に相当するという[57]。慧苑『刊定記』では、真具分満教にすべてを包含する側面が措定され、如来蔵思想と『華厳経』とがこの教に配当される。

これまで確認した『同異略集』における終教の規定の背景には、日本における華厳教学受容の仕方が背景にあると推察される。つまり、法蔵自身における教説の変化という段階的次第を経ず、一挙に華厳関係の典籍が日本へと将来された結果、法蔵の『玄義』や慧苑の『刊定記』などをも包含するかたちで、終教の規定が整合化されたのである。なお、『華厳経』講説にあたっては、当初は『探玄記』が参照されたが、天平二十年（七四八）以降には『刊定記』も参照されたと指摘される[58]。天平勝宝元年（七四九）から第四期の講師をつとめた智憬が、『同異略集』の撰述に際して、講説での経験をふまえ、『刊定記』の考え方も取り入れたとみることは可能であろう。

その他、終教がすべてをふくむという考え方には、『起信論』が一切の教説をふくみ、会通の側面を有するとみる元暁の影響も留意しておくべきである。「二辺にかたよる執著を除き、二つの主張を和会することが、『起信論』の主張である[59]」とあるように、『同異略集』の『起信論』観は、会通において『起信論』を利用した元暁の『起信論』観を踏襲している。

ただし、ここで注意すべきなのが、『同異略集』第一建立真理同異門における会通の文脈である。本章第二節「『大仏頂経』の引用と会通」で言及したように、「清弁・護法の論争」→「法相側の基・慧沼の引用」→「『起信論』による会通」→「『大仏頂経』の引用」→**「法蔵『五教章』の引用による会通」**という流れである。『起信論』の如実空・如実不空によって空・有の論争は会通される。しかし、その後で『大仏頂経』の問題という日本の状況を反映させ、最後は華厳宗の祖師の文献である『五教章』で再度会通している。つまり、『起信論』でも十分であろうが、日本の三論宗・法相宗の論争は、あくまでも『五教章』すなわち華厳宗の教学によって会通されなければならないのである。この点には、日本の文脈における華厳教学、さらには『華厳経』の位置づけが反映されていると考えられる。

おわりに

最後にこれまでの考察の成果をふまえつつ、奈良時代の華厳教学の特徴を本稿の結論として述べておきたい。

凝然は華厳関係の典籍の将来を道璿に帰すが、これについては誤認の可能性がきわめて高い。道璿と同じ船でもたらされたものも多いであろうが、新羅伝来のものも想定され、それらがあわさって奈良時代の華厳教学の基盤となる典籍群を構成する。天平十二年（七四〇）から開始された『華厳経』講説において第一期の講師をつとめた審詳の存在は言うまでもないが、書物の伝来からみても、奈良時代の華厳教学における朝鮮半島の影響はゆるがせにはできない。そして、この『華厳経』の講説においては聖武天皇の影響が強いが、聖武天皇の『華厳経』信仰は、『最勝王経』を中心とした護国仏教の潮流の中で、『華厳経』にも説かれる仏法にもとづく理想的な政治をおこなって国を安定させる「菩薩としての王」の姿にも共感したものであろう。聖武天皇の援助の下、『華厳経』の講説や大仏造立がすすめられてゆく。

講説の開始から九年後に発せられた「華厳経為本」の詔では、端的に、他の経典との差異を前提とした『華厳経』を根本とみなす考え方が確認される。以前の大仏造立の詔や国分寺建立の詔においては、華厳教学の影響はそれほどみられないが、本稿では、上記「華厳経為本」の詔が、講説の進展もふまえてか、当時の華厳教学研究の成果を反映している可能性を指摘した。また、先行研究では、詔の背後に存在する国家側の思想的イデオロギーとして「如来蔵思想」に注目していたが、「華厳経」を根本とする以上、そのような位置づけを教理的に説明する華厳教学の方が、天平勝宝期の思想的イデオロギーとしてふさわしい可能性も考察によって示した。

奈良時代の華厳教学と関連する文献としては、唯一、『同異略集』が現存する。先行研究によって智憬撰述であることが推定されているが、本稿においても、日本独自の状況と関連した『大仏頂経』の引用を指摘・考察し、その可能性を補完した。

内容については、新羅の元暁の文献をベースとしている箇所もあるなど、元暁の影響が強い。ただし、『大仏頂経』の引用でも確認したように、元暁の思想の影響をうけた『起信論』による会通という構造を有しつつも、日本で当時論争していた三論宗・法相宗ついては、法蔵『五教章』の引用によって会通をこころみるなど、最終的な依りどころは華厳教学にもとめていた。『同異略集』については、元暁を重視しつつも法蔵によって補正するという指摘が妥当である。

また、『同異略集』における終教の規定について、先行研究は智儼や法蔵と異なると指摘するが、法蔵『玄義』や慧苑『刊定記』の考え方を反映している面もある。これについては、法蔵の文献が一時に将来された結果、法蔵の思想の変化を考慮せず、華厳教学としての整合化を図った結果、上記のような規定になったと判断した。

奈良時代の華厳教学については、「元暁・法蔵融合形態」という指摘もあるが、両者は必ずしも同列に扱われてはいない。少なくとも『同異略集』から判断する限りでは、すべてを会通する元暁の思想をたくみに利用しつつ、「華厳経為本」というイデオロギーに沿うように、法蔵や慧苑の華厳教学で補正している。元暁はすべての経論や学説を平等にあつかい、価値序列的判断を設けないが、これでは『華厳経』もその他の経典と平等となる。それゆえ、『同異略集』では、最終的には『五教章』が引用されるのである。このことは、『華厳経』および華厳宗を中心として諸宗の統合を図るような権力論的構造を想起させるとともに、国家権力と各宗の間の関係性を考える手がかりともなろう。筆者は、「国家主導」か「各宗独自」かとして二項対立的に捉えるのではなく、国家の意向を幾分かは各宗がふまえつつ、同時に、各宗の研究成果が国家へと伝えられるような、相互に影響しあう関係性として把握すべきと考える。ただし、両者のグラデーションについては、時代や状況によって多様であると推測される。奈良時代の華厳教学文献がほとんど存在しない以上、現時点ではこの問題にかんする筆者の見解を上記のように示すにとどめ、今後、南都六宗の諸宗の文献や平安時代の文献も対象にいれて、より細かく考察してゆくこととしたい。

註

（1）木村清孝（一九九二、一～二）は、インド起源の大乗仏教経典『華厳経』にもとづき、それを依りどころとして形成され、アジア各地に広く展開した思想を「華厳思想」、中国・朝鮮・日本の華厳宗の思想を「華厳教学」と定義する。「華厳思想」「華厳教学」という用語について、本稿はこれに準拠する。

（2）石井公成（一九九五）・同（二〇一四）など。

（3）現存資料における『探玄記』の初見については、宮﨑健司（一九九八、五一）が、「五月一日経」の貸借帳簿の一つである「律論疏集伝等本収納幷返送帳」の天平十六年閏正月の項であると指摘している。

（4）皆川完一（一九六二）は、玄昉将来の『開元釈教録』による一切経五〇四八巻の書写を目標とした写経事業は、天平八年九月に開始後、天平十四年の末頃になって一種の行き詰まり状態になったと述べる。そして、天平十五年五月一日から、『開元釈教録』に収録されていない章疏の書写にまで範囲をひろげ、天平勝宝末年まで続いたと指摘する。

（5）堀池春峰（一九七三、一一六）は、大伴旅人（六六五～七三一）と新羅の理願尼（？～七三五）の関係、天平宝字二年（七五八）二月の造東大寺司召文にみえる画工司の絵師であった新羅人伏万呂・飯万呂の存在、さらには文物の舶載として正倉院に伝存する新羅墨や毛氈などをあわせ、日本と新羅間における人物の往来が盛んであったと指摘する。そして、「義湘・元暁さては唐朝の学僧の述作が新羅より輸入された可能性は極めて大きい」と推察している。また、慶雲四年（七〇七）五月における入羅留学僧義法・義基・惣集・慈定らの帰国、遣新羅使白猪史広成・津史主沼呂の帰国などを指摘し、「ここでの『華厳経』や諸典籍の将来は考えにくいが、このような経路で新羅から伝来した可能性は否定できない」と述べる。

（6）『華厳一乗開心論』（T72, 13c）。

（7）『東大寺要録』諸宗章・華厳別供縁起（TY, 157）。

（8）「審詳」は「審祥」とも記されるが、同時代史料である正倉院文書にしたがい「審詳」で統一する。なお、没年については、天平十七年から天平勝宝三年（七五一）までの間とする堀池春峰（一九七三、一一一）の考証に準拠した。

（9）山本幸男（二〇一五、四三～四四）は、「律論疏集伝等本収納幷返送帳」にみる『探玄記』の貸借記録について、天平十六年閏正月十四日の第二帙十巻および同月二十日の第一帙十巻とも、審詳所蔵の可能性を指摘している。

（10）『東大寺要録』諸宗章・華厳別供縁起：故能天平十二年庚辰十月八日、金鐘山寺奉為聖朝、請審祥師初講『花厳経』。其年天皇御年四十、満賀之設講。（TY, 156–157）

（11）審詳の蔵書や書写記録から、『探玄記』はつねに参照されていたと思われるが、「東大寺華厳別供縁起」（TY, 157）は、第四期についてのみ「講六十経幷疏廿巻了」として注釈書も講じたことを記すため、ひとまずこのように示した。

（12）「別供縁起」は延暦十九年七月己未以降の諡である「崇道天皇」の語を使用しており、『華厳宗一乗開心論』の方が先行する文献である。なお、『華厳宗一乗開心論』の著者について、岡本一平（一九九八）は道雄（？～八五一）の可能性を指摘するが、本稿では立ち入らない。

（13）普機『華厳宗一乗開心論』：以去天平十二年庚辰十月八日於金鐘山寺奉為聖朝請青丘留学華厳審詳大徳初開講時……（T72, 13c）

（14）『円融要義集』の佚文は谷省吾（一九五七、六〇～六一）に記載されている。また、同書の撰述時期について、谷省吾（一九五七、六一）は、上記で引用した講説の記事の後に続く「已経五十余年」という表現から延暦十年（七九一）頃と推定する。本稿もこの考証に準拠した。

（15）谷省吾（一九五七、六〇）。

（16）『続日本紀』巻一七（SNKB14, 76）。

（17）慧苑の生没年については、坂本幸男（一九五六、五～一四）の考証に準拠。

（18）普機『華厳宗一乗開心論』：有真言宗大師遍照和尚……親伝云、「近世振旦有常講華厳之和尚。毎読経軸終有仏舎利出。総数近一升。親対披賀」等云云。（T72, 13b）

（19）普機『華厳宗一乗開心論』（T72, 13b）。

（20）『華厳経感応伝』一巻は、『華厳経』にかかわる感応についての事跡を集めたもの。日本への伝来時期は不明であるが、天平二十年には『華厳伝之記』一巻の書写記録が確認される。

（21）森本公誠（二〇〇三、一五～一七）の指摘によると、この讃は、「岑」という人物とその兄弟らが、亡父のために盧舎那仏や八部衆の像画を作成した行為にたいして霊実が讃したものであるという。

（22）『続日本紀』巻一七・天平勝宝元年十二月丁亥条：天皇我御命爾坐、申賜止申久。去辰年、河内国大縣郡乃智識寺爾坐盧舎那仏遠礼奉天、則朕毛欲奉造止思登毛……（SNKB14, 96）

（23）『続日本紀』巻一五・天平十五年十月十五日条：是故預知識者、懇発至誠、各招介福。宜毎日三拝盧舎那仏。自当存念各造盧舎那仏也。如更有人情願持一枝草一把土助造像者、恣聴之。（SNKB13, 432）

（24）『六十華厳』巻一六・十廻向品：仏子。何等為菩薩摩訶薩第六随順一切堅固善根廻向？　此菩薩摩訶薩、若為王時、得勝国土、安隠豊楽、降伏怨敵、治以正道、如法教化、功蓋天下、徳覆十方。万国帰順、無敢違命。兵仗不用、自然泰平。以四摂法、善摂衆生。転輪聖王、七宝成就。此菩薩摩訶薩、堅固安住自在功徳。（T9, 499c）

（25）石井公成（一九九六、四六八）は、「聖武および周囲の人々が、『華厳経』を従来の護国・延命という立場から見ていたことを示す」と指摘するが、これらに加え、『華厳経』が理想的な国王を説いており、『金光明経』と通じる側面があることも重要であると思われる。

（26）代表的なものとしては、井上光貞（一九四八）や同（一九六一）など。

(27) 中林隆之（二〇〇七、二五三）。

(28) 中林隆之（二〇〇七、三〇五）は、倶舎宗に真諦訳の論書が加えられている点に注目し、「いずれにせよ真諦訳であるので、それが摂論ないし如来蔵系の思想を加味した論典である可能性は高いだろう」と指摘する。たしかに、真諦（四九九～五六九）の翻訳、たとえば『十八空論』（T31, 863b）などでは、第九阿摩羅識を如来蔵的な自性清浄心とする解釈が確認されるなど、真諦訳のみにみられる特徴もある。しかし、それはあくまでも阿頼耶識解釈や第八・第九識解釈という文脈に限られるのであり、そもそも阿頼耶識を説かない部派仏教（小乗）の論書に、如来蔵思想的な解釈を読みこむことは不可能である。

(29) とりわけ、松本史朗（一九八六）が提唱した如来蔵思想解釈を中心とし、それにもとづいて日本古代の政治的イデオロギーを読み解こうとする点は問題である。松本史朗（一九八六）の説は、如来蔵思想を「基体説」（dhātu-vāda）とし、「単一な実在である基体（dhātu）が、多元的なdharmaを生じる」と主張する説と批判的に捉えるものである。あくまでも近代以降に日本に導入された西洋の文献学的方法論にもとづいて提起された学説であって、それを古代にあてはめ、中林隆之（二〇〇七、三一七～三一八）が、次のように述べることは難しいように思われる。

「したがって、日本古代国家・王権（によって整備された花《ママ》厳宗）に即して、『華厳経』――如来蔵思想の果たした役割をごく概括的・抽象的に捉えるならば、それは〈常住不変〉たる「法界」「真如」（および「法身」たる盧舎那仏）という一元的な普遍的〈真理〉を「基体」として、そこから流出した「如来智慧」があらゆる諸事象に遍満する、汎神論的に荘厳された世界（法界縁起）として現実の古代国家を理解することで、その律令体制にもとづく差別的かつ専制的な支配構造を、絶対化ないし聖化する宗教的な役割を果したもの、ということができるのではなかろうか。」

(30) そもそも、『華厳経』は多くの経典を集めた編輯経典的な側面を有するものでもあり、『華厳経』のどの箇所に注目するかによって、『華厳経』全体の把握の仕方が異なってくる。石井公成（一九九六）がすでに指摘しているように、『華厳経』十地品に相当する『十地経』、およびその注釈書である『十地経論』にもとづいて誕生した地論教学では、十地品を重視し、中国仏教思想としての如来蔵縁起を説き、如来蔵を根源的に捉える考え方が確認される。智儼の華厳教学は、そのような地論教学、如来蔵縁起説にたいする批判として、普賢菩薩行品や宝王如来性起品を重視した『華厳経』解釈である「性起説」を中心に成立したものである。成仏の「因」としての如来蔵を重視する考え方を批判し、成仏後の「果」のはたらきに注目し、それを「性起説」や「法界縁起」として体系化したのが、智儼や法蔵の華厳教学である。地論教学にもとづけば、『華厳経』を如来蔵思想ないし如来蔵縁起説にひきつけて解釈し、「華厳経為本」の詔との関係を推測することは可能かもしれないが、『十地経論』を除いて、地論教学文献はほとんど日本に伝来していない。『華厳経』の講説にもちいられた注釈書も、智儼教学をふまえて「性起説」を重視する法蔵や慧苑の注釈書である。中国仏教の教理思想研究の成果からみた場合、如来蔵思想を「華厳経為本」の詔の思想的イデオロギーとすることは難しい。

(31)　この点については、石井公成（一九九六、四六四～四七五）が指摘している。

(32)　『教理綱要書S613』：言通宗教者、謂『涅槃』『華厳』『大集』所辨体状者是。……言一体即是『華厳』、一切体是『涅槃』、体無不彰者、即明『大集』。然『涅槃』捔相明漸教、行是有余無余。『華厳』就体辨頓・円教、行是必竟不必竟。『大集』捔無障礙以彰円教、行是秘密。　(G12, 71–72)

(33)　『勝鬘経疏』：円宗之内、略明三種相。『涅槃』等是漸中之円。『華厳』等是頓中之円。『勝鬘』等是円中之円、『大集』之流故也。　(G12, 330)

(34)　吉蔵『法華遊意』：六者、欲説三種法輪故説此『経』。言三種者、一者、根本法輪。二者、枝末之教。三者、摂末帰本。根本法輪者、謂仏初成道花厳之会、純為菩薩、開一因一果法門。謂根本之教也。但薄福鈍根之流、不堪於聞一因一果故、於一仏乗、分別説三。謂枝末之教也。四十余年説三乗之教、陶練其心、至今『法花』、始得会彼三乗帰於一道。即摂末帰本教也。　(T34, 634c)

(35)　法蔵『五教章』乗教開合は、あらゆる仏説を五教に区分した上で、傍線を付した箇所のように、別教一乗を「本」、それ以外を「末」と把握する。

第五乗教開合者、於中有三。……初約教者、然此五教相摂融通、有其五義。一或総為一。謂本末鎔融唯一大善巧法。二或開為二。一本教。謂別教一乗為諸教本故。二末教。謂小乗・三乗。従彼所流故。又名究竟及方便。以三乗・小乗望一乗悉為方便故。三或開為三。謂一乗・三乗・小乗教。以方便中開出愚法二乗故。四或分為四。謂小乗・漸・頓・円。以始終二教俱在言等故。五或散為五。謂如上説。　(Wu, 155–156)

また、法蔵『探玄記』第五明現伝（T35, 116a-b）にも同様の説明がある。

(36) 法蔵『探玄記』第三立教差別：八、唐吉蔵法師立三種教、為三法輪。一、根本法輪。即『華厳経』最初所説。二、枝末法輪。即小乗等於後所説。三、摂末帰本法輪。即『法華経』四十年後説迴三入一之教。具釈如彼。（T35, 111b）

(37) 卍続蔵本所収テキストの序の部分では、「余幸生東隅、僅遇遺法。本論十一投於鐘山僧統、年次十七纔預出塵之真」（Z1-71-4, 365左a）とある。崔鈆植（二〇〇一、七九）は、ここでの「十一投於鐘山僧統」（十一歳の時に「鐘山僧統」に身を投じた）とある箇所に注目し、「鐘山僧統」を「鐘山」と「僧統」に分けて考察する。「僧統」については、奈良時代から僧侶の間で使用されていた表現で、最澄『顕戒論』や『天台付法縁起』の用例から、僧綱の構成員にあたる人の呼び方と推定する。また、「鐘山」は、直接該当する地名は新羅と日本には見当たらないものの、東大寺の前身寺院である金鐘寺（金鐘山寺）を、その可能性として提示している。

最後の跋における述懐の部分では、「憬悟闇魯侯之馥、語至道之玄強、望馬鳴之冥加、仰頼私師之洪恩、忽率性靈之愚、忝集同異之趣。」（Z1-71-4, 385左b）とある。

崔鈆植（二〇〇一、七九）は、上記の序の考察と跋における「憬＝智憬」の可能性から、『同異略集』の著者を智憬と推定している。

(38) 智憬の生没年は未詳である。名が最初にみえるのは、天平十三年（七四一）の「一切経納櫃張」（DNK7, 494）であり、「沙弥智憬」とある。『東大寺要録』諸宗章第六には、天平勝宝元年（七四九）から天平勝宝三年（七五一）まで、第四期『華厳経』講説の講師をつとめたとある。正倉院文書関係の資料では、天平勝宝五年（七五三）以降、智憬の名は確認されない。山下有美（二〇〇二、八）は、良弁の弟子であり、天平十九年（七四七）までに受戒したと指摘している。これらをふまえ、上記では「智憬（?～七四一～七五三～?）」と表記している。

(39) 前掲註(37)を参照されたい。

(40) 智憬『同異略集』：新羅元暁法師、飛龍之化、潜于青丘、故字丘龍、大周法蔵和上、駕象之徳、振于唐幡、故字香象、伝記如斯見者知之。　（Z1-71-4, 385左a）

(41) 金天鶴（二〇〇四、四〇～四三）によると、『同異略集』における引用回数は、法蔵四十四回、元暁二十回である。『起信論』関係の著作については、法蔵『大乗起信論義記』が二十六回、元暁『疏』は九回である。華厳関係の註釈書を引用する場合には、法蔵『探玄記』や『五教章』が用いられ、元暁の華厳関係の著作はまったく引用されていないと指摘する。なお、金天鶴（二〇〇四）は指摘していないが、第二建立真智同異門（Z1-71-4, 368右b–

368左a）では、如心偈を引用した後、元暁の『華厳経』注釈書を引用している。これは現存著作には確認できないので、元暁の『華厳経疏』の佚文であろう。

(42) 元暁における中国古典の引用傾向については、石井公成（一九八三）を参照。

(43) 河野貴美子（二〇一〇、二四～二五）の指摘による。

(44) 智憬『同異略集』:『大仏頂首楞厳経』第五頌云、「真性有為空　縁生故如幻　無為無有実　不起如空華」。
(Z1-71-4, 365左b)

(45) 師茂樹（二〇一五、三五二）の指摘による。

(46) 玄叡『大乗三論大義鈔』:問。清弁菩薩所立之量、為是自作、為是依拠？　答。清弁菩薩仰述仏量、非自穿鑿。問。仏量何出。答。『大仏頂如来密因修証了義諸菩薩万行首楞厳経』第五。……『経』本東流、衆師競諍。則於奈楽宮御寓勝宝感神聖武皇帝御代仲臣等、請集三論・法相法師等、而使換考。両宗法師相勘云、是真仏経。掌珍比量、与『経』量同、不可謗毀等。論定竟。即以奏聞、奉勅依奏已畢。
(T70, 151b)

(47) 師茂樹（二〇一五、一三二）は**表6**の論理式について、「ディグナーガの方式に則れば、『およそ〝空〟でないものは、すべて〝原因によって生〟じない。たとえば〇〇のように』という異類例が自動的に導かれるが、バーヴィヴェーカの論理学においてはあり得ない。これを認めてしまうと、空ではない何かの存在（〇〇に入るもの）を認めることになってしまい、一切皆空の証明にならなくなってしまうからである」と指摘する。

(48) 智憬『同異略集』:由此二論師言、雖似諍論、而意非諍論、各互相破、以成真如二義耳。
(Z1-71-4, 365左b)

(49) 根無一力（一九八三）および師茂樹（二〇一五、一二八～一三五）。

(50) 慧沼『能顕中辺慧日論』明仏三身常無常異六:諸仏功徳、離分別、絶四句。不可説言三身差別常与無常、而寄詮顕三身功徳、能所智證、心色理智、性相不同、常無常別。……今但略引余少文証。如『楞伽経』第七云、「大慧白仏言、世尊・如来応正遍知為是常耶、為無常耶？　仏告聖者大慧、如来応正遍知、非常非無常。何以故？　二辺有過故。此遮分別、離四句故」。故下云、「大慧譬如虚空非常非無常。何以故？　離常無常故。以不堕一・異・俱・不俱、有無・非有非無、常無常・非常非無常。是故離於一切諸過、不得証説」。……『楞伽』第七云、「大慧如来非常。何以故？　虚空之性亦無修行諸功徳故」。此意反顕報化有修行諸功徳。故知無常。……『楞伽』第七云、「若言常者、同於兎馬駝驢亀蛇蠅魚等角。是故不得言如來常」。若従所証所依常故得言為常。又云、「復次大慧更有余法。依彼法

故、得言如来・世尊是常。何以故？　依内証智証常法。是故得言如来是常」。　　（T45, 445b–c）

（51）前掲註(50)の傍線部を参照されたい。

（52）『五教章』（Wu, 86–89）。

（53）『玄義』第六所詮宗趣（T39, 428b–429c）で紹介される『楞伽経』の宗趣（根本的思想内容）は、以下の**表8**で示すように、「①無」「②妄想」「③自覚聖智」「④一心」「⑤二諦」「⑥三無」「⑦四門」「⑧五門相対」「⑨立破無礙」「⑩隠密自在」の十種である。

表8

	法蔵『玄義』における十種の宗趣説
①無	諸法の性と相は円融し、心もことばも表現しようがなく、立てるべき主張はない。『四巻楞伽』（T16, 502b）が教証として引用される。石井公成（二〇〇二、三五）は後の禅宗における「不立文字」に近いと指摘する。
②妄想	衆生の有や無の誤解はすべて妄想であり、仏はそれらがすべて妄想だと指摘することで妄想を治癒する。妄想の断尽が『楞伽経』の目的であり、その意味で妄想を宗趣とみなす。石井公成（二〇〇二、三五）はのちの禅者の「莫妄想！」の叱責に近いと指摘する。
③自覚聖智	あらゆる法はみずからの心であり、一切平等のみならず、それを悟る智慧そのものも真実と一体であることを悟る。「妙絶能所、離覚所覚」が宗趣である。『四巻楞伽』（T16, 480b）の「無有仏涅槃　遠離覚所覚」が教証として引用される。先行研究は指摘していないが、智とその対象の無二を説き、『四巻楞伽』の上記箇所を引用する用例は『楞伽師資記』（T85, 1284b）にも確認される。
④一心	諸法は心によって現れているということ、すなわち一心。唯心が「宗」で、心尽が「趣」である。
⑤二諦	④の一心を開いて二諦とする。心相の差別、染浄や凡聖の区別をみるのが俗諦。心体平等、染浄相尽、一味無二をみるのが真諦。内容的には『起信論』の一心二門および法蔵『大乗起信論義記』で説明される真妄交徹であり、これらをあたかも『楞伽経』の宗趣であるように位置づけている。この二諦は奥深い相（甚深之相）であり、『楞伽経』の心要である。二諦が「宗」で、二諦を観察して修行を完成するのが「趣」である。

⑥三無	無上境・無等行・無等果の三無が宗趣である。⑤の二諦が境、境によって成立する悲智が行、行の完成により獲得される智や断が果である。真諦訳『摂大乗論釈』（T31, 322b）に説かれる十殊義のうち、無等境に第八識と三性を、無等行に四尋・思観・六度・十地を、無等果に菩提と涅槃を配当する。『楞伽経』各所でこれらが分析されるので、三無を宗趣とするのである。
⑦四門	五法・三性・八識・二空の四門を宗趣。「大乗法相」を総合的にまとめたもので、『楞伽経』はこれらを盛んに説くので四門を宗趣とするのである。
⑧五門相対	教義相対・理事相対・境行相対・比証相対・因果相対の五対十義を宗趣とする。比証は地前位と地上位であり、行位相対と同意である。ただし、注意すべき点として、法蔵は『五教章』（Wu, 267–268）、『華厳経旨帰』（T45, 594a）、『三宝章』（T45, 614c）、『探玄記』（T35, 123b）などで十対を説くが、比較した場合、「主伴依正」という別教一乗の特徴的側面が『楞伽経』の五対十義にはふくまれず、『華厳経』との差異化が図られている。
⑨立破無礙	否定（破）の内容は邪見外道・二乗・謬解の菩薩であり、定立（立）の内容は万法唯心・唯一真性・不動真性建立諸法である。この立と破とを「宗」とし、両者が円融し、どちらかに偏ることがないこと（無寄）を「趣」とする。
⑩隠密自在	優れた純機のためには直接的に法を教示し、劣った雑機のためには、覆相の密語（説かれることばや内容が異なるもの）を用いる。雑機を対象とした場合、教には顕密の相違があって多種多様だが、理には隠・現の相違はない。いわゆる八万四〇〇〇の法門であり、『楞伽経』冒頭の一〇八句はそれらをまとめたものである。それゆえ、『楞伽経』は「隠密自在」を宗趣とする。

「十」という円満をあらわす数字で宗趣をまとめていることや、「四門」や「隠密自在」の内容を考慮するに、『玄義』の宗趣説は多くの仏説を包摂するものであり、同時に如来蔵縁起宗すなわち終教がそのように把握されているとも考えられる。「無」「妄想」「自覚聖智」の内容から、その中には頓教としての禅宗も含まれていよう。そして、「五門相対」で示されるように、『華厳経』に説かれる独自の教説をふくんでいないという点においてのみ、『華厳経』が配当される円教と如来蔵縁起宗との差異化も図られている。したがって、『玄義』における終教は多くの学説をふくむものであるが、円教には及ばないものである。なお、堀池春峰（一九七三、一二八～一三五）所収の「大安寺審詳師経録」によれば、『玄義』は審詳の所持していた典籍にふくまれており、『玄義』が『同異略集』

に影響をあたえた可能性も推測しうる。

(54) 慧苑『刊定記』第三立教差別：准『法華』譬喩品内三品大乗当此第三教法、彼四衢等授一乗当此第四教。（Z5, 23b）

(55)（Wu, 67–76）。

(56) 智儼『五十要問答』：問。一乗教義分斉云何？ 答。一乗教有二種。一共教。二不共教。円教一乗所明諸義文文句句皆具一切。此是不共教。広如『華厳経』説。二共教者、即小乗・三乗教。名字雖同、意皆別異。如諸大乗経中広説。可知、仍諸共教、上下相望、有共不共。如小乗教三世有等、三乗即無。三乗教有、小乗即無。或二乗共有如道品等名数共同。或二乗倶無、則一乗教是也。可類準知。（T45, 522b）

(57) 慧苑『刊定記』第三立教差別：『大宝積経』無尽慧所問会中及『宝性論』第四皆云「初心菩薩教」者、当此第三教。『智度論』三十七云「共教」者、亦当此第三教。又云「不共」者、当此第四教。（Z5, 23b）

(58) 宮﨑健司（一九九八、五三）の指摘による。

(59) 智憬『同異略集』第二建立真智同異門：今此起信論中、遣二偏執、会二義宗、以為論宗。（Z1-71-4, 367右b）

略号および参考文献

DBZ：『大日本仏教全書』覆刻版（大法輪閣）
DNK：『大日本古文書』（東京大学出版会）
G：『금강학술총서』（金剛学術叢書）
SNKB：『新日本古典文学大系』（岩波書店）
T：『大正新脩大蔵経』普及版（大蔵出版）
TY：筒井英俊（一九七一）『東大寺要録』（国書刊行会）
Wu：鎌田茂雄（一九七九）『仏典講座二八　華厳五教章』（大蔵出版）
Z：『大日本続蔵経』

石井公成（一九八三）「元暁と中国思想」（『印度学仏教学研究』第三一巻第二号、一九八三年）一六四〜一六七頁

石井公成（一九九五）「仏教東漸史観の再検討――渡来人とその系統の人々のアイデンティティー――」（日本仏教研究会編『日本の仏教第二号　アジアの中の日本仏教』法藏館、一九九五年）九一～一〇四頁
石井公成（一九九六）『華厳思想の研究』（春秋社、一九九六年）
石井公成（二〇〇二）「則天武后「大乗入楞伽経序」と法蔵『入楞伽心玄義』――禅宗との関係に留意して――」（『駒沢大学禅研究所年報』第一三・一四号、二〇〇二年）二五～四四頁
石井公成（二〇一四）「三国仏法伝通史観の功罪――相互交流するアジア仏教の視点から――」（掘池信夫総編集・増尾伸一郎・松﨑哲之編『知のユーラシア五　交響する東方の知　漢文文化圏の輪郭』明治書院、二〇一四年）五七～八二頁
石田茂作（一九三〇）『写経より見たる奈良朝仏教の研究』（東洋文庫、一九三〇年）
井上光貞（一九四八）「東域伝統目録より見たる奈良時代僧侶の学問　下」（『史学雑誌』第五七巻第四号、一九四八年）二三～四五頁
井上光貞（一九六一）「南都六宗の成立」（『日本歴史』第一五六号、一九六一年）二～一四頁
伊吹敦（二〇一一）「道璿は本当に華厳の祖師だったか」（『印度学仏教学研究』第六〇巻第一号、二〇一一年）七九～八六頁
岡本一平（一九九八）「『華厳宗所立五教十宗大意略抄』の成立背景」（『駒沢大学大学院仏教学研究会年報』第三一号、一九九八年）六五～七四頁
鎌田茂雄（一九七九）『仏典講座二八　華厳五教章』（大蔵出版、一九七九年）
鬼頭清明（一九九三）「南都六宗の再検討」（笹山晴生先生還暦記念会編『日本律令制論集（上）』吉川弘文館、一九九三年）六七八～七〇八頁
金天鶴（二〇〇四）「東大寺創建期における華厳思想と新羅仏教」（『論集　東大寺創建前後』ザ・グレイトブッダ・シンポジウム論集第二号、東大寺、二〇〇四年）三七～五一頁
木村清孝（一九九二）『中国華厳思想史』（平楽寺書店、一九九二年）
黒田洋子（一九九九）「「布施勘定帳」の基礎的分析」（『正倉院文書研究』第六号、一九九九年）一四六～一六六頁
河野貴美子（二〇一〇）「古代日本における周易の受容」（『国文学研究』第一六一号、二〇一〇年）一二一～一三二頁

坂本幸男（一九五六）『華厳教学の研究』（平楽寺書店、一九五六年）
谷省吾（一九五七）「円融要義集の逸文――華厳宗の草創に関する史料――」（『南都仏教』第三号、一九五七年）五七～六二頁
崔鈆植（二〇〇一）「『大乗起信論同異略集』の著者について」（『駒沢短期大学仏教論集』第七号、二〇〇一年）二一四～二三〇頁
筒井英俊（一九七一）『東大寺要録』（国書刊行会、一九七一年）
中林隆之（二〇〇七）『日本古代国家の仏教編成』（塙書房、二〇〇七年）
根無一力（一九八三）「唯識比量をめぐる諸問題」（『印度学仏教学研究』第三二巻第一号、一九八三年）二二四～二二五頁
堀池春峰（一九七三）「華厳経講説よりみた良弁と審詳」（『南都仏教』第三一号、一九七三年）一〇二～一三六頁
松本史朗（一九八六）「如来蔵思想は仏教にあらず」（『印度学仏教学研究』第三五巻第一号、一九八六年）三七五～三七八頁
皆川完一（一九六二）「光明皇后願経五月一日経の書写について」（坂本太郎博士還暦記念会編『日本古代史論集（上）』吉川弘文館、一九六二年）五〇一～五六五頁
宮﨑健司（一九九八）「東大寺の『華厳経』講説――テキストと経疏をめぐって――」（『佛教大学総合研究所紀要　別冊「宗教と政治」』一九九八年）四七～六六頁
望月信亨（一九二二）『大乗起信論之研究』（金尾文淵堂、一九二二年）
森本公誠（二〇〇三）「東大寺と華厳経――聖武天皇による華厳経止揚への過程を追って――」（『南都仏教』第八三号、二〇〇三年）一～四三頁
師茂樹（二〇一五）『論理と歴史　東アジア仏教論理学の形成と展開』（ナカニシヤ出版、二〇一五年）
山下有美（二〇〇二）「東大寺の華厳衆と六宗」（『正倉院文書研究』第八号、二〇〇二年）一～六二頁
山本幸男（二〇一五）『奈良朝仏教史攷』（法藏館、二〇一五年）
結城令聞（一九七八）「華厳章疏の日本伝来諸説を評し、審詳に関する日本伝承の根拠と、審詳来日についての私見」（『南都仏教』第四〇号、一九七八年）一～二三頁

吉津宜英（一九九一）『華厳一乗思想の研究』（大東出版社、一九九一年）

日本古代における『大般若経』の受容

蓑輪顕量

はじめに

古代の日本に仏教が伝えられた時、人々が受け入れた仏教経典の代表的なものは何であったのだろうか。まず念頭に浮かぶのは『法華経』や『金光明経』などであろう。『金光明経』は曇無讖訳に代わって義浄訳の『金光明最勝王経』がやがて主に用いられるようになるが、これらの二経に『仁王般若経』が加わり、護国三部経と呼ばれ、この護国三部経が、奈良時代には広く受容されるようになった。しかし、実はこれ以外にも広く受容された経典が存在した。それが玄奘（六〇二〜六六四）訳になる『大般若経』六〇〇巻であった。『大般若経』は、あまりにも大部の経典であり、書写するにも多くの労力が必要となるが、古代においては、神と仏との双方の関わりの中で広く知られ、かつまた依用されるようになった。その意味では、少々特殊な働きを持った経典であった。拙論では、『大般若経』の飛鳥奈良朝期から平安前期に到るまでの受容を、渡辺章悟氏、嵯峨井建氏らの先行研究に導かれながら考察することにしたい。

第一章　『大般若経』の日本への将来

『大般若経』は中国唐代の三蔵法師、玄奘によって翻訳されたと伝わる六〇〇巻に及ぶ大部の経典である。一つの経典として六〇〇巻という巻数は圧倒的な分量である。かつては玄奘の翻訳ではなく、先行する『般若経』系の経典を集めて、再編成したものと考えられていたが、インド系の言語で書かれた大部の般若経典が見つかり、『大般若経』が漢語に翻訳されるより以前の段階で存在した可能性もあると考えられるようになった。おそらくは、現在の『大般若経』六〇〇巻は、玄奘が全体を改めて自ら翻訳したのではなく、玄奘以前にすでに翻訳されていた先行する般若経典も参照して、自ら翻訳したものと、それらをつなぎ合わせて全体を完成させたのであろう。(1)

さて、この経典が日本に将来された時期はいつのことであったのだろうか。確証はないが、それは道昭（六二九～七〇〇）以後のようである。道昭は玄奘のもとで法相唯識を学び斉明天皇六年（顕慶五・六六〇）年に帰国している。『続日本記』記載の彼の卒伝によれば、彼は慧満に禅観を学んだと伝え、日本に禅観を初めて伝えた人物として名高いのであるが、『大般若経』の翻訳が終了し、六〇〇巻の形を整えるのは、唐の龍朔三年（六六三）であり、道昭の帰国後のことである。よって道昭が、『大般若経』を将来した可能性はない。『大慈恩寺三蔵法師伝』によれば、その時の様子が次のように記されている。

龍朔三年（六六三）冬の十月二十三日、功は畢り筆を終え、併せて六〇〇巻を完成し、大般若経と称する。合掌して喜んで衆徒に告げられた。この経は漢地に縁がある。玄奘がこの玉華（寺）に来たのは経典の力である。

先に都に在ったときには、様々な条件が錯乱しており、どうして終了の時があろうかと思っていた。今、訳し終えることができたのは、皆、諸仏の冥加、龍天の擁護と助けのおかげである。これはつまりは国家を鎮める経典、人天の大きな宝である。衆徒はそれぞれ躍り上がり慶ぶのが良い。その時に玉華寺の都維名である寂照は、翻訳の功が終わったことをお祝いし、齋を設けて供養を行った。この日、経典を請うて、粛誠殿から嘉寿殿に行き、その斎所にて（大般若経を）講読した。

至龍朔三年冬十月二十三日、功畢絶筆、合成六百巻、称為大般若経焉。合掌歓喜告徒衆曰。此経於漢地有縁。玄奘來此玉華者、経之力也。向在京師、諸縁牽乱。豈有了時。今得終訖。並是諸仏冥加龍天擁祐。此乃鎮国之典、人天大宝。徒衆宜各踊躍欣慶。時玉華寺都維那寂照、慶賀功畢、設斎供養。是日請経、従粛誠殿往嘉寿殿、斎所講読。

（大正五〇、二七六中八～一六）

この時の経典の供養と講説が、いわゆる大般若経会の始まりであるとされる。よって、大般若会は、中国で始まったと言っても過言ではない。この『大般若経』と大般若会がいつから日本に伝わったのかは、明らかに道昭以後である。道昭以後で入唐した僧侶として名高いのは道慈（?～七四四）であるが、彼は、大宝二年（七〇二）に唐に渡り、養老二年（七一八）に帰国している。また、実際に正史の上に初めて『大般若経』が登場するのは、大宝三年（七〇三）三月十日のことである。とすれば、道慈が入唐した後、帰りの船で将来された可能性もあろう。さて、『続日本紀』巻三、大宝三年三月条には次のようにある。

四大寺に詔して大般若経を読ましむ。度すること百人。

（『続日本紀』新訂増補国史大系、一七頁、以降、国史大系と略記する）

先皇の喪が明けた年のことであり、四大寺は大安寺、薬師寺、元興寺、弘福寺の四つを指す。この記事が、正史に登場する最初の『大般若経』に関する記事であるが、「度すること百人」とあるから、この時には臨時の度者が賜われたのであろう。また、この時の読経が何日間にわたったのかは一切、記事が無いので不明とせざるを得ない。しかし、いずれにしろ、大宝三年（七〇三）は、日本の正史の中に『大般若経』がその姿を現した最初の年であった。

次に見えるのは神亀二年（七二五）閏正月十七日である。同じく『続日本紀』巻九の記事である。

僧六百人を宮中に請い、大般若経を読誦せしむ。災異を除かんが為なり。

（国史大系、一〇三頁）

「僧六百人」を宮中に召し集めているので、『大般若経』六〇〇巻を、僧一人にそれぞれ一巻ずつ読誦せしめたことはまず間違いない。そして、その目的は災異を除くためであったことが記されている。次に見えるのは、同じく『続日本紀』の天平七年（七三五）五月二十四日の記事においてである。次のようにある。

宮中および大安、薬師、元興、興福の四寺に大般若経を転読せしむ。災害を消除し国家を安寧せんが為なり。

四大寺の表記が弘福寺より興福寺に代わっているが、災害を除き国家を安寧にするために、『大般若経』が用いられた。しかもこの時には「転読」との表現が初めて使われている。転読の「転」は「ものを転がしながら動かすこと」が原意であるが、「まわって方向を変える」の意になり、副詞となって「逆方向に」や「いよいよ」などの意味を持った。やがて、「繰り返して」の意味でも使われるようになったと推定される。

しかし、『出三蔵記集』の釈道安（三一二〜三八五）伝の中に「毎至講説、唯叙大意、転読而已。（いつも講説に至ってはただ大意を述べ、転読するのみであった）」（大正五五、一〇八上一四）との記述があり、そこにおける転読の意味は、「転がしながら」と考えて、「長く音を引いて読む」の意味であったのではないかとの推定が存在している。(2)その根拠は、『高僧伝』巻一三経師の部分の、次の記述にある。

然天竺方俗、凡是歌詠法言、皆称為唄。至於此土、詠経則称為転読、歌讃則号梵唄。(3)

（ところで天竺の風俗では歌を歌ったり詠じたりすることを皆、唄と言う。この土に至っては経典を長く伸ばして詠じることを転読と言い、歌のように節を付けて讃ずれば、梵唄という。）

この記述から考えれば、明らかに音を長く伸ばして読むことが転読と呼ばれたことになる。このような意味の「転読」が日本に紹介されていたとすれば、ゆっくりと音を引きながら読誦することが日本にも存在したと推定される。(4)

しかし、音を引いて朗々と読み上げるの意で「転読」を理解することが中国で行われたことは間違いないのであろうが、同じように日本でも、転読が「音を引いて」の意味のみであったのかどうかは、若干の疑問がある。というのは、おそらくその場合は「声を引く（引声）」と表現された方が、普通のように思われるからである。(5)

これを整合的に理解しようと思えば、転読には「繰り返して読む」の意も早くに生まれたと考えるのが素直なのかもしれない。

たとえば、『大般若経』自身の中に「転読」の用語は登場し、巻三九八に「諸大衆、既聞法已、有誦持者、書写者、有転読者、有思惟者、有如説行者、有開悟他者、由是因縁、彼有情類、於諸悪趣、得不堕法」（大正六、一〇六一中一〇～一二）とあって、そこには「諳んじる者」「書写する者」「思惟する者」「説の如くに修行する者」と並んで「転読する者」が挙げられている。この用例だけで転読が何を意味するのか推測することは困難であるが、善無畏（六三七～七三五）訳の『蘇悉地羯囉経』に「或復転読大般若経七遍、或持勝物。奉施僧伽」（大正一八、六六二中二五）とあり、また不空（七〇五～七七四）訳と伝えられる『仏説一切諸如来心光明加持普賢菩薩延命金剛最勝陀羅尼経』には「若有病苦衆生、求長寿離於病苦、即建立道場、於清浄屋舎、或就伽藍、請三七比丘清浄僧、転読此経、各四十九遍。別持是陀羅尼満十万遍、即獲寿命」（大正二〇、五七九中一一～一四）とあって、ここでは、「繰り返して読む（長く音を引きながらも朗唱するの意も含意されるかも知れない）」の意味として捉えることができる。

これらのわずか二例から普遍化するのは、いささか危険ではあるが、不空訳の本経典は、大正蔵でもわずか一頁程度の短い経典であるから、ここの転読の意味は「繰り返し読むこと」の意になっていると見て、ほぼ間違いはないであろう。

しかし、一方で、日本の十世紀～十二世紀の頃には、転読は、すべてを読誦する真読とは異なった意味で、すなわち「略読」の意味で使用されるようになったことが明らかにされている(6)。略読とは経典の題目と経文の一部分を取り出して読むことで、虚読みとも呼ばれる。

それは飛鳥、奈良時代の経典が、巻子本であったことに起因するという。巻子本の途中、あるいは最初と最後だけを読むということがあったとしても、巻子本では非常に不便である。いわゆる経典の題目と、一部分を取り出して読むという所作は、経典の形態が折り本になってからではないかという。

折り本の登場は、中世の時代以降と考えられているので、今に見られる転読は、形態的にも折り本が登場して以降、しかも経典の読みに虚読みが出現してから後のことと思われる。あえて真読（全部読む読み方）という読み方が意識されるのは、そうではない読み方が登場して、初めて意識化されたという榎木榮一氏の考え方に従いたい。つまりは、六〇〇巻という膨大な分量の『大般若経』を、短い時間で読むための便法が、平安末期頃から次第に形成されていったと考えられるのである。

第二章　大般若経の読誦

奈良時代における『大般若経』の受容はまずは読誦という形態で行われた。これは日本における古代の経典の受容が、経典の講説という形態で始まったことと比較すると、やはり特異な感がする。たとえば、聖徳太子による『法華経』『勝鬘経』の受容の場合には、それは、明らかに講説であった。すなわち『日本書紀』巻二二、推古天皇十四年条によれば「岡本宮に法華経を講ず」とあって間違いなく講説であって、経典の内容を講義することが行われた。

ところが、『大般若経』はもっぱら「読む」または「読誦する」形態の受容であって、『法華経』や『仁王般若経』などに比較してみれば、『大般若経』は最初から独自の意味合いをもって受容されたものと考えざるを得ない。その意味合いとは、明らかに呪術的なものであり、「災害を消除」し、「国家を安寧」ならしめるためのものであった。それは、『大慈恩寺三蔵法師伝』に玄奘が語っていたと伝えるように「鎮国の典」「人天の大宝」とされたことに起因するのであろう。ちなみに『法華経』や『金光明最勝王経』は、講説もまた読誦も、比較的数多く見られる経典である。

ところで『大般若経』の転読の例として、正史に見える最初の例は、天平九年（七三七）四月八日の記事である。

律師道慈の曰く、道慈は天の勅を奉じ此の大安寺に住す。修造以来、この伽藍に災事あらんことを恐れて、私に浄行僧を請い、毎年、大般若経一部六百巻を転ぜしむ。此に因りて、雷声有りと雖も、災害する所無し。請う、自今以後、諸国より進めし調庸、三段の物を撮取し、以て布施に宛て、僧百五十人を請い、此の経を転ぜしめん。伏して願うは寺を護り国を鎮め、聖朝は平安ならんことを。此の功徳をもって長く恒例と為さん。（天皇は）勅もて之を許せり。

（律師道慈言、道慈奉天　勅住此大安寺。修造以来、於此伽藍恐有災事、私請浄行僧等、毎年令転大般若経一部六百巻。因此、雖有雷声、無所災害。請自今以後、撮取諸国進調庸三段物、以宛布施、請僧百五十人、令転此経。伏願、護寺鎮国平安聖朝、以此功徳永為恒例。　勅許之。）

（『続日本紀』巻一二、国史大系、一四三頁）

ここに出る記事が、『大般若経』を転読することを恒例の行事とすることに言及する最初である。しかもこの時には「僧百五十人を請」うて、とあるから、この読誦が何日間にわたったのか不明であるが、一人が三、四巻を担当したとすれば、ゆっくり読んでも一日で終了できたはずである。

いずれにしろ、『大般若経』の読誦、転読が「護寺鎮国」「平安聖朝」をスローガンとしていたことが知られ、かつすべてが読まれていたと推測される。

聖体不豫（天皇の御病気）の時に『大般若経』が書写され、また読誦された例も見える。その一例として天平十七年（七四五）九月二十日、および二十三日を挙げることができる。まずはその発端から示すため、『続日本紀』巻一六、天平十七年（七四五）九月十八日、二十日の記事から見ていこう。

（十八日）天皇不豫なり。（中略）又、京師畿内の諸寺及び諸の名山の浄処をして、薬師悔過の法を行わしむ。幣を奉り賀茂、松尾等の神社に祈祷す。諸国をしてあらゆる所の鷹、鵜を並びに以て放ち去らしむ。三千八百人を度して出家せしむ。

（二十日）播磨の守、正五位上阿倍朝臣虫麻呂をして幣帛を八幡の神社に奉らしむ。京師及び諸国をして大般若経合せて一百部を写さしむ。又、薬師仏像七躯、高さ六尺三寸なるを造り、并びに経七巻を写さしむ。

九月十八日に「天皇不豫」すなわち天皇の御病気の記事があり、名山の浄行（僧）に薬師悔過法を行わせ、さらに賀茂、松尾社への奉幣が行われ、そして「三千八百人を度して出家」させた。その直後に行われたものが『大般若経』一〇〇部の書写であった。またその三日後には、次のように読誦が行われた。

平城の中宮に僧六百人を請うて大般若経を読ましむ。

（『続日本紀』巻一六、国史大系、一八四頁）

ここでは聖体の安穏、病気の平癒を祈願して、『大般若経』の書写と読誦が行われたことが知られる。

次の例は、五穀豊穣を祈願しての書写である。天平十三年（七四一）二月十四日の、いわゆる、国分寺造立の詔である（『続日本紀』には三月二十四日とするが、『類従三代格』の記事に従い二月とする）。

頃年、年穀豊かならず、疫癘頻りに至る。慙懼交も集まりて、唯だ労《いたわし》く己を罪す。是を以て広く蒼生の為に遍く景福を求む。故に前年、駅を馳せて天下の神宮を増飾《ましとと》へ、去年普く天下をして釈迦牟尼仏の尊像高さ一丈六尺なる者各おの一鋪を造り、并びに大般若経、各一部を写さしめて、今春より已来、秋稼に至るまで、風雨序に順い、五穀豊穣なり。

この記事の中では前年に、すなわち一年前に「天下の神宮」（伊勢神宮を指すと考えられる）を増設しまた装飾し、去年、すなわちそれより暫く前に、天下に釈迦牟尼仏像と『大般若経』の一部を写させたので、今年の春以来、風雨は順調であり、五穀は豊穣であると述べられている。ここには明らかに、『大般若経』の功能により、五穀豊穣が実現していると主張されている。ちなみに、諸国に釈迦牟尼仏像一体を造り『大般若経』一部を写さしめたというのは、天平九年（七三七）三月三日の条に出る次の記述と呼応すると考えられている。

詔して曰く、国毎に釈迦仏の像一躯、挟侍菩薩二躯を造り、兼ねて大般若経一部を写さしめよ。

（『続日本紀』巻一二、国史大系、一四三頁）

ところで、この記事ではどこに造らせたのかに関して明記はないので、実際の場所を知ることができない。しかし諸国とあるから、おそらくは国府のあった場所に造らせよと命じたのであろう。

第三章　大般若会の実際

さて、では、これらの『大般若経』の読誦は実際、どのように行われたのであろうか。時代は少しく降るが、『延喜式』に規定された大安寺および薬師寺の大般若会を見てみたい。

凡そ大安寺の大般若経会、毎年四月六日、七日の両日、僧百五十口を請い、大般若経を転読す。其の施物は、三宝、糸三十絇（以下、略す）。（『延喜式』巻二一、玄蕃寮、国史大系、五三三頁）

凡そ薬師寺の大般若経会、毎年七月二十三日に起こし二十九日を尽くす一七日間、僧沙弥各三十口を請いて読経并びに悔過。沙弥は金剛般若経を読む。施物は三宝、糸三十絇。（『延喜式』巻二一、玄蕃寮、国史大系、五三四頁）

これらの大安寺および薬師寺の大般若会は、二日間に行われるものおよび一週間にわたるものとして規定されている。佐藤道子氏の研究によれば、当時の法会は一日に二度、三度または六度行われる、いわゆる二時型、三時型、六時型のものがあったことが知られている(7)。とすれば、大安寺の場合、一五〇人で四度行えば六〇〇になるから、法会が一日に朝座と夕座の二度である二時型であったとすれば、二日間にわたれば計四座になるから、二日間で六〇〇巻を読み切ることができる。

一方の薬師寺の場合は、一週間にわたり行われているが、三十人の僧侶の出仕しか明記されていない。かつ沙弥は『金剛般若経』を読ませることが規定されているので、僧は三十人で一週間で六〇〇巻を読んだのであろうか。もしそうだとすれば、この場合は一日に三時、すなわち三度の法会が行われれば、十分に一週間で読み切ることができる。ただし、これはまったく推測の域を出ない。

寺院の中に行われた『大般若経』の講読は、興味深い言及が『東大寺要録』（筒井英俊校訂『東大寺要録』国書刊行会、一九七一年を用いる。以下、『東大寺要録』と表記）の中に確認される。それは諸会章第五の冒頭部分であるが、次のようにある。

堂塔伽藍は常に仏事を行い、特に功徳を営む。鴻鐘は六時に響き、永く六道の苦しみを息め、梵唄は四季に唱え、速やかに四徳の果を招く。是れ乃ち常に法輪を転じるの砌、進修不退の地なるものなり。春は華厳の大会を開き、各、八十軸の真言を転じ、秋は般若の法筵を展べ、悉く六百巻の妙文を読む。夏は一万の蓮華を捧げて、持ちて千葉台の遮那に供し、冬は十千の灯明を挑て、用て大遍照の母駄に献す。

（『東大寺要録』一一一頁）

ここには春の華厳会が八十巻の『華厳経』を用い、秋には『大般若経』六〇〇巻を「悉く読む」法会が行われたことが記されている。実際、諸会章の九月の条には、十五日に般若会が行われたと伝える。次の記述を見てみよう。

十五日般若会　大仏殿において之を行う。色衆行堂等は、華厳会に同じ。

（『東大寺要録』一三二頁）

般若会は大仏殿に行われ、かつ「色衆行堂」などは華厳会に同じとされた。そしてその華厳会では、次のような色衆が出仕したことが記される。

色衆百八十人。前転一人、後転一人、引頭二人、定者四人、唄二人、散花二人、分経頭二人、衲四十人、甲四十人、梵音四十人、錫杖四十一人。

（『東大寺要録』一二三頁）

ここに登場する色衆は法会におけるさまざまな役職を務める役僧のことであり、職衆とも言われる。前転、後転は、『東大寺要録』「化人講師事」の中に登場する役職名である前囀、後囀と同じものであると推定される。そこでは、「講師をば前囀と名づけ、読師をば後囀と名づく」とあるので、法会において、最初に経文を述べる者が前転、後に前転の述べた内容を繰り返して復唱する者が後転であったと考えてよいであろう(8)。この前転、後転の「転」の字の意味は、経典を「囀」すなわち鳥がさえずる、声を続けて鳴くように唱えることであったと推定される。それは、実態としては経典の文章をゆっくりと朗唱することであったのではないだろうか。

そして、このような唱え方が後の転読、すなわち早口で経典を読み、また経典の題目または経文の一部のみを早口で読む、いわゆる転読（正式には略読）に繋がった可能性があろう。しかし、この記述だけでは正確なことは言えない。とにかく、『大般若経』の読誦においても、講師と複講に相当するような役割を勤める僧侶が置かれたのであろうと思われる。

おそらく『華厳経』八十巻にしても『大般若経』六〇〇巻にしても、大部のものであるから、経の題目かあるいは経の要点を唱える所作が、設けられていた可能性も残る。

また、次の引頭、定者、分経頭とは、その内実を明らかにしないが、唄は梵唄で節を付けて定められた句を読む者、散華は法会の中で華をまき散らす役割の者である。

「衲四十人、甲四十人、梵音四十人、錫杖四十一人」とあるのは、衲袈裟を着用している僧侶四十人、甲袈裟を着用している僧侶四十人、梵音四十人、錫杖四十一人という意味であろう。梵音は、経論を梵語で読み上げる僧侶のことであり、錫杖は錫杖の功徳を述べる経文（いわゆる錫杖経）を唱えるもので、七条錫杖や九条錫杖などが知られているが、これだけではどちらか判断はつかない。

またここに挙げられた僧侶の人数を足してみると、一七五名である。最初に一八〇名と断っておきながら、実際の総数を出してみると、五名足りない。その理由も判然としない。

結局のところ、具体的にどのような形式で大般若経会が執行されていたのか、これらの記事からだけでは、残念ながら明確なことがわからない。

また『東大寺要録』には次のような記述もある。これは延長五年（九二七）に成立した『延喜式』からの引用文である。

延喜式に云く、凡そ東大寺の三月十四日の華厳会、及び九月十五日の大般若等の会には、並びに官人、史生、各一人、楽人等を率いて供養せり文。

（『東大寺要録』一二三頁）

時代が少しく降った十世紀初頭の記録が引用されているのであるが、この記述に依れば、華厳会と同様に大般若会にも、官人、史生などが楽人を率いて供養に訪れると規定されている。よって、これらの法会は楽を伴ったものであったことがわかる。

さて、興味深いことに『大般若経』は、法会以外にも用いられていた。次の資料を見てみよう。

延喜式に云わく、凡そ東大、興福、元興、大安、薬師等の諸大寺の僧尼は、毎年四月一日より八月三十日まで、食時に便ち食堂に於いて、各大般若経一巻を読むべし、と云々。

（『東大寺要録』一二四頁）

これは『東大寺要録』巻四諸会章第五の四月の項に記されるものであるが、四月から八月末日までの一五〇日間、東大寺、興福寺、元興寺、大安寺、薬師寺などの大寺において、食事の時には『大般若経』を一巻ずつ読みなさいという規定である。

『延喜式』巻二一玄蕃寮の規定では、上記以外にも西大寺、新薬師寺、唐招提寺、本元興寺、弘福寺、四天王寺、崇福寺、東西寺、法華寺、梵釈寺などの大寺においてと定められている。「食時」と記されているが、当時の食事が日に一回であったのか二回であったのか判然としないので、朝のことか昼のことか、または双方なのかわからないが、『大般若経』六〇〇巻を、それぞれの寺院で一五〇日間にわたって食事の時に読んでいたと推定される。なお、当時、午後食事をしない非時食戒は守られていたことが知られるから(9)、食事の回数が日に二回だとすれば、これらの寺では『大般若経』を日に二回、読誦していたことになり、少なくともその期間を通して『大般若経』の半分は読誦していたことになる。

第四章　『大般若経』と神祇信仰

ところで、『大般若経』は、護国のために仏寺においてのみ読誦されるものではなかったようであり、八世紀半ば頃から、神祇信仰との関わりの中でも用いられたことが知られる。よって次に神祇との関わりで『大般若経』を見てみたい。興味深いことに神祇信仰との関わりが、早くも八世紀の第三四半世紀頃から確認できる。それは、神宮寺の創建と関わる記事の中に登場する。まずは鹿島神宮の神宮寺の例を見てみよう。それは『類聚三代格』（年分度者事）・嘉祥三年（八五〇）八月五日官符から知られる。

太政官符
応に闕に随い鹿島神宮寺僧五人を度補すべき事
右、案内を検するに、太政官去る承和三年六月十五日、治部省に下せし符に称わく、常陸国解を得て称わく、神宮司従八位上大中臣朝臣広年の解に称わく、去る天平勝宝年中に修行僧満願は此の部に到来せり。神の為に発願し、始めて件の寺を建て、大般若経六百巻を写し奉る。仏像を図画し、住持すること八箇年。神は以て感応せり。而して満願去りて後、年代は已に久し。住持に人無ければ伽藍は荒蕪せん。今部内の民、大部須弥磨等五人は読経を試練せり、良に僧と為るに堪えん。望請す、特に得度し件の寺に住せしめんことを。権中納言従三位兼行左兵衛督、藤原朝臣良房宣す。（以下、略）
嘉祥三年八月五日

ここに、天平勝宝年中（七四九～七五七）に修行僧満願が鹿島にやって来て、神のために神宮寺を造り、『大般若経』六〇〇巻を書写したことが記されている。また、同じく満願は、伊勢の国の多度神宮寺の創建にも関わったことが知られるが、多度大社蔵の延暦二十年十一月三日の名をもつ『多度神宮寺伽藍縁起資財帳』（八〇一年成立）には、納められた経典名が、次のように列挙されている。

神宮寺伽藍縁起并資財帳

桑名郡多度寺鎮三綱謹牒上

（中略）

大般若経壱部六百巻　法華経拾部八十巻
大宝積経壱部百廿巻　最勝王経参部卅巻
花厳経弐部百六十巻　金剛三昧経壱巻
潅頂経拾弐巻　金剛般若経佰巻
瑜伽論壱部百巻　智度論弐部二百巻
金剛三昧論壱部三巻　金剛三昧頌壱巻[10]

経典の筆頭に『大般若経』が挙げられているのである。すなわち『大般若経』一部六〇〇巻が納められており、神祇との関わりの中で注目されていることが知られる。

神宮寺の最初期の例を形成した満願は、鹿島神宮の神宮寺、伊勢の国多度大社の神宮寺の創建の双方に関わっているのであるが、その時期は八世紀の第三四半世紀である。おそらく道慈が大般若経会を主唱した天平九年（七三八）からみれば、それほど時間は経っていない。八世紀の半ば頃には、神祇信仰の中においても、『大般若経』が重要なものとして用いられるようになっていたのである。

また、事実、同じ八世紀の半ば頃に、幣帛が八幡神社に奉幣されると同時に、『大般若経』が京および諸国において書写せしめられたとの記事が『続日本紀』の天平十七年（七四六）九月二十日の条に見える。[11] ここでも、明らかに神祇との関わりで『大般若経』が用いられている。

また、伊勢の地に建立された神宮寺の一つとされる常楽寺に残された『大般若経』の巻五〇および巻九一の奥書からも、興味深い事実が読み取れる。それは、天平勝宝九年（七五七）のことであったが、巻五〇の奥書に、次のような注目すべき記事が登場する。

神風仙大神の奉為に　願主　沙弥道行　書写は山君薩比等。

（嵯峨井建『神仏習合の歴史と儀礼空観』思文閣出版、二〇一三年、三七五頁）

神風仙大神とは伊勢の天照大神のことであるとされるが、天照大神のために沙弥道行が願主となって『大般若経』を書写させたことが知られる。また巻九一の奥書きには、

仰ぎ願わくば、神社は安穏、電雷は駭すること無く、朝廷は無事、人民は之寧らかならんがため、敬いて大般若経六百巻を写し奉らんと欲す。

（嵯峨井建、同書、三七六頁）

とあって、明らかに神々の安穏のために、『大般若経』が書写されたことが知られる。このように八世紀の半ばからすでに『大般若経』は神祇信仰と密接に結びついて受容されるようになっていたことも確認されるのである。

第五章　神祇と仏教の善神の結合

『大般若経』の講説が神祇信仰と密接に結びついていたと推定されることは先に述べた。では、なぜ、神祇信仰と結びついたのであろうか。最後にこれを探っておきたい。

『大般若経』と神祇との関係を考える上で、重要なものは十六善神の存在である。『大般若経』そのものの中に十六善神という表現は登場しないが、金剛智に仮託された経典に『般若守護十六善神王形体』という資料が存在する。本書の表題のごとく、「般若を守護する十六人の善神王の形体」が簡潔に記されたものである。『大正蔵』巻二一に収載された本経には「本奥に云わく」として「陀羅尼集経巻第三に般若十六善神の名を説く」ことを記し、また『谷響集』巻八に依れば「世に金剛智所訳の般若守護十六善神一巻三紙有り。之を読むに明らかに是れ金剛智の筆語に有らざることを知れり。綴文、甚だ拙なり」（大正二一、三七八下）との記述が見える。

この奥書きや『谷響集』によれば、般若の十六善神という呼称は、『陀羅尼集経』の記述から一般化したと考えられる。『陀羅尼集経』巻第三の般若使者印第一三には、次のような記述がある。

爾の時に衆の中に十六大薬叉将有り。其の名を達哩底囉瑟吒大将、禁毘嚕大将、嚩日嚕大将、迦尾嚕大将、弥覩嚕大将、怒毘大将、阿儞嚕大将、娑儞嚕大将、印捺嚕大将、波夷嚕大将、摩尾嚕大将、嬌尾嚕大将、真特嚕

大将、嚩吒徒嚕大将、尾迦嚕大将、倶吠嚕大将と曰えり。是の如き等の十六大薬叉有り（以下、略）
（大正一八、八〇八下）

善神との表現ではないが、ここに登場する十六薬叉が十六善神であるとされる。この十六神は、薬師信仰に登場する十二神将に四天王が付加されたものであろうと考えられ、すでに先に触れた渡辺氏に詳細な所論が存在するが、経典の中では、次のようにその働きが記されている。

若し王、大臣、比丘、比丘尼、優婆塞、優婆夷等及び一切の衆生の此の法を受持し、若しくは読み若しくは誦し若しくは聴き若しくは念じ、又復た仏を念じ、若しくは坐禅する者は、我等十六薬叉将及び諸の眷属は、其の行処に随いて而して之を衛護せん。若しくは国の城邑、若しくは聚落の中、若しくは空閑林の中、是の如き等の処において、若し此の般若波羅蜜多の名を念ずる者有らば、我等眷属は悉く皆な擁護せん。
（大正一八、八〇九上）

ここでは国王、大臣、比丘、比丘尼でも在家人でも、誰でも経典を読誦し、もしくは聞き念じる者があれば、十六薬叉将は必ずその人を守護すると説くのである。実際、『大般若経』そのものにも、たとえば第一〇一巻、第四〇二巻、第五〇一巻、第五三九巻、第五五七巻などに、経典を読誦すれば、必ず善神が守護すると説いている。一例として、典型的な表現と思われる第五三九巻の該当箇所を挙げておきたい。

復次た憍尸迦よ。若し善男子善女人等の深き般若波羅蜜多に於いて、至心に聴聞し受持読誦し、精勤修学し理の如く思惟せば、是の善男子善女人等は、若しくは空宅に在りても若しくは曠野在りても、若しは険道及び危難の処に在りても、終に怖畏し驚恐し毛竪せず。諸天の善神は常に来りて擁護せん。時に四天王及び彼の天衆は、合掌恭敬して倶に仏に白して言さく、若し善男子善女人等の能く般若波羅蜜多に於いて、至心に聴聞し受持し読誦し、精勤し修学し理の如く思惟し、書写し解説し広く流布せしめば、我等は常に随って恭敬し守護して、一切の災横をして侵悩せしめず。時に天、帝釈及び諸の天衆は、合掌して恭敬し、倶に仏に白して言さく、若し善男子善女人等の能く般若波羅蜜多に於いて、至心に聴聞し受持し読誦して、精勤し修学して理の如く思惟し、書写し解説し広く流布せしめば、我等常に随って恭敬し守護して、不令一切の災横をして侵悩せしめず。時に梵天王及び諸の梵衆は、合掌し恭敬して倶に仏に白して言さく、若し善男子善女人等の能く般若波羅蜜多に於いて、至心に聴聞し受持し読誦し、精勤して修学し理の如く思惟し、書写し解説し広く流布せしめば、我等、常に随って恭敬し守護して、不令一切の災横をして侵悩せしめず。（大正七、七七二下～七七三上）

経典の文章でも、この般若波羅蜜多を（それは具体的には六波羅蜜を指すが『大般若経』そのものをも意味したのだろう）、至心に聴聞して受持し読誦し、精勤し修学し理の如く思惟し、書写し解説し広く流布せしめるのであれば、諸天善神たちは、その人に常に随って恭敬し守護するであろうと述べている。

このように般若波羅蜜を読誦し書写すれば、善神が守護するという記述に基づき、この経典がしばしば用いられたのであろう。ではなぜ、神前の読経に用いられたのであろうか。

素朴に考えれば、同じ神の前で直接に読み聞かせることで、守護を願ったということであろう。しかし、神前で読経することが、神の威力を倍増させるという端的な記述が『大般若経』の中に見いだされるわけではない。ただし、経典の中では、経典の受持の功徳が勝れていることを譬え、次のような記事がしばしば登場する。

此の般若波羅蜜多の甚深の経典に於いて、常に聴聞することを楽い、受持読誦し、究竟し利に通じ理の如く思惟し、教に依りて修行し、正に他の為に説かば、是の善男子善女人等の所獲の功徳は、前の所説の贍部洲中の諸の有情類の所成の功徳より、百倍を勝と為し、千倍を勝と為し、百千倍を勝と為し、倶胝倍を勝と為し、百倶胝倍を勝と為し、千倶胝倍を勝と為し、百千倶胝倍を勝と為し、（以下、略）（大正六、七二七上）

経典の受持読誦によって功徳が一〇〇倍、百千倍することを説くのである。このような記述から経転の読誦によって、神の力も倍増すると考え、神前に読経するようになったのであろう。しかし残念ながら、まったくの推測の域を出ない。

おわりに

飛鳥、奈良から平安にかけての古代の人々は、『大般若経』を読誦することによって国家が安寧となり、念願が成就し、また力が倍増すると考えていた。経典には十六善神が守護する主体として出てきているが、善神の力も、『大般若経』によって一〇〇倍、一〇〇〇倍、増大すると考えていたと思われる。それは、『大般若経』が大部の経典であり、もっぱら読誦することによって、不思議な力を与えてくれるものとして認識されていたからに他ならない。その根拠は、経典の中の記述にも認められるように思われるが、『大慈恩寺三蔵法師伝』に伝えられる、訳者である玄奘が、この経典は「鎮国之典、人天大宝」であると位置づけたところが、一番の原因であったのだろう。

註

（1）渡辺章悟「大般若経の信仰と展開」（同『大般若と理趣分のすべて』〈渓水社、一九九五年〉、一七七〜二七六頁）参照。

（2）荒牧典俊「南朝前半期における教相判釈の成立について」附論「襄陽の道安教団における講経会の成立」（福永光司編『中国中世の宗教と文化』京都大学人文科学研究所、一九八二年、三九八〜四一三頁）。および蓑輪顕量『日本仏教の教理形成――法会における唱導と論義の研究――』（大蔵出版、二〇〇九年、三〇〜三三頁）。

（3）大正五〇、四一五中。

（4）中国における転読の意味の考証は、船山徹「中国仏教の経典読誦法――転読と梵唄はインド伝来か――」（『宗教実践における声と文学――東南アジア地域からの展望――』京都大学地域研究総合情報センター共同研究〈平成二十五年度〜平成二十七年度〉研究代表者　村上忠良〈大阪大学大学院言語文化研究科〉、研究成果論集、平成二十七年三月）九三〜一〇三頁、および魯立智『中国仏事文学研究――以漢至宋為中心――』（中国社会科学出版社、二〇一五年）一五一〜一七七頁を参照。両者ともにほぼ同じ結論に至っているが、船山氏は楽器を伴って長く歌う場合が梵唄にはあったことを指摘する。彼は、「梵唄はすべて韻文を歌詞とする。つまり文字数が一定の偈文（五言四句など）を歌詞とする宗教歌であり、散文を歌う梵唄はなかったと推測可能である。梵唄は、転読が散文を含む経典全体を朗々と読み上げるので、固有のメロディーはなかったと考えられるのとは対照的である」（九九頁）と述べている。

（5）比叡山に伝わる円仁の念仏は「引声念仏」と呼ばれ、声を長く引いて唱える特徴を持っている。

（6）渡辺前掲書、二二三〜二二八頁。榎本榮一「経典の転読について」（『東洋学研究』二七、一九九二年）、および

同「大般若経の転読会——その目的と変遷——」（小峰彌彦・勝崎裕彦・渡辺章悟編『般若経大全』三七一～三八五頁、春秋社、二〇一五年）を参照。

（7）佐藤道子「悔過会　中世への変容」（佐藤道子編『中世寺院と法会』法藏館、一九九四年）。

（8）蓑輪顕量『日本仏教の教理形成——法会における唱導と論義の研究——』（大蔵出版、二〇〇九年）。

（9）蓑輪顕量「平安時代における八斎戒の受容」（『木村清孝博士還暦記念論集・東アジア仏教——その成立と展開——』春秋社、二〇〇二年、二四九～二六三頁）参照。

（10）『大日本仏教全書』一二〇、七五頁上～下。

（11）『続日本紀』巻一六「甲戌。令播磨守正五位上阿倍朝臣虫麻呂奉幣帛於八幡神社、令京師及諸国写大般若経合一百部。又造薬師如仏像七躯高六尺三寸、并写経七巻。」（新訂増補国史大系『続日本紀』前篇、一八四頁）。

東大寺戒壇の「塔」

はじめに——鑑真の戒律思想をめぐる研究史と東大寺戒壇上多宝塔——

大谷由香

五度の難波を経験し、当初の計画から十年後、天平勝宝六年（七五四）に日本に到着した鑑真（六八八〜七六三）は、大仏殿前に特設の戒壇を作製し、そこで聖武太上天皇、光明太上皇后、女帝である孝謙天皇に対して菩薩戒を授け、同じ戒壇上で沙弥四四〇人に対して具足戒を授けたという。その後大仏殿西の現在地に戒壇の土を移し、戒壇院が建設された（『東征伝』、『東大寺要録』諸院章第四に引用。筒井英俊編『東大寺要録』九八頁）。

現在、その地には戒壇院の中心伽藍であった戒壇堂のみが残されている。これは享保十八年（一七三三）の再建で、この時旧来のままに戒壇上には多宝塔が造立された（**図1**）。多宝塔内部には釈迦多宝の二仏像が安置されており、これらは戒壇堂再建時に漆塗金泥文様に覆われ、再建した戒壇堂を華やかに彩った[1]。二仏像の顔貌は大仏開眼会頃の製作とみられる誕生釈迦仏像や金銅八角灯籠火袋の浮彫奏楽天人像（ともに国宝）との類似が指摘されており、美術史学的観点からは東大寺戒壇創建時頃の作品とみてよく、平成二十五年（二〇一三）に国の重要文化財

図1　東大寺戒壇院上多宝塔

東京美術学校編『南都七大寺大鏡』東大寺弐（南都七大寺大鏡発行所、1921年）より転載。

に指定されている。[2]

現在の戒壇上の荘厳が鑑真の指示のもとになされたという認識は、戦後の仏教学研究者の間に共有されたものであった。常盤大定氏は多宝塔を『法華経』見宝塔品第十一に由来するものとみて「この多宝塔は、鑑真の法華信仰の表示であらう」とし、また「兎も角同一の戒壇で、大乗戒と小乗戒とを同時に授受するには、何等かの理由が無くてはならぬ」という理屈によって、[3]鑑真は『法華経』の大乗思想の影響の上から、『瑜伽論』に説かれている三聚浄戒の形式をとり、摂律儀戒に四分律を摂し、摂善法戒に梵網戒を摂した「瑜伽戒」を提唱していたとする解釈を出された。[4]

以後に出された論考は、基本的にこの常盤説を踏襲している。石田瑞麿氏は常盤説に賛意を示しつつも、現状の東大寺戒壇上に多宝塔が安置されている点をより重視する観点から「瑜伽戒」と表現することの妥当性に疑問を呈し、鑑真は天台教学の開会思想に影響を受けたとして、これを新たに「法華開会の戒」と名づけることを提唱した。[5]近年蓑輪顕量氏は、石田氏の命名した「法華開会の戒」という用語もまた、現実に史料上に見出すことが難しいという観点から、鑑真の戒律を三聚浄戒をまとめて授受する「総受の戒」であったと提唱されている。[6]しかしこの蓑輪氏の主張もまた、鑑真が法華開会の思想によって戒と律とを融合する特殊な教学を編み出したとする石田氏の主張の上に成立するものである。鑑真は中国で早くから発達していた天台教学の大乗的性格を導入し、戒律そのものの変質を求めたとする説は有力で、[7]結果常盤氏を下敷きとした石田氏の説を補強している。

これらの説に反論しているのは、管見の限り徳田明本氏と竹田暢典氏の二名のみである。ただし竹田氏は「いわゆる大小共授を法華開会の戒と規定することの妥当性については、あらためてより一層多角的な見地から再検討がなされるべきではなかろうか[8]」と問題提起するものの、積極的論証は行っていない。また徳田氏は、伝統的律宗の立場から、鑑真のもたらした戒律はまったく南山宗祖道宣に承けた法性戒観に基づいた円戒であり、戒壇上の多宝塔も道宣の思想を表明したものであって、「瑜伽戒」や「法華開会の戒」といった用語では象徴できない、と常盤説・石田説に反論している。しかし結果として、鑑真が梵網戒と四分律を融合させた特殊な戒律観を持っていたとすることには異論がないようである[9]。

すなわち鑑真のもたらした戒律は、すべての戒が融通するという立場から、「四分律と梵網戒を摂収した三聚浄戒を、総受によって授受する」という難解な思想に支えられたものであった、という一応の結論をみていて、彼がインド由来の律を素直に移植したと表明する仏教学者は、常盤氏以来現在まで皆無であると言ってよい。そしてこれらの研究成果は、いずれも東大寺戒壇上の多宝塔が鑑真によって安置された、という前提の上に成り立つ。

近年には東野治之氏が、歴史学の立場から東大寺戒壇上多宝塔が創建当初から存在したことを主張されており[10]、上記したように美術史学的見地もこれに呼応しているから、これら仏教学上の研究成果は他分野においても支持されて、いずれからも反駁されない状況にある。

しかしはたして東大寺戒壇上の多宝塔は、鑑真が自らの思想に基づいて設置したものとみて、本当によいのだろうか。よく知られているように、鑑真は実践的な人物で、その著作も明らかではない。すなわち鑑真の思想を具体的に知ることのできる同時代史料がまったく存在しない中、仏教学の研究成果の多くが、後代の資料によって推測されたものであることには注意が必要であろう。

東大寺戒壇上の塔に触れた最初の史料は、管見の限り、鑑真の直弟子である法進（七〇九〜七七八）著作の『東大寺授戒方軌』（以下『授戒方軌』と略、七五四年成立）である。これは東大寺戒壇での受戒方法について記したもので、「先壇上南方御塔正南向北二座」（『大正』巻七四、二二頁下）などというように、壇上には「御塔」があることが記されている。これにより創建当初の早い段階から継続して、東大寺戒壇上に塔が置かれていたことは確かである。この塔は『太上法皇御受戒記円融院』（九八五年成立）には「次従南面西橋歩登上層左繞塔。壇中央本有金銅塔形」（筒井英俊編『東大寺要録』三四六頁）とあって、金銅塔であることが記され、大江親通『七大寺巡礼私記』（一一四〇年成立）の「戒壇院」の項目には「案（安カ）六重金銅塔高一丈五尺許置堂中心」（奈良国立文化財研究所『七大寺巡礼私記』同朋舎、一九八二年、四四〜四七頁）とあって、六重塔であることが付加されている。

しかし東大寺戒壇上の塔が「多宝塔」であると明記された記事は、実は十三世紀まで下らなければみることができない。その最初は、管見の限りでは覚盛『菩薩戒通受遣疑鈔』（一二四六年成立）であろう。覚盛（一一九四〜一二四九）は鎌倉期の律宗復興運動が勃興した際に、その教学的根拠を担った人物で、本書は「通受」という受戒方軌によって比丘性を獲得するという彼の主張の論拠を示したものである。以下の問答中で、東大寺戒壇上の多宝塔の存在に触れられている。

問。白四羯磨共三乗者。南都戒壇共小壇哉　答。不爾。何者当壇上中央安金銅宝塔。釈迦多宝二仏同座。是則生死涅槃平等大乗甚深之表相也。其外表示建立大縁等併大乗相也。所以可謂南都戒壇三乗共中菩薩壇也。『遣偽興真章』等皆此意也

（『大正』巻七四、五二頁上、傍線引用者、以下同）

これは東大寺戒壇が「共小」（＝小乗に共通する）ではないかという問いに対して、菩薩戒壇であることを答えるも

のであるが、その根拠として出されているのが、戒壇上の「釈迦多宝二仏同座」の多宝塔である。この多宝塔は「生死涅槃平等大乗甚深之表相」とされ、南都戒壇の大乗性の象徴として紹介されていることには注意が必要であろう。

覚盛と共に戒律復興に努めた叡尊の弟子忍性は、永仁六年（一二九八）「東征伝絵巻」を作成している。絵巻には鑑真が東大寺に建立した戒壇院内部に、釈迦・多宝二仏が並んだ塔が描かれており、この時には鑑真が戒壇上に多宝塔を安置したと認識されていたことを確認できる（**図2**）。

図2　東征伝絵巻・唐招提寺蔵（一部）

画像提供：奈良国立博物館、撮影：森村欣司。戒壇院の扉の向こうに並座の仏像が見える。向かって右が鑑真。

鑑真が戒壇の大乗性の象徴として多宝塔を安置したという認識は、覚盛の孫弟子で、長老として東大寺戒壇院の教学的復興を担った凝然（一二四〇～一三二一）にも継承され、応長元年（一三一一）の著作である『三国仏法伝通縁起』巻下には、東大寺戒壇について次のように述べられている。

（鑑真）所立戒場有三重壇、表大乗菩薩三聚浄戒故、於第三重安多宝塔、塔中安釈迦多宝二仏像、表一乗深妙理智冥合之相、鑑真和尚研天台、律弘四分、四分当宗分通大乗、況依内証天台教宗立壇弘律

（『大日本仏教全書』〈以下『仏全』と略〉巻一〇一、二八頁上）

凝然によれば、鑑真は四分律と並んで天台教学を研鑽したため、天台教学を下敷きとした戒壇作製を行ったとされる。その三重の戒壇は大乗菩薩の三聚浄戒を表現しており、またその上の多宝塔は「一乗深妙理智冥合の相」を表現したという。

このように東大寺戒壇上「多宝塔」は、十三世紀以降、律宗復興に関与した人物の著作中に、南都戒壇の大乗性を宣揚する意図をもって説かれる文脈中に現れてくる。そして戦後の仏教学者が、大いにこれらの文脈に影響を受けて論を展開していることには注意が必要である。凝然の『三国仏法伝通縁起』の記事が出た後には、東大寺戒壇上の塔については必ず「多宝塔」と紹介されるようで、たとえば享徳元年（一四五二）作成の後花園天皇による「東大寺戒壇院再興勧進文」（『東大寺造立供養記』末尾添付）には、「築層重之壇、擬三聚浄戒、建多宝塔、安二尊慈容」（『仏全』巻一二一、五六頁下）と説明されている。このような教学的伝統を重視した結果として仏教学の成果は出されたのだろう。しかしそれ以前の東大寺戒壇には「多宝塔」があるとは記されていない点に着目して、今一度東大寺戒壇上多宝塔が、本当に鑑真の手によるものとみてよいかどうか検討される必要があると考える。

第一章　多宝塔創建時設置説の再考

まず多宝塔が創建時から設置されていた、と主張する先行研究の論拠について再考したい。上述したように「多宝塔」が戒壇上にあったとする同時代史料はない。このため多くは、鑑真が南山宗道宣の弟子弘景から受戒していることに着目して、道宣（五九六〜六六七）の著作上に東大寺戒壇の淵源を求めている。ここでは特に有効な根拠とされる『中天竺舎衛国祇洹寺図経』（以下『祇園寺図経』と略）内の描写と、『関中創立戒壇図経』（以下『戒壇図経』と略）末尾に掲載される無行撰述「戒壇舎利賛」の描写が、適切かどうか再考する。

第一節　『祇園寺図経』内の釈迦多宝二仏を典拠とする説

徳田明本氏は『祇園寺図経』の記述を重視して、次のように東大寺戒壇について述べている。

（道宣の）その著述で祇園精舎のありさまを記録した「祇園寺図経」に、授戒儀を象徴的に述べて戒壇の中心に珠塔があり、珠塔中には釈迦多宝の二像があって、法華経を説いている。受戒の時には、その塔門の扉みずから開き、受者の頂を摩したまうという。

この形式を模した「戒壇図経」による戒壇は、壇上に多宝珠塔を本尊とし、この前で授戒することを示している。この図にもとづいた東大寺戒壇院は、多宝珠塔を安じ唐招提寺戒壇院も同じい。

（徳田明本『唐招提寺』〈学生社、一九七三年〉一三〇頁）

『祇園寺図経』は奥書に「乾封二（六六七）年春未（末カ）感通出之」とあるとおり、作者道宣が晩年にインドの祇園精舎の風景を「感通」して著したものであるとされる。以上の徳田氏の文章の典拠と考えられるのが、次の箇所である。

七宝宝楼内有一宝池。（中略）池中蓮花院内有十六億白銀宝塔。（中略）塔下有三百二十頭盤龍。上承珠塔。（中略）此珠塔中有釈迦多宝二像。説法華経。第七会者在此塔中。（中略）塔中先有迦葉維衛二仏毘尼蔵。釈迦如来十二年後制戒之時。於此塔中披討古律。阿難比丘常在習誦。此殊（珠カ）塔上四面百億天人皆乗殊風。手執楽器常以供養大毘尼蔵。毎受戒時塔至壇所。諸天楽遶塔供養。有功徳者塔門自二開見世尊。手摩其頭。受已此塔返於故地。其中微妙不思議事不可説尽。

（道宣撰『祇園寺図経』巻上、『大正』巻四五、八八八頁中）

道宣が「感通」したところによれば、祇園精舎には七宝でできた宝楼内に一宝池があり、その宝池の中の蓮花院の中には十六億の白銀宝塔がある。塔の下には三二〇頭の盤龍がいて、その上に珠塔を掲げている。その珠塔中には釈迦多宝二像があって、『法華経』を説いている。釈迦は制戒時、この塔内に以前から納められていた迦葉・維衛の過去仏の毘尼蔵を披閲したという。塔の上には百億の天人が手に楽器を持ってこの毘尼蔵を供養している。この塔は毎受戒時に戒壇に現れ、諸天が楽を奏でて塔を廻りながら供養し、功徳ある者のために塔門が自ら開いて、中の世尊がその頭をなでてくれるという。そして受戒が終われば「此の塔故地に返る」のだという。徳田氏はこの記述に擬《なぞら》えて、鑑真は東大寺戒壇上に多宝塔を安置したのだと主張している。

しかし受戒のたびに現れて消えていくものは、実は『祇園寺図経』内に他にもいくつか描かれており、特段に珍しいものではない。たとえば祇園精舎の北には大仏殿があり、その内部には蓮華蔵がある。九龍に支えられた蓮華の上には七層の台があって、台上の相輪上の珠の上に白象王に乗った普賢菩薩がいると説明されるが、この普賢菩薩もまた、行者が「請い已りて方に戒壇に往きて依法受具すれば、普賢の光明先ず戒壇を照らし、然る後には遍く十方世界百億仏刹を照らす」存在であり、そしてまた「彼受戒し已れば礼台に還り来る」（『祇園寺図経』巻上、『大正』巻四五、八八七頁中）とされる。また祇園中随院に安置された二像の前には二天童が騎乗した二師子《（獅）》がいるが、これらも「諸比丘有りて受戒せんと欲す時、此の二天童師子に乗りて戒壇上に至り、払を挙げて持戒功徳を歌い、身を盤に転じて師子を舞わせ、蹀跌して壇を遶りて歌う」という。彼らもまたやはり「受戒既に了れば各故処に返る」（巻上同八八七頁下〜八八八頁上）。

すなわち受戒時の戒壇はかくも賑やかであり、受戒を荘厳するものは徳田氏が指摘する多宝塔だけではないことがわかる。またさらに言えば、実はこれらの存在の他に、『祇園寺図経』には祇園精舎内の「戒壇院」についての詳細な記述がある。この点については、後に詳説したい。鑑真が東大寺に戒壇院を建てるにあたって、「戒壇院」

の詳細な描写ではなく、受戒ごとに発生と消滅を繰り返すいくつかある荘厳の一つである多宝塔を採り上げて、戒壇上に安置する必要性は大きくないのではないかと考える。

第二節　『戒壇図経』末尾の無行撰述「戒壇舎利賛」を典拠とする説

もう一点、東大寺戒壇の典拠として依用されてきたのが、同じく道宣撰『戒壇図経』の末尾に掲載されている、無行撰述の「戒壇舎利賛」の文である。この賛文は、道宣が乾封二年（六六七）に建立した浄業寺戒壇を荊州から来て実際にみた弟子の無行が作成したという点で、道宣ならびに鑑真の築造した戒壇を考える上で重視されてきた。

覚智円明。応物唯霊。非滅示滅。無生現生。為人演法。三学開津。場壇粛穆。戒徳氤氳。金河晦影。鶴樹澄神。能仁散体。多宝全身。奇光昭晳。嘉瑞攸陳。二端尚在。八斛猶均。厥後無憂。爰初啓信。近護分光。霊墳是鎮。霊墳現奇。震嶺標基。扶風散彩。淮海騰輝。粤自荊岫。尋真太一。希世之風。載揚茲日。壇模山像。登頓有秩。鎮以遺身。幽誠云畢。願言遐曠。克念崇尚。識鏡澄明。心河静浪。庶劫石之方消。覬神珠於妙相

（『大正』巻四五、八一八頁下）

この賛の中には「能仁散体。多宝全身」の対句表現がみられる。これによって浄業寺戒壇上には、能仁＝釈迦仏、多宝＝多宝仏の二仏が安置される多宝塔があった、と考えるのが、石田瑞麿氏・東野治之氏である。東野治之氏は、この「戒壇舎利賛」について、次のように述べている。

この賛は標題から知られる通り、築造された戒壇を念頭に置いて作られたわけであるから、そこから戒壇の様を読み取るのは、当然なされて然るべきことである。（中略）「能仁散体」とは、現実の釈迦が如来の分身であることを意味し、「多宝全身」とは、如来の全身としての多宝仏を、これに対置したものであろう。（中略）こ

れのみを以てしても、道宣の戒壇に釈迦・多宝二仏を安置する塔があったことは、まず確実であろう。
（東野治之「鑑真和上と東大寺戒壇院」四〜五頁）

たしかに実際の戒壇をみた無行が「能仁散体。多宝全身」と述べる箇所だけを採り上げれば、戒壇上に多宝塔があったことを示唆するものとも考えられる。しかし賛文は全体を通じてその意図するところを読み取る必要があるだろう。稲本泰生氏は、賛文全体の要約を試みて、「総体として美辞麗句を以てインドから中国に至る舎利信仰の系譜を辿り、浄業寺戒壇への舎利安置を賛嘆するという趣旨の文章である(11)」と評している。私も同様の意見である。

賛文の初め、「覚智円明」から「戒徳氤氲」までの八句は、過去の仏たちが「応物」＝応機接物（相手に応じて正しく指導すること）して戒・定・慧の三学を開き、戒壇を荘厳して戒徳を高めたことを賛じたもので、「金河晦影」から「八斛猶均」までの八句は、それら過去の仏たちが舎利となって威徳を伝えていることを賛じたものであろう。稲本氏も指摘しているように、「金河」は釈迦仏が成道する前に苦行を止めて身を清めたネーランジャラー河のことを指し、「鶴樹」は釈迦仏が涅槃を迎えた沙羅双樹のことを指す。つまり「金河晦影。鶴樹澄神」は釈迦仏の生涯を語った句で、その釈迦仏は「能仁散体」――つまり舎利となって体を分割された状態で、また別の過去仏である多宝仏は「多宝全身」――全身舎利として分割されない状態で、現在もなお教導を続けていることが賛じられている。後に続く「二端尚在。八斛猶均」もこれらに対応する対句表現であろう。「二端」とは釈迦仏の遺体が燃やされた時に、焼失した儭身（肉）と最在外（服）のことを示す。これらが「尚在」した状態の姿――つまり多宝仏の全身舎利の姿――について述べたものと考えられる。「八斛」は釈迦仏の舎利の分量が八斛四斗とされていて、これを指すものであるから、これらが「猶均」しい、つまり釈迦仏の分割舎利について述べたものである。つまり「金河晦影」からの八句は、生涯にも、また死してもさまざまの姿（全身・分割身）をとりながら、なお衆生を教化し続ける仏の姿について讃歎したものであるといえる。

上記の十六句が全体として仏そのものを讃歎したのに対し、次の八句は釈迦仏の舎利を信仰し、伝えてきた歴史を賛じたものである。これもすでに稲本氏が指摘しているところであるが、「無憂」は阿育王の異名である。つまり「厥後無憂」からの四句は、阿育王が釈迦仏の舎利を八万四千にさらに分配し、「霊墳是鎮」すなわち阿育王塔に埋めたことを示す。その後「霊墳現奇」からの四句は、舎利を納めた八万四千の阿育王塔のうちのいくつかが「震嶺」すなわち中国でも発見されていることを賛じたもので、稲本氏は、「扶風」は扶風法門寺の阿育王塔を、「淮海」は長干寺または鄮県の阿育王塔、あるいはそれらへの信仰が厚い江南地域全般を指すものと解釈している。

次の「粤自荊岫」からの八句は、「荊岫」からやってきた作者無行が、「真太一」＝終南山を訪問し、道宣が作り上げた戒壇をみて讃歎する場面である。過去仏の世界から、阿育王の時を経て、現在、「鎮以遺身」すなわち釈迦仏の舎利を埋めた戒壇が、目の前に完成していることを、感慨深く賛じている。

続く「願言遐曠」からの四語四句と六語二句は、この戒壇に埋められた舎利に対する無行の願文で、自身の心識が鏡のように澄み、静かな河の流れのように穏やかでありつづけることと、永遠ともいえる期間において目の前の戒壇が存在し続けることが祈られている。

このように無行の賛文を解釈してみると、「能仁散体。多宝全身」の二句は、実際の浄業寺戒壇上の多宝塔を指すものとみるよりは、現在においても過去の仏たちの舎利を依り代として仏教が現在に伝えられていることを讃歎する表現の一つとみた方がよいのではないか。

またこの賛題は「戒壇舎利の賛」であって「戒壇の賛」ではないことも上記の解釈を補説するのではないかと思う。

以上に述べたように、これまで東大寺戒壇上の多宝塔が創建当初から存在していたという説は、土台となる論拠が確実とは言いがたいことを指摘できると思う。

第二章　『祇園寺図経』・『戒壇図経』両者に説かれる「戒壇院」

さて、上記の多宝塔創建時設置説において、あえて避けられている記事が、先に簡単に触れた『祇園寺図経』内に説かれる「戒壇院」の描写である。この「戒壇院」の描写は、道宣の別の著作である『戒壇図経』にも転用されている。いずれも道宣の最晩年の著作である『祇園寺図経』『戒壇図経』『律相感通伝』は、同時進行の事業として密接に関連し、互いに補い合いながら作成された[12]。道宣は乾封二年二月八日に「終南山北澧福之陰」の「長安県清官郷浄業寺」に戒壇を創立し、同年四月に受戒を行ったが、『戒壇図経』はこの浄業寺戒壇作製にあたって、戒壇の縁起、名称、構成、相状、機能などについて律蔵や史伝をもとに自説を主張する書である。ここでは『祇園寺図経』で「感通」した祇園精舎内の「戒壇院」の姿（巻下、『大正』巻四五、八九〇頁下～八九一頁中）が転用されていて、道宣は自身が「感通」したインド祇園精舎内の「戒壇院」の姿を、中国に移植する意図があったことを推測できる。両書に重複して描かれる「戒壇院」こそが道宣創設戒壇のコンセプトだったと考えられる。しかしこれらの記述は、道宣の「感通」によって得られた、不可思議で神秘的な表現に過ぎる描写が多分にみられる、という点を理由として、顧みられてこなかった。

鑑真は来朝の際に『戒壇図経』を日本へ持ち来っており（真人元開『唐大和上東征伝』〈七七九年成立〉、『遊方記鈔』内、『大正』巻五一、九九二頁下～九九三頁上）、鑑真が日本に戒壇を建立する際、『戒壇図経』内に踏襲された『祇園寺図経』「戒壇院」の記述を参照した可能性はきわめて高いのではないだろうか。今一度読み直してみる必要があると思う。以下に『戒壇図経』内の戒壇の形状について記された部分を抜き出してみる。

今之戒壇初為天造、天工巧妙、理出人謀。然仏指揮、又非凡度、故其相状不同恒俗。依『別伝』云「①戒壇従地而起、三重為相、以表三空、為入仏法初門、散釈凡惑、非空不遣。三空是得道者遊処、正戒為衆善之基、故限於三重也。昔光明王仏制、高仏之五肘、表五分法身、釈迦如来減為二肘半、上又加二寸、為三層也。②其後天帝釈又加覆釜形於壇上、以覆舎利。③大梵王又以無価宝珠、置覆釜形上、供養舎利。是則五重、還表五分法身④以初層高一肘、二層高二（一カ）肘半、三層高二寸、則三分也。帝釈加覆釜、則四重也。梵王加宝珠、則五重。五分具也。（中略）天帝釈又奉二珠、以供養舎利、用金蓮華承足、下設金柱、柱下安師子。此之二珠結集既竟、並各不現。帝釈二珠、今在忉利天歓喜園中、供養般若波羅蜜。⑤今時諸処立壇、既無珠可供養者、随力作二明灯。若石若木、常在壇前、高於上層、令光明遠照、上下通暁。⑥其壇上鋪石為地、毎有受戒之候、西南角別安高座、使比丘登之（中略）[13] ⑦其壇相状、下之二重以石砌累、如須弥山王形、上下安色道。⑧四面壇身並列龕窟、窟内安諸神王。⑨其両重基上並施石鉤欄、欄之柱下、師子神王間以列之。⑩両層四角立高石柱出於壇上、柱外置四天王像、既在露地、並鐫石為之、使久固也。⑪四角欄上、石金翅鳥銜龍於上、表比丘既受戒已、常思惑業而制除也。⑧戒壇周囲布列神影者、表護持久固之相也。（中略）今前列護仏塔神名。（中略）然此戒壇即仏塔也。⑫以安舎利。霊骨瘞中。非塔如何。（中略）⑬下層四隅大神、所謂金剛力士金比羅散脂、並護仏塔。故峙列四隅、以護持本也。（中略）⑭第二層上四角大神、所謂四天王也。常護仏法及以衆生。豈唯壇塔、而在情外。故須造立儀像、依方隅而列之。（中略）⑮上壇四角各立師子、背上有孔、欲行事時、必施尊儀、上安帳竿於孔中也。帳之荘厳随力所辦（中略）⑯壇外四周一丈内、種四時華薬、已外植華樹八行、種種荘厳。

（「戒壇形重相状第三」、『大正』巻四五、八〇八頁中～八一〇頁中、文中の番号・傍線は引用者）

これら戒壇の描写は、『別伝』[14]や、乾封二年九月に浄業寺に立ち寄った釈迦蜜多羅尊者が語ったとされる、烏仗那国東に存在した石戒壇についての伝説をもとに作成されたもので、実際に道宣が建てた浄業寺の戒壇の姿を表現したものとは考えられないとされてきた。しかし実際の戒壇の姿を表現したものではなくとも、インドに憧れながらも中国を出ることが叶わなかった道宣が理想とした戒壇の姿が、ここに表現されているのであって、そうした点では、道宣門下には無視できない内容であったものと考えられる。

番号付き傍線部を中心として道宣が理想とした戒壇の形状を概観すると、①三重壇であり、⑫埋められた舎利を供養するために、②壇上には「覆釜形」が置かれる。これは釜を伏せたような半球形のものと考えられる。③この「覆釜形」の上には宝珠が置かれて、全部で五重となり、これは仏の五分法身を表現するとされる。過去仏である光明王仏の時代には、全体を仏の五肘分の高さで作ることで、やはり五分法身を表現していたが、④釈迦仏時代には、下壇は仏一肘、中壇は仏一肘半で、計二肘半に縮小され、その上の上壇は仏指二寸の高さに作られたという。釈迦仏の一肘と唐尺との比較については、同じく『戒壇図経』の「戒壇高下広狭第四」に詳しく考察されており、「其の下層は地従り基起こるに、高さは仏一肘、則ち唐尺高の三尺なり」「其の第二層の高さは仏一肘半、則ち唐尺四尺五寸なり」とされる。これは転輪聖王が初めて灌頂のために登壇したのと同じ高さとされる。また「其の第三層の高さ二寸とは、仏指二寸を以て量と為す、則ち中人の四寸に当たるなり」（『大正』巻四五、八一〇頁中）とされることから、下壇は九〇センチメートル、中壇は一三五センチメートル、上壇は一二センチメートルに比定できる[15]。なお、三重それぞれの広さは、「其の初壇下層は縦広二丈九尺八寸、中層は縦広二丈三尺、上層は畟方七尺」（同八一一頁中）とあるので、下壇は八一平方メートル、中壇は四九平方メートル、上壇は四平方メートルにそれぞれ比定できる。上壇が飛び抜けて小さいのは、これが上に覆釜形を置くためだけのものだからと考えられる。

⑥この壇上には石が敷かれ、受戒のたびに比丘が登壇するための高座が西南角に安置される。⑦三重のうち下中壇は、石を積み重ねて須弥山の形に仕立てられ、いずれにも色道が作られて、⑨その上には石製の鉤形の手すりが作られる。手すりの柱の下には師《獅》子神王が並んでおり、⑪四隅の手すりの上には石製の金翅鳥が龍を銜えた像が置かれている。⑧この下中壇の壇身の四面には龕窟が列べられて、窟内には護塔神などが安置されるといい、『戒壇図経』には、壇身に描かれるべき「護塔神」の名が多く記されている。

戒壇はすなわち「仏塔」であるから、⑫もちろん戒壇には舎利が埋められている。このことは、前にみた無行の「戒壇舎利賛」からも明らかである。この舎利を供養するために、かつては帝釈天が二つの珠を奉じたが、これらは現在忉利天歓喜園で般若波羅蜜を供養しているので、⑤その帝釈天の二珠の代わりに石か木でできた壇上を照らすための灯明を二つ設置することが求められる。

また⑩下中壇の四隅には、高い石柱が立っており、柱の外には四天王像があるとされるが、その内訳としては、⑬下壇には金剛力士と金比羅と散脂との像が、⑭中壇にはいわゆる四天王像が配置されるという。⑮戒壇の上壇には四隅に師子像が配置される。師《獅》子像の背には穴が開けられており、受戒時には帳竿が立てられて、戒壇を荘厳する。⑯さらに戒壇の周辺一丈の間には、季節の花や薬草が植えられ、その外周には華樹が植えられて、やはり戒壇を荘厳する。

道宣の理想とする戒壇は、おおよそ、以上のような形状であったことがわかる。このうち『戒壇図経』にあって『祇園寺図経』にない記述は、⑥戒壇上に石が敷かれている、という点だけである。また『祇園寺図経』巻下には

②戒壇上の覆釜形の「色は黄金の如き蓋覆」（『大正』巻四五、八九二頁上）と説明され、黄金色であることが補われる。

戒壇の縁起を天の創造物であるとしたり、帝釈天が戒壇上に覆釜形を設置し、梵天がその上の宝珠を設置したとするなど、多分に神話的要素が盛り込まれてはいるが、しかし形状としてはかなり具体的に示されており、ある程度複製が可能である。さらに言えば宗教者にとっては往々にして、これほどの霊験があるものだからこそ、継承されなければならないと解釈されることは、重視されなければならないだろう。

道宣がこの戒壇を実際に浄業寺に建立したかどうかは別として、門弟たちが師の理想とする戒壇の具体的実現のために努力することは、必然であったと考えられる。鑑真が『戒壇図経』を日本に将来したのは、やはり道宣の理想とする戒壇の姿を、日本にも紹介する意図があってのことだったと考えられる。

第三章　東大寺戒壇築壇にあたる『戒壇図経』内「戒壇院」の記述重視の可能性

鑑真自身が『戒壇図経』を日本へ将来していること以外にも、『戒壇図経』内に記述された「戒壇院」の姿を重視して、東大寺戒壇が作成されたであろう根拠は、随所にみつけることができる。いくつか順に説明していきたい。

第一節　『戒壇図経』内「戒壇院」描写の真実性

道宣によれば、以上に述べたような「戒壇院」の描写は、釈迦仏滅後の結集時に阿難が語った事実として伝えられる。

案『別伝』云「仏涅槃後、迦葉結集来戒壇上（中略）、迦葉礼拝已、至阿難前、問訊起居、如世尊在時不異。迦葉爾時作三千八百問諸有疑事、阿難一一答之」。今略取戒壇一問、余者闕之。大迦葉問曰「汝随如来二十年来、戒壇高下、闊狭、依何肘量。戒壇上中、安舎利不。戒壇四面、用何物砌。四面開階、方別多少。繞壇四面、作何形像。無石国中、土沙作不。」阿難一一如此巻中図相而用答之。
（『戒壇図経』「戒壇立名顕号第二」、『大正』巻四五、八〇七頁下〜八〇八頁上）

すなわちこれもまた『別伝』が伝えるところによれば、迦葉が阿難に対して三千八百もの問いをかけ、阿難がこれにすべて答えることによってなされたとされる結集時、このうちの戒壇一問についての阿難の回答を記したものが『戒壇図経』の内容であるとされる。迦葉の問いは、戒壇の高さや大きさだけでなく、壇上に舎利を安置すべきか否か、材質をどうするか、階段をどこに設置するか、四面を飾る形像として何を配置すべきか、あるいは石の無い国では土沙で戒壇を作ることが許されるかどうか、という細部にまでわたるものであったという。

このように『戒壇図経』に記された戒壇の姿は、釈迦時代の遺物とみなされたものである。前にみたように『戒壇図経』に記された戒壇の姿は、多分に神秘的記述に彩られているが、しかし多くの大乗経典は神秘的表現を多分に含んでおり、それらに照らし合わせれば、これらが釈迦仏時代の現実としてあったと認識されることは何ら不思議ではない。さらにそれが阿難によって誦出されて、道宣の感得によって中国にも伝わったとされたことは、仏教者にとっては揺るがしがたい伝統として受け取られたことも想像に難くない。道宣の門弟である鑑真が、こうした由緒を無視して、『戒壇図経』には説かれない別の戒壇——壇上に多宝塔を設置した戒壇——を日本に特別に創作したとは考えにくい。

第二節　法進『東大寺授戒方軌』と『戒壇図経』の一致

鑑真とともに来朝した法進は、東大寺での授戒の作法次第を記した『授戒方軌』を遺している。最初に述べたとおり、『授戒方軌』は東大寺戒壇上に「塔」があったことを示す現存最古の史料でもある。この『授戒方軌』に示される作法や戒壇上の荘厳が、『戒壇図経』に基づいたものであることは、鑑真が『戒壇図経』によって戒壇を作成した証左になるだろう。

1　登壇作法中の行道の一致

具足戒の授受作法が説かれる『授戒方軌』「正受大戒作法第五」では、授戒のために十師が登壇する作法がまず説かれるが、これはそのまま『戒壇図経』の記述を下敷きにして書かれたものであることがわかる。両者を対照して表記すると、以下のようになる。

道宣『戒壇図経』

初十師登壇相。[1]其教授阿闍梨当執香炉前引。[2]従南面下層東階道。接足而上至層上。[3]東出北廻。繞壇一帀。[4]上座在西頭。当仏前礼三拝。十師卓立具修威儀。広運心想。（中略）十師運想已。[5]教授師執炉。引衆面西却行。取上層西階道。接足上壇頂。[6]東転北廻。繞仏一匝已。至三空座前。一一礼已。依次而坐。

（『大正』巻四五、八一五頁下）

法進『授戒方軌』

[1]次以東教授師為引頭。（中略）提手香炉着浄履了。（中略）[2]自近廊南階石指堂南之東一戸行至。向北自東橋登壇。[3]下階指東北廻行一迊之。（中略）[4]廻至壇南之西橋本。向北立也。自余十師自手敷座具。同時起居三拝。既起帖坐具了。[5]引頭教授師南方之自西橋登壇上。[6]引率向東廻行塔北西方転坤角。去菩薩座八尺許向西立也。（中略）奉拝三柱菩薩御座竟。

（『大正』巻七四、一二三頁中）

これらはいずれも、[1]手香炉を携えた教授阿闍梨（＝教授師）が引率し、[2]戒壇の南面の東側の階段から上に登る。[3]東北角に向かって歩き、そこから壇上を一周する。[4]壇の南側に到着したら、上座である教授阿闍梨を西端として、北に向かって立ち、十師がそれぞれに座具を敷いて、同時に三拝を行う。『戒壇図経』内ではこれを「仏前」とするが、壇の南側から北側を臨めば、そこには戒壇上の覆釜形があるはずである。覆釜形は仏舎利を荘厳するものであるから、これを仏前とするのであろう。その後、[5]再び教授阿闍梨を先頭として、南面の西側の階段から最上壇に登る。[6]東側へ向かい、東北角から「仏」（『戒壇図経』）＝「塔」（『授戒方軌』）周囲をめぐり、南西角にある「三空座」（『戒壇図経』）＝「菩薩座」（『授戒方軌』）の前に至る、という行道を示している。この動線を福山敏男氏による戒壇堂復元図に書き込むと、**図3**のようになる（ただし中央の塔と南西の「三空座」は大谷による加筆）。このように両者の示す十師登壇のための動線はまったく重なっており、法進『授戒方軌』が『戒壇図経』に説かれる戒壇荘厳を前提とし、これを踏襲した授戒作法を日本に伝えていることがわかる。

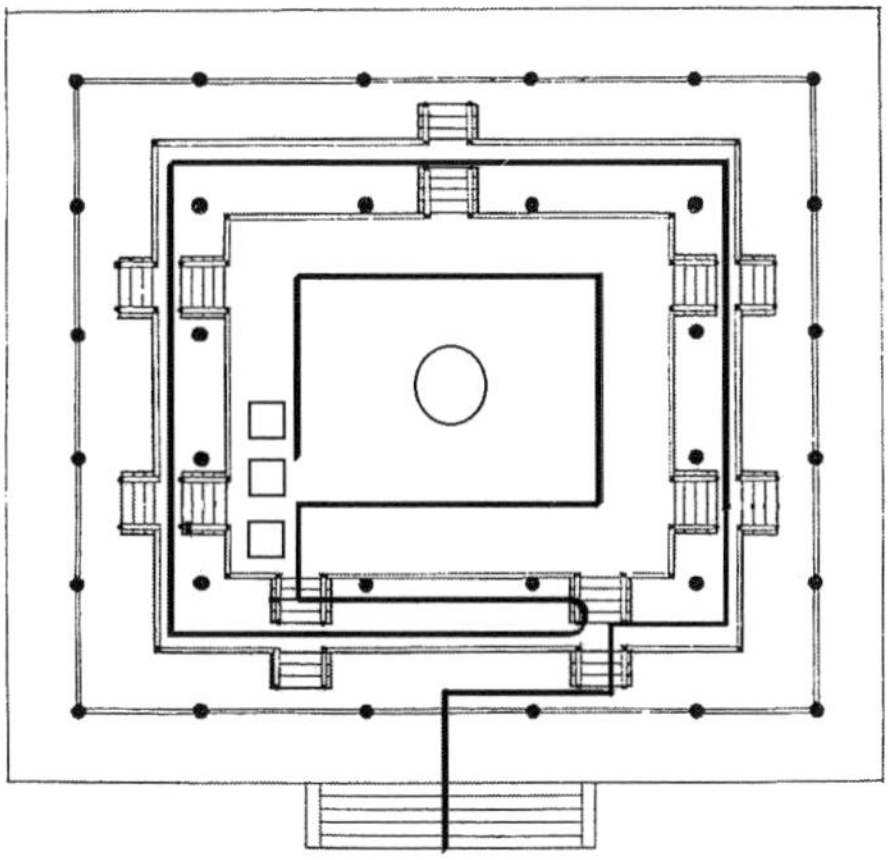

図3　戒壇上行道図示

福山敏男『奈良朝の東大寺』（高桐書院、1947年）内の図を下敷きとする。

2　戒壇上の菩薩三空座の一致

また前出の記事上にもあったように、『戒壇図経』では、戒壇上の南西に「三空座」を設けるように指示しているが、これは別の箇所では以下のように説明されている。

第二重壇上西行。南頭置一高座。次設三虚座。一擬豆田邪菩薩比丘。二擬楼至菩薩比丘。三擬馬闌邪菩薩比丘。以三菩薩比丘請仏立受戒結戒。戒壇之首。於戒有功。故列三虚座以処之。

（『戒壇図経』「戒壇受持儀軌第九」、『大正』巻四五、八一五頁下）

これによれば戒壇の第二重の南西には、豆田邪菩薩比丘、楼至菩薩比丘、馬闌邪菩薩比丘のための三つの空座を用意するよう指示されている。

前出の『授戒方軌』でも「坤角」＝南西に「菩薩座」あるいは「三柱菩薩御座」を設けることが記されていたが、これが以上に述べた三菩薩比丘のための空座であることは、『授戒方軌』の以下の記事から明らかである。

次乍立向南。挙手招受者。登壇上将至羯磨師前。向北並立。各取三衣鉢置並羯磨師前只令捧座具持至菩薩三座前。教授師取彼座具敷座。並唱了。此是白発授戒事三柱菩薩御座也。故称御名。為奉拝為言学南無頭田那菩薩・南無楼至菩薩・南無馬蘭那菩薩三反令申起三拝令申南無即立各帖座具令持。受者還至羯磨師前亦取座具助教居並唱了。令奉拝師僧。起三度奉拝高音南無

（法進『東大寺受戒方軌』、『大正』巻七四、二三頁下～二四頁上）

これは十師の登壇が終わった後、羯磨師が受者の将来の可否を問う将来羯磨を行って、受者を登壇させた後の儀式次第の箇所であるが、受者はまず「菩薩三座」前で、「南無頭田那菩薩・南無楼至菩薩・南無馬蘭那菩薩」とその御名を称えるとされる。

この豆田邪（頭田那）、楼至、馬蘭那の三菩薩比丘の名は、実は道宣著作の『祇園寺図経』と『戒壇図経』にしか登場しない。いわゆる道宣の感得した菩薩と考えられる。

この戒壇上の三空座は、戒壇上に「六重金銅塔」があると伝える『七大寺巡礼私記』にも以下のように記されていて、菩薩の名とともに十二世紀前半まで戒壇上の南西角に安置されていたことがわかる。

礼盤三脚堂坤角南北安之、口伝云、件礼盤之上不安仏像、又僧徒不登、□之如仏、或人云、件座自本雖不安仏像、皆是菩薩料所烈置也、其菩薩一名豆田郡（那カ）、二名楼至、三名馬郡（那カ）蘭郡（那カ）、皆比丘形菩薩云々

（奈良国立文化財研究所『七大寺巡礼私記』〈同朋舎、一九八二年〉四四～四七頁）

以上のように、東大寺の受戒も、戒壇上の荘厳も、『戒壇図経』を参考にして行われていたことは明らかである。

第三節　比叡山戒壇上の「塔」

さらにすでに横超慧日氏が指摘しているところではあるが、『叡岳要記』（一三七九年校合奥書あり）所載の「戒壇院」の項目によれば、東大寺戒壇を否定して建立された比叡山の戒壇上には、多宝塔ではなく金銅の覆鉢が置かれたとされる。(16)

葺檜皮方五間戒壇堂一宇。堂上有金銅覆鉢。鉢上有宝形。壇一基。高六尺七寸。長二丈八尺。広二丈像壇板敷。長三丈二尺。広三尺安置金色釈迦牟尼仏坐像一体。居高三尺綵色比丘像文殊弥勒菩薩各一体。居高二尺五寸葺檜皮五間看衣堂一宇。同三間昇廊東西各一宇葺檜皮廻廊一廻東西長十四丈。南北長十二丈葺檜皮三間中門一宇。右院依太政官去天長四年五月二日下近江国符旨所創建立也。天長四年夏公家詔所司。

（『群書類従』巻四三九、五三五頁下～五三六頁上）

時代の下る史料ではあるが、これによれば、天長四年（八二七）に創建された比叡山戒壇院は、檜皮葺の五間堂で、高さ六尺七寸、広さ二丈八尺×二丈の一層戒壇で、「宝形」を頂いた「金銅の覆鉢」が置かれ、また板敷きの像壇の上には釈迦・文殊・弥勒と比丘の像が安置されたものだったようである。

最澄の『山家学生式』「天台法華宗年分度者回小向大式」（八一九年作成）には、釈迦仏を菩薩戒和上とし、文殊

菩薩を菩薩戒羯磨阿闍梨とし、弥勒菩薩を菩薩戒教授阿闍梨として受戒を行うべきことが示されている（『大正』巻七四、六二五頁上）。壇上の仏像はそれを意識したものと考えられるが、その他に「宝形を頂いた金銅の覆鉢」が安置されていたことは注目すべきことであろう。

前にみたように、『戒壇図経』には、戒壇上に「覆釜形」を安置するように指示していた。さらにそれが黄金色であったことは、『祇園寺図経』に述べられているところである。

もし東大寺戒壇上に『法華経』に由来する多宝塔が安置されていたならば、『法華経』を第一とする比叡山で、これを踏襲せずに敢えて「宝形を頂いた覆鉢」に変更する必要性はないだろう。比叡山戒壇上に「宝形を頂いた覆鉢」が安置されていたことは、比叡山が形の上では南都戒壇を踏襲したことを意味するものと考えられる。すなわち東大寺戒壇上には、やはり多宝塔ではなく、道宣『戒壇図経』に指示されたとおりの覆釜形が置かれたものと考えられるのである。

第四節　祇園精舎の一院を模したと伝承される東大寺戒壇院

また「忍辱山寛遍僧正記文」とされる『東大寺要録』「諸会章第五」戒壇院の項に、「然るに当院は、遠く祇薗精舎の一院に学び、近く西明戒壇の地相を写す。堂廊の高下長短の楷摸乖くこと無し」（筒井英俊編『東大寺要録』一三六頁）、「これに依り二地菩薩大唐和尚、祇薗戒壇の土を運びて、当院を建つ」（同一三七頁）と伝承されていることも無視できない。寛遍（一一〇〇～一一六六）は平治元年（一一五九）～永万二年（一一六六）年間に東大寺別当を務めた人物であるから、十二世紀頃まで、東大寺戒壇院はインド祇園精舎内の戒壇院、中国長安西明寺の戒壇と同様に作られたと語り継がれていたことがわかる。保延六年（一一四〇）成立の『七大寺巡礼私記』にも壇上の塔に付属して次のように述べられる。

口伝云、此塔下埋聖武天皇御骨云々、私勘、祇薗精舎内戒壇塔下、埋迦葉仏髪爪、而此塔埋天皇御骨

（奈良国立文化財研究所『七大寺巡礼私記』前出、四四〜四七頁）

すなわちここでも祇園精舎内の戒壇にならって、塔の下に「聖武天皇の御骨」が埋められたことが伝承されている。

前に述べたように『戒壇図経』内に説かれる「戒壇院」は、道宣が祇園精舎の姿を感得したという『祇園寺図経』に説かれる「戒壇院」とほぼ一致しているので、日本の戒壇が祇園精舎の戒壇を写したもの、と伝えられることは、すなわち『戒壇図経』を参考としてその戒壇が作製されたことが認識されていたことを示すものと考えられる。また長安西明寺は高宗の勅命により、祇園精舎を模して創建された寺院で、道宣はその創建時に上座として招かれて住したことで有名である。

図4　銭弘俶八万四千塔（福岡・誓願寺蔵）
『聖地寧波』（奈良国立博物館、二〇〇九年）より転載

以上のように、東大寺戒壇院は『戒壇図経』内の「戒壇院」の記述を重視して作製されたのであって、そうであれば戒壇上には『戒壇図経』に説かれるように「覆釜形」の塔が安置されていたと考えるのが自然である。

ところが、鑑真が将来した「阿育王塔様金銅塔一區」（『東征伝』、『大正』巻五一、九九三頁中）は、戒壇上に設置するために持ち込まれたとする説を、古くは横超慧日氏が、近年では稲森泰生氏が提唱している。[17] 中でも稲本氏はこの「阿育王等様金銅塔」を会稽鄮縣阿

育王塔の模造塔とみて、その形状を呉越王の銭弘俶（位九四八～九七八）が作製した「銭弘俶八万四千塔」（図4参照）に求められた。氏は塔の四面に描かれる菩薩の捨身行などに注目され、鑑真は菩薩戒授受のために本塔を将来したとする。

しかし以上に述べたような理由から、鑑真が将来した塔が「銭弘俶八万四千塔」形であったかどうかはひとまずおくとしても、鑑真が戒壇上に置いた塔については、「銭弘俶八万四千塔」形ではなく、あくまで覆釜形の塔であったと考えたい。次章で述べるように、同時代の朝鮮半島で作製された戒壇が、道宣『戒壇図経』を意識したものであることも、これを裏付けると考える。

第四章　朝鮮半島の戒壇遺構

高麗僧一然（一二〇六～一二八九）の作である『三国遺事』によれば、朝鮮半島初の戒壇は、新羅時代の善徳女王の御代、入唐僧慈蔵によって建立されたという。慈蔵は唐朝貞観十年（六三六）に入唐し、同十七年に帰国した際には、仏頭骨・仏牙・仏舎利百粒と仏が着用した袈裟を持ち帰ったとされるが、仏舎利は三分され、そのうちの一分と袈裟が通度寺戒壇（慶尚南道梁山市）に納められたとされる。この戒壇は現存しており、「壇は二級有り。上級の中に石蓋の覆鑊を安ず」（巻三「前後所将舎利」、『大正』巻四九、九九三頁中）と言われるとおり、二段でその上に石製の覆釜形が置かれたものである。

村田治郎氏は、この通度寺戒壇が『戒壇図経』の記事内容を意識して作られたものである可能性を指摘している。[18]ここで第二章の引用部分を参照して確認していきたい。通度寺戒壇はすべて石造りであり（⑥⑦部分など）、「二級」

図6　通度寺金剛戒壇下段角四天王像

『다시보는通度寺』（통도사성보박물관、2001年）より転載

図5　通度寺金剛戒壇上塔

『다시보는通度寺』（통도사성보박물관、2001年）より転載

図7　通度寺金剛戒壇全景

『다시보는通度寺』（통도사성보박물관、2001年）より転載

とされる広大な壇の上に、円形壇が置かれて三壇となり（①部分）、その上に覆釜形の塔が安置されて（②部分）宝珠を頂く（③部分）（**図5**参照）。「三級」のうち下壇の側面は諸仏神が彫られた羽目石が配置されている点[19]（**図6**）は、『戒壇図経』において下二壇身に龕窟をならべ、窟内に護塔神などを配置するよう述べていた（⑧部分）のを彷彿とさせる。この下壇の四隅に四天王像が配置されている（**図6**）のは、戒壇の下中壇の四隅に高い石柱を立て、その柱の外に四天王像を配置するように述べられていた（⑩⑬⑭部分）のに一致するであろう。またこの通度寺戒壇の周囲には石造りの欄干が設置されており（**図7**）、これは戒壇上の石製の鉤形の手すり（⑨⑪部分）が意識されたものと推測される。

　通度寺は本来本尊が安置される大雄殿に仏壇だけがあり、仏像が安置されていない。これは

図８　金山寺戒壇全景
朝鮮総督府編『朝鮮考古資料集成』（創学社、1981年）より転載

図９　金山寺戒壇上塔
『朝鮮考古資料集成』（創学社、１９８１年）より転載

大雄殿から釈迦仏の舎利と袈裟が納められたこの戒壇を礼拝するためであるとされるが、これも戒壇を仏塔とし、また仏の身体そのものとする『戒壇図経』に説かれるところをそのまま体現したものと考えられる。

さらに村田氏は後百済から高麗初期の作といわれる金山寺（全羅北道金堤市）戒壇もまた『戒壇図経』によって作製されたものとして指摘されている。

これは朝鮮総督府編『朝鮮考古資料集成』（創学社、一九八一年）の解説によれば、東西四十一尺一寸、南北四十一尺四寸、高さ二尺五寸の壇上に、東西二十七尺七寸、南北二十八尺一寸、高さ約二尺五分の壇が乗って二壇になり、その上に方壇が置かれて三壇となって、宝珠を頂いた覆釜形が安置されている（**図８**参照、①②③部分）。宝珠は九龍が捧げ持つ姿を現している（**図９**参照）が、すでに村田氏によって指摘されているように、これは『戒壇図経』の中で、梵天が安置したとされる覆釜形上の宝珠が、後には明珠に差し替えられたとして、以下のように述べられるのに従ったものと考えられる。

後大梵王乃以明珠替処、以供養舎利也。珠下以宝蓮華用承之。作九龍以承華足。（『大正』巻四五、八〇八頁下）

図10　金剛寺戒壇基壇彫刻

朝鮮総督府編『朝鮮考古資料集成』（創学社、1981）より転載

◀図11　金山寺戒壇前石欄干柱正面

朝鮮総督府編『朝鮮考古資料集成』（創学社、1981）より転載

また写真上では判別しづらいが、覆釜形の基壇となっている方壇の四隅には獅子の顔が彫刻されており（**図9**参照）、これは『戒壇図経』において、上壇部分の四隅に背に穴を開けた師《（獅）》子像を配置するよう指示する（⑮部分）のによったものと見受けられる。中下壇の四面には仏神像が描かれており（⑧部分に相当）（**図10**参照）、また周囲には通度寺同様に欄干が廻らされていたようで（⑨⑪部分に相当）、その柱部分には奇異な人物像が彫り込まれている（**図11**参照）。あるいはこれらも護塔神として描かれたものかもしれない。また欄干四角には四天王像が配置されている（⑩⑬⑭部分に相当）。

これらに類似する戒壇は韓国には他にもいくつかみられるようで、たとえば龍淵寺（大邱広域市）の戒壇も通度寺と同じく慈蔵将来の舎利を埋めたという伝承を持ち、二重基壇の上に石鐘型の塔身を建て、四面に八部神像、四角に四天王像を配置し、また外部を石の欄干で囲ったものである。

このように、鑑真来朝頃の東アジアにおいては、戒壇作製の時に『戒壇図経』を参照する例がいくつかみられ、その影響が強かったことが理解できる。以上のことを踏まえれば、同時代的にみても戒壇上には多宝塔や「銭弘俶八万四千塔」形の塔ではなく、「覆釜形」の塔が安置されるべきであろう。東大寺戒壇上に安置されたのも、やはり通度寺戒壇上にあるような鐘様の「覆釜形」であったと考えるのが自然ではないかと思う。

第五章　「多宝塔」の設置者

以上に論じてきたように、東大寺戒壇には、創建時には多宝塔ではなく、金色に輝く石鐘状の覆釜形塔身が安置されていた。ではこれを現在の多宝塔に差し替えたのは誰か、ということになる。

第一節　「多宝塔」と円照

凝然の『円照上人行状』巻中（一三〇二年成立）には、東大寺戒壇上の多宝塔に関する以下のような記事が掲載されている。

> 文永六年（一二六九）歳次己巳四月四日、後嵯峨法皇於東大寺戒壇院、有御受戒之事、壇上荘厳、殊超先代、(A)乃造立金銅多宝之塔、安置壇上、自昔壇上安置塔廟、□□回禄之後、(B)重源上人造立之時、安置宝篋印木塔、今照公奉為法皇御受戒事、新立金銅塔、是重舜法橋敍法眼和尚位之功也（『続々群書類従』三、四八八頁上～下）

すなわち凝然によれば、東大寺戒壇院回禄後、重源（一一二一～一二〇六）は戒壇上に「宝篋印木塔」を安置したとされる(B)。重源は入宋三度を自称しており、『玉葉』寿永二年（一一八三）正月二十四日条には、重源が九条兼実に中国の阿育王塔の話をしている記事が掲載されて、「件塔四方皆削透」「一尺四寸」とその形状が説明されている

（『玉葉』中〈藝林舎、一九七五〉五九三頁上～五九四頁上）。おそらくこの時重源は、会稽鄮縣阿育王塔を模したとされる「銭弘俶八万四千塔」（図4）形の塔を壇上に安置したのであろう。

この時重源が戒壇上に阿育王塔を安置したことは、故無きことでもないように思う。というのも、日本においては八世紀半ばから九世紀にかけての時期に、阿育王信仰が定着し、地中から掘り出される銅鐸を阿育王塔とみなす動きが出てきており[20]、たとえば『日本紀略』弘仁十二年（八二一）五月十一日条には、「播磨国有人。掘地獲一銅鐸。高三尺八寸、口径一尺二寸。道人云、阿育王塔鐸」（『国史大系　日本紀略』前下、三一一頁）とされ、また『日本三代実録』貞観二年（八六〇）八月十四日条には、「参河国献銅鐸一、高三尺四寸、径一尺四寸、於渥美郡村松山中獲之。或曰、是阿育王之宝鐸也」（『国史大系　日本三代実録』五三頁）と史書に記されるようになる。

銅鐸の形状はよく知られるように釣鐘型であり、前にみた朝鮮半島の戒壇遺構の塔に形状的には似ている。また鑑真自身も「阿育王塔様金銅塔一區」を将来していたことが『東征伝』に記されていることは、前に述べたとおりである。鑑真が日本に持ち込んだ「阿育王塔様金銅塔一區」は、稲本氏の指摘通りに「銭弘俶八万四千塔」形であったとも考えられるが[21]、しかし日本においてはその後すぐに阿育王塔は銅鐸形の塔を指すようになるのであって、『東征伝』に書かれた鑑真の将来物と相俟って、元来戒壇上に安置されていた塔は、鑑真が将来した「阿育王塔様金銅塔」と理解された可能性は充分にあるのではないかと思う。

入宋した重源がみた本場の阿育王塔は、銭弘俶によって大量のレプリカが作製された「銭弘俶八万四千塔」形の塔であったことは、先の『玉葉』の記述に明らかである。重源は鑑真が戒壇上に安置した阿育王塔（と重源は理解している）を再び将来し、東大寺戒壇を宋風に再生しようとしたのではないだろうか。

ところが前掲の『円照上人行状』の記述によれば、文永六年（一二六九）、後嵯峨法皇が戒壇院で御受戒をするにあたって、円照（一二二一～一二七七）がこれを「金銅多宝之塔」に取り替えたという(A)。

円照は凝然の直接の師であり、凝然の記事は史実として信憑性があるが、一点問題が残る。はじめに紹介したように、東大寺戒壇上の塔を「多宝塔」であると明記する最初の記事は、覚盛の著作『菩薩戒通受遺疑鈔』である。『菩薩戒通受遺疑鈔』の成立は寛元四年（一二四六）とされており、後嵯峨法皇の御受戒よりも二十年以上も前である。覚盛は南都戒壇の大乗性を訴えるために戒壇上の多宝塔の存在を紹介していたのであり、もしこの時に東大寺戒壇上に多宝塔が安置されていないのであれば、彼の主張は通らなくなる。重複するが、以下に『菩薩戒通受遺疑鈔』の該当箇所をもう一度掲載しておきたい。

問。白四羯磨共三乗者。南都戒壇共小壇哉　答。不爾。何者当壇上中央安金銅宝塔。釈迦多宝二仏同座。是則生死涅槃平等大乗甚深之表相也。其外表示建立大縁等併大乗相也。所以可謂南都戒壇三乗共中菩薩壇也。『遺偽興真章』等皆此意也

（『大正』巻七四、五二頁上）

『円照上人行状』の説が史実として確かであるとするならば、覚盛が『菩薩戒通受遺疑鈔』を著した一二四六年時には、東大寺戒壇上には重源によって「宝篋印木塔」が置かれていたはずである。

前掲の『菩薩戒通受遺疑鈔』の本文には、傍線部のように、覚盛の意見が、院政期頃に活動した恩覚著作の『南北戒律勝劣遺偽興真章』の内容などと同じであることが主張されている。この本は現存していないので内容を確認することができないが、その点を重視するならば、上記掲載部分は、本来なら恩覚活動時期の院政期頃から戒壇上には「大乗甚深の表相」たる多宝塔が安置されていたのであって、その多宝塔を根拠として、南都戒壇は菩薩戒壇であることがこれまでも主張されてきた、と解釈することも可能であろう。円照は覚盛に師事したことも知られているので、『円照上人行状』の記事は、師覚盛が念願していた旧来の戒壇上の荘厳に、弟子円照が一二六九年時の

後嵯峨法皇の御受戒を契機として戻したことを記したもの、と理解すれば、両記事の矛盾は解消される。

以上のようにみるならば、東大寺戒壇上に多宝塔を安置した最初が円照であるとは考えられない。治承の乱以前に戒壇上に多宝塔を安置した人物が仮定されるべきである。

ずいぶん時代を下った史料ではあるが、延文二年（一三五七）に成立した『霊峰記』の中に、以下の記事をみつけることができる。

第二節　「多宝塔」と覚樹

倩重案就法華菩薩受戒之儀。塔婆涌現之旨。法華是以塔婆為体。其条経文明鏡也。戒体亦以塔婆為体。高祖檀経之中。戒壇建立。造五重之塔婆。表五分法身之戒体。受者必五分之塔婆云。依之東南之覚樹。仰高祖之説。東大戒壇之壇上安二仏並座之宝塔。聊存祕説。是則極大乗之玄門。竊隣深義謂歟。不及顕談。委細如円宗記。亦是台宗一箇大事〼一之秘記載之。（龍谷大学所蔵本、一一表〜裏）

ここに使用した『霊峰記』の作者清算（一二八八〜一三六二）は、凝然の弟子禅爾に学び、晩年に西大寺第十世長老に就任した人物で、南都の戒観を法性的に解釈し、天台円戒にきわめて近似させたことがわかっている[22]。以上に抽出した箇所は『法華経』見宝塔品第十一を根拠として『法華経』と塔の一致を説き、さらに戒と塔の一致を説いて、全体として道宣の戒思想と『法華経』の思想の一致を説く中に位置する。傍線部では高祖＝道宣が『戒壇図経』において「五分法身の戒体」を意識して五重の戒壇を建立したとして、戒と塔の一致が示されており、これが『法華経』にも通じているという道宣の意向を示すため、東大寺東南院の覚樹（一〇七九〜一一三九）によって戒壇上に「二仏並座の宝塔」が安置されたという。

東大寺東南院は三論宗の本拠で、覚樹は当時の南都学僧の第一人者である。『三論宗祖師伝』には「名聞大唐、依之崇梵大師奉送仏舎利八十」（『仏全』巻一一一、五三二頁上）ともあり、宋の崇梵大師から仏舎利八十粒を送られるほどの名僧であったとされる。事実覚樹自身は生涯日本に留まったが、広く東アジア全体の仏教界を見渡し、さまざまな活動を行っていたことがこれまでの研究でわかってきている。(23)

さらに覚樹は、南都の律宗復興運動に寄与した人物であるとも評価されていたと考えられる。以前にも紹介した覚盛の『菩薩戒通受遣疑鈔』には、自身の「通受」の理解が、これまでの南都の伝統的受戒理解と異なるという批判が出されていることを説明する意図で、「古則六寺知法賢才、護命・勤操・霊仙・修円等。近則三寺広学碩徳、覚樹・実範・恩覚・蔵俊等」（『大正』巻七四、四九頁中）と、南都の学侶が列挙されている。「古き六寺の知法賢才」と紹介される護命・勤操・霊仙・修円は、最澄の大乗戒設立運動時の反論者として知られており、「近き三寺の広学碩徳」と紹介される覚樹・実範・恩覚・蔵俊のうち、実範・蔵俊は律宗復興運動の端緒となった人物として著名であり、恩覚もまた先に示したように『南北戒律勝劣遣偽興真章』を著して、天台の円戒を批判した人物である。つまりここに列挙されている人物のうち、覚樹を除いた五名は、律宗教学の伝統保持のために尽力した人物であったことが明らかであり、そうであるならば覚樹も単純に当時の高名な学者という以上に、何らかの形で南都律宗のための行動を起こした人物であったと考えられていた可能性を指摘することができる。(24)

こうしたことを踏まえれば、覚盛自身も、東大寺戒壇上の塔を多宝塔へと変更し、それによってこれまでの南都の戒律解釈を変更させる契機を与えた人物として、覚樹を認識していた可能性は充分に考えられる。覚樹が実際にその張本人であったかどうかは別として、十三〜十四世紀に律宗を復興しようとする人々の間では、院政期頃に戒壇上塔が多宝塔に取り替えられたと認識されており、それが覚樹に仮託されたと考えてよいのではないかと思う。

おわりに

以上、史料上に現れる東大寺戒壇上「塔」の変遷を年表にすれば、以下のようになる。

年	戒壇上「塔」の変遷	典拠
七五四年	壇上に「御塔」あり	法進『東大寺授戒方軌』
九五八年	壇中央に「金銅塔形」あり	『太上法皇御受戒記円融院』
一一四〇年	「六重金銅塔〈高さ一丈五尺許り、堂の中心に置く〉」	大江親通『七大寺巡礼私記』
	この頃覚樹（一〇七九～一一三九）壇上の塔を「二仏並座之宝塔」へ置き換えるか	清算『霊峰記』
一一八一年	治承の乱で東大寺全焼	
一一八三年	重源、九条兼実に阿育王塔について語る	九条兼実『玉葉』
一一九八年	重源によって戒壇礎石の上に堂が建てられる	『東大寺別当次第』
	この時「木製宝篋印塔」が壇上に置かれる	凝然『円照上人行状』
	栄西によって戒壇堂の中門・四面廻廊が建造される 西迎によって講堂・北僧房・東僧房が建造される	凝然『戒壇院定置』
一二四六年	覚盛、戒壇上「金銅宝塔」に触れ、「釈迦多宝二仏同座」の塔であると述べる	覚盛『菩薩戒通受遣疑鈔』
一二五〇年	円照戒壇院に入寺	凝然『戒壇院定置』
一二六九年	凝然、後嵯峨法皇の御受戒に際して円照が「金銅多宝之塔」を壇上に安置したと述べる	凝然『円照上人行状』
一二九八年	忍性、「東征伝絵巻」に戒壇上多宝塔を描かせる	「東征伝絵巻」

すなわち東大寺戒壇上には、創建当初には多宝塔ではなく、道宣『戒壇図経』の内容に従って鐘様の黄金色の覆釜形が置かれた。一一四〇年には「六重金銅塔」に変更されていたようであるが、あるいはこれが覚樹が設置したとされる「二仏並座の宝塔」であった可能性も否めない。いずれにしてもこの頃には本来の覆釜形から多宝塔へと壇上の塔は変化したものと考えられる。しかし、この後東大寺は治承の乱によって全焼してしまう。復興にあたった重源は多宝塔以前に壇上に安置されていた（と考えられた）鑑真将来の「阿育王塔様金銅塔」の代替として、中国で見た阿育王塔を模した「木製宝篋印塔」を壇上に安置したが、戒律復興の機運が盛り上がる中、教学的立場から再度多宝塔への希求が高まり、ついに一二六九年、円照によって戒壇上に再び多宝塔が安置されるようになった。以後、南都戒壇の大乗性の象徴として、東大寺戒壇上には、多宝塔が常置されるようになる。

東大寺戒壇院創建時に多宝塔が安置されていなかったのであれば、鑑真が「法華思想に基づき、三聚浄戒に四分律と梵網戒を融合させる」という独自の戒律観を持っていたという、これまでの仏教学の見解は成立しない。鑑真は純粋に中国において「インド由来の戒壇」と考えられていた形状の戒壇と、その戒壇における受戒方軌を日本に伝えたとするのが妥当であろう。

鑑真が伝えた「インド由来の戒壇」の変更が行われたと伝承される十二世紀は、海商を通じて日本―中国間の交流が盛んに行われた時代である[25]。張本人と伝えられた覚樹は東アジア全体の仏教界を見据えた人物でもあった。戒壇上の塔は、海商を通じて伝わった北宋仏教の動向に注視した結果として、多宝塔に変更された可能性が高い。

この頃中国では、元照（一〇四八～一一一六）が活躍し、道宣を祖とする南山宗の復興に励んでいる。『仏祖統紀』（一二六九年成立）に「照律師（＝元照）に至り、始めて法華開顕に約して『資持記』を作し、以て南山の宗を明かす」（『大正』巻四九、四二〇頁中）と記されるように、彼は『法華経』を頻繁に引用して南山宗の戒体思想を定義づけ、法華開顕の意によって、受戒することで仏種を得ることを論証していったことが知られている。[26] 元照の教学を支持する「資持家」はその後中国仏教を席巻し、南宋期にかけて大流行を果たした。

海外の仏教動向に敏感だった覚樹のような日本僧は、中国仏教側の教学的ムーブメントを把握していたものと推測できる。院政期は海商が活躍していたとは言え、まだ僧侶自身が海外へ出ることは難しい時代でもあった。[27] 海商から伝え聞く中国の戒律教学事情になんとか応じようとした表れが、東大寺戒壇上の多宝塔であったのではないかと思う。

註

（1）奈良六大寺大観刊行会編『奈良六大寺大観　第一〇巻　東大寺第二』（岩波書店、一九六八年）。

（2）『月刊文化財』五九七、二〇一三年、二一～二三頁。

（3）常盤大定「南都戒壇論」『日本仏教の研究』（春秋社、一九四三年）三七〇頁。

（4）常盤大定前掲論文（註3）、同「円頓戒論」、同「再び円頓戒について」いずれも『日本仏教の研究』（春秋社、一九四三年）。

（5）石田瑞麿「鑑真の戒律」（『鑑真――その戒律思想――』大蔵出版、一九五八年、一九七四年に再版）、同『日本仏教における戒律の研究』（在家仏教協会、一九六三年、一九七六年に中山書房仏書林から再版）五五～一〇三頁。

（6）蓑輪顕量「「通受」考――覚盛における転義の意味するもの――」（『南都仏教』六八、一九九三年）。

（7）上杉文秀『日本天台史』（国書刊行会、一九七二年覆刻、一九三五年原刊）、田中喜作「戒壇院の隆替と其什物」（東大寺編『東大寺戒壇院』清閑舎、一九四四年）、塚本善隆「中国仏教史上に於ける鑑真和上」（平岡定海・中井真孝編『行基・鑑真』日本名僧論集第一巻、一九八三年）、山口光円「鑑真大和尚と天台教学」（平岡定海・中井真孝編『行基・鑑真』日本名僧論集第一巻、一九八三年）など。

（8）竹田暢典「宗祖撰授菩薩戒儀と東大寺授戒方軌」（『天台学報』二一、一九七九年）。

（9）徳田明本「鑑真和上の律宗」（『南都仏教』二四、一九七〇年、のち、森章司編『戒律の世界』渓水社、一九九三年に所収）。
（10）東野治之「鑑真和上と東大寺戒壇院——授戒と舎利の関係をめぐって——」（『戒律文化』三、二〇〇五年）、同「東大寺戒壇院の成立」（『論集　日本仏教史における東大寺戒壇院』ザ・グレイトブッダ・シンポジウム論集第六号、東大寺、二〇〇八年）など。
（11）稲本泰生「鄮県阿育王塔の本生図と菩薩の捨身行——鑑真による模造塔将来によせて——」（『戒律文化』八、二〇一一年）。
（12）藤善真澄『道宣伝の研究』京都大学学術出版会、二〇〇二年。
（13）「其壇相状」以下の戒壇の様相は、乾封二年九月に浄業寺に寄った釈迦蜜多羅尊者が、烏仗那国東に存在した石戒壇について述べている文章である。
（14）藤善真澄氏は『別伝』を霊裕『聖迹記』、もしくは霊裕の引用する『中国本伝』を指すと考えておられ、『祇園図経』『戒壇図経』はこれらをもとに、各種経論ほか西国の聖賢や玄奘の教示、行人たちに得た伝聞を加え、自分なりに復元を加えたものであるとする（藤善真澄前掲書（註12））。
（15）唐尺については、森鹿三「漢唐一里の長さ」（『東洋学研究』歴史地理篇、東洋史研究会、一九七〇年）参照。
（16）横超慧日「戒壇について」（『中国仏教の研究』三、法藏館、一九七九年）。
（17）横超慧日前掲論文（註16）、稲本泰生前掲論文（註11）。
（18）通度寺戒壇を作製したとされる慈蔵は、道宣の『戒壇図経』の完成（六六七年）を待たず、上述のように六四三年に帰国したとされる。しかし通度寺戒壇が『戒壇図経』の描写とほぼ一致する点から、村田氏は「慈蔵が新羅に戒を伝えたのは真実としても」「通度寺に戒壇が創立したのは八世紀以後」と推定されている（村田治郎「戒壇小考」『仏教美術』五〇、一九六二年）。
（19）村田氏は下段側面に飾られた像を「諸仏像」とする（村田治郎前掲論文（註18））が、『다시보는通度寺』掲載の**図6**を参照すれば、これは仏ではなく神であるように見える。
（20）追塩千尋「阿育王伝説の展開」（『日本中世の説話と仏教』日本史研究叢刊一一、和泉書院、一九九九年）。
（21）稲本泰生前掲論文（註11）。

(22) 大谷由香「南北朝期における律宗義について――附清算撰『霊峰記』翻刻――」『仏教学研究』六四・六六・六七、二〇〇八～二〇一一年。また『霊峰記』の全文翻刻をこれら論文に掲載している。
(23) ここに出る崇梵大師は、成尋(一〇一一～一〇八一)『参天台五台山記』煕寧五年(一〇七二)十月十四日条他に見ることができる「崇梵大師賜紫明遠」と同一人物と考えられる。開封泰平興国寺訳経院の訳経三蔵大師の一人で、成尋とはたびたび交流があったようで『参天台五台山記』中の所々に散見される。煕寧五年十月三十日条、同六年正月一日、三月一日、三月十五日、四月四日、四月十四日条(横内裕人「高麗続蔵経と中世日本」〈『日本中世の仏教と東アジア』塙書房、二〇〇八年〉)。
(24) 覚樹は東大寺が筑前国観世音寺を末寺化していく中で、観世音寺に下向し、宋商などによってもたらされた稀少本の書写や修学に当たったことが知られている。さらに覚樹はそうした人物による仲介で続蔵経の輸入を計画し、保安元年(一一二〇)には高麗続蔵経の請来にも成功している(堀池春峰「高麗版輸入の一様相と観世音寺」〈『古代学』六―二、一九五七年。のち『南都仏教史の研究』上、法蔵館、一九八〇年に所収〉、横内裕人前掲論文(註23))。
(25) 榎本渉『僧侶と海商たちの東シナ海』講談社、二〇一〇年。
(26) 山本元隆「元照の戒体思想」(『駒澤大学仏教学部論集』四〇、二〇〇九年)。
(27) 榎本渉前掲書(註25)。

[付記] 本研究は科研費(若手研究(B)16K21497)の助成を受けたものである。また、本稿は第十三回東大寺要録研究会(二〇一五年三月二十二日、於東大寺金鍾会館)で行った研究報告を活字化したものである。

東大寺再興期の華厳論義

――尊玄の断惑義・浄土義解釈を中心に――

野呂　靖

はじめに

中世の華厳宗については、高山寺に住した明恵房高弁（一一七三～一二三二）や東大寺尊勝院の宗性（一二〇二～一二九二）、戒壇院の示観房凝然（一二四〇～一三二一）など、高山寺・東大寺を代表する鎌倉初中期の学僧に関する研究が積み重ねられてきた[1]。しかし、未翻刻の著作が多く存在するほか、相互の影響関係など基礎的な問題も残されており、全体を見通す詳細な解明には至っていない。その要因の一つには、法会における論義や各寺院で開催された談義・講説などの営みを通して教理形成が進められてきた側面に注意が向けられてこなかったことが指摘できよう[2]。華厳宗僧侶によって行われた論義・談義の記録は厖大に残されており、近年研究が進められつつあるが[3]、ときに煩雑な議論もあいまっていまだその多くが未翻刻・未検討の状態にある。しかし、こうした資料を丁寧に読み解いていくことによってはじめて、中世の僧侶らによる基本的な仏教理解の「枠組み」がみえてくるものと思われる。そこで本稿では鎌倉時代初期の東大寺華厳を代表する弁暁（一一三九～一二〇二）と、その門弟である尊玄

（一一四二〜一二一八〜？）、聖詮らによって抄出された論義資料をとりあげることで、東大寺再興期における華厳学の特徴について明らかにしたい。

周知のように、治承四年（一一八〇）の平重衡による南都焼き討ちによって灰燼に帰した東大寺は、俊乗房重源（一一二一〜一二〇六）らによる勧進活動により開山堂や大仏殿、八幡社など次々に堂舎の復興がなされていった。なかでも華厳学の「本所」として平安期より位置付けられていた尊勝院は、尊勝院主であり東大寺別当も務めた弁暁によって建久七年（一一九六）より再興が開始され、正治二年（一二〇〇）には完成をみている。こうした重源・弁暁らによる相次ぐ堂舎の復興事業のなかで、華厳学自体はどのように研鑽されていたのであろうか。注目されるのは、この時期の華厳宗僧が関わる論義・談義において取り上げられるテーマの多くが浄土往生義や断惑義、成仏義など成仏の階梯にかかわる問題が中心となっている点である。

以下、尊玄の著述のなかより『華厳孔目章抄』八巻、およびこれまで未翻刻であった『華厳宗論義　断惑義抄』二冊（東大寺図書館蔵）を取り上げ、東大寺再興期の華厳学の特質について検討を加えることで、中世の華厳宗僧が自らの往生や成仏への階梯をいかにイメージしていたかを明らかにしたい。

第一章　鎌倉初期の東大寺と尊玄

第一節　尊玄について

尊玄は鎌倉時代初期に東大寺において活躍した華厳僧の一人である。東大寺尊勝院主であり「中古之英匠」と評された弁暁（一一三九〜一二〇二）の弟子であり、凝然の『三国仏法伝通縁起』には倶舎を学ぶ学僧のなかでも秀

慧、顕範、覚雄と並んで東大寺の「四天王」であったと高く評価されている。(4)

また寺内外においても順調に昇進を果たしている。文治二年（一一八六）、弁暁らによって伊勢神宮にて厳修された『大般若経』転読にあたって、尊玄は「尾張得業」として名を連ねており、(5)これによりいわゆる南京の三会において竪義を務めたことが知られる。晩年にかけては、建暦二年（一二一二）に権律師、建保六年（一二一八）には権少僧都に任じられている。(6)

尊玄による著述・抄出と考えられるものは以下の三点である。

①『華厳宗論義　断惑義抄』二帖（『華厳五教章下巻抄』／東大寺図書館蔵）
②『探玄記義決抄』八巻（東大寺図書館蔵）
③『華厳孔目章抄』八巻（『大日本仏教全書』七所収）

このうち、①は文治五年（一一八九）二月二日の奥書を有する写本であり、法蔵『華厳五教章』「断惑義」についての論義問答を集成したものである。(7)②も法蔵『探玄記』に関する論義書である。

問題となるのは③である。本書は尊玄が建久元年（一一九〇）に行った智儼撰『華厳経内章門等雑孔目』（以下『孔目章』と略記する）にもとづく「毎月講」の記録であり、ここに「具縛の凡夫の往生」に関する詳細な解釈が展開されており注目される。尊玄は奥書において「仰願、一宗之三宝護法善神、昭見志重之処。令成就臨終正念往生極楽之所願耳」(8)や、「現世之望既絶、所志者只西方之浄刹」(9)などと述べており、「現世の望みが既に絶えた」という痛切な思いとともに西方浄土往生を強く願っているのである。

尊玄は本書の執筆を建久元年（一一九〇）の「毎月講」を終えた後、建保五年（一二一七）三月二十二日から翌六年（一二一八）二月十九日にかけて行っているが、この時期は法然による『選択集』の開版（一二一二年）や明恵『摧邪輪』撰述（同年）など、浄土義をめぐるきわめて活発な議論が展開された時期に重なっている。そうしたなか、尊玄による浄土往生の解釈はどのように位置付けられるのであろうか。

以下、まずこの時期の東大寺尊勝院をめぐる状況を確認したい。

第二節　鎌倉初期の東大寺と「華厳宗復興」

尊玄が生きた平安後期から鎌倉期にかけての東大寺における重要課題の一つが「華厳宗復興」であったことはいうまでもないであろう。そもそも華厳宗は「大華厳寺」の額を掲げ聖武天皇の勅願によって造立された東大寺の開創当初から、六宗（倶舎・成実・律・三論・法相・華厳）の教学のなかでも中心的な役割を担っていた。八世紀の華厳宗の文献には諸宗のなかでの華厳教学の優位性がしばしば強調されている。[10]しかし、平安時代に入ると空海の真言院など諸院家の創建にともなって、相対的に東大寺内における位置付けが低下していったと考えられる。[11]この時期、教学的には「私記」と題される華厳学の小篇が著されていき、それらは鎌倉期の華厳学の基礎を提供していく点で重要であるものの、[12]必ずしも活発な教学研鑽の跡は確認できない。

そうしたなかで華厳学の復興を目指したのが東大寺第十代別当の光智（八九四～九七九）である。光智は東大寺内に華厳を「本宗」とする院家である尊勝院を建立し、「華厳宗之本所」（『東大寺尊勝院院主次第』）として復興を目指した。ところが治承四年（一一八〇）の平重衡による南都焼き討ちにより尊勝院を含む東大寺の伽藍は焼亡し、教学活動の基盤自体が失われるに至る。そして、こうした事態は「仏法王法滅尽」を象徴するものとして受け止められたのである[13]。

この危機に立ち向かい、復興に尽力したのが俊乗房重源であり、尊玄の師であり後に凝然が「宗旨を中興すること甚だ功業あり[14]」と高く評価した弁暁であった。重源は南都焼き討ちの翌年よりただちに勧進活動を開始し、文治元年（一一八五）大仏開眼供養会、建久元年（一一九〇）大仏殿上棟式、そして建久六年（一一九五）大仏殿落慶法要を盛大に行うなど伽藍の復興を精力的に進めていく。また尊勝院も弁暁の尽力により建久七年（一一九六）から再興が開始され、正治二年（一二〇〇）に完成をみている。

こうした堂舎の復興の一方で、肝心の教学活動はいかなる状況だったのであろうか。次の資料に注目したい。

承元二年ノ春ノコロヲヒヨリ、花厳宗ノ興隆ノタメニ東大寺尊勝院ニ依怙ヲツケラルベキ院宣アレバ、キエナムトスル花厳一乗ノ御法フタ、ビヒカリヲカ、ヤカサムコト、イトイミジクヲボユルトコロニ…

（『明恵上人歌集』『中世和歌集　鎌倉篇』新日本古典文学大系四六、二三三頁）

これは明恵の弟子であった順性房高信（一一九三～一二六四）が編纂した明恵の歌集であるが、承元二年（一二〇八）頃の和歌の詮釈として、尊勝院における「華厳一乗」の教学がまさに消えようとしているという危機的な認識が示されている。先述のように承元年間はすでに尊勝院の堂舎の完成をみているわけであるが、「御法」は十分に復興していないという認識であろう。

注目したいのは、こうした教学の復興にあたって弁暁は明恵に依頼していることである。大仏殿の上棟式より三年後の建久四年（一一九三）、弁暁はまだわずか二十歳であった明恵に「華厳宗興隆」のために出仕するよう依頼している[15]。明恵はこの公請をうけて一両年、高雄神護寺から東大寺に下向している。

若き明恵がはたしていかなる教学復興を担ったのかは不明である。しかし明恵はその後も承元元年（一二〇七）秋に東大寺尊勝院の学頭として「華厳宗を興隆すべし」との院宣を受け、春秋の二期にわたり伝法談義のため東大寺に下向しており、弁暁による教学復興への意思をうけ活動することになる[16]。弁暁の跡を継いで尊勝院主となった道性や、その弟子にあたる宗性はいずれも明恵と交流を有しており、高山寺の聖教を書写・受学している。すなわち、この時期、弁暁を中心に高山寺・東大寺僧らによって「消えなむとする華厳一乗」の「興隆」という意識が共有されていたのである。

この点は弁暁の弟子であった尊玄も同様である。文治二年（一一八六）、重源は大仏再建祈願のために伊勢神宮にて『大般若経』転読を実施しているが、このとき「御経供養導師」を務めていたのが弁暁であり、実際に転読を行った六十口の寺僧のなかに尊玄の名が確認できる[17]。また尊玄は『華厳孔目章抄』の撰述意図を次のように述べている。

…然而見近来華厳宗作法、懸円宗於名之輩雖是多、執文巻類是稀思将来之有様、開此章之人難有者歟。仍為勧後学令励学業所書置此抄也。…

（『華厳孔目章第一巻抄下』奥書、『大日本仏教全書』七、五五頁下）

ここでは、近年の華厳宗には円宗（華厳宗）の名を語る者は多いが、実際に聖教を開き学ぶ者が少ないこと、すなわち真摯な教学研鑽が十分に行われていないことが嘆かれている。尊玄はそうした後学の学業を励まさんがために本書を撰述したという。

東大寺伽藍の復興というきわめて重要な時期において、その復興と同時並行的に進められた毎月講とそれに基づく論義・談義の抄出は、教学的な側面からの興隆がこの時期に生きた華厳宗僧の共通した思いであったことを示していると考えられる。

第三節　「具縛の凡夫」意識

ところで、この時期の華厳宗僧の意識に関して注目しておきたいのは、「具縛底下の凡夫」であっても華厳の修学に基づく成仏が可能かという問題が盛んに論じられることである。唱導の名手としても知られる弁暁には数多くの説草が現存するが、なかでも華厳教学の理解がうかがわれるものが以下の資料である。

具縛底下ノ異生凡夫、如モ形此経開巻軸、受持読誦之縁ヲハ奉ルソ結、菩薩声聞、猶以隔機、況我等衆生哉ト是カ不審候ソ、ソレヲ香象大師尺様、宿有宿姓、聞便信受、若不尓者、多劫難入、今時有人、多不信者不足為快之、（中略）具縛初心凡夫ナレトモ古ヘ若運ヒ聴聞之功ヲモ列ナリケル結縁之席ニモ者ハ、其暫時ノ値遇ヲ為シテ金剛ノ種子ト、今世ニ信解ス之ヲ、…

（「尊勝院七十内　花厳経」『称名寺聖教　尊勝院弁暁説草　翻刻と解題』勉誠出版、二〇一三、一九～二〇頁）

すなわち『華厳経』の受持読誦は「我等衆生」に可能であるかと問いかけつつ、「具縛底下ノ異生凡夫」や「具縛初心凡夫」であっても『華厳経』の受持読誦の縁を喜び、これを「金剛種子」とすべきであると弁暁は語っている。「金剛種子」は、華厳円教の成仏説である三生成仏説（見聞・解行・証入）において説かれるものであり、ここでは法会に列席し聴聞することが、仏果に相当する第三証入生に至るための功徳、すなわち「金剛種子」になるとしている。さらに弁暁は教えの内容（所説義理）自体が「御意之底」に浮かばなくとも、「聞経の功徳」によって利益があらわれることは疑いないとも語っている（同、二二頁）。

こうした弁暁の説草は法会における唱導を前提としたものであり、教理的な整合性が意識されたものではない。あくまで聴衆に対し聴聞の功徳を勧めるという意図が反映されたものであろう。しかし、凡夫による『華厳経』の受持という内容は、鎌倉初期の華厳論義にきわめて頻出するテーマである点に注意が必要である。

例えば尊玄『華厳孔目章抄』には、華厳円教において、凡夫の段階で普賢の解行とその果を得ることが可能かとの問答が収録されている。これに対する尊玄自身の回答は示されていないが、衆生の機根は不同であり、発心修行についても同一に論じることができないとする立場と、『華厳経』に登場する兜率天子や善財童子などのように、「一身に円因を極めた」とする事例との矛盾点が論じられており(18)、凡位における修行得果が課題となっているのである。

また、『華厳孔目章抄』には、『孔目章』「廻心章」に基づく問答として、一闡提の者が声聞や縁覚に趣向せずに直ちに一乗義に進むことが可能か否かが問題とされている。すなわち、仮に一乗義への直入が可能というのであれば、一闡提の障りは重く、必ず一乗に入る以前に廻心が必要であること。逆に直入できないとするならば、「衆生根機万差、而悟有早速之不同、何無進入一乗之者乎」であるから、兜率天子が普法一乗を見聞して一身に諸々の階位を経たとする『華厳経』の事例や、龍女が直ちに正覚を得たとする『法華経』の記述と矛盾が生じるのではないか、と指摘する(19)。これに対し尊玄は「今愚推云」として、「会彼闡提令入一乗之章釈、尤以分明之上、兜率天子等者、於地獄身会舎那光触、得十目十耳等益、是豈非其類乎」と述べ、一闡提が一乗義に直ちに入ることは「分明」

であると断言している[20]。

さらに同様の問題は同時代に生きた明恵の周辺においても議論されている。明恵や弟子の喜海による講義録には、金剛種子は地獄においても積むことができ、名利を離れないままでも来世に善知識に知遇すること（＝解行）は可能であること、万行がすべて仏行であり「不信・誹謗」ですら「見聞」の功徳と認められることが強調されている[21]。

このような同時代の論義テーマのなかに弁暁の説草を位置付けるならば、難解な華厳教理とどのように向き合い、成仏への道をどのように歩むのか、それははたして「凡夫」であっても可能なのかという点に、東大寺再興期の華厳宗僧たちが共通して高い関心を寄せていたことが知られるのである[22]。

第四節　華厳宗諸師の弥陀信仰

こうした十二・十三世紀の華厳僧をめぐる状況のなかで、尊玄による「具縛凡夫の往生」に関する議論が登場してきたと考えられる。正治元年（一一九九）に東大寺林観房聖詮が抄出した論義抄『華厳五教章深意抄』一〇巻は、『華厳五教章』の各章ごとに「古人先師抄出論義」の内容を記し、さらに現在の論義を加え整理した書であるが、長文にわたって凡夫往生が取り上げられ、法蔵の解釈との教理的整合性が議論されている[23]。聖詮は弁暁の弟子であり、先述した『大般若経』転読にもその名が確認できる。

さらに弁暁自身も弥陀信仰を有していた。弁暁は建仁二年（一二〇二）七月十一日に入滅するが、その臨終時には「結印契而引五彩之色糸、瞑目之時唱宝号」していたことが記録されている[24]。また弁暁の弟子であった道性も願文のなかで「敬白両足之尊、済度無量弥陀之海」と述べており、弥勒信仰を生涯有していたことで有名な宗性もまた当初は弥陀への帰依を表明していた[25]。さらには法然『選択本願念仏集』に対して厳しい批判を行った明恵においても、その門下に多くの弥陀信仰者が存在していたことは興味深い(26)。従来、華厳を本宗とする僧の弥陀信仰は注目されてこなかったが、この時期多くの華厳僧が浄土往生の願いを有していたのである。

もっともこうした傾向は華厳宗だけではない。いうまでもなくすでに院政期頃より永観（一〇三三～一一一一）や珍海（一〇九一～一一五二）に代表されるような南都諸宗の僧侶によって議論が深められており、真言宗においても覚鑁（一〇九五～一一四四）など新たな教義理解のもとに浄土思想の受容を行う学僧が登場している。華厳僧たちにとっても、とりわけ「法滅」を強く意識させた東大寺の焼失とその再興という背景のもと、「凡夫」としての自覚を深め、華厳学の枠組みのなかにおいてもいかに浄土往生を含めた成仏への階梯を理解するかが問題化していたのである。

そこで以下、まず尊玄による断惑成仏の基本理解を検討した後に、浄土往生義についてみていきたい。

第二章　尊玄『華厳宗論義　断惑義抄』における断惑義

第一節　『華厳宗論義　断惑義抄』について

尊玄『華厳宗論義　断惑義抄』（以下『断惑義抄』と略記）は、東大寺図書館に所蔵される上下二帖の論義資料である（架蔵番号・一一二函一三二）。首題・尾題をともに欠き、本文も虫損のためやや判読しにくいが、久米田寺隆賢による識語が残る下帖表紙には「華厳五教章下巻抄断惑義下」とあるように、『華厳五教章』「所詮差別」のうち「第六断惑分斉」に関する論義問答の集成である。このうち、上帖は大乗始教における断惑についての問答、下帖は大乗終教、頓教および円教に関する問答が収載されている。

成立年については、「文治四年六月十八日」に「豊浦寺」にて抄出したとの識語があり（上帖）、さらに下帖奥書には「文治五年二月二日此章見了」とあることから、文治四年（一一八八）から翌五年（一一八九）にかけて明日香の豊浦寺（向原寺）を含む南都周辺において抄出されたものであろう。文治四年は、大仏開眼供養が厳修された三年後にあたり、東大寺伽藍の復興が急速に進められていた時期に相当する。尊玄は大仏殿上棟式が行われた建久元年（一一九〇）より、智儼『孔目章』に対する講義を東大寺にて行っており、尊玄にとっては「興隆仏法」が強く意識された時期の著述であった。

なお尊玄は、『孔目章』の講義をまとめた『華厳孔目章抄』において「此義具如断惑章抄云云」[27]、「此論断惑章短釈。可引見之」[28]とするなど断惑解釈の際に本書に記述を譲っている。また、称名寺湛睿や東大寺実英など鎌倉中期から江戸期にかけての華厳僧もしばしば本書を依用しており、日本華厳において後代まで参照され続けている。[29]

さて、本書の内容において注目したいのは仁和寺景雅（一一〇三～一一八五）との関係である。すなわち本書には「仁和抄」「仁和寺法橋抄」として景雅『華厳論草』からの長文の引用が六箇所にわたりなされており、「先徳筆跡任之」とするなど、景雅の義を下敷きとしながら作成されている箇所が認められるのである。

景雅は仁和寺華厳院に住し、明恵や聖詮の師として知られる華厳の学匠であり、[30]『華厳論草』は『華厳五教章』「所詮差別」中の「第五修行所依身」および「第六断惑義章」の二箇所のみを取り上げた論義問答の集成である。

注意したいのは、正治元年（一一九九）抄出の聖詮『華厳五教抄深意抄』巻七に収載されている華厳円教の立場における断惑（円教断惑）に関する内容は、この『華厳論草』の断惑義の箇所全体とすべて同文であり、景雅の義がそのまま転用されている点である。[31]このことから、景雅の教説がこの時期の東大寺華厳の文献においてきわめて重視されていたことが分かるとともに、景雅、聖詮、尊玄のいずれもが「断惑義」を華厳論義における重要なテーマとして認識していたことが知られる。さらに従来から指摘されるように、「円教断惑」については明恵もまた承元四年（一二一〇）の『金師子章光顕抄』において詳細な注釈を展開していることも無視しえない(32)。まさに断惑義は鎌倉初期の華厳学における共通した課題であったのである。

以下、とくに円教における断惑に関する『断惑義抄』の問答を中心に、景雅、聖詮、明恵の解釈もあわせて検討することにしたい。

第二節　「円教断惑」に関する問答

『断惑義抄』では円教における断惑のあり方について、十三紙にわたり詳細な問答が展開されている。その論点は、一人の有情が断惑成仏したとき一切の有情もまた同時に断惑成仏することは可能か否かを問うものである(33)。

問、円教断惑何。答、今此円教断惑者、不説煩悩体性只約其用断一煩悩之時、断一切煩悩云義、是円教断惑也。故章ニ云、若依円教一切煩悩不可説其体性但約其用即甚深広大以所障法一即一切具足主伴等故彼能障惑亦如是也。是故不分使習種現但如法界一得一切得故是煩悩亦一断一切断也云々。

問、付答申、爾者一有情断惑成仏之時、一切有情挙断惑成仏候乎。次以何文証一断一切断之義乎。答、円教意ハ一有情断惑成仏之時一切有情断惑成仏ト可云也。

次所立章中、□花厳経小相品中雖明一断一切断之義ヲ、正見引文、但章已余処尺中引彼小相品文ヲ故経ニ若有衆生得聞此香諸罪業障皆悉除滅於色声香味触内有五百煩悩其外亦有五百煩悩二万一千欲行煩悩二万一千恚行煩悩二万一千痴行煩悩二万一千等行煩悩此諸煩悩皆悉除滅矣云々。

（下帖、三九表）

ここでは、『華厳五教章』に所障の法は「一即一切具足主伴」であることから、その煩悩を断じるあり方は「一断一切断」であると示されるのに関連し、一つの煩悩を断じた段階で一切の煩悩が断ぜられることこそ円教の断惑であると返答されている。また、その根拠として『華厳経』「小相品」（「仏小相光明功徳品」『大正蔵』九、六〇六頁上）における兜率天子の断惑の事例を挙げている。

このように『華厳五教章』が示す「一断一切断」を衆生全体の断惑にまで拡大する解釈は、すでに指摘されてきたように日本華厳では平安期の親円『華厳宗種姓義抄』にも確認できるものであるが、(34)『断惑義抄』ではこれに対し次のような論難が示される。

問。付答申、一成一切成之義、凡衆生根機有遅速、□心既不同、何依一人成仏ニ一切衆生同ク云成仏云乎。況成道不軌□請僧祇之行業一ヲ、善根難成、□依広劫之修因一ニ而一人作仏之時挙成仏者□□不背修因観果之道理乎。依之不増不減経中ニ仏子衆生子ハ不増減之説ナリ若一成一切成義者寧不背経説乎。次若有衆生其煩悩ヲ為証拠之事不可然一説此諸煩悩皆悉除滅煩悩トハ、未云一断一切断一トハ何以此文一ヲ一断一切断之証拠乎。依之先徳証一断一切断之義ヲ依小相品之余文ニ経文ニ不見之上一ニ先徳之説分明。何可而答申乎。

（下帖、三九表）

すなわち、衆生の機根がそれぞれ異なるにもかかわらず同じく成仏するのは「修因感果の道理」に背いているのではないか、また「小相品」において兜率天子は「諸煩悩皆悉除滅」と述べているだけであり、一断一切断の経証とならないのではないかと批判している。

これに対し尊玄は、「凡一断一切断之義ハ花厳円宗之難義古今未決也」とした上で、法蔵『探玄記』における十玄縁起の解釈を踏まえ、円教においては相即相入の義が成り立つため一切有情の断惑成仏も可能であること、智儼もまた「小相品」をもって一断一切断の経証としていると反論している。

> 但円教仏者理事無导ニテ談相即相入之旨ヲ。事々融通意見也。故此不聞。故章主探玄記中ニ以十故ヲ尺円融義理ヲ。一縁起相由故。二法性融通故。三各唯心現故。四如幻不実故。五大小無定故。六無限因生故。七果徳円極故。八勝通自在故。九三昧大用故。十難思解脱故。依今此十故ニ成立理事無导之義理ヲ。既以真妄無障一多即入ヲ一味平等之理性ニモ并ハ彼此差別ヲ事各□之法ニモ具相即相入之義ヲ故一人断惑成仏之時一切有情同断惑成仏云也。（中略）況至相大師以此文ヲ為一断一切断之誠証文。師資所尺既分明也。故以此文為証拠之事更不可疑。但望先徳説者今此先徳被タル□不知是何説乎。所立章指事之説ヲ今於□乎。

こうした『断惑義抄』の問答は、景雅『華厳論草』と共通している。『華厳論草』でもまた「円教心、何失煩悩各別旨、所以理性是一故、能断智雖照一切、別別可断云也」として煩悩の個別性を無視するのかという論難や、「小相品」に対する同様の批判に対し、「以六相成之、以十玄証之」としてやはり十玄縁起にもとづき、「是以一仏成道時、一切衆生悉成仏也」と結論付けている(35)。

このように尊玄、景雅がともに十玄門にもとづき円教の断惑を理解している点は明恵の断惑解釈をみるうえでも重要である。明恵は『金師子章光顕抄』において、一人の断惑に伴って全ての衆生が断惑するという解釈を強く批判し、「一断一切断」とは一人の煩悩のうち一つを断じることで全てが断じられることを意味すると解釈する(36)。このことから従来、明恵が批判する解釈とは景雅など東大寺における華厳解釈を指していると理解されてきた(37)。しかし近年、前川健一氏は、明恵が批判するのはあくまで六相・十玄など事事無礙を説く法界縁起にもとづいておらず、理事無礙の段階から直ちに「一断一切断」を解釈する見方であるとし、『華厳論草』などのように十玄縁起を踏まえた解釈に対する批判ではないと指摘している。(38) この点は、『断惑義抄』の記述からも首肯できるものであろう。

なお明恵の解釈については、従来、室町期の聖憲『五教章聴抄』下巻に以下のようにあることを根拠に、その晩年に「一断一切断」の解釈を変更したと考えられてきた。

一栂尾明恵上人一断一切断ニハ約シ一人ニ一断ニ一煩悩ヲ時一切煩悩断故。一成一切成多人相望スト被ニタリ書置一。但後人々ニ被レ仰ケルハ一断一切断モ多人相望ナルヘシ思ヒ謬テ一人ノ上ト書置ケリト云々。大疏ノ中ニ一成一切成ヲ釈シテ兼及自他倶証十地離垢定前文。自他相兼一成一切成ヲ成也。

（『大日本仏教全書』一一、五六二頁下）

しかし、明恵とその門弟であった喜海（一一七八～一二五一）による『華厳五教章』の講義録である順高編『五教章類集記』巻八には、次のような興味深い証言が記録されている。

問、如此仏智モ一分モ得ムヨリ成仏トハ可云ヤ。答一人ノ行門ニ約シテ是ヲ云々爾也。一成一切成ハ一人ノ成正覚ノ人分別ヲ離スル辺ヨリ云也。

注云染浄諸法此一人成正覚ノ智ニ向ヒテ一縁起ヲ成スル時一切ノ煩悩モ皆ナ正覚ヲ相成スレハ悉ク自体不生也。

問、一成一切成ノ時ハ師口煩悩ハ自類相対シ一切成ハ自他相対セリ。如何カ今煩悩ニ於テ又自他相対ノ義ヲ成スルヤ。答、彼ノ口本説ニマカスレハ煩悩ハ自類相対此義ヲ成シアテ、自他相対ノ義ヲ成セムヲハ強不遮之一

歟。委ハ條文ニ可見之。（龍大所蔵本、一〇左）

つまり、「師口」すなわち明恵の口説では、一人の上における煩悩の断じ方（「自類相対」）の義を主張してはいるものの、一人の断惑と全ての衆生との断惑を同時とみる「自他相対」の義についても認めていないわけではない（「強ち之を遮せず」）というのである。こうした明恵の発言を踏まえるならば、景雅、尊玄、明恵の断惑解釈は事事無礙の道理にもとづく点が強調されるという点において共通しており、同様の問題意識を窺うことができよう。

第三章　尊玄『華厳孔目章抄』における浄土義解釈

第一節　『孔目章』「寿命品内往生義」における智儼の見解

さて最後に『華厳孔目章抄』における浄土義解釈をみておこう。本書は中世の華厳宗において浄土義が本格的に論じられた数少ない資料の一つでありきわめて興味深い。先述のように（第一章）、本書は東大寺北院において建久元年（一一九〇）に行った智儼撰『華厳経内章門等雑孔目』（以下『孔目章』と略記）に対する講義にもとづくものである。このうち浄土往生の問題が論じられる「往生章」において、「未断惑の凡夫の往生」に関する詳細な註釈が、二十三点に上る文献や諸師の見解を用いて展開されている。

尊玄に浄土義に関する言及が見られることについては、河野法雲氏、高峯了州氏によって早くより指摘されており[39]、拙稿においても若干の分析を行ったことがある[40]。以下では旧稿と重複する箇所もあるが、景雅、聖詮の解釈との異同を意識しつつ、あらためて検討することにしたい。

まず『華厳孔目章抄』における論義の淵源となった智儼『孔目章』の所説をみておきたい。『孔目章』の「寿命品内往生義」は、「往生義者、総有二七門一」とし、①明往生意②明往生所信境③明往生因縁④明往生験生法⑤明往生業行⑥明往生人位分斉⑦明往生業行廻転不同の七門より構成されており、いずれも華厳学の立場から西方浄土の性格、往生人の種類について規定している。[41] 智儼の西方浄土観はこのうち①「明往生意」に、

往生有二処。一是西方、二生弥勒処。若欲断煩悩者、引生西方。不断煩悩者、引生弥勒仏前。何以故。西方是異界故、須伏断惑。弥勒処是同界故、不仮断惑、業成即往生。（大正四五、五七六頁下）

と述べて、西方浄土は「三界外」であるため煩悩を断つ必要がある（断惑）とし、さらに②「明往生所信境」に、

第二往生所信境者、謂阿弥陀仏国一乗三乗不同。若依二一乗一、阿弥陀土、属二世界海摂一。何以故。為下近引二初機一成中信教境真実仏国円融不可説上故。若依二三乗一、西方浄土是実報処。通成二四土一。一法性土。二事浄土。三実報土。四化浄土。化者是報化也。非二化身化一。（大正四五、五七六頁下）

として、阿弥陀仏の国土は一乗教・三乗教それぞれの立場によって位置付けが異なるが、一乗教によれば西方浄土は「世界海」に包摂されるとする記述に窺うことができる。

ここで注目されるのは、「初機」の者を「真実の仏国」に導くためのいわば「一段階」として西方浄土が設定され、[42]「初機」すなわち「初心の機根」こそが西方浄土に導かれる対象と規定されていることである。こうした智

儼の見方からすれば、阿弥陀仏の浄土は初心の者であっても往生の可能な場所ということになる。
ところが智儼は一方で、西方浄土は三界外であるため往生には断惑を必要とするとも規定している。さらに、「初機」の定義について⑥「明往生人位分斉」では、「若約二頓教及円教一、在二信位終心自分已還一、是所為位[43]」とするのである。「信位終心自分已還」とは、「十信位の最後の段階（終心）以上」という意味である。このように、智儼における西方浄土観は「初機」の浄土とされる一方、「断惑」を要する浄土とも捉えられていることが日本華厳における論義の焦点となるのである。

第二節　聖詮『華厳五教章深意鈔』「摂化分斉」の見解

日本華厳において、こうした智儼の「西方＝異界」とする解釈が初めて取り上げられたのは、正治元年（一一九九）に抄出された聖詮『華厳五教章深意鈔』である。本書では、具縛の凡夫でも順次生に極楽往生が可能であると指摘し、以下の根拠が示されている。

すなわち①『華厳経』「寿命品」によれば、娑婆は穢土の終わりであり極楽は浄土の始めであること。②『探玄記』によれば、見聞生・解行生・証入生と順に仏果に至るとする華厳の三生成仏の枠組みのなかで、娑婆世界は見聞生、極楽は解行生、その後の仏土を証入生としている。したがって、たとえ散乱心や麁動心を持っていたとしても見聞の功徳を得たならば信心の厚薄によらず往生が可能であること。③末法の世で余経が滅しているなか、弥陀の教えだけが仰ぐべきものであること。④『華厳経』には「菩提心を発してなくても一たび仏の名を聞くだけで菩提に至ることは決定する」とあること。⑤『探玄記』の記述に基づいて、三生成仏説の立場から極楽は解行生の段階に相当するとされ、いったん娑婆世界において『華厳経』などの聞経の功徳を備えたならば、散乱心といった信心の厚いか薄いかにかかわらず、三生の次第を経ることができると会通されている(44)。

以上のように、『華厳五教章深意鈔』では、弥陀浄土の位置付けが三生成仏説の枠組みに組み込まれており、一貫して往生が可能であると主張されている。とくに⑤の解釈はすでに第一章で確認したように『華厳経』の聴聞による功徳を重視する弁暁の説草とも共通しており注目される。三生成仏説を踏まえた理解は中国華厳には存在しないものでありきわめて興味深いが、この理解は尊玄にも継承されることになる。

第三節　『華厳孔目章抄』における論義と尊玄の見解

さて、尊玄『華厳孔目章抄』において第一に取りあげられるのが智儼が示した「断惑・未断惑」の問題である。

問。章云、往生有二二処一。一是西方。二生二弥勒処一。云々爾者二処往生相対、難易何可レ定耶。答。云々疑両方。（中略）若依レ之云二西方易一者、今章既西方是異界故、須レ伏二断惑一。弥勒処是同界故、不レ仮二断惑一、業成即往生。云々依レ之玄奘三蔵、西方道俗並作二弥勒業一、同二欲界一其行易レ成。判二大小乗一師、皆挙許二此説一。恐凡鄙下浅之輩、浄土修行難レ成者乎。翻経三蔵既作二此判一。望二往生一之人、誰不レ仰レ此耶。

（『大日本仏教全書』七、一九三頁下）

ここでは、①西方浄土が生じ易い浄土であるというのであれば、『孔目章』に「西方浄土は異界（三界外）であるから断惑が必要である」とあって矛盾するのではないかという点、②玄奘なども「凡鄙下浅之輩」にとって浄土の修行は成じ難いとしているという二点の疑難が示される。これに対し、尊玄は次のように反論している。

今愚推云、見㆓一章前後起尽㆒、随㆓教浅深㆒、定㆓西方浄土之相㆒也。而云㆓実報土㆒事、是則依㆓三乗教心㆒也。（中略）次若依㆓一乗㆒、阿弥陀土属㆓世界海㆒。何以故、為㆘近引㆓初機㆒成㆖㆑信㆓教境㆒云々。此即依㆓一乗教心㆒。十仏境界所依有㆑二。一国土海。円融自在当不可説。二世界海。此亦有㆓三類㆒。一蓮華荘厳世界海。具足主伴通㆓因陀羅㆒等、当是十仏自境界。二於㆓三千界外㆒。有㆓十重世界㆒。（中略）三無量雑類世界。皆遍㆓法界㆒。又如㆓一類樹形世界。乃至一切衆生形等㆒。皆亦如㆑是云々。章家今解釈三類世界海中、当第三雑類世界海也天台同居土、其心同㆑之歟。既属㆓雑類世界㆒。具縛異生生㆓彼土㆒、更不㆑可㆑疑㆑之。

（『大日本仏教全書』七、一九五頁下）

これによって明らかなように、弥陀浄土を実報土であると規定するのは三乗教の教説であるとして批判し、華厳一乗の立場では「十仏の境界」である「世界海」を三種に分けるうち、一切衆生が居住する「第三無量雑類世界」に西方浄土は相当するというのである。

十仏境界
- 国土海
- 世界海
  - ①無量雑類世界――西方浄土
  - ②三千界外十重世界
  - ③蓮華蔵荘厳世界海

このように西方浄土を「低下の境界」とし、娑婆世界との近似性を強調する点は、「雑類世界」である西方浄土を見聞生・解行生・証果海生と三つの生涯を経て成仏に至るとする三生成仏説に配当する次の解釈にも窺うことができる。

況以二三種世界海一、分二別見聞・解行・証果海一。須弥山界及樹形等界、見聞位。以二十重世界一立二解行位一、十蓮花蔵世界海立二証果海一云々。若爾者設雖二具縛異生底下凡夫身中一、有二普法見聞之種子一、依二十念等縁力一、何不二往生一乎。例如二兜率天子一者、於二地獄苦身一、得二十眼十耳益一、如二善財童子一者、一生一身極二五位円因一云々。此等既円経之勝事也。何始可レ疑乎。

（『大日本仏教全書』七、二〇一頁上）

┌無量雑類世界（須弥山界及樹形等界）──西方浄土──見聞位
├三千界外十重世界──────────────解行位
└蓮華蔵荘厳世界───────────────証果海位

この理解は、直接的には『探玄記』に「一乗三（三種世界である須弥山界・三千界外・蓮華蔵荘厳世界）中、多分論レ時、初見聞位、次解行位、後向二果位一」[45]とある箇所や、同じく『探玄記』における『華厳経』「寿命品」に説かれる世界について「是三（＝三種世界）約二別教一、娑婆是見聞解行処、中間諸土唯解行処。末後仏土通二解行満及証入一故」[46]とする解釈を前提にしたものであろう。

尊玄と同様に浄土往生を願う行者を三生の段階に位置付ける理解は、中世の華厳宗の人々にひろく共有されていたようである。すなわち聖詮は、

凡香象大師御心、以二娑婆一定二見聞解行処一、以二極楽一判二解行一、以二来後仏土一判二証果海一、更無レ択二散乱麁動心一。何強簡二信心厚薄一。加レ之都率天子。出二地獄一生二都率天一、一生一身上極二解行一、定知地獄生前、備二見聞一之

位也。（中略）此等皆依二花厳等聞経功徳一也。　（『大正蔵』七三、六八頁中）

として、『華厳経』などの「聞経の功徳」を備えたならば、信心の厚薄にかかわらず解行位である弥陀浄土へ往生し、その後果海へ生じると述べている。

娑婆世界	見聞・解行位
極　楽	解行位
以後仏土	証果海位

さらに明恵も同様である。明恵は『摧邪輪』(47)において、『華厳経』（六十華厳）「寿命品」の娑婆世界・安楽世界と次第する十種の世界に関する記述に基づいて、華厳宗では「極楽浄土＝界外解行処」であるとして、以下のように定義する。

謂就二雑行如説行人一、且約二華厳宗一者、極楽等九仏刹者、是界外解行処也。一乗見聞人、解行善根純熟位、於二界内一、尚得二十眼十耳徳一、到二離垢定前一。是人生二極楽第九仏刹一、名二界外解行生一。生二第十賢首仏刹一、名二証果海生一。此約下界内通二見聞解行一出世唯解行之人上説也。或有二界内唯見聞、出世唯解行、出出世唯証入之人一。受二持華厳一往二生浄土一之人、摂二此中一也。貞元華厳経第四十、明二持者五果一中、説二浄土果一云、唯此願王、不二相捨離一、於二一切時一、引二導其前一。一刹那中、即得三往二生極楽世界一等云々。

（『摧邪輪』巻中、日本思想大系『鎌倉旧仏教』三五五頁下）

しかし、ここで注意しておきたいのは、聖詮や明恵ともに西方浄土は娑婆世界における見聞種子の増長を経て生じる場所＝「解行位」と理解している点である。ところが尊玄は、「未断惑の凡夫」であっても生じることの可能な「無量雑類世界」と定義したため、三生の次第上では見聞位に配当せざるを得ず、『探玄記』の記述との教理的な整合性に問題が生じているのである。

第四節　「未経十信行者」の往生について

こうした尊玄のやや強引な解釈については、行位説の観点からも疑義が示されていたことが次の問答より知ることができる。

問。具縛異生、未経十信行、而依阿弥陀称念、礼拝等行、可云往生西方浄土耶。答。（中略）若云具縛異生往生極楽浄土者、夫尋西方浄土者、此即禅定神通之応用、界外無漏之所熏成也。具縛麁浅異生、何輙生彼界乎。是以開経論之説、尋往生位分、旧訳経論、七地已上菩薩、随分見報仏浄土云々。新訳論中、三地菩薩始可見報仏浄土云々。依之宗家玄記中、入十住已去、不退位三賢菩薩生処、名為浄土。於中四果二乗等、如阿弥陀土生、彼皆往正定等、堪任已還軽毛退位、三聚衆生共生之処、不名浄土云々。加之今章中、西方異界故、須伏断惑、弥勒同界故、不仮断惑云々。述往生正所為、若約頓教及円教在信位終心、自分已還是所為位云々。准此等解釈、十信已前人、不可生西方浄土見タリ。

（『大日本仏教全書』七、一九九頁上・下）

ここでは、西方浄土が「雑類世界」に配当され、異生（凡夫）であっても往生できるのであれば十信を経ない者であっても浄土に生じることになるとする疑念が示されている。そこで『華厳孔目章抄』ではこの点について長文にわたって論難が行われている。

すなわち西方浄土は仏の神通の化用によって顕現した境界であり、これは三界外の無漏の処にあたるのであって、異生が容易く生じる場所ではないと否定される。その根拠は以下の三点である。

第一に、旧訳の経論には七地以上の菩薩、新訳の経論では三地の菩薩が報仏の浄土をみることができるとすること。第二に「宗家」すなわち第三祖法蔵の『探玄記』には、十住位に入った以降の不退位である三賢位（住・行・向）の菩薩が生じる所を浄土と名付けるとし、堪忍（初住位）以前、軽毛の退位（十信位）と三聚の衆との共生の場所は浄土と名付けないとすること。第三に、『孔目章』には「西方は異界であるから断惑を要し、弥勒は同界であるから断惑を要しない」といっていること。また、頓教および円教の立場では「信位の終心の自分」以降を往生人の「正所為」とするとしていること、を挙げている。

これに対し、尊玄は「且応三十信以前人、遂二順次往生一云義可二存申一(48)」として次のように反論している。

第一に、法蔵撰『起信論義記』には「信行未満人、蓮花化生」とあり、これが具縛の凡夫を指していると思われること。第二に、『孔目章』に「往生人の位」を述べて、「大意為二其十解已前、信位之中等一」としているが、この「十解（十住位）以前」とは未断惑の段階をも含んでいるとみられること。第三に、『探玄記』の「三賢位の菩薩の生じる所を浄土とする」という文は、三乗教の立場について説かれた箇所であり、一乗教の解釈には当てはまらないこと。第四に、『孔目章』にはそもそも「弥陀浄土は初機を引くためにある」と述べられていることを指摘する。

こうした尊玄の反論は教義的に整合性をもつものとは必ずしもいいがたい。そもそも『起信論義記』には確かに

「蓮華未レ開時信行未レ満」とされているが[49]、「既に信位には入っているが満じてはいない（信行未満）人」のことであり、「十信位に入る以前の人」とはいえない。同様に、『孔目章』の「大意為二其十解已前、信位之中等一」の箇所は、「華厳円教」の立場では、

> 第六往生人位分斉者、大位為其十解已前。信位之中、成十善法。正修行者是其教家正所為之位。何以故。為此位中防退失故。及退滅故。并廃退故。十解已上、無上三退、教即不為。此拠終教説。若拠初教、十迴向已還是其所為。何以故。十迴向已去得不退故。若約頓教及円教、在信位終心自分已還、是所為位。
> （『大正蔵』四五、五七七頁中）

とされるように、「信位の終心より以上の人（信位終心自分已還）」と明示されており、ここでも十信位未満の人には該当しない。このように、『孔目章』『探玄記』ともに「未断惑の十信以前の人」は想定されていないため、「所二答中一猶未レ遁二疑難一」と再び疑難が提示されている。『孔目章抄』ではこの点が未解決な問題として残されるのである。

第五節　仁和寺景雅の「伝承」

このように尊玄の見解が「凡夫往生」を強調するあまり、中国華厳諸師の論文についてやや強引ともいえる解釈を施している用例は、『孔目章』における「同界・異界」の問題を次のように会通している点にも窺うことができる。

於二今章（＝孔目章）断惑文一者、仁和寺景雅法橋会云、至二孔目釈一、安養兜率相対分二界内界外一之時、西方異界、兜率自界云文者、弥勒極楽常随菩薩也。若爾者遂二兜率往生一之日、同可レ預二極楽往生一也。彼如二龍樹歎一云、「繋二念一花一天子一、亦得レ往二生如意殿一」云々是又如レ此。以レ念二弥勒菩薩一、可レ備二極楽往生一也。（中略）又云、雅云、至相寺大師勧二弥勒念仏一、釈レ令レ遂二極楽往生一云々、見二彼伝文一

（『大日本仏教全書』七、二〇一～二〇二頁下）

景雅によれば、西方浄土と兜率天の違いは三界の外（異界）・三界の内（同界）という点にあるものの、弥勒菩薩は「極楽常随菩薩」であることから、兜率天への往生はそのまま極楽往生を意味すると解釈している。そして、実際に西方浄土を三界外と定義した智儼であっても「弥勒念仏を勧めながら極楽往生を遂げた」とするのである。

景雅は明恵の華厳の師として知られるが、弁暁・尊玄とも交流を有しており、先述のように尊玄『断惑義抄』には長文にわたって景雅の発言が記録されている。しかし、こうした景雅の伝える智儼の事績は現存する『華厳経伝記』『続高僧伝』所載の智儼伝とも対応しない。また、宗性撰『華厳宗祖師伝』など同時代の伝記類においても智儼が弥勒念仏を行ったとする事績は存在せず、「彼伝文」がいかなる文献を指すかは不明である。景雅個人の発言とされているように、経論疏には出典をもたない文字通り「伝承」の可能性が高いであろう。

しかし景雅説と同様の見解は既に『五教章深意鈔』にも示されており[50]、そこでも智儼の「西方＝異界」釈に対する最終的な会通に用いられる[51]。また尊玄自身、弥陀信仰とともに弥勒信仰を同時に有していたことは注意したい[52]。

つまり、こうした理解の背景には、中世華厳宗諸師が西方浄土を願生する場合には智儼説の会通が不可欠であったという事情が指摘でき、智儼自身が弥勒念仏を行っていたとする伝承が重視されていたと考えられるのである[53]。

おわりに

以上、中世の東大寺再興期における華厳教学の特質について、東大寺を代表する学匠であった尊玄による論義資料を中心に検討を行った。

第一に、東大寺の伽藍復興とそれに伴う華厳の「御法」の復興という教学面の整備が進められるなかで、弁暁や尊玄、聖詮など東大寺僧の多くが有していた意識は、愚縛の凡夫がいかに華厳教学の修学によって断惑・成仏への階梯を歩むかという点にあった。この時期に盛んに論じられた断惑義や浄土義、成仏義は、まさにそうした意識が反映したものと考えられよう。なお、成仏義の重視という傾向は、この後の華厳論義の特質として継承されたと考えられる。凝然門下の盛誉が暦応二年（一三三九）に、「初心始学之同法」のために「宗義」を抄出した『華厳手鏡』には三十条の論題が収載されているが、このうち約四分の一に相当する七題が断惑成仏に関するものとなっていることは注意したい[54]。

第二に、こうした断惑・成仏への関心については、従来東大寺華厳と対比的に理解されてきた高山寺の明恵の位置付けを考える上でも重要である。明恵が建久九年（一一九八）に著した『随意別願文』には、末代辺地に生まれたことが嘆かれる一方で、「華厳法門」を精勤習学し、それによって得た善根を「金剛種子」として歩むことが繰り返し強調されている。こうした明恵の願文は従来、その実践的で独自な仏道観を示すものとして理解されてきた。しかし、第一章で確認したように鎌倉初期の華厳僧に共通した意識を背景にしたものと考える必要があろう。

第三に、尊玄や聖詮による論義資料からは、仁和寺景雅の義が教義解釈上の指南となっていた点が確認できる。

景雅については『新編諸宗教蔵目録』（義天目録）の将来など高麗仏教との関わりを中心に鎌倉期の仏教に与えた影響が指摘されてきたが、華厳教義の解釈についてもきわめて大きな役割を果たしていたといえよう。

なお最後に、本稿にて扱った尊玄や景雅の論義資料からは宋代仏教の影響が確認できないことを付言しておきたい。寿霊『華厳五教章指事』や平安期に著された「私記」類が依用される一方で、宋代華厳の注釈書は用いられていない。東大寺の華厳教学における宋代仏教の影響については今後、その受容時期を含め検討していきたい。

註

（1）中世華厳宗の諸師に対する個別的な研究としては、凝然の立祖説や、法相宗観・禅宗観など基礎的な検討を行った藤丸要氏の研究がある。「凝然の禅宗観に関する一考察」（『中央仏教学院紀要』七、一九九〇）、「凝然教学の根本的立場」（『仏教学研究』五六、二〇〇二）。近年では、岡本一平氏が、『華厳五教章通路記』における教判説について分析を加えている。岡本一平「凝然『五教章通路記』の三乗批判について」（『駒沢大学大学院仏教学研究会年報』三〇、一九九七）、「凝然の禅宗理解」（『宗学研究』三九、一九九七）、「凝然『五教章通路記』の一乗思想」（『印度学仏教学研究』四六（二）、一九九七）。明恵については多くの研究があるが、教理思想に関する近年の成果としては柴崎照和『明恵上人思想の研究』（大蔵出版、二〇〇三）、前川健一『明恵の思想史的研究――思想構造と諸実践の展開――』（法藏館、二〇一二）など参照。

（2）論義・談義の形式や思想内容の分析については智山勧学会編『論義の研究』（青史出版、二〇〇〇）、蓑輪顕量『日本仏教の教理形成――法会における唱導と論義の研究――』（大蔵出版、二〇〇九）参照。

（3）拙稿「日本華厳における三生成仏説に関する諸師の見解」（『龍谷大学大学院文学研究科紀要』二八、二〇〇六）、同「室町期華厳宗における浄土義解釈――東大寺所蔵「安養報化〈浄実私示〉」論義草翻刻――」（『浄土真宗総合研究』四、二〇〇九）、高田悠「日本華厳における「非情成仏」の展開」（『龍谷大学大学院文学研究科紀要』三七、二〇一五）。

(4)『大日本仏教全書』一〇一、一一九頁下。
(5)『文治二年神宮大般若転読記』『続群書類従』第二六輯上、二三〇頁上。
(6)『華厳孔目章抄』奥書。
(7) 本書には景雅の『華厳論草』が「仁和寺抄」として大幅に引用されている。とくに下巻では華厳円教における断惑義について煩悩の「一断一切断」をめぐる議論が取り上げられている。「一断一切断」については明恵がとくに批判した問題でもあり(『金師子章光顕抄』下巻)、断惑成仏に関する論義が同時代的な関心をもたれるものであったことが知られる。この点については第二章において詳述したい。
(8) 三巻上、『大日本仏教全書』七、一四〇頁下。
(9) 四巻上、『大日本仏教全書』七、二一〇頁上。
(10) 奈良期の華厳宗を取り巻く状況については石井公成「日本の初期華厳教学――寿霊『五教章指事』の成立事情――」(『華厳思想の研究』春秋社、一九九六)参照。
(11) 永村眞『中世東大寺の組織と経営』(塙書房、一九八九)参照。
(12) 金天鶴『平安期華厳思想の研究――東アジア華厳思想の視座より――』(平楽寺書店、二〇一五)参照。
(13) 横内裕人「東大寺の再生と重源の勧進――法滅の超克――」(『日本中世の仏教と東アジア』塙書房、二〇〇八)参照。
(14) 凝然『華厳法界義鏡』巻下(日本思想大系『鎌倉旧仏教』四二七頁上)。
(15)『明恵上人行状(仮名行状)』上(『明恵上人資料』一、二二頁)。
(16)『明恵上人行状(漢文行状)』中(『明恵上人資料』一、一二四頁)。
(17) 前掲註(2)参照。
(18) 問。円教心、従凡夫世間位、可云有成普賢解行果者乎。答。章云。普賢因果不従凡夫世間剋得云々。付之、従十信凡位経住行向地之位、華厳円宗之常法、七処八会之秘談也。既衆生根機有不同、発心修行不一准。何無従凡位至普賢行果位之者乎。依之開円経之説、兜率天子、依足下光明、忽預十眼十目益。善財童子、一身極在位円因云々。此等豈非従凡位至普賢解行果乎、如何。(『大日本仏教全書』七、一七頁上)
(19)『大日本仏教全書』七、二二八頁上。

(20) 『大日本仏教全書』七、一二一九頁上。

(21) ○明恵述・高信編『解脱門義聴集記』第九

前世ニ見聞金剛ノ種子ヲ植ル者ハ。第二解行ノ生ノ中ニ。必ス知識ニアヒテ。十地窮満ノ益ヲ得ル也。即チ善財童子。兜率天子等ノ如シ。兜率天子ハ。地獄ニシテ浄眼ノ益ヲ得。是ハ猶ヲ見聞ノ生也。（中略）解行ト云ハ。是十地ノ益也。地獄ニ於テ解行ヲ得ハ。兜率天ニシテ。豈ニ又得ムヤ。古人以テ地獄ヲ解行ト取ハ僻事也。宗家ニ未タ見ヘ也。兜率天子地獄ニシテ。猶ヲ浄眼ノ益ヲ得。（中略）若人正信アリテ。名利ヲ不離セ。仏法ニ於テ。一念純善ノ信種アレハ。彼種子必ス。来世ニ真善知識ニ値遇シテ。不思議ノ仏事ヲナサムコト。疑フヘキニ非ス。

（『金沢文庫研究紀要』第四号、一六三頁）

(22) ○喜海『善財五十五善知識行位抄』

兜率天子無間地獄ニ処セシカトモ宿世見聞ノ信種ヲツヽシミシカハ。舎那ノ光触ヲ蒙テ。生天解行ノ大益アリ。地獄ナヲ此ノ益アリ。況ヤ人間無難ノ処ヲヤ。ソノ見聞必シモ深ヲトラス。不信誹謗ナヲ其益アリ。行門又何ノ行ト定メス。有縁ニ随テ好ミ行セヨ。万行皆コレ仏行也。（同、一二三五頁下）

我等如来滅後ニ生レ。末法辺州ニアリト云ヘトモ。幸ニ釈尊ノ遺教ニアヒ。恣ニ性起ノ甘露ヲ嗜ム。誠ニ是レ本師舎那ノ護持。又我等カ機感ニコタヘタリ。彼ノ善財ノ前身ハ、是一乗見聞ノ生ナリ。信種熟セシカハ。知識ニ値テ一生一身ニ五位ノ円因ヲ極キ。是ヲ第二解行ノ生ト云フ。我等カ今生ハ又是見聞ノ生也。既ニ正信ヲ起シテ正行ヲ行セハ。其種熟シテ順次ノ解行更ニ善財ニコトナラサラン。

（『大日本仏教全書』一二三、一二三〇頁下）

なお、「見聞」が「一乗普法」＝華厳に限定されるか否かは中世後期にいたるまで議論され続けていく。例えば称名寺の湛睿は「権機の当分」においては一切の仏法が該当すると結論し、「凡夫所行施戒修等、外道所六行智観等」も「見聞生之益」と認定（湛睿『五教章下巻纂釈』七、『大日本仏教全書』六九、六四三頁下）。

(23) 『大正新脩大蔵経』（以下、『大正蔵』とする）七三、六七頁下。

(24) 『祖師法印中陰願文集』『東大寺宗性上人之研究並史料』上、七頁。

(25) 平岡定海『日本弥勒浄土思想展開史の研究』（大蔵出版、一九七七）参照。

(26) 明恵は、「即吾弟子同法ノ中ニモ弥陀ノ行者コレヲ、シ」と述べている（『真聞集』末、『明恵上人資料』三、二〇三頁上）。

（27）『大日本仏教全書』七、一一四頁下。

（28）『大日本仏教全書』七、一四二頁下。

（29）湛睿『五教章纂釈』下巻巻一二（日仏全一二、二七四頁）、一三（同、二九二頁）に書名は明記されていないものの「尊玄法橋云」とあり、これが本書の内容と一致する。また実英『華厳五教章不審』（『大正新脩大蔵経』七三）には、「尊玄抄」「尊玄義」とする引用が三箇所確認できる。

（30）景雅については、横内裕人『日本中世の仏教と東アジア』（塙書房、二〇〇八）の他、近年では増山賢俊氏がその出自について詳細に調査しており有益である。増山賢俊「景雅について」（『仏教文化学会紀要』二一、二〇一二）参照。

（31）両書の対応箇所は以下の通り。『華厳論草』（『大正蔵』七二、六七頁上～下）、『華厳五教章深意抄』（『大正蔵』七三、五二頁上～五三頁上）

（32）坂本幸男『華厳教学の研究』（平楽寺書店、一九五六）、前掲註（1）、前川健一『明恵の思想史的研究――思想構造と諸実践の展開――』参照。

（33）『断惑義抄』の翻刻は、東大寺図書館所蔵のマイクロフィルムによる紙焼き複写に基づくものである。なお翻刻にあたっては旧字体を新自体に改め、読解の便を図るため適宜句読点を付した。また虫損等により判読不能の文字については□によって字数文の空格を示した。

（34）前掲註（1）、前川健一『明恵の思想史的研究――思想構造と諸実践の展開――』五二頁。

（35）『大正蔵』七三、六七頁上～下。

（36）『大日本仏教全書』一三、一八八頁下。

（37）前掲註（32）、坂本幸男『華厳教学の研究』四七五頁～。

（38）前掲註（1）、前川健一『明恵の思想史的研究――思想構造と諸実践の展開――』五二頁。

（39）河野法雲「東大寺の尊玄僧都」（『無尽灯』一八―四、一九一三、後、亀谷聖馨・河野法雲『華厳発達史』名教学会、一九一三所収）、高峯了州「尊玄の思想と宗性の集録」（『華厳思想史』興教書院、一九四二所収）。

（40）拙稿「中世華厳教学における浄土義解釈」（『印度学仏教学研究』五六巻一号、二〇〇七）。

（41）智儼の浄土観については、小林実玄「唐初の浄土教と智儼『雑孔目』の論意」（『真宗研究』二四、一九八〇）、木村清孝「智儼の浄土思想」（『藤田宏達博士還暦記念論集　インド哲学と仏教』平楽寺書店、一九八九所収）等参照。

(42) 法蔵撰『華厳経伝記』によれば、智儼は臨終に際して「告二門人一曰、吾此幻軀従レ縁無性。今当暫往二浄方一。後遊二蓮華蔵世界一。汝等随レ我、亦同二此志一。」（『大正蔵』五一、一六三頁下）と述べており、「往生浄土」の後に「蓮華蔵世界」に生じるという段階的な往生のあり方を示した記述と一致する。

(43) 『大正蔵』四五、五七七頁中。

(44) 『大正蔵』七三、六七頁下～六九頁上。

(45) 『大正蔵』三五、一五八頁中。

(46) 『大正蔵』三五、三九〇頁下。

(47) 『華厳経』「寿命品」では、「娑婆世界釈迦牟尼仏刹、安楽世界阿弥陀仏刹、聖服幢世界金剛仏刹、不退転音声輪世界善楽光明清浄開敷仏刹、離垢世界法幢仏刹、善燈世界師子仏刹、善光明世界盧舎那蔵仏刹、超出世界法光明清浄開敷蓮華仏刹、荘厳慧世界一切明光明仏刹、鏡光明世界覚月仏刹」とあり、勝蓮華世界賢首仏刹の各国土について、前者における一劫が後者の一日一夜になることを示し列挙している（『大正蔵』九、五八九頁下）。

(48) 『大日本仏教全書』七、二〇〇頁上。

(49) 但往生之人約有三位。一如蓮華未開時信行未満。未各不退。但以処無退縁故称不退。二信位満足已去。華開見仏。入十住位。得少分見法身。住正定位也。三者三賢位満。入初地已去。証遍満法身。生無辺仏土。

（『大正蔵』四四、二八六頁下）

(50) 但至孔目釈者、安養都率相対分別、界内界外云時、西方異界都率同界也釈也。探玄深志、為今此界衆生往生極楽也。所以見入法界品文、弥勒極楽常随菩薩也。如上引成。若爾遂都率往生之日、同可預極楽往生也。彼如龍樹讃嘆偈云、繫念一花一天子、亦得往生如意殿云云。是又如此以念弥勒菩薩、可備極楽往生正因也。（中略）若爾西方行者国、定可称念弥弥勒薩也。私云、至相寺大師決定遂極楽往生、見彼伝文故、勧都率之文、如上会釈歟。

（『大正蔵』七二、六八頁下～）

(51) 『大正蔵』七三、六八頁下

(52) 周知のように弥陀浄土と兜率天の往生の難易や区別についてはすでに『遊心安楽道』や『往生要集』などに詳細

に論じられており、南都においても珍海（一〇九一～一一五二）が同種の議論を行っている。もっとも実際にどこまで区別が明確化されていたかについては検討の余地があり、例えば院政期の説話集『法華験記』巻下「第八十三楞厳院の源信僧都」には、源信は兜率天往生を願っていたが、天童から極楽に往生し、その極楽にて弥勒を拝するべきであるとする指示を得たと語られるなど極楽・兜率の境界は曖昧である。また明恵も極楽と兜率の違いに執着するべきでないと弟子に対し発言している（『真聞集』末、『明恵上人資料』三、二〇三頁）。

（53）なお尊玄は、当時の「専修念仏者」と考えられる者に対しては、「若云三具縛異生不二往生一者、自非レ絶二順次往生之望一、近来但念仏之輩、応レ遺二恨於末代一」（『大日本仏教全書』七、一九九頁下）とするなどきわめて寛容な態度を示しており、同時代に位置する明恵とは対照的である。ただし、尊玄において西方往生は、あくまで「円経」の見聞・受持によって見聞種子を増長させ、解行の円満を経て果海に証入するという修道論の枠組みのなかに位置付けられるものであったと考えられる。

（54）以下三十条のうち、断惑成仏に関する論題に傍線を付す。一、華厳教主／二、同教海印／三、性海説不／四、廻心同教／五、二乗入不／六、同別浅深／七、三生別教／八、三生隔不／九、現身成仏／一〇、龍女同別／一一、正覚因果／一二、不設変易／一三、恒説普聞／一四、華厳初時／一五、分身有無／一六、久遠同不／一七、本懐華厳／一八、仏恵根本／一九、別位通局／二〇、華厳海空／二一、願満成仏／二二、同時説不／二三、世体有無／二四、染浄性起／二五、普光明智／二六、心仏衆生／二七、貪瞋即道／二八、非情成仏／二九、直聞恒説／三〇、一断悉成（『大日本仏教全書』一三、四五三頁上）。

［付記］ 本稿において取り上げた資料の閲覧・翻刻に際し、東大寺図書館より多大なご厚情を賜りました。記して感謝申し上げます。

第二部　東大寺の諸像と絵画

創建期東大寺大仏殿内所懸大「織成」像再論

山岸公基

はじめに

奈良時代（八世紀中葉）創建時から治承四年（一一八〇）の兵火で焼失するまでの東大寺金堂（大仏殿）には、盧舎那仏坐像（大仏）前（南）の左右（東西）に、南向きに高さ五丈四尺（約一六メートル）に及ぶ織成（または刺繡）の観音像（技法に織成と刺繡との両説があるため本稿では大「織成」像と呼称する）が懸けられることがあった。治承の兵火で失われた後は再興されず、現存していない。

大「織成」像については、福山敏男「東大寺大仏殿の第一期形態」(1)が文献史学的方法による知見の骨格を形作った画期的論文であり、筆者も福山氏の驥尾に付しつつ大「織成」像に関する史料を集成し、その制作年代、奉懸位置、法量、技法について私見を述べたことがある。(2)東西の大「織成」像左右縁の銘文をはじめ、大「織成」像に関する史料の多くは『東大寺要録』（以下、『要録』）に収載されており、作例自体現存しないとはいえ、大「織成」像に関する共通理解は東大寺要録研究にとって欠かすことができないであろう。ただ、東大寺要録研究会への参加を通じて筆者が抱いた率直な感想は、先行研究の内容の共有が必ずしも充分とはいえないということであった。よって本稿では、屋上屋のきらいはあるがまず福山氏論文及び拙稿により、一部補正しつつ大「織成」像の概要を述べ、続いて東西大「織成」像の左右縁銘文中、奈良時代人の観音理解に関して注目される二、三の点に触れたうえで、多少とも図像を考察する手がかりのある大「織成」像のうち特に西の不空羂索観音菩薩像について卑見を示すこととする。なお大「織成」像に関する最重要史料である『要録』所載の大仏殿東西曼荼羅左右縁銘文〔史料一・二〕読解にあたっては、横内裕人氏の校訂案及び読下し案[3]より多くを得ていることを特記し、謝意を表したい。

第一章　大「織成」像の概要

大「織成」像のうち東の観音菩薩像は、大仏殿東曼荼羅左右縁銘文[4]〔史料一〕より、聖武太上天皇（七〇一～七五六、在位七二四～七四九）在世中の天平勝宝六年（七五四）からおそらく制作が開始され、崩御により中断もあったようだが、天平勝宝九歳（七五七）五月二日の聖武太上天皇一周忌に際して完成し冥福が祈られるとともに、孝謙天皇（七一八～七七〇、初度の在位七四九～七五八）・光明皇后（七〇一～七六〇）の宝算長久、万民（「兆人」）の歓びが願われたことが知られる。いっぽう、西の不空羂索観音菩薩像は、大仏殿西曼荼羅左右縁銘文[5]〔史料二〕より、孝謙天皇ないし淳仁天皇（七三三～七六五、在位七五八～七六四）にあたる「皇帝陛下」が、「皇太后」すなわち光明皇后の平安長久、一切群生の安楽離苦、天長地久を願って造ったものである。西像は、永観二年大仏殿納物注文〔分布帳とも。史料四〕の文を「天平宝字二年戊戌五月廿七日造四天王像大曼荼羅。別有銘文。」と読んで天平宝字二年（七五八）の作とされることがあるが、東像が天平勝宝九歳に完成したことは銘文から明らかで齟齬が生じる。

図1　『信貴山縁起絵巻』　閉じられている創建期東大寺大仏殿南面扉口東端から二間目の扉［画像提供：奈良国立博物館（撮影　佐々木香輔）］

本稿史料のように句点を打てば[6]、内容から光明皇后の生前、七六〇年以前の作としか年代を定め得ない。

大「織成」像は、史料一・史料二の『要録』所引時の註釈、及び史料五・史料六・史料八から判断して、大仏殿南の母屋庇東西（左右）に南向きに懸けられるものであった。創建時大仏殿は桁行十一間で正面では中央七間が扉口であったことが、記録や『信貴山縁起絵巻』に描かれたさまから知られるが、この七間の扉口のうち中央三間を大仏の全容を拝するための、両端各一間を大仏両脇侍菩薩像を正面から拝するための扉口と考えるとき、『信貴山縁起絵巻』では閉じられている両端から二間目の扉（**図1**）を開くと東西の大「織成」像が拝されたのではないだろうか。四天王像への視覚を遮らない位置としては母屋と庇の界の母屋柱辺に懸けられたと考えるのが自然である。母屋柱の高さについて福山氏は約七丈二尺と推定しており[7]、五丈四尺の高さがあった大「織成」像を懸けるためのしつらえをする余裕はあったであろう。

大「織成」像の高さは、大仏殿碑文〔史料三〕、七大寺巡礼私記〔史料十〕の五丈四尺が正確で、六丈〔史料七〕、五丈〔史料八〕は概数であろう。いっぽう幅について福山氏は史料三の三丈八尺四寸を採用しているが、史料十の二丈八尺四寸〔約八・四メートル〕の方が妥当と思われる。創建期大仏殿内の柱間は正面中央の一間が三丈、その両脇二間〔先に想定した大「織成」像の奉懸位置はここにあたる〕が二丈九尺であったことは関野貞「創立当時の東大寺大仏殿及其仏像」(8)以来定まっている。幅三丈八尺四寸とするとそれに見合う重量を持つ二幅を安定して懸けることのできるしつらえを思い描きにくい。また幅三丈八尺四寸の場合、堂内のそこここで大仏、両脇侍菩薩像、四天王像のいずれかをかなり視覚的に遮ることになるであろう。史料八が「五丈幡観音像」と記すのも、二幅が幡画のようであったためとみられ、高さに対して幅が約二分の一となる比例にふさわしい用語といえよう。

大「織成」像は、史料十から毎年三月十四日の華厳会に奉懸するが、多くの人力をついやすため、それ以外にはたやすく開き難かったことが知られる。大仏殿内の説明板ともいうべき平安時代前期の大仏殿碑文〔史料三〕にみえ、永観二年〔九八四〕の大仏殿納物注文〔史料四〕にも「大仏殿納物」に数えられることから、他所に運ばれることはなく大仏殿内に格納されたと考えられる。格納する箱〔もしくは覆い〕も巨大になるはずで、目につく所にあれば記事があって然るべきだが管見に及ばない。全くの憶測であるが、桁上の高所に懸垂装置を組み込んだ箱〔覆い〕があり、柱間、すなわち隣り合う虹梁どうしの幅ぎりぎりの二丈八尺四寸の幅の大「織成」像を、奉懸の前後に格納していたのではなかろうか。

大「織成」像の技法について、史料一は「擬造織成観自在菩薩像」、史料二は「不空羂索観自在菩薩大織像」、史料三・四・六・七・九・十・十一は「繍」、史料五は「錦像」とする。織成か刺繍かについては論者の意見がまちまちで、しかも現物が残っていないため水掛け論となり、論争にもなっていない状況である。織成とする論者に福山敏男氏のほか小野玄妙氏、(9)松田誠一郎氏、(10)繍仏とする論者に関野貞氏(11)のほか足立康氏、(12)河原由雄氏、(13)伊藤信二氏(14)などがある。幅二丈八尺四寸の綴織を織れる織機が存在したとは考え難いが、二丈八尺四寸の幅に尺を前にして人が並んで手織りすれば制作可能、とも考えられる。技法的に可能か否か、の判断をひとまず措けば、史料二の「大織像」の記述からは織成と考えるのが自然であろうか。河原氏は繍仏と考える根拠として史料一に「擬造織成」とあることをあげるが、横内氏の「織成の観自在菩薩像を造らんと擬《はか》り」の読下しに拠るとき、織成であることを否定する材料にはなりにくいと感じる。なお東西で技法を異にした可能性や、織成像の一部（銘文など）のみ刺繍とした可能性も無いわけではない。結論には慎重を要するため、本稿では大「織成」像と表現しておく。

第二章　大「織成」像の銘文内容——特に観音の性格をめぐって——

大仏殿東曼荼羅左右縁銘文(15)では、まず（おそらくは像から見ての）左（すなわち向かって右。以下同様）縁で道家的な「至道無形」より観音（観自在）の属性を説き起こし、『無量寿経』・『観無量寿経』所説の無量寿仏の補処の菩薩も、『華厳経』「入法界品」などに説く光明山（補陀落山）に住する菩薩も同じ観音の所変とした後、「或いは梵王帝釈と現じて、善権の所以は逾よ深く、或いは居士宰官と示して、方便は焉に極まり難し。」と、『法華経』「観世音菩薩普門品」（以下、「普門品」）において観音が衆生を救うために現じる三十三身中の梵王身、帝釈身、居士身、宰官身が例示される。右縁で「三十三変」に触れるのもこれと照応している。また左縁の「巨海将に淪《なみだ》たんとするに即ち得浅の助を蒙る。」は、「普門品」中の偈の「或いは巨海に漂流して龍・魚・諸の鬼の難あらんに、彼の観音の力を念ぜば波浪も没すること能わざらん。」と、「普門品」本文の「若し大水のために漂わされんに、その名号を称えば、即ち浅き処を得ん。」を取りまぜているとみなすことができる。よって「火沆に堕んと欲るに還て変池の慈を致す。」の「火沆」は「火坑」の誤りとみるのが自然で[16]、やはり「普門品」偈の「仮使、害う意を興して大いなる火坑に推し落さんも、彼の観音の力を念ぜば火坑は変じて池と成らん。」を換骨奪胎したのであろう[17]。

大仏殿西曼荼羅左右縁銘文も観音（観自在）について、左（東。向かって右）縁で「其の住たるや、西方極楽世界に在り、阿弥陀仏に奉侍す。」と浄土三部経を踏まえつつ、西像が二十臂もしくは十八臂の不空羂索観音像であったこともあり、「観自在菩薩は、往古の正法明如来なり。其の本願を以て、形を菩薩に化え、一切世間の苦を抜済す。」と、変化観音のうち千手観音信仰に広く影響力を持った伽梵達摩訳『千手千眼観世音菩薩広大円満無礙大悲心陀羅尼経』（『千手経』）の「此の観世音菩薩の不可思議威神の力は、已に過去無量劫中において已に仏と作り竟りて正法明如来と号す。大悲の願力、一切の菩薩を発起せしめ、諸衆生を安楽成熟せしめんと欲する為の故に現に菩薩と作る[18]。」を典拠とする観音の性格規定を盛り込んでいる[19]。奈良時代に既に一般化していた変化観音として十一面、千手千眼、馬頭、不空羂索が列挙され、かつ「縁に随い異ると雖も其の実は一なり。」と東像銘文の三十三変が敷衍され、多種にわたる変化観音も同一の観音の所変であるとする姿勢が貫かれている。

大「織成」像は記念碑的な、近世以前の日本史上最大級の観音菩薩像であり、その銘文は奈良時代の観音菩薩に対する観方を如実に示している。各種の変化観音も、実は観音菩薩が縁に随って異なった姿を示しているとする、奈良時代人の理解の根本を伝える最良の史料の一つであることは誤りなかろう[20]。

第三章　大「織成」像の図像——特に西像（不空羂索観音菩薩像）を中心に——

東の大「織成」像は銘文〔史料一〕中に「観自在菩薩像」と記され、『七大寺日記』〔史料七〕に「聖観音」、『七大寺巡礼私記』〔史料十〕に「観自在菩薩像」とある。一面二臂の観音菩薩像だったのであろう。

西の大「織成」像は銘文〔史料二〕中に「不空羂索観自在菩薩（大織）像」と記され、「像の高さ三十五尺、其の闊さ二十五尺。光容は円備にして神功に異ならず。信は真儀を瞻仰するが如し。天下更に復た二つ无し。」と称えられる大作であったが、臂数は記されない。『七大寺日記』〔史料七〕では「不空羂索、但廿臂、不可思議像也。」、『七大寺巡礼私記』〔史料十〕では「不空羂索廿臂像」と二十臂像であったと伝える。いっぽう『阿娑縛抄第九十一不空羂索』〔史料十一〕には、『不空羂索神変真言経』巻二〇所収の一面三目十八臂像の記載を引用したのち「東大寺繍大仏此像也。云々」と記しており、『七大寺日記』・『七大寺巡礼私記』と臂数を異にしている。西像が遺されていた十二世紀に属する『七大寺日記』・『七大寺巡礼私記』の記述は尊重されるべきだが、巡礼（旅行）記という性格上臂数に誤認がなかったとは言い切れない。他方『阿娑縛抄』も、造像例の少ない一面三目十八臂不空羂索観音像として、充分な吟味を経ずに既に湮滅した臂数の近い大「織成」像に言及した虞れがあり、臂数や持物を確定しようとしても頓挫を余儀なくされる。

図2　田中家本『諸観音図像』地天の掌上に立つ十臂如意輪（?）観音図像

〔出典：『大正新脩大蔵経　図像』第十二巻〕

筆者はむしろ、永延元年（九八七）大「織成」像の修補に際し、元興寺玄朝が地神の形を画いたという記事〔史料二・九〕に注目したい。田中家本『諸観音図像』〔承暦二年（一〇七八）〕所収の地天の掌上に立つ十臂（または八臂）如意輪（?）観音

図3　ネパールカトマンドゥ・チャングナーラーヤン寺ヴィシュヴァルーパ・ヴィシュヌ像
［出典：『世界美術大全集　東洋編14インド（2）』（平成十一年一月、小学館）］

と称される図像[21]（**図2**）を考慮に入れると、地神（＝地天）の掌上に立つのは一面二臂の東像ではなく、二十臂もしくは十八臂であった西像である蓋然性が大きいと考えられる。

地天の掌上に立つ尊格として、日本では京都・東寺の唐請来像に代表されるいわゆる兜跋毘沙門天像が名高く、図像以外の観音菩薩像の作例は絵画・彫刻・工芸を通じて管見に及ばないが、関連して地天の掌上に支えられるヒンドゥー教最高神の一、ヴィシュヴァルーパ・ヴィシュヌ（宇宙の姿を現すヴィシュヌ）のインド亜大陸における作例（たとえばネパールカトマンドゥ・チャングナーラーヤン寺像。九世紀）（**図3**）を兜跋毘沙門天像の図像の原型の一つととらえる宮治昭氏の見解[22]が注目される。ヴィシュヴァルーパ・ヴィシュヌとは、クリシュナ（実はヒンドゥー教最高神ヴィシュヌの化身）が王子アルジュナに示した究極の姿であり、一般にヴィシュヴァルーパ・ヴィシュヌ像が着甲しない多臂像である点も、兜跋毘沙門天像以上に『諸観音図像』の十臂（八臂）如意輪（?）観音像、ひいては本稿で想定している大仏殿西の大「織成」像主尊不空羂索観音菩薩像との近似が甚だしい。またヴィシュヌが様々なアヴァターラ（化身）の姿をとって救済に当たるのは、第二章で述べた、同一の観音菩薩が縁に随って示す異なった姿こそ変化観音の姿である、という奈良時代人の意識と軌を同じくするといって過言でないであろう。大「織成」像とその銘文は、聖武太上天皇・光明皇后・孝謙天皇といった創建期東大寺の本願・檀越の意識、万民・一切群生の安楽への願いを語るとともに、奈良時代の日本が中国・唐を介して得た普遍的価値としてのインド文化の水準を示すのではあるまいか。

おわりに

東大寺は「大仏の寺」と速断されがちだが、東西の大「織成」像のほかにも、講堂本尊は二丈五尺の乾漆造千手観音菩薩像であったし、伽藍東方山際の上院では、現在廃絶した千手堂が既に八世紀前半に造られていた。法華堂には奈良時代彫刻を代表する不空羂索観音菩薩像（八世紀前半）が現存し、八世紀後半に十一面観音菩薩像を本尊として創建された二月堂の十一面悔過（修二会）は、東大寺における最大の宗教儀式として現代に継承されている。東西の大「織成」像のような失われた作例の美術史的考察は不毛とも評されようが、その空前絶後の規模、そしておそらくは作行に思いをいたすとき、むしろ「大仏と観音の寺」と称するのが妥当な東大寺の、忘れられた側面の一部なりと、本稿を通じて新たに照射できたならば幸いである。(23)

【大「織成」像関係史料（現行の通用字体を原則とする。また句読点は私意による）】

史料一　大仏殿東曼荼羅左右縁銘文　〔『東大寺要録』巻第八　雑事章第十之二所収。天平勝宝九歳（七五七）。〈　〉内は長承三年（一一三四）頃か。筒井英俊校訂『東大寺要録』（昭和十九年初版、昭和四十六年再版、国書刊行会）を東大寺所蔵本により校訂した。以下『東大寺要録』所引史料についても同様の手順を経ている。史料一・二についてはさらに横内氏の校訂案に多くを拠っているが、全同ではない。〕

〈左縁文　以黄白二色糸、相間一字織此文也。〉

竊以。至道無形、縁神通而利万域。実相非測、託方便而済四流。是以、疑（凝か）神極楽之区、降跡補陀之岫。或慈悲在念、独伝無畏之偁。解脱為功、長銷有結之累。随縁□祉、法幽顕而無差。応願□祥、同影響而斯験。或現梵王帝釈、善権所以逾深。或示居士宰官、方便於焉難極。故能開普門而広納仁被群生、灑甘露而緬施化覃庶品。火沆（坑か）欲堕還致変池之慈。巨海将淪即蒙得浅之助。威神之力其大者乎。伏惟　太上天皇。躰元御極、則大（天か）披図。至衛動於蒼口（垂衛勲於蒼生か）、渥恵衍〈術歟〉於赤県。瀛表輪重訳之貢、寰中求再生之恩。軼百王以騰芬、超千古而垂化。粤以天平勝宝六歳々次甲午暮春三月十五日。□誠乎、無□之道。発誓乎、□□之輪。擬造織成観自在菩薩像。祈彼□祐□此為期□非□背□湖□揚□唯□向□林□駐□。

〈右縁文〉

由□雖規摹摠成而夫功未畢。弟子　皇帝。感厳顔之日遠、痛□業之中休。更添神工、続成先緒。洎于九□〈歳歟〉仲旬五月二日周忌之辰。装飾云、□。裁金畳縷、分百形而図真。貫珠縈糸、合千光而写妙。三十三変、随成開□〈引古〉導之容。百千□衆、念力□解脱之命。固□以□賽□先□之□□□□啓□之福、廻饒□熏□□□□之孝也。所冀、藉茲願力、奉□〈資歟〉聖霊。揚号仙庭、駆軒慧術。天花散馥、迎玉軑而飛空。妙楽流音、送金輪而成道。然後、□神八正、陪舎那之蓮台。契福三明、舒普光之法座。又願皇帝及皇太后、長生宝位、尊位〈伍歟〉北極之尊。永援瑤図、化瑜（筆者註、逾か）東戸之化。罄恒沙而作算、尽劫石而為年。次願、殃□辺寮、慶溢中花、兆人歓□、瀼□□遊。□国□栖□之□文。迺列□動□含□共林跡、稠林咸啓。因□覚路。

〈已上所々破損、文字失落。或雖有字、慥不見之。故着輪之。〉

史料二　大仏殿西曼荼羅左右縁銘文［『東大寺要録』巻第八　雑事章第十之二所収。天平宝字四年（七六〇）以前。〈一〉内は長承三年（一一三四）頃か。］

〈東縁文　以青白二色糸、相交織此文也。〉

遍周法界能化形質、博愛群生必済諸願者、其唯観自在菩薩乎。観自在菩薩者。往古正法明如来也。以其本願、化形菩薩、抜済一切世間之苦。其住也、在西方極楽世界、奉侍阿弥陀仏。其神也、随无量无数生品、布延大慈大悲。或現一十一面、或現千手千眼。乃名観自在、乃名観世音。又称馬頭、又称不空羂索。所以有至願則无所不感、有至信則无所不応。随縁雖異其実一也。維不空羂索観自在菩薩大織像者、我日本国皇帝陛下、奉為欲令平安　皇太后所造也。　皇太后、故太政大臣藤原公之女也。稟性貞潔、柔芬凌蘭桂。信心淳厚、潔若氷玉。□美母儀。□彰□訓。履行檀那、常好菩提。唯閲川易往、驚電難住。恐二鼠侵害。四蛇来纒故。皇帝陛下晨昏畏懼、奉為　皇太后敬造維不空羂索観自在菩薩像。

〈西（右）縁文〉

像高三十五尺、其闊二十五尺。光容円備、不異神功。信如瞻仰真儀。天下更復无二。以此清浄真実功徳、伏願、皇太后、万善荘厳百霊擁衛、災青頓滅、福社（祉か）恒生。等日月而貞明、同天地而長久。立則如来加被、坐則菩薩扶持。又用此功徳、十方世界一切生品、未得安楽者、願令早得安楽。未得離苦者、願令早得離苦。未発菩提心者、願令早発菩提心。未成道者、願令早成道。又願国土安寧、寮庶和楽。同受長年、共乗仏日。冬尽春至、物壮則衰。若不表功徳之田、何以開悟帰礼者。爰因翰墨遂作偈曰、大悲観音、不空羂索。神通自在、救済苦厄。　皇帝道重。孝順壮美。織功徳天下无比。願　皇太后。因茲妙力。身安心泰、寿及万億。十方国界一切群生。同諺此善、尽得清平。天長地久、時遷物旧。敢以短章着像左右。

〈已上両鋪銘文、或所々破損、文字失落。或雖有字躰送（慥か）不見其文。仍着輪書之。寛朝僧正之任、永延元年。聖海聖人勧十方施主、修補曼荼羅。絵師元興寺玄朝法師、画地神之形。宮僧都深観之任、永承三年八月。朝縁聖人修補大曼荼羅。長元七年〈歳次甲戌。〉大仏殿曼荼羅大風相損也。〉

史料三　大仏殿碑文（抄）［『東大寺要録』巻第二　縁起章第二所収。平安時代前期。『東大寺要録』巻第二の編集は嘉承元年（一一〇六）。］

（前略）繡観自在菩薩像二鋪。高各五丈四尺。広各三丈八尺四寸。（後略）

史料四　永観二年大仏殿納物注文（分布帳）（抄）［『東大寺要録』巻第七　雑事章第十所収。永観二年（九八四）。『東大寺要録』巻第七の編集は嘉承元年（一一〇六）。］

一、大仏殿納物。（中略）繡曼荼羅二鋪。（中略）天平宝字二年戊戌五月廿七日造四天王像。大曼荼羅別有銘文。

（後略）

史料五　太上法皇（円融院）御受戒記（抄）［『東大寺要録』巻第九　雑事章第十之三所収。寛和二年（九八六）。『東大寺要録』巻第九の編集は長承三年（一一三四）頃か。］

（前略）其（筆者註、大仏の）前東西懸錦像曼陀羅二鋪。衆色彰施。諸相具足。上摩天井。下及壇土。凡仰観俯察目眩曜焉。（後略）

史料六　白河上皇高野御幸記（抄）［『続史料大成』二十二（昭和四十二年八月）所収。寛治二年（一〇八八）］

（前略）次巡礼堂中。南母屋庇。当大仏之左右懸繍観音像。出入俯仰。上皇随喜。（後略）

史料七　七大寺日記（抄）［『校刊美術史料　寺院篇』上巻所収。十二世紀初。大仏殿碑文の引用は省略］

（前略）繍仏二鋪内。聖観音、高六丈也。不空羂索、但廿臂、不可思議像也。（後略）

史料八　（鳥羽上皇）高野御幸記（抄）［『群書類従』第二輯（明治二十六年六月）所収。天治元年（一一二四）］

（前略）次上皇歴覧堂中。巡礼仏像。母屋庇東西間。各懸五丈幡観音像。（後略）

史料九　別当章（抄）［『東大寺要録』巻第五　別当章第七。長承三年（一一三四）頃か。］

（前略）第五十　僧正寛朝（中略）同年［筆者註、永延元年（九八七）］。聖海聖人。勧十方施主。修補繍曼荼羅。絵師元興寺玄朝院改書（画か）地神。（後略）

史料十　七大寺巡礼私記（抄）［『校刊美術史料　寺院篇』上巻所収。保延六年（一一四〇）～仁平元年（一一五一）の間］

（前略）一、繍物大曼荼羅丈尺事　菩薩立像二鋪内。高各五丈四尺。広各二丈八尺四寸。一鋪不空羂索廿臂像。一鋪観自在菩薩像。斯両鋪曼荼羅皆是一幅。敢無続目。誠不可思議也。尤足□□（驚目か）。毎年三月十四日花厳会所奉懸也。自余之時。輙以難開。多悉人力之故也。（後略）

史料十一　阿娑縛抄第九十一　不空羂索（抄）〔『大正新脩大蔵経　図像』第九巻所収。鎌倉時代（十三世紀中葉〜後半）〕

（前略）第二十云。一面三目。十八臂。身真金色。（中略）東大寺繍大仏此像也。云々。已上十八臂像。（後略）

註

（1）福山敏男「東大寺大仏殿の第一期形態」（初出『仏教芸術』一五号、昭和二十七年四月。再録同氏『寺院建築の研究』中。昭和五十七年十月、中央公論美術出版）。

（2）山岸公基「創建期東大寺大仏殿内の大「織成」像について」（『高円史学』二二号、平成十八年十月）。

（3）横内裕人「雑事章第十之二の注釈案の検討」配布資料（於第十四回東大寺要録研究会。平成二十七年六月）。

（4）黄・白二色の糸による字が交互に織り出されていた。『要録』が編纂された十二世紀前半の時点で既にいずれか一色の字の破損が特に進行しており、一字おきにしか著録されず文意をとれない箇所があった〔以上、史料一参照〕。

（5）青・白二色の糸による字が交互に織り出されていた〔史料二参照〕。

（6）第十三回東大寺要録研究会（平成二十七年三月）における飯田剛彦氏の読みも同様である。

（7）註（1）前掲福山論文参照。

（8）関野貞「創立当時の東大寺大仏殿及其仏像」（『史学雑誌』一二ノ一二、明治三十四年十二月）。

（9）小野玄妙『仏教の美術と歴史』第八篇第九章「絵師飛鳥寺玄朝法師のこと」。昭和十二年二月、金尾文淵堂。なお、小野氏はこれに先立ち『仏教之美術及歴史』（大正五年十一月、金尾文淵堂）第六篇第六章「十一面千手不空羂索等蓮華部諸尊の崇信」では「繍大曼荼羅」もしくは「繍張」と呼んでおり、二論考の間で考えを改められたものと思われる。

（10）松田誠一郎「光明皇太后不念と唐招提寺木彫群」（『仏教芸術』一五八号、昭和六十年一月）。

（11）註（8）前掲関野論文参照。

（12）足立康「天平時代の東大寺大仏について」（『国華』四十四ノ三、昭和九年三月。再録同氏『日本彫刻史の研究』。

昭和十九年九月、龍吟社）。

(13) 河原由雄「綴織当麻曼荼羅図」（『大和古寺大観　第二巻　当麻寺』所収。昭和五十三年十二月、岩波書店）。

(14) 伊藤信二『日本の美術　四七〇　繡仏』。平成十七年七月、至文堂。

(15) 以下東西大「織成」像の銘文読下しにあたっては横内氏の読みを参考としつつ私意を加えた。

(16) 「坑」の草体では旁は「亢」よりもむしろ「允」に近くなる例が多い。また偏も「土」か「氵」か判別の付きにくい例が存在する。

(17) 『法華経』の読下しは基本的に坂本幸男・岩本裕訳注『法華経（下）』（岩波文庫。昭和五十七年六月第十六刷、岩波書店）に拠る。

(18) 『大正新脩大蔵経』第二〇巻一一〇ページ上段。読下しは私意による。

(19) 観音の仏号としては他に遍出一切光明功徳山王如来（『悲華経』）もあり、『千手経』所出の仏号の選択は意図的になされたとみるべきである。

(20) なお旧東大寺二月堂本尊十一面観音菩薩像付属の光背に千手観音菩薩像を主尊とする線刻図が表されることについて、田辺三郎助氏・浜田隆氏は西曼荼羅銘文の一部を引いて千手・十一面の関係を論じている（田辺三郎助・浜田隆「光背　旧二月堂本尊付属」〈『奈良六大寺大観　第一〇巻　東大寺二』。昭和四十三年、岩波書店〉）。下野玲子氏はこれを承けて奈良時代に千手・十一面を同一の観音とする思想があったことを想定している（下野玲子「第十四章　二月堂本尊光背」〈大橋一章・齋藤理恵子編『東大寺――美術史研究のあゆみ――』。平成十五年九月、里文出版〉）。

(21) 『大正新脩大蔵経　図像』第二巻一〇三九ページ、一〇四〇ページ。十臂像（**図2**）は左第四手に羂索を持っており、不空羂索観音図像との関連が特に深いものと思われる。なお地天の掌上に立つ八臂観音の図像は、金沢文庫本『諸尊図像集』（鎌倉時代。『大正新脩大蔵経　図像』第三巻八四三ページ）にもみられる。

(22) 宮治昭『仏像学入門　ほとけたちのルーツを探る』。平成十六年二月、春秋社。

(23) なお筆者の大「織成」像研究は、平成十八年十二月にＮＨＫハイビジョン特集として放送された番組「東大寺　よみがえる仏の大宇宙」における創建時［宝亀元年（七七〇）頃］の東大寺大仏殿内外のＣＧ作成プロジェクト監修者の一人となったことに端を発している。筆者の意見を受け、大山明彦氏の監修のもと制作された東の大「織成」

像復元画像（川井智子氏筆）、西の大「織成」像復元画像（井口茉也氏筆）は、ＤＶＤ『東大寺　よみがえる仏の大宇宙』（平成十九年、ＮＨＫエンタープライズ）ＣＧに用いられていることを付記する。

奈良時代東大寺における「天」の意義と造形

長岡龍作

はじめに

日本の古代美術史において「天」が問題とされる時には、従来は主に仏教的な神としての「天」に関心が集中していた。すなわち、四天王、吉祥天、弁才天など、『金光明最勝王経』にその役割が説かれる尊像についてである。その一方で、「天界」としての「天」に対してはそれほど多くの注目が集まっていたとはいえない。しかしながら、この問題はとても広がりのあるテーマといっていい。筆者は先に発表した二つの論考において、奈良時代に理解されていた「天」への観念に着目した(1)。これらにおいて論じたことは、大きく次の二つの点である。

a. 蓮華蔵世界の一部としての天界の意味

b. 天の姿になる観音の役割

この二つの論点はいずれも、『華厳経』に基づいている。それゆえ、東大寺には、「天」への関心が抜きがたく存在していたと見られるのである。東大寺についての専論である本論集において「天」の問題は、取り上げるべきテーマにふさわしいだろう。そこで本稿では、あらためて東大寺における「天」への意識とその表象について論じることにしたい。まず、奈良時代に考えられていた天への関心を確認し、その上で、東大寺において表現された天の造形の特色を考えることにする。

第一章　『華厳経』の「天」とその意義

第一節　死後世界としての蓮華蔵世界

『続日本紀』における『華厳経』の初出は、養老六年（七二二）十一月丙戌（十九日）条に載る、元明太上天皇の一周忌に際して出された元正天皇の詔勅においてである。ここには、「真風を仰がずは、何ぞ冥路を助けむ」として、太上天皇の「冥路」（死後世界、冥土）を助けるために、『華厳経』八十巻（八十華厳）を筆頭にして、『大方等大集経』六十巻、『涅槃経』四十巻、『大菩薩蔵経』二十巻、『観世音経』二〇〇巻を書写させるとある。六国史における『華厳経』の初出は、このように死者追善の文脈であることがまず注目される。この事例は、元明太上天皇の霊が死後、盧舎那仏の仏国土に往くことが願われた可能性を想定させるからである。

盧舎那仏の作り上げた仏国土は、『華厳経』（六十華厳）に基づけば「蓮華蔵世界海」である。

『華厳経』巻四「盧舎那仏品第二之三」(2)

爾の時に普賢菩薩、分別し開示せんと欲するが故に、一切衆に告げて言く、「諸の仏子よ、当に知るべし、此の蓮華蔵世界海は、是れ盧舎那仏、本菩薩の行を修せし時、阿僧祇の世界に於て微塵数劫に厳浄したまひし所なり。一一の劫に於て、世界の微塵に等しき如来を恭敬し供養したてまつり、一一の仏の所にて、世界海微塵数の願行を修したまひしなり。」

一方、八十華厳では「華蔵荘厳世界海」[3]と称される。以下、これを「蓮華蔵世界」と呼ぶ。

盧舎那仏の仏国土が死後世界として意識されていることを考える上で、天平十三年（七四一）二月十四日の『国分寺建立の詔』の願文はとりわけ注目される。願文の一条には、「願わくは、開闢已降の先帝の尊霊、長く珠林に幸し、同じく宝刹に遊ばむことを」という一節がある[4]（傍線引用者、以下同）。開闢以来の天皇の霊がいる場所とされている「宝刹」が何を指しているかはきわめて重要だが、この語が『華厳経』（六十華厳）の以下の一節に見られることは注意してよいだろう。

『華厳経』巻四「盧舎那仏品第二之二」[5]

或は「七宝刹」（七宝の刹）有り。平正に住して荘厳せられ、清浄の業力より起り、微妙にして善く安隠なり。彼の仏刹土の中には、唯人天の趣のみ有り、功徳の果成就して、常に諸の快楽を受く。

これは盧舎那仏の仏国土に存在するさまざまな刹土の一つに「七宝刹」があるとする件である。「宝刹」の典拠が『華厳経』（六十華厳）であるか否かは、国分寺の構想時にすでに『華厳経』思想の影響があったかどうかに関わるので、たいへん大きな問題である。

「宝刹」の語は、後に引用するように、天平勝宝八年（七五六）の『国家珍宝帳』に、「花蔵の宝刹」として出てくる。この場合の「宝刹」は、盧舎那仏のいる蓮華蔵世界を指していることは疑いない。そうであれば、国分寺建立の詔において用いられた「宝刹」もまた、『華厳経』（六十華厳）を典拠とした蓮華蔵世界を意味していた可能性は高いだろう。ここから蓮華蔵世界は、天平十三年（七四一）には、天皇の霊が死後いる場所と考えられていたことが導かれる。

また、天平勝宝四年（七五二）の『説一切有部倶舎論』巻二一には次のような跋語がある。(6)

天平勝宝四年歳次壬辰五月一日、西京薬師寺僧仙釈、敬いて倶舎論一部幷びに本頌一巻を写す。斯の勝因に馮り、無明の闇を断ち、智慧の眼を得て、巻を披き名を聞かば、邪を廻らし正に帰し、三界を超過し、宝刹に遊歴せん。

ここでは、薬師寺僧仙釈により、写経と読経の功徳によって「宝刹」への遊歴が願われているが、この「宝刹」もまた、死後世界としての蓮華蔵世界を意味している可能性は高い。この跋語については後にまた触れたい。

聖武天皇は、天平勝宝八年（七五六）五月二日に崩御した。聖武天皇の死をめぐる一連の願文では、死後世界としての蓮華蔵世界が明確に意識されている。

聖武天皇の七七日に際して東大寺に奉納された宝物の目録である、同年六月二十一日の『国家珍宝帳』(7)には巻頭および巻末に願文がある。巻頭の願文には「伏して願はくば、この妙福を持って、仙儀を翼《たす》け奉り、永く法輪を馭《よろこ》び、速やかに花蔵の宝刹に到り、恒に妙楽を受け、終に舎那の法莚に遇い」とあり、死後の聖武天皇が、「花蔵の宝刹」に至ることが明確に願われている。また、『続日本紀』天平勝宝八年（七五六）十二月己酉条に載る、聖武天皇の一周忌のために、翌年の四月十五日から五月二日までにおこなわれる『梵網経』講読の講師を請う詞には、「此の妙福无上の威力を以て、冥路の鸞輿を翼け、花蔵の宝刹に向かしめむと欲ふ」とあり、死後の聖武天皇が「花蔵の宝刹」に向かうことが明確化されている。さらに、天平勝宝九年（七五七）の大仏殿東曼荼羅の右縁文[8]では、聖武天皇の聖霊はまず「仙庭」に至り、その後空を飛んで「舎那の蓮台」に到達することが願われている。この「舎那の蓮台」が、盧舎那仏の蓮華蔵世界に相当することは確かだ。あるいは、天平宝字三年（七五九）十二月二十三日の「金版銘[9]」には、「冀う所は、聖霊は華蔵に登遊し、十仏に利見せん」との一節があり、やはり、聖武天皇の聖霊が「華蔵」すなわち蓮華蔵世界に至ることが願われている。

以上のように、『国分寺建立の詔』を嚆矢として、蓮華蔵世界が死後に往くべき世界として明確に意識されている経緯を確認することができる。次には、その世界へ到達する方法、あるいはプロセスを確認しよう。

第二節　『華厳経』における「天」――蓮華蔵世界の一部としての天界

この問題を考える上で特に注目されるのは、『国分寺建立の詔』において、先帝の尊霊は「宝刹」に至る前に「珠林」に幸するとされていることである。この「珠林」の典拠となる語は、『正法念処経』の以下の一節に登場する。

『正法念処経』巻第五一「観天品之三十（夜摩天之十六）[10]」

彼鵜林中にて、宝珠林を見るに、遠き処にて遥に第一の光明を見る。復、百千の光明の羅網有るも、其処の諸天は尚看ること能はず。況んや、下地の天の三十三天、四天王天は、能く看んや。彼の天の珠林の是の如き光明は、若し天、欲を発さんには、是の如く宝珠を堂舎と為作《な》し。虚空中を行き、珠の内に孔有りて、天、其中に坐し、虚空を飛行し、遊戯して楽を受く。

『正法念処経』は、北魏の般若流支の翻訳になるもので、釈迦が出家間もない比丘に対して三界六道の因果を、それぞれの世界を内観することにより説く経典である。天道では、四王天、三十三天、夜摩天が取り上げられるが、特に夜摩天の光景をきわめて詳細に説くところに特色がある。(11)同経は、天平十九年（七四七）三月の正倉院文書にすでに記載があることにより、奈良時代には確かに受容されていることが知られている。(12)

この一節から「珠林」は、夜摩天第七地処広博行《こうばくぎょう》を指していると考えられる。つまり、先帝の尊霊は、「宝刹」すなわち盧舎那仏の仏国土である蓮華蔵世界に至る前に、夜摩天に到達することが願われていることがわかる。

蓮華蔵世界と「天界」とを関係づけるこの考え方の根拠は、やはり、『華厳経』の中に存在すると見てよいだろう。

『華厳経』における「天」の意義はまず、釈迦の説法所が天界であると説かれるところにある。六十巻本『華厳経』（六十華厳）の八会のうち、第一会は「寂滅道場会」、第二会は「普光法堂会」で、いずれも摩掲陀国という地上を説法所としているが、第三会以降は「天界」が説法所となる。第三会は「忉利天宮会」、第四会が「夜摩天宮会」、第五会が「兜率天宮会」、第六会が「他化自在天宮会」である。そして第七会以降、再び地上に戻り、第七会は「普光法堂会」、第八会は祇園精舎を説法所とする「逝多林会」である。『華厳経』が構想する世界は、地上と天界を主な場としていることがわかるだろう。

さらに、蓮華蔵世界と天界との関係は、「十地思想」を前提にすることによって、より具体的に明らかになる。すなわち、『華厳経』（六十華厳）「十地品」は、菩薩は悟りに向かって十地の階梯を上昇すると説くが、上昇するに従い、その姿は閻浮提王から転輪聖王、六欲天を経て、色界頂上の色究竟天の摩醯首羅天王すなわち大自在天へと順番に変じ、菩薩は地上から天界へと上昇していくと説いている。(13) この経説に基づき、蓮華蔵世界へ至る途上には天界があるという理解が生まれていると解釈できる。この理解から、『国分寺建立の詔』には、十地のうちの第四地「焰慧地」の菩薩が到達する夜摩天が、「珠林」として表記されていると見なされるのである。

さて、『国家珍宝帳』の巻末の願文には、「伏して願はくは、この善因を用つて冥助に資し奉り、早く十聖に遊び、普く三途を済り、然る後に鑾を花蔵の宮に鳴らし、蹕を涅槃の岸に住めたまはむことを」という一節がある。ここには、巻頭の願文と同様に、死後の聖武天皇の霊についての祈願があらわされているが、注目されるのは、「十聖」に遊んだ後に「花蔵の宮の鑾《すず》を鳴らす」とする一節である。「十聖」とは『華厳経』に説かれる「十地」のことを意味している。つまり、ここにも、十地の世界を経て盧舎那仏のもとに至るとする理解を見ることができる。

天平十五年（七四三）の『超日明三昧経』（知恩院）(14) は、光明皇后が二親の魂路のために書写したものだが、願文では、この功徳により、二親の尊霊が、「浄域に帰依し、影を観史の宮に曳き、覚林に遊戯し、魂は摩尼の殿に昇らん」ことが願われている。ここに出る、「浄域」・「観史の宮」、「覚林」・「摩尼の殿」が何に相当するかを見ることは、この時期の死後世界を理解する上で重要である。

まず、「観史の宮」は「観史多天宮」（『仏説十地経』巻第一ほか）に当たることは疑いない。したがって、「浄域」は兜率天を指している。次に「覚林」は、『華厳経』（八十華厳）巻第一九「夜摩宮中偈讃品第二十」(15) に出る、夜摩天に集会した十菩薩の一人である「覚林菩薩」に由来すると見なされるだろう。『大方広仏華厳経疏』（唐・澄観撰）巻第二一「夜摩宮中偈讃品第二十」[16]は、「覚林」の語義について「心の本末を照らす。名付けて覚林と為す」と説明している。「覚林」とは、この境地を意味していると見られるのである。さらに、「摩尼の殿」は、『華厳経』（八十華厳）巻第一九「昇夜摩天宮品第十九」[17]に、「爾の時に世尊、一切菩提樹下及び須弥山頂を離れずして、彼の夜摩天宮の宝荘厳殿に向ひたまへり。（中略）時に仏は請を受けて、即ち宝殿に昇りたまへり。一切の十方も悉く亦是の如し。爾の時に天王は、即ち自ら過去に仏所にて種ゑし所の善根を憶念し、仏の神力を承けて、頌を説きて言く、名称如来は十方に聞え、諸の吉祥中にも最も無上たり。彼曾て此の摩尼殿に入りたまへり、是の故に此の処最も吉祥なり。（中略）爾の時に世尊は、摩尼の荘厳殿に入り、宝蓮華蔵の師子座の上に於て結跏趺坐したまへり」とある、夜摩天宮の宝荘厳殿に当たる。以上から、光明皇后が願った、死後の二親の尊霊の到達する場所は、兜率天および夜摩天という天界であったことがわかるのである。

死後世界としての「天界」は、一般に忉利天・兜率天が知られている。『法華経』「普賢菩薩勧発品」は、『法華経』に基づく実践を三段階に分け、中位の実践で兜率天、下位の実践では忉利天に往生できると説く[18]。このように、この二つは主に『法華経』信仰に基づいて到達できるとされた天界である。

それに対し、すでに見た『国分寺建立の詔』の「珠林」や、この『超日明三昧経』願文の「摩尼の殿」がいずれも夜摩天を指していることは注目してよいだろう。『華厳経』の第四会が夜摩天を説法所とする「夜摩天宮会」であるように、『華厳経』はとりわけ夜摩天と深く関わる経典である。これらの例で、夜摩天が重要視されているのは、『華厳経』に基づく死後世界としての天界という意義が意識されているゆえと見なされよう。

また、先に見た、天平勝宝四年（七五二）の『説一切有部倶舎論』巻二一の跋語中の「三界を超過し、宝刹に遊歴せん」もまた、「宝刹」を天界との関係で記述している事例である。天界である三界を超えたところに「宝刹」はあるとの理解が示されているからである。「宝刹」と関係づけられた天界という内容を含むことからも、この跋語にもまた、『華厳経』の思想が及んでいることを見て取ることができる。

第二章　正倉院の屛風の意義

第一節　画屛風の構成と内容

すでに見たとおり、『国家珍宝帳』は巻末願文において、死後の聖武天皇が十地の世界にいることを願っている。『華厳経』に基づけば、十地の世界は天界である。つまり、死後の聖武天皇は天界にいるとされていることになる。また、巻頭の願文には、「この妙福を持って、仙儀を翼《たす》け奉り、永く法論を馭《よろこ》び、速やかに花蔵の宝刹に到り、恒に妙楽を受け、終に舎那の法莚に遇い」とある。この書き方は、先に引用した、聖武天皇一周忌の『梵網経』講読の講師を請う詞の、「此の妙福无上の威力を以て、冥路の鸞輿を翼け、花蔵の宝刹に向かしめむと欲ふ」とよく似ている。これにより、妙福によって翼けられる「仙儀」とは、死後の聖武天皇に外ならないことがわかる。聖武天皇は、死後、「仙儀」つまり仙人になっていると想定されているのだ。十地の世界にいる聖武天皇を仙人とすることからは、天界と仙界を同一視する観念の存在が窺われる。

聖武天皇の七七日に奉納された宝物には一〇〇畳もの屛風が含まれていた。『国家珍宝帳』によれば、その内訳は、画屛風二十一畳、鳥毛屛風三畳、鳥画屛風一畳、夾纈屛風六十五畳、臈纈屛風十畳である。願文によれば、宝物の奉納目的は死後の聖武天皇を助けるためである。(19) そうであれば、これらの屛風にどのような意味があったのかを問うことが重要となる。

そこでまずは画屏風について見よう。画屏風としては、「山水画屏風」二件、「国図屏風」「大唐勤政楼前観楽図屏風」「大唐古様宮殿画屏風」二件、「古様山水画屏風」「古様本草画屏風」「子女画屏風」「古人画屏風」二件、「舞馬屏風」「子女屏風」「古様宮殿画屏風」「素画夜遊屏風」「百済画屏風」「古人宮殿屏風」があがっている。

これらの屏風については、何を主題としたものなのかがまずは問題となる。さらに、これらの呼称には「古様」と付されるものとそうでないものがある。第二には、このことの意味が問題となろう。

正倉院の屏風についての包括的研究としては、大島義脩氏(20)、松島順正氏(21)、米田雄介氏(22)によるものが知られている。上記した二つの問題についても、これらの研究の中で言及されている。

まず、屏風の名称については、大島義脩氏と松島順正氏によって、「雑物出入帳(23)」に記載される、弘仁五年（八一四）九月十七日に借り出された三十六帖の屏風と『国家珍宝帳』記載の屏風の照合が検討された。両氏の研究に基づき、対照される屏風の名称を書き出すと表のようになる（**表1**）。

画屏風の主題を考える上で、第三番目に出ている「大唐勤政楼前観楽図屏風」は重要な観点を与えてくれる。この屏風の主題については、早くに原田淑人氏によって、千秋節に勤政楼前でおこなわれた舞楽雑伎を玄宗が観ている場面と推定された(24)。そして原田氏は、同主題の例として敦煌莫高窟第二一七窟（ペリオ番号第七〇窟）北壁の図をあげ、この主題を舞手が武装する「小破陣楽」としたのである。しかし、第二一七窟のこの場面は『観無量寿経』に拠る王舎城の悲劇を主題としているので原田氏の推定は当を得ていない。「雑物出入帳」に基づくと「大唐勤政楼前観楽図屏風」は「散楽一帖高六尺、緑綾袋 小破、(25)」に相当する(26)。家永三郎氏はこのことから、「大唐勤政楼前観楽図屏風」は「小破陣楽」ではなく「散楽」を描いていたとした(27)。一方、松下隆章氏は、これを『新唐書』巻五に

表1　『国家珍宝帳』の屏風

国家珍宝帳						雑物出入帳
技法	画題	形式	寸法	員数	合計	
画屏風	山水画屏風	一具十二扇	高七尺二寸・闊二尺三寸半	二畳	二十一畳	蓬莱山水二帖・高七尺
	国図屏風	六扇	高六尺・広二尺二寸	一畳		唐国図一帖・高六尺
	大唐勤政楼前観楽図屏風	六扇	高六尺・広二尺二寸	一畳		散楽一帖・高六尺
	大唐古様宮殿画屏風	記載なし	高五尺四寸五分・広一尺	一畳		唐宮殿騎猟二帖の一・高五尺五寸
	大唐古様宮殿画屏風	六扇	高五尺・広一尺九寸	一畳		唐古様宮殿画三帖の一・高四尺八寸
	古様山水画屏風	六扇	高五尺八分・広一尺九寸	一畳		古様山水一帖・高五尺
	古様本草画屏風	一具十二扇	①高五尺三寸②高五尺二寸	二畳		本草形二帖・高五尺二寸
	子女画屏風	六扇	高五尺・広一尺九寸	一畳		唐宮殿騎猟二帖の一・高四尺八寸
	古人画屏風	一具八扇	高五尺三寸・広一尺九寸	二畳		唐古人三帖のうち二帖・高五尺四寸
	舞馬屏風	六扇	高五尺・広一尺八寸	一畳		儛馬一帖・高五尺
	子女屏風	六扇	高五尺・広一尺八寸	一畳		唐女形一帖・高五尺
	古様宮殿画屏風	六扇	高五尺・広一尺八寸	一畳		唐古様宮殿画三帖の一・高四尺八寸
	素画夜遊屏風	一具十二扇	高五尺・広一尺八寸二分	二畳		夜遊素絵二帖・高五尺
	山水画屏風	六扇	高五尺・広一尺九寸	一畳		池亭一帖・高五尺
	百済画屏風	六扇	高四尺七寸・広一尺七分	一畳		天台観図一帖・高五尺
	古人宮殿屏風	六扇	高五尺一寸・広一尺八寸	一畳		唐古様宮殿画三帖の一・高五尺
	古人画屏風	六扇	高五尺一寸・広一尺八寸五分	一畳		唐古人三帖のうち一帖・高五尺
鳥毛屏風	鳥毛篆書屏風	六扇	高五尺・広一尺八寸	一畳	三畳	
	鳥毛立女屏風	六（扇）	高四尺六寸・広一尺九寸一分	一畳		
	鳥毛帖成文画屏風	六扇	高五尺・広一尺九寸	一畳		
鳥画屏風	鳥書（画）屏風	六扇	高四尺一寸・広一尺六寸七分	一畳	一畳	

夾纈屏風	山水夾纈屏風	各六扇	各高五尺・広一尺八寸	十二畳	六十五畳
	菴室草木鶴夾纈屏風	各六扇	各高五尺・広一尺八寸	七畳	
	騏鹿草木夾纈屏風（うち五畳に「鹿」の付箋あり）	各六扇	各高五尺・広一尺八寸	十二畳	
	鹿草木夾纈屏風	各六扇	各高五尺・広一尺八寸	五畳	
	鳥木石夾纈屏風	各六扇	各高五尺・広一尺八寸	九畳	
	鷹木夾纈屏風	六扇	高五尺・広一尺八寸	一畳	
	鷹鳥夾纈屏風	各六扇	各高五尺・広一尺八寸	二畳	
	鳥木夾纈屏風	各六扇	各高五尺・広一尺八寸	二畳	
	鷹鶴夾纈屏風	六扇	高五尺・広一尺八寸	一畳	
	古人鳥夾纈屏風	各六扇	各高五尺・広一尺八寸	四畳	
	鳥草夾纈屏風	各六扇	各高五尺・広一尺八寸	十畳	
臈纈屏風		各六扇	各高五尺五寸・広一尺九寸	十畳	十畳

「（天宝十三年）五月壬戌観酺于勤政楼北庭」とあるのに基づく主題とした。(28) しかしこの解釈は、米田雄介氏が指摘するとおり、(29)「観酺」を「観楽」の一種とする無理な前提から導かれているので適切な説明ではない。この屏風は、やはり勤政楼前での散楽を描いていたと見るのが至当だろう。

玄宗が勤政楼前で「散楽」を観たことについては、『旧唐書』巻二八志第八「音楽一」に以下の記事がある。(30)

玄宗又制新曲四十余、又新制楽譜。毎初年望夜、又御勤政楼、観灯作楽、貴臣戚裏、借看楼観望。夜闌、太常楽府県散楽畢、即遣宮女于楼前縛架出眺、歌舞以娯之。若縄戯竿木、詭異巧妙、固無其比。

「大唐勤政楼前観楽図屏風」は、このことを典拠にして描かれた屏風と推定できよう。

さらに、松島順正氏は、『国家珍宝帳』の「素画夜遊屏風」の袋が現在宝庫に現存し、そこに「散楽夜遊□形」の墨書があることから、この屏風が「出入帳」(「双倉北物用帳」)に載る、神護景雲四年五月九日に「様」として借り出された「一一帖薄墨馬形」に相当し、「素画夜遊屏風」は「散楽夜遊馬形屏風」だったことを指摘した[31]。つまり、「素画夜遊屏風」もまた「散楽」を主題としていたことがわかるのだが、ここで注意されるのは、この屏風が夜遊を描いていることである。上に引用した『旧唐書』によれば、玄宗が散楽を観たのは「夜闌」すなわち深夜であった。ここから、「素画夜遊屏風」もまた、「大唐勤政楼前観楽図屏風」と同様、勤政楼前で玄宗が散楽を観ている場面を描いていたことが推定されてくるだろう。

さらに、『旧唐書』巻二八志第八「音楽一」には、以下の記事があり、勤政楼前では、日が暮れてから「蹀馬」(舞馬の戯)がおこなわれたことがわかる[32]。

玄宗在位多年、善音楽、若宴設酺会、即御勤政楼。(中略)日旰、即内閑厩引蹀馬三十匹、為傾杯楽曲、奮首鼓尾、縦横応節。又施三層板床、乗馬而上、抃転如飛。又令宮女数百人自帷出撃雷鼓、為破陣楽、太平楽、上元楽。雖太常積習、皆不如其妙也。若聖寿楽、則回身換衣、作字如画。又五坊使引大象入場、或拝或舞、動容鼓振、中於音律、竟日而退。

それゆえ、「素画夜遊屏風」に「馬形」が描かれていたことにも典拠を求めることができる[33]。「蹀馬」は他に、「清楽」「西涼楽」で奏されており、この例では「蹀馬」に続いて「散楽」が奏されている。『国家珍宝帳』に出ている「舞馬屛風」は、この「蹀馬」を主題としていたと見て間違いなかろう。そしてそれは、勤政楼前でおこなわれたものを描いていた可能性が高い。

このように、『国家珍宝帳』に出る「大唐勤政楼前観楽図屛風」「素画夜遊屛風」「舞馬屛風」はいずれも、玄宗が勤政楼前で「散楽」や「蹀馬」を観るという、共通した主題を描いていたと想定される。玄宗が勤政楼前で観楽した時期は、開元二十四年（七三六）から天宝十四年（七五五）頃と見なされる。つまり、これらの屛風はほぼ同時代の唐での観楽の光景を描いたものだった。

では、「古様」とされた屛風についてはどうだろうか。正倉院の屛風の成立時期を検討した米田雄介氏は、「大唐古様宮殿画屛風」の「古様宮殿」が唐代のどの宮殿を指すかという観点から検討を加え、大明宮を基準としてそれより古い宮城である太極宮に相当すると解釈された[34]。この解釈が成り立つためには、「大唐古様宮殿画屛風」の「大唐」が「唐王朝」を意味していることが前提となる。しかしながら、六国史の「大唐」の初例である『日本書紀』推古天皇十五年（六〇七）七月庚戌条が、「大礼小野臣妹子遣於大唐」と、大業三年（六〇七）に小野妹子が派遣された隋を「大唐」と称しているように、「大唐」が厳密に「唐王朝」を意味している確証はなく、単に「中国」を意味しているだけであることもあり得よう。

「雑物出入帳」には「唐宮殿騎猟二帖」とあり、「騎猟」を描いた屛風が二帖あったことが知られている。このうち「高五尺五寸」の一帖は、大きさから、『国家珍宝帳』に二具出る「大唐古様宮殿画屛風」のうちの「高五尺四寸五分」とあるものに比定されている[35]。そして、「高四尺八寸」のもう一帖は、『国家珍宝帳』に「可謂古様宮殿騎獵」と付箋される「子女画屛風」に比定されている[36]。

「子女」という画題は『歴代名画記』に二ヵ所出ている。

戴重席、工子女極精細。(『歴代名画記』巻一〇「唐朝下」)

太原王朏、終剣南刺史。師昉画子女・菩薩、但不及昉之精密。(同)

この「子女」について、長廣敏雄氏は「仕女」と同義としているが[37]、この語の意味は「男と女」なので[38]、この解釈は正しくない。『国家珍宝帳』の「子女画屏風」には、騎馬による狩猟と宮殿内の男女が描かれていたと見るべきだろう。

正倉院の騎馬による狩猟図としてまず想起されるのは、紫檀木画槽琵琶第二号(南倉)の捍撥画(**図1**)である。この画で狩猟が宴とともに描かれていることは、「唐宮殿騎猟図」とされた二つの屏風が、狩猟と宮殿内の宴を内容としていたことを想像させよう。狩猟と宴は漢代の画像石に頻出する画題であり、むしろ唐以前の伝統を踏まえる主題である。「古様」とは、このような漢以来の中国伝統に沿う主題に対して与えられた言葉なのではないだろうか。

図1　紫檀木画槽琵琶第二号捍撥正倉院南倉

また、「古様本草画屏風」は、「雑物出入帳」に「本草形二帖並高五尺二寸、並小破、黄袋」とあるものに相当する。「本草」は、『続日本紀』天平宝字元年(七五七)十一月癸未条に医生に講じるべき経書としてあがっており、これは「神農本草経」に注した陶弘景「神農本草経注七巻」を指している[39]。『歴代名画記』には「神農本草経」に基づくと見られる「神農本草例図」[40]があり、「古様本草画屏風」も、このような「神農本草経」に基づく本草図だったと見てよいだろう。ここから、この屏風も唐以前の主題を描いていると見ることができる。

このように、「古様」の呼称が付される屏風は、田中一松氏が指摘するような中国伝来の古様式を意味しているだけではなく、古くからの中国的伝統を主題としていたことが想定されるのである。そのことは、「大唐勤政楼前観楽図屏風」「素画夜遊屏風」「舞馬屏風」の三者が、同時代の唐を主題としていたこととの際立った対照性を見せている。[41]

同様に、「古人」の語を含む屏風が何を主題としていたのかも注意される。『歴代名画記』で「古人」を画題とする例には、顧愷之に「異獣・古人図」があり、戴逵について「其の古人・山水を画くこと極めて妙なり」とする評がある。[42]

同時代の日本の用法では、『続日本紀』で、天平宝字元年（七五七）八月甲午条に「古人言える」、天平宝字八年（七六四）九月戊戌に「古人曰く」としていずれも『老子』の一節を、天平宝字二年（七五八）十二月戊申条に「古人曰く」として『春秋左氏伝』の一節を、天平宝字四年（七六〇）十一月壬辰条に「古人言える」として『易経』の一節をそれぞれ引用している。これらの例から、当時「古人」は道儒の聖賢を意味していたことがわかる。そうであれば、「古人画屏風」や「古人宮殿屏風」に描かれていたのは、田中一松氏が述べるような、[43]単に風俗上の古様を具えた人物なのではなく、古典的な道儒の聖賢たちだったことが想定される。これらもまた、中国の古い伝統を継承する主題だった。

『国家珍宝帳』の冒頭に書かれる「山水画屏風一具両畳十二扇」は、「雑物出入帳」[44]に、「蓬莱山水二帖」とあるものに相当すると見られている。[45]「雑物出入帳」に高七尺とあるこの屏風は、『国家珍宝帳』に高七尺二寸とある

「山水画屏風」以外に該当するものがないからである。これにより、この「山水画屏風」には蓬萊山と称すべき山水が描かれていることがわかる。これもまた、神仙世界を描いた伝統的な主題の屏風である。

一方、第二番目の高六尺の「国図屏風」は「雑物出入帳」に「唐国図一帖高六尺」とあるものに相当すると考えられる。(46) 松下隆章氏は、『国家珍宝帳』に「国図屏風」と「大唐勤政楼前観楽図屏風」は装幀が同一であると記載されていることから、両者は関連する品だったことを想定した。(47) たしかに「唐国図」という呼称から類推されるのは、伝統性よりも当世風の内容だろう。そうであれば、「国図屏風」は「大唐勤政楼前観楽図屏風」と同様、同時代の唐を描いていたと想定できる。

以上のように、『国家珍宝帳』に記載される画屏風は、「百済画屏風」を例外として、いずれも中国を主題としており、そのうちには同時代性と伝統性の二つの性格を含んでいることが見えてくる。また、これらの主題は、以下のように、①楽・遊芸、②山水、③道儒の聖賢、④外国、⑤本草、という五つの内容に分類できる。

①楽・遊芸　「大唐勤政楼前観楽図屏風」「大唐古様宮殿画屏風」二件、「子女画屏風」「舞馬屏風」「子女屏風」「古様宮殿画屏風」「素画夜遊屏風」
②山水　「山水画屏風」二件、「古様山水画屏風」
③道儒の聖賢　「古人画屏風」二件、「古人宮殿屏風」
④外国　「国図屏風」「百済画屏風」
⑤本草　「古様本草画屏風」

『国家珍宝帳』巻頭・巻末の願文では献納された宝物を総称して、巻頭では「国家珍宝・種々の翫好・御帯・牙笏・弓箭・刀剣・書法・楽器等」と、巻末では「右、件は皆是れ先帝翫弄の珍、内司供擬の物なり」と述べられている。『国家珍宝帳』の画屏風において多くを占めているのが、①の「楽・遊芸」という分類である。これらには、「散楽」「蹀馬」「狩猟」「宴」が描かれていたと見なされ、聖武天皇の楽しみのために存在したと想定できる。そうであれば、「種々の翫好」や「翫弄の珍」と称されるべき品と見ることができるだろう。

一方、②の「山水」には違った意味を想定できる。『国家珍宝帳』冒頭の「山水画屏風」に蓬萊山が描かれていたことは、死後の聖武天皇が「仙儀」と呼ばれていることとの関わりを浮かび上がらせるからである。そもそも「山水」は、古来より「神仙山水」を意味している。それゆえ、②の「山水画屏風」はいずれも「神仙山水」であり、聖武天皇のいる世界を「神仙世界」にする役割があったと理解することができるだろう。この問題については後にまた述べたい。

加えて、③「道儒の聖賢」は聖武天皇が範とすべき思想、④「外国」は聖武天皇の関わる世界の広がり、⑤「本草」は聖武天皇の身心の健康というように、いずれも聖武天皇との具体的な関係を想定できる内容を含んでいる。これら画屏風はそれぞれが、聖武天皇に有用な品としての役割を持っていたと見ることができるのである。

第二節　夾纈屏風・臈纈屏風のモチーフ

画屏風の主題を以上のように確認した時、一〇〇畳のうちの六十五畳を占める夾纈屏風の主題との相違が大きく浮かび上がってくる。『国家珍宝帳』に記載される夾纈屏風の名称は、「山水夾纈屏風」「菴室草木鶴夾纈屏風」「鱗鹿草木夾纈屏風」「鹿草木夾纈屏風」「鳥木石夾纈屏風」「鷹木夾纈屏風」「鷹鳥夾纈屏風」「鳥木夾纈屏風」「鷹鶴夾纈屛風」「古人鳥夾纈屛風」「鳥草夾纈屛風」であり、画屛風と共通する用語は「山水」と「古人」があるだけである。つまり、ここには画屛風に見られた同時代の中国という主題はない。このことは自ずと、夾纈屛風の表そうとする世界が画屛風のそれとは異なっていることを示すだろう。

これらの屛風のうちのいくつかが現存する。現存作例を記載名称とあわせて列挙すると、「山水夾纈屛風」（「山水夾纈屛風十二畳」）（**図2・3**）、「鹿草木夾纈屛風」（「驎鹿草木夾纈屛風十七畳」）（**図4**）、「鳥木石夾纈屛風」（「鳥木石夾纈屛風九畳」）（**図5**）、「鳥草夾纈屛風」（「鳥草夾纈屛風十畳」）（**図6**）となる。このうち、「鹿草木夾纈屛風」は、『国家珍宝帳』に載る「驎鹿草木夾纈屛風十七畳」のうちの「鹿」と付箋されている五畳に相当すると見なされている。このほか、大小十一片の残片となった一種が昭和のはじめに発見され、それが『国家珍宝帳』の「蘆室草木鶴夾纈屛風」に比定されている。

これらの屛風に描かれている主なモチーフを書き出してみよう。「山水夾纈屛風」は、現在二種類の図柄が知られている。そのうち甲とされる一種[48]（**図2**）は、下段に水中に浮かぶ岩石、中段には樹木・峨々たる山岳・流水、上段に雲と遠山を描く。一方、乙（**図3**）は、上端は欠損しているが、上方では両側から崖のある山塊があらわれ、その下方中央は欠損するものの、その下では水面の中央に屹立する山のある島を描く。「鹿草木夾纈屛風」は、樹下の鹿とその周囲に花卉、草花、岩などを描く。「鳥木石夾纈屛風」は、樹下に岩に乗って振り返る尾の長い鳥とそのまわりに草花をあらわす。「鳥草夾纈屛風」は、中央に大花卉文を置き、その周囲に蝶、蜻蛉をあらわし、花卉の下には二羽の尾の長い鳥を配している。また、下部には草花・鳥・蝶を、上部には雲・山・飛鳥をあらわす。

『国家珍宝帳』に「臈纈屛風十畳」とのみあり、画題が示されないのが臈纈屛風である。これに対応するのが、「象木臈纈屛風」（**図7**）・「羊木臈纈屛風」（**図8**）・「熊鷹臈纈屛風」（**図9**）・「鸚鳥武臈纈屛風」（**図10**）の現存の四

図2　山水夾纈屏風（甲）第三扇

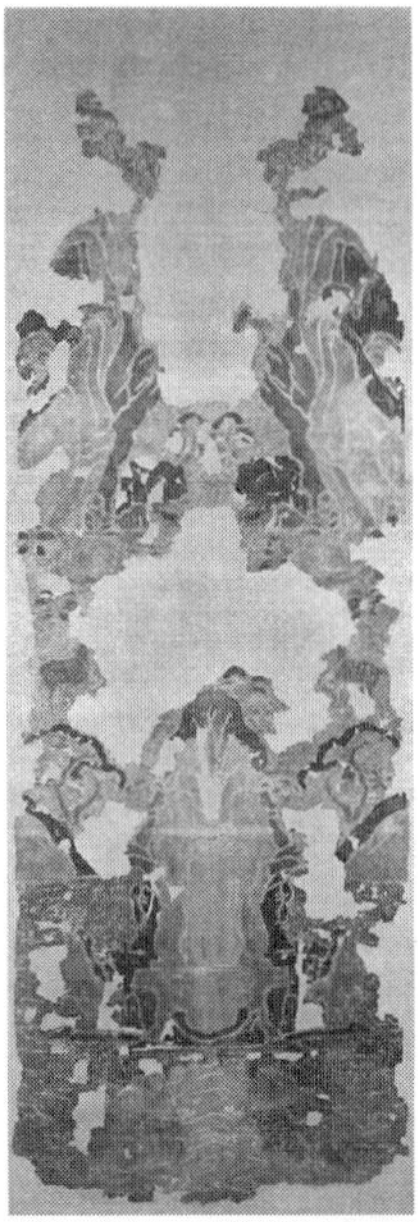

図3　山水夾纈屏風（乙）

図4　鹿草木夾纈屏風

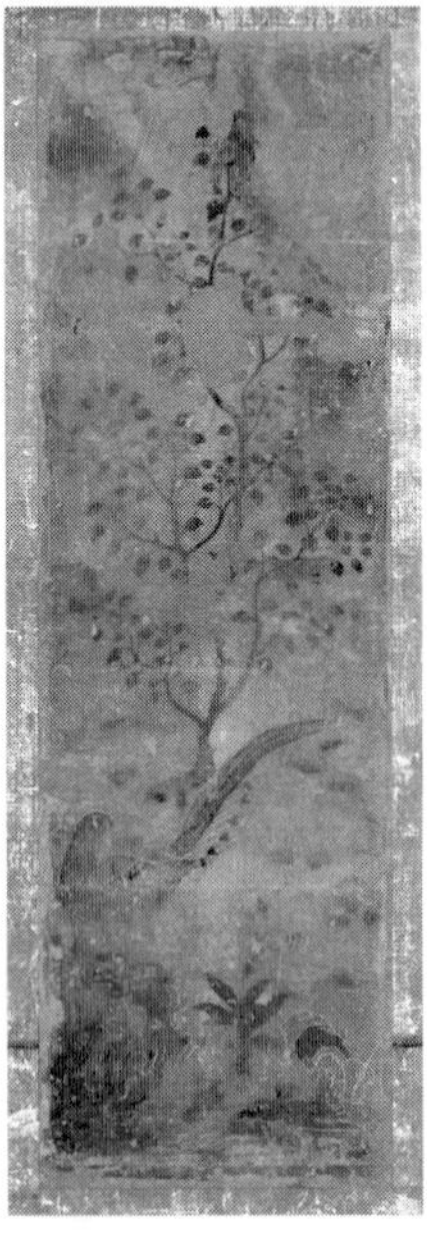

図5　鳥木石夾纈屏風第一扇

図6　鳥草夾纈屏風第四扇

扇である。

「象木臈纈屏風」は、下段に草と奇岩と走る猪を、中段に象、上段には飛鳥と樹木、樹上には猿をあらわしている。「羊木臈纈屏風」は、下段に山岳と鹿、中段に羊と樹木、樹上の猿、上段に花食い鳥をあらわしている。「熊鷹臈纈屏風」は、下段に岩上に立って見返る鷹、上段には樹木の左右に向かって右に走る麒麟と猪をあらわしている。そして、「鸚鳥武臈纈屏風」は、下段に花葉を咥えて岩上に立つ鸚鵡と鹿、その下には鹿を弓で狙う騎乗の人物、上段には樹木とその上の飛鳥、樹木の左右には、仙人王子喬の吹く笙の音に応じて現れた鳳凰という主題をあらわ

図7　象木臈纈屏風

図8　羊木臈纈屏風

図9　熊鷹臈纈屏風

図10　鸚鳥武臈纈屏風

している。

松本包夫氏は、『国家珍宝帳』、延暦六年の点検記録[49]、斉衡三年六月二十五日の点検記録である「雑財物実録[50]」を照合して、『国家珍宝帳』には明示されていなかった臈纈屏風の画題を明らかにした[51]。氏のまとめを引用すると以下のとおりとなる。

①黒地獅子鹿□屏風　二畳
②橡地鶴形臈纈屏風　一畳
③紫地青画木臈纈屏風　一畳
④橡地象羊木臈纈屏風　一畳
⑤□地□虎木臈纈屏風　一畳
⑥赤地犀(カ)虎木臈纈屏風　一畳
⑦紫地白青画臈纈屏風　二畳
⑧熊鷹鸚鵡麟臈纈屏風　一畳

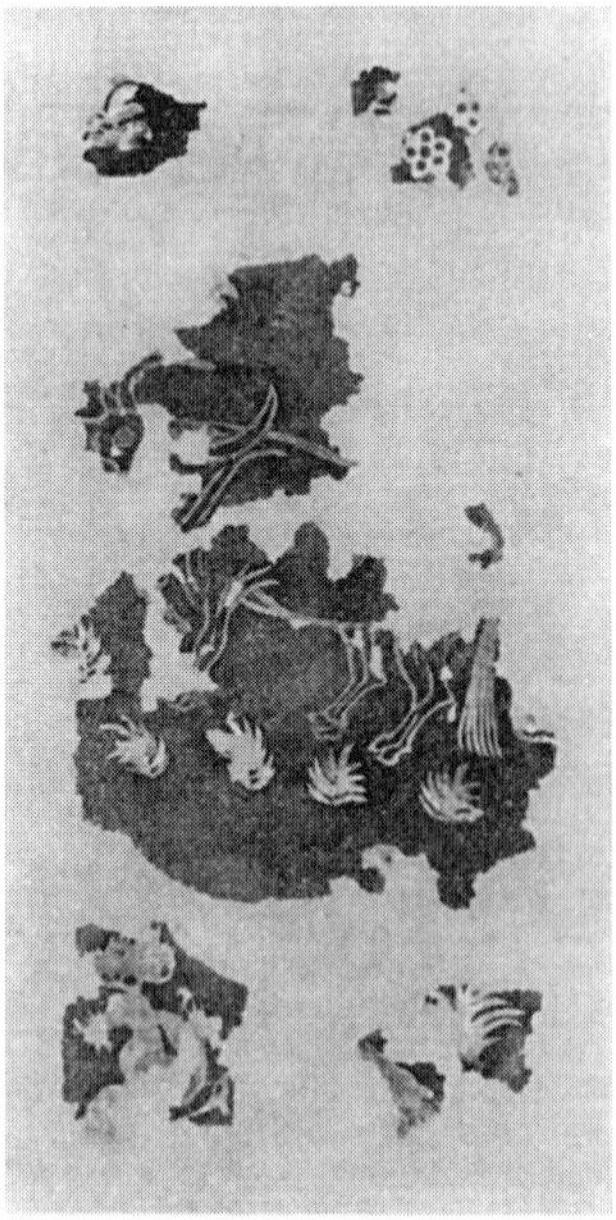
図11　臈纈屏風残片

現存する「象木臈纈屏風」・「羊木臈纈屏風」、「熊鷹臈纈屏風」・「鸚鳥武臈纈屏風」は、これらのうちの、それぞれ④と⑧に相当すると見なされる。また松本氏は、このうちの⑦が、昭和のはじめに発見された臈纈屏風の残片（**図11**）に相当すると指摘している。その残片には水牛が描かれているので、臈纈屏風にはほぼすべてに動物が描かれていたことがわかる。

以上のように、夾纈屛風と臈纈屛風は、鳥獣草木・山水樹石を主モチーフとしていることが明瞭であり、画屛風が古今の中国を主題としていたこととはっきりした相違がある。この二者の違いは何を意味しているのだろうか。

第三節　夾纈屛風・臈纈屛風の意味と役割

前稿[52]において筆者は、この問題に一つの見通しを示した。すなわち、夾纈屛風と臈纈屛風は、聖武天皇にとっての死後世界である「天界」の視覚的表象であるという見方である。以下にその論旨を再説する。

宝物の奉納目的が死後の聖武天皇を助けるためであるとすれば、屛風の主題もまた、死後の聖武天皇と具体的に関係していると想定される。すでに見たとおり、画屛風には天皇にとり有用な品という意味が読み取れた。では、鳥獣を描く屛風の役割とは何だろうか。

従来、夾纈屛風・臈纈屛風に表される鳥獣は「瑞祥動物」とされてきた[53]。しかしながら、これらのモチーフを、天界（夜摩天）の光景を詳細に描写する『正法念処経』の内容に照らして解釈するとまったく異なった意味が浮かび上がる。具体的には以下のとおりである。

・鸚鵡　「鸚鳥武臈纈屛風」（図10）

夜摩天に至った天子は、牟修楼陀天王の化作した樹林を見て羞慚の念を生じる。そしてそこで出会う鸚鵡が、業による因縁に世間は気づかないという警句の偈を唱えるのを聞く。その偈により天子は、愛のために自らが毀されていること、遊戯して楽しみを受けていることを悟り、業を思惟する重要さに気づく。『正法念処経』における鸚鵡は、天界の快楽に溺れることを諫める役割を持っている。

・鳥＝ヤマドリ　「鳥木石夾纈屛風」（図5）

『正法念処経』巻第五一「観天品之三十（夜摩天之十六）」に出る「実語鳥」は、夜摩天第七地処「広博行」において、楽しみを享受している天たちに向かい、以下の偈を発する。[54]

天は現在は善果としての楽を受けているが、その楽は河水のように速く流れていってしまう。愚かな天は、死に至っても、楽に迷い放逸のままである故にそのことを覚らず、善業を失っても愛を尽くすことができない。衆生が愛を離れなければ、存在界において随順しておこない、善・不善を覚ることができない。善果は甚だ愛すべきだが、それを受けて快楽すれば、不善を見て悪道の苦処にあることになる。若し、善・不善を捨て、諸の過を離れれば、不退の処・生れず死せず処に至るだろう。彼の処での楽とは解脱を得ることであり、欲の楽とは苦から脱していることではない。

「鳥木石夾纈屛風」の鳥はこの「実語鳥」で、「鸚鳥武臈纈屛風」の鸚鵡と同様、警句の偈を発する役割を持つのではないか。

・臈纈屛風の動物モチーフ：獅子・鹿（臈纈黒地獅子鹿□屛風）、象（橡地象羊木臈纈屛風）、虎（□地□虎木臈纈屛風・赤地犀[カ]虎木臈纈屛風）、水牛（臈纈屛風の残片）

『正法念処経』巻第三四「観天品第六之十三（三十三天之十）」[55]は、衆生の悪しき心界を十八段階に分け、初界から第六の悪しき心性界に属す者のうち、第三・第四は獅子、第六は鹿、第二は象、第四は虎、第二・第五は水牛であるとする。臈纈屛風の動物モチーフはこの経説に登場する動物に対応している。つまりこれらの動物は、「瑞祥動物」ではなく負の意味を帯びた存在と考えられる。

・**象**（**橡地象羊木臈纈屏風**）（**図7**）

『正法念処経』巻第五三「観天品之三十二（夜摩天之十八）[56]」は、夜摩天において五楽の音声によって歌舞し遊戯し善業を尽くす天を「大に酔ひたる象の如く」であると喩えている。

・**羊**（**橡地象羊木臈纈屏風**）（**図8**）

『正法念処経』巻第三六「観天品之十五（夜摩天之初）[57]」は、羊は、放逸をおこない境界に染著する愚痴なる心の持ち主に喩えられる存在で、夜摩天にいる天であっても苦を知らず観察を知らざる者は羊に等しいとする。

・**鹿**（**臈纈黒地獅子鹿□屏風、鹿草木夾纈屏風**）（**図4**）

『正法念処経』巻第一三「地獄品之九[58]」は、悪業が尽きて地獄から人界に戻った後にも、悪業の余残の果報によって官人に繫縛されることを畏れる不安な心の様子を野鹿に喩えている。

また、『正法念処経』巻第三一「観天品第六之十（三十三天之七）[59]」は、天が異趣に堕ちるのは女人から離れないためであり、富楽であれば女人は親近し、衰変すれば離れてゆくのは、野鹿が信じ遊ぶようなものとする。鹿は信じるに値しない欲の喩えに持ち出されている。

・**猿**（**象木臈纈屏風・羊木臈纈屏風**）（**図7・8**）

『正法念処経』巻第三「生死品第二[60]」には、修行者の煩悩を捨て去る方法が説かれている。その方法は、不善の法を捨て、善法を修行すること、内心を観じて心を修めることである。そのためには、騒がしきところから離れる遠離の行を修め、その地で心を寂静にすることが望まれる。この文脈において、「心の猨（猿）猴」が、繋縛されるべきものとして登場する。つまり、「心の猿猴」とは、修行者が内観する自らの安まらない心を意味している。また、『正法念処経』巻第五「生死品之三」[61]では、種々の樹枝、花果の林、山谷・岩窟・曲がりくねった所においても自在に動き、騒いで留まらない猿猴に喩えられた心の状態を「心の猿猴」と言っている。

「象木臈纈屛風」の後景に一匹、「羊木臈纈屛風」の後景に二匹いる猿は、いずれも樹上におり、また特に、「羊木臈纈屛風」の二匹の猿は花のある樹の上を自在に動き回っている様子である。④の「橡地象羊木臈纈屛風」は、松本包夫氏が復元したように、象を主題とする「象木臈纈屛風」と羊を主題とする「羊木臈纈屛風」が交互に配されて六扇（一畳）を形成していた可能性が高い。そうであれば、屛風全体では、計九匹の猿が後景の各所にいるというイメージがつくり上げられていたことになる。騒いで留まらず、あちこちにいるというイメージは、『正法念処経』の描写する猿猴の様子そのものといっていい。これらの猿は「心の猿猴」を意味していた可能性がある。

以上のように、『正法念処経』に基づけば、夾纈屛風・臈纈屛風に描かれた鳥は警句を発する役割を持ち、臈纈屛風に描かれた動物たちは、負の精神を象徴していると捉えることができる。そうであれば、両者は、相互に関係を持ちながら、天界にいる聖武天皇に対し、天の快楽に耽ることを戒め、内観し心の寂静を保つように働きかけるという機能を有していたと見られるのではないか。このことは、文字をあらわす二つの屛風（鳥毛篆書屛風・鳥毛帖成文画屛風）が箴言を書き、聖武天皇の精神に作用することを意図していることと通じている。蓮華蔵世界を目指す聖武天皇は、天界である十地の世界に留まるわけにはいかない。その聖武天皇に、天界の快楽に溺れないように作用する役割がこれらの屛風にはあったと想定される。

前稿の論旨は以上のようなものだが、この論旨が認められるためには、夾纈屏風・臈纈屏風が、死後の聖武天皇を想定して製作されていることが前提となろう。この点については、『国家珍宝帳』の巻末の願文に「右、件は皆是れ先帝翫弄の珍、内司供擬の物なり」とあることが参照される。ここから、宝物には、聖武天皇の遺品とともに「内司供擬の物」が含まれていることがわかる。「内司」とは、制度的用語ではないので「側近に仕える官司」と解されている。(62)一方、「供擬」は、「供応」「供給」に同じとされる用語であり、(63)この二語はいずれも需要に応じて供えあてがうという意味である。つまり、「内司供擬の物」とは、聖武天皇の死後の需要に応じて側近が作り供えた品物というように理解できる。

米田雄介氏の検討によれば、第五扇の下貼に天平勝宝四年（七五二）六月二十六日付文書「買新羅物解」の反故紙が用いられていた「鳥毛立女屏風」ほかの鳥毛屏風、「天平勝宝三年十月」の墨書のある羊木臈纈屏風ほかの臈纈屏風、天平勝宝五年（七五三）十一月に納められた庸布によって屏風袋が作られている夾纈屏風は、いずれも天平勝宝四年四月九日の大仏開眼会以降に作られた可能性が高いという。(64)谷口耕生氏が「鳥毛立女屏風」の製作年代を踏まえて想定するように、(65)少なくとも、鳥毛屏風・臈纈屏風・夾纈屏風の三種の屏風は、大仏開眼会以降、天皇の死後を想定して製作されたと考えることができるのではないだろうか。

また、画屏風の主題は、先述した五項目の内容に分かれるものの、古今の中国を主題にするという一貫性を保っている。米田氏が想定するように、画屏風が中国で製作され将来されたものかどうかは、現物が失われた現在、確かめることはかなわない。しかしながら、製作地が日中のいずれであっても、これらの屏風は一定の目的を持って取り揃えられたものと見ることはできる。

正倉院の一〇〇畳もの屏風が一貫性ある主題で構成されていると見ることは、すべての屏風に死後の聖武天皇との関わりを想定することである。夾纈・臈纈屛風が聖武天皇の冥路のために作用したのと同様、古今の中国を主題としている画屛風もまた、死後の聖武天皇に対する役割を想定されたゆえに献納された、という経緯を想定してよいと思われるのである。

第三章　東大寺における蓮華蔵世界の「天」と造形

第一節　天界の表象とその原理

以上のように、正倉院の屛風をもとに、蓮華蔵世界の「天界」のイメージを探ってみた。では、その他の天界の視覚的なイメージはどのようなものだったろうか。そこには何らかの共通した原理は働いていたのだろうか。美術史において生じる関心は、畢竟その問題へと帰趨していく。

天平人が蓮華蔵世界の天界をどのようにイメージ化していたのかは、東大寺大仏の台座蓮弁の世界図および二月堂光背裏面の世界図を通して窺い知ることができる。台座蓮弁の下方に並ぶ七つの一世界のそれぞれに聳える須弥山の上に、それらを横断して表現されている二十五の層状の帯が天界である。この天界を具体的に何に比定するかについては、従来、諸説があったが、近年、稲本泰生氏によってこの問題が詳細に論じられ、説得力のある解釈が示された。(66)稲本説によれば、二十五層の帯のうち、図像が描かれる二十二層は、欲界空居天四天、『華厳経』の色界二十一天を十七天に要約したもの、および無想天の総計二十二天であり、層が全体で二十五にあらわされているのは、吉村怜氏が解釈したとおり、(67)盧舎那仏から放たれる光明が二十五重であると解釈されることに基づくものである。そして、二十五の層の上に色界頂上の摩醯首羅天宮をあらわし、そこで釈迦が説法をしている様子が表されているとする。

この天界の帯には、頭光を負った菩薩の頭部が主にあらわされている（**図12**）。同様の表現は、二月堂光背においても確認でき、光背裏側の天界をあらわす二十二層の帯には、頭光と身光を伴った菩薩が、合掌するなどの複数の形式によって半身像であらわされている（**図13**）。これらの菩薩像の存在は、天界が菩薩の居処であることを示しているだろう。

二月堂光背の天界では、菩薩の背後に雲気があらわされているが、これはこの二十二層にのみ特有の表現ではないので、天界の表象として理解するには適切ではない。光背にはなく、蓮弁にのみあらわされる天界の表象として注目されるのが、そこに描かれている建造物である（**図14**）。吉村氏が蓮弁の図様の原図が唐製だったと考える根拠とするように、これらの建造物はきわめて異国的である。なかでも、とりわけ目を引くのは、平等院鳳凰堂のような翼廊のある楼閣であり、これらのうちのいくつかは塀に囲まれた空間の中にあり、鳳凰堂と同じように、あたかも苑池の中にあるようにあらわされている。天界が楼閣と苑池を伴うものとしてイメージ化されていることは誠に興味深い。

図12　大仏蓮弁　東大寺

『正法念処経』巻第五三「観天品之三十二（夜摩天之十八）」には、「彼天は（中略）、百百千千の彼の山の頂上に到り、大城有るを見る。城は甚だ愛す可く、其の城の縦広は五百由旬にして、普く彼の城中に、行《ならべ》る重楼・金宝の殿舎・銀宝の殿舎・毘琉璃の舎・硨磲の舎有り。（中略）普く彼の城中に蓮華池饒く[68]」とあり、夜摩天には、楼閣のある大城があり蓮華池を繞らしているという。これを見れば、大仏蓮弁の天界もまた『正法念処経』を典拠としてイメージされた可能性も想定されてくる。

さらに、『正法念処経』巻第四一「観天品之二十（夜摩天之六）」は、夜摩天の光景を「好き山林・蓮華・河池・澗谷・流水有り」と描写する[69]。つまり、夜摩天は山水空間でもあるのだ。すでに述べたとおり、『国家珍宝帳』が死後の聖武天皇を「仙儀」と呼ぶとおり、天界は仙界と同一視される場所であった。

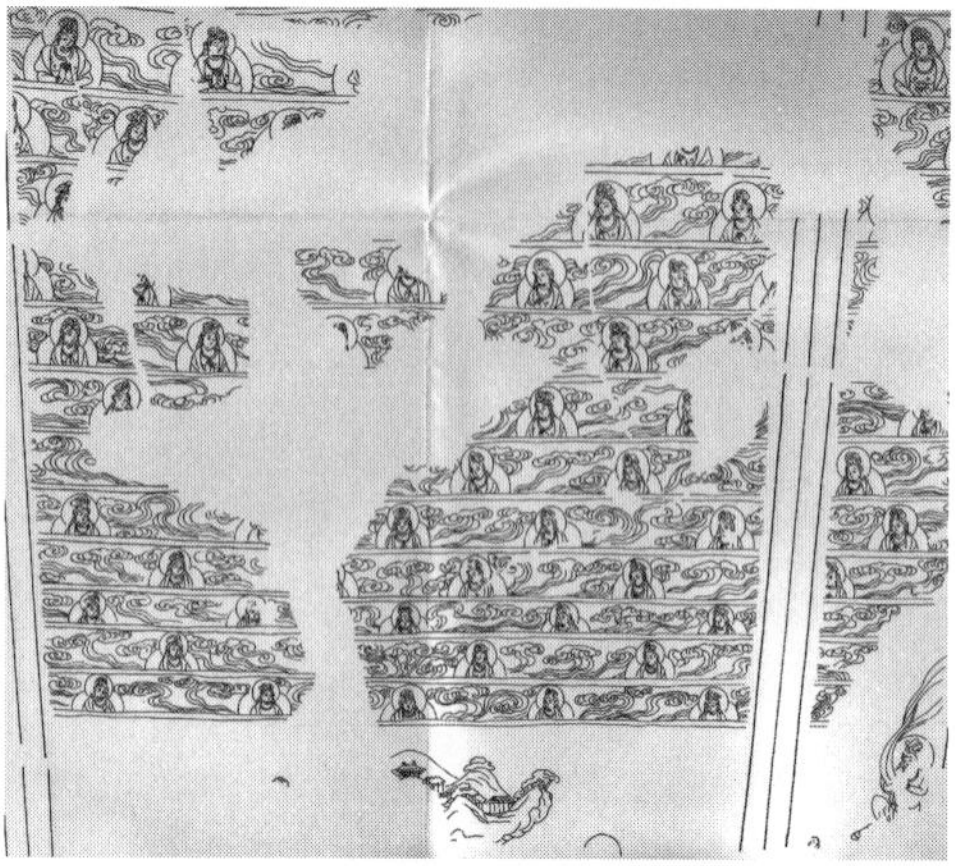

図13　二月堂本尊光背身光部裏側　天界（描き起こし）

図14　大仏蓮弁（拓本）　東大寺

それゆえ、仙境をあらわすと見える「山水夾纈屛風」は、先に「山水画屛風」に想定した意義と同様、聖武天皇のいる天界を表現する役割があったと考えられる。「山水夾纈屛風」のうちの甲（図2）には、中段の山から尾を引いて立ち上る湧雲上に、頭頂に旗状の髻を結い、尖った耳を持ち、羽衣を着す仙人があらわされていることが知られている。(70) 天界に仙人がいる例には、玉虫厨子の須弥山図、「刺繡釈迦如来説法図」（奈良国立博物館）などがある。奈良時代の天界は、仙界と重ねて表現されることで、中国伝統の豊かなイメージを獲得するに至ったということができるだろう。

第二節　不空羂索観音の意味と役割

東大寺の上院地区には、不空羂索観音をまつる法華堂、十一面観音をまつる二月堂、千手観音をまつる千手堂など観音を主尊とする堂宇が集中して存在していたことが知られている。また、大仏殿の東西には、観音を描いた大曼荼羅が懸けられていた。このように草創期の東大寺の安置仏には観音が多いという特色がある。

その中でも、法華堂不空羂索観音像（図15）は、草創期東大寺の最重要の尊像であったことは確かである。この不空羂索観音像と天が深く関わることが、『不空羂索神変真言経』を典拠として早くから示されてきた。すなわち、『不空羂索神変真言経』巻第一「母陀羅尼真言序品第一」(71)に、不空羂索観音が大自在天の姿で描かれるべきと説かれていることである。水野敬三郎氏は、法華堂不空羂索観音像の三目八臂の像容の根拠がここにあることを指摘した。(72)

さらに、不空羂索観音の姿と同一視される天は、大自在天に限られていないことにも注意される。『不空羂索神変真言経』巻第三「秘密成就真言品」や巻第一五「出世解脱壇像品」には、「大梵天」の姿となるとある。

図15　不空羂索観音像　東大寺法華堂

『不空羂索神変真言経』巻第一五（「出世解脱壇像品第二十六」）[73]

座上に不空羂索観世音菩薩、一面四臂にして、天衣服・鐶釧珠瓔を著け、状は大梵天、面には三目有り。首には宝冠を戴き、冠に化仏有り。一手は蓮花を把り、一手は三叉戟を把り、一手は羂索を把り、一手は施無畏なり。結加趺坐す。

そもそも、不空羂索観音の像容成立の背景には、梵天相観音、シヴァの一化身のパシュパティ相（漢訳では大自在天）観音という考え方のあることが、田中公明氏によって指摘されている。[74]梵天相観音は、『不空羂索神変真言経』巻第九「広大解脱曼拏羅品第十二」[75]に、「眉間に一眼、身に四臂有り。一は蓮花を執り、一は澡罐を執り、一は棓（棒）を把り、一は施無畏」とされる四臂観音である。一方、パシュパティ相観音は、チベット訳『不空羂索神変真言経』に、「第一手は蓮華を持ち、第二手は三叉戟、第三手は不空索、大四手は施無畏」とあり、やはり四臂である。[76]このチベット訳に対応する漢訳が、上に引用した『不空羂索神変真言経』の一節だが、ここでパシュパティが「大梵天」と漢訳されたのは、田中氏によれば、ヒンドゥー神になじみの薄いアジア地域では、梵天相とパシュパティ相の観音が混同されたためだという。

このように不空羂索観音自体が、その像容を天との習合の中から成立させてきたと見られる。さらに、『不空羂索神変真言経』の冒頭では、観音は釈迦に対して「不空羂索心王陀羅尼真言」の法を世間自在王如来から授かって以来、無量百千の浄居天王・伊首羅天王・摩醯首羅天王・大梵天王・帝釈天王・一切天王ならびに眷属を導化してきたと述べる。(77) ここから、『不空羂索神変真言経』における観音の役割には「天を化導する」という性格のあることが指摘できる。

東大寺において特に不空羂索観音像が重視されたことの背景には、天と関わるというこの観音の性格があったと見られるのである。それは、かつて、浅井和春氏が指摘したように、(78)『華厳経』には、第十地の法雲地の菩薩が大自在天を指す摩醯首羅天になると説かれていることから、法華堂不空羂索観音像には法雲地の菩薩の姿という意味が重ねられているという観点とも関わる問題である。つまり、不空羂索観音と「十地思想」との関係がこの問題のポイントとなる。

『不空羂索神変真言経』巻第一八「十地真言品第三十一」は、不空羂索真言が真言者の十地をもたらすと説く。(79) つまり経典は、一字から十字までの真言を順にあげ、それが十地の各位階をもたらすと説くのである（**表2**）。さらに、これに続く部分では、「十地真言」を総合した「蓮華頂陀羅尼真言」の読誦受持によって、真言者は十段階の功徳を得るが、第七、第八、第九の段階では、それぞれ、「阿迦尼吒天（色究竟天）」「兜率陀天」「三十三天」という天界に至るとされている（**表3**）。

このように、華厳思想の中核をなす十地思想と観音との関わりを具体的に説くのが、『不空羂索神変真言経』である。『不空羂索神変真言経』を通して、華厳思想と不空羂索観音は結びつく必然性があったと考えられるのである。

観音が衆生を教化する時の重要な方法はおのおのの衆生にふさわしい姿となることである。これについて、『華厳経』（六十華厳）巻第五一「入法界品第三十四之八」は「同類身を現じ、乃至同止して衆生を摂取せり」(80) と、『大

表2　「十地真言」の功徳

	真言	修行	十地	現れる仏菩薩	行為	到達する場所
①	一字真言	修行十種勝業	極喜地	観世音菩薩摩訶薩	証願	西方極楽国土
②	二字真言	思惟八法	離垢地	阿弥陀仏	現為証明	補陀落山観世音菩薩宝宮殿
③	三字真言	住修五法	発光地	童子形観世音菩薩	加祐衆願	浄刹
④	四字真言	住十法	焰慧地	阿閦如来	現身摩頂	我国
⑤	五字真言	離十法	極難勝地	大蓮華上如来	現身告言	我国
⑥	六字真言	修六法	現前地	蓮華冠幢如来	現前誥慰	我土
⑦	七字真言	遠離二十種法	遠行地	蓮華光如来	現身摩頂	我土
⑧	八字真言	満四法	不動地	観世音菩薩	現前摩頂	世間光明王如来浄土
⑨	九字真言	満四法	善慧地	殑伽沙倶胝那庾多百千如来	一時現前伸手摩頂	我国土
⑩	十字真言	円満十二種法	法雲地	一切如来	一時現前	得蓮華頂真言明仙 成最上悉地

『不空羂索神変真言経』巻第十八「十地真言品第三十二」

方広仏華厳経』（八十華厳）巻六八「入法界品第三十九之九」は「或は為に同類の形を化現して其と共に居りて之を成熟す[81]」と述べている。六十華厳に「同類身を現じ」とある部分は、八十華厳では「同類の形を化現して」となっている。つまり、観音は教化に際し、導く者と同じ姿になるという方法をとることがわかる。

すでに述べたとおり、『不空羂索神変真言経』によれば、不空羂索観音は天を化導するという基本的な役割を負っている。そうであれば、不空羂索観音が大自在天や大梵天の姿となるのは、不空羂索観音が天を導くためであると解釈できるであろう。『法華経』「観世音菩薩普門品」においても、観音は、三十三身のうちに「梵王身」「大自在天身」を含み、その姿となって衆生を救うと説かれている。

表3 「蓮華頂陀羅尼真言」による功徳

	到達する場所	功徳と時間	真言者の姿
①		除滅応受阿毘地獄五無間罪一劫之苦	
②	西方極楽国土	福命寿等八十千劫	
③	愛楽世界	六十二千劫受勝快楽	
④	観察世界	七十二千劫受大安楽	
⑤	宝勝世界	十二千劫作大持宝大真言仙	大持宝大真言仙
⑥	補陀洛山観世音菩薩宝宮殿中	十八千劫受諸法楽	
⑦	阿迦尼吒天（色究竟天）	九十千劫受天快楽	
⑧	兜率陀天	八十千劫受天快楽	
⑨	三十三天	百千大劫作天帝釈受大快楽	天帝釈
⑩	十方刹土	五十千劫遊戯神通、歴諸仏刹供養諸仏受諸快楽	
		二十千劫作大真言明仙	大真言明仙
		乃至菩提更不重受胎卵湿化所受生処常得化生具宿住智	

『不空羂索神変真言経』巻第一八「十地真言品第三十一」

『華厳経』は、十地の菩薩は天の姿になると説く。『華厳経』の思想に基づけば、不空羂索観音が大自在天や大梵天の姿となるのは、十地の菩薩を導くためとも解釈できるのである。『不空羂索神変真言経』が説くように、不空羂索観音の陀羅尼の力は、ただしく十地の菩薩を導く。東大寺において不空羂索観音が特に重要視されたのは、十地の菩薩を導くというこの観音の役割によることが、以上の検討から明らかになるのだ。

おわりに

以上に論じたとおり、奈良時代の東大寺にとり、「天」の問題はきわめて重要だった。それは、ひとえに『華厳経』に基づく蓮華蔵世界の一部としての「天界」という意義があったゆえである。この世界観において、「天界」は十地の世界である。『華厳経』に傾倒した聖武天皇は、死後、蓮華蔵世界を目指した。それは、十地の世界である「天界」を通過するというプロセスを経て実現されるものであったゆえに、聖武天皇にとっても、「天界」は重大な意味があった。

東大寺において製作された美術は、蓮華蔵世界を目指す聖武天皇の意図に沿う意味があったと考えられる。特に、聖武天皇の死後を想定して製作されたと見られる、正倉院の夾纈屏風・臈纈屏風にその意味は顕著に認められる。また、『不空羂索神変真言経』に基づく不空羂索観音像もまた、十地世界の上昇に役立つ意義があった。奈良時代の東大寺の美術と華厳思想の関わりは、絵画・仏像というジャンルを超えて、このように具体的に辿ることができる。

蓮華蔵世界への往生は、聖武天皇を中心に意識された往生観である。それゆえ、この後、この思想は影響力を減じていったと見られる。それに伴い、この思想に基づく美術も姿を消していった。不空羂索観音像が奈良時代にのみ熱心に造られ、以後造られなくなるのはそのことが理由である。しかしながら、正倉院の屏風が試みた「天界」を「仙界」として表現するという方法は、以後も命脈を保ったと見なされる。日本美術にとり本質的なこの様相についいては、あらためて論じることにしたい。

註

（1）拙稿「蓮華蔵世界と観音——草創期東大寺の観音像——」（『論集　華厳文化の潮流』ザ・グレイトブッダ・シンポジウム論集第一〇号、二〇一二年十二月）、拙稿「蓮華蔵世界と正倉院の屛風」（『仏教美術論集5　機能論——つくる・つかう・つたえる——』（竹林舎、二〇一四年四月）。
（2）『大正新脩大蔵経』（以下、『大正蔵』）九—四一二。
（3）『大正蔵』一〇—三九。
（4）『日本類聚三代格』巻三「国分寺事」。
（5）『大正蔵』九—四一四。
（6）『説一切有部俱舎論』巻二一、石山寺所蔵、天平勝宝四年（七五二）五月一日（『寧楽遺文』中巻、六二二頁）。
（7）『大日本古文書』四—一二一。
（8）『東大寺要録』第八。
（9）『法隆寺旧記類聚』第六。
（10）『大正蔵』一七—三〇四。
（11）水野弘元「正法念処経について」（『印度学仏教学研究』一二—一、一九六四年一月）。
（12）『大日本古文書』九—七九、石田茂作『写経より見たる奈良朝仏教の研究』（東洋文庫、一九三〇年五月）。
（13）『華厳経』（六十華厳）巻第二三～二七「十地品」。
（14）『寧楽遺文』中巻、六一八頁。
（15）『大正蔵』一〇—九九。
（16）『大正蔵』三五—六五五。
（17）『大正蔵』一〇—九九。
（18）『大正蔵』九—六一。
（19）正倉院宝物の奉納目的については従来さまざまな考え方があり、関根真隆「献物帳の諸問題」（『天平美術への招待　正倉院宝物考』吉川弘文館、一九八九年十二月）はその諸説を紹介している。しかしその基本は、願文の意味することを正確に汲み取ることと本稿では考える。

(20) 大島義脩「正倉院御物屏風に就いて」(『寧楽』一五〈特輯　続正倉院史論〉、一九三二年十一月)。
(21) 松島順正「正倉院の屏風について」(『書陵部紀要』二八、一九七六年)。
(22) 米田雄介「『国家珍宝帳』に見える屏風の成立について」(『正倉院紀要』三五、二〇一三年三月)。
(23) この文書はさまざまな名称で呼ばれているが、ここでは、正倉院事務所による現在の名称に従う。正倉院事務所編『正倉院宝物　北倉Ⅲ』(毎日新聞社、一九九五年)。
(24) 原田淑人「千秋節宴楽考」(『東亜古文化研究』座右宝刊行会、一九四〇年十一月)。
(25) 『大日本古文書』二五　附録　正倉院御物出納文書、六一頁。
(26) 前掲註(20)大島論文。
(27) 家永三郎『上代倭絵年表』(初版　座右宝刊行会、一九四二年、改訂版　墨水書房、一九六六年五月、改訂重版名著刊行会、一九九八年十一月)。
(28) 松下隆章「献物帳画屏風について」(正倉院事務所編『正倉院の絵画』日本経済新聞社、一九六八年六月)。
(29) 前掲註(22)米田論文。
(30) 『旧唐書』第四冊、中華書局、一〇五二頁。
(31) 前掲註(21)松島論文。
(32) 『旧唐書』第四冊、中華書局、一〇五一頁。
(33) 『旧唐書』巻二九志第九「音楽二」(『旧唐書』第四冊、中華書局、一〇八一頁)。
(34) 前掲註(22)米田論文。
(35) 前掲註(27)家永書、前掲註(21)松島論文。
(36) 前掲註(21)松島論文。
(37) 長廣敏雄訳注『東洋文庫三一一　歴代名画記2』(平凡社、一九七七年七月)。
(38) 『漢語大詞典』(漢語大詞典出版社、二〇〇一年)
(39) 『新古典文学大系一四　続日本紀三』補注二〇—四八(岩波書店、一九九二年十二月)。
(40) 『歴代名画記』巻三「述古之秘画珍図」。
(41) 田中一松「正倉院の絵画　序説」(正倉院事務所編『正倉院の絵画』日本経済新聞社、一九六八年六月)。

(42)『歴代名画記』巻五「晋」。
(43)前掲註(41)田中論文。
(44)前掲註(23)参照。
(45)前掲註(27)家永書、前掲註(21)松島論文。
(46)前掲註(27)家永書、前掲註(21)松島論文。
(47)前掲註(28)松下論文。
(48)中島博「(研究ノート)山水夾纈屏風と奈良時代の絵画」(『鹿苑雑集』四、二〇〇二年三月)。
(49)『大日本古文書』二五　附録　正倉院御物出納文書、一一頁。
(50)同前、一〇一頁。
(51)松本包夫「正倉院の文様染め屏風(下)――臈纈屏風――」(『国華』一一一七、一九八八年十月)。
(52)前掲註(1)拙稿二〇一四。
(53)前掲註(51)松本論文。
(54)『大正蔵』一七―三〇一。
(55)『大正蔵』一七―二〇一。
(56)『大正蔵』一七―三一四。
(57)『大正蔵』一七―二二二。
(58)『大正蔵』一七―七一。
(59)『大正蔵』一七―一八二。
(60)『大正蔵』一七―一二。
(61)『大正蔵』一七―二四。
(62)北啓太「献物帳管見」(『正倉院紀要』三〇、二〇〇八年三月)。
(63)前掲註(38)書。
(64)前掲註(22)米田論文。
(65)谷口耕生「鳥毛立女屏風と唐墓壁画樹下人物図屏風」(『第六十六回正倉院展目録』奈良国立博物館、二〇一四年十月）。
(66) 稲本泰生「東大寺二月堂本尊光背図像考――大仏蓮弁線刻図を参照して――」（『鹿苑雑集』第六号、二〇〇四年三月）。
(67) 吉村怜「東大寺大仏の仏身論――蓮華蔵荘厳世界海の構造について――」（『仏教芸術』二四六、一九九九年九月）。
(68) 『大正蔵』一七―三二四。
(69) 『大正蔵』一七―二四三。
(70) 林温「飛天と神仙」（『日本の美術』三三〇、一九九三年十一月）、前掲註(48)中島論文。
(71) 『大正蔵』二〇―二三二。
(72) 水野敬三郎「不空羂索観音菩薩立像」（『奈良六大寺大観　第一〇巻　東大寺二』岩波書店、一九六八年八月）。
(73) 『大正蔵』二〇―三〇五。
(74) 田中公明「インドにおける変化観音の成立と展開――いわゆる四臂観音の解釈を中心として――」（『美術史』一三三、一九九三年二月）。
(75) 『大正蔵』二〇―二七〇。
(76) 前掲註(74)田中論文。
(77) 『大正蔵』二〇―二三七。
(78) 浅井和春「法華堂本尊不空羂索観音像の成立」（『日本美術全集第四巻　東大寺と平城京』講談社、一九九〇年六月）。
(79) 『大正蔵』二〇―三一九。
(80) 『大正蔵』九―七一八。
(81) 『大正蔵』一〇―三六七。

図版出典

図１：『正倉院宝物　南倉Ⅱ』（毎日新聞社　一九九六年三月〈正倉院宝物〉）、図２・４～10：『正倉院宝物　北倉

I』（毎日新聞社　一九九四年七月〈正倉院宝物〉）、図3：『鹿苑雑集』四（註(48)参照）口絵（正倉院宝物）、図11：註(51)松本論文挿図（正倉院宝物）、図12：『奈良六大寺大観　第一〇巻　東大寺二』（註(72)参照）、図13：中神敬子氏作図描き起こし図（『日本上代における仏像の荘厳』研究成果報告書　二〇〇三年三月）、図14：『東大寺大仏蓮弁拓本』（求龍堂　一九七三年五月）、図15：『週刊朝日百科国宝の美　一』（朝日新聞出版　二〇〇九年五月）

白銀の転生

——銀仏の造像と銀器の転用——

児島大輔

はじめに

東大寺法華堂不空羂索観音像の宝冠は随一の規模と装飾性を誇り、比較対象を持たない孤高の存在である。宝冠に据えられた化仏は古代の銀仏の希少な例として著名であり、古くより銀製鍍金と見られていたが、近年の修理事業に伴う詳細な分析調査を経て銀製鍍金であることが初めて明らかとなった[1]。宝冠や化仏の制作についての詳細は文献等を欠き明らかではないが、化仏と不空羂索観音像とには様式的な隔たりが認められ、観音像と前後して制作された可能性があることには注意が必要である。この点について、かつて植松勇介氏は化仏光背と宝冠とは手が異なり、光背や化仏は宝冠に先立って制作された可能性を指摘している[2]。もともと独立した念持仏であったのを、不空羂索観音像の造立にともない化仏へと改変・転用したというのだ。修理時における調査結果もこの説を裏づけるかのようであり、宝冠にはすでに奈良時代に改変が加えられていることが明らかとなった。ただし、浅井和春氏は化仏の制作が宝冠改変時と同時である可能性、すなわち化仏が不空羂索観音像のあとに制作されたと見ることもで

きることを指摘している。(3)

比較すべき現存作例と参照すべき史料がきわめて限られる現状でこれらの問題に決着をつけるのは難しい。そこで、本稿では銀仏にまつわる銀の利用のされ方について注目し、主に文献史料を対象として銀器の転用の問題について論じてみることとしたい。

第一章　東大寺千手堂の銀仏

『東大寺要録』諸院章千手堂条によれば、東大寺千手堂にはかつて著名な銀仏が存在していた。(4)

一、千手堂　銀堂
五間四面庇瓦葺堂一宇
千手観音一躰　塔百八十基　種々玉粧
屏風仏像三枚
銀盧舎那仏一体　等身　金銅座一具　華葉八十六枚
湛照僧都分付帳云、前々帳云、件仏像御身為盗人被割取。天暦七年七月五日、時別当光智而於(上カ)被補綴之、所々薄覆銀子、華数十五枚無実。但五枚納政所東南端倉者。但仏御身所々綴之中。左脇綴固穿穴已空長四寸広一寸五分。又左膝綴目上下各五寸割却也。又烏瑟螺形半分落也。又座葩見在六十二枚無実廿四枚之中十五枚前帳無実。但五枚政所端倉九枚之様無実者同前。

千手堂には千手観音像のほか、塔百八十基、屛風の仏像と銀造盧舎那仏が安置されていた。

この東大寺千手堂に存在していた銀造盧舎那仏像の造像背景についてはかつて論じたことがあり、そこでは良弁の主導による東大寺上院地区の再編の一環として『不空羂索神変真言経』を所依とするいわばコスモロジーの変換のための役を担った造像であろうと考えた。(5) 前稿と重複する部分もあるが、ここでは同像の造像経緯とその後について残された史料を追ってみたい。

天平十七年（七四五）八月二十五日から天平十九年（七四七）五月二十七日の間に比定される『正倉院文書』「種々収納銭注文」によれば、内裏から給付された銭六百貫のうち五百貫は銀の直（価）とされている。(6)

種々収納銭注文

合収納銭

「内」「合」六百貫従内裏給出五百貫銀直、一百貫雑用分「来十七年九月十六日」

（中略）

「合」十三貫一百十文良弁大徳奉納銀仏料

この文書の冒頭の内裏から給付された六百貫の銭のうち五百貫は銀の価とされている。この断簡の末尾近くの「良弁大徳奉納」が「銀仏」にかかるのか、それとも「銀仏料」にかかるのかが問題となるが、「銀仏」にかかるのであれば、この銀料の出所がわからなくなる。したがって、ここでは素直に「銀仏料」にかかると読み、銀仏のために十三貫百十文の銭が良弁より奉納されたと考えるべきだろう。冒頭では内裏から給付された六百貫のうち五百貫の銭は銀の価というが、これも銀仏のための銀の購入費であったことになるだろう。『東大寺要録』所引の『延暦僧録』「勝宝感神聖武皇帝菩薩伝」逸文には「又、造等身銀像一軀」とあって、聖武天皇が等身の銀像一軀を造ったことが知られ、良弁の奉納した銭もこの銀仏のためかと推測される。文書に記された銭の収納日は最も古いもので天平十七年（七四五）八月二十五日、最も新しいもので天平十九年（七四七）五月二十七日であり、内裏よりの銭五百貫は天平十七年九月十六日付であることから、件の銀像は天平十七年の発願、同年から翌年頃にかけての造像かと推定される。聖武天皇によって発願された銀造盧舎那仏は大仏殿の盧舎那大仏と同様に良弁ら知識によって造像されたということになろうか。五百貫で得られる銀の総量がどれほどのものか定かではなく、また、この銀仏造像に関する他の史料も知られないため確言はできないが、知識による造像とは言ったものの銀料のための支出のほとんどは内裏が負担しことになる。

　この銀仏の存在は東大寺千手堂が「銀堂」と呼ばれるほどに著名な像であったようである。ところが、それ故であろうか、再三盗難に遭っていたらしいことが史料より知られる。まず、寛和三年（九八七）、千手堂の銀仏は盗難に遭う(7)。

寛和三年四月一日、千手院銀仏被盗取銀、追捕使糺進且納記、
　合弐拾両之中
　　十六両追捕使伴晴生勘進銀但大刀具造者、
　　四両盗取夜堂内落置也、
右銀□〔且〕所納如件、

権別当（花押）

小別当威儀師（花押）

この事件は『東大寺別当次第』にも記される。(8)

三年《(寛和)》四月一日、盗人穿竊千手院銀仏、四両落堂内、十六両剣具造之、追捕使伴晴生尋進之。

これらの記事によると、銀仏自体がそのまま盗まれるのではなく、銀が穿ち取られている。単独犯だったのであろうか、重量ある仏像を運び出さずに鑿などの鋭利な刃物を用いて仏像の銀をえぐり取ったり削り取ったりした様子がうかがえる。このとき盗まれた銀のうち十六両はすでに刀装具に作り替えられており、四両は盗みに入った夜に堂内に落としていったものだという。どのように探索したかは知られないが、大和国追捕使の伴晴生のお手柄であった。ただ、これを機に同像が銀製であることや容易に盗みに入れることが知られてしまったのか、五年後に再び盗賊に押し込まれる憂き目にあう。(9)

正暦三年八月廿三日、千手堂銀仏盗穿所々、前司・新司・所司・五師共撿録之間、前別当《(寛朝)》法橋称、件仏盗散之銀、従童部手、伝得所被出之、銀切重二分三銖、

正暦三年（九九二）、銀仏の複数個所がやはり穿ち取られたようで、あいた穴からであろうか、小童の手で銀の

断片を重さにして二分三銖を得ている。このように盗まれた銀を細々と取り戻すことができたとしても修復することはかなわなかったようで、『七大寺巡礼私記』などによれば三十年後の治安三年（一〇二三）に藤原道長がこの銀堂を訪れた際にも銀仏は惨憺たる状態のままであり、銀仏の過半は穿ち取られていたという[10]。

丈六盧舎那仏堂、大仏殿東去五六町許有山上、口伝云、依安銀仏像名銀堂。件像過半為盗賊被穿取云々、其後宿直守護輙難開。入道前大相国去治安三年十月十七日御修行記云、此像為盗人被穿取之条如無鏁固、仍被召仰威儀師鴻助云、此堂可修理、至材木及料物者随申請可宛給、又示陪従人々各加銀一両由被定、仰散位隆佐令記人名給、則召御餌袋銀坑一口且賜鴻助了云々。或記云、銀堂奥谷、延長以後有一俗人号山上君、捨斯住所出国分寺門了、承平之比板東諸国有兵乱事、山上君是也、将門之字也、天慶之間建立此堂安彼仏、号銀堂云々。

ここでは治安三年十月十七日御修行記なる文献を引いているが、いまこれを『扶桑略記』所引の「修行記」逸文によって以下に掲げる[11]。

同十七日丁丑、入道前大相国（道長）詣紀伊国金剛峰寺。則是弘法大師廟堂也。路次拝見七大寺並所所名寺。相従人等、内相府（教通）、並民部卿（後賢）、中宮権大夫（能信）、修理権大夫長経朝臣、前備後守能通、前肥後守公則、散位隆佐、左衛門大尉宗相、散位範基、兵部大丞源致佐、右衛門権少尉真重、同高平、前権少僧都心誉、前権少僧都永円、権少僧都定基、権少僧都永照、三会已講教円等、都十六人、緇素並轡、共以前駆。巳時、御宇治殿、膳所供御膳。次留宿東大寺。

十八日、早旦、奉礼大仏。又寺内東去五六許町、山上有堂、謂之銀堂。堂中安銀丈六盧舎那仏像。蓋以之処堂号也。破損殊甚、銀像過半為賊穿取。衆人私相語云、此仏非無鏁籠之搆、此堂非無守護之司。頻入偸児之手。如無鏁固。或以弾指、或以流涕。仍召仰威儀師鴻助云、此仏此堂、尤可哀愍。且令勘申材木等支度。至于料物、
随申請可宛
給。又示陪従人人之知識、各可加銀一両之由。被定仰了。則召御餌嚢銀鋺一器、且預鴻助已了。巡礼之後、於大門下、御馬一疋被投僧正。

入道前大相国、すなわち藤原道長は高野山参詣の途上で南都諸大寺に立ち寄り、東大寺銀堂を訪れた。その荒れ果てた様子に威儀師鴻助を召し出し、堂の修理を指示している。材木や必要な物資は申し出れば与えること、同行の人々にも一人当たり銀一両の出資を求めている。そのためであろう、参位藤原隆佐に同行の人々の名を記録させ、自らは率先して餌袋より銀鋺一口を鴻助に与えている。銀鋺を鋳潰し、穿ち取られた銀仏の材とせよとの直接的な支援であろう。道長の豪気な気性がうかがえるエピソードであるが、それだけでなく従った人々にも応分の負担を強いることを即決しているところなどはさすがに廟堂の頂点に立った人のきわめて現実主義的でスピード感のある判断であろう。

実際の修理がどれほど行われたのか定かではないが、この後二十年ほど経った長暦元年（一〇三七）から永承四年（一〇四九）までに銀の量を量っている。(12)

令量定之処、件銀既有加咸〔減〕、仍為後記之、

合貳拾量〔両カ〕内不足三両
　漆拾両之内一枚卅八両剰一両
　　已上権上座念秀所進両定、
別当僧都「深観」（自署以下同ジ）　都維那従儀師「聖好」
上座威儀師「慶範」　都維那法師「慶寿」
権上座大法師（念秀カ）（花押）
寺主大法師
権寺主大法師

これに次いで知られるのは修理の記録である。『東大寺文書』「東大寺越後封米結解状」[13]によれば、長治二年（一一〇五）七月八日から数日にわたって「銀堂御修理木工食料」ないし「間酒料」が計上されており、この頃に銀堂の修理が行われていたことが明らかとなる。また、大治四年（一一二九）には銀堂の屋根葺き替え工事が行われていたことが『東大寺文書』大治四年三月二十八日付の「筑前国金生封年貢米結解状」に「銀堂葺工食料」が三石計上されていることから判明する。[14]さらに保元三年（一一五八）の『東大寺文書』にも「銀堂修理料」が見える。[15]以上のように、盗賊に入られるなど荒れる一方であった銀堂は、道長の指示と支援の申し出を契機として細々と百年を超えて修理事業が続けられていた様子がうかがえる。

しかし、その苦労も治承四年（一一八〇）のいわゆる南都焼討によって水泡に帰してしまう。『東大寺続要録』造仏篇、当寺焼失事には焼失した堂宇として「白銀堂」の名を見ることができる。[16]『玉葉』には焼討の被害として銀堂もしくは千手堂の名は挙がっていないが[17]、上院の被害までは調べが及ばなかったのかもしれない。銀堂の詳細な被害のほどは知られないが、おそらく灰燼に帰したのであろう、この後銀堂（千手堂）は再建されることがなかったようで、その故地には八幡宮が遷座することとなる。

『東大寺別当次第』九十九代僧正真恵条には「三年《（嘉禎）》（中略）八幡宮千手院岡奉移義一同事」とあって[18]、嘉禎三年（一二三七）に千手院の岡に八幡宮移座のことが記される。八幡の原位置については明らかではなく議論の余地があるが、この移座された八幡宮こそ現在の手向山八幡のことであり、この記事より推して千手院の岡、すなわち銀堂のありし地を知ることができるのである。早くに堀池春峰氏は緑釉塼等が採集される手向山八幡宮東方に千手院の故地を比定した根拠の一つである[19]。

以上、東大寺千手堂の退転と銀仏の盗難の被害、そしてその修理について史料を追ってきたが、結局のところ寛和三年の被害以来ついに元に復されることなく焼失に至ったらしいことが明らかとなった。ところで、先に引用した『七大寺巡礼私記』『扶桑略記』が記す道長のこの記事からは当時の旅に自らの食器を持ち歩いた様子がうかがえた。しかも道長が携帯していたのは銀器であった。このことは道長のようなきわめて高位の限られた人々のみに許される行為ではあろう。旅の途上であった道長がその後の食事の際に食器をどうしたか定かではない。ここで注目したいのは、道長が自らの銀器を銀仏修理の材料として鴻助に預けていることである。というのも、銀器を銀仏の材に転用する同様の事例が貴顕の間で行われていたことを示す史料が散見され、注目されるからである。以下では銀器を用いた銀仏造像の例について見てみたい。

第二章　銀仏と転用される銀器

平安時代の古記録には多くの造仏に関する記事が残る。日記の記主である平安貴族たちは仏像の素材にもある程度敏感で、幸いなことに現在ではその存在を知られない銀仏の造像についても記してくれている。かつて田中重久氏や佐藤昭夫氏がこれらの記事に注目している。[20]以下ではこうした先学の研究成果を参照しながら、道長と同時代を生きた藤原実資（九五七～一〇四六）の日記『小右記』を中心とする貴族の日記等にあらわれた銀仏造像の記事に注目してみたい。まず、『小右記』正暦元年（九九〇）八月二十四日条の記事が注目される。[21]

廿四日、丙寅、卯二点以礒上奉忠奉令鋳銀薬師仏・如意輪観音・不動尊・金毘沙門天、々々々々不形大不成給、金多不足、本数卅両、仍改其形、廿九日可奉令鋳之由仰之了、四体料物廿五石、前日令給了、今日仁王会云々、

礒上奉忠に薬師如来・如意輪観音・不動明王の三体の銀仏と金の毘沙門天像を鋳造させている。このうち、毘沙門天像の金が足らず、形をなさなかったので後日鋳造させている。その形を改めたというからおそらくは金の量に応じて縮小したのであろうか。礒上奉忠については他に見えず不詳ながら、仏師か鋳物師か、あるいは『小右記』で「銀工」「銀鍛冶」と呼ぶような細工師であろう。[22]さて、この銀仏について三橋正氏は『小右記』の他の記事と関連させて亡くなった娘の銀器を用いた造像と解釈している。[23]すなわち、『小右記』正暦元年七月七日には以下のようにある。[24]

七日、庚辰。小児の悩む所、極めて重し。内外の大願を立て、彼の児の用ゐる所の銀器等を捨て、内外の祈りを致す。済救・叡増両人を以て、各、両壇の善を修せしむ。今夜、法橋奝然、来たりて祈る。覚縁、来たりて加持す。病児の痢、無数。起居、堪へ難し。児の枕上に於いて、平実師をして、千巻の金剛般若経を始め読ましむ。炎魔天を顕し奉る。今夜、奉平を以て招魂祭を行なはしむ。

同月四日に発病した小児と呼ぶ愛娘の病状は思わしくなく、七日に至って重篤に陥り実資は発願して愛娘愛用の銀器を喜捨して当時東大寺別当任じられていた奝然までをも召して必死に祈らせる。さらに、九日には意識不明の重体となったようで、戒を授けていわゆる臨終出家を行い、すべての銀器を仏界に喜捨している。(25)

九日、壬午、（中略）従今日四个日氏所物忌、仍不他行、令元寿闍梨立申種々大願、依小児病殊重、今夜半許小児已以不覚、仍令而授五戒、以元寿為戒師、以所用銀器皆捨仏界、又同捨枕上釵、以櫛筥修諷誦、清水寺、夜中差使遣慶円律師許。令祈申中同、又遣願書也。

こうした必死の祈りの験あってか翌十日、小児はいったん息を吹き返すも、十一日必死の祈りもむなしく帰らぬ人となる。(26) これらを受け、八月二十四日の銀仏造像が行われたと見る三橋氏は、銀仏の料を小児愛用の銀器と考えられた。妥当な見解と思う。元々は病気平癒を祈願して喜捨された銀器であったが、娘の死去後はその追善のための造像の材として用いられることになったわけである。三橋氏の見解に従ってよければ、この事例こそ銀仏造像における銀器転用の最古の例であろう。賢人右府と称された故実に明るい実資による銀器の転用は古例の存在を想像させる。銀器を転用する銀仏造像もまた古例に従った可能性が高いが、今は本例を遡る事例を明らかにする作例・史料は存在しない。

次いで史料上に見られる銀器を転用した造像例は『権記』に見られるかの康尚に関わるものである(27)。

廿五日甲辰　人々為慶賀来、中剋銀如意輪観音像奉開眼供養、是薬助先年急病之時、母氏立願、以飯垸為奉造此像所取置、去春詣石山、以康尚所令奉鋳也、今択日時、屈権僧正、密々奉啓白也、即奉布施、夜装束一具、麻布五十端、

長保元年（九九九）九月二十五日、銀の如意輪観音像の開眼供養を行うが、この像は薬助なる『権記』記主藤原行成の子が急病の時に飯垸をもって康尚に鋳造させた像だという。この飯垸が薬助本人のものか、あるいは発願者である薬助の母のものかにわかには判断しかねるが、銀器を転用した例として特筆される(28)。

同様の事例は仏師康尚が仁王会のために銀造薬師仏・観音菩薩両像を鋳造した際にも指摘できる(29)。

『権記』寛弘七年（一〇一〇）十月四日条

四日己酉　修善結願、

仁王会、検校兵部卿、左中弁、加供送律師尋円、教静、日観、公助、増朝、巳剋康尚来、奉鋳銀薬師仏観音菩薩像、料銀故中納言殿被取置、六角尼来云、驚令遂果宿願也、孔雀明王幷延命菩薩等御衣、授仁海闍梨、為小女開眼、修芥子焼、五大尊教静闍梨、

これによれば、両像の料銀すなわち材料の銀は故中納言殿、おそらくは藤原義懐（九五七～一〇〇八）が取り置いたものであったという。『権記』は詳細には記さないものの、この取り置いた銀が愛用の銀器であった蓋然性は高いだろう。以上の『権記』の二例はいずれも仏師康尚が鋳造していることにも注目したい。平安時代の仏師たちの作例はそのほとんどが木彫仏であり、上記の二例は高名な仏師が鋳造仏をも手掛けていたことが知られる貴重な史料である。

さて、ふたたび『小右記』の記事を紹介しておこう。万寿四年（一〇二七）十月二十八日条で実資は前皇太后の四十九日法要について以下のように記している。(30)

今日前皇太后七々御法事於法成寺阿弥陀堂被行、…（中略）…阿弥陀三尊銀鍍、安置仏殿、亦両界曼荼羅・金泥法花経并墨字同経百部、（以下略）

皇太后宮（三条天皇中宮妍子）の七七忌に仏殿に安置された阿弥陀三尊のことを「銀鍍（カ）」と素っ気ない書きぶりだが、この三尊のことを『栄花物語』は「銀の御具どもして、阿弥陀の三尊をぞ造りたてまつらせたまひける」と記しており、(31)この銀仏が「御具」すなわち銀製調度品によって造られたことがわかる。

『栄花物語』を史料として用いるには注意が必要であるが、(32)この記事に関しては女性筆者によると考えられる歴史物語だからこそ信を置けるものと言えるだろう。というのも、私見によれば古記録を中心とする文献史料に見られる銀仏造像約五十例のうち、およそ半数が女性関連の造像であることがわかる。これまでに挙げ得た数例だけでも女性の関わる造像の多いことに改めて気づかされるだろう。世の中の人間の半数を女性が占めることを考えれば何も不思議ではないかもしれないが、参照した史料の記主はほぼ例外なく男性である。銀仏だけでなく他の造像例も比較対象として参照しなければ説得力を持たないかもしれないが、これは圧倒的な偏差であると考えられ、そこには何がしかの理由が存したように思える。そのことに気づいていないわけではないのだが、詳細は近々別稿を期すこととしたい。ともあれ、男性記主によらない例外的な文献がこの『栄花物語』なのである。銀仏の造像とその素材に敏感であった女性ならではの視点がここに顕われていると見ておきたい。

　したがって、この銀製阿弥陀三尊像は食器か婚礼調度などの一部かは不明ながら、おそらくは妍子生前愛用の銀器をもって造らせたものと理解してよいだろう。少なくとも、そう考えられる余地があったことだけは確認できるだろう。

　次に紹介するのはやや時代が下って十二世紀半ば、『兵範記』久寿二年（一一五五）十月二十三日条である。[33]

廿三日丁酉　天晴、於法性寺殿最勝金剛院、被行故北政所御法事、其儀、
…（中略）…
次於御所堂場、有御仏経供養事、
銀一尺阿弥陀如来像一体以亡者御物等被奉鋳之、
金泥観無量寿経一巻、同転女成仏経一巻、已上女院御筆、
諸尊梵字二巻、殿下御筆、
導師公舜法橋、被物一重、布施一裹、
鈍色装束一具、唐綾五段、如造紙被帖之、

女院御衣一襲、桜掛八、織物表着、紅単衣、
自御所簾中被押出之、左衛門督伝取給之、
凡僧、各装束一具、唐綾五段、布施三段、供米一石、
公舜纏頭退下、
次僧侶退下、晩頭有毎日分御仏経供養事、
次例時如日来、
銀御仏供養了、殿下遂電令参近衛院給、今日御月忌也、毎月式法仏経供養以後、以祇候僧六口為請僧、有銀御仏供養事、次令参内給、

去る十月十一日に亡くなった故北政所（藤原忠通室宗子）の仏事が最勝金剛院で行われた後、御所において仏像と経典の供養が行われた。開眼供養されたのは銀製一尺の阿弥陀如来像で、亡者の御物等すなわち故宗子の銀器等を材とした造像という。記事の途中を略したが、最勝金剛院での仏事は前日に引き渡されたばかりの法眼院朝作の丈六阿弥陀像を本尊とし、三十七僧を屈請しての大々的なものであったのに対し、その後の銀仏開眼供養はいわばプライベートに属す法事という位置づけであったろう。阿弥陀像だけでなく供養された経典類はどれも故人に身近な人々によって書写されたものであった。

『兵範記』には同様に「御具」を用いた銀仏鋳造のことが見える。(34)

十六日戊申、高陽院御忌日也、

…（中略）…

銀一尺余阿弥陀仏一体以往日御物等被鋳之、

金泥五部大乗経立后当初以後、被書儲之、殊美麗、毎事珍重御経也、

法印大僧都有観為御導師、（以下略）

保元二年（一一五七）十二月十六日、高陽院の忌日に「往日の御物」すなわち生前愛用の品を用いて一尺余りの銀阿弥陀像を鋳造したという。高陽院（一〇九五～一一五五）は藤原忠実の娘泰子で鳥羽院の皇后。父忠実の寵愛厚く、数十か所の所領を伝領している。この日は三回忌に当たる。

以上、摂関期から院政期にかけての史料から銀仏造像における銀器転用の例を見てきた。ここではわずか六例を挙げ得たに過ぎないが、他の造像例が銀の由来を記さないことをもって由来を持たないと判断するのは早計であろう。史料に残らないながらも銀器を転用した由来を持つ造像は少なからず存したのではないかと想像する。愛用の銀器を捨して銀仏を造像することは、病気平癒の祈願や追善供養のかたちとしては最もふさわしいように思われるからである。あるいは見落としている事例もあることと思う。今後も事例の蓄積が必要である。

こうした銀器再利用・転用する背景には、言うまでもなく銀に貴金属としての高い価値が認められていたことがある。正倉院宝物等に代表される奈良時代および唐代銀器はその重量を墨書や陰刻で記すことがあり、大安寺資財帳や安祥寺資財帳などにも銀器はその重量が記される。器物にその重量を記すのは、器物としてだけではなく銀の地金としても流通することを半ば想定していたことを示す。すなわち実用に供される器物として完成してもなお、銀は貴金属としての価値、さらに踏み込めば交換可能な貨幣価値を保持しているのである。藤原実資は娘たちのた

めに銀器を造らせたことを日記『小右記』に記している。[35]これらは日用の器であると同時に、貨幣価値を持った貴金属の財産分与でもあった。将来、鋳潰して再利用することをも想定した親心であったろう。

銀仏に重量が記される例は知られないが、前章で触れたとおり東大寺千手堂で度々発生した銀仏の盗難事件は銀仏の入手を目的としたものではなく、あくまでも銀を手に入れるために押し入ったものであることは注意されよう。実際、寛和三年には盗んだ銀を鋳潰して刀装具に作り替えていたことは先に触れたとおりである。皮肉なことに、銀を転用する文化を持ち続けた結果として銀仏の作例は残ることがきわめて希少となってしまったのである。

冒頭で触れた銀仏の希少な遺例である東大寺法華堂不空羂索観音菩薩像の宝冠化仏は天平期において本体とは異なる材質による荘厳具として際立った特徴を持つことが指摘されている。[36]不空羂索観音像の胸飾等に見られるように、この期の荘厳具は本体と共につくられるのが通例なのだ。このことの理由として同化仏が貴顕の喜捨した銀を原材料としている可能性を考えてもよいのかもしれない。この推測が許されるならば、先に紹介したように化仏が不空羂索観音像に先行して制作され、某人の念持仏であった可能性が植松勇介氏に指摘されていることはあらためて注目されるべきだろう。[37]あるいは某人愛用の銀器が化仏の材として用いられたとしても不思議はない。

第三章　追憶の銀　銀器から仏具へ

次に、仏像ではなく仏具へと作り変えられた銀器について触れておきたい。以下に引用する正倉院宝物中の「酒人内親王献入帳」（中倉一四）は桓武天皇妃である酒人内親王が娘・朝原内親王の遺言に従って東大寺に献納した経巻、荘園、仏具等のリストである。

献上
　大般若経一部　六百巻
　金剛般若経一百部　一千巻
　　在各錦袟
　厚見庄在美濃国厚見郡
　　墾田一百一十七町三百三十九歩
　横江庄在越前国賀加郡
　　墾田一百八十六町五段二百歩
　土井庄在越後国古志郡
　　墾田地二百町
　　　熟田五十一町
　　　未開地一百卌九町
　仏御布施料銀香炉一具
　　御鉢料銀器八口
以前故二品朝原内親王臨終遺訣
称恩徳極深無踰　　天地泣血
傷性豈能得報冀春花粧野之
節奉為

栢原聖霊転読大般若経秋葉
暎嶺之月奉為　尊堂披読
金剛般若経伏報罔極之大恩
薄賽難報之深徳仍以件田永
納東大寺二会之料者今依
遺訣旨加副所持十八種物装
束一二種等献納如件
弘仁九年三月廿七日
二品酒人内親王

遺言では春に父・桓武天皇のために大般若経の転読を行い、秋には母・酒人内親王のために金剛般若経の披読を行うべく大般若経一部百巻と金剛般若経百部千巻を献納するとともに、この春秋二会の料として厚見庄・横江庄・土井庄の田を施入している。また、銀製の香炉を仏への布施として奉納し、その香炉の鉢、すなわち炉の材として銀器八口を喜捨し、遺言の主旨によって朝原内親王が所持していた十八種物や装束などを副えている。(38) 十八種物や装束は「所持」と記され朝原内親王が生前所持していたであろうことを明記されるが、香炉の材とした銀器八口もまた朝原内親王が生前に愛用の品であろうことが想像される。おそらくは食器など身近に用いていたであろう銀器を鋳潰して造られた香炉によって仏前で供養を続けることを意図したのである。またとない追善の形と言えるだろう。

前章でも触れたとおり、故実に明るい藤原実資の銀仏造像における銀器転用には参照した古例の存在が想定されて然るべきだが、文献も現存作例も明示することはできなかった。ところが、こうした銀器から仏具を造ることで追善とした例は銀仏の料として銀器を用いていた例が存在した可能性を推測させるに十分であろう。このように銀器を別の器種の材に転用することが行われていたことは銀仏造像と同様決して少なくないものと思われるのだが、その実例が乏しいのもまた銀仏と同様である。以下に近世の例ではあるが、管見に触れた作品を紹介しておきたい。

大阪・高貴寺に伝わる銀製柄香炉は慈雲尊者飲光の箱書きによってその由緒が知られる。(39)

今上皇帝之弟真浄明院宮
所服御之銀椀造斯香爐以資
覚路云　乳母蓮心院通子施焉
安永三年甲午秋　飲光敬誌

この箱裏墨書銘によると、今上天皇すなわち後桃園天皇（一七五八〜一七七九）の弟真浄明院宮すなわち桃園天皇の第二皇子である伏見宮貞行親王（一七六〇〜一七七二）が生前に使用していた銀鋺を用いて柄香炉を造り、乳母であった慧琳禅尼（蓮心院通子）が高貴寺に納めたという。安永三年（一七七四）は貞行親王の三回忌にあたる。その追善供養であろう。

同様の例が幕末にも見られる。徳川記念財団所蔵の葉菊紋付銀製茶台および茶碗蓋は、皇女和宮親子内親王（一八五五〜一八七七）の婚礼調度を没後に仏前に供えるために作り直されたものである。矢野健太郎氏によれば、箱裏の銘に元々一五〇匁（五六二・五グラム）あったのが鋳造の過程で一〇匁二分（三八・二五グラム）減り、仕上がりは一〇二匁（三八二・五グラム）となり、残りの三七匁八分（一四一・七五グラム）については手間賃として工人へ支払った旨が記されるという。[40]目減りや工賃にも用いるなど銀の再利用の実際を詳細に知ることのできる貴重な資料でもあるが、この箱書自体は筆者未見のため今後の詳細な調査を期すこととしたい。

これら近世の二例はきわめて高位の人物に関わる例外的な存在とも言いうるが、いずれにせよ生前使用の銀器を追善に用いるという営為が綿々と続いていたことを雄弁に物語る。唐代銀器や天平銀器に見られたような重量表記はここでは見られない。追善供養に供される器物はこれ以上姿を変えて用いられることを想定していなかったのだろうか。[41]転生した銀にとっては安住の最終地点と見るべきかもしれない。玉蟲敏子氏は銀が追憶の色であることを様々な事例を紹介しながら論じ、銀という素材が持つ喚起力の大きさについて注意を促している。[42]ここに紹介した再生された銀器二例もまた、「追憶の銀」を工芸の実例で補強するものであろう。

第四章　銀製の白毫

最後に、銀仏自体が転用された可能性のある例を検討しておきたい。

京都・清凉寺釈迦如来立像は北宋・雍熙二年（九八五）に入宋していた東大寺僧奝然が台州の地で造らせ、翌年請来した中国製の像である。この栴檀製の釈迦像の白毫には銀板が被せられており、後述する法隆寺西円堂像と同工だが、この銀板には雲に乗る如来形坐像が線刻されている。[43]中国の正統な造像法によっても白毫に銀を用いたことが知られる重要な作例である。

本像の胎内納入文書「入瑞像五臓具喜捨物」には開元寺僧清聳の喜捨物として「銀弥陀仏水月観音鏡子一面」と記されており、唐開元寺の清聳なる僧が銀製阿弥陀仏像と水月観音鏡像とを喜捨したことが知られる。果たして像内にはちょうど胸部の位置に水月観音鏡像が懸垂されていたことが解体修理時に明らかとなり、現在は取り出されている。ところが、銀製阿弥陀像については発見されておらず、銀製白毫に如来坐像が線刻されることから、従来この白毫が喜捨された銀阿弥陀像のことである可能性が論じられてきた。もし、この銀製白毫に線刻された如来形像が胎内文書に言う「銀弥陀仏」であるならば、この銀製白毫は一体の仏像として認識されていたことになる。これも後述する興福寺中金堂丈六釈迦像の眉間に納入されていた鎌足念持仏と伝える銀仏と同じ趣向だが、白毫に仏のすがたをあらわすことの典拠自体はよくわかっていない。納入品に銀仏が見当たらない以上、銀の阿弥陀仏を白毫にあてるのは妥当な見解のように思えるが、白毫に線刻されたものを「弥陀仏」と呼ぶことには躊躇を覚えそれ故にこれまでも確言されてこなかった経緯がある。

ここで、これまで縷々列挙してきた銀器を材とする銀仏や銀器のことを思い起こすならば、この銀製白毫は僧清聳の喜捨した銀仏を鋳潰したものである可能性を考慮できないだろうか。仏像を鋳潰すことは銀器を鋳潰すことと次元が異なり、その可否の判断には慎重であるべきだろう。ただし、治承の兵火で焼失した興福寺中金堂本尊釈迦如来像の眉間に納められていた銀製仏像を、再興時に鋳直した例があることには注意が必要である。

興福寺中金堂の釈迦像の眉間に納められた銀製仏像は藤原鎌足の念持仏と伝え、再三罹災した中金堂の復興のたびに眉間に納められることで中金堂本尊の真正性を担保してきた。ところが、治承の兵火に際しては灰燼の中に銀仏を見つけることができず、氏の長者たる藤原（九条）兼実には絶望ともつかぬ焦りが見られたことがその日記『玉葉』治承五年（一一八一）正月二十二日条の記述からうかがえる。(44)

廿二日、庚申晴。申刻、中御門大納言来、無殊事、伝聞、山階寺両金堂験仏、奉取出了、十一面云々。於金堂中尊眉間仏者、未出来給云々、若遂失了給者、誠我氏之滅尽也。

興福寺東西両金堂から霊験仏が救い出されたのに対して中金堂中尊の眉間の仏がまだ見つからないこと、もしも失われるようなことがあれば藤原氏は滅びるであろうと記す。この悲痛な叫びに応えるかのように、数日後には銀仏発見の報が届く(45)。

廿六日、癸酉晴、申時許、摂政以権右中弁光雅朝臣、被問山階寺焼失之間条々事、余依疾不謁、以人伝示之、
一仏像、堂舎、皆悉□（帰カ）灰燼、…（中略）…又金堂中尊、眉間銀御仏、大織冠、被付御髪之御仏是也、不知在否之処、舞人光近、翌日参上、奉求灰中、即奉見付之、件二尊安置之所、又如何、

病に臥せっていた兼実は謁見せず伝え聞いただけだが、知らせる側は兼実の心配もよそにまずは東西金堂の仏像の安置場所をどこにすべきかを問うている。ついで金堂中尊眉間の銀のみほとけは大織冠すなわち藤原鎌足がみぐしにつけられた御仏であって、行方知れずになっていたところ、舞人・狛光近が灰の中から見つけたと報じている。兼実は安置されるべき堂を失った仏像をどこに置くべきか、また仏事の開催をどのようにすべきか、前例に照らして指示を出さなくてはならない立場にあった。正月三十日条には返答の参考資料として寺家注文が返事の案文とともに記載される(46)。

寺家注文

金堂釈迦眉間奉籠銀釈迦小像事

旧記云、康平三年庚子五月四日夜、興福寺金堂焼失、翌日求出釈迦眉間銀仏、容顔自存、敢無損云々。而今度火事之後、正月一日、御寺御監光近、臨壇上、奉求件像之処、丈六烏瑟、雖成灰燼、其形猶如存、自彼中、求出銀像、仏体沸而無形、当時安置春日宝蔵、奉渡何処、常楽会・仏生会等、可勤行哉。

（中略）

返事案、季長奉書、

（中略）抑眉間御仏、沸而無形云々、已是大事候歟、如此之時、准拠之例、早可被尋候歟（以下略）。

康平三年（一〇六〇）五月四日に興福寺中金堂が焼失した際には翌日中尊眉間の銀仏が発見され損傷はなかった。しかるに今回は正月一日に光近が壇上にて探したところ、丈六すなわち本尊は灰燼に帰したとはいえ、烏瑟すなわち頭頂の肉髻が残っており、その中から銀仏を探し求めたという。仏体は沸いて形をとどめていなかったと言い、その時には一旦春日の宝蔵に安置した。本来中金堂で修すべき常楽会や仏生会を勤行すべきかどうかを興福寺から問うている。この返事案として、銀仏は沸いて形のないこと自体大事で、準拠すべき先例を早く探すべきかとしている。ここに至って、見つかった銀仏は元の形を保っていなかったことが知られる。

以降の興福寺再興事業は難航し、中金堂の再建が成るのは建久五年（一一九四）を待たなくてはならなかった。『玉葉』建久五年九月条はその様子を伝えてくれる。(47)

十五日、□□参法成寺、奉礼興福寺金堂御仏、相毫頗宜歟、明後日可奉南都云々、（中略）
此日、奉渡焼銀相具、家司長房奉案置法成寺了、暫奉安金堂内陣云々、（中略）
廿日、丁未造明後日次第、卯刻着束帯、乗毛車、参法成寺、於金堂仏前、奉鋳銀小像、如図只一度に奉鋳成了、悦恐不少、座主修行法祈念、皆有作法等云々、余帰宅、金造之間也、其間、座主猶在堂、未刻開眼、其時又参堂、座主為導師、被物一重、布施一裹、被物季経卿取之、舎利一粒奉籠銀像之中、即安置黒漆小帳、同車帰宅、奉安浄所、
廿一日、戊申晴、寅刻出京、巳二刻着佐保殿、未一刻参社頭、…（中略）…参御寺、入自西門、入西北門巡礼金堂弥勒浄土仏壇、未帰洛、又堂荘厳等未沙汰、各今夜之中可修功之由仰了、公卿等佇立金堂檀上、余向金堂為捧出銀仏奉納眉見之間也、件事更無煩、可奉納眉見之底、其上可入玉之定、仰定了、此事尤為悦不少也、次経廻廊之東南、為礼中門二天也、即帰佐保殿、公卿猶騎馬、其後遣長房於寺門、堂荘厳事令致沙汰、今日、前大（信円）僧正被来、今日、余自京着佐保殿、即招別当（覚憲）僧正、授銀像、為遣仏所也、余路之間安車中、降自車之時奉入懐中、予構浄机奉安其上、召覚憲所授也、奉渡仏所之間、及殊威儀之時、無便宜、又差別如家司、頗事聊爾也、仍召寺家別当為使召渡、是今案也、今日不居饗、略儀也、

兼実は法成寺に参じ、興福寺中金堂に安置される釈迦像を拝した。法成寺が中金堂釈迦像のための造仏所となっていた。相好はすこぶる良く、明後日に奈良・興福寺に奉るのだという。南円堂本尊不空羂索観音像の造像に際しては、その面貌表現について大仏師康慶と見解を異にした過去のある兼実であったが、明円を大仏師とする中金堂の造像に関しては満足していたようだ。また、この日、焼けてしまった銀を家司・長房が法成寺金堂内陣に安置し

たという。途中を略したが、釈迦像は十七日に雨の中を奈良へ向けて出発している。さて、二十日には兼実は束帯を着して法成寺へ参じ、金堂の仏前にて銀の小像を鋳造し、はかったかのように一度で成功している。また、この銀像の中に舎利一粒を籠め、黒漆の小帳内に安置した。

以上、『玉葉』によって興福寺中金堂の罹災と復興に伴う中尊白毫に納められた銀仏について見てみた。引用が長くなったが、経緯をまとめると、興福寺中金堂の中尊釈迦像の眉間、すなわち白毫には銀製釈迦像が納められていた。この小像は藤原鎌足が頭髪に付けていた像と伝えられており、藤原氏を守護する興福寺の本尊のいわば「魂」のような存在であった。かつて罹災した際には銀仏は損傷することがなかったので元の通り眉間に安置されたが、治承の兵火では原形をとどめないほどに熔解してしまったため、この銀を用いて新たに像を鋳造しなおした。この銀仏は兼実自ら京から奈良へ運んで興福寺別当覚憲へ渡し、中尊に納める段取りを行ったという。

この銀像改鋳の経緯はその後の先例となり、参照されている。『猪隈関白記』承元二年（一二〇八）閏四月二十五日条を見てみよう(48)。

同灰事

如先例者、白山御体焼損之残、雖及御ト、不籠新造之御体歟。至山階寺銀像者、其体雖滅、其銀不失、仍被籠御仏有其謂。御影之灰燼、誠雖難棄、化塵之後被籠御体之条、猶可有余議、只被埋清浄之地可宜歟。

談山神社の大織冠像が破裂した際に、破裂した元の像を新像の像内に納入する根拠として引き合いに出されている(49)。この承元二年時の多武峰大織冠像の焼失については西口順子氏によって分析がなされており、参考になる。結局、卜占によって遺灰とも呼ぶべき灰は包まれて大織冠等身像の像内に納入されることとなった。

興福寺や談山神社の例のように不慮の罹災によって形をとどめない仏像を鋳直すことで新たな形を与えることは、意図的に仏像を鋳潰すことでは位相が異なるかもしれない。ここでは仏像を改鋳する例が絶無ではないことを確認して、清凉寺釈迦像の白毫も銀仏が改鋳されたものである可能性を考えておきたい。

最後に蛇足ながら清凉寺像のように銀製白毫を用いた例を確認しておこう。清凉寺像と同時代の、あるいは先行する例となるような中国の事例は今のところ見いだしがたい。しかし、日本における作例に目を向けるならば、以下のように多少は挙げ得る。

まず、奈良・法隆寺西円堂薬師如来坐像は脱活乾漆造、像高二四六センチメートルを測るいわゆる丈六像で、正確な制作年代は詳らかではないものの八世紀中頃の造立と考えられている。本像の白毫は芯となる木材に銀の板が被せられていることが判明している[50]。現在では古色を帯びているが、造像当初は銀白色に輝いていたことだろう。この作為は造像当初のものと思われ、したがって、本像は白毫相を銀で表現することが奈良時代にまでさかのぼることを示すきわめて貴重な現存作例といえる。

先に見た京都・清凉寺釈迦像は三国伝来の釈迦栴檀像として尊崇され、数多く模刻されたことは周知の通りだが、承徳二年（一〇九八）頃の模刻と考えられている京都・三室戸寺釈迦如来立像はそれら「清凉寺式釈迦如来像」のうちの代表的かつ現存最古例と考えられている。この三室戸寺像は白毫に水晶を嵌入するが、その水晶製白毫の底に如来坐像を線刻した銀板を敷いている。白毫に関する限り釈迦像の忠実な再現というよりもその白銀色の輝きをより一層求めた本質的な模像であるといえようか[51]。白毫を銀のみであらわさず水晶を併用するのは、清凉寺像を意識した当時の白毫観が反映された結果として興味深い。あるいは銀に水晶を被ることで大気との接触を遮断し、銀が黒化するのを防ぐ方策であった可能性もあろう。清凉寺釈迦像の白毫が古色を帯びていることを考えれば、いまなお銀白色の輝きを放つ三室戸寺像の白毫は、その工夫が功を奏したものと評価できるだろう。

清凉寺式釈迦像でいえば、東京・大円寺釈迦如来立像は像内に納入された白銅鏡の鏡面に建久四年（一一九三）の銘があり、この頃の制作と考えられる清凉寺像に忠実な模刻像である。(52)本像の白毫は材質不明ながら金属製円盤を嵌めており、中央部がへこんでいる。古色を帯びており肉眼での観察による判断は危険を伴うが、ここでは銀製である可能性を指摘しておきたい。

さて、先に見た三室戸寺像のように水晶製白毫の底に銀を置く例が最近新たに見いだされている。京都・平等院阿弥陀如来坐像は、かの定朝の現存唯一の確実な作例として、あるいは平安時代中期を代表する名作として、そしてその後を席巻する定朝様の代表作例として日本彫刻史上に燦然と輝いている。本像の修理に伴う調査によって、その水晶製白毫の底部に碗状に丸められた銀板が置かれていることが判明している。(53)当時一流の仏像の白毫に銀が用いられていた例として注目される。この銀板による荘厳について、奥健夫氏は水晶製白毫の底に敷いたものと解釈し、後述する京都・西寿寺像と同様のものと見ている。しかし、当初から水晶を被せていたかどうか検討の余地は残るのではなかろうか。報告による銀はかなり黒化しており、露出していた時間の長かったことを想像させる。造像当初は水晶製白毫で蓋をすることなく、銀製白毫が露出していた可能性を指摘しておきたい。

また、淺湫毅氏によれば京都・西寿寺阿弥陀如来坐像は湛慶世代の慶派仏師によると思われる鎌倉時代十三世紀前半の作であり、水晶製白毫を嵌入するが、白毫孔には銀と思われる金属製筒が埋められるという。(54)白毫孔の底部のみならず内側面をも銀で荘厳使用したものか、あるいは何か納入品が存在したものか判然としないが、いずれにせよ底部に銀板をおいた白毫表現の発展した形といえるだろう。

銀製白毫の現存作はおおむね以上だが、他にもまだ見落としている作例はあると思われ、今後も作例の蓄積をはかりたい。

また、出土遺物に目を向けると、神奈川・鎌倉市永福寺跡から出土した銀象嵌白毫は、銅製の半球状珠に銀を象嵌して旋毛を表現し、底面には角柄孔を設ける。[55] 像自体は失われているものの彫像の白毫珠として用いられたものだろう。同寺は鶴岡八幡宮（寺）・勝長寿院と並ぶ鎌倉三大寺（社）に数え上げられる大寺院で、源頼朝の発願にかかり建久三年（一一九二）に落慶している。失われた尊像については想像するよりほかないが、現存すれば当時を代表する一流の像であったことは間違いない。

加えて、文献から知られる銀製白毫にも触れておこう。なかでも忘れてはならないのが、東大寺盧舎那大仏の当初の白毫も銀製であったらしいことである。『七大寺巡礼私記』東大寺条には次のようにある。[56]

> 一、仏菩薩等丈尺寸法印相事、
> 中尊金銅盧舎那仏結跏趺座□高五丈二尺 縁記或五丈三尺、左手舒五指、仰置左膝上、右手舒五指、掌向外奉臂、掌有印文、以朱図之、以八輪之類為本、有種々印文、眉間白豪者以銀瑩之、大如斗納伏鉢、

引用末尾に眉間の白毫は銀で輝かせており、その大きさたるや斗が伏鉢を納めるようであると記している。治承の兵火以前、大仏の白毫は銀製であったことが知られるのだ。

さらに、根立研介氏によれば古仏を修理して白毫に銀壺と玉を納めた例が『兵範記』仁安四年（一一六九）二月三日条から知られ、これは古仏の霊験性を増そうと試みたためであろうことが指摘されている。[57]

このように、白毫に銀を用いた例が意外と豊富であることに気づかされる。白く長い毛が光を放つという白毫相を表現する材として、白く輝く銀が選ばれることは必然であったかもしれない(58)。銀の使用は透明性の表象を求めたものであるとする津田徹英氏の指摘(59)にしたがえば、透明でかつ白い光を放つことが可能である点で銀は水晶とも同種とも言え、銀の選択はまことに理にかなったものであることが理解される。

中国彫刻史のなかではなかなかその作例を見いだしがたいことには触れたとおりだが、中国・宋代の木彫造像では神奈川県立博物館所蔵木造菩薩坐像や米国シカゴ美術館所蔵木造菩薩坐像など現状で白毫珠が失われ、充塡物によってその痕跡すら隠されていることがX線調査などで判明する例が散見される。多くは貴石や貴金属によって白毫が表現されていたと考えられ、それが盗難などの被害に遭い白毫の痕跡を消してしまったのだろう。もはや論証は不可能に近いが、そこには清凉寺像と同様に銀製白毫の存在を想定できるかもしれない。

現存作例、出土例、文献史料に見られる銀製白毫について確認してきた。白毫については水晶嵌入の時期や各時代の白毫観を踏まえる必要もあり問題は複雑であるが、ここでは次の諸点に注意しておきたい。まず、白毫に銀を用いる表現方法が奈良時代にまでさかのぼり、鎌倉時代まで引き継がれていること。そして東大寺大仏、定朝による平等院阿弥陀如来坐像や鎌倉永福寺像のような各時代を代表する入念の作で銀が使用されていることである。これらを振り返ると、典拠こそ明らかではないものの、本格的な造像では時代を通じて白毫に銀を用いたように思われる。そして、生身の釈迦として貴ばれた清凉寺釈迦像の白毫が銀製であることも忘れてはならない。原像に忠実な清凉寺式釈迦像は清凉寺像に倣って白毫を銀であらわす作例が残る。そして本稿との関わりでいえば、清凉寺像の銀製白毫が銀仏を転用したものである可能性があることを改めて指摘しておきたい。

おわりに

東大寺の銀仏二例を発端として銀仏と銀器の転用について見てきた。愛用の銀器を仏像に改鋳して供養する例、銀仏の修理に銀器を用いる例、銀器を仏具に改鋳する例、そして銀仏をも改鋳する例。類例を列挙し続けたのみで論としては成り立たないかもしれないが、おぼろげながらも何がしかのことは見えてきたようである。

曰く、銀は転生する。

そのことを銀仏や銀器の材となった銀そのものに特別な由緒が含まれる場合のあることによって示してきたつもりである。とはいえ、ここで紹介してきた例は史料が残されたがためにたまたまその由緒を知り得たに過ぎない。目の前に残された銀仏や銀器、銀製品の鈍くもまばゆい輝きのうちには実は並々ならぬ由緒が人知れず潜んでいるのかもしれない。数知れぬ転生の末の姿に我々は立ち会っているのかもしれない。今後取り組むべき、そうした例を救い上げる営みは困難をきわめるであろう。

さらに、冒頭で触れた東大寺不空羂索観音像宝冠化仏の制作事情についても依然として明らかではない。化仏が某人の念持仏を転用した可能性を論じた仮説は、本稿が論じてきた問題の延長線上で考えればきわめて魅力的ではあるが、現状では論証の術がない。また、銀仏造像と女性性との関わり、そして、それとおそらくは不可分と思われる銀仏造像の思想的あるいは文化史的な背景などの問題も未解決のまま積み残している。いずれも大きく根本的な問題であり、今後の研究課題として取り組むこととしたい。

註

（1）高妻洋成・降幡順子・脇谷草一郎・田村朋美「東大寺法華堂不空羂索観音立像宝冠の金属部分の調査」（栄原永遠男・佐藤信・吉川真司編『東大寺の新研究1　東大寺の美術と考古』法藏館、二〇一六年）。
（2）植松勇介「東大寺法華堂不空羂索観音像の宝冠化仏について」（『仏教芸術』二三二、一九九七年）。
（3）浅井和春「奈良時代の仏像――歴史や教学との関連をめぐって――」（浅井和春責任編集『日本美術全集2　奈良時代Ⅱ　東大寺・正倉院と興福寺』小学館、二〇一三年）。
（4）筒井英俊校訂『東大寺要録』（国書刊行会、二〇〇三年）。
（5）児島大輔「東大寺千手堂銀造盧舎那仏像と良弁による上院地区の再編」（『美術史研究』四二、二〇〇四年）。
（6）『大日本古文書』二四―三一四頁（『続々修』四七帙五）。
（7）『大日本古文書　家わけ第十八　東南院文書』三巻三三七頁、六七七「千手院銀仏銀勘紲并進納記（断簡）」。
（8）『東大寺別当次第』五十代僧正寛朝条（『大日本仏教全書』東大寺叢書一、一九三〇年）。
（9）『大日本古文書　家わけ第十八　東南院文書』三巻三三七頁、六七八「千手院銀仏盗穿検録記」。
（10）『七大寺巡礼私記』東大寺条（藤田経世編『校刊美術史料　寺院篇』上、中央公論美術出版、一九七二年）。
（11）『扶桑略記』二十八後一条天皇、治安三年十月十七日条（『大日本史料』二ノ十九、二八五頁、東京大学史料編纂所、一九七五年）。
（12）『大日本古文書　家わけ第十八　東南院文書』三巻三三八頁、六七九「千手堂銀仏銀量定記（断簡）」
（13）『平安遺文』四巻一五〇三頁、一六四四「東大寺越後封米結解状」（『東大寺文書』四ノ五十七）
（14）『平安遺文』五巻一八二九頁、二一二八「筑前国金生封年貢米結解状」（『東大寺文書』四ノ四十四）
（15）『平安遺文』六巻二三九〇頁、二九一六「伊賀国黒田杣司等解案」（『東大寺文書』四ノ七）・『大日本古文書　家わけ第十八　東大寺文書之十二　東大寺図書館架蔵文書未成巻文書』五六頁、三三三五「黒田杣司等解案」。
（16）筒井寛秀監修『東大寺続要録』（国書刊行会、二〇一三年）。
（17）『玉葉』巻三十六、治承五年正月六日条など（『玉葉』二、国書刊行会、一九〇六年）。
（18）『東大寺別当次第』九十九代僧正真恵条（『大日本仏教全書』東大寺叢書一、一九三〇年）。
（19）堀池春峰「金鐘寺私考」『南都仏教』二、一九五五年（同氏『南都仏教史の研究』上、法藏館、一九八〇年に再録）。
(20) 田中重久「道長の銀仏造顕・修理と四天王寺の銀光背」（『古代学』十三―三・四、一九六七年）・佐藤昭夫「黄金仏・白銀仏」（同氏『仏像ここだけの話』、玉川大学出版部、一九八一年）。
(21) 『小右記』正暦元年（九九〇）八月二十四日条（東京大学史料編纂所編『大日本古記録　小右記』一、岩波書店、一九五九年）。
(22) 『小右記』寛和元年（九八五）二月七日条には「七日、壬午。今日、物忌。門を閉づ。銀鍛冶延正を召し、銀器を打たしむ。」とあり、わざわざ「銀鍛冶」と呼ぶことから、当時銀の細工を専門工が担っていたことが知られる。前掲註(21)書。
(23) 三橋正「平安貴族の造仏信仰の展開――小金銅仏のゆくえ――」『仏教文化学会紀要』四・五合併号、一九九六年（「造仏信仰の展開――小金銅仏のゆくえ――」と解題して同氏『平安時代の信仰と宗教儀礼』続群書類従完成会、二〇〇〇年に再録）。
(24) 『小右記』正暦元年（九九〇）七月七日条。前掲註(21)書。
(25) 『小右記』正暦元年（九九〇）七月九日条。前掲註(21)書。
(26) 『小右記』正暦元年（九九〇）七月十日・十一日条。前掲註(21)書。
(27) 『権記』長保元年（九九九）九月二十五日条（増補史料大成刊行会編『増補史料大成四　権記』一、臨川書店、一九六五年）。
(28) 谷信一「定朝論の序としての康尚伝」（『美術研究』四八、一九三五年）、田中嗣人「仏所の形成と仏師康尚」（同氏『日本古代仏師の研究』、吉川弘文館、一九八三年）。
(29) 『権記』寛弘七年（一〇一〇）十月四日条（増補史料大成刊行会編『増補史料大成五　権記二　師記』、臨川書店、一九六五年）。
(30) 『小右記』万寿四年（一〇二七）十月二十八日条（東京大学史料編纂所編『大日本古記録　小右記』八、岩波書店、一九七六年）。
(31) 『栄花物語』巻二十九「たまのかざり」（新編日本古典文学全集三三『栄花物語』三、小学館、一九九八年）。
(32) 中柴祥枝「栄花物語に於ける史実性と虚構性　藤原道長の法華講を中心として」『国文目白』一四、日本女子大学、一九七五年。
(33)『兵範記』久寿二年（一一五五）十月二十三日条（増補史料大成一九『兵範記』二、臨川書店、一九七四年九月三十日）。
(34)『兵範記』保元二年（一一五七）十二月十六日条（京都大学史料叢書三『兵範記』三、思文閣出版、一九九〇年）。
(35)『小右記』治安三年（一〇二三）四月二十三日条に銀鍛冶等を召して小女（娘・千古カ）の銀器を打たしめたとあり、鍛造銀器を造らせている。また同万寿元年（一〇二四）十二月十三日条には小女（娘・千古）のために銀器一具・大提・中提を造った銀鍛冶左兵衛府秦高・菊武に禄を給うことが見え、千古の着裳にともない銀器をあつらえたものと見られる。前掲註(22)でも見たような鍛造銀器の作例として鎚起技法による銀提子が正倉院宝物中に見られ、参考になる。後掲註(41)参照。
(36)武笠朗「仏像における〈工芸的〉なこと――仏像の金属製荘厳具をめぐって――」（玉蟲敏子編『講座日本美術史5〈かざり〉と〈つくり〉の領分』、東京大学出版会、二〇〇五年）。
(37)前掲註(2)植松論文。
(38)献納帳が出品された第六十九回正倉院展における解説では銀香炉と銀器を並列の関係に読んで両者が施入されたと解釈する。しかし、改行と字下げによる書式からすれば、この鉢は香炉の炉の部分を指し、献納されたのは完成品としての銀香炉で、その材を銀器八口と読むべきだろう。『第六十九回 正倉院展』目録（奈良国立博物館、二〇一七年）。
(39)大阪市立美術館・佐野美術館編『二百年遠忌記念　心の書　慈雲尊者』（読売新聞大阪本社、二〇〇四年）。なお、高貴寺における調査では同寺住職前田弘観師の御高配を得たほか、黒川古文化研究所研究員杉本欣久氏の協力を得た。ここに記して感謝申し上げます。
(40)矢野健太郎「(展示品解説)一三八　菊紋付染付茶碗　葉菊紋付銀製茶台・茶碗蓋」（『世界遺産登録一〇周年記念　石見銀山展』島根県立古代出雲歴史博物館・石見銀山資料館、二〇一七年）。
(41)それとも時代性であろうか。正倉院宝物・銀提子（南倉）は承暦三年（一〇七九）に正倉院へ納入されたことが知られるが、正倉院宝物の銀器には珍しく器体にその重量を記さない。装飾性を重んじる銀碗等ではなく重大な規模を誇る提子のような銀器が銀の重量表記を伴わないことは、地金としての価値表記の歴史文化が終焉していたことをもうかがわせる。前掲註(38)正倉院展目録。

(42) 玉蟲敏子『絵は語る十三 酒井抱一筆 夏秋草図屏風――追憶の銀色――』(平凡社、一九九四年)。

(43) 毛利久・丸尾彰三郎「釈迦如来像」(丸尾彰三郎編『日本彫刻史基礎資料集成 平安時代 造像銘記篇』一、中央公論美術出版、一九六六年)、奥健夫「清凉寺釈迦如来像」(『日本の美術』五一三、至文堂、二〇〇九年)。

(44)『玉葉』治承五年(一一八一)正月二十日条(『玉葉』二、国書刊行会、一九〇六年)。

(45)『玉葉』治承五年(一一八一)正月二十六日条。前掲註(43)書。

(46)『玉葉』治承五年(一一八一)正月三十日条。前掲註(43)書。

(47)『玉葉』建久五年(一一九四)九月条(『玉葉』三、国書刊行会、一九〇七年)。

(48)『猪隈関白記』承元二年閏四月二十五日条(東京大学史料編纂所編『大日本古記録 猪隈関白記』四、岩波書店、一九八〇年)。

(49) 西口順子「承元二年多武峰大織冠像焼失をめぐって」(『平安時代の寺院と民衆』法藏館、二〇〇四年。初出は中西智海先生還暦記念論文集『仏教と人間』永田文昌堂、一九九四年)。

(50) 西川杏太郎「法隆寺の彫刻」(法隆寺昭和資財帳編集委員会編『法隆寺の至宝――昭和資財帳3 金銅像・塑像・乾漆像・石像――』、小学館、一九九六年)。

(51) 伊東史朗「図版解説 三室戸寺 釈迦如来像」(『日本古寺美術全集十五 平等院と南山城の古寺』集英社、一九八〇年)、根立研介「三〇三 釈迦如来立像 三室戸寺」(久野健編『仏像集成3 日本の仏像〈京都〉』学生社、一九八六年)、安藤佳香「木造釈迦如来立像 三室戸寺」(宇治市歴史資料館編『宇治の仏たち』宇治文庫Ⅰ、宇治市教育委員会、一九八九年)はいずれも水晶製白毫の下に銀板を填めることについても触れたうえで本像が清凉寺像の忠実な写しであると指摘する。本像が清凉寺像の本質を理解した模刻であることは間違いのないところと思うが、本文中で触れたように水晶を嵌入することで白銀色を保とうとした工夫は本像の進境著しい点として評価すべきだろう。

(52) 西川杏太郎「一〇 釈迦如来像」(水野敬三郎編集代表『日本彫刻史基礎資料集成 鎌倉時代 造像銘記篇』一、中央公論美術出版、二〇〇三年)。

(53) 奥健夫「修理で得られた新知見」(『平等院 国宝木造阿弥陀如来坐像 国宝木造天蓋 修理報告書』二〇〇八年)。

(54) 浅湫毅「木造阿弥陀如来坐像（京都・西寿寺蔵）」（『学叢』二八、京都国立博物館、二〇〇六年）。
(55) 鎌倉市教育委員会編『鎌倉市二階堂国指定史跡永福寺跡　国指定史跡永福寺跡環境整備事業に係る発掘調査報告書――遺物・考察篇――』（鎌倉市教育委員会、二〇〇二年）。『企画展　甦る永福寺――史跡永福寺跡整備記念――』図録（鎌倉歴史文化交流館、二〇一七年）。
(56) 『七大寺巡礼私記』東大寺条、前掲註(10)書。
(57) 根立研介「後白河・後鳥羽院政期における古仏の使用をめぐって」（同氏編科学研究費補助金研究成果報告書『鎌倉前期彫刻史における京都』、課題番号一三六一〇〇六九、二〇〇四年。のち同氏『日本中世の仏師と社会――運慶と慶派・七条仏師を中心に――』、塙書房、二〇〇六年に再録）。
(58) 清水眞澄「仏像の表象「白毫相」について」（『美学美術史論集』一八、成城大学大学院文学研究科、二〇一〇年）・同氏『仏像の顔――形と表情をよむ――』（岩波新書、二〇一三年）。
(59) 津田徹英「平安木彫仏の厳飾――金色相・銀の輝き・朝霞――」（『日本宗教文化史研究』九―二、二〇〇五年）。

【付記】　本稿は筆者が助成を受けるＪＳＰＳ科研費ＪＰ二六三七〇一五四「材質からみた日本彫刻史研究――素材選択の背景の探求と木彫像の年輪年代調査による――」による研究成果を含みます。

東大寺の鎌倉再興における僧形八幡神坐像造立の意義

——蓮華座の構造を手がかりに——

山口隆介

はじめに

奈良・東大寺の勧進所八幡殿に安置される僧形八幡神坐像〔**図1**〕は、像内銘記により建仁元年（一二〇一）十二月二十七日に天皇をはじめ皇族や僧俗らが結縁し、快慶が鎮守八幡宮（現在の手向山八幡宮）の神体として造立したことがわかる。同じく東大寺に伝来する、建仁二年（一二〇二）から翌三年にかけて俊乗房重源（一一二一〜一二〇六）が私財を投じて結縁したという阿弥陀如来像や、「巧匠法橋快慶」の足枘銘を有し、重源逝去（建永元年〈一二〇六〉）との関わりも推測される地蔵菩薩像とともに、写実的表現と形式的整理とが見事に融合した快慶様式の完成をしめす代表作として高く評価されてきた。

快慶は南都焼討ち後の東大寺再興造像で、康慶・運慶父子らとともに大車輪の活躍をみせたが、なかでも一山の守護神である本像の造立は格別の意義を有していたに違いない。本像の両目をはっきりと見開いた生気みなぎる相貌や、聖なるイメージを打ち破るほどの実在感ある作風には、東大寺再生に向けた快慶の並々ならぬ決意があらわ

図１　僧形八幡神坐像　奈良・東大寺

れているようにも感じられる。

本像をめぐる議論には重厚な蓄積があり[1]、『日本彫刻史基礎資料集成』の刊行によって基礎的な情報と研究史がまとめられ、残された課題が明確にされた[2]。さらに近年、岩田茂樹氏は詳細な実査により得られた知見にもとづいて、これら諸課題の解明を試みている[3]。

本稿は、かねてより議論の的とされてきた本像が坐す蓮華座にあらためて注目し、その特殊な構造を手がかりに本像と蓮華座をめぐるいくつかの問題について考察することを目的としている。そのうえで、東大寺の鎌倉再興という日本仏教史上に残る一大事業で、僧形八幡神像が彫像として造立されたことの意義についても考えをめぐらせてみたい。

第一章　南都焼討ち後の神体をめぐる動向

本稿を進めるにあたり、まずは『東大寺八幡験記』（以下『験記』と略称）にもとづいて南都焼討ちから本像造立までの経緯を振り返っておこう。

治承四年（一一八〇）十二月二十八日の南都焼討ちにより、鎮守八幡宮もまた主要伽藍とともに灰燼に帰した。重源は文治四年（一一八八）までに社壇を再興したという。ただし神体については新造するか否かを寺家側では決めがたかったため朝廷に奏聞したところ、同年五月下旬に至り、宇佐八幡の例にならいあるがごときをもってまつり新造しないとされた。その後しばらくのあいだ神体をめぐる動向は知られないが、建久年間（一一九〇～九九）後半に至って事態はにわかに進展をみせる。

建久五年（一一九四）十二月二十八日には、供養後に遷宮を行うべきとの八幡神の託宣が下され、翌年三月十二日の大仏殿落慶供養を経て、建久八年（一一九七）二月二十九日に上棟が遂げられた。そして同年八月十七日には、東大寺僧ら三十四人が上洛し、鎮守八幡宮の神体として鳥羽離宮内の勝光明院宝蔵にあった八幡大菩薩画像を奏請した。だが、時を同じくして神護寺と石清水八幡宮もまた獲得に名乗りを上げるなど、事態は複雑な状況を呈したようだ。

およそ二ヶ月後の十月某日には、来たる十二月に社殿の供養を行うことを期して、弁暁（一一三九～一二〇二）が導師を務めて新造の鎮守八幡宮で般若心経講説が行われている。その際に弁暁自身が講説の詞章を草した自筆草案である『八幡大菩薩并心経感応抄』（東大寺図書館蔵、以下『感応抄』と略称）には、「公家喜此勧御シ、早被下興《ママ》法真筆之御影」とある。公家に対して八幡大菩薩画像の下賜への期待が述べられるとともに、この時点で勝光明院画像の行き先が決まっていなかったことがうかがえる。一方、同じく『感応抄』には「サレハ今更ニ別ノ御聖体奉安置事、思ヘハ是ハとてもかくても可有事」ともしるされており、「別ノ御聖体」すなわち勝光明院画像とは別の神体を安置することへの関心がしめされている。(4)

結局このとき、勝光明院画像の東大寺への下賜は実現せず、重源は立腹して密々に法体を新造したという（『験記』）。この法体が本像にあたるとする見方がかねてよりあるが、のちに触れるように異説もある。

勝光明院画像の下賜をめぐる一件から本像造立までには、さらに四年の歳月を要した。この間の神体については、江戸時代中期の能書家として著名な近衛家熙（一六六七〜一七三六）が古筆・名筆を書写した『予楽院臨書手鑑』（京都・陽明文庫蔵、以下『手鑑』と略称）収載の二文、すなわち「八幡大菩薩御座　建久八年丁巳十一月日」「造東大寺大勧進大和尚南無阿弥陀仏」との関連が注目されてきた。『手鑑』にみえる「建久八年丁巳十一月日」は、先に触れた『感応抄』の「建久八年十月　日」の翌月であることから、この間に神体の安置に関する新たな動きがあったと想像できる。

はやくに西川新次氏は、『手鑑』の二文が台座裏の銘文の写しである可能性を示唆するとともに、建久八年の時点ですくなくとも台座のみは制作されていたと推測した(5)。その後、赤川一博氏は西川説をふまえて、本像の蓮華座が『手鑑』にみえる建久八年新造の「御座」にあたると解し、さらに蓮肉天板の四方に鉄製の円鐶が取り付けられ

図２　僧形八幡神像　京都・神護寺

図３　僧形八幡神像　神奈川・浄光明寺

ていることに注目して、京都・神護寺の絹本著色僧形八幡神像〔**図2**〕のごとき影向したような姿にならい、当初はこの鉄製円鐶で蓮華座を空中に吊り下げたとの想像をめぐらせた。(6)

岩田茂樹氏は、『手鑑』収載の二文が書かれた料紙の形状や法量を詳細に検討するとともに、臨書の筆跡の分析から原物の筆者を本像の像内銘記と同一人の「任阿弥陀仏寛宗」に比定した。そして蓮華座の蓮華周縁部の地付面前後二箇所に、方形枘を切り落とした痕跡があることにも着目し、神奈川・浄光明寺の絹本著色僧形八幡神像〔**図3**〕に描かれるような六角形の礼盤がかつて蓮華座下方に附属したとみなしたうえで、『手鑑』収載の二文を建久八年新造の「御座」に附属した礼盤内のどこかに存在していた銘記と推定し、本像の蓮華座が建久八年新造の「御座」にあたるとする従来説を支持した。(7)

なお『手鑑』の二文は、元禄十年(一六九七)ごろ成立の『東大寺諸伽藍略録』(以下『略録』と略称)にほぼ同文を収載することが知られている。瀬谷貴之氏は、このうち『略録』分の冒頭に「一俊乗上人自筆掛物　一幅」としるされることに注目し、『手鑑』の二文は重源自筆の掛物を指し、本像造立まではこの掛物をもって神体としたと解している。(8)

以上のように建久年間の遷宮以降の神体をめぐる議論では、本像が坐す蓮華座及びこれに関連する史料の解釈が主たる議論の的とされてきたといえるだろう。蓮華座の概要については、先学により実査等で得られた知見が随時くわえられながら繰り返し説かれてきており、いま追記すべき知見をほとんどもたない。しかし本稿においては、この蓮華座の構造及び像本体との関係を正確に把握することがもっとも肝要であるため、ここで実査にもとづきあらためて確認しておきたい。(9)

第二章　蓮華座の構造と特色

ヒノキ材の寄木造りで表面に彩色をほどこすこの蓮華座〔図4～8〕は、蓮肉にあたる天板部（以下、蓮肉主要部）と蓮華にあたる周縁部（以下、蓮華周縁部）とから構成される。蓮肉主要部は四枚の板材を雇枘で前後に繋ぎ、裏面に二本の桟木（幅三・五センチメートル）を渡して補強したうえで桟木の左右に鎹を打ち付けている。[10] 一方の蓮華周縁部は五材を輪状に矧ぎ寄せ、内側及び地付面の各矧ぎ目に鎹を打ち付けて繋ぐ。蓮華周縁部の上面内側を蓮肉主要部の厚み分（約三・三センチメートル）削り落とし、さらに桟木を受ける凹形の刳り込みを前後左右四箇所に設ける。蓮肉主要部を落とし蓋状に蓮華周縁部へと嵌め込む仕様で、蓮華周縁部の両側面中央及び蓮肉主要部裏面の桟木側面中央にそれぞれ円形孔を穿ち、左右から直径二・五センチメートルの丸棒を通して蓮肉主要部と蓮華周縁部とを結合する〔図9・10〕。

蓮肉主要部上面〔図5・7〕に目を向けると、四方に鉄製黒漆塗りの円鐶を取り付ける。それらの位置には、まず頭部に鉄製小円鐶をもつ二股の鋲を打ち付け、蓮肉主要部裏面に貫通した鋲足を前後に折り曲げて抜け止めとしたうえで、頭部の小円鐶に先に触れた円鐶を孔が前後に向くように取り付けている。このほか蓮肉主要部上面には、大きさや形状の異なる孔が複数穿たれており、後方中央の方形枘孔（縦一・九センチメートル×横二・四センチメートル）は光背支持用である。その前方にもいま用途をもたない方形枘孔（縦二・〇センチメートル×横四・二センチメートル）が穿たれ、さらにその前方には、中央の板材の繋ぎ目につくった横長の隙間（縦〇・八センチメートル×横約一六・〇センチメートル）がある。なお、蓮華周縁部地付面〔図6・8〕には前後二箇所に方形の埋木があり、雇枘を切り落とした痕跡と推定される（前方分：縦二・〇センチメートル×横四・〇センチメートル、後方分：縦二・〇センチメートル×横三・二センチメートル）〔図11・12〕。

さて、以上のような蓮華座の構造について井上一稔氏が「特異な構造」とするのに対し[11]、岩田氏は「一見特異なようだが、蓮肉と蓮弁とを別製とする古来の蓮華座の構造と基本は同一である。ただし蓮肉は四枚の板材、周縁は五個の材を矧ぎ寄せており、比較的小さな材の集成による典型的な寄木造と評せよう」としている[12]。

たしかに、その木寄せ自体はかならずしも特殊なものでなく、たとえば快慶が本像と同年に手がけた兵庫・浄土寺の裸形阿弥陀如来像の台座〔図13・14〕と比較すれば、蓮肉が天板材と周縁部材とから構成される点、周縁部に複数の材を輪状に矧ぎ寄せる点、蓮肉部の裏面を桟木二本で補強する点など、基本的な構造は共通している。

しかし、むしろここで注目すべきは、本像の蓮華座の蓮肉主要部と蓮華周縁部とが二本の丸棒を通して結合される点である。なぜなら、これに類する機構をそなえた台座は管見のおよぶかぎり知られておらず、この特殊な機構の採用にはやはり何らかの明確な目的があったと考えられる。

その目的を明らかにするための手がかりのひとつが、像の着衣の裾まわりに複数穿たれた小孔〔図15〜17〕である。正面に二、左側面に二、右側面に一の計五つが確認できるが、じつはこれと同様の小孔五つが蓮肉主要部上面にも穿たれており〔図18〕、両者はかたちや大きさのみならず、各小孔間の寸法に至るまで合致する。これを素直に解せば、かつては像本体を蓮肉主要部上に釘で固定していたということになるだろう[13]。

いまひとつは、蓮肉主要部上面の四方に取り付けられた鉄製円鐶で、重要なのはその位置である[14]。ここで赤川説にならい、この鉄製円鐶で空中に吊り下げたと仮定すると、蓮華周縁部の自重を蓮肉主要部と蓮華周縁部とを結合している二本の丸棒のみで受けることになり、岩田氏も指摘するように構造上きわめて不安定といわざるをえない。

図４　僧形八幡神坐像　蓮華座　奈良・東大寺

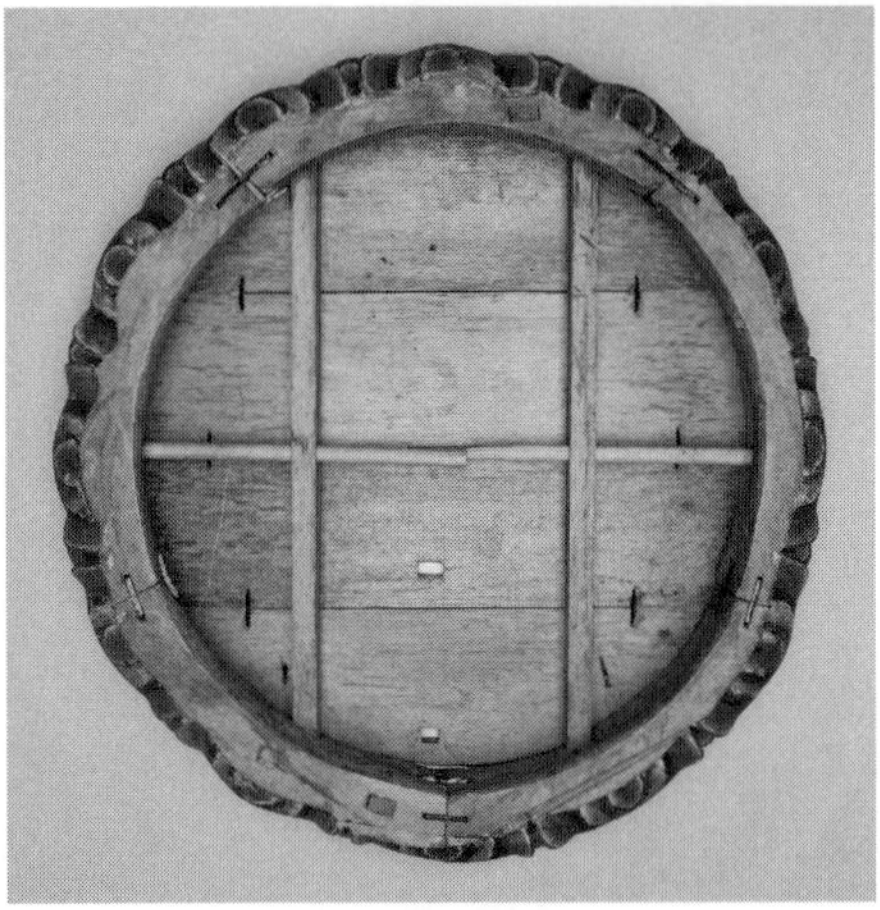

図６　同　裏面

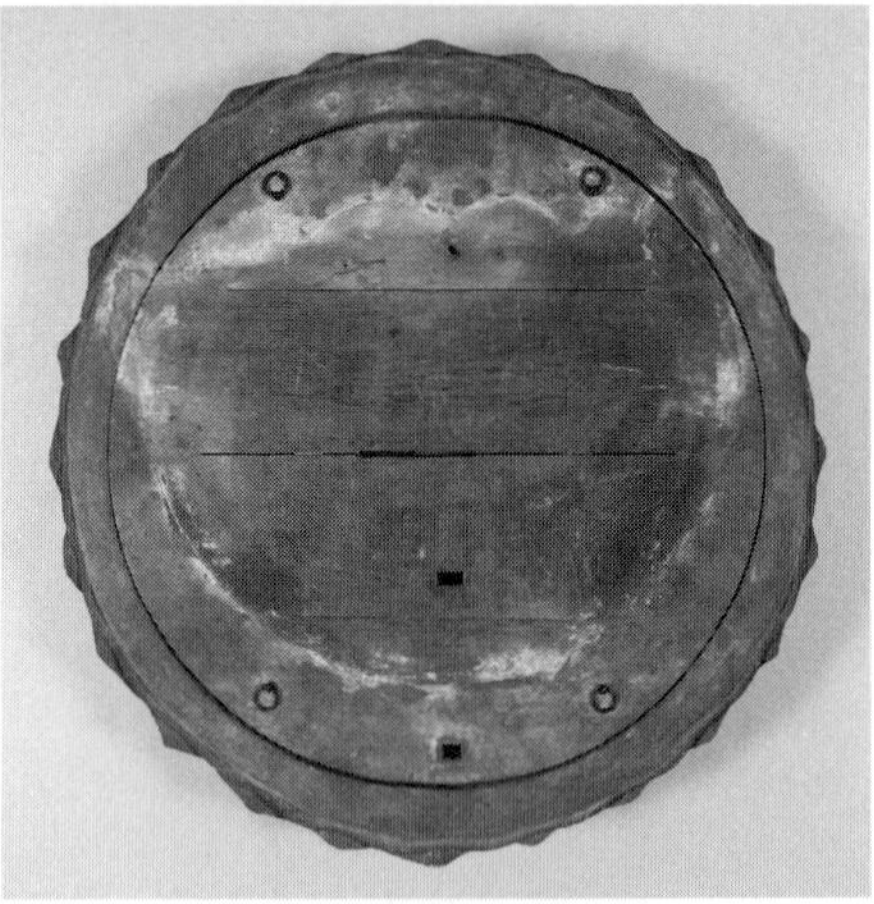

図５　同　上面

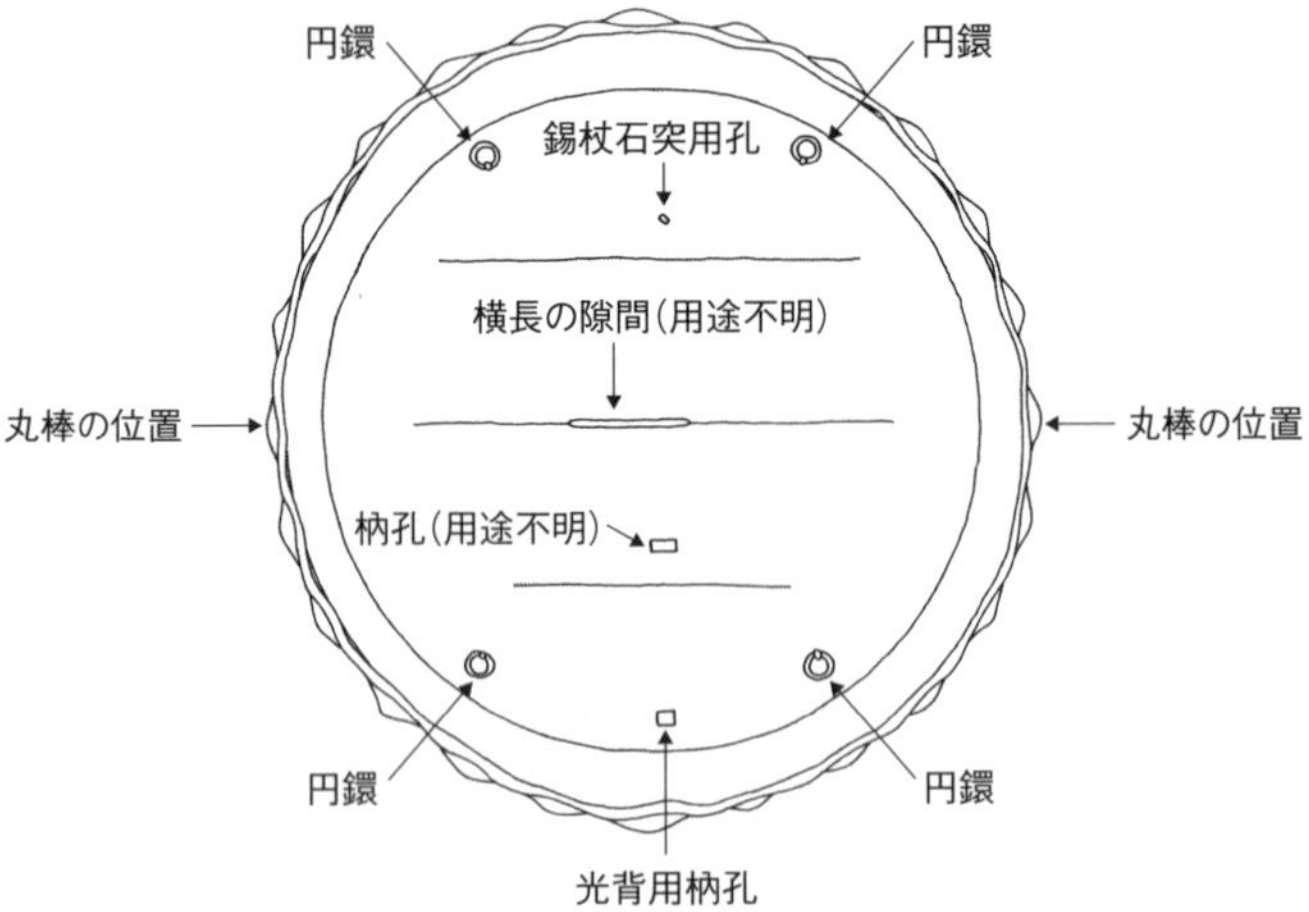

図７　同　上面の描き起こし図

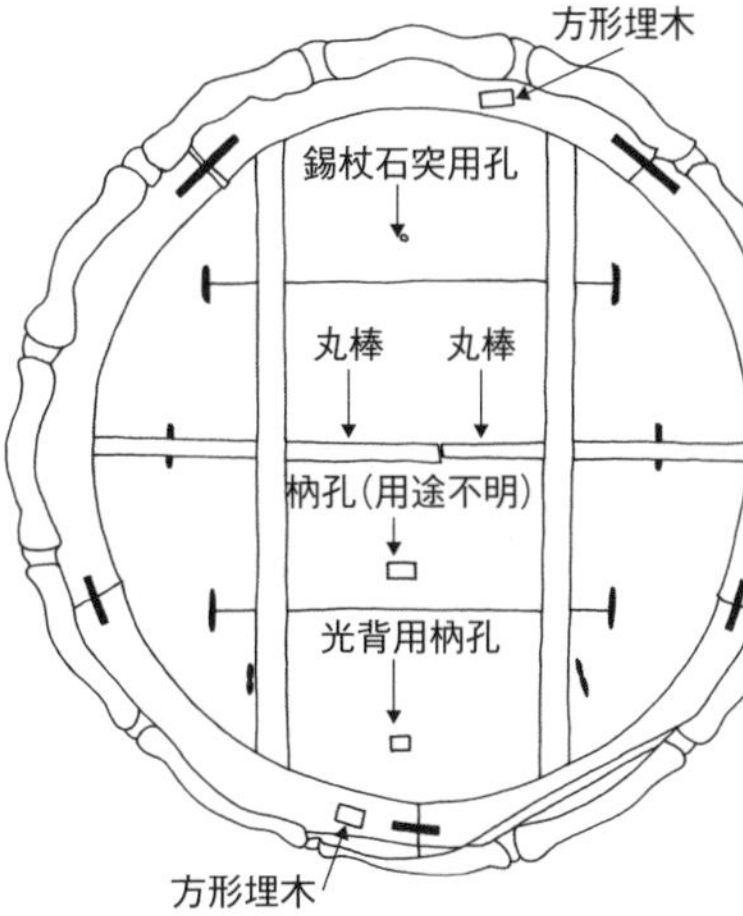

図８　同　裏面の描き起こし図

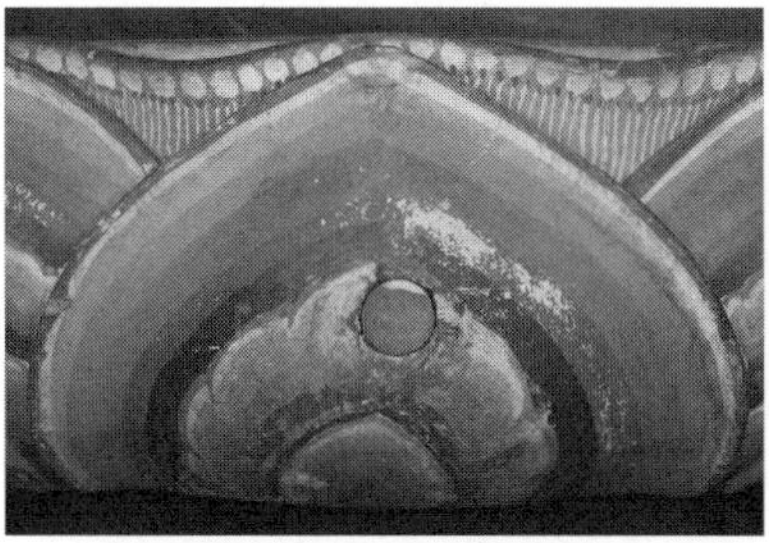

図10　同　右側面

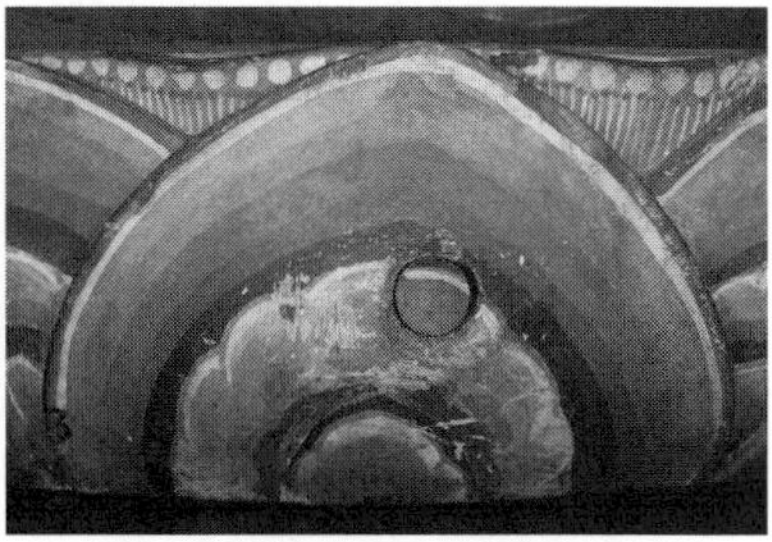

図９　同　左側面

図12　同　地付面後方　方形埋木

図11　同　地付面前方　方形埋木

図13　阿弥陀如来立像
兵庫・浄土寺

図14　同　蓮肉裏面

もしも制作当初から蓮華座を空中に吊り下げることを企図したならば、四方の鉄製円鐶は蓮肉主要部の自重も支えるべく、蓮華周縁部の上面に取り付けられたはずである。先に触れたように、かつて像本体が蓮肉主要部上面に固定されていたとみられる点をふまえれば、四方の鉄製円鐶は蓮肉主要部と一体化した像本体の移送に際して持ち上げるための取っ手、あるいは像本体を他所より運んで蓮華周縁部へと据え付ける際の持ち手などの用途を想定することができるだろう。

像本体を蓮肉主要部上に釘で固定する仕様について岩田氏は、蓮肉主要部上面に穿たれたいま用途をもたない方形枘孔が像内内刳りの体部中央に位置することに着目し、この枘孔に心月輪とも想像される納入品が立てられ、その破損や紛失を防ぐための処置だったと推定する。また、これに関連して鉄製円鐶は、像本体に直接触れることなく移動する目的で設けられた可能性を示唆しながらも、後日の移送を前提としたものではなく、あくまでも建仁元年に像本体が完成し、納入品を奉籠したうえで社殿に奉祀するためのものとみなしている。(15)

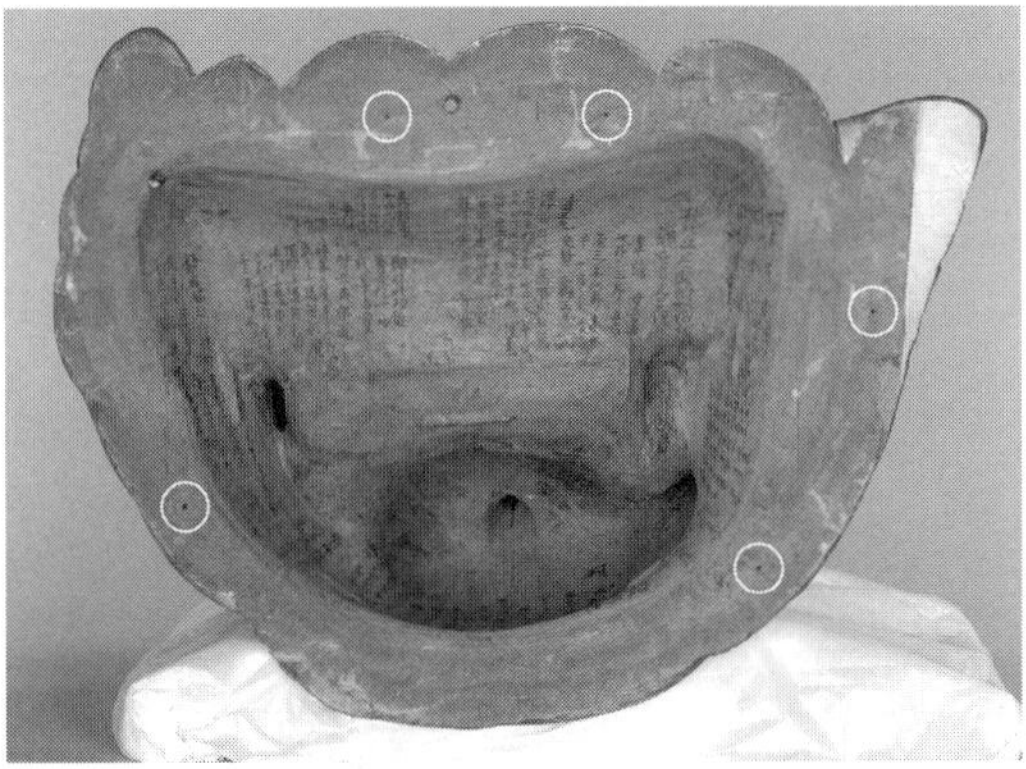

図15　僧形八幡神坐像　像底裾まわりの小孔
奈良・東大寺

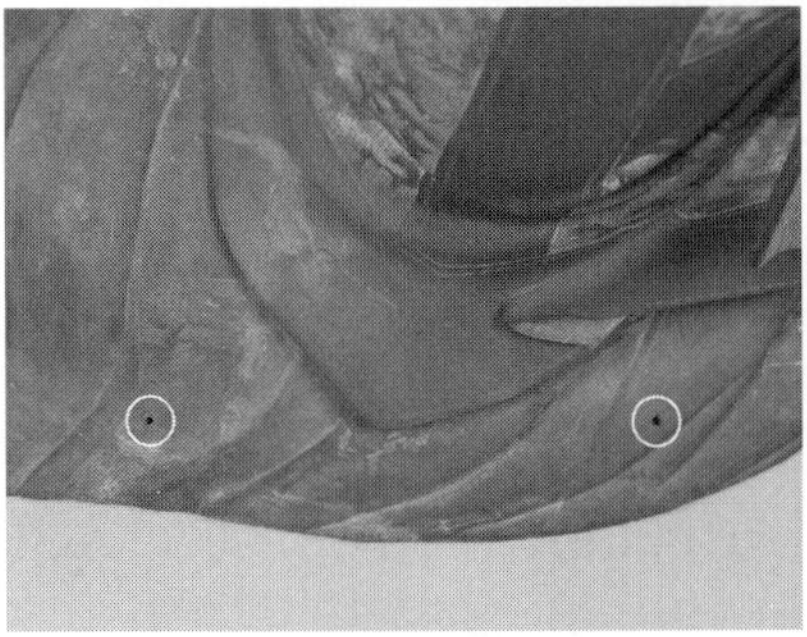

図17　同　左裾まわりの小孔

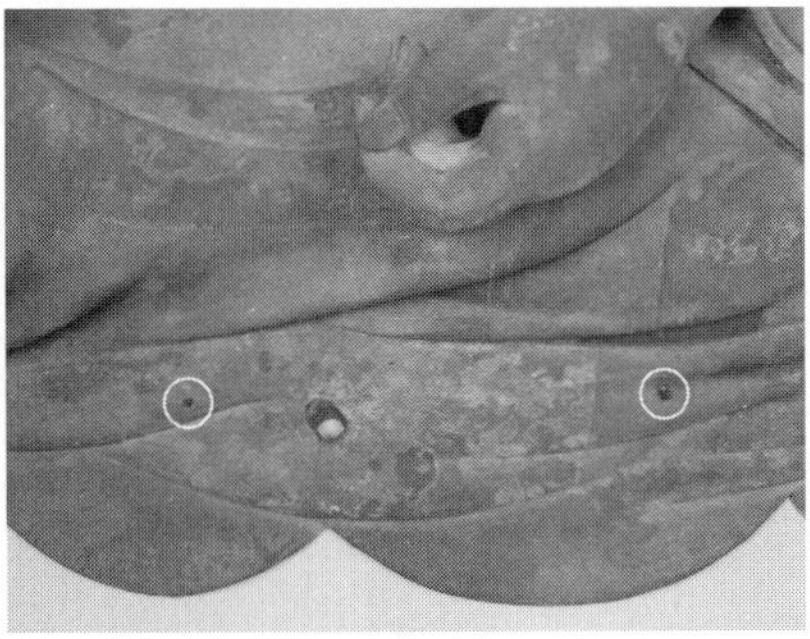

図16　同　正面裾まわりの小孔

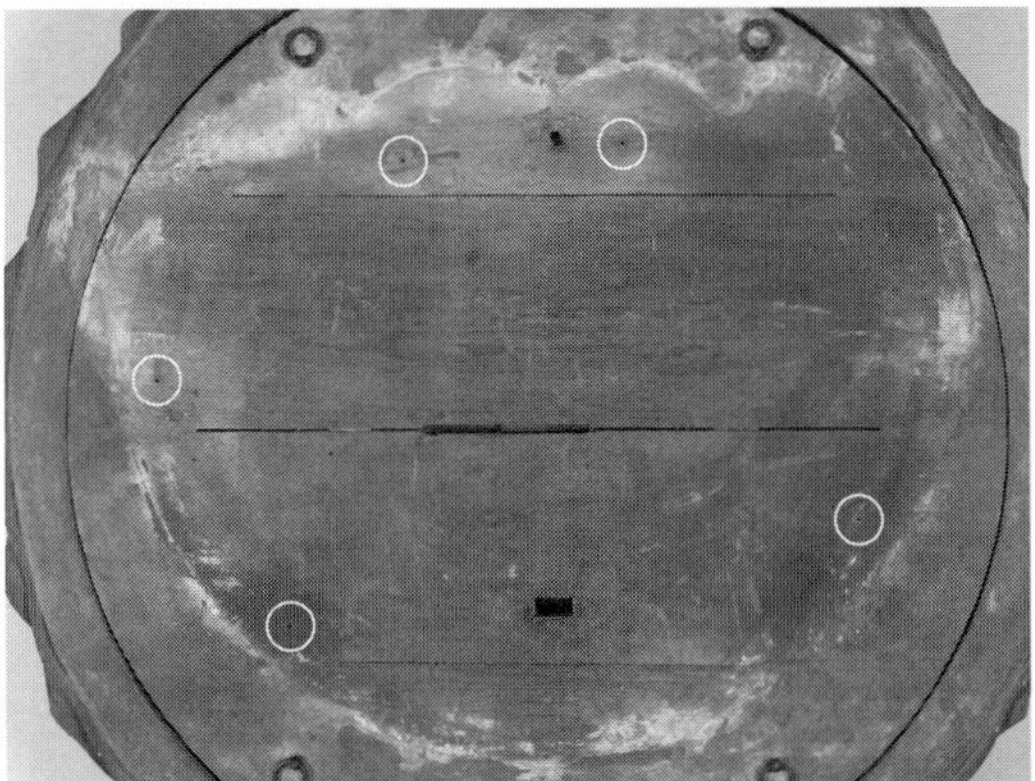

図18　僧形八幡神坐像　蓮華座　蓮肉主要部上面の小孔
奈良・東大寺

像内納入の真否について、いまわたしはこれを確かめる材料をもたない。一方で蓮肉主要部への像本体の固定と、鉄製円鐶の取り付けは、蓮肉主要部と蓮華周縁部とを二本の丸棒で結合する機構の採用とも密接な関連があるのではないだろうか。つまり二本の丸棒を左右に抜き去ることで、蓮肉主要部と蓮華周縁部とが比較的容易に分離できる点からすれば、納入品の奉籠とその後の社殿への移送のための仕様と解することも可能だが、必要に応じた後日の移送をあらかじめ想定した構造と解することもできると思われる。この点については、のちにあらためて述べることとしたい。

第三章　蓮華座の制作時期

蓮華座の制作時期をめぐっては、建仁元年造立の像本体と同時期と考える論者がなお多いように思うが、一方で赤川・岩田両氏のように『手鑑』にみえる建久八年の年紀と重源の阿弥陀仏号を有する「御座」にあたると解する説もある。

岩田氏は、蓮肉主要部後方中央に穿たれた光背支持用の方形枘孔や、その前方にあるいま用途をもたない方形枘孔、像本体を蓮肉主要部上に釘で固定する工作について、いずれも建仁元年の本像造立に際し、建久八年造立の台座を一具として組み合わせるために追加で行った処置とみなす新解釈を提示した。また鉄製円鐶についても、これらと同時すなわち建仁元年の設置と推定している(16)。

一方で氏は、蓮肉主要部と蓮華周縁部とが分離可能な構造の採用や、これと関連する両者を二本の丸棒で結合する工作がなされた時期については、蓮華座の造立時すなわち建久八年とみなしているようである。鉄製円鐶の用途を推定する過程で、「(前略)像周囲の着衣端に五個の釘を打って固定をはかり、加えて直接像に手をふれることなく移動が可能となるよう設けられたのがこれらの鉄鐶ではなかったか。あくまで結果としてだが、蓮肉中央部が蓮華周縁部と分離できる構造であったことも幸いした」と述べており、この一文からも像本体の造立と同時期でないと解しているように読める。

かりに建久八年にまず台座のみが造立され、いま本像が坐す蓮華座がそれにあたるとするならば、蓮肉主要部と蓮華周縁部とが分離可能な構造や、蓮肉主要部と蓮華周縁部とを二本の丸棒で結合する仕様は、いかなる機能を有したと考えればよいのだろうか。

先にも述べたように、これらの機構の採用にはもとより明確な目的があったはずである。蓮肉主要部と一体化した像本体を鉄製円鐶で持ち上げる際に、結果的に都合がよかったというような副次的なものではないことは明らかだろう。そうとすると像本体をともなわず蓮華座のみの段階で、これらの機構が果たした役割を具体的に推定することはむずかしい。やはり、この特色ある構造に期待された役割は像本体の存在を想定することにより、はじめて説明が可能となるように思われる。したがって、蓮華座にほどこされた蓮肉主要部と蓮華周縁部とが分離できる構造や、蓮肉主要部と蓮華周縁部とを二本の丸棒で結合する仕様は、像本体に先行するものとはみなしがたく、構造面について検討するかぎり像本体と蓮華座とは、やはり同時期の作と考えるべきだろう。

さて、岩田氏が蓮華座の制作時期が像本体にさかのぼるとみなしたもうひとつの根拠として、像本体と蓮華座とのあいだに認められた彩色法の相違がある。黒漆塗りのうえに白下地をつくり彩色をほどこす像本体に対し、蓮華座は素地に直接白下地をつくり彩色をしている。また、画像の特徴を細部まで忠実に写す像本体に対し、蓮華座は形状や配色に画像と相違する部分があり、細部におよぶ再現が行われていないことも指摘している。蓮華座の彩色については、「総じてにわか仕立ての印象はぬぐえない」と評し、その理由として建久八年十二月の社殿の落慶供養に間に合わせるべく、急ぎ制作されたという状況を想定している[17]。

像本体と蓮華座はたしかに下地のつくり方が異なり、彩色法にもいくぶん相違がある。しかしながら、それを四年という制作時期の差に結びつけるのがはたして妥当なのかという率直な疑問もある。たとえば、像本体により入念な制作態度を認めたうえで、蓮華座も同時期の制作という可能性がないとはいいきれないように思う。むしろここでは、先に確認した蓮華座の構造上の特色、つまり蓮肉主要部と蓮華周縁部とが分離できる点や、蓮肉主要部と蓮華周縁部とを二本の丸棒で結合する点を重視すべきではないだろうか。これらは像本体に先行する工作とはみなしがたく、像本体の存在とは無関係にこうした機構をそなえる蓮華座がつくられたとも考えがたい。そして蓮肉主要部と蓮華周縁部とが分離でき、二本の丸棒で結合する構造が蓮華座制作時からのものであり、後日の追加の工作でないことも疑いない。像本体と蓮華座の彩色にみるおもむきの相違については、なおさまざまな解釈の余地を残すものの、すくなくとも構造面からは像本体と蓮華座との一具性を積極的に認めてよいと思われる。

第四章　「御座」の解釈

『手鑑』にみえる建久八年銘の「御座」が、いま本像に附属する蓮華座にはあたらないとした場合、「御座」は何を指しているのだろうか。また、重源が密々に法体をつくったという『験記』の一文は、どのように解釈すべきなのだろうか。

そもそも、建久八年をさかのぼる文治年間（一一八五～九〇）の社殿再建の折にも、神体造立の是非とともに

「御座」に関する協議がなされていた[18]。九条兼実（一一四九～一二〇七）は、「御座」についても宇佐八幡の例にならうべきとし、またいずれの場所に調進すべきかを議論している。『験記』所引の『中御門右大臣記』[19]によれば、宇佐八幡では神像をまつらず「神座」に薦を結んだ「御枕」を供したという。東大寺でもこれにならい、八幡神のための「御座」のうえに御験、すなわち神の表象としての薦枕をまつったのかもしれないが、かりにそうだったとしても文治年間に新造した「御座」は何らかの理由で失われ[20]、その後、社殿の再建にともない『手鑑』にみえる建久八年銘の「御座」がつくられるに至ったと考えられる。

一方、重源が密々に法体をつくったという『験記』の一文について岩田氏は、法体が「新造」と表記されるのに対し、嘉禎三年（一二三七）の大勧進行勇（一一六三～一二四一）による千手院岡への遷宮後に社頭で供養された御影を「新図」としるすことに注目し、「造」と「図」の用字の使い分けが彫像と画像の相違に対応している可能性を示唆した。ひとつの解釈として傾聴すべきだが、重源による法体の新造が文字どおり密々、つまり朝廷に申請せずに行われたものとすれば、時代がくだった鎌倉後期に『験記』を撰述した聖然（?～一三一二）や、その師で『験記』の成立に関与したとみられる聖守（一二一五～九一）は、法体が彫像なのか画像なのか詳細を知り得なかったとも考えられる。

繰り返しになるが、そもそも重源が鎮守八幡宮の神体として下賜を求めたのは、画像の八幡神像だった。にもかかわらずこれが実現しないとなるや否や、画像でなく彫刻でしかも礼盤の附属する蓮華座のみを新造したというのは、あらためて考えてみるといささか飛躍があるように思われる。むしろ、重源が下賜を求めたのが画像だったことを再認識すれば、その直後に密々に新造した法体もまた画像だった可能性を検討してみるべきではなかろうか。

ここで注目したいのは、かつてその可能性に言及した中島博氏の説である[21]。

八幡神画像をめぐる従来の議論では、勝光明院画像のほかに、承元二年（一二〇八）に快慶が願主となり石清水八幡宮に寄進した画像の存在が知られ[22]、これと本像との関連が注目されてきたが、中島氏はこの快慶寄進の八幡神画像こそが建久八年に重源が新造した法体にあたると考えた。とりあえず模写を作成し、建仁元年に彫像としてつくり直したのが本像であり、承元二年に至ってその画像は快慶により石清水八幡宮に寄進されたと推測したのである。この中島説は展覧会カタログの作品解説という性格上、記述が簡略なこともあってか、その後具体的に検証される機会がすくなかったように思われる。しかし近年、谷口耕生氏は快慶が本像を造立するに先立ち、参考となる原本に忠実な模本を入手していたことは疑いないとしたうえで、快慶が石清水八幡宮に寄進した八幡神画像は、快慶自身の手で写された勝光明院本の模本だった可能性も考慮すべきとし、中島説を支持する見解をしめされている[23]。重源が密々に新造した法体がいかなるものであったかについては、『手鑑』にみえる「御座」の語と関連づけて考えてみることで、従来説とはやや異なる仮説が成り立つように思われる。

そもそも、僧形であらわされた八幡神画像の図像のもととなったのは、神護寺の根本堂、すなわちのちの金堂にあった弘法大師御筆と伝える画像とされる。現存する神護寺本は、その由緒を受け継いだ鎌倉時代の転写本で原本の姿を想像するよすがとなる。神護寺では、平安時代後期以降に弘法大師と八幡神とが対座して互いの姿を写したという伝説が形成され、両画像を一対とする「互いの御影」が成立するなど、この系統の八幡神像はつよい権威を有する画像とみなされていた。

いま問題としている「御座」の語と関連して見逃せないのが、『神護寺略記』が引く『承平実録帳』根本堂条の記述である。これは、承平元年（九三一）成立の八幡神画像に触れるもっとも古い記録として知られるが、堂内に奉懸されていた八幡神画像とそのしつらえについて次のようにしるされる。

八幡大菩薩像一鋪
御座床二前　前机二前
白木礼盤二基

「前机」は神饌を供えるための神机、「白木礼盤」は礼拝者のための盤とみられ、具体的な内容はつまびらかでないものの、神前で僧侶による儀礼が行われたことをものがたっている。また、「御座床」については「御座床」とあることから、二組のうちひとつを八幡神、もうひとつをヒメ神のものとする説[24]や、八幡神と「互いの御影」として伝承される弘法大師のものとする説[25]があるが、一方を八幡神のためのしつらえと解する見方は諸説一致している。

ここで、画像の八幡神像のために器物としての座が設けられていたとみられることに、とくに注目したい。これは彫刻と絵画の役割の相違、つまり恒久的なものとして安置される器物としての座に対し、儀礼という特別な場で奉懸し、空間を演出する絵画としての八幡神像と解することができる。つまり、八幡神の座である「御座床」が設置された空間に、蓮華のみに坐す姿の画像を奉懸することで、八幡神がいままさに現世に影向した様子を視覚的に表現したのではないだろうか。

このように考えてみると、東大寺鎮守八幡宮の神体として勝光明院画像の下賜が実現しなかったとき、重源は密々に法体を新造するのみならず、拠るべき先例として神護寺の八幡神画像の安置空間にならおうとしたのではないかとの推定が生まれる。つまり八幡神画像を奉懸し、その宝前に八幡神のための座である器物としての御座をしつらえたのではなかろうか。そうとすると、神護寺本のような蓮華のみに坐す姿の八幡神画像のために、さらに蓮華をともなう台座が用意されたとは考えにくい。「御座」は、先に触れた浄光明寺本系統の諸本に描かれるような六角形かとみられる礼盤のみだった可能性が導き出されるだろう。以上より、重源が密々につくった法体は、神護寺本のような蓮華のみに坐す姿の八幡神画像であり、『手鑑』にみえる建久八年新造の「御座」は、八幡神画像のしつらえとしての礼盤だったと解したい。

なお、『手鑑』収載の二文は、この礼盤内に存在した銘記の写しかとする解釈があり[26]、妥当な推定と思われる。一方で、これが『略録』にみえる重源自筆の掛物を指し、本像造立までのあいだこの掛物をもって神体としたとみなす瀬谷氏の説[27]は、ここまでわたしが述べた推定とは結論を異にする。岩田氏も指摘するように[28]、「八幡大菩薩」ならともかく「八幡大菩薩御座」が神号とされることがはたしてありうるかという疑問があり、またかりに神号とみなしたとしても筆跡を法体と称することは、やはり考えにくい。「俊乗上人自筆掛物」の詳細はいま不明とせざるをえないが、『略録』の成立（元禄十年ごろ）と、『手鑑』の初期の臨書（元禄四年）の時期が重なり、さらに鎮守八幡宮は寛永十九年（一六四二）の奈良大火からの再興期で元禄四年に本殿等が再建されていることから、このころに礼盤内の銘記が人目に触れる契機があった可能性を述べるにとどめたい。

第五章　造立の主体と仏師の選定

前章において、重源が密々につくった法体は、神護寺本のような蓮華のみに坐す姿の八幡神画像であり、その宝前に八幡神のための座である「御座」すなわち礼盤をしつらえたと推測したが、最終的に東大寺鎮守八幡宮の神体とされたのは、周知のとおり建仁元年に快慶が造立した彫像の僧形八幡神像であった。

神体が画像でなく彫像として再興された点については、従来自明のこととして語られる傾向がつよいように思う。

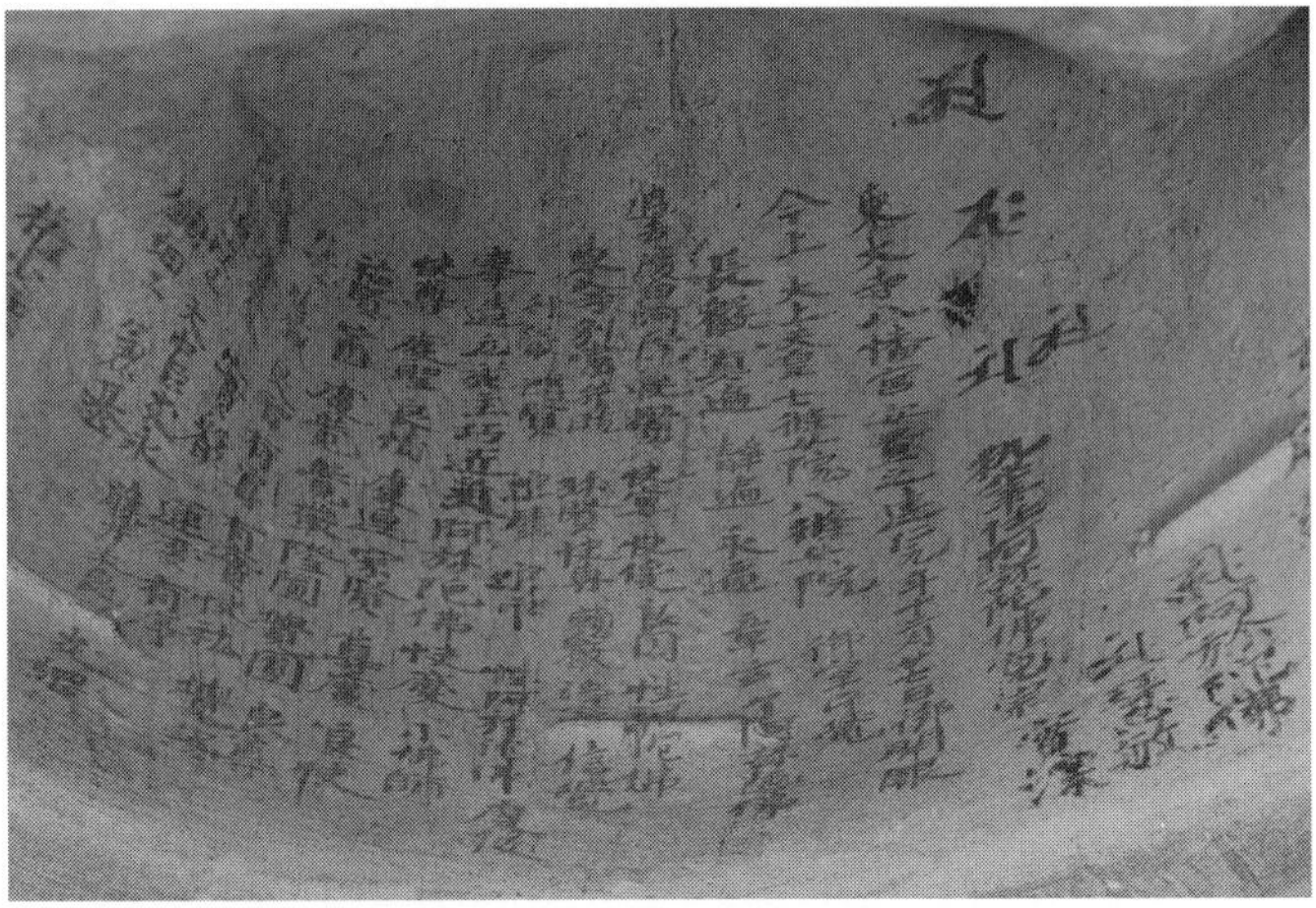

図19　僧形八幡神坐像　像内体部背面墨書　奈良・東大寺

しかしながら、本像造立に際して手本となった八幡神像は、「弘法大師御筆」とされた権威ある画像であり、この系統の八幡神像の姿が基本的に画像で継承されてきた歴史を思い起こせば、鎮守八幡宮の神体が画像を忠実に写した彫像として造立されたことは、やはり画期的だったというべきだろう。

実際に東大寺では、やや時代がくだるものの嘉禎三年十一月の手院岡への遷宮に際して、同月二十六日に行勇が本像を九条袈裟に包み遷座するとともに、翌日に社頭で新図御影を供養し、心経を開演したことが知られる（『験記』）。このときの供養の詳細は明らかでないものの、本像造立後も東大寺内では必要に応じて画像も制作されたのである。本像は、あるいはこの系統の八幡神画像を忠実に立体化した初例だったかとも想像されるが、いずれにせよ神体が画像でなく彫像とされた点にこそ、本像造立の意義があると考える(29)。

彫像であることの意味を追究するに先立ち、本像造立の主体と仏師選定の問題について考察したい。ここで像内銘記にあらためて目を向けると、天皇や皇族の名をはじめ、東大寺別当の弁暁や作者である快慶の名をしるし、また制作年をともなう体部背面の銘記(30)（図19）を、もっとも中心的なものとみなすことに異論はないだろう。

筆頭に「今上」（土御門天皇）・「大上天皇」（後鳥羽院）・「七条女院」（藤原殖子）・「八条女院」（暲子内親王）・「御室守覚」（守覚法親王）がそれぞれ名を連ね、次行には、「長厳」「静遍」「永遍」ら仁和寺関係と分類される僧侶の名がつづき、さらに次行には「過去後白河院」すなわち南都焼討ち後の東大寺再興を主導し、建久三年（一一九二）に薨じた後白河院（一一二七～九二）の名もしるされる。天皇をはじめとした皇族が過去者もふくめてこれほどまでに名を連ねる銘記は、他に例をみない。これを素直に解せば、本像造立の主体は天皇や皇族、すなわち天皇家にあったとみるべきではないだろうか。[31][32]

本像造立の実質的な主宰者を重源と解する見方がある。[33] 像内銘記にその名はないものの、重源が生涯に行った造寺・造仏・施入・事業などをまとめた『南無阿弥陀仏作善集』の東大寺鎮守八幡宮条には、次のようにしるされる。

一　鎮守八幡御宝殿幷拝殿奉安置等身木像御影
　　納置八幡宮紫檀甲箏幷和琴

『作善集』は、記述内容から本像造立後の建仁二年から翌三年ごろの成立とみられており、重源が本像に何らかのかたちで関わったことは疑いない。岩田氏は「建仁元年に快慶によって像本体が造立された際、重源の積極的関与を物語る銘記をともなう納入品が奉籠され」たと推測する。像内銘にその名はしるされないものの、像本体と蓮華座とに残された痕跡から重源の関与を積極的に認めようとするものである。もちろん、その可能性がないとはいえないが、かりにそうだったとしても本像の正式な造像銘は、やはり主要な結縁者名をはじめ制作年や作者名をともなう像内体部背面の銘記とみるべきである。ここに名が明示されず、結縁者としても像内に名がみえない以上、重源の本像への関わりはやや特殊なものだったと考えざるをえない。[34]

また近年では、弁暁の関与を重視する見方もある。(35) 文治二年（一一八六）の東大寺衆徒による伊勢神宮参詣、同四年の社殿再建、建久八年の社殿再建のいずれもが重源の意を受けた弁暁を中心に行われたものであり、弁暁の別当在任期間（建久十年〈一一九九〉正月～建仁二年六月）と重なる本像造立についても弁暁が中心的な役割を果たしたとする。像内体部背面の銘記のうち、寺家側の筆頭に「東大寺別当弁暁」としるされる点からも、弁暁が一定の役割を果たしたことは考えられてよいだろう。

以上のように、重源や弁暁の関与を認める見解を受けつつも、わたしは本像造立の主体はやはり天皇家にあったと考えたい。

南都焼討ち後の鎮守八幡宮の再興経過を振り返れば、社殿の造営及び神体の造立に関して、寺家や重源が折に触れて朝廷にうかがいを立てたことは先述のとおりである。さらに『感応抄』には、「大仏再顕来御シナムニ取テハ、三所大菩薩ノ宝殿、是ヲ者、朝家一大事とメ、可叡思（慮）造之由」の文言もみえ、社殿の再興は天皇による発願、すなわち御願により果たされなければならない一大事業とみなされていたことがうかがえる。神体についてもこれと同様だったと考えてよく、勝光明院画像の下賜をめぐる一件ののち重源により密々に法体がつくられたことで事態は一旦収束したものの、天皇家にとって御願の名のもとにいかにして再興を果たすかは、いまだ解決をみない最重要課題であったに違いない。先に重源が密々に新造した法体は、神護寺本のような蓮華のみに坐す姿の八幡神画像だった可能性があり、その宝前には八幡神のための座である「御座」すなわち礼盤をしつらえたかと推測したが、これらはあくまでも勝光明院画像の下賜が実現しなかったことを受けて大勧進重源が講じた、いわば応急の措置にすぎなかったものと思われる。

いうまでもなく東大寺は聖武天皇（七〇一～七五六）発願の由緒を誇るが、治承四年の南都焼討ちに際しても、聖武天皇の末裔である後白河院の指示により知識を募る詔書が出され、また創建時の行基（六六八〜七四九）の故事にならい、五畿七道に勧進して大仏を再興するよう重源に宣旨が下されるなど、天皇の御願の名のもとに再興が企図された。ほかに先んじて着手された大仏とその光背の再興は、天皇家すなわち後白河院と後鳥羽天皇に課せられた責務だったといえるが[36]、東大寺の鎮守であり国家鎮護の象徴でもある八幡神像の再興も、同様に天皇が担うべき造像とみなされたことは想像にかたくない。同じく東大寺再興で建仁三年（一二〇三）に運慶・快慶らが造立した南大門金剛力士像のように、重源の勧進による再興という体裁をとらないのは、本像が一連の東大寺再興造像にあって天皇の御願による再興がとくに重視されたことをものがたっている。

東大寺の守護神という一山にとってきわめて重要な本像の制作に、なぜ慶派の棟梁として康慶没後の東大寺再興を主導した運慶ではなく、快慶が起用されたのかという素朴な疑問があるが、これについても御願による再興であることと無関係ではないように思われる[37]。快慶起用の背景には、阿弥陀信仰でもかたく結ばれた重源による引き立てや、一連の東大寺再興造像の功績に対する評価も一因としてあったかと想像されるが、むしろ康慶同様にはやくに後白河院の造仏を手がけた実績などから、御願を担うにふさわしい仏師とみなされたのではないだろうか。

快慶は、建久三年に醍醐寺座主勝賢（一一三八〜九六）が後白河院追善のために発願したとみられる同寺三宝院の本尊弥勒菩薩像を造立した。醍醐寺像は、いま知られる快慶の四十年近い活動のなかで、文治五年（一一八九）のアメリカ・ボストン美術館弥勒菩薩像（興福寺旧蔵）に次ぐ初期の事績であり、史上に登場後ほどなくして院の追善造像に起用されている点がなによりも注目される。

そして比較的近年、建久二年（一一九一）閏十二月の後白河院三七日逆修において供養された清凉寺釈迦如来像の模像も快慶の手になる可能性が説かれた[38]。これは、同年八月に後白河院の参籠を得て清凉寺で行われた法華十講の際に発願されたものだったが、このときの表白文（『転法輪鈔』所収）にみえる「人間巧匠に課して霊像の相好を模させた」との内容が、『大乗造像功徳経』に説かれる「天匠」毘首羯磨の対句であること、そして醍醐寺像を初例とする快慶の「巧匠」という名乗りがこれに関係するとの指摘がなされたのである(39)。このように、快慶がはやくに後白河院の生前没後の供養に関わる造仏に起用されたとみられる点は、慶康と後白河院との密接な関係性が快慶に及んだ可能性を示唆している。

また、快慶は本像のほかにも正治二年（一二〇〇）の和歌山・金剛峯寺孔雀明王像や建仁三年の醍醐寺不動明王像の制作に際して、「弘法大師御筆」とされる図像を手本としたことが明らかにされており(40)、権威ある画像をもとにした造像をたびたび行った点も特筆される。これに関連して、本像造立後に快慶が八幡神画像を石清水八幡宮に寄進したことに着目し、仏師による画像の所持が中世において造像の権利と認識されていたとする瀬谷貴之氏の指摘も見逃せない(41)。本像に快慶が起用された背景にも、特権的な画像にもとづく造像を担うことのできる仏師という認識があったかと推察され、そうした図像を忠実に立体化する姿勢は、つづいて述べる「如法」というキーワードとも関連するように思われる。

醍醐寺弥勒菩薩像以降、快慶の手がけた仏像はしばしば如法という言葉で語られ、また造仏作法から如法仏としてつくられたとみられるものがすくなくない(42)。そもそも如法仏の造立は、十世紀後半ごろより流行した、心身を清浄に保ち動物の毛や膠を用いない石墨草筆で一字三礼して書写する如法経との関わりのなかで行われるようになったとされる。快慶はその後半生に、清凉寺釈迦如来像や長谷寺十一面観音像といった史上名高い霊像の再生を託されたが、これらについても持戒の仏師たる快慶の特別なちから、つまり「天匠」毘首羯磨と比肩するほどの「巧匠」として、原像に匹敵する聖性の付与が期待されての抜擢とみることができる。快慶が本像の造立に起用された背景には、はやくに後白河院の供養に関わる造仏を手がけた実績や、特権的な画像にもとづく造像を担うことのできる仏師という評価、さらには持戒の仏師による聖性の付与への期待があったのだろう。

なお、快慶が単なる仏師としてではなく、「施主」という特別な立場で本像の造立にあたった点も、かねてより議論の的とされてきた。そのことの意味を考えるにあたり注目したいのが、本像と同じく無位時代の快慶が恵（慧）敏の発願で制作した大阪・八葉蓮華寺阿弥陀如来像である。八葉蓮華寺像は、納入品の主体となる阿弥陀経ほかを包む紙の外側に、仏師側の奉籠かと思われる文書類を巻いて納めていたことから、快慶が単なる仏像の制作者ではなく、施主と同様に何らかの意図をもって造像に関わる文書を納めたと推測し、施主の立場に近い性格をも有したかとする興味ぶかい指摘がある(43)。仏師の施主化ともいうべきこうした傾向は、鎌倉時代以降に次第に顕著になることが知られている。ただし本像の場合、天皇の発願とみられるにもかかわらず、快慶がはっきりと「施主」を称している点で仏師の立場は八葉蓮華寺像と明確に異なり、本像の造立に快慶が主体的に関与したことをしめしていると考えられる。

西川新次氏は、本像の像内銘記に重源の名がみえない事情に関して、「あえて重源の名を記さず、快慶が造立施主を称しているあたりに、その複雑な造立事情と併せて、重源と快慶の密接な関係を暗示しているようである」と述べられた(44)。重源と快慶とのふかい関わりは認めつつも、快慶を「施主」としたのは重源の名代というよりもむしろ施主である天皇により近い立場、つまり御願を実現する共同事業者として扱われているのではないだろうか。それは、施主の依頼を受けた制作者という立場を超え、御願による神体の再興を担うにふさわしい仏師として、みずからの意志により本像の制作を行っていることの表明と解したい。

本像造立の主体が天皇家にあるならば、その制作は京都で行われた可能性が高いと考える。従来、快慶が京都に工房を構えていたことを示唆する史料は、いくつか知られている。[45]そのうち広島・耕三寺の阿弥陀如来像は、像内銘記及び『走湯山上下諸堂目安』（東京・前田育徳会尊経閣文庫蔵）により、建仁元年（一二〇一）に「伊豆御山常行▢御仏」すなわち伊豆山常行堂の像として造立され、五年後の建永元年（一二〇六）に下常行堂の再興本尊として京都より迎えられたことが知られる。これについて、建仁のころに快慶が京都で制作活動を行っていた事実をしめすものとした毛利久氏の指摘は傾聴に値しよう。[46]建仁元年十二月開眼の本像と、同年十月の銘記を有する耕三寺像とは造立時期が近接しており、さらに耕三寺像の像内銘記を執筆した「執筆任□□陀仏」が、本像の像内銘記の筆者である「執筆任阿弥陀仏寛宗」と同一人とみられることもふまえれば、二像はほぼ同時期にごく近い環境で制作されたと想定できる。[47]

本像を一連の東大寺再興造像のなかでとらえたとき、東大寺内での制作と考えるむきが依然つよいように思う。しかし先述のように、本像に天皇をはじめ皇族が複数結縁し、朝廷との十分な了解のもとで造立されたとみられることや、造立時期の近接する耕三寺像が京都で制作された可能性が高いことからすれば、本像の制作地も京都と考えるのがやはり自然だろう。本像の結縁者に東大寺や興福寺の南都僧のみならず、仁和寺や神護寺といった京都の真言寺院僧が複数ふくまれる点は注目すべきで、さらに延暦寺僧で唱導の名手とうたわれた安居院流唱導の祖澄憲（一一二六～一二〇三）の名がみえることも見逃しえない。このことは、本像の造立がもはや東大寺一山の枠を超え、仏教諸宗の結縁により行われたことをしめしており、制作地を京都とする先の推定を補強するように思われる。

第六章　僧形八幡神坐像造立の意義

東大寺鎮守八幡宮の神体が、最終的に画像でなく彫像として造立されたことは、この系統の八幡神像の姿が基本的に画像で継承されてきた歴史を思えば、やはり画期的だったといわねばならない。そのことの意義を考えるにあたり、ここであらためて注目したいのは、蓮華座にほどこされた蓮肉主要部と蓮華周縁部が分離できる構造であり、蓮肉主要部上面の四方に取り付けられた鉄製円鐶である。

従来、蓮華座を空中に吊り下げるために用いられたとも解されてきた鉄製円鐶について、本稿では蓮肉主要部と一体化した像本体の移送に際して持ち上げるための取っ手、あるいは像本体を他所より運んで蓮華周縁部へと据え付ける際の持ち手などの用途が想定されることを述べた。そうとすれば、前提となる像の移送というのがいかなる状況を指すのかが問題となろう。天災や人災といった緊急事態からの救出を想定したものとみるむきもあるかもしれないが、そうであればこれほど複雑な構造とする必要はかならずしもない。また、後日の移送を前提としたものではなく、あくまでも建仁元年に像本体が完成し、納入品を奉籠したうえで社殿に奉祀するためのものとみなす見解もある(48)。蓮肉主要部と蓮華周縁部に通した二本の丸棒が両者の結合を目的としていることは明らかだが、これを左右に抜き去ることで、比較的容易に蓮肉主要部と蓮華周縁部とが分離できる構造は、必要に応じた後日の移送をあらかじめ想定したものと解することもできる。ここで八幡神という祭神の性格と、必要に応じた後日の移送という点から想起されるのは、手搔会との関わりである。

手搔会は、例年十月五日（旧暦では九月三日）に手向山八幡宮において執り行われる祭礼で、転害会や碾磑会とも表記し、害を転じて活かす会式（宇佐八幡や石清水八幡宮で行われていた放生会と同じ）から転害会と称するようになったともいわれる(49)。この祭礼は、聖武天皇発願の大仏造立に際し、八幡神の憑坐である大神社女が紫色の輿にのり九州・宇佐の地から上洛してきたときの様子を演劇的に再現したものであった(50)。

手掻会の成立時期については不詳ながら、諸史料により院政期には盛行をみたことが知られている。その後、南都焼討ちにより一時衰微したものの、弘安年間（一二七八～八八）ごろの郷民の活動が活発化するにともないふたたび盛んとなった。以来、幾度かの中断がありながらも現在までつづけられている。

そもそも、手掻会に際して本像を神輿に遷座し、祭礼を執り行ったことを伝える史料は知られない。そしてなによりも、本像及び蓮華座のあざやかな彩色にみるきわめて良好な保存状態からすれば、手掻会のたびに神輿に遷座されたとも考えがたい。しかしながら、すくなくとも本像造立時、すなわち建仁元年の時点では、実際に神輿に遷座して祭礼を執り行うことが構想されたのではないだろうか。

南都焼討ち後の神体をめぐる動向をいまいちど振り返れば、重源が勝光明院宝蔵にあった八幡大菩薩画像を奏請したものの実現せず、また本像造立の際にも勝光明院本とは別の同系統画像が手本として存在したはずである。にもかかわらず最終的には画像ではなく彫像が神体として選択されたわけであり、その背景としては八幡神上洛の様子を演劇的に再現する祭礼の形態に即した姿として、彫像が求められたのではないだろうか。そして、こうした構想とその実現にこそ、重源の積極的な関与があった可能性を考えたい。

重源は、東大寺再興と並行して各地に信仰及び勧進活動の拠点となる別所の建立をすすめたが、このうち播磨別所の由緒を受け継ぐ浄土寺には、建久六年（一一九五）快慶作の浄土堂本尊阿弥陀如来及び両脇侍像とともに、神戸大学附属図書館本『浄土寺縁起』により本像と同年にやはり快慶が制作したとわかる裸形の阿弥陀如来像（**図**

13〕と菩薩面二十五面が存している。このうち裸形阿弥陀如来像は上半身を裸体、下半身に裳のみを着ける姿につくり、阿弥陀聖衆が来迎する様子を演劇的に再現する迎講（来迎会）に際しては、これに縫製した実際の着物をまとわせ台車にのせて動かしたと考えられている。裸形像に着装する行為については、像に生身性を付与しようとする意図にもとづくものであることが明らかにされており(51)、乗り物にのせて動かすという行為もまた生身の仏であることを視覚的に訴えかけるものだったに違いない。

浄土寺の裸形阿弥陀如来像は、別材製の像本体と台座蓮肉とを一体化させている点に構造上の特色がある。そして、蓮肉裏面の中央に穿たれた円形孔〔図14〕は、台座への固定に用いられるとともに、迎講に際して台車に固定するためにも使用したかと推察される。本像についても、これと同様に蓮肉主要部と一体化した像本体を乗り物、すなわち神輿にのせて練り歩く、いわゆる行像としての機能が付与されたのではないだろうか。

本像と同時期に制作された神輿が存しない現状にあっては、もとより推測の域を出ないものの、神輿に遷座したと仮定した場合には、次のような状況を想定しうるように思われる。

ひとつは、二本の丸棒を抜いて蓮華周縁部から蓮肉主要部を分離し、蓮肉主要部上面の四方に取り付けられた鉄製円鐶を用いて神輿へと遷座した可能性である。そうとすれば、宝殿内に蓮肉主要部と一体化した像本体を安置するために、蓮華周縁部と同様の器物が必要とされただろう。宝殿内での固定には鉄製円鐶も利用されたのかもしれない。そしてさらに憶測すれば、蓮肉主要部の裏桟中央に穿たれた円形孔も、蓮華周縁部との結合のみならず、神輿へと遷座したのちに閂のように丸棒を通して宝殿内に固定するために用いられたとも考えられる(52)。

いまひとつは、いささか突飛な発想ではあるものの、本像が坐す蓮華座の蓮華周縁部が神輿の附属品だった可能性である。蓮肉主要部と蓮華周縁部とを結合する二本の丸棒は、そもそも社殿に奉祀されている状況下では用をなさず、移動が生じてはじめて機能することからすれば、蓮肉主要部と一体化した像本体のみならず蓮華周縁部も当初は行像の一部だったのではないかとの推測が生まれる。そうとすると、先述した像本体と蓮華周縁部とのあいだに認められた彩色法の相違や、八幡神画像との一致・不一致の問題についてもいちおうの説明が可能となるように思われる。

黒漆塗りのうえに白下地をつくり彩色をほどこす像本体に対し、蓮華周縁部は神輿の附属品であるなら、像本体ほど入念に彩色が行われなかったと解することもできるだろう。黒漆塗りの有無もそうした制作環境の違いを反映しているのではないだろうか。また、像本体が画像を細部まで忠実に写すのに対し、蓮華周縁部の形状や配色が画像と相違する点については、神輿の附属品として蓮華周縁部が制作されたのであれば、八幡神画像が参照されなかったことも考えうる。画像にみられる蓮華座蓮弁の半開の一段があらわされず、蓮弁を蓮華周縁部と共木から彫出し、蓮弁先端の反り返りを控えめにするなど横方向への広がりを極力抑えたかたちにつくられる点は、他の快慶作品にみる蓮華座とは異なり、神輿の宝殿内という限られた空間に収めることを前提としているのではなかろうか。そして、蓮華周縁部の地付面前後二箇所に設けられた方形枘も、蓮華座を礼盤に繫ぐものではなく神輿に固定するために用いられたのかもしれない。以上のように、両説とも確証が得られるものではないが、本像に神輿へと遷座して練り歩く行像としての機能が付与されたとする想定にかわりはない。

さて、そもそも行像とは仏誕の日に仏像を山車や輿にのせて練り歩く行事で、インドや中国においてさかんに行われ、とりわけ中国では南北朝時代に盛行したという。『観仏三昧海経』には、行像にまみえることで生前の釈迦を拝するのと同等の功徳が得られると説かれており、やはり像の生身性とふかく関わるものであった(53)。

もっとも日本には、行像の風習は伝わらなかったと考えられている(54)。しかし先に述べたとおり、重源が播磨別所の迎講で裸形阿弥陀如来像を台車にのせて練り歩いたのは、まさに行像そのものであり、行像につよい関心をもちこれを実践していたことは明らかである[55]。また、東大寺再興に際して、重源は大仏殿や南大門、そしてそこに安置した仏像に大陸の新しいモードである「宋風」を導入するとともに、東大寺や各地の別所には宋仏画や宋版経典を置き、さらには栄西が天台山よりもたらした菩提樹を大仏殿に植樹したことも知られている。これらは大仏の消滅によって失われた日本仏教の正統性を回復すべく、宋仏教の導入を通じて理念的に釈迦の生きた天竺につながる試みであった[56]。中国における行像は、きわめて大規模なものだったようであり、僧形八幡神像一軀の遷座を行像と呼ぶのはかならずしも適切でないかもしれないが、宋仏教の導入に積極的だった重源が中国の行像の風習に着想を得た可能性がまったくないとはいいきれないように思われる。

八幡神には、聖武天皇発願の大仏造立で神威を発揮して以来、東大寺の守護神としてとりわけ尊崇を集めてきた歴史がある。平安時代末には、東大寺は八幡神の勧めにより建立されたと信じられており[57]、東大寺を再興することは八幡神の意志だったに違いない。建久五年十二月二十八日に遷宮を行うべきとの神託が下され、建仁元年十二月二十七日に本像の開眼供養が行われるなど、八幡神をめぐる重要な動きが南都焼討ちの起こった十二月二十八日と同日もしくは前日にあたることは、東大寺再興が奈良時代以来の鎮守である八幡神の神助のもとに進められるということを明確にしめしている。

南都焼討ちという未曽有の法難は、日本仏教の象徴たる大仏の喪失であるとともに、守護神の喪失でもあった。失われた象徴を回復するにあたっては、大仏や神体の再興のみならず、奈良時代の大仏造立に際して八幡神が輿にのり、九州・宇佐の地から上洛してきた様子を演劇的に再現することで、その由緒をも回復することが試みられたのではなかろうか。東大寺再興にあたり、本像を神輿に遷座しての祭礼が企図されたとすれば、それは造立からおよそ二年後の建仁三年十一月三十日に主要な結縁者のひとりでもある後鳥羽院の臨幸のもと行われた、いわゆる東大寺総供養がひとつの候補となりうるだろう。そして再現された八幡神上洛の光景は、東大寺が八幡神の神助により再生されてゆくことを、ひとびとにつよく印象づけたのではないだろうか。憶測を重ねることになったが、特殊な構造をもつ蓮華座の検討から導き出される可能性のひとつとして、ここに提示したい。

おわりに

本稿では東大寺僧形八幡神像について、この像が坐す蓮華座にあらためて注目し、その特殊な構造を手がかりに蓮華座の制作時期や、『手鑑』にみえる建久八年に重源が新造した「御座」の解釈、本像造立の主体と仏師選定の問題などを検討し、そのうえで神体が影像として造立されたことの意義を考察した。蓮華座の制作時期については、蓮肉主要部と蓮華周縁部とが分離できる構造や、蓮肉主要部と蓮華周縁部とを二本の丸棒で結合する仕様に注目し、これらが像本体に先行する工作とは考えがたいことなどから、像本体と蓮華座を同時期の作とみなした。

勝光明院画像の東大寺への下賜が実現しなかったのちに、重源が密々につくった法体は、神護寺本のような蓮華のみに坐す姿の八幡神画像だったと推定し、これをふまえて『手鑑』にみえる建久八年新造の「御座」は、八幡神画像の宝前に八幡神の座としてしつらえられた礼盤だったとした。

本像造立の主体については、重源や弁暁の関与を認めつつも、像内銘記の検討から天皇や皇族ら天皇家にあったと解し、その制作は仏教諸宗の結縁により京都で行われたと推定した。また、快慶起用の背景には、はやくに後白河院の供養に関わる造仏を手がけた実績や、特権的な画像にもとづく造像を担うことのできる仏師という評価、持戒の仏師による聖性の付与への期待から、御願を担うにふさわしいとみなされた可能性を提示した。そして快慶が「施主」を称したのは、重源の名代というよりもむしろ施主である天皇により近い立場、つまり御願を実現する共同事業者として、みずからの意志により制作を行うことの表明と解した。

東大寺鎮守八幡宮の神体が最終的に画像でなく彫像として再興された点については、蓮肉主要部と蓮華周縁部が分離可能な構造が必要に応じた後日の移送を想定したものとも考えられることから、蓮肉主要部と一体化した像本体を乗り物、すなわち神輿にのせて練り歩く行像としての機能が付与されたと推測した。単に神体を再興するのみならず、奈良時代に八幡神が輿にのり宇佐の地から上洛してきた様子を演劇的に再現することにより、その由緒の回復が試みられたのだとすればたいへん興味ぶかい。

以上、結論めいたことはほとんど提示できなかったが、日本仏教史上に残る一大事業である東大寺の鎌倉再興において、本像が担いそして果たした役割がこれまで考えられてきたよりもはるかに大きなものであった可能性があることをあらためて指摘し、本稿を閉じたい。

註

（1）本像を取り上げた主な先行研究は、左記のとおり。
赤松俊秀「快慶作東大寺僧形八幡像に就いて」（『宝雲』二八）一九四一年十二月。（同『続　鎌倉仏教の研究』一九六六年八月　平楽寺書店）。
北河原公典『東大寺秘仏僧形八幡神像に就いて』一九四六年九月　東大寺惣持院。
村山修一「中世に於ける東大寺八幡宮」（『国史学』五三）一九五〇年十月。（同『習合思想史論考』所収　一九八七年十一月　塙書房）。

毛利久『仏師快慶論』一九六一年十月　吉川弘文館。（増補版、一九八七年十一月）。

景山春樹「八幡神影像の研究」（同『神道美術の研究』所収）一九六二年六月　山本湖舟写真工芸部。（同『神道美術――その諸相と展開――』に「八幡神影像の展開」と改題のうえ収録　一九七三年八月　雄山閣出版）。

田邉三郎助「東大寺僧形八幡神像」（『古美術』三）一九六三年十月。

稲垣直「快慶作東大寺僧形八幡神像について」（『国華』九一六）一九六八年七月。

小林剛『俊乗房重源の研究』一九七一年六月　有隣堂。

西川新次「僧形八幡神坐像」（『奈良六大寺大観』一一　東大寺三）一九七二年二月　岩波書店。（同『日本彫刻史論集』所収〈山本勉「付記」を併載〉一九九一年四月　中央公論美術出版）。

森ちづ子「八幡御神影の成立について」（『仏教芸術』一二八）一九八〇年一月。

松島健「仏師快慶の研究」（『鹿島美術財団年報』三）一九八五年。

修理者協議会編『美の修復　京都国立博物館文化財保存修理所創設十周年記念報告書』一九九〇年十月。

青木淳「東大寺僧形八幡神像の結縁交名――造像を中心とした中世信仰者の結衆とその構造――」（『密教図像』一二）一九九三年十二月。

赤川一博「高野山金剛峯寺孔雀明王坐像の造像背景」（『仏教芸術』二五八）二〇〇一年九月。

井上一稔「僧形八幡神像（東大寺）」（水野敬三郎ほか編『日本彫刻史基礎資料集成』鎌倉時代造像銘記篇一）二〇〇三年四月　中央公論美術出版。

近藤有宣「僧形八幡神像」（大橋一章・齋藤理恵子編著『東大寺――美術史研究のあゆみ――』）二〇〇三年九月　里文出版。

瀬谷貴之「重源と弁暁――東大寺鎮守八幡宮復興と僧形八幡神坐像、重源上人坐像を中心に――」（神奈川県立金沢文庫編『東大寺　鎌倉再建と華厳興隆』）二〇一三年十月。

岩田茂樹「東大寺・僧形八幡神坐像の再検討」（『仏教芸術』三四三）二〇一五年十一月。

佐藤大「僧形八幡神坐像（奈良・東大寺）」（伊東史朗総監修『神像彫刻重要資料集成』三　関西編二）二〇一六年十二月　国書刊行会。

（2）前掲註（1）井上解説。

(3) 前掲註(1)岩田論文。
(4) 『八幡大菩薩并心経感応抄』の引用は、左記の論文の翻刻によった。
阿部泰郎「東大寺図書館蔵『八幡大菩薩并心経感応抄』(解題・翻刻・釈文)」(『唱導文学研究』四)二〇〇四年十月。
(5) 前掲註(1)西川解説。
(6) 前掲註(1)赤川論文。
(7) 前掲註(1)岩田論文。
(8) 前掲註(1)瀬谷論文。
(9) 実査は平成二十四年(二〇一二)に奈良国立博物館で開催された特別展「頼朝と重源——東大寺再興を支えた鎌倉と奈良の絆——」に際し、同年八月二十日に岩田茂樹・岩井共二の両氏とともに実施した。
(10) 蓮肉主要部側面には、前後左右四箇所に桟木を取り付ける位置を決めるための墨打ちが確認される。
(11) 前掲註(1)井上解説。
(12) 前掲註(1)岩田論文。
(13) この点については、簡略な記述ながら山口隆介「僧形八幡神坐像(東大寺)」(山本勉編『運慶・快慶と中世寺院』〈日本美術全集七〉二〇一三年十二月　小学館)ですでに触れており、その後、前掲註(1)岩田論文において詳述された。
なお、像本体と台座を釘で固定する同時代の類例に、文治五年(一一八九)康慶作の奈良・興福寺法相六祖像がある。この一具像で像本体と畳座とを一体化しているのは、着衣の裾が地付より低い位置まで垂下するためと推測されるが、像内の観察が可能な二軀(伝玄昉・伝行賀)でみるかぎり、像内に打ち付けた鎹と着衣の裾まわりに打ち付けた釘で像本体と畳座とを固定しているとみられる。まったく同工ではないものの、一部に本像と類する固定法を用いる先例として留意される。
(14) 台座に円鐶を取り付けること自体は、飛鳥時代(七世紀)の奈良・法隆寺金堂四天王像を古例として時折みられるものの、その位置は下框の側面であることが多く、本像のように上面に取り付ける例はすくない。同時代の類例として、貞永元年(一二三二)の造立供養と推定される京都・東寺の聖観音・梵天・帝釈天像(二間観音)がある。

三軀を納める六角厨子の下框上面には、各尊の四方に円鐶を取り付けている。このほか、建長元年（一二四九）善慶作の奈良・西大寺釈迦如来像には、用途不明ながら台座蓮肉上面の四方に鉄製円鐶がある。

(15) 前掲註(1)岩田論文。

(16) 前掲註(1)岩田論文。

(17) 前掲註(1)岩田論文。

(18) 『玉葉』文治四年七月一日条。

(19) 前掲註(1)赤松論文において、左大臣大炊御門経宗の記の誤りであることが指摘される。

(20) 前掲註(1)赤川論文では、「文治年間に建立された社殿は、汚れのために建て替えられたのであるが、このとき御座も棄却されたとも考えられる」としている。

(21) 中島博「僧形八幡神像」（奈良国立博物館編『大和の神々と美術　手向山八幡宮と手掻会』）二〇〇二年一月。

(22) 前掲註(1)赤松論文によれば、石清水八幡宮には快慶が寄進した八幡神画像の、室町時代のものとされる写本が昭和二十二年（一九四七）まで存していた。その表具裏には、左記の朱書銘があったという。

承元二年戊辰四月廿八日乙卯
願主法橋上人位快慶号アン阿弥陀仏(梵字)
法印大和尚位前大僧都祐清寺務□

(23) 谷口耕生「僧形八幡神像」（奈良国立博物館編『快慶　日本人を魅了した仏のかたち』）二〇一七年四月。

(24) 丸山士郎「初期神像彫刻の研究」（『東京国立博物館紀要』四〇）二〇〇五年三月。

(25) 長岡龍作「神像成立に関わる一考察――古代日本の八幡神――」（GBS実行委員会編『論集　カミとほとけ――宗教文化とその歴史的基盤――』ザ・グレイトブッダ・シンポジウム論集三）二〇〇五年十二月　東大寺。

(26) 前掲註(1)西川解説・岩田論文。

(27) 前掲註(1)瀬谷論文。

(28) 前掲註(1)岩田論文

(29) この系統の八幡神像の彫像として、ほかに嘉暦三年（一三二八）康俊作のアメリカ・ボストン美術館像がある。

小林剛氏によれば、この像は長らく奈良の玉井大閑堂にあったといい、南都伝来かと推測される。

小林剛「ボストン美術館の僧形像に就いて」（『画説』三五）一九三九年十一月。

(30) 像内体部背面墨書

[梵字]阿弥陀仏
[梵字]　[梵字]慧敏
[梵字][梵字][梵字]　執筆任阿弥陀仏寛宗　実深
東大寺八幡宮安置之建仁元年十二月廿七日御開眼
今上　大上天皇　七条女院　八条女院　御室守覚
長厳　真遍　静遍　永遍　章玄　了阿弥陀仏
過去後白河院　快賢　快宴　快俊　良円　性阿弥陀仏
東大寺別当弁暁　珎賢　快専　頼厳　浄宴　信覚
行厳　迎賢　迎慶　迎印　性阿弥陀仏　慶俊
奉造立施主巧匠[梵字]阿弥陀仏快慶　小仏師
快尊　慶聖　良情　慶連　宗賢　尊慶　良快
祐賢　宗円　慶覚　覚厳　隆円　覚円　良尊
信慶　勝盛　良智　有尊　有実　快祐　覚縁
浄慶　慶覚　実厳　運慶　有序
円長　宗遍　漆工　大中臣友永　藤井末良　友綱
銅細工　兼基

(31) 前掲註(1)青木論文。

(32) かつて小林剛氏は前掲註(1)論著において、本像の像内銘に重源の名がしるされないことに関して「この像の造立を重源がひとりで勝手にやったという八幡験記の説を否定するもので、これはやはり朝廷との間にじゅうぶんな了解があってはじめて成されたものといわなければならない」と述べている。

(33)前掲註(1)岩田論文。

(34)前掲註(1)井上解説で指摘されているように、本像の頭部内に確認される木製五輪塔は、重源の用いた三角五輪塔でなく通常の五輪塔であり、この点も本像造立に重源が主体的に関与したとみなす見解と齟齬する。

(35)前掲註(1)瀬谷論文。

(36)大仏光背の再興については、左記の論文に詳述される。

赤川一博「東大寺復興造営における大仏光背と中門二天像——東大寺巨大木彫群造像の背景——」(『仏教芸術』三〇六)二〇〇九年九月。

(37)像内体部背面の銘記には、快慶の小仏師として運慶の名がある。これについては、慶派棟梁の運慶とする説(前掲註(1)毛利論著)と別人とする説(小林剛『仏師運慶の研究』〈『奈良国立文化財研究所学報』一、一九五四年九月〉)とがある。近年、根立研介氏は「慶派仏師の棟梁であった運慶が快慶の小仏師となったのも、一種の宗教的な連帯からこの造像に参加したのではなかろうか」と述べ、慶派棟梁の運慶とする説を支持している。

根立研介「仏師の「手」をめぐる小稿——造像銘記からの考察を中心として——」(中村俊春編『作品における制作する手の顕在化」をめぐる歴史的研究』科学研究費補助金基盤研究(B)成果報告書)二〇一七年三月。

(38)奥健夫『清凉寺釈迦如来像』(日本の美術五一三)二〇〇九年二月　至文堂。

(39)前掲註(38)奥論著。

(40)谷口耕生「快慶と絵様——御仏の相好を写す——」(奈良国立博物館編『快慶　日本人を魅了した仏のかたち』)二〇一七年四月。

(41)前掲註(1)瀬谷論文。

(42)興然(一一二一〜一二〇三)が著した『図像集』にしるされる「私云、建久三年之秋之比、法皇御料醍醐権僧正勝賢如法被奉造立此像云々」は、醍醐寺像を指すとみられる。また、建長七年(一二五五)に慶円(一一四〇〜一二二三)の弟子塔義が著した『三輪上人行状』によれば、大和国総持寺(惣持寺)薬師如来像は、貞慶(一一五五〜一二一三)の発願で「法性寺安阿弥陀仏」すなわち快慶の作といい、「如法如説」につくられたとしるされる。建保七年(一二一九)に焼失した大和国長谷寺本尊十一面観音像の再興は、快慶を大仏師として着手され(『長谷寺再興縁起』）、造像に要した期間がわずか三十三日間だったのは、観音の三十三身を意識してのこととみられる。『縁起』に快慶をして「其身浄行也、尤足清撰歟」とあるのは、仏師持戒を守るなど造仏作法にのっとって如法に造立したことをしめしている。このほか、醍醐寺所蔵の醍醐寺文書聖教のうち「醍醐勝俱胝院千手堂事」によれば、真阿弥陀仏らが発願した一搩手半千手観音像は、「仏師法眼快慶」が三十三日間でつくり、「笠置解脱上人」すなわち貞慶が開眼導師として供養を行ったという。三十三日間での造立は、観音の三十三身にちなんだ如法仏であることを意味するのだろう。

(43) 根立研介「施主と仏師――康円作文殊五尊像の造像を中心として――」（京都大学美学美術史学研究会編『芸術の理論と歴史』）一九九〇年三月　思文閣出版。

(44) 前掲註(1)西川解説。

(45) 前掲註(1)小林論著。

(46) 前掲註(1)毛利論著。

(47) 耕三寺像との関係から、本像が京都で造立されたことを示唆する先行研究として左記のものがある。
古幡昇子「常行堂阿弥陀の図様的典拠とその一作例――耕三寺像を中心に――」（『昭和女子大学文化史研究』九）二〇〇五年十月。

(48) 前掲註(1)岩田論文。

(49) 前掲註(21)書。

(50) 手掻会に関するまとまった研究としては、左記のものがある。
和田義昭「東大寺鎮守八幡宮手掻会について」（日本史研究会史料研究部会編『中世の権力と民衆』）一九七〇年六月　創元社。

武居由美子「東大寺郷民の成長と祭礼」（『年報中世史研究』一六）一九九一年。

畠山聡「平安・院政期における転害会と東大寺郷」（『神道古典研究所紀要』一一―一五）二〇〇五年九月。

(51) 奥健夫「裸形着装像の成立」（『MUSEUM』五八九）二〇〇四年四月。

(52) いま手向山八幡宮には、本像と同時期の制作ではないものの、現存する作品のなかでは最古の形式を残すとされる鎌倉時代（十四世紀）の神輿（鳳輦）が伝わる。また、同宮には寛政六年（一七九四）にこの神輿の仕様を詳細に描いた八幡宮神輿図絵も存する。実査により確認した、蓮肉主要部と一体化した像本体及び神輿（鳳輦）の法量、八幡宮神輿図絵中の神輿（鳳輦）の寸法をまとめると次のようになる。

［東大寺　僧形八幡神坐像（蓮肉主要部と一体化した像本体）］
最大高（錫杖長）　一二三・〇センチメートル
最大奥（蓮肉主要部の径）　八六・五センチメートル
最大幅（袖張）　八九・一センチメートル

［手向山八幡宮　神輿（鳳輦）］
宝殿内高（屋根裏までの最大高）　一四八・五センチメートル
宝殿内奥　一一〇・六センチメートル
宝殿内幅　一〇六・〇センチメートル

［手向山八幡宮　八幡宮神輿図絵のうち神輿（鳳輦）］
宝殿内高　四尺二寸一分（約一二七・五センチメートル）
宝殿内奥　三尺六寸四分（約一一〇・三センチメートル）
後陣幅　三尺六寸八分（約一一一・五センチメートル）

ここで試みに、蓮肉主要部と一体化した像本体が神輿（鳳輦）の宝殿内に収まるのかを計測してみたい。最大幅（袖張）及び最大奥（蓮肉主要部の径）は、それぞれ宝殿内にいちおう収まるようだが、高さについては、いま宝殿内に置かれる厚さ七・五センチメートルの畳座上に本像が坐し、錫杖長と厚さ三・三センチメートルの蓮肉主要部、数センチメートル厚の裏桟を合算すると、最大高一四八・五センチメートルの宝殿内に収めるには窮屈である。また、現存する神輿の宝殿内は、屋根裏正面に小さな円鐶がひとつ取り付けられているだけのいたって簡素な空間であり、蓮肉主要部と一体化した像の安置に関連するような機構は認められない。

手向山八幡宮所蔵の神輿の実査は、平成二十六年（二〇一四）十月八日に同宮・上司延禮宮司の立会いのもと、吉澤悟氏（奈良国立博物館）とともに行った。

(53) いわゆる行像と生身性との関わりについては、左記の論文を参考にした。
藤岡穣「聖徳太子像の成立――四天王寺聖霊院像を基点とする太子像の史的理解のために――」（『文学』一一―一）二〇一〇年一月。

(54) 小杉一雄「行像　ベゼクリクの行像壁画？」（『仏教芸術』一九）一九五三年十月。（同『中国仏教美術史の研究』所収　一九八〇年四月　新樹社）。

(55) 『作善集』の渡辺別所の条にしるされる「来迎堂一宇奉安皆金色来迎弥陀来迎《（ママ）》像一、長八尺」は来迎像とあり、また浄土寺の裸形阿弥陀如来像の髪際高とほぼ同寸であることからも、行像だった可能性を考えてよい。

(56) 横内裕人「重源における宋文化――日本仏教再生の試み――」（『アジア遊学』一二二）二〇〇九年五月。

(57) 『東大寺要録』。

【付記】 図版掲載にあたっては、奈良国立博物館所蔵の画像データ（撮影　佐々木香輔氏〔図1～6・11・12・15～19〕、森村欣司氏〔図13〕）を使用したほか、所蔵者ならびに関係各位よりご配慮をいただいた。〔図9・10・14〕は筆者撮影。

本稿は、平成二十六年十二月に大阪大学に提出した学位申請論文『鎌倉時代彫刻史研究序説――様式・図像・機能――』の一部に大幅に加筆修正を行ったものである。

第三部　東大寺の建築

東大寺食堂にみる古代食堂の建築的展開について

海野　聡

はじめに

古代寺院の食堂に関しては、ほかの主要堂塔とは異なり、現存建築が遺存せず、[1]さらに発掘・文献資料のいずれも少ないため、これまで十分に議論することは困難であった。そのなかで、東大寺食堂は幸いなことに、様相を知る手がかりとして、東大寺講堂周辺の様相を描いた「正倉院殿堂図」（正倉院宝物、**図1**）と称される図面が伝わっており、これをもとに食堂および食堂回廊の平面の検討が行われてきた。さらに近年、奈良文化財研究所による西大寺（二〇〇六年）や薬師寺（二〇一二年）の食堂の発掘調査を通して、新たな情報が得られた。また布薩を中心に、古代の食堂の機能や儀礼に関する研究も進んできている（藤井恵介　一九九四・吉川真司　二〇一〇）。

このように徐々に古代食堂を検討する素地が固まりつつある。よって本稿では、東大寺食堂をはじめとする古代食堂の発掘資料・文献資料の整理を行い、「食堂院の形成」「食堂と細殿・回廊の関係」「食堂の建築的特徴」に焦点を絞って、食堂の建築的展開、給食機能と共食機能を充足する施設の相互関係について検討したい。加えて、同

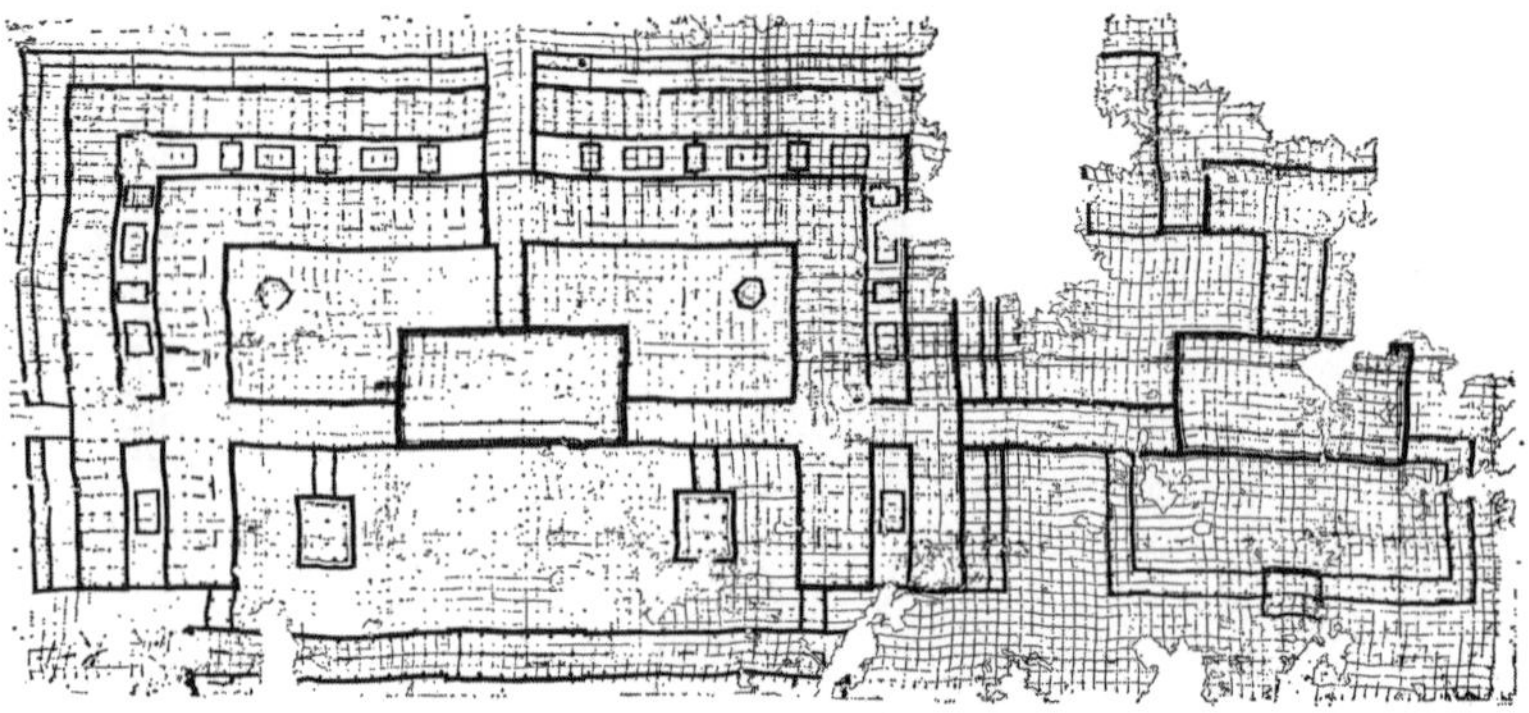

図１　正倉院殿堂図（正倉院宝物）写し

時代の唐代の食堂の様相と比較し、日本古代寺院の食堂を知る足がかりとしたい。

古代寺院食堂総論

先行研究について、まずは古代食堂を総括的に述べたものから順にみよう。太田博太郎氏による食堂の解説が最も的確かつ簡潔にまとまっており、以下の四つを述べている（太田博太郎　一九八五）。

1　僧侶が一堂に会して斎食をする建物で、中世禅宗の僧堂・斎堂にあたる。
2　講堂と同じ、あるいはそれ以上の規模で、その東方ないし北方に位置する。
3　賓頭盧尊者あるいは文殊菩薩をまつる。
4　南都六宗、初期天台宗の寺院にあったが、子院の発達とともになくなる。

このうち、2について個々の寺院をみると、講堂からみた食堂の位置は、薬師寺・元興寺・唐招提寺・東寺・西寺では北方、東大寺・興福寺・西大寺・新薬師寺では東方にある。傾向としては、時代が降るにしたがって、講堂の北方から東方へと変化する。ただし、東寺・西寺は食堂前面に回廊が廻り、講堂の北方に位置する。

また大岡實氏は文献史料と発掘遺構を整理し、食堂周辺の施設について、食堂・東僧房・井殿・盛殿・厨殿・醤殿・米殿・倉代・器殿・大炊殿などから成る複合施設とする。なお新薬師寺本堂は食堂と推定している（大岡實　一九六六）。

宮本長二郎氏は、全国の寺院の発掘遺構を概観し、食堂が院として独立している場合は講堂の東方に位置し、その他では講堂の北方に位置すると指摘する。そのうえで、地方寺院では、甲賀寺や百済寺などで、食堂が確認されるが、多くの地方寺院では講堂と併用と推定している（宮本長二郎　一九七九）。

藤井恵介氏は食堂の機能や儀礼に着目し、食堂には聖僧像を安置することを指摘し、食堂が布薩の会場であったとする。そして醍醐寺を対象に、下醍醐の釈迦堂（礼堂付）を聖僧像の存在から、布薩の会場と推定し、上醍醐の准胝堂（礼堂付）を主要な法会の開催場とする。これらの法会の場の集約により、食堂・講堂が造られなくなり、分担された多くの法会が一つの建築に集約したと解釈する（藤井恵介　一九九四）。

さらに叡尊による比丘戒復興の過程で、叡尊が別食を批判し、通僧食（共食）を開始し、円照の「二時食法」を皆行（『円照上人行状』）することとした。そして東大寺戒壇院における僧堂は僧食のための施設とする（藤井恵介　二〇〇四）。

これを受けて、吉川真司氏は古代食堂における共食という行為に着目し、その機能を検討している。これによると、共食儀礼を軸として、寺僧集団の秩序維持を目的とし、共同性を体現するための施設と位置付ける。そして、食堂は古代寺院特有の施設で、九～十世紀にかけて衰退・消滅し、古代寺院と律令官司の共食儀礼は、ともに組織の共同性を維持する点で類似するとする（吉川真司　二〇一〇）。

個別の古代食堂

次に個別の食堂に関する検討を順にみていきたい。

まずは天沼俊一氏による東大寺食堂の平面の復元検討があげられる（天沼俊一　一九一〇、**図2**）。ここでは、「正倉院殿堂図」（**図1**）をもとに、平面の復元を行っており。創建食堂を桁行一一間、梁行六間で、前面に回廊、回廊の正面中央に三間一戸門が開く平面に復元している。また現存する講堂東方の礎石を食堂のものと推定しているが、原位置を保たないと判断し、宝厳院の付近で出土した凝灰岩が基壇外装にあたり、この付近を食堂の推定地と考え、現在、**図3**のような伽藍復元図が示されている。

天沼俊一氏の検討は主に絵図に依った考察であったが、鈴木嘉吉氏は発掘調査の成果に基づき、興福寺の食堂の変遷を明らかにしている（鈴木嘉吉　一九五九、**図4・5**）。ここでは創建の食堂の平面規模を推定するだけではなく、上部構造にも言及し、食堂・細殿とも側柱から基壇の距離は食堂と同じ約八・五尺で、手先のない簡単な組物と想定した。そして食堂は寄棟造と推定し、細殿は切妻造にしては螻羽の出が大きいという特徴を持つとする。また中世の食堂については、発掘調査から古代よりも軒の出が大きく、手先の出る組物を想定している。さらに「興福寺流記」の記述をもとに、食堂周辺施設を検討し、食堂院の復元平面図を提示した（**図5**）。また同史料の記述より、当初は聖僧像のみ安置していたと指摘する。これらの成果を踏まえ、南都大寺の食堂と興福寺食堂を比較することで、それぞれの食堂の規模と正面柱間が類似することを指摘し、さらに奈良時代の他の例から興福寺食堂の屋根形状は寄棟造と推定する。そして食堂と僧房との関係に言及し、食堂が講堂東方に移動し、三面僧房の伽藍配置となることで、本来の食堂と僧房の近接関係が失われたと位置付ける。

近年には、奈良文化財研究所が西大寺食堂院・薬師寺食堂を発掘し、その成果をもとに、食堂の発掘遺構の比較

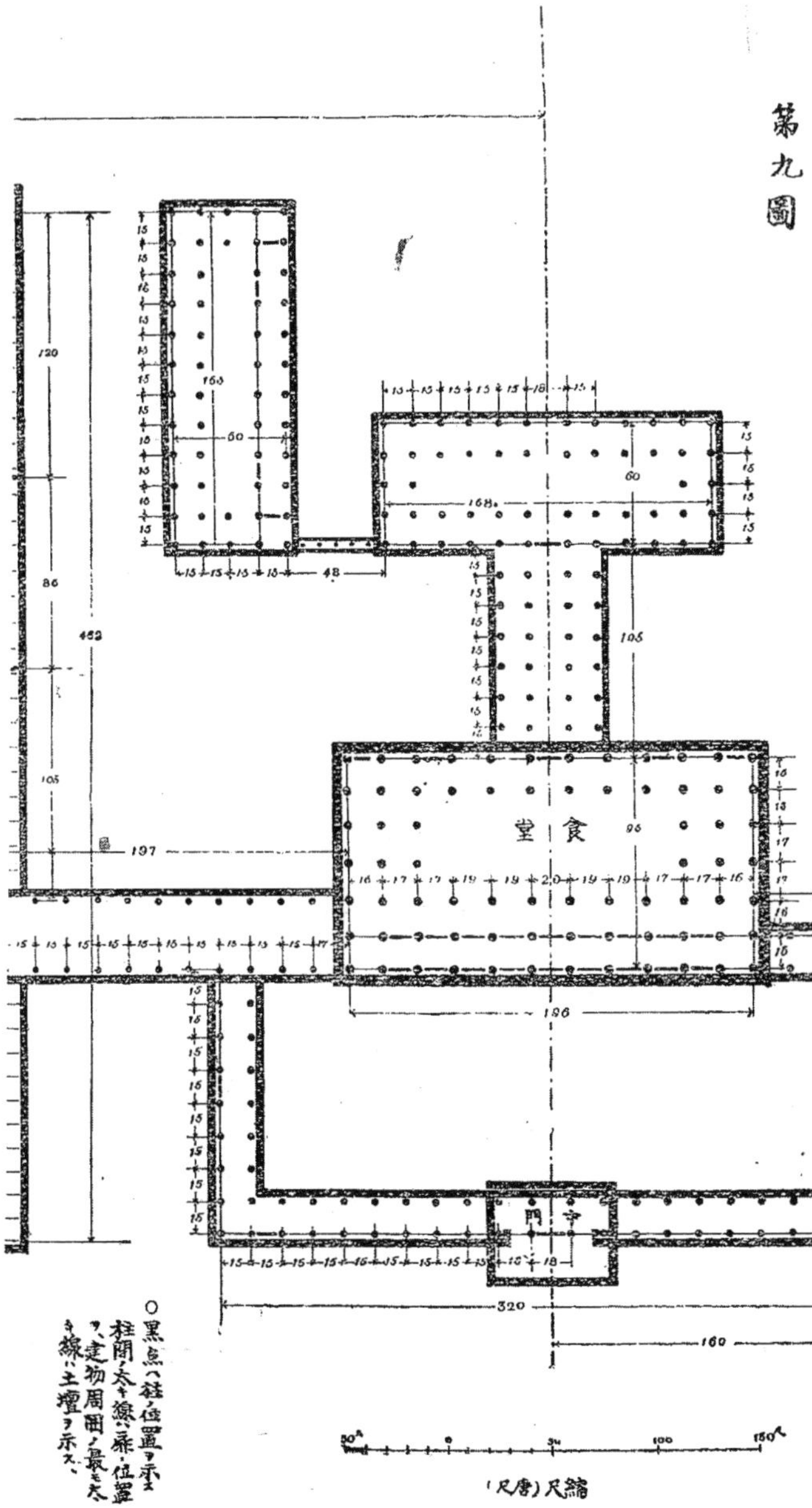

図2　東大寺食堂復元平面図

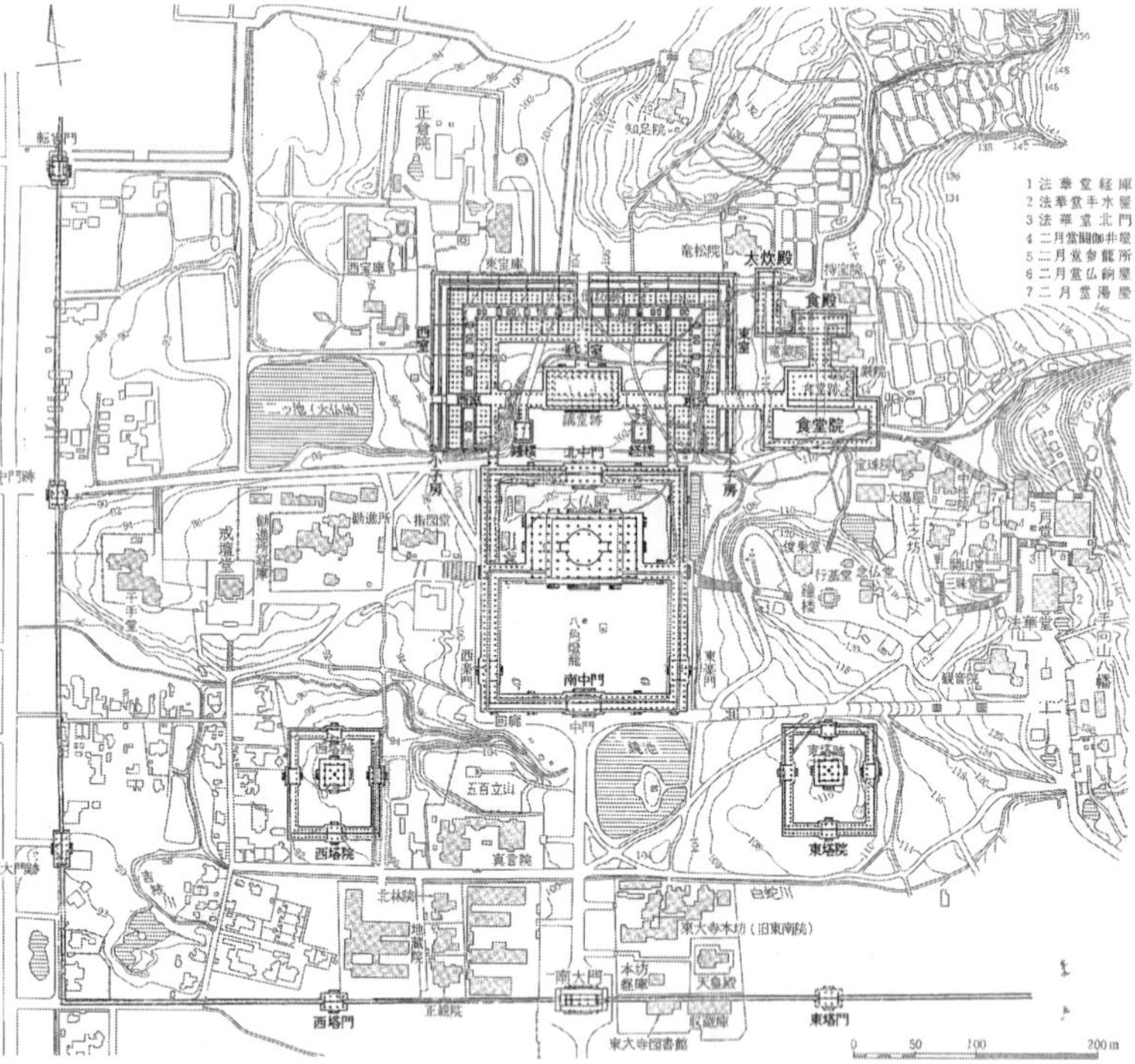

図3　東大寺伽藍配置復元図

を行っている（奈良文化財研究所　二〇〇七、二〇一三）。

前者については、「西大寺資財流記帳」から食堂院の建物構成は知られていたが、発掘遺構により建物配置が明らかになった点が成果としてあげられる（**図6**）。ただし、食堂院の建築的、あるいは空間的な考察は不足する。後者については、以下の点が指摘されている。第一に薬師寺食堂の発掘成果からみて、食堂は講堂に匹敵する建物だが、東大寺・興福寺などに比して小さい。第二に側柱から雨落溝までの距離（一三・三〜一六・二尺）から、手先の出る組物を持つと推察され、基壇外の雨落溝まで軒が出ているとすると、三手先組物の可能性も考えられるとする。そして西寺食堂も薬師寺食堂と同様に、軒の出が大きいという傾向を示しているとし、これらの点を鑑

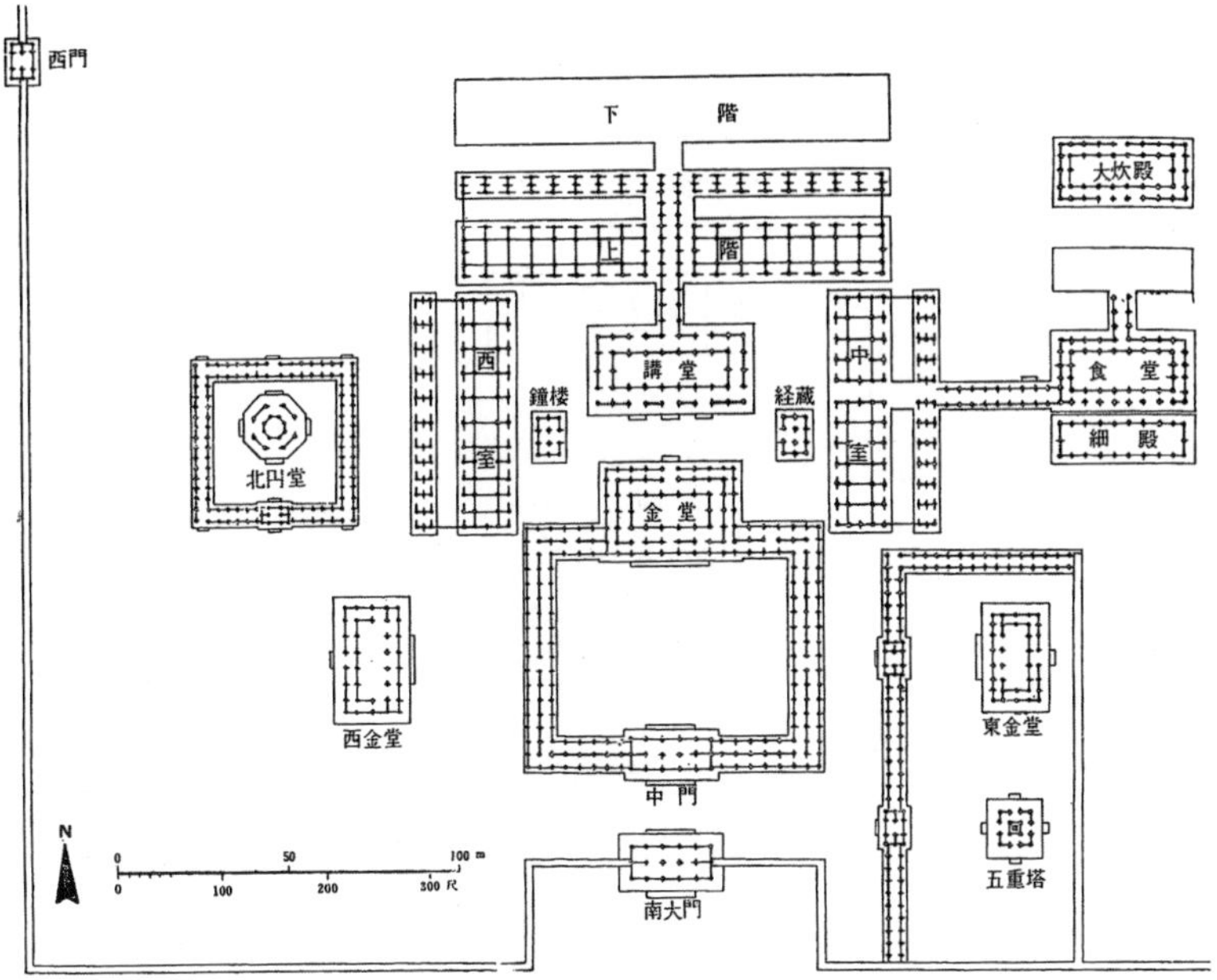

図４　興福寺伽藍配置復元図

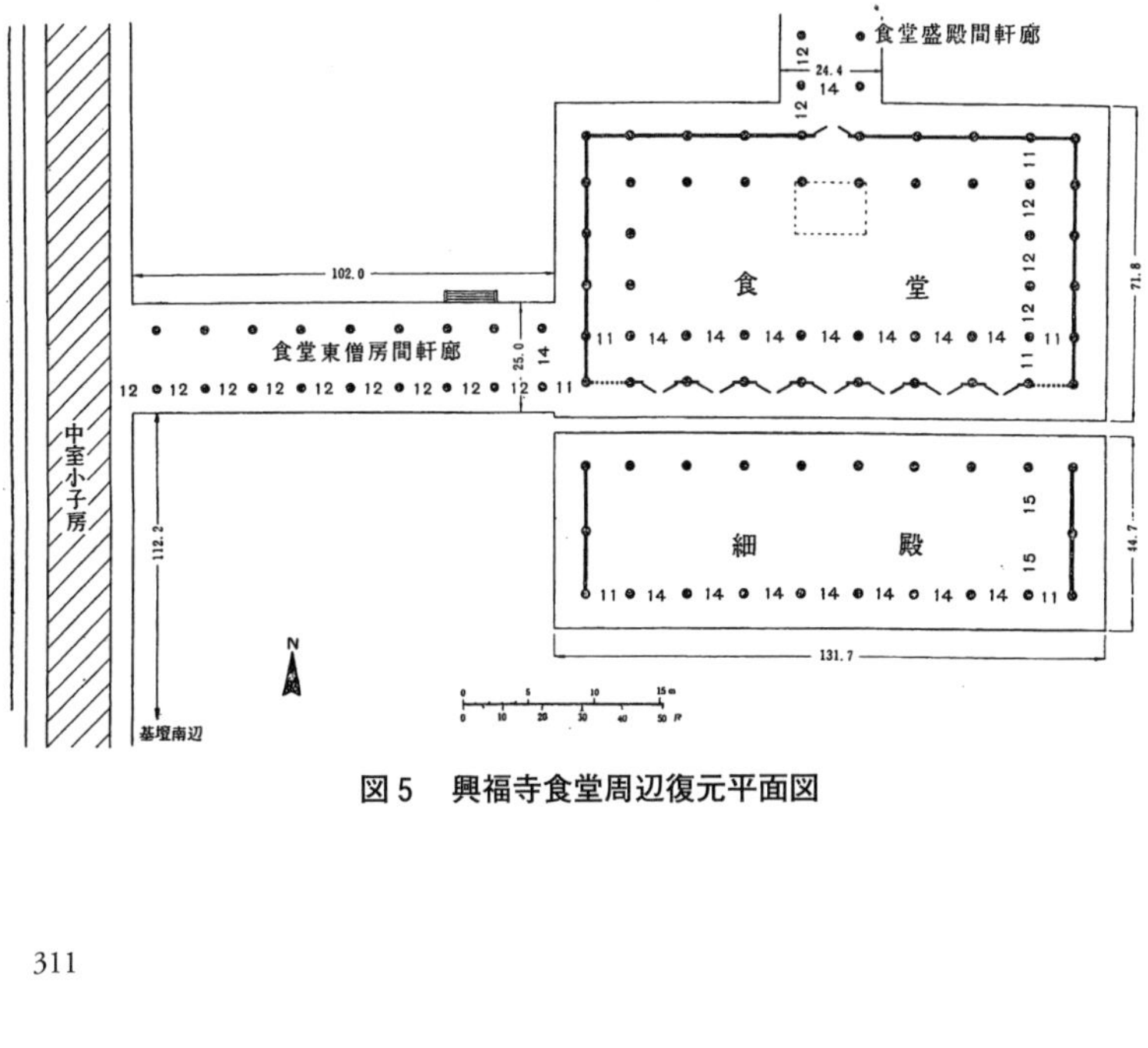

図５　興福寺食堂周辺復元平面図

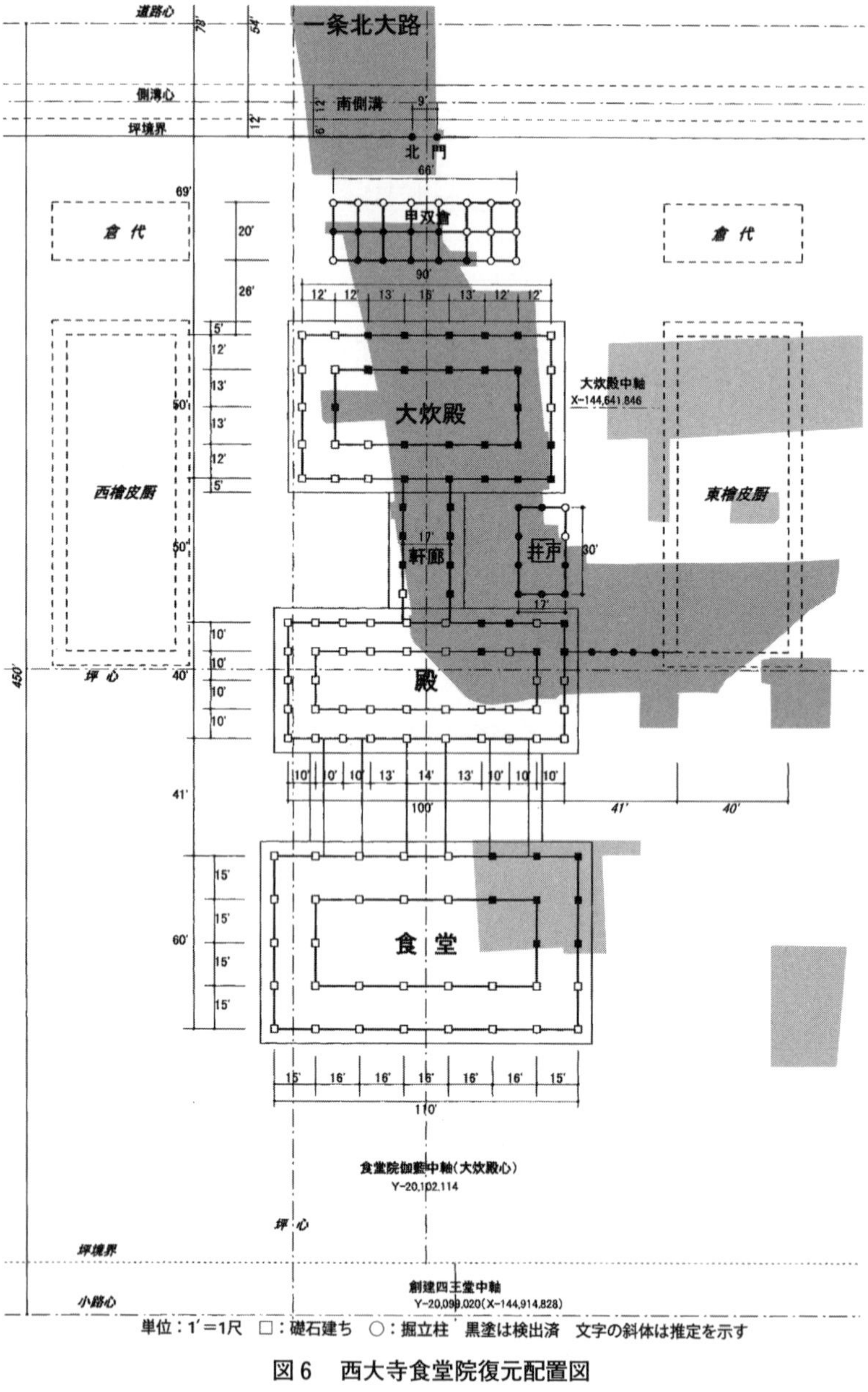

図6　西大寺食堂院復元配置図

みると、食堂がこれまで考えられている以上に格の高い建物であるとする。

課題

吉川真司氏が指摘するように九世紀半ば~十世紀前葉には新造寺院から食堂は消えていったため、食堂自体は古代のごく一時期に存在した特殊な施設であるが、食堂および食堂院に対する研究が、儀礼・建築・発掘の面から進捗し、以下のような課題も生じている。

まずは食堂と諸施設の関係、特に食堂院と大衆院との関係からみた食堂周辺の建築的展開があげられる。具体的には、食堂院を形成するか否か、食堂院内の建物構成が議論の焦点となり、この視点は、ひいては伽藍の構成に波及する問題である。次に、回廊や細殿などが食堂前面に取り付く事例が確認できるが、これは食堂の梁行方向への空間の拡大を示すもので、食堂の規模や儀礼的な使用の点から検討課題である。さらに古代建築では一般的に身舎梁間は二間であるが、食堂では梁間三間の事例（興福寺・東大寺）もあり、これが食堂の建築的特徴を示している可能性がある。三点目は唐代寺院食堂でみられる床で、床は食堂における戒律を示す建築的特徴の可能性がある。

食堂院の定義

以上のように、先行研究では食堂やその周辺施設に対して言及がなされており、その過程で、食堂院という語が用いられているが、その定義は不明確である。元来、食堂は共食という機能を有していたが、これを補完するために、給食機能を有した施設が必要である。これが食堂を囲む一帯、あるいは別の区画のいずれに存在したかが問題であるため、食堂院の定義は食堂と食堂院という関係を検討するうえで重要である。

そのため、本稿で用いる食堂院について、ここで紙幅を割いて、述べておきたい。食堂院の定義として第一に優先されるべきは、当時の人々が一定の区画を食堂院と認識しているパターンである。西大寺がこれにあたり、「西大寺資財流記帳」には食堂院という一画を記したうえで、その区画内にある建物群の名前が記される。同じように、「興福寺流記」においても、食堂院という語が用いられている。ただし「興福寺流記」は山階流記や天平記・宝字記・延暦記などの縁起流記資財帳を引用するが、基本的には平安時代末期に編纂された史料であるため、奈良時代において、これを食堂院と認識していたかについての確証は得られない。しかしながら、後述のように、食堂およびその周辺施設を囲う施設があり、この空間構成を「院」と称したという解釈は十分に考えられ、「興福寺流記」の記述には一定の信頼がおける。一方で、薬師寺のように食堂が囲繞されず、空間的に大きく異なるものを食堂院と呼ぶのは適切ではなく、現に「薬師寺縁起」には食堂院という記述は確認できない(2)。

よって、本稿では空間的に食堂を囲う施設を有するものおよび食堂の前面に囲繞空間を持つものを便宜的に食堂院と定義し、食堂を空間的に囲わないものについては、食堂院を構成しないものと定義する。なお囲繞施設については、回廊・築地塀など、複数の類型が存在し、この違いは空間構成にも波及し、儀礼における建築の使用方法に違いが生じると考えられるが、ここでは共食と給食という機能に着眼するため、囲繞施設の形状の差異ではなく、大きな区画の有無により、食堂院を定義する。

第一章　古代の食堂周辺の建物構成と食堂院の形成

諸先行研究が明らかにしてきたように、食堂には僧侶が一堂に会して共食するという重要な役割があり、寺院生活に欠くべからざる施設である。そして食堂は建物単独でその機能を完結させるものではなく、これを補助するための施設（大炊屋・厨など）が数多く必要である。食堂はこれらの食堂付属の施設群とともに、食堂院を構成することもあり、この食堂およびその周辺の建築的特徴を検討する下地として、食堂に加え、食堂と周辺施設との接続方法（廊など）について整理しておきたい。なお、西隆寺・甲賀寺・四天王寺・百済寺などで、発掘調査により、推定食堂が確認されているが、南都大寺とは規模が大きく異なり、食堂の平面も四面廂ではないため、除外する。ただし、石山寺については「正倉院文書」を通して、細部が知られるため、一部、検討に加えたい。

第一節　食堂およびその周辺の建物構成と建物の接続

東大寺

創建東大寺食堂の歴史的概略を述べると、まず天平宝字二年（七五八）に食堂の建設を開始し、同六年（七六二）には食堂軒廊の造営に取り掛かっている。その後、天禄二年（九七一）、永暦三年（一〇七九）、仁安二年（一一六七）にそれぞれ食堂修理に関する記述が確認でき、治承四年（一一八〇）の平重衡の南都焼き討ちにより、諸堂とともに食堂も焼失し、その後、再建されることはなかった[3]。食堂の建設は大仏殿の建設にやや遅れるが、軒廊の造営は東塔の露盤や歩廊などの造営と同時期であり、これらと比較しても、食堂の建設は早期に着手されたことがわかり、食堂位置付けや必要性は高かったとみられる。

東大寺伽藍については、前掲のように講堂から食堂院周辺を描いた「正倉院殿堂図」（**図1**）があり、同図は十尺方眼の上に建築の平面が描かれる。これより食堂周辺の様相が窺え、食堂は講堂の東方に位置する。食堂の前面には回廊が取り付き、回廊の正面に三間門が開いており、食堂院を構成しているとみなせる。また食堂の前面には回廊で囲まれた空閑地を設けており、これを前庭として使用とする意図が窺える。なお回廊は平面的には食堂の正面にも廻っており、上部構造は明らかではないが、食堂の空間を梁行方向に拡大させたものと解釈され、礼堂付加の一種と考えられる。食堂の背面側には廊が延び、二棟の建物が配される。また回廊・食堂とも、建物の外形線の一部の線が太くなっており、この部分は開口部とみられる。食堂院と周辺の区画の関係をみると、東室から延びる廊が食堂院の回廊に接続しており、これにより僧房と食堂院の動線を確保している。両者の動線に適った建築構成である。食堂の建築規模については、天沼俊一氏は同図をもとに、桁行一八二尺、梁行九六尺に復元しており、講堂と同規模とする（天沼俊一　一九一〇）。一方、宮本長二郎氏は、古図より桁行一九六尺、梁行九八尺とするが（宮本長二郎　一九七九）、その根拠は示していない。あらためて、同図をみると、桁行は一九〇～二〇〇尺、梁行は正面を含むと一〇〇尺弱である。(4)

次に文献史料をみると、『東大寺要録』諸院章第四によると、食堂付近には大炊殿・羹殿・碓殿・北厨・南厨・細殿・北酒殿・油殿などがあったとされる。しかし、「正倉院殿堂図」（**図1**）の食堂背面側に描かれる建物は二棟のみであり、これと齟齬がある。同図の成立時期が周辺施設の建設に先行する可能性や食堂の背面側の描写範囲が限定的であることから、これらの付属施設が同図に描かれなかった可能性がある。

また「東大寺権現別当実忠二十九个条事」（『東大寺要録』所収）には、大同二年（八〇七）の食堂周辺の改修が記されている。一点目は、食堂「前庭」の崩落の塡圧で、これより、食堂前面の回廊で囲繞された空間を前庭と認識していたことがわかる。もう一点は、食堂前の谷川を埋め固め、堀を南谷に向かって付け替えた治水である。食堂付近は水難の地で、食堂回廊の三間門の南側は実質的には使用できない空間であったと推察される。もちろん、「東大寺権現別当実忠二十九个条事」の史料の性格、すなわち実忠の業績を記した史料であること、他の史料からの確認が取れないことに留意する必要があるが、食堂院推定地周辺（**図3**参照）の現状をみると大湯屋や宝珠院の北には川が流れており、「東大寺権現別当実忠二十九个条事」で指摘する二点の土木改良・治水工事は想起されうる事態である。

以上が東大寺食堂およびその周辺の建築要素に関する整理であるが、東大寺食堂に関しては、儀礼に関する検討が可能であるため、あらためて、後述したい。

興福寺

興福寺については、発掘調査の成果と「興福寺流記」やその他諸史料により、東大寺と同様、食堂を含む古代の伽藍の様相を知るうえで、恵まれた状況にある。興福寺については、伽藍復元図（**図4**）が示されており、発掘調査により、食堂は講堂の東方に位置したことが知られる。

「興福寺流記」は、周知のとおり、平安時代末に編纂された史料で、伽藍内の諸堂舎の由来・寸法、安置仏などが記される。冒頭に東金堂や五重宝塔・西金堂とともに、食堂が併記され、食堂は七間四面で、ここには千手観音立像と賓頭盧像が安置されるとする。一方で、「興福寺流記」の山階流記では食堂院という項目を立てて後述しており、食堂を筆頭に、廊・南細殿・井殿・盛殿・厨殿・醤殿・米蔵・倉代・器殿・大炊殿などの名が列挙される。そして天平前記や宝字記によると、食堂院には門が開いていたとされており、食堂院が一定の区画施設を伴ったことが知られる。一方で、山階流記の食堂の項の末尾に「私云、宝字記大衆院者、盛殿等惣称歟。可レ尋レ之。」とあり、解釈の上で問題になる。この記述より、天平宝字の資財帳では大衆院という名が記されていたこと、そして、山階流記の編者は大衆院に含まれる建物を盛殿以下の給食機能を有する施設と理解したということがわかり、これは古代における大衆院の認識、さらには食堂院と大衆院の関係性を考えるうえで重要である。食堂院という概念は未成立であったか、もしくは食堂院と大衆院の概念が未分化であった可能性がある。すなわち、食堂とその周辺施設を区画する一画は実質的に食堂院として構成されており、そのうちの給食機能を有する建物群を大衆院と称したと理解すると整合性が取れる。

建物配置をみると、食堂・細殿・大炊殿がともに桁行一二丈で、軸をそろえて南北に並べるとされるが、ほかの建物は不明である。また発掘調査により、食堂および細殿・廊の建物構成が復元されている（**図5**）。食堂と細殿ともに桁行九間、総長一二〇尺で軸をそろえ、梁行はそれぞれ梁行五間、四八尺、梁行二間、三〇尺である。

食堂院の構成をみると、前述のように「興福寺流記」の門の記述から、区画施設の存在が窺われ、この食堂院は食堂・細殿を中心に大炊殿をはじめとする諸施設で構成される。周辺施設との接続関係では、「興福寺流記」に廊の記述が確認され、食堂と僧房、食堂と盛殿の廊による接続は、相互の密接な関係を示している。実際に発掘調査成果から、東室（中室）から廊が延び、食堂の南廂に接続すると推定されている（**図5**）。

また興福寺蔵の古図には、入母屋造の食堂と切妻造の細殿が併設する姿が確認でき（**図7**）、「興福寺建築諸図」にある食堂の平面図・建地割図をみると、ここには入母屋造、出組、二重虹梁叉首、化粧屋根裏という構造が描かれており（**図8**）、手先の出る組物は発掘調査に確認できる軒の出とも合致する。この「興福寺建築諸図」にみえる化粧屋根裏という要素は食堂の建築的特徴の一つを示していると考えられる。

薬師寺

薬師寺については、発掘調査により伽藍の全体配置が明らかとなっており（**図9・10**）、また「薬師寺縁起」（護

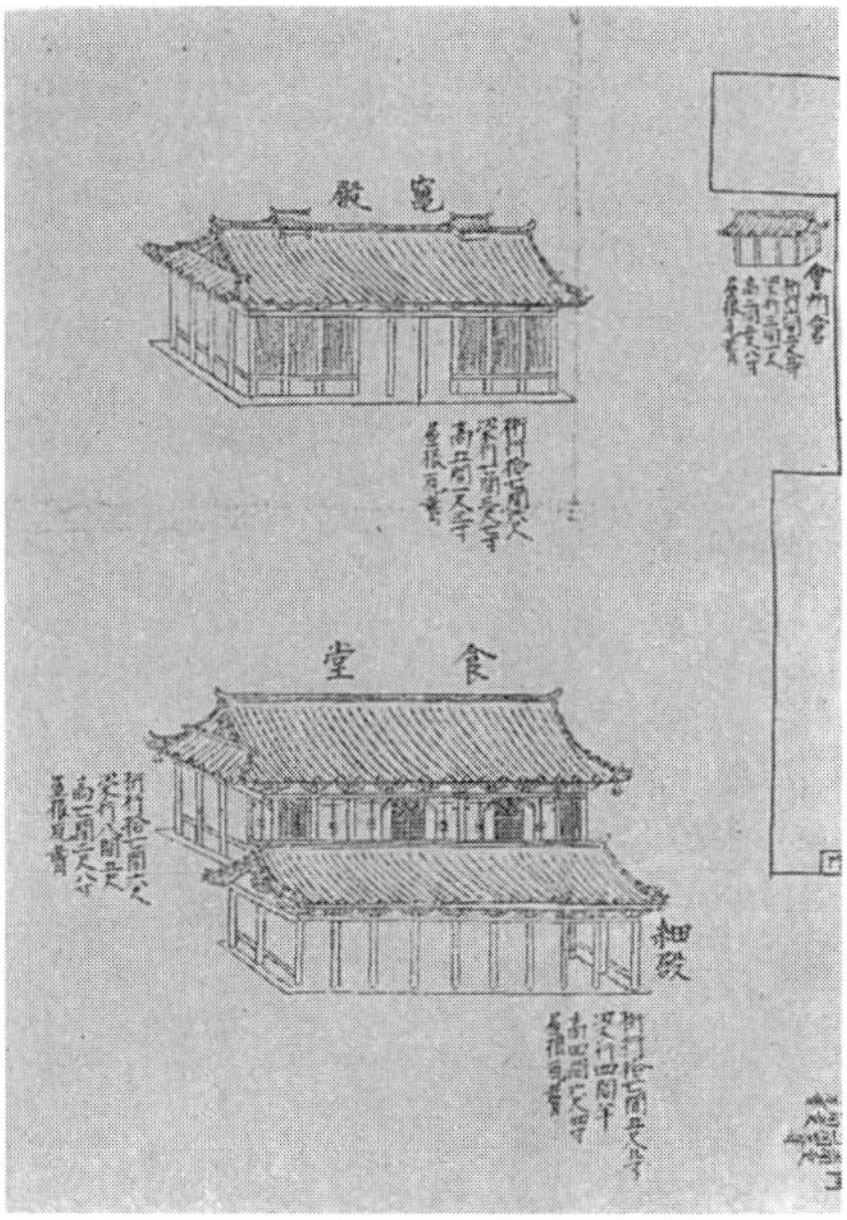

図７　興福寺食堂古図

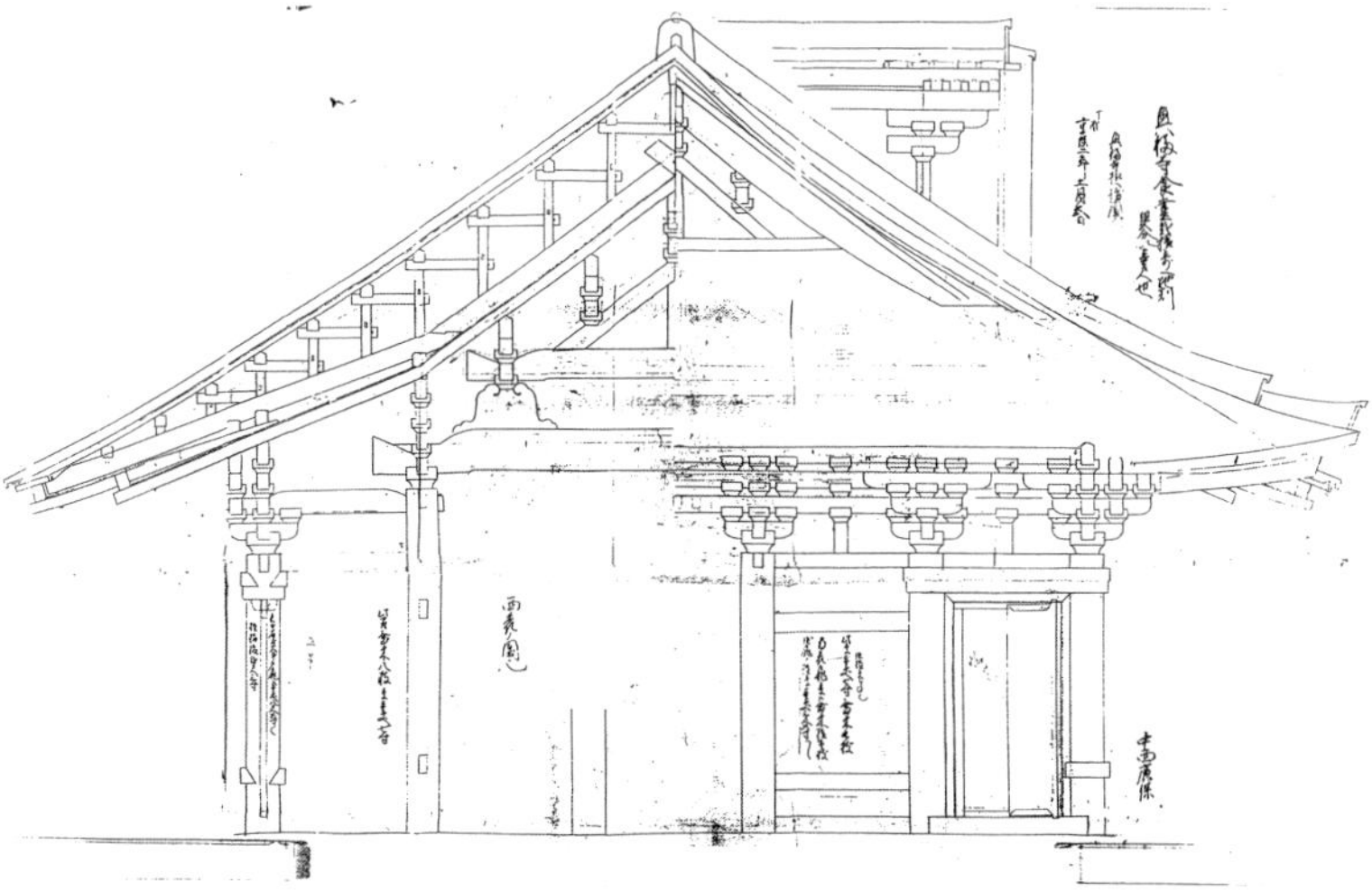

図８　興福寺建築諸図の食堂

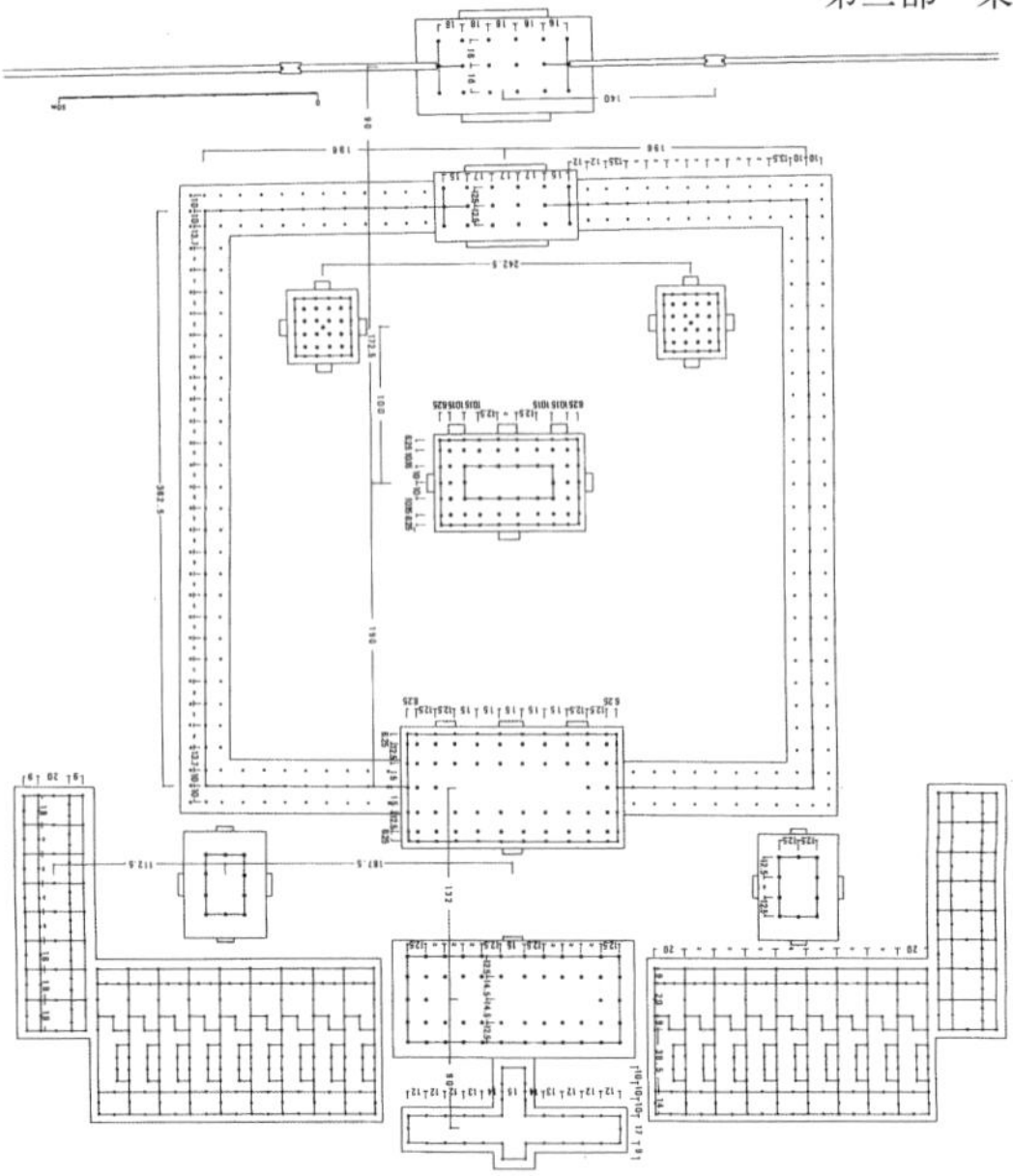

図９　薬師寺伽藍配置復元図

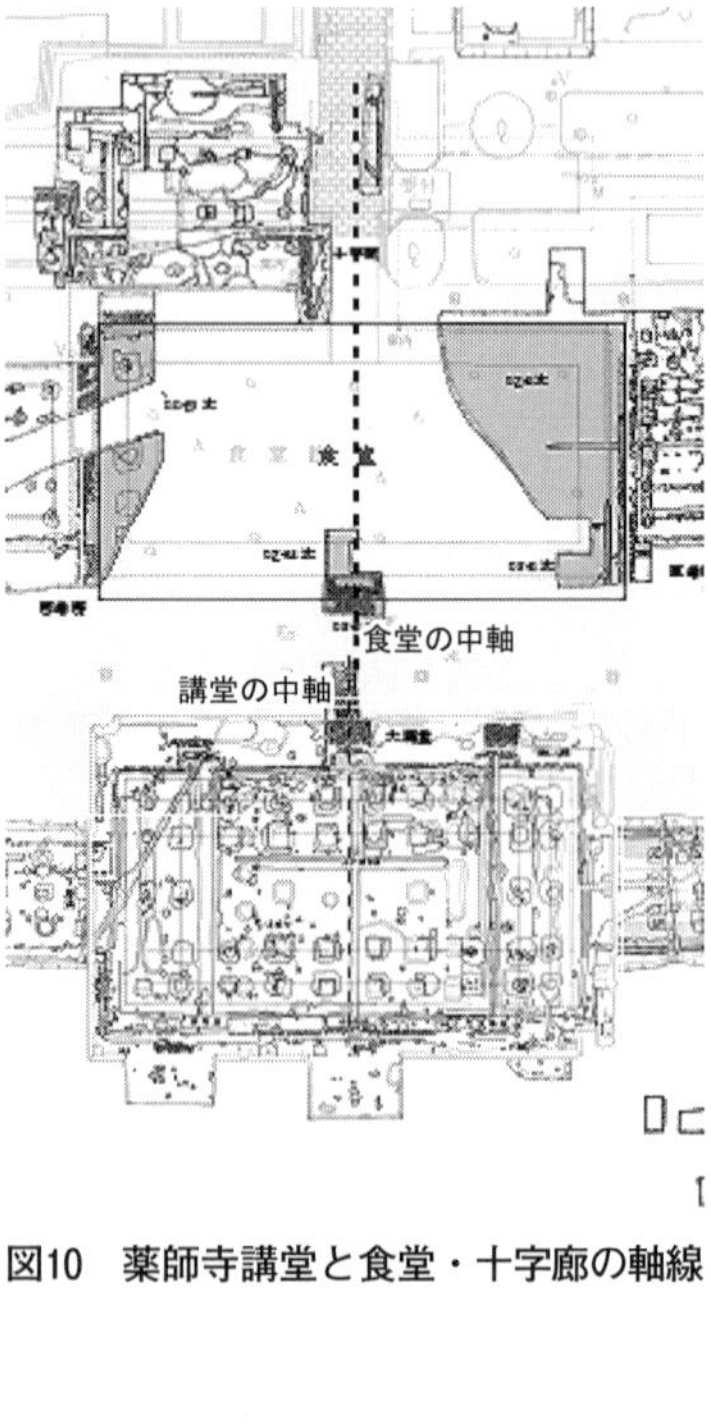

図10　薬師寺講堂と食堂・十字廊の軸線

国寺本）より、伽藍内の堂舎が知られる。食堂やその背面に位置する十字廊の名が確認されるが、後者については同名称の建物は他に例がなく、「薬師寺縁起」では食殿と記されている。

食堂については、「薬師寺縁起」諸本で記述に異同があり、醍醐寺本『諸寺縁起集』（建永二年＝一二〇七）・護国寺本『諸寺縁起集』（康永四年＝一三四五）所収の「薬師寺縁起」には屋根形状、柱の高さの記載がないが、薬師寺本にはあるという（奈良文化財研究所　二〇一三）。これによると食堂は「東屋」という屋根形状に関する記述もみられ、寄棟造と推定されている。本稿では屋根の形状などの建築の上部構造については言及しないが、食堂の建築的特徴を示す重要な記述である。また『七大寺巡礼私記』には「食堂一宇九間四面瓦葺」とあり、桁行九間、四面廂の巨大な建築であったことがわかる。

発掘調査によると、桁行九間、梁行四間の四面廂の柱配置で、礎石抜取穴から推定される建物規模は梁行五四尺で、桁行については二案が想定されており、一四〇尺もしくは一三七・五尺とする。また食堂の背面（北側）には十字廊が延びることが確認された。十字廊の造営は奈良時代後半とされ、食堂の建設よりもかなり遅れる。そして十字廊の北方にも礎石建物ＳＢ３１０１が確認され、さらに北方に建物が展開する可能性がある。

食堂周辺の様相をみると、食堂背面には十字廊が接続するが、食堂やそれを補完する諸施設を囲む施設は確認できず、食堂院を形成しないと判断される。この十字廊の性格は不明であるが、「食殿」とも称される（「薬師寺縁起」）ことから、食堂に関連する機能を有していたと考えられる。また講堂までの伽藍中軸線と食堂の中軸線がずれており、これは講堂と食堂の建設時期の違いや回廊で囲まれる講堂と単独で建つ食堂の違いによるものかもしれない。

また発掘調査から、十字廊の南北廊の螻羽の出が大きいことが確認できるが、後述のように、この傾向は大安寺の廡廊と同様である。食堂周辺の廊の形状を考えるうえで重要な知見であろう。

元興寺

元興寺については、発掘調査が十分に進んでいないが、史料に記載される情報から、食堂周辺の様相を知ることができる。『七大寺巡礼私記』から想定される伽藍配置では、食堂は講堂の北方に位置し、十一間四面廂とされる。また長元八年（一〇三五）の「堂舎損色検録帳」（『平安遺文』九、第四六〇九号文書）から、大衆院が存在したことが明らかであり、食堂院は形成しなかったと考えられる。また同史料は建築に関わる記述を多く含んでおり、食堂の規模が「十一間四廂」の巨大な建物であったこと、北西の隅木が垂れ落ちていることや天井裏板が所々傍に寄っていることが記され、建築の細部が窺える。

食堂と併記して、軒廊や七間二面の食殿・鐘堂があったことが確認できる。軒廊は食堂の北方で食殿と接続し、鐘堂により、食事の時を刻んだと推察され、これらより食堂と食殿の密接な関係性や、時を告げる鐘の重要性が窺える。これに対して、大衆院はこれらの建物とは別項で記され、ここには南中門のほか、酢殿・西醤殿・大炊殿などの名が記される。特に南中門の存在から、給食機能を有したと考えられる施設が大衆院として食堂とは別置されていたと考えられる。

大安寺

大安寺については、食堂が講堂の東方に位置するのか、北方に位置するのかにより、複数の伽藍復元図が提示されている（**図11・12**）。この詳細は後述することとするが、これらの伽藍配置、あるいは堂舎の検討の基礎資料は

「大安寺伽藍縁起并流記資財帳」である。

これには「一口、食堂、長十四丈五尺、広八丈六尺」とあり、南都七大寺の食堂のなかでも東大寺に次ぐ大きさである。同史料には廊が数多くあげられ、これより伽藍の構成が復元できる。食堂までの廡廊は「一食堂長九丈九尺、長一丈八尺」とあり、講堂までの廡廊と同じ幅を持つ。また食堂の前にも廡廊があるとされ、「食堂前廡廊、各左右五十五尺、広一丈三尺」とする。厨・竈屋などの付属施設は大衆院に置かれるとされる。すなわち、大衆院は給食機能を有しており、食堂を補完する役割を有していたと考えられる。大岡實氏は食堂の位置を講堂東と推定

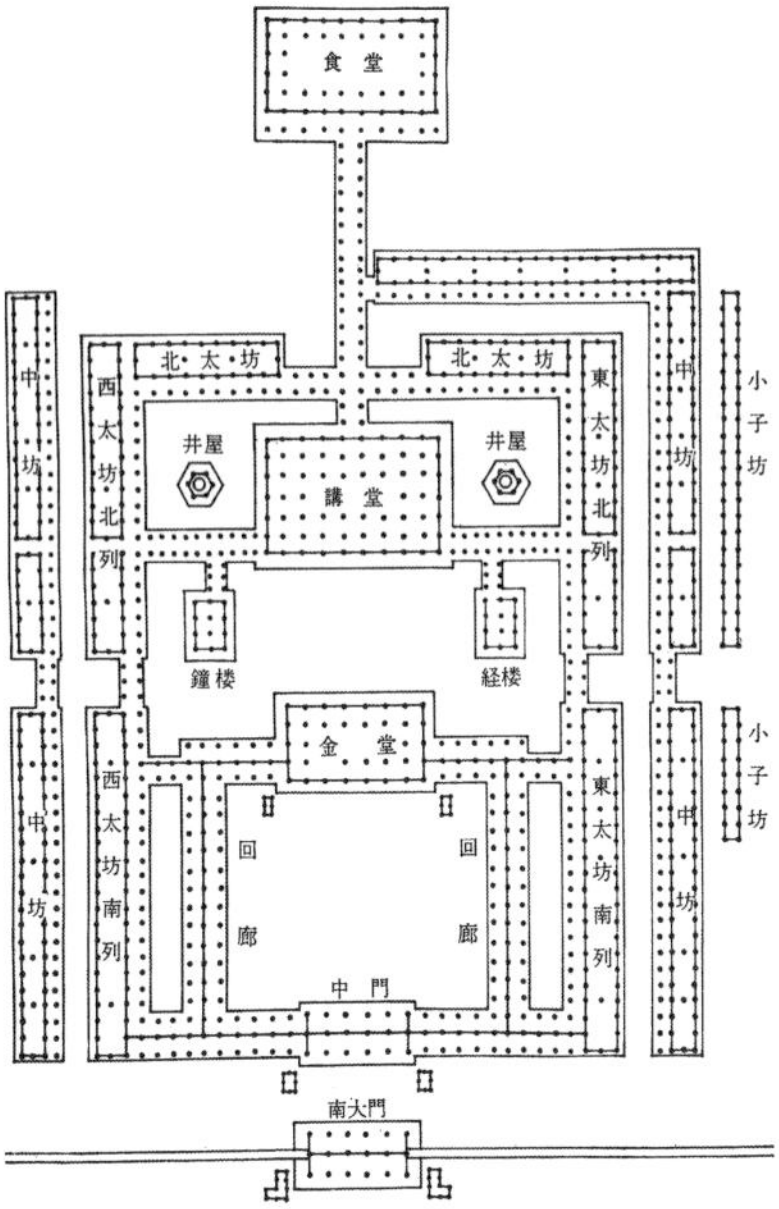

図11　大安寺伽藍復元図

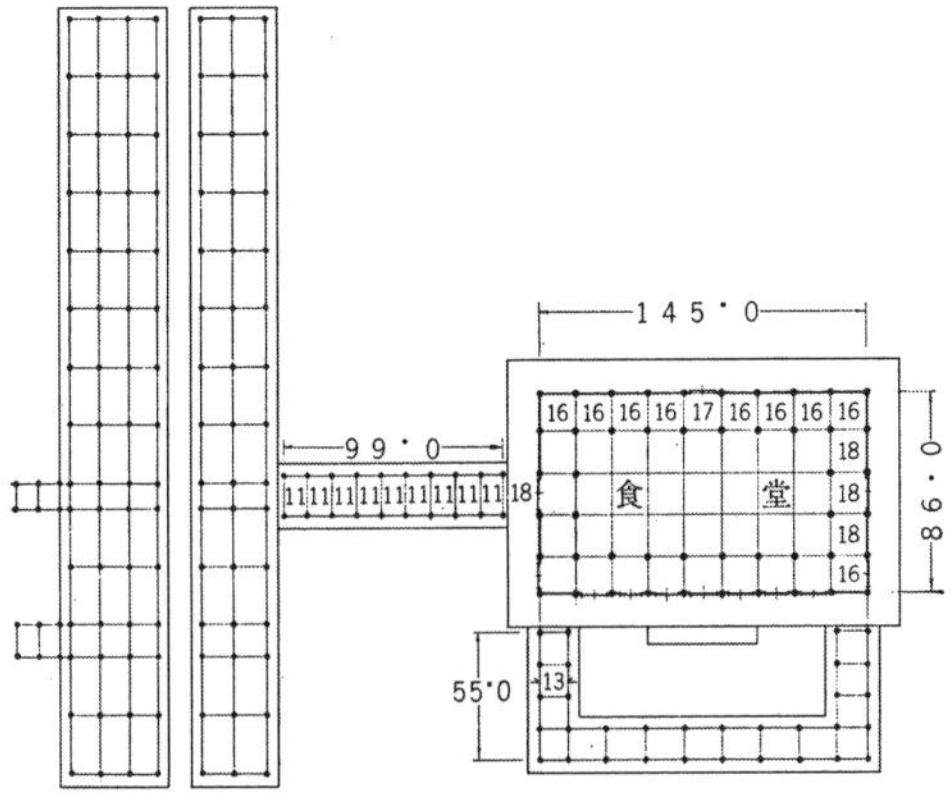

図12　大安寺食堂復元図

した（大岡實　一九六六）。なお、かつては食堂の位置を講堂の北方と推定し、前出の二つの廡廊が直行する十字廊型の平面も推定されていた[5]。

これらに一石を投じる成果が発掘により得られた。大岡案の食堂前の廡廊とみられる遺構を講堂の東方で検出したのである（橿原考古学研究所　一九七七、図13）。さらに講堂の北方で、杉山古墳の集濠が講堂の真北まで延び、その埋設は平安時代まで降るため、ここに食堂があったとは考えにくいとする成果が得られた（奈良市教育委員会一九九七）。これにより、大岡案の妥当性が高まったのである。

周辺建物との接続については、発掘調査を行った橿原考古学研究所より案が出されている。これによると東室から東方に延びた廡廊が食堂に取り付き、食堂の前方に南北棟で二列の廊を想定している。

検出した南北棟建物がこの食堂前の廡廊にあたると考えられるが、梁間五・一メートル（一七尺）かつ南端柱から基壇地覆石までの距離が約五メートル（一七尺）と過大であり、やや不審な点が残る。また廡廊南方では凝灰岩列が続き、食堂の前面に院の構成は窺われるが、回廊や築地塀などの存在は不明である。

この推定にも下記のように問題点がある。まずは、食堂の前面を回廊で囲んでいたのかという点である。発掘成果（橿原考古学研究所　一九七七）では南面の廊は検出されず、大岡實氏が推定する食堂を回廊状に取り囲む形状とは考えにくい（図12）。

史料の記述をみると、「大安寺伽藍縁起幷流記資財帳」では金堂院の回廊は「廊一院」と記すのに対し、食堂の前のものは「食堂前廡廊」としており、各建物間を結ぶ廡廊である「通左右廡廊六条」という記述と共通しており、回廊とは異なる形状と推察される。ゆえに「食堂前廡廊」も廊で空間を囲わないと考えられる。

以上のように、大安寺に関しては、発掘調査が進んでおり、徐々に周辺の様相が明らかになってきているものの、

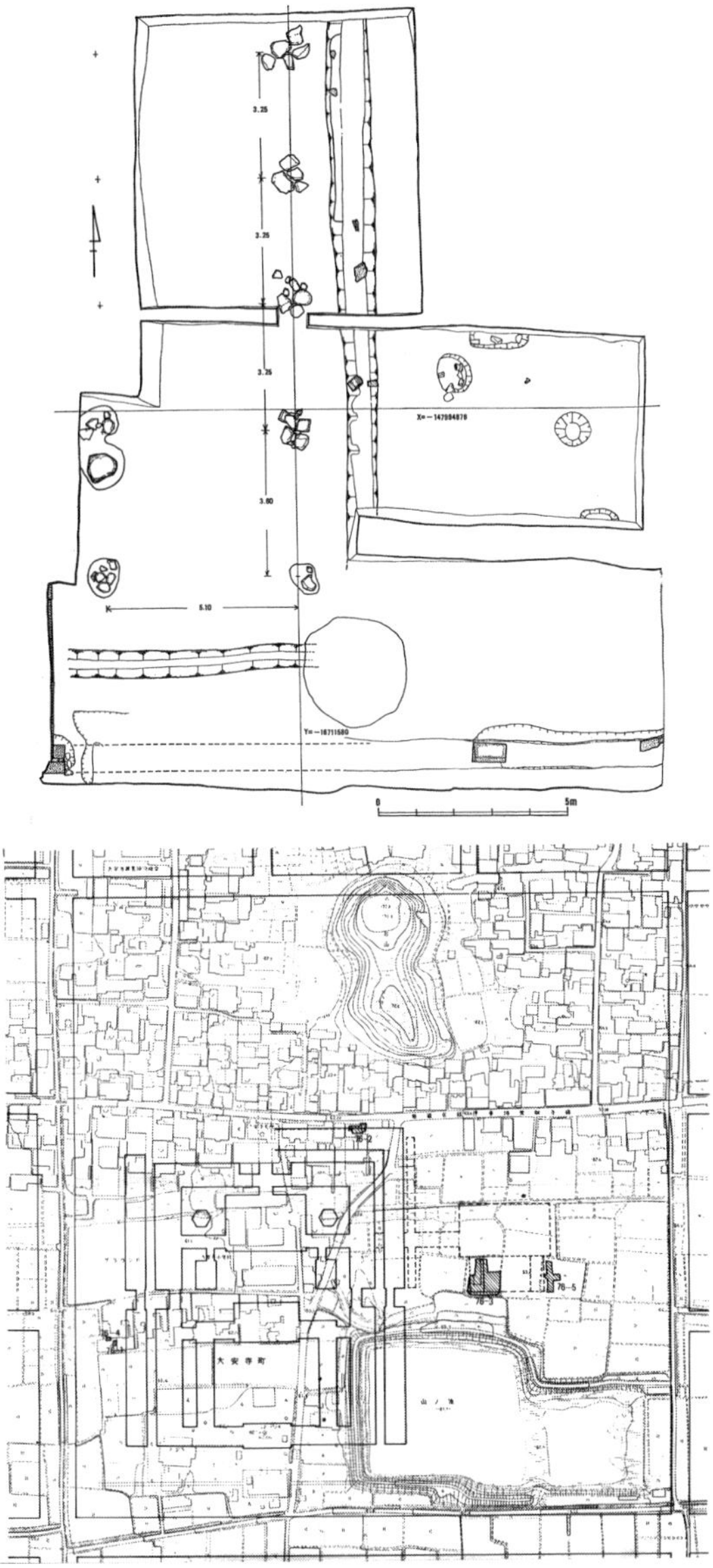

図13　大安寺食堂周辺発掘調査位置図・遺構平面図

食堂の位置の確定や廊の取り付きなど、課題も多く、今後の発掘調査に期するところが大きい。

西大寺

西大寺については、発掘調査・文献史料の両面から検討が可能であり、古代の食堂を検討するうえで、良好な事例である。

「西大寺資財流記帳」には食堂院として項目を立てたうえで、食堂院の建物として、食堂を筆頭に、檜皮殿・檜皮双軒廊・大炊殿・東檜皮厨・倉代・西檜皮厨・倉代・甲双倉の名があげられ、それぞれ寸法が記される。発掘の成果によると、これらの建物と推定される遺構が検出されており（図14）、図6のような建物配置が推定されている。これによると西大寺では食堂とこれを補助する施設群によって、一画を形成しているが、食堂身舎の梁行は二間とする。また「西大寺資財流記帳」の記述のように、食堂前面には細殿や回廊との接続などは確認できない。

食堂と周辺建物との接続をみると、双軒廊を食堂と「殿」（檜皮殿）の間を繋ぐ軒廊と推定している（奈良文化財研究所　二〇〇七）。また厨と大炊殿・殿・食堂などとの接続はないと想定している。しかし、「双建築」[6]の語を鑑みると、単廊が連なるという解釈には疑問が残る。遺構の削平により、詳細が明らかではないが、双軒廊は複廊を示すと考えると別の解釈もあろう。なおこの双軒廊については、鈴木嘉吉氏は「正倉院殿堂図」（図1）の食堂背面にみられる廊と同形式の建築と推定し、さらにM字型の屋根を想定している。[7]

その他

法隆寺には食堂・細殿が現存するが、「法隆寺伽藍縁起幷流記資財帳」には食堂・細殿などの記載はなく、現在

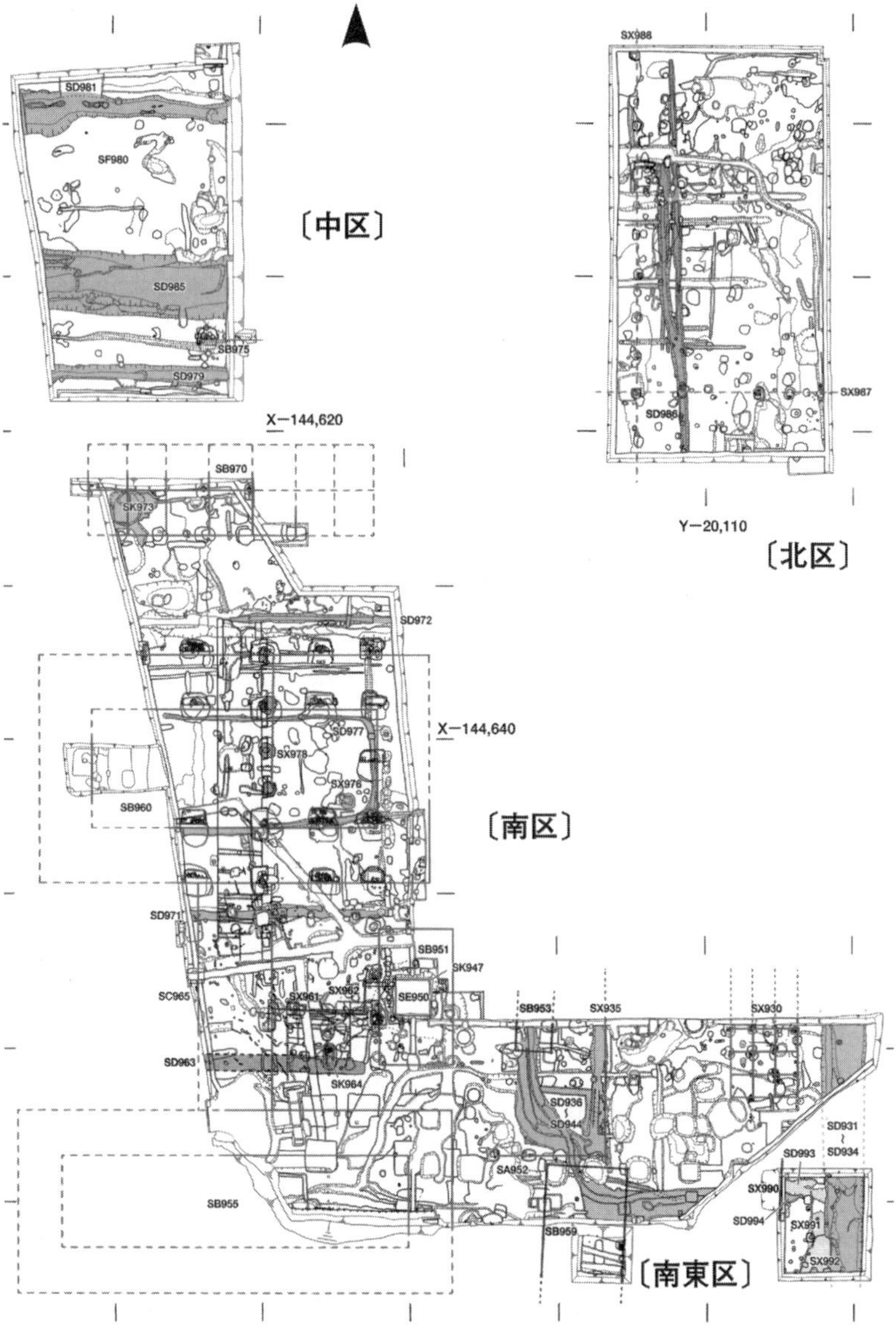

図14　西大寺食堂院遺構平面図

の食堂は資財帳記載の政屋と推定されている。金堂とともに食堂が列記される一方で、大衆院には厨・竈屋・稲屋などの記載があり、給食機能を備えた施設の存在が確認できる。食堂は他の建築との兼用などの可能性もある。また現存建築は本来の食堂ではないが、痕跡から食堂と細殿を一体的に使う空間構成であったことが知られ（図15）、共食機能と給食機能の観点では、細殿は食堂と同じ共食機能を有する施設に分類できる。

現存建築では、新薬師寺本堂が食堂と推定されている（図16）。現新薬師寺本堂の位置は推定金堂からみて北東にあたり、講堂からみて東方にあたる。建物規模は桁行七間、梁間五間の四面廂で、身舎の梁間を三間とする。また屋根は入母屋造で、内部は身舎・廂ともに化粧屋根裏とし、組物は大斗肘木で手先を出さない。食堂である確証は得られないが、身舎の梁間三間という特徴は、東大寺や興福寺の食堂にみられる特徴と共通しており、宮本長二郎氏が推定するように、新薬師寺本堂が食堂であった可能性は十分にあり（宮本長二郎　一九七九）、ここから得られる建築的特徴は食堂を考えるうえで参考になろう。

次に石山寺食堂についてみてみたい。石山寺食堂は正倉院文書の記述より知られ、食堂は掘立柱・板葺・真屋の構造で、食堂のほかに、厨・大炊屋の存在が確認できる。そして食堂は信楽から購入した板屋を転用したことが知られる（関野克　一九三六・福山敏男　一九四三など）。食堂が板屋を購入してまで、必要な施設であったこと、必ずしも、礎石建ではなく、掘立柱の構造もありうることが知られる重要な事例である。

平安時代初頭の東寺については、発掘調査により、その概要が知られるとともに、上野勝久氏による上部構造の復元がある。また西寺の発掘調査も東寺の様相を知るうえで、重要な知見である。

まず、伽藍における食堂の位置をみると、東寺・西寺ともに、講堂および三面僧房の北方にあり、食堂前面の回廊によって一つの区画を形成している（図17、教王護国寺　一九八一、鳥羽離宮跡調査研究所　一九七九）。

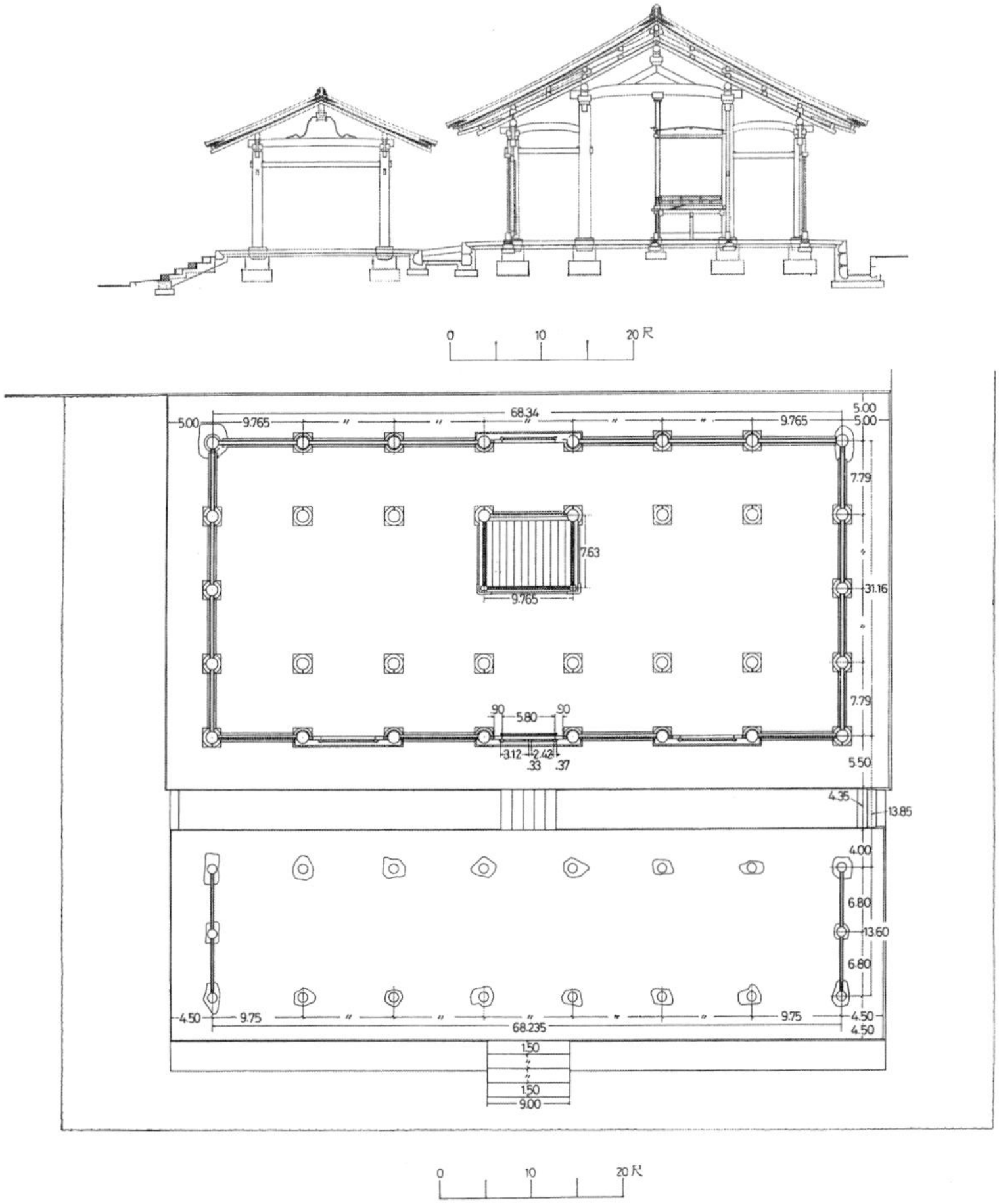

図15　法隆寺食堂および細殿平面図・梁行断面図

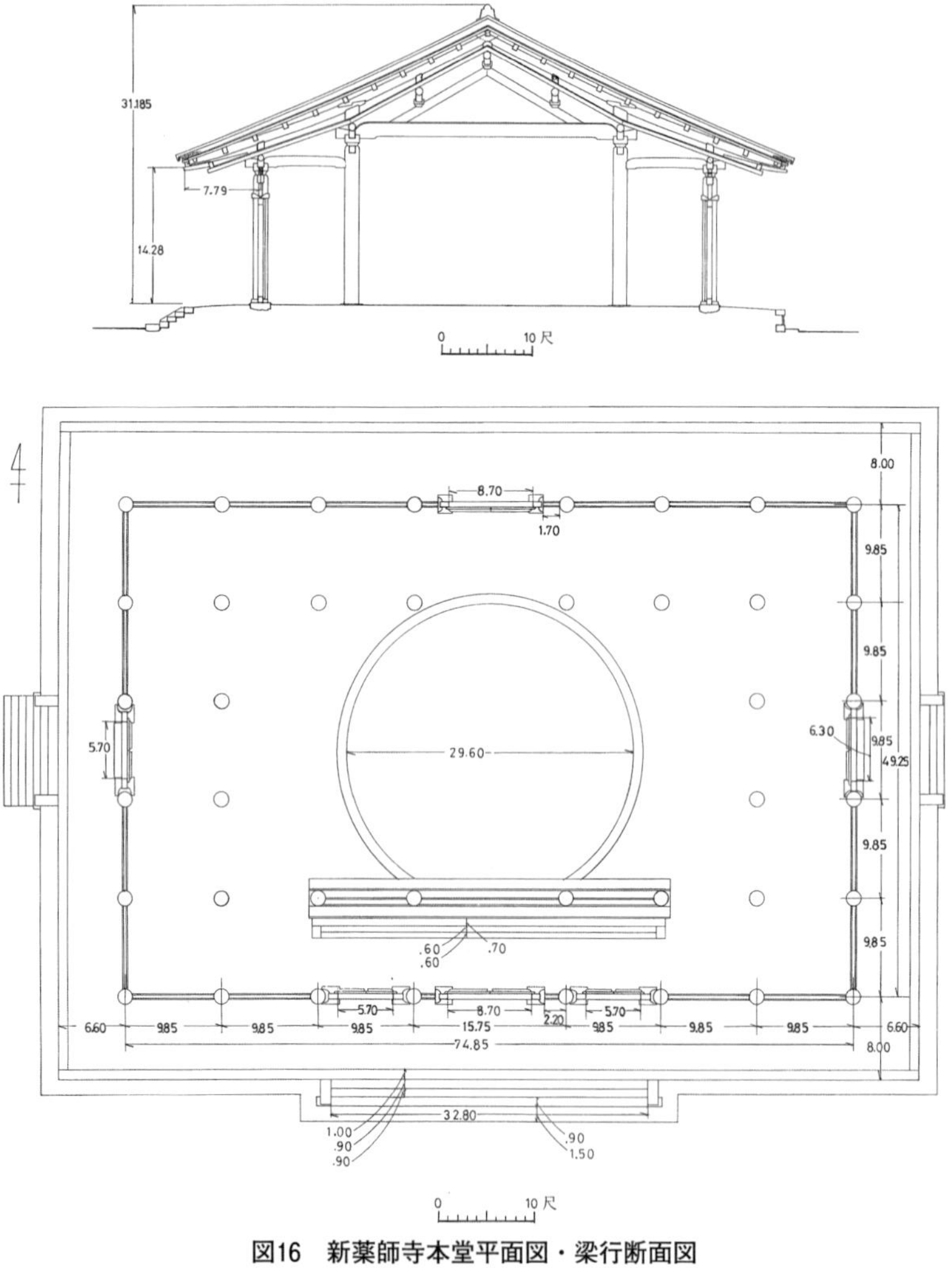

図16　新薬師寺本堂平面図・梁行断面図

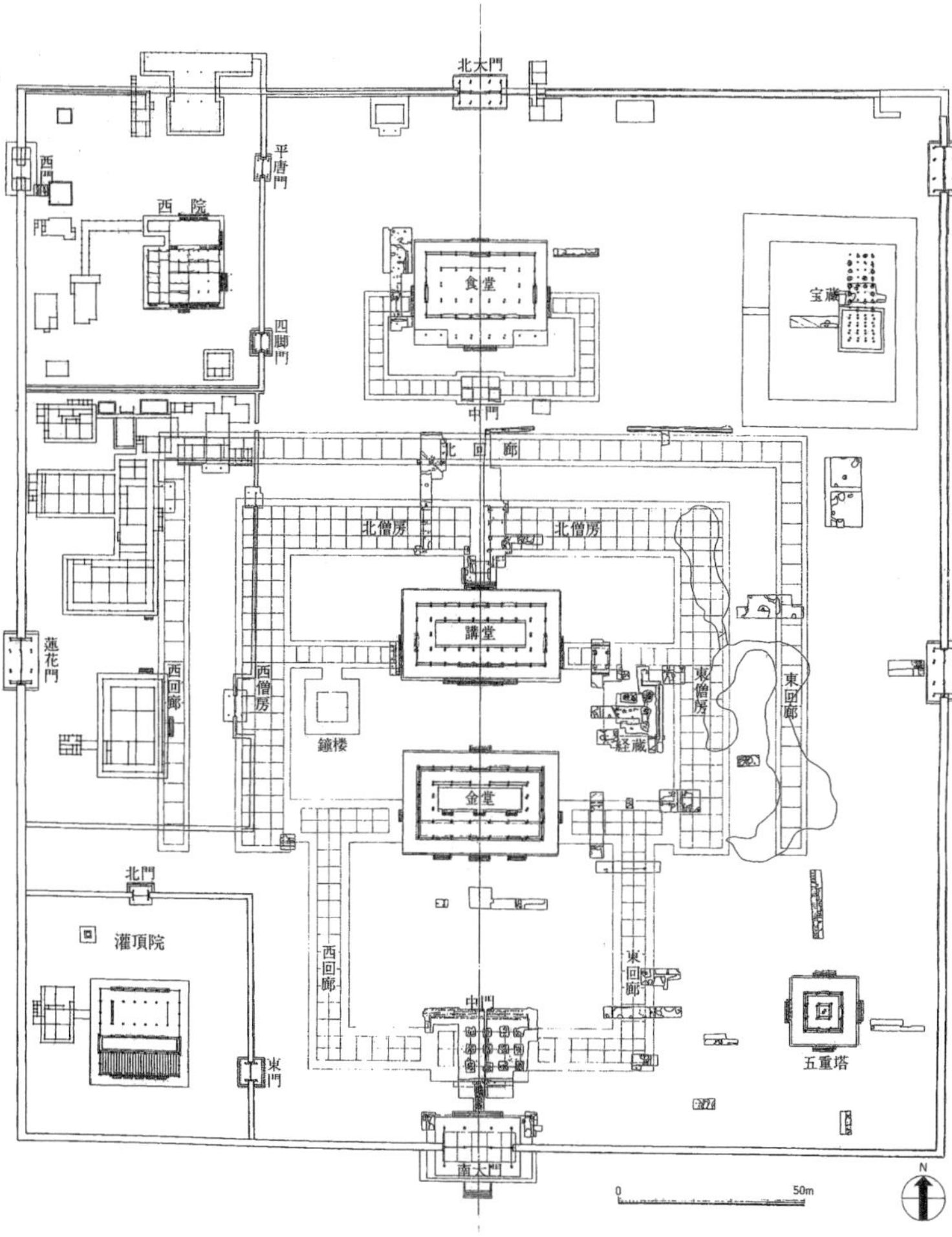

図17　東寺伽藍配置復元図

また上野勝久氏は、治承三年（一一七九）の「東寺損色検注帳」（『平安遺文』八、第三八七九号文書）をもとに創建食堂を復元考察している（図18）。これによると食堂の身舎梁行は二間で、『東宝記』にみえる「礼堂」は治承三年（一一七九）～仁治二年（一二四一）の間に後補されたとする（図19）。また史料から復元される当初の組物・天井は、実肘木付の平三斗・化粧屋根裏で、屋根架構は二重虹梁蟇股と推定する（上野勝久　一九九四、図18）。

食堂と周辺建物との接続関係をみると、回廊で囲んで食堂院を構成し、回廊は南に三間の中門が開く。中門は承和十年（八四三）には存在したことがわかり、比較的早い時期から食堂の前面を空間として確保する院を構成していた。

また付属屋については明らかではないが、食堂の北方に大炊屋とみられる施設が発掘調査によって確認されており、講堂の北方に食堂が位置しつつ、食堂院を形成している点が奈良時代にはみられない特徴である。これにより、食堂院の形成により失われた、僧房と食堂の近接性が回復したのである。すなわち、食堂院を三面僧房の北方に配することで、給食機能と共食機能の融合に加え、三面僧房との近接というすべての要素を満たす伽藍配置が完成したのである。

第二節　付属施設との関係からみた食堂院の形成

次に給食機能と共食機能が分離しているのか、一つの区画に共存するのかという点から、食堂およびその周辺施設の様相を検討したい。

すなわち、給食機能を有した厨・竈殿などが食堂とは別に大衆院として置かれる場合と、食堂院に取り込まれる場合がある。また大衆院が置かれる場合も、食堂と近接することが多い。大衆院の存在が窺われる例としては薬師

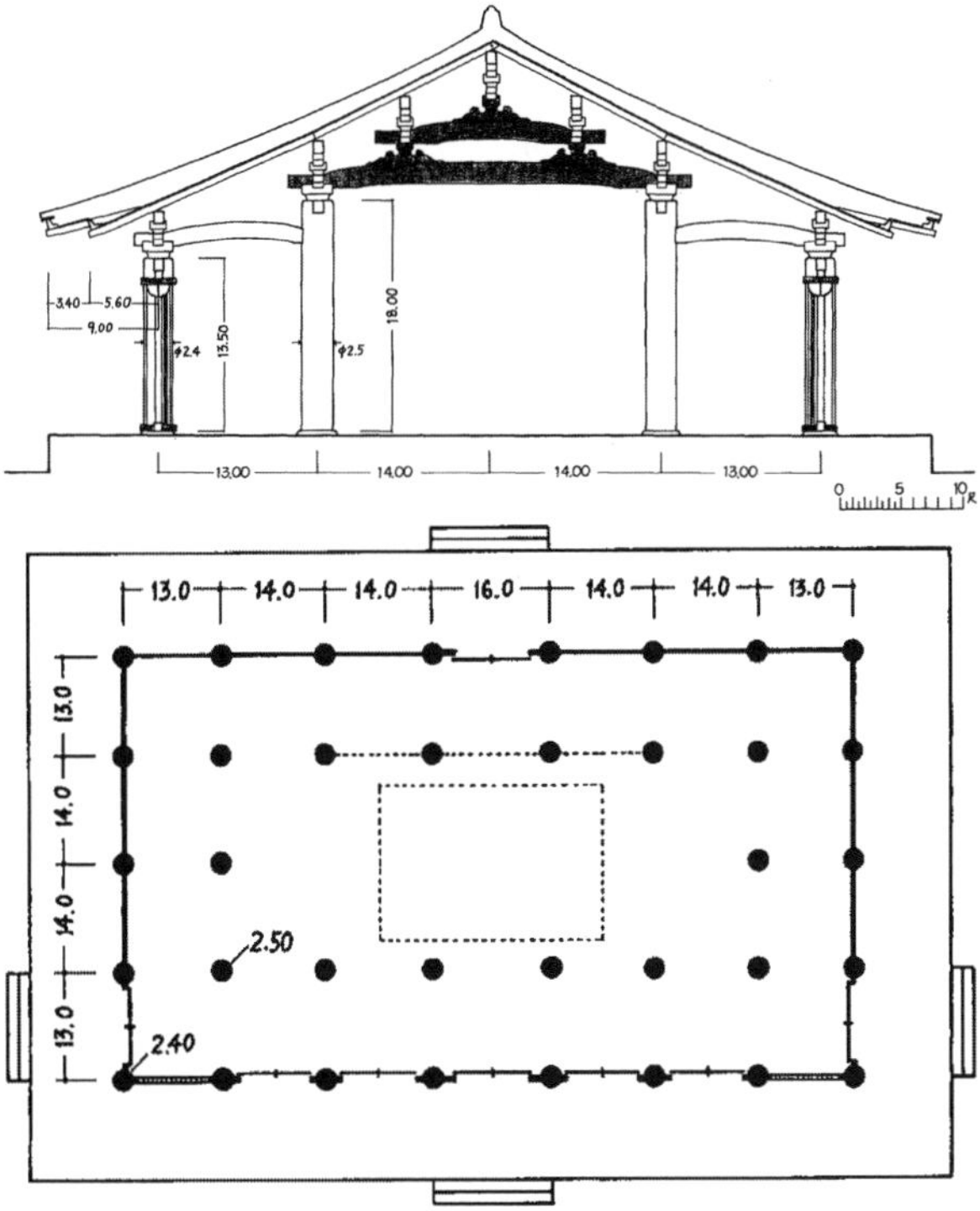

図18 東寺創建食堂復元平面図・梁行断面図

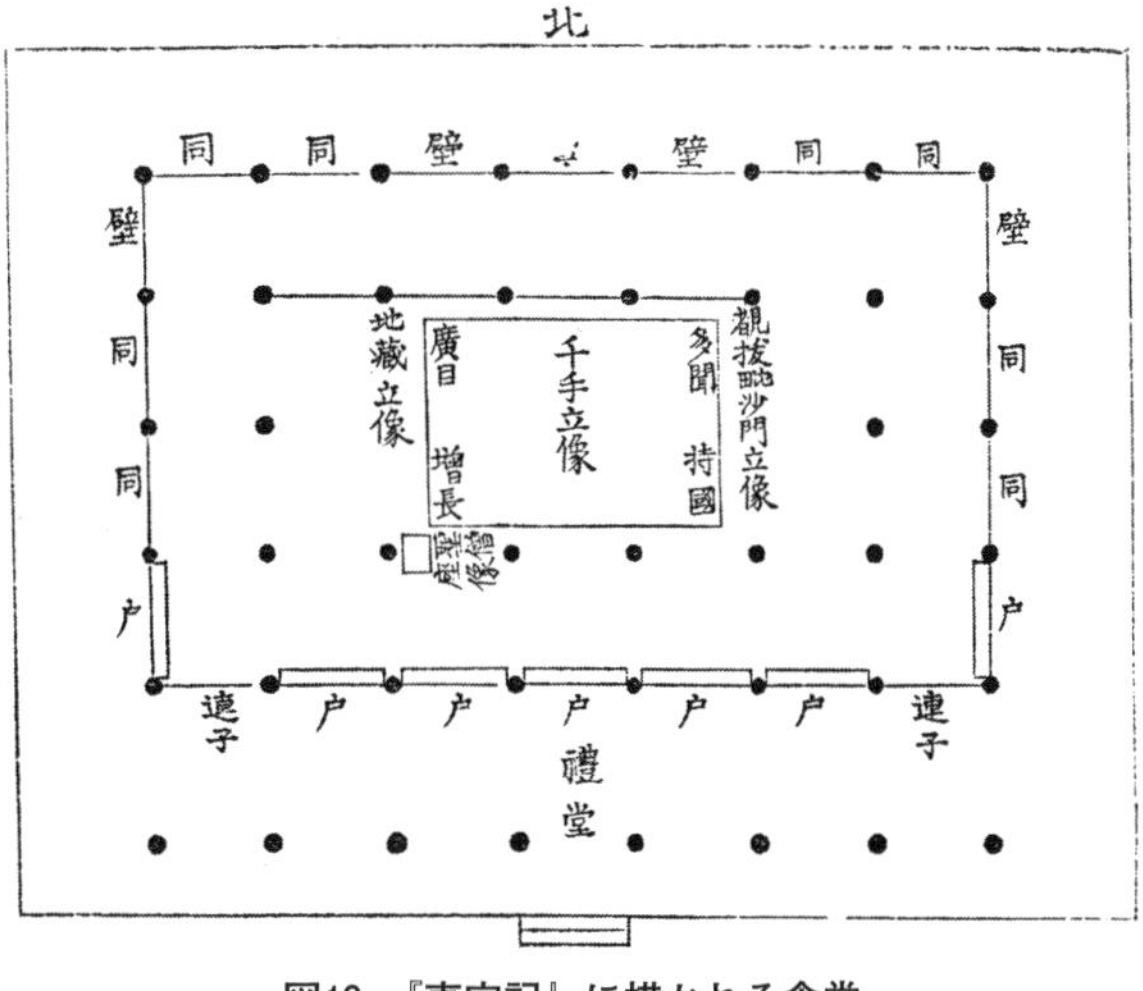

図19 『東宝記』に描かれる食堂

寺・元興寺・大安寺・法隆寺があり、元興寺・大安寺・法隆寺では大衆院の名が史料に確認できる。薬師寺に関しては、史料に大衆院の語は確認できないが、発掘調査により、講堂の北方に僧房と近接して食堂・十字廊が位置しており、また食堂を取り囲んだ院の形成は確認できない。

一方で、食堂院を構成する例としては、東大寺・興福寺・西大寺があり、興福寺・西大寺は史料に食堂院の語が確認できる。また東大寺は史料には確認できないが、絵図から知られる食堂の形状から、給食機能を有した施設の近接と回廊による囲繞から食堂院の形成が窺える。

なお東寺・西寺に関しては、先述のように回廊によって一画を構成し、大炊殿とみられる建物を食堂に近接させており、食堂院を形成しているとみなせる。加えて、講堂・三面僧房の北方に食堂院を配し、僧房と食堂院の連続性を確保している。このように、東寺・西寺の伽藍配置は、給食機能と共食機能の融合、僧房と食堂（院）の近接という奈良時代伽藍の抱えた二つの課題を克服し、新たな伽藍配置を生み出したのである。

これらを経年的な機能変遷の視点からみると、大きな傾向として、給食機能が大衆院から食堂周辺に移り、食堂周辺に給食機能を有した施設群が集まることで、食堂院が成立し、ここに機能が集約されたと判断される。早い例は興福寺で、奈良時代に入り、食堂院における機能の完結した伽藍配置となっており、講堂の東方に独立した区画を設けることで、給食と共食という二つの機能を充足させる施設を整えた。ここでは僧房と食堂の関係性を犠牲にしても、食堂の機能を完結させるという方法をとっており、古代寺院伽藍における設計理念が大きく転換したといえる。そして東寺・西寺に至り、両者の機能を保持しつつ、食堂院を三面僧房の北方に配することで、僧房と食堂の近接性が回復したのである。古代寺院の伽藍配置の一つの到達点といえよう。ただし食堂自体の位置付けが低下し、造営されなくなる時期であるため、建築の面で画期的な伽藍設計であっても、これが定着する社会的な受け皿は存在しなかった。

では、本稿の定義による食堂院ではなく、当時における食堂院という概念の成立はどうであろうか。資財帳における食堂に関する表記から一つの傾向が窺える。

法隆寺や大安寺では、食堂が金堂などと並び、堂に列せられるのに対し、「広隆寺資財帳」では食堂が僧物章に入り、厨や炊屋などは通物章に入る。もちろん資財帳であっても、史料ごとに性格や記載方法が異なるため、注意を要するが、食堂の位置付けが伽藍中枢の建物から、僧のための施設として、実利的な判断に移ったと推察される。

史料として食堂院が確認できる早いものは「西大寺資財流記帳」で、この時期には食堂院の概念の成立は疑いない。問題となるのは、「興福寺流記」の宝字記にある大衆院ではないかという言及で、この時期にはいまだに大衆院という概念があり、食堂院のなかの給食機能を有した施設群を大衆院と認識した可能性がある(8)。

このように、両者の区別は奈良時代後半の西大寺では顕著で、食堂院が一つの独立した区画として明記され、その一方で食堂を補完する大衆院がなく、食堂院の形成による共食機能と給食機能の融合の傾向を示している。そして「興福寺流記」にみられるように、奈良時代前半には食堂院の概念は十分には成立しておらず、給食機能を有する建物群を大衆院という概念で理解していた。そのため、食堂院と大衆院が並立するという事態があったのである。

第二章　唐代の食堂にみえる床

これまで、古代日本の食堂について、食堂院の成立を中心に検討してきたが、ここで食堂自体の建築的特徴を検討する前提として、唐代の食事儀礼および食堂の様相をみておきたい。

唐代の律宗僧侶である道宣（五九六～六六七）の記した『教誡新学比丘行護律儀』のなかに、食法として六十条からなる「二時食法第八」があり、食堂における作法が記される[9]。ここに建築の細部に関する記述として、「床」という語が確認できる。

十九、礼拝収二座具一、即上レ床座、不レ得二在レ地。而跪及在レ地立一。

二十、凡上レ床座待二鐘断一、不レ得下留二座具一致中床前席上上。

これによると、仏に礼拝した後、座具を収め、「床」に上がって、地面には跪いたり、立ったりしないことが定められる。そして床に上がり、食を受ける鐘を待つ時、床の前の席上に座具を留めておかないと定められる。ともに床の意義が述べられるとともに、座具の収納が求められた。

三十三、不レ得下傾レ鉢中水瀝中滴床前上。

三十四、凡所レ受レ食。須レ令二椀鉢離レ床。

また食べる際には鉢を傾けて、中の水を床の前に滴らせてはいけないとされ、食を受けるのは床の上で、床の上から鉢を離すことが定められた[10]。これらから、やはり床の上における食事儀礼が確認できる。

以上のように、唐代の食法をみるに、床の存在が大きく、これを基準に作法が定められている。少なくとも、戒律を定めた唐の食堂では、座具の使用、床の昇降が想定されている。

これらの『教誡新学比丘行護律儀』に記される食事作法が理念として存在したことは疑いないが、実態はどうであろうか。円仁（七九四～八六四）の『入唐求法巡礼行記』[11]より、唐代の食堂に関する記述をみてみよう。

開成三年（八三八）十一月二十九日条には次のように記される。

衆僧参二集食堂一礼仏。礼仏之時、衆皆下レ床、地上敷二座具一。礼仏了、還二上床一座。

やはり、ここにも床の記述があり、食堂に多くの衆僧が集まり、礼仏するが、この時に、みな地上に座具を敷き、礼仏する。そして礼仏が終わると、また床上に還って、座す。ここで仏に対し礼拝するために、床を降りるという行為をしており、床上が上位の座であることが確認できる。

また開成五年（八四〇）七月二日条では食を受ける場として、「床の上」が確認でき、前述の食法が実態として存在したのである(12)。

皆在㆓床上㆒受㆓供食㆒。

では床とはどのようなものであろうか。「延喜式」によると、床は長さ八尺、広さ五尺、高さ一尺三寸、厚さ二寸四分の大きさとする。この規模のみからでは、詳細を窺うことはできないが、食堂の床も儀礼の最中における上下の昇降が確認できることから、これと同類の低い壇のようなものであろう。

このように、唐代の食堂においては、「床」が食法の一部に定められており、実際に唐代寺院の食堂には床が存在しており、戒律に沿う建築的特徴を備えていた。そして、『教誡新学比丘行護律儀』に記されるとおり、床の上で供食を受けるという床を使用した食法が行われていたのである。さらに礼仏の際には床から降りており、床上の優位性が確認できる。

第三章　食堂の建築的特徴

食堂は、諸先行研究が明らかにしてきたように、斎食・布薩の場であり、僧の集う場としての機能が重視された。これらの機能的要求は食堂の建築形態に影響を与え、その建築的特徴が表れると考えられる。そのため、ここでは食堂と細殿・廊と食殿の関係、身舎梁行三間、床を中心に論じたい。

第一節　食堂と細殿・廊と食殿の有無

まずは食殿の有無と食堂の存在形態の関係について検討したい（図20）。

食堂が単独で存在する例としては西大寺があり、その背面に檜皮殿を配し、両者を廊で接続すると推定している（図6）。対して、食堂に建物を併設して、空間を拡大する例をみよう。細殿が食堂に併設される例としては、興福寺と現存する法隆寺食堂が細殿を併設している。また回廊で食堂の前面を囲み、空閑地を確保する例としては東寺・西寺があり、大安寺もその可能性がある。また東大寺は食堂前面を回廊で囲み、かつ回廊を食堂前面に配しており、興福寺と東寺・西寺の両方の特徴を備えている。

次に食殿の有無に着目したい。食殿がある事例は薬師寺・元興寺・西大寺[13]で、いずれも細殿や回廊などがない。一方で食殿がない事例は東大寺・興福寺・大安寺で、いずれも細殿・回廊などが併設される。

これより、食殿の性格は不明であるが、薬師寺では食堂と十字廊（食殿）、元興寺・西大寺ではともに廊で食堂と食殿が密接に連絡しており、食殿には給食とは異なる食堂に近い機能が想定される。

このように細殿・回廊と食殿の有無には相互に関係性が確認できる。食殿に特定の機能がないのであれば、設置されずとも問題ないが、必要であるとすると、食殿以外の別の建物が機能を代替せねばならない。また食殿と細殿・回廊が共存しないことから、両者は同様の機能を有していた可能性が考えられる。薬師寺の十字廊については、以前は食堂の前面にあり、興福寺のように、細殿としての機能が想定されていたこともあったが、発掘により、食堂背面に位置することから、積極的に細殿と同様の機能は見出しにくいとも考えられる。しかし、前述のように、

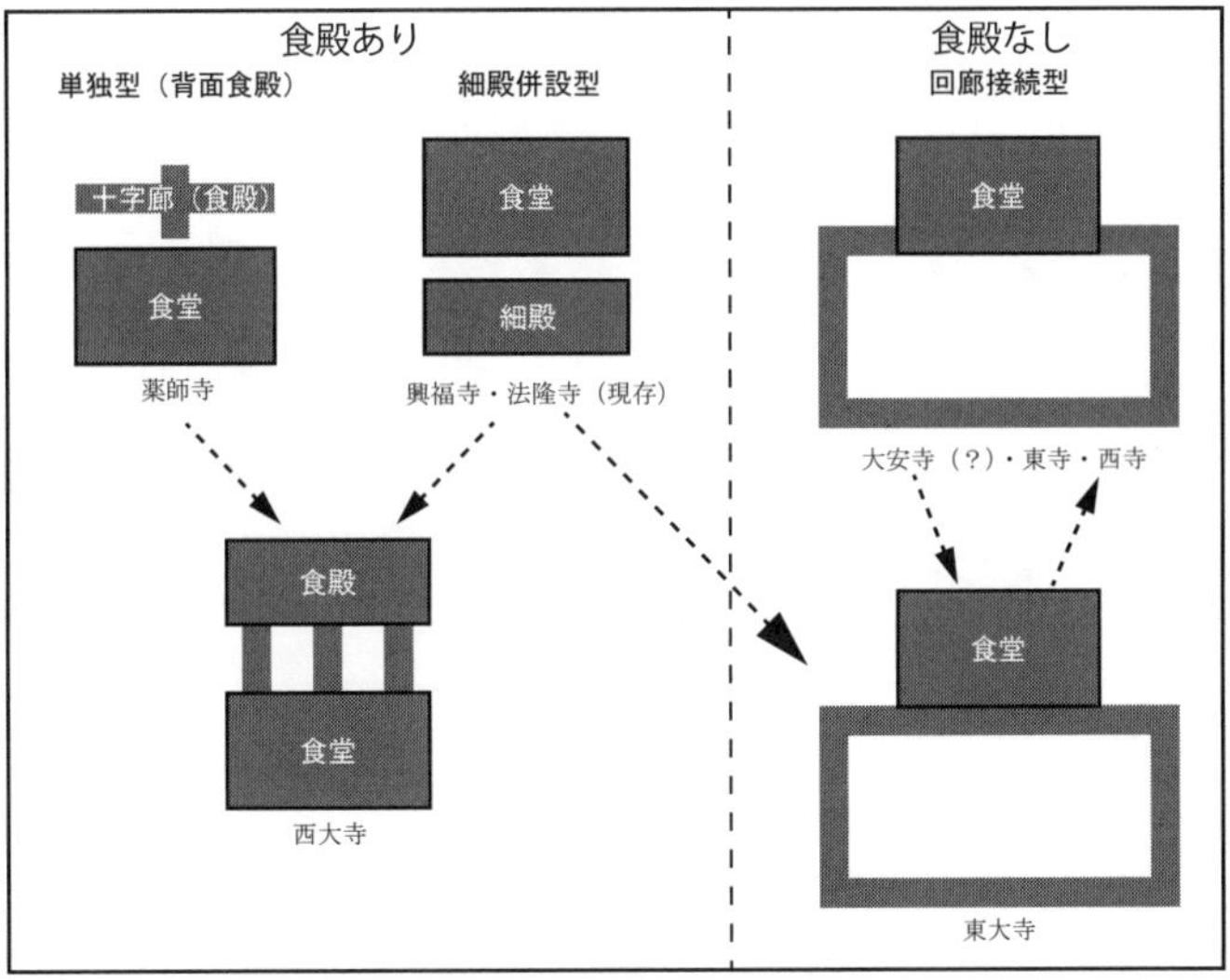

図20　食堂周辺建物の変遷模式図

薬師寺十字廊は食殿と称されており、興福寺の細殿に食殿の機能が想定されることから、機能的にはやはり同じ機能を有しているとみるべきであろう。

では細殿に絞ってみてみよう。細殿は興福寺・法隆寺に確認できる。興福寺については、養和元年（一一八一）再建の「食堂及び細殿古図」（興福寺蔵、**図21**）には、切妻造・吹放しの形態が描かれる。興福寺古図をみると、食堂の東側にも東向きの仏壇が設けられる（食堂の東に張り出し板屋あり）。また法隆寺については、現状の食堂・細殿は、もともと政屋と推定されているが、両者を一体的に使用するという痕跡は、食堂と細殿の空間の共有を窺わせる。

次に細殿と同様に、食堂前面に空間を拡大する正面の礼堂（回廊）について、みてみよう。なお仏堂全般の礼堂については、本稿の主題から外れるため、食堂に限定する[14]。こうした事例は、東寺では後補の礼堂が『東宝記』に確認でき、東大寺についても、礼堂の存在が確認できる。

東寺については、『東宝記』（**図19**）に前面一間を礼堂と記す。前述のように、この礼堂は治承三年（一一七九）～

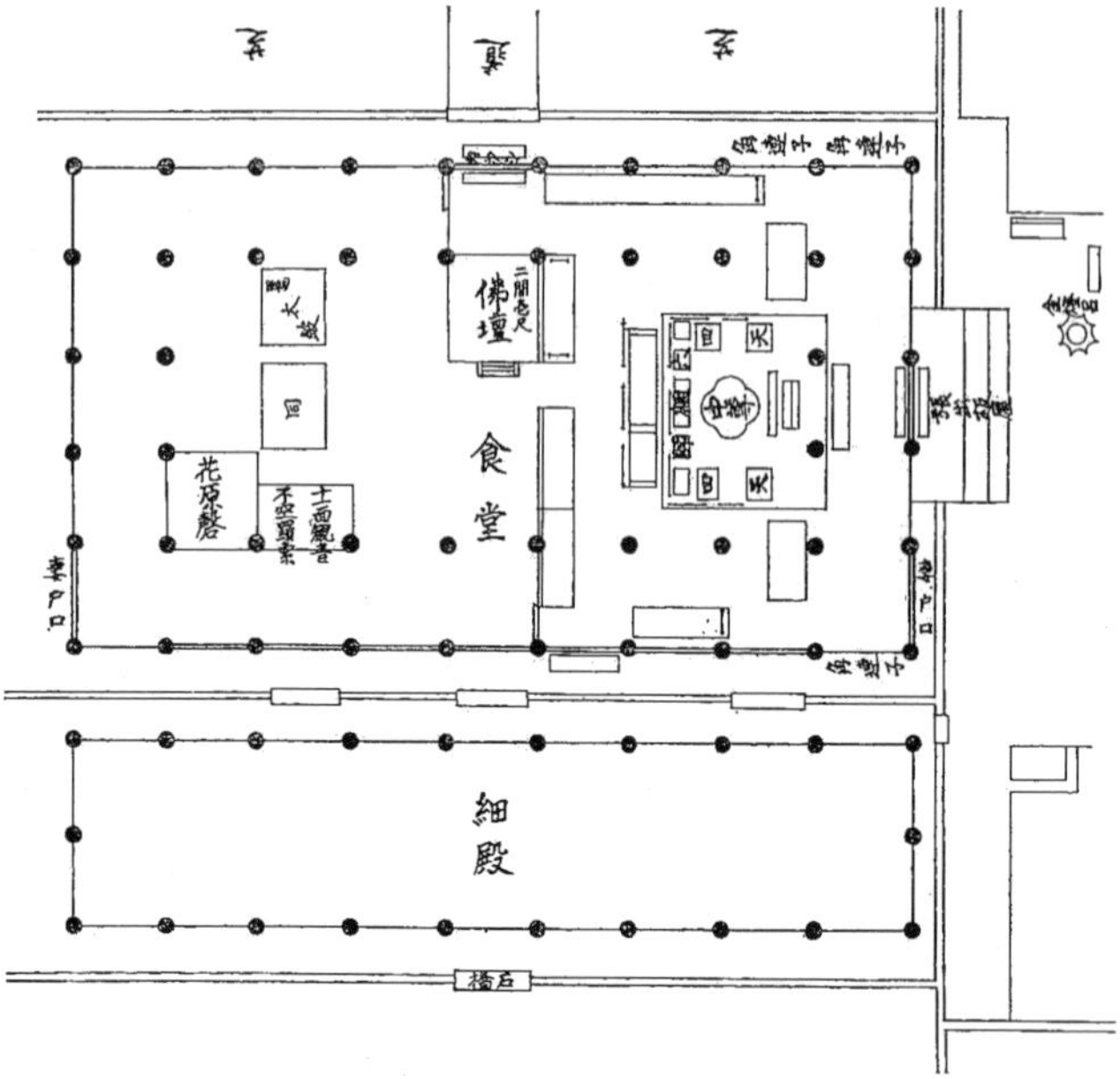

図21　興福寺食堂および細殿平面古図

仁治二年（一二四二）に付加されたものであるが、食堂の平面拡大を意図したものであることは疑いない。食堂自体は桁行七間、梁行四間で、食堂の梁行の規模が十分でなかったのであろう。

一方で、東大寺をみると、「正倉院殿堂図」（**図1**）には礼堂とは記されないが、次の寛和二年（九八六）「太上法皇御受戒記」（『東大寺要録』雑事章第十之三所収）では、次のように記され、食堂に礼堂の存在が確認できる。

　二十二日条
　申刻遷㆓御食堂㆒。其礼堂設㆓御座㆒。如㆓大仏殿㆒ 一千僧着㆓東西長床㆒。供以㆓熟食㆒。

ここで、食堂の礼堂に法皇の御座を設けたことが記され、この礼堂が食堂本体の一部分の空間を示す可能性も否定できないが、東寺の『東宝記』（**図19**）に記される礼堂の例を鑑みるに、東大寺の礼堂は食堂前面に付随した回廊部分を指すと考えられる（**図2**）。東大寺食堂においても、礼堂を食堂前面の回廊とはまったく別の空間と考えるより、東寺と同様の位置の空間と考えるほうが蓋然性は高かろう。

このように共食の場という食堂の機能的要求から、内部空間の確保は重要な課題であったのである。そのなかで、東大寺においては、食堂前面の回廊が礼堂と称されていたこと、東寺では礼堂が後補されたことは食堂と礼堂の深い関係性を示している。そして東大寺の事例から、古代において、食堂本体に対し、礼堂という空間の区別がなされていたことがわかる。

次に食堂前方の空間について検討したい。薬師寺・元興寺では食堂が金堂・講堂とともに中軸上に並ぶため、食堂の前方に空間を構成する意図が確認できない。これら以外では、さまざまな方法で食堂前方に空間が設けられた。

まずは東大寺・東寺・西寺における方法で、ここでは回廊に囲まれた前庭空間を構成している。特に東大寺では実忠による前庭の整備が確認でき、前庭空間の使用を意図した可能性が窺える。また大安寺では発掘調査による情報が不足しており、詳細不明であるが、「大安寺伽藍縁起幷資財帳」によると、廡廊が食堂の前面に廻る可能性がある。ただし、鈴木嘉吉氏が想定するように、食堂と棟の方向を揃えた廡廊で、礼堂的な空間も考えうる（鈴木嘉吉　一九五九）。

一方で西大寺では、食堂院を構成するが、食堂の前面には回廊や脇殿相当の建物はなく、かつ食堂院の南面築地との距離が近いことから、前面空閑地の想定はしがたい。逆に背面には「檜皮殿」が確認でき、これは後述のように食殿にあたると考えられる。また興福寺では、食堂の前に細殿を併設しており、食堂空間の拡大を意図している。

東大寺の食堂院は回廊によって前面を囲み、院を形成するという形式の最初期であり、かつ食堂前面にも回廊を併設することで、回廊に細殿に類似する空間を生み出した。そして、この空間は『東宝記』にみられる東寺の礼堂（後補）に通じるものがあり、東大寺食堂は古代食堂の建築の変遷を考えるうえで、一つの画期と考える。

第二節　身舎梁行三間

奈良時代の仏堂（金堂や講堂）では、基本的に身舎の梁行を二間とし、そこに廂が廻る構造とすることが多い。一方、食堂では、身舎の梁行を三間とする例が確認できる。また細殿併設の事例もあり、食堂の建築的特徴を検討するにあたって、この身舎梁行三間という建築的特徴に着目したい。

まず、各寺院の食堂の梁行をみると、薬師寺・西大寺・石山寺・東寺・西寺では、梁行二間とする。興福寺では身舎梁行を三間とし、さらに細殿を併設した構成としており、明確な梁行方向の拡大を示していよう。同じく東大寺も同様に梁行三間とみられ、さらに前面に回廊が廻る。そのほか大安寺・元興寺については、詳細が明らかではないが、大安寺は梁行八六尺から、身舎梁行三間の可能性が高く、大岡實氏の復元案では梁行六間とする（大岡實一九六六）。

これらの身舎梁行三間・細殿併設・前面回廊併設は、いずれも食堂の梁行方向の空間拡大に対する手法である。一方で、時代的な傾向は見出しがたい。現に西大寺は単独かつ梁行二間であり、東寺・西寺では三者の梁行は二間で、東寺食堂にみられる礼堂は後補であり、明確な梁行方向の拡大は確認できない。

このように奈良時代後半から平安時代の食堂には確認できないものの、それ以前にみられる身舎梁行三間という特徴は、少なくとも東大寺、あるいは新薬師寺までの食堂の建築的な特徴といえよう。

次に講堂と食堂の面積について、「食堂／講堂」の面積比（**表1**）を検討しよう。これは両者ともに、僧の人数に影響する建築であるため、両者の面積を比較することで、食堂の特性や細殿・回廊などの施設併設の特徴がみえると考えるためである。

基本的には食堂は講堂よりも大規模であるが、興福寺・東寺・西大寺では、講堂よりも小さい。興福寺では細殿が併設されるため、食堂そのものの面積自体は小さかったのであろう。東寺では礼堂が付加されており、やはり、食堂の面積が講堂以下の規模では問題があったと推察される。また西大寺は弥勒金堂よりも食堂の規模が小さいが、礼堂や回廊は併設されない。この理由として、弥勒金堂は講堂には珍しく、二重の屋根で（「西大寺資財流記帳」）、一般の講堂とは異なる建築であるため、その規模が大きかったのかもしれない。また前述のように、食殿にあたると推定される檜皮殿の規模が大きく、これが食堂を補完し、両者を使用した可能性がある。このように西大寺以外の事例からみても、食堂の面積は講堂よりも大きくする必要があり、不足する場合は細殿や礼堂付加などの手法が取られたようである。

さらに建築の特徴を示す一つの指標として、「桁行／梁行」を比較してみたい（表1）。これによると、薬師寺・西大寺を除き、「食堂＜講堂」という傾向があり、食堂の梁行が建物規模に比して大きいことがわかる。薬師寺の場合は、食堂の桁行が講堂よりも大きいため、「桁行／梁行」の値が大きくなったと考えられる。西大寺については、比較対象とする弥勒金堂の特殊性があろう。

また食堂のなかでも、薬師寺・興福寺が比較的梁行が小さい。薬師寺については、前述の食堂の桁行が大きいという理由に加え、さらに食堂背面に十字廊が取り付くため、梁行が小さくても問題なかったのかもしれない。興福寺は身舎の梁行三間であるが、細殿が併設するため、比較的小さかったのであろう。

このように食堂の建築的特徴をみると、仏堂のなかでも特に面積が大きく、さらに比較的梁行が大きいという特徴を備えていた。前者の機能は食堂の共食という機能に起因すると考えられる。後者については、食堂院を講堂東方に別置しない場合、食堂の桁行が講堂の桁行に一定程度、制約されたと推察される。すなわち、講堂よりも食堂

	講堂			面積比（食堂／講堂）	備考	典拠
桁行／梁行	規模（間）	総長（尺）	桁行／梁行			
（2.00）	11×6	桁行：182 梁行：96	1.90	1.00～1.10	天沼俊一は講堂と同規模の桁行182尺、梁行96尺に復元。 宮本1979では、古図より桁行196尺、梁行98尺に復元。 あらためて、古図をみると、桁行は190～200尺、梁行は正面を含むと100尺弱であり、方眼の格子から、柱間を復元すると、桁行194尺（廂16尺、身舎18尺×9間）、梁行98尺（正面18尺＋16尺×5間）。	天沼1910、正倉院殿堂図、『東大寺要録』、宮本1979
A案：2.59 B案：2.55	9×4	桁行：125 梁行：54 （裳階有）	2.31	1.12		奈良文化財研究所編2013
1.69	9×4	桁行：149 梁行：66	2.26	1.27		橿原考古学研究所1977、大岡實1966
—	—	—	—	—		「堂舎損色検分帳」『平安遺文』2-551
2.07	9×4	桁行：142 梁行：62	2.29	0.79	前面に細殿（梁行2間、30尺）を配す。	鈴木嘉吉1959
1.83	—	桁行：106 梁行：68	1.56	0.92	講堂の規模は弥勒金堂のもの。	奈良文化財研究所2007
1.79	—	—	—	—	講堂と兼用カ。	「法隆寺伽藍縁起並流記資財帳」
1.52	—	—	—	—	現新薬師寺本堂。元食堂ともいわれる。	奈良県教育委員会事務局1996
1.96	9×4	桁行：117 梁行：52	2.25	0.87	後世に礼堂が付加される。	上野勝久復元案
1.96	—	—	—			鳥羽離宮跡調査研究所1979
2.50	—	—	—		紫香楽宮の藤原豊成板殿を移築。 掘立柱。板敷。	関野克1936、『大日本古文書』編年5ノ272

表1　古代寺院の食堂周辺施設および食堂と講堂の規模

寺院名	年代	講堂からみた食堂の位置	付属建物の関係	細殿・廊	食堂の規模		
					規模（間）	総長（尺）	柱間（尺）
東大寺	8世紀後半	東	前面に回廊接続。背面に双軒廊が接続し、食殿・大炊殿と接続カ。	前面に回廊・庭。	11×6	—	不明
薬師寺	8世紀前半	北	東西に僧房接続。背後に十字廊接続。十字廊は奈良時代後半の造営。大衆院有。	十字廊。	11×4	桁行：A案140尺 B案137.5尺 梁行：54尺	A案：12.5×5＋15＋12.5×5 B案：12.5×11 12.5＋14.5×2＋12.5
大安寺	8世紀前半	北	大衆院に厨・竈屋・井屋・碓屋など。	前面に廡廊あり。		桁行：145 梁行：86	不明
元興寺	8世紀	北			11×5（？）	—	—
興福寺	8世紀前半	東	食堂・井殿・盛殿・厨殿・醤殿・米蔵・倉代・器殿・大炊殿。	細殿併設	9×5	桁行：120 梁行：58	11＋14×7＋11 11＋12×3＋11
西大寺	8世紀後半	東	殿・大炊屋・東西檜皮厨・倉代・甲双倉・軒廊。		7×4	桁行：110 梁行：60	15＋16×5＋15 15×4
法隆寺	—	—	大衆院に厨・竈屋・稲屋など。		—	桁行：102 梁行：57	—
新薬師寺	9世紀後半	東	単独カ。		7×5	桁行：76 梁行：50	10×3・16＋10×3 10×5
東寺	9世紀	北	回廊により院を構成。三間中門。	前面に回廊・庭。	7×4	桁行：102 梁行：52	13＋15×2＋16＋15×2＋13 13×4
西寺	9世紀	北	回廊により院を構成。三間中門。	前面に回廊・庭。	7×4	桁行：102 梁行：52	13＋15×2＋16＋15×2＋13 13×4
石山寺	8世紀後半	—	不明		—	桁行：50 梁行：20	不明

の桁行が大きくなることで、金堂側からみたときに、食堂の大きさが際立つため、これを避けて面積を確保するために、梁行を広くしたのかもしれない。なお薬師寺については、講堂で回廊が閉じるため、空間的に分離しており、この必要がなかったと考えられ、講堂と食堂の中軸が異なることからもこの推定は担保される。

第三節　床

先行研究では、法隆寺食堂・細殿の例をあげ、両者を一体として用い、かつ板敷ではなく、土間であることから机と椅子による食事を想定している（箱崎和久　二〇一〇）。しかしながら、前述のように、床の存在が確認できることから、机と椅子の使用は再考の必要があろう。床張りとともに検討したい。

実際の発掘遺構をみると、興福寺・薬師寺・西大寺・西寺では、床束などの痕跡は確認できず、土間の可能性が高い。また石山寺では掘立柱としており、同寺院の仏堂・経蔵・経奉写堂・法堂は板敷と確認できるのに対し、食堂に板敷の記載がないことから、土間と推察される。

さらに、唐代の食堂の様相を儀礼からみると、前述のように「床」に上がって、座して食を受けるとされ、やはり板敷ではなく、土間と推察される。同様に、平安時代の「広隆寺資財交替実録帳」では、床張りの建物には板敷という記載がなされるのに対し、「檜皮葺五間食堂」には板敷とは記されておらず、土間と判断される。

このように古代の食堂には常設の床張り（板敷）などは確認できず、座して食するために、唐の事例に確認できるように、土間の上に床を設置したのであろう。そして現存する法隆寺食堂・細殿においても、床を設け、食を受けたと考えられよう。

次に食堂における座の詳細について検討したい。先行研究でもすでに指摘されているように、十世紀の法皇の受戒記に詳しい。寛和二年（九八六）「太上法皇御受戒記」（『東大寺要録』雑事章第十之三）には準備の様子も記されるが、ここでは食堂の建築的な部分に限定して述べたい。

二十一日条

以二戒壇院食堂仮板敷一為二御在所一。

法皇の受戒にあたり、御在所が必要となり、戒壇院の食堂に仮設で板を敷き、御在所とした。これより、戒壇院食堂は床張りではなかったこと、すなわち土間であったことがわかる。前述のように、食堂においては、土間上に床を置くため、床張りではなかったのである。

二十二日条

申刻遷二御食堂一。其礼堂設二御座一。如二大仏殿一。一千僧着二東西長床一。供以二熟食一。

食堂に礼堂があり、ここに法皇の御座が設けられた。この礼堂は食堂前面の回廊のことを指すと考えられる。食堂と前面の礼堂（回廊）に長床を設け、食を受けるとする。その長床は一〇〇〇人僧の床で、法皇は「西方第六床末」に着した。ここでは法皇の着座の位置について、ひと悶着あった。このとき、床から降りて法皇に対して礼をしていることから、床の上からでは礼を失すると考えられている。また席次について、法皇は仏教においては新参者であることから、末席に座したことが記されるが、食堂という共食の場であっても席次により、格差があったことが窺える。すなわち、共食という同一空間における連帯感を高める場であっても、寺院内の秩序に従った儀礼であったのである。

このように日本の古代食堂は発掘遺構や史料からみても板敷とは考えにくく、基本的に唐と同じく食堂は土間で、そこに床を設置して使用した。そして法皇に対し、床から降りようとする行為、席次に関する問題から、床の上下で格差があり、共食の場であっても、食堂の席次に差異が存在したのである。

おわりに

以上、古代の食堂を通覧し、その共食機能と給食機能という観点から食堂および食堂院・大衆院の変遷を検討し、以下の点が明らかになった。

・奈良時代前半には、食堂は金堂・講堂などとともに、堂に列せられ、給食機能は大衆院に置かれたが、後半に入ると、食堂が僧物とされ、食堂院（あるいは、その一帯）を構成し、これが大衆院の厨や竈屋などを吸収した。ただし、資財帳の記載上、食堂と大衆院が別々に書かれた可能性もあり、場所的な近接は否定しないが、食堂院という一つの区画にまとめるという意識、あるいは概念は窺えない。なお、興福寺の食堂院の形成は発掘調査からは明らかではないが、この傾向の早い事例の可能性がある。

・食殿は、食堂周辺において、限定的にみえる建物であるが、細殿や回廊併設の場合にはみられない。この食堂と食殿の接続を文献史料・発掘成果を踏まえて検討すると、食堂との密接な関係性が窺える。食堂周辺建物の変遷をみると、細殿や回廊が食殿とは共存しないことから、これらが食殿の機能を担った可能性が窺える。

・食堂と講堂を比較すると、講堂よりも小さい興福寺や東寺では、細殿・礼堂を併設し、面積を確保している。梁行は興福寺・薬師寺を除き、食堂の方が大きく、食堂の建築的特徴と考えられる。

・戒律では、床の上で食を受けることを想定しており、唐代寺院では食堂に床が置かれていた。日本の事例では、食堂に板敷は確認できず、現に東大寺戒壇院食堂には板敷がなく、食堂は土間であった。そして座して、食を受けるために食堂では床を設置していた。

このように、食堂およびその周辺施設をみることで、古代寺院伽藍の設計方法の変遷が窺える。共食機能を有した食堂と共食機能を有した大衆院の融合と三面僧房との分離、そして食堂院を三面僧房の北方に配することで、給食機能と共食機能を有し、さらに東寺に至り、三面僧房との再接近という食堂の求めるすべての要素を満たす伽藍配置が完成した。しかし九世紀以降、食堂の必要性が低下し、造営されなくなり、その伽藍配置が普及することはなかった。

本稿では食堂作法に十分に言及する余力がなかったが、この視点は食堂および食殿・細殿などの建築の形状に大きな影響を与える問題で、検討する必要があろう。さらに伽藍配置の変遷のなかで、大安寺・東大寺の食堂周辺の様相が明らかになることが、古代における食堂を解明するうえで、重要であろう。今後の発掘調査に期待したい。

註

（1）後述のように新薬師寺本堂は食堂の可能性が指摘されているが、確証はない。なお新薬師寺金堂は現新薬師寺本堂の西方の奈良教育大学の敷地内に位置する。また法隆寺食堂も当初は講堂と併用と推定され、現在の食堂は政屋を転用したものと考えられている。

（2）「薬師寺縁起」では、宝塔・金堂・講堂・四面廊に続いて食堂が記される。

（3）太田博太郎　一九七九。これによると、食堂の背面の建物を食殿、その西方の建物を大炊殿と推定している。

（4）あらためて正倉院殿堂図の方眼の格子をもとに、廂の大きさ、柱の位置を考慮して、柱間を復元すると、桁行一九四尺（廂一六尺、身舎一八尺×九間）、梁行九八尺（正面回廊部分一八尺＋一六尺×五間）という大きさが導かれる。この検討については、別稿に譲りたい。

（5）鈴木嘉吉氏の推定では、食堂の棟と並行して廡廊を配することで、食堂の梁行が拡大する平面を想定している

（鈴木嘉吉　一九五九）。
（6）海野聡「双建築の再検討」『仏教芸術』三二七号、二〇一二年。
（7）註（6）前掲書、編集後記。
（8）奈良時代については、確証が得られないが、少なくとも「興福寺流記」が編纂された時には、食堂・細殿および給食施設を食堂院と認識していた。創建の伽藍においても、食堂と給食機能を有した施設群を囲っており、名称はともかくとしても、実態としては食堂院を形成していた。そのため、宝字記の大衆院という記述は、伽藍全体をみての判断ではなく、給食機能を有した施設群を指して、通例的に大衆院と称したと考えられる。
（9）あくまで律儀であり、作法に主眼を置いた記述であるため、食堂の建築形態に関する記述はみられない。
（10）地に跪くことを禁じている点と合わせて鑑みると、単なる礼儀作法ではなく、衛生的な配慮の可能性がある。
（11）円仁の渡航記で、唐代の社会・情報収集についての記述が多く記され、そのなかに食堂における作法も記される。
（12）供食と共食が同義で用いられた、あるいは誤字の可能性もあるが、供食を受けるという点を素直に解釈すると、各僧が床上に待機し、そこに食事を供されるという行為が想定される。さらに寛和二年（九八六）「太上法皇御受戒記」の二十二日条にも、「供」の字が用いられている。ただし、この点については、食堂の建築的検討を超え、儀礼的な検討を多く含むため、今後の課題としたい。
（13）「西大寺資財流記帳」では単に「檜皮殿」とされるが、大炊殿や厨よりも前に記され、食堂に近い機能を有したと考えられる。
（14）なお醍醐寺では、礼堂の付加により、布薩の場を形成したと推定されている（藤井恵介　一九九四）。このように食堂以外の場では、礼堂は建物そのものの空間の性格に特徴を与える要素であった。

【主な校訂本一覧】
『東大寺要録』筒井英俊校訂、国書刊行会
「西大寺資財流記帳」『大日本仏教全書』寺誌叢書二
「法隆寺伽藍縁起幷流記資財帳」『大日本古文書』編年二ノ五七八
「大安寺伽藍縁起幷流記資財帳」『大日本古文書』編年二ノ六二四

『教誡新学比丘行護律儀』森江佐七出版、一八七九年
『七大寺巡礼私記』奈良文化財研究所編、一九八二年
『入唐求法巡礼行記』『大日本仏教全書』遊方伝叢書一
「薬師寺縁起」『護国寺本諸寺縁起集』
「興福寺流記」『大日本仏教全書』興福寺叢書一
「元興寺伽藍縁起幷流記資財帳」『大日本仏教全書　寺誌叢書一』
「広隆寺資財交替実録帳」『平安遺文』一―一七五

【図版出典】

図1　奈良六大寺大観刊行会編『奈良六大寺大観』第九巻、東大寺一、岩波書店、一一頁、図2
図2　天沼俊一　一九一〇「創建当時に於ける東大寺南大門、東西両塔院及び其沿革。附講堂、僧房、食堂」『建築雑誌』第二八三号、第九図
図3　奈良六大寺大観刊行会編『奈良六大寺大観』第九巻、東大寺一、岩波書店、一三頁、図3
図4　鈴木嘉吉　一九五九『興福寺食堂発掘調査報告』奈良国立文化財研究所学報第七冊、二九頁、Fig.13
図5　鈴木嘉吉　一九五九『興福寺食堂発掘調査報告』奈良国立文化財研究所学報第七冊、三〇頁、Fig.14
図6　奈良文化財研究所編　二〇〇七『西大寺食堂院・右京北辺発掘調査報告』奈良文化財研究、五〇頁、図46
図7　鈴木嘉吉　一九五九『興福寺食堂発掘調査報告』奈良国立文化財研究所学報第七冊、二五頁、Fig.9
図8　興福寺蔵焼き付け（原本は東京国立博物館蔵）
図9　奈良文化財研究所　一九八七『薬師寺発掘調査報告』本文編二〇八頁、Fig.92
図10　奈良文化財研究所編　二〇一三『薬師寺　旧境内保存整備計画にともなう発掘調査概報Ⅰ』薬師寺、五頁、第3図をもとに筆者作成。
図11　大岡實　一九六六『南都七大寺の研究』中央公論美術出版、一六九頁、挿図53
図12　大岡實　一九六六『南都七大寺の研究』中央公論美術出版、一六四頁、挿図48
図13　橿原考古学研究所　一九七七「大安寺旧境内発掘調査概報」『奈良県遺跡調査概報一九七六』図3および図4よ

り作成
図14　奈良文化財研究所編　二〇〇七『西大寺食堂院・右京北辺発掘調査報告』奈良文化財研究所、八頁、図7
図15　法隆寺国宝保存事業部　一九三六『國寶建造物食堂及細殿修理工事報告』法隆寺国宝保存工事報告書　第二冊
図16　澤村仁　一九八一『日本建築史基礎資料集成　四　仏堂Ⅰ』中央公論美術出版、二一〇頁、図2（平面図）、二一一頁、図5（断面図）
図17　教王護国寺　一九八一『教王護国寺防災施設工事・発掘調査報告書』教王護国寺、第一図
図18　上野勝久　一九九四「平安時代の東寺食堂の形態について」『日本建築学会計画系論文集』四五九号、図3および図6
図19　「東宝記」『続々群書類従』第一二、宗教部、国書刊行会、一九〇七年所収（原本は東寺蔵）
図20　筆者作成
図21　鈴木嘉吉　一九五九『興福寺食堂発掘調査報告』奈良国立文化財研究所学報第七冊、二五頁、Fig. 10

【主要参考文献】

天沼俊一　一九一〇「創立当時に於ける東大寺南大門、東西両塔院及び其沿革。附講堂、僧房、食堂」『建築雑誌』第二八三号
上野勝久　一九九四「平安時代の東寺食堂の形態について」『日本建築学会計画系論文集』四五九号
上原真人　二〇一四『古代寺院の資産と経営――寺院資財帳の考古学――』すいれん舎
大岡實　一九六六「奈良時代寺院の伽藍配置と主要堂塔」『南都七大寺の研究』中央公論美術出版
太田博太郎　一九七九『南都七大寺の歴史と年表』岩波書店
太田博太郎　一九八五『国史大辞典』食堂（じきどう）の項
橿原考古学研究所　一九七七「大安寺旧境内発掘調査概報」『奈良県遺跡調査概報一九七六』
教王護国寺　一九八一『教王護国寺防災施設工事・発掘調査報告書』教王護国寺
鈴木嘉吉　一九五九『興福寺食堂発掘調査報告』奈良国立文化財研究所学報第七冊
関野克　一九三六「在信樂藤原豊成殿板殿復原考」『建築学会論文集』三号

鳥羽離宮跡調査研究所　一九七九『史跡西寺跡』鳥羽離宮跡調査研究所
法隆寺国宝保存事業部　一九三六『國寶建造物食堂及細殿修理工事報告』法隆寺国宝保存工事報告書 第二冊
奈良県教育委員会事務局文化財保存事務所　一九九六『国宝新薬師寺本堂 重要文化財地蔵堂・重要文化財南門・重要文化財鐘楼修理工事報告』
奈良市教育委員会　一九九七『史跡大安寺旧境内Ⅰ――杉山古墳地区の発掘調査・整備事業報告1――』
奈良文化財研究所編　二〇〇七『西大寺食堂院・右京北辺発掘調査報告』奈良文化財研究所
奈良文化財研究所編　二〇一三『薬師寺　旧境内保存整備計画にともなう発掘調査概報Ⅰ』薬師寺
箱崎和久　二〇一〇『平城京事典』柊風舎、二二六～二二七頁
福山敏男　一九四三「奈良時代に於ける石山寺の造営」『日本建築史の研究』桑名文星堂（綜芸社一九八〇年再版）
藤井恵介　一九九四「醍醐寺における布薩と仏堂」『中世寺院と法会』法藏館
藤井恵介　二〇〇四「律宗における僧食と僧堂」『歴博フォーラム　中世寺院の姿とくらし――密教・禅僧・湯屋――』山川出版社
宮本長二郎　一九七九「飛鳥・奈良時代寺院の主要堂塔」座右宝刊行会編『日本古寺美術全集』二　法隆寺と斑鳩の古寺、集英社
吉川真司　二〇一〇「古代寺院の食堂」栄原永遠男・西山良平・吉川真司編『律令国家史論集』塙書房

造営における先規・旧規を守る意識について

山岸常人

はじめに

寺院が存続するためには、安定した経済的基盤を持つことが必要であることは言うまでもないことである。しかし、寺院の根幹となる宗教活動や、さらにその活動の基盤となる寺内の堂舎など、寺院の諸活動の具体的内実があって初めて寺院は永続する。もし寺院内外の社会的諸状況によって、寺院を構成する要素の一角が崩れれば寺院の存立は危うくなる。たとえば荘園からの料物が枯渇すれば、法会の実施はかなわなくなる。戦乱や災害で堂宇・房舎が損壊すれば法会の実施も僧侶の止住もかなわない。とりわけ堂舎諸施設は、法会の執行や僧侶止住の基盤となる重要なものであるが、それが失われた場合、条件が許されれば復興・再興が行われる。その際に考慮されるのが先規・旧規であった。堂舎がこれまでどのような状態であったのかを考慮し、その状態への復旧をめざすのが復興の常であった。

本稿は、中世寺院において、この先規・旧規を守る意識が具体的にどのように存在し、実際にどのように守られたのかの実態を明らかにすることが目的である。

古代から現代まで連綿と続く東大寺の二月堂修二会は、その法会の実施に関して、先規・旧規を墨守する意識はきわめて強いことで知られている。たとえば「東大寺修中練行衆日記」（以下「修中日記」と略記する）[1]康永三年条には以下のように記す。

史料一　「修中日記」第五　康永三年（一三四四）条

彼体其後自外陣入内陣、此条背先規、諸衆悉参集始之故也、仍七日懺悔之時令永賢於外礼堂礼五千返畢、

この種の記事は「修中日記」に頻出し、先規は「式帳」と呼ばれた先規の集成記録に記録され、蓄積された。常にそれが参照されながら法会の作法・次第が継承されてきたのである。つまり伝統の保持は先規を遵守することで実現されてきた。その実態については拙稿にも一部述べたところである[2]。

一方、修二会の会場たる東大寺二月堂の建物の造営に関しても先規遵守への意識は強い。寛文六年（一六六六）に、二月堂は創建以来初めて完全に焼失するという災難に遭遇する。その際の記録に以下のような文言が見られる。

史料二　「修中日記」第二十　寛文八年条

一、焼失已後、傷行法之退転、満寺含悲、未訴武家之処、先而如前々可造営之由、自将軍源家綱公被申付当郡代官土屋忠次郎畢、不思議之事、偏為大聖之威神歟、

史料三　「修中日記」第二十一　寛文十年条

一、自寛文八戊申年至同九年極月造営、不違先規无残成就、鏤刻尽功荘厳巍々、諸人驚目、

これらによれば、「前々」のごとく二月堂を造営することが公儀から許され、その通り「不違先規」造営工事が実施された。たしかに文字の上ではそのようになっている。実際はどうであったのか。二月堂は奈良時代以来、増築を重ねてきた可能性が高い。元久三年（一二〇六）の供養[3]、建保七年（一二一九）から嘉禄二年（一二二六）の間に行われた三面庇の増設[4]、文永元年（一二六四）の上棟[5]、延文三年（一三五八）以前の円範の三面局造営など[6]、十三世紀から十四世紀にかけて大きな改修工事が幾度もなされている[7]。このような経緯から、二月堂には古代の和様を基調としながら、おそらく大仏様の技法も混入した建物となっていたはずである。しかし、寛文九年に再建された現在の二月堂を見る限り、それは近世の様式・技法が駆使された建物であり、寛文焼失前の二月堂の様式・技法を伝えているとは思われない。もちろん、内々陣が切妻造の独立した建物であるかのごとく、堂内の一部であるにもかかわらず屋根が作られていたり、その周りにジクと称される石敷の床があったりと、寛文以前の建築形態を継承しているだろうと思われる点は多々ある。

いずれにせよ、寛文以前を忠実に再現したとは考えられない寛文の二月堂再建の際に守られた先規とは何なのか、その実態を再考する余地があるように思われる。造営工事に際しての先規を守り、旧規を継承する意識は、普遍的なものであったのか。あるいはこれが「不退之行法」を受け継ぐ二月堂に固有な現象であったのか。また先規を守る内実はどのようなものであったのか。具体的にいえば何を継承していれば先規に従ったことになるのか。このことは前近代の伝統継承のあり方を知る手掛かりとなるはずである。同時に昨今盛んに行われる遺跡の復原の歴史的

意味について再考する手掛かりになると考える。
　東大寺の記録を中心にしてこの問題について若干の考察を試みたい。史料が限られるので、建物の造営を検討の対象としたいが、仏像の造立や若干の他寺の事例についても適宜参照したい。また先規とほぼ近い内容を持つ用語として、旧規・旧義なども用いられている。それらも含めて検討したい。まず東大寺について検討した後に、他寺の諸事例を比較する。

第一章　先規を守る意志

　平重衡による治承兵火後の東大寺復興にあたっては、旧規を参照し、旧規を守ることがしばしば表明されている。史料四・五は仏像の再興であり、貞観三年の大仏御頭供養（「東大寺要録」巻第三　供養章之余）・延喜二年の中門二天供養（「要録」巻第四　諸院章第四）などが参照されるべき旧規とされた。史料六・七は東大寺伽藍の復興を「如旧」くに戻すことを命じている。その際、礎石は旧来のものを用いるか、それを範とし、旧規を尋ねさせている。旧状に復することは造営の基本であったようである。

史料四　「続要録」造仏篇　養和元年勧進上人重源敬白（一一八一）
　因茲、遠訪貞観・延喜之旧規、近任　今上宣下之勅命、須令都鄙以遂営作、

史料五　「続要録」供養篇　元暦二年後鳥羽天皇口宣（一一八五）

東大寺焼亡已経六箇年、盧舍那大仏像殊課巧匠、守旧鎔鋳、梵宇揆日之功雖未甫、本尊満月之相已欲成、

史料六　「東大寺雑集録」序巻（東大寺叢書第一）（元暦二年源頼朝書状案）

於今者、如旧令遂修複造営、可被奉祈鎮護国家也、

史料七　「続要録」造仏篇　治承五年安徳天皇勅書（「東大寺造立供養記」[9]にも引用）

禅定仙院忽聞斯綍惻隠于懐、任礎石於旧製、採山木以致造営、撰鎔範於良工、聚国銅以欲修補、（略）降糸綸之命、遂広大之善、緬尋旧規、可復古跡、

したがって、先規・旧規を無視した場合は、妥当な手順ではないわけであるから、当然、不都合が生じることとなった。次の史料八はそれを示している。

史料八　「続要録」供養篇　或記

或記云、開眼導師天竺波羅門僧正、（略）而永久之比修理之剋、不尋寺旧規、以仏師長円蓮眼之上加採色、其後無量雀鳥住螺髪之間不浄狼藉也、先師上綱云、開眼不法小鳥蔑如、聖教在文云々、

この史料は、行基菩薩骨舎利供養の項に続いて収められているが、内容は天平勝宝四年の東大寺大仏開眼供養の記事から始まり、傍線部分は大仏造立の後の永久年間の大仏修理の際の出来事となる。その修理の際、大仏の眼につ

いて旧規を調べず、仏師が彩色をしてしまった。その後、無数の雀が螺髪に住み着き、不浄の狼藉を働く事態が生じた。小鳥が開眼の不法をさげすんだからで、しかもそうした事態に至る根源は聖教にすでに示されていたという。
先規に倣うのは、先規に意味があり、その意味を保持することをめざしているのであって、単に似たような形を再現することが求められていたのではないと言えよう。

第二章　先規を守ることの内実

先規・旧規が重視されていたとして、では、何をどこまで踏襲すれば先規に反しないことになるのであろうか。

史料九　「東大寺衆徒参詣伊勢大神宮記」文治二年院宣（一一八六）（『大日本仏教全書』東大寺叢書第二所収）

而今仏像忽焚毀、堂舎為煨燼、驚遽之甚、何以喩此、須因古跡早修営仏閣、而世及澆醨、時極凋弊、遂彼涼風之迹、責其旧日功者、

史料十　「続要録」諸院篇　尊勝院の項　薬師堂本尊厨子内記録建久七年弁暁置文（一一九六）（「尊勝院院主次第」法印権大僧都弁暁の項にも引く。東大寺叢書第二所収）

今度治承四年十二月廿八日、一体不残併為灰燼、公家尋旧跡雖被造立、当于大仏殿営作之時、奏聞有憚、

史料九は治承兵火後の大仏・大仏殿の復興を、史料十は同じ治承の兵火で薬師堂が焼けた際の復興のことを記す。

いずれも復するべき対象は、古跡・旧跡と表現されているだけで、はなはだ抽象的ではある。あえて想像すれば、かつての建物のあった地点を漠然と指しているように思われる。

史料十一　「続要録」諸院篇　真言院の項　弘安四年太政官牒（一二八一）

然而高祖日々之影向猶無闕怠、旧跡連連之検知頻示霊異、重源和尚参詣之剋、鈴音親韻于瑜伽壇之上、聖慶得業瞻礼之処、瑞光正現于灌頂堂之蹤、（略）爰聖守且続先王之御願、奉祈金輪之平安、且崇祖師之遺跡、欲興鉄塔之教法、然則再為拓基趾、竊令発誓願、

史料十一では、荒廃していた東大寺真言院を再興するにあたって、高祖弘法大師が灌頂道場を設け、密教修法を実施した「瑜伽壇」「灌頂堂」に瑞祥が現れ、それらが「祖師之遺跡」とされている。ここでは遺された建物の痕跡が古跡・旧跡の具体的な手掛かりとして認識されていた。

先規の明快な拠り所は、次の史料十二でより具体性を帯びる。

史料十二　「続要録」諸院篇　真言院の項　弘長二年正月十六日条（一二六二）

弘長二年正月十六日、真言院東面四足建之、顚倒之後、都不知其跡、而自然懸今所建彼門之処、雨滴・石畳・築垣・土居等忽堀出之了、不違尺寸、在今門并築地下、可謂奇特、冥感之至、行遍僧正殊拭感涙、

この東大寺真言院の門の復興では、旧規・旧跡を知ることができずに門を再建しようとしたところ、まさにその再

建予定場所から、雨落溝・石敷・築地などが見出され、再建予定の規模とも一致した。それゆえ、奇特と評され、復興にあたった行遍も感涙にむせぶこととなった。建物の建つ地点に加えて、建物の平面的な規模が一致していることが先規に適ったものと考えられたようである。先に引いた史料七も旧来の礎石を踏襲することが示されていたから、建物がそのものが滅失した場合の拠り所が礎石・基壇などの基礎部分にのみ頼っていたことになる。それは現代人が考古学的手法で過去をさぐる際の手掛かりと何ら変わらない。

さらに建物の規模・形態にまで言及した史料として、史料十三がある。

史料十三　「続要録」供養篇　鳥羽上皇建仁三年東大寺供養会御願文（「東大寺供養式　建仁三年十一月三十日」にも引く、『大日本仏教全書』東大寺叢書第二所収）（一二〇三）

爾来星霜八九廻、縄墨無暫懈、採良材於衡霍、百拱千柱聚而如雲、択妙匠於斑倕、殊形詭製成之不日、広袤雖不改旧基、輪奐亦猶加巧思、迺建立十一間二階大仏殿一宇、奉鋳顕金銅十丈七尺盧舎那如来像一体、荘厳如旧、瞻仰惟新、奉造立金色六丈観世音・虚空蔵等二菩薩像各一体、石像八尺同菩薩各一体、彩色四丈三尺多聞・持国・増長・広目等四天王像各一体、石像八尺同天王各一体、此外左右登廊・四面歩廊・東楽門・西楽門・南中門・北中門・南大門并鎮守八幡宮等、同励揆日之巧、早終成風之功、

これも、治承兵火後の東大寺の主要な建物の復興後の供養の際の願文である。ここでは大仏殿について、「旧基」を改めずに「十一間二階大仏殿」を再建したと記されているから、建物の平面的な規模だけでなく立体的な形状も守る意識があったことになる。大仏を始めとする仏像群についても、材質・寸法が示されており、同様に認識され

ている。ただし実態として正確に旧規を踏襲したのか否かは判断が難しい。「大仏殿碑文」（「要録」巻第二　縁起章第二）によれば、像の高さについて以下の表ような寸法が記される。

	大仏殿碑文の記載	建仁三年供養願文の記載
盧遮那仏	五丈三尺五寸	十丈七尺
観世音・虚空蔵	三丈	六丈
四天王	四丈	四丈三尺

おそらく建仁の供養願文は、坐像について、それが立った場合の寸法を記していると思われる。盧遮那仏と両脇侍の観世音・虚空蔵については、願文が碑文の二倍の数値となっているので、先規に正確に倣ったとみられる。四天王は立像なのでほぼ近い数値と言えよう。「文治元年東大寺大仏開眼供養願文」（史料十四）では、単に寸法だけではなく、大仏の像容が天平の仕様と一致していることを記している。すべてにわたってとはいかないであろうが、先規は正確に守ることがめざされたようである。

史料十四　「続要録」供養篇　後白河法皇文治元年東大寺大仏開眼供養願文（一一八五）

側聞、東大寺盧遮那大仏者、（略）一十六丈之尊容、月輪之妙相再円、四百余廻之遺美、天平之旧儀更就、

さらに史料十五では、年代不明ながらの平安時代の「要録」編纂頃の戒壇院修造の具体的工事について、詳細に記す。これによれば、建物の朽損に伴って、垂木・棟木が切り縮められていることを問題視して、「旧儀」を改めることなきよう、強く規制している。

史料十五　「要録」巻第四　諸会章第五　戒壇院の項

抑此僧房惣六院也、（略）而構隔之間、於往古之柱等、恣彫穴着疵、（略）又北簷垂木之端、并東西棟木之端、随朽毎修理切縮之、尋往古跡可修造之、（略）然当院者、遠学祇薗精舎之一院、近写西明戒壇之地相、堂廊高下長短楷模無乖、而毘尼戒律目下悉絶儀式、只留此一院畢、是以努々莫改旧儀、

一、以戒壇北馬道不可用瓦屋事、

（略）十之半者破損了、空損之至不可称計、如元可被造瓦屋、

このように、「旧儀」「旧規」とは、単に「昔のように」程度の抽象的・理念的な再現にとどまるわけでもなければ、建物のあった地点や平面的な規模に限定されるわけでもなかった。立体的な建物の具体的な形式や各部の寸法・仕様までも意識したものであったことになる。

近世になっても、同様の意識が守られていた。

史料十六　「大仏殿再建記」(10)

（元禄九年五月二十日）柳沢殿御帰、上人江被仰渡趣、上意ニハ勧進柄杓　上覧、為御内証白銀千枚被下、材木モ段々可被　仰付ト也、又先日大仏殿建立ま数減少ノ事無用ニ仕、古法ノ通造立尤也、減少ノ事　御代ニ始リテ記録ニ残所如何ニ、　思召サル間、左様ニ可相心得、

史料十六にあるように、近世の大仏殿再建にあたっても「古法ノ通」がめざされた。残念ながら実際には、資金の

不足のために桁行規模が縮小され、桁行柱間数が、創建から永禄の兵火まで続いた十一間ではなく、七間に減ぜられ、梁行は七間のまま保持された（『興隆略記』）[11]。結果的には先規は守ることができなかった。

第三章　建築的な実態

そこで、次に実際の建物そのものについて、上記のような先規についての意識がどのように反映されていたのかを、東大寺の建物について確認しておきたい。

まず大仏殿である。東大寺大仏殿は創建時、鎌倉再建、永禄兵火後の江戸時代中期再建の現大仏殿[12]が比較の対象となる。すでによく知られているように、大仏殿の梁行柱間寸法は奈良時代から変化していない。比較すると以下の通りとなる。

梁行柱間寸法　現状一六六・六尺……奈良時代創建時十七丈（『要録』巻第二大仏殿碑文）

基壇南北規模　現状二〇二・三尺……奈良時代創建時二十丈六尺（『要録』同上）

十七丈は天平尺であるから、これを現行の尺換算すると一六六・六尺となり、ほぼ一致する。基壇もその換算によって、変化していないと言えよう。治承兵火後の再建（以下、鎌倉再建と呼ぶ）の規模はほぼ奈良時代と差がないと推定されている[13]。

柱径は単純ではない。現状の柱径は明治時代の修理のために変更が加えられている。明治修理の記録に基づく修理前の寸法は、側通りと入側通りの隅柱は一・四～一・五六メートル（五尺前後）、その他の柱は一・二メートル（四尺）である[14]。鎌倉再建時は、「東大寺造立供養記」によれば五尺四、五寸、奈良時代創建時は三尺八寸（「七大寺巡礼私記[15]」）であった。奈良・鎌倉時代の記録だけでは、現状のように、位置によって柱径を変えていたかどうかはわからない。しかし鎌倉再建の際に柱径を拡大したと考えられる（補記参照）。

高さは厳密な比較はできない。現状の棟高は四六・八メートル（十五丈四尺七寸）である。奈良時代創建時には「大仏殿碑文」「七大寺巡礼私記」は十二丈六尺、「要録」は十五丈、「朝野群載」では十五丈六尺とまちまちである。[16]

以上のように、東大寺大仏殿は、平面的には、江戸時代再建の際に桁行規模を縮小した以外、基本的には変化していない。しかし柱径は鎌倉再建で太くなったようであり、棟高は判断が困難である。そして言うまでもなく、技法の上では、鎌倉再建にはそれまでなかった大仏様（天竺様）が使われ、江戸時代の再建でもそれに倣いつつ近世的な意匠も併用された。奈良時代の様式からは大きく変化していると言うべきであろう。

次に南大門について見たい。東大寺南大門は、発掘調査によって、創建時の基壇化粧とほぼ同じ位置に鎌倉再建の基壇化粧が設けられていることが判明しており、礎石も創建時のものをそのまま使っていると判断されている。[17]つまり平面的な規模の点では先規を守っていると言えるが、建築様式や技法は大仏殿と同様、大仏様を用いた鎌倉再建建物は奈良時代とは大きく異なっていたはずである。

このように、大仏殿・南大門とも、その位置や平面規模は大きな改変が加えられていないことは確認できるが、基壇・礎石より上の建物本体に関して言うと厳密に同じ形式、同じ意匠の建物ができていたわけではない。たとえば、両者とも奈良時代にも重層の建物であっただろうが、上層・下層それぞれ独立した別の柱によって組み立てられていたはずである。一方、鎌倉再建の南大門も鎌倉再建大仏殿の影響の色濃い現大仏殿も、ともに通し柱を用いているが、これは大仏様独特の技法ということができる。鎌倉再建時に大きく建築形態が変化したことになる。それでも位置と平面規模が奈良時代のものを継承しているのであって、その点では本願聖武天皇の創建時の遺志は継承されている。その意味では旧規・旧基は守られたことになっていると認識されていたのであろう。
このように見ると、「先規」「旧規」「旧基」の内包する意味とは、さほど厳格なものではなく、先例を限定的に参照する程度にとどまっていたものと思われる。

第四章　古今勝劣

前章で確認できたような意識は、鎌倉再建時の復興事業の成果を評価をした以下の史料で明確にうかがうことができる。

史料十七　「東大寺造立供養記」（前掲註（9）所収）

造寺間、古與今勝劣有十二也、
一者、昔奉鋳之間、経三ヶ年而八度、今者卅九日間奉鋳了、
二者、昔構庇柱而励営作、故庇柱之遠至手掻大路矣、今無其煩以成、
三者、昔柱口径三尺五寸、今五尺也、
四者、昔者寄二十五箇国、経六十一年、今以両国之用途、以造四箇宝殿、経十余年、成一大事也、
五者、昔築仏後之山、而失荘厳、今引捨仏後之山、崩去堂前之崗、因茲増荘厳成眺望、
六者、昔用四五尺釘而成大堂之固、今不用釘而弥健固也、
七者、仏身中奉納舎利、而増舎那之効験、被諸人之信力、

八者、昔従奥州貢上黄金、今従勢州貢上水銀二万両、是前仏之方便、而顕地中之伏蔵歟、
（九項から十二項は略）

第二・六項は大仏殿の構造形式が変化したことを、第三項は規模が変化したことを、第五項は奈良時代以来の遺跡を変更したことを意味する。「旧規」を変更した結果は「勝」と評価しているので、変更は改善と意識されている。「旧規」「旧基」に従った結果としての改変をむしろ過去より優れたものと見なしているのである。とすれば、多くの文書で謳われている「旧規」を守る意識は、国家側の規制や、国家からの許諾を得るための方便だったのだろうか。

とはいえ、中世南都においては建造物造営に際して保守的な意識が強かったことは、よく知られているところで、古代に成立した伽藍を維持し継承する実態のあったことも事実である。

第五章　他寺との比較

比較のために、他寺の例について若干の事例を見ておきたい。

まず興福寺に関して、同寺が創建後最初の大火の被害にあった永承元年（一〇四六）の後の復興事業に関して、「造興福寺記」(18)は以下のように記す。

史料十八　「造興福寺記」永承三年三月二日興福寺供養御願文

去年正月廿二日為復旧基、下知諸国、造立金堂幷廻廊・鐘楼・経蔵・僧房・大門等、

史料十九　「造興福寺記」永承三年三月二日後冷泉天皇詔

爰以去元年、不慮有事、即企新造、既復旧基、雖歓堂宇之壮麗、猶思人民之勤労、

すなわち前章までに見たのと同様な意識が見られる。ただし「即企新造、既復旧基」という表現からは、必ずしも厳格な旧規に縛られていないようにも受け取られる。

東寺の造営に関しては、以下のような史料が見出される。

史料二十　「東宝記」第二(19)　塔婆の項　応徳三年塔供養御願文（一〇八六）

爰訪佳辰於定星之候、倫良曜於小雪之時、重復旧儀、更安前仏、

史料二十一　「東宝記」第三　一、当寺代々修造事　治承二年十月二十五日条（一一七八年）

北院御室為御産御祈、於六波羅泉殿被修孔雀経法、御産平安皇子誕生之間、依勧賞東寺真言院如旧被造営、後七日太元法如法如説可被勤行之由、頭権大夫光能朝臣仰之、

史料二十二　「東宝記」第三　一、当寺代々修造事（一二〇四年）

元久元年四月、長者以下一宗門徒連署奏上云、去建久年中、幸起自後白川院之叡襟、准造東大寺例、被寄附播

磨国、以其調庸租税被充此修造料、堂舎以下漸復旧基、

いずれも「旧儀」などの旧規に類する用語を用いて、それにあわせて復興することがめざされ、あるいはそれが実現していた。しかしこの限りでは旧規の持つ規範性は希薄である。

実際問題としては、東寺灌頂院は創建時の礎石を旧位置のまま使用して現在の寛永再建の堂宇が建てられており、[20]東大寺と同様、建物位置や平面規模に関して、創建時のそれが保持されてきたことが確認されている。

なお東寺に関しては、法会の再興に関しても旧儀を重視する以下のような史料も知られる。

史料二十三　「長寛元年八月二十九日　覚応敬白文」（『平安遺文』第十一巻　補三三九号）（一一六三年）

右、東寺者真言根本之地、密教繁昌之砌也、（略）始従去年発以大願、依旧儀任恒例、毎当夏中六斎之日時、雖講大乗四部之教文、依無長日之勤、恭捧不断之花、就三密修練之道場、致九旬安居之行業、

しかし、比叡山の文永年間の回禄の後に作られた「後宇多天皇呪願文」は以下のように記す。これに関連して、後宇多天皇の弘安八年七月二十一日の願文があり、[21]この呪願文も同時に作成されたものと考えられる。

史料二十四　「後宇多天皇呪願文」（『鎌倉遺文』第二〇巻　一五六二五号）

爰文永暦其青陽天、香煙変炎、華像為燼、（略）土木営功、雁宇再成、（略）但於本尊、皆是新造、白毫瑩玉、紫磨餝金、勤超先規、功異古昔、緈已鄭重、福豈唐捐、

ここでは新造された本尊が先規を超え、昔とは異なったものであることをむしろ明言して、その功を称えている。つまり先規にとらわれず、先規に比して、より荘厳な本尊が造顕されたことを誇っている。

一方で、東大寺鎌倉再建とほぼ同時期の神護寺復興を担った文覚の起請には、以下のように記している。

史料二十五 元暦二年正月十九日後白河法皇御手印文覚起請(22)（一一八五年）第十三条及十六条

一、住僧中輙不可造立堂塔事、

右、自往古所建立之堂塔修造之外、私輙不可建立堂舎等、但信心檀越等於有宿願者、満山評定可随宜矣、（略）

一、不可改旧例事、

右、堂塔・仏像等、自昔所被定置之事等、更以不可令改易、若背此旨、於改旧例政新儀之輩者、永可令擯出矣、

ここでは、堂塔・仏像などに関して昔から定め置かれたことを改めることも、新規の堂塔の建立も、いずれも禁じられていて、背いた場合は擯出、つまり神護寺の僧団組織から排除されることになる。きわめて厳しい規定が設けられていた。

先規を守る強い意識と、先規に反することを許容する意識が併存していた。これを寺院ごとの意識の差異と見るのか、個々の状況に応じた対処と見るのかは一概に決めがたい。

おわりに

そもそも先規に任せ、傍例に頼るという規範意識は、日本の前近代社会に幅広く存在したものであった。貴族や皇族が日記・記録を作成し、常にその記録を参照しながら政務や仏事運営などにあたったのは、ここに起因する。儀式では、細かい次第や所作が先規と合致しているのか否か、先規に反することがどれだけ重大な問題を引き起すのか、常にあらかじめ検討され、事後も検証されることが日常の責務であった。その意味では造営に際しても、造営事業の進め方から工事内容そのものについてまで、先規を守って行うのは、何ら特異なことではない。

東大寺での造営をめぐってしばしば見られる先規への強い遵守意識、「旧規」を保持する意識は、東大寺以外においても同様に存在したと考えられる。史料十二のようにきめ細かに検証されて、先規との一致が感涙にむせぶほどの奇特と意識されていたし、史料二十五のように先規に反した造営は僧侶としての資格を失わせるほどの根源的な規律違反行為だった。先規遵守はそのような厳しい規範であった。

しかし旧規尊重の実態は、史料上は強い規範のように表現されながら、実際問題としてはきわめて表面的なものであったと見るべきように思われる。史料十七では復興成った東大寺の鎌倉再建大仏殿がいかにそれ以前の、つまり奈良時代創建のものより優れているかを造営経緯も含めて記しているし、史料二十四もまた同様の評価を示している。先規のごとく復興をめざした結果として、先規を超える優れた伽藍・堂舎が完成すれば、それは何ら問題とするには値せず、むしろ賞賛さるべきことであった。造営の際のめざすべきかつてあった堂舎の姿とは、先規として参照されていさえすればよく、杓子定規に、かつてあったのとまったく同一の規模や形式・意匠・仕様で造営が行われることはむしろなかったといった方が良かろう。

とすれば先規とは復興の際のめざされるべき最低の必要条件であったと言うこともできよう。以前あった姿に戻すことによって、寺院活動は持続するはずだから、造営に際しては先規通りの姿に戻すことをめざす。それ以下であっては寺院としての面目は立たない。しかし先規をめざした結果として、より優れたものが出来上がれば、それは寺院の存続にとってはむしろ誇るべきことであり、それを先規違反と批判する必要はなかった。先規・旧規を守る意識は、国家側の規制や、国家から造営の許諾や支援を得るための方便であったのかもしれない。きわめて現実的に是々非々で判断され、以前より改善されたと判断されればそれで良しとするのが、建物造営の場面での先規尊重であったと見ることができよう。この点、法会の次第・所作の旧規を厳格に墨守したこととは大きく異なっていたと見るべきであろう。

註

(1) 『東大寺二月堂修二会の研究』(中央公論美術出版、昭和五十四年)史料篇所収。
(2) 山岸常人「修二会と二月堂――その相互関係をめぐって――」(『論集　東大寺二月堂――修二会の伝統とその思想――』ザ・グレイトブッダシンポジウム論集第八号、東大寺、平成二十二年)。
(3) 「二月堂供養式〈元久三年正月晦日〉」(「東大寺続要録」供養編、所収)「東大寺続要録」は筒井寛秀監修『東大寺続要録』(国書刊行会、平成二十五年)による。また「続要録」と略記する。
(4) 「東大寺上院修中過去帳」および「二月堂修中練行衆日記」、いずれも前掲註(1)書所収。
(5) 「二月堂法華堂上棟御祈仁王講請定」(竹内理三編『鎌倉遺文』第二二巻、九〇七九号、東京堂出版)。
(6) 「諸作法記」(東大寺蔵　佐藤道子の教示による)。
(7) 二月堂の建築形態やその沿革は、山岸「悔過会と仏堂」(山岸常人『中世寺院社会と仏堂』塙書房、平成二年、所収）参照。
(8)「東大寺要録」は、筒井英俊校訂『東大寺要録』（国書刊行会、昭和四十六年）による。以下「要録」と略記する。
(9)『大日本仏教全書』東大寺叢書第一（第一書房、昭和五十三年）所収。
(10) 島津良子・坂東俊彦「玉井家蔵「大仏殿再建記」解説および史料翻刻　第二回」（『南都仏教』八八号、平成十八年）。
(11)「第一章　概説」（『国宝東大寺金堂（大仏殿）修理工事報告書』東大寺大仏殿昭和大修理修理委員会、昭和五十五年）。
(12) 以下の記述の現大仏殿の寸法については、前掲註(11)の報告書第三章第二節・第六章第六節の記載の数値によった。
(13)「金堂」（『奈良六大寺大観』補訂版　第九巻、岩波書店、平成十二年）。
(14) 前掲註(11)所収「第二五図　明治修理前平面実測図」による。
(15)『奈良国立文化財研究所史料第二十二冊　七大寺巡礼私記』（奈良国立文化財研究所、昭和五十七年）。
(16) 海野　聡「東大寺創建大仏殿に関する復原私案」（『文化財論叢Ⅳ』奈良文化財研究所、平成二十四年）。
(17)『東大寺南大門史及昭和修理要録』（東大寺南大門修理工事々務所、昭和五年）。
(18)『大日本仏教全書』興福寺叢書第一（第一書房、昭和五十三年）所収。
(19)『国宝東宝記原本影印』（東京美術、昭和五十七年）、以下も東宝記は同書による。
(20)『新東宝記　東寺の歴史と美術』（真言宗総本山東寺、平成七年）。
(21)『鎌倉遺文』第二〇巻、一五六二四号。
(22) 黒田俊雄編『訳註日本史料　寺院法』（集英社、平成二十七年）所収。

［補記］　脱稿間際の平成二十七年十二月に東大寺東塔の発掘成果が報道された。それによれば鎌倉再建時の基壇は奈良時代の基壇より拡張して東塔が再建されている。だとすると、大仏殿・南大門の規模は拡張していないのに東塔だけが拡張されたことになる。東塔については先規が守られなかったことになり、その要因の解明が必要となる。発掘調査成果の正式な報告書が出された後に検討したい。

鎌倉再建東大寺大仏殿の評価をめぐる一考察

冨島義幸

はじめに

これまで東大寺大仏殿の鎌倉再建は、主として公家・武家の権力論の一環として論じられてきた(1)。また、仏教史の視点からは、東大寺の寺院組織に注目した研究がなされ(2)、さらに近年では東アジアを視野に入れた研究動向ともあいまって、重源をつうじて宋の仏教との関係に注目した研究もおこなわれている(3)。

鎌倉再建東大寺大仏殿で特徴的なのは、鎌倉再建東大寺大仏殿では大仏を本尊として、顕教僧により長日最勝王講、密教僧により長日両界供養法が修されたことである。大仏は、奈良時代からの伝統的な顕教の毘盧遮那仏であるとともに、平安時代新たにもたらされた密教の両界曼荼羅、ひいては大日如来でもあった。鎌倉再建大仏殿には、とくに長日両界供養法のために両界堂が設けられ、この両界堂について藤井恵介氏は「重源の密教僧たる立場を明らかにするだけでなく、東大寺そのものが中世において顕密兼修の寺院であったことを象徴的に示す(4)」と評価する。しかし、顕密兼修は重源のみならず、当時の顕密仏教ではごくふつうのことで、なぜ密教が院政期の東大寺大仏殿において両界堂として顕現したのかが問題となろう。この点について横内裕人氏[5]は、「重源が創始した大仏殿顕密供は、顕密の一体性を求めた、平安中期以来の「国家的」仏教の流れの内に位置づけることができる」と、重要な指摘をしている。しかし、「国家的」仏教の具体的な内容が見えておらず、その後横内氏は「醍醐寺で出家し、高野山で修行に励んだ重源の思想が、再建した大仏殿に顕現した[6]」と、やはり重源の仏教と評するにいたっている。重源が東大寺の再建で重要な役割を担ったことは確かであるが、東大寺大仏殿以外に長日最勝王講や長日両界供養法を修したことは確認できず、その主体を重源とみなすべきかについては慎重に判断する必要があろう。

一方、拙著では顕教の毘盧遮那仏と密教の大日如来をあわせた仏は、鎌倉再建東大寺大仏殿で突如あらわれたものではなく、法成寺金堂および法勝寺金堂の中尊としてすでにあらわれており[7]、鎌倉再建東大寺大仏殿は、法成寺金堂・法勝寺金堂の延長に位置づけられるのではないかという見解を示した[8]。さらに、長日両界供養法は、院政期に鳥羽院により醍醐寺三宝院・大伝法院（伝法院）本堂で、後白河院によって高野山大塔・東大寺大仏殿でも修されており、真言密教と院の関係からとらえる必要があると指摘した[9]。東大寺が本尊として掲げた大仏が、中世社会においてもつ思想的な意義はどのように評価され、ひいては東大寺の鎌倉再建が中世仏教のなかでどのように位置づけられるのか、再検討する余地はじゅうぶんのこされている。ここには、重源という巨人に帰着させることで、見えなくなってしまう重要な意味があるのではなかろうか。

平安時代の東大寺の密教については史料にめぐまれず、直接研究することはきわめて困難である。そこで本稿では、東大寺と後白河院および真言密教との関係に注目し、鎌倉再建東大寺大仏殿が中世顕密仏教のなかでどのように位置づけられるのかについて考えてみたい。

第一章　鎌倉再建東大寺大仏殿の両界堂と長日両界供養法

第一節　東大寺大仏殿での長日両界供養法と重源

醍醐寺には鎌倉再建東大寺大仏殿の指図（醍醐寺文書三〇三函八二号、**図1**）[10]がのこされ、大仏左右、両脇侍とのあいだに両界堂が、さらに大仏の左右前寄りに高座がもうけられていることがわかる。このうちの両界堂が長日両界供養法のためのものである。一方、高座は論義会にさいして講師と読師がすわるためのもので、『春日権現験記絵』巻第八の興福寺維摩会竪義の場面にみるように、論義会の場となる講堂にもうけられるのがふつうである。こうした高座が大仏殿にもうけられたのは長日最勝王講のためと考えられる。この両界堂と高座は、大仏殿が顕密からなる空間であることを端的にあらわしているといえよう。

これまで鎌倉再建東大寺大仏殿での長日最勝王講・長日両界供養法は、重源の事績として論じられ、両界堂も重源の構想によってもうけられたとされてきた。重源は『南无阿弥陀仏作善集』に自らの事績として、

両界堂二宇勤修長日供養法、奉安置八大祖師御影、

長日最勝御読経、

と記しているからである。

しかし、その一方で『東大寺造立供養記』[11]には、

永並顕密二宗之法、遥期慈尊三会之暁、則大仏殿内、以真言十二口之浄侶、日々勤行両部之法、顕宗卅人之碩徳、長日令講談最勝王経、是偏奉為　聖朝安穏、宝祚長遠、武家泰平、関東繁昌、四海安寧、万民快楽也、

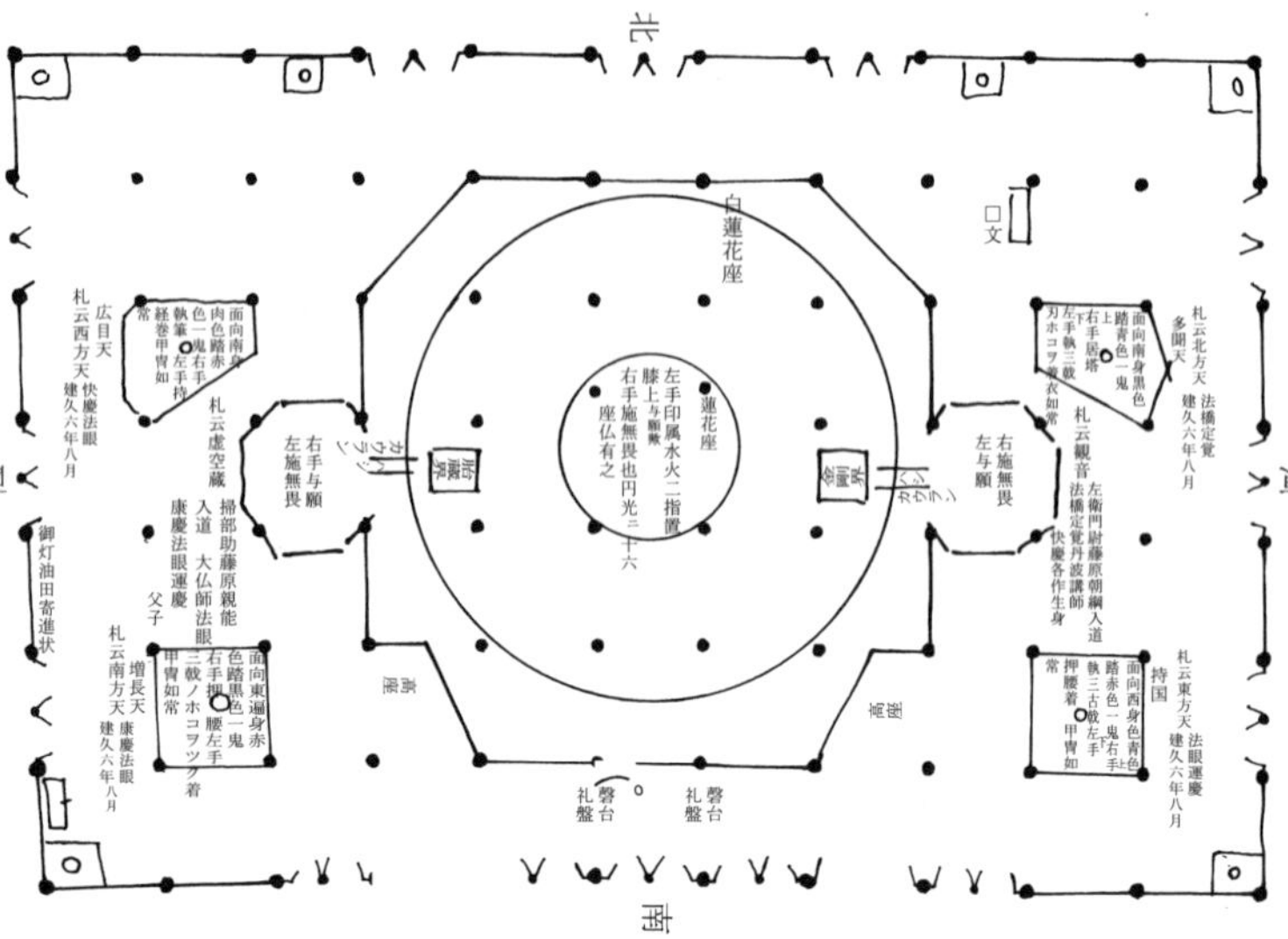

図1　醍醐303-82東大寺大仏殿指図（書き起し）

（中略）於両部大法者、同（建久）七年二月九日始行也、即以別当僧正勝賢為供養之尊者、

とあり、長日両界供養法および長日最勝王講のうちの前者は建久七年（一一九六）二月、別当である勝賢をもって始められたとされている。また、鎌倉時代末期成立とされる『東大寺具書』(12)にも、

倩惟一十六丈之盧遮那者、即是両部不二之曼荼羅也、彼大日如来之神託、非本迹理智之冥合哉、故不安余本尊、拝一仏於東西、無交他行法修両界於左右、為叶本願叡念、永企顕密仏事之旨、勅宣已指掌者哉、蓋皇帝建立之密意、専寺起絶之奇特、高祖法流之口決、勝賢僧正之指授也、

と、大仏殿の毘盧遮那仏は「両部不二之曼荼羅」であり、両部大法の本尊であると説き、ここでの「顕密仏事」は皇帝の密意、勝賢の指授によるとしている。これら東大寺の記録では、長日両界供養法が重源の事績であるとは記されず、勝賢と結びつけられているのである。

なお、貞永元年（一二三二）の『東大寺申状』(13)には、

「大仏殿長日最勝講顕密供僧四十二口」とあり、長日最勝王講と長日両界供養法をあわせて「長日最勝講」とよんでいる。また、十三世紀末の成立とみられる『東大寺年中行事』[14]にも、長日最勝王講について、

一、大仏殿長日最勝講事

講衆三十人、此内二十九口僧綱已講成業勤之、今一口中﨟勤之已上三十人、

密十二人、当寺九口、今三口末寺、光明山、笠置寺、崇敬寺、

とある。講衆三十人は長日最勝王講、密衆十二人は長日両界供養法を修するための僧侶と考えられ、東大寺の密教僧がいたこと、長日両界供養法には光明山寺など末寺からも出仕していたことがわかる。

第二節　両界堂の方位

次に、醍醐寺蔵の大仏殿指図（**図1**）をもとに両界堂について見ていくと、胎蔵界堂が西、金剛界堂が東にあり、ほんらいの両界曼荼羅の方位とは東西が反対になっていることに気づく。[15]このように方位が反対になった両界曼荼羅は、じつは醍醐寺五重塔にもみとめられる。

醍醐寺五重塔は、天暦五年（九五一）に完成、翌六年十月二日に供養された。この五重塔の初重内部の柱・壁には両界曼荼羅諸尊が描かれているが、胎蔵界諸尊が西に、金剛界諸尊が東に配され[16]（**図2**）、両界の方位が本来の両界曼荼羅の方位と反対であることが問題とされてきた。この問題について、昭和二十九年から同三十四年（一九五四〜一九五九）の解体修理にさいして、心柱覆板から「北」「南」という墨書が発見され、もとは南に金剛界、北に胎蔵界を配する構成で、後に心柱覆板が九〇度回転され、現在のような方位になったとする説がだされた。[17]しかし、その後の調査で墨書は江戸時代初期のものとされ、南に金剛界、北に胎蔵界とする説も疑問視されるように

なった[18]。

そして近年の拙稿では、『三僧記類聚』「蓮華王院御塔御仏座位相論事[19]」にあげられた、蓮華王院五重塔における両界大日如来の配置を描いた指図（**図3**）に、両界の大日如来の方位が反対になった構成があげられていることから、醍醐寺五重塔における現状の両界の構成は、じゅうぶんありうるものだと指摘した[20]。さらにこの指図は、東西の方位が反対になった東大寺大仏殿両界堂について考えるうえでも重要な意味をもつ。

第三節　蓮華王院五重塔の両界曼荼羅の構成

後白河院は治承元年（一一七七）十二月十七日、蓮華王院に五重塔を建立・供養した。この五重塔は大日如来を安置する密教の塔であるが、一基の塔に大日如来像を四体安置する、四面大日の形式をとっていた。四面大日の形式は法勝寺八角九重塔から継承されたと考えられるが、法勝寺では金剛界大日如来像を四体安置したのに対し、蓮華王院では胎蔵界二体、金剛界二体であったところに特徴がある[21]。この蓮華王院五重塔の四面大日の形式は、一基の塔で両界曼荼羅を構成することを意図している。

指図には両界の大日如来像の配置について、行乗・真円・勝賢による三つの様が示され、

静遍僧都語云、依仰法花堂供僧被問、三井行乗、真円、東寺勝賢以上三人、各申旨有相違、四面両界大日各二体仍有相論、

と、三井寺（園城寺）の行乗・真円と東寺の勝賢の相論があったという。この三人のなかには、東大寺大仏殿での長日両界供養法の創始において、重要な役割をはたしたとみられる勝賢がいることが注目される。

では、これら三つの配置案を詳しく見ていくことにしよう。まず、行乗の様では、東に胎蔵界大日、西に金剛界

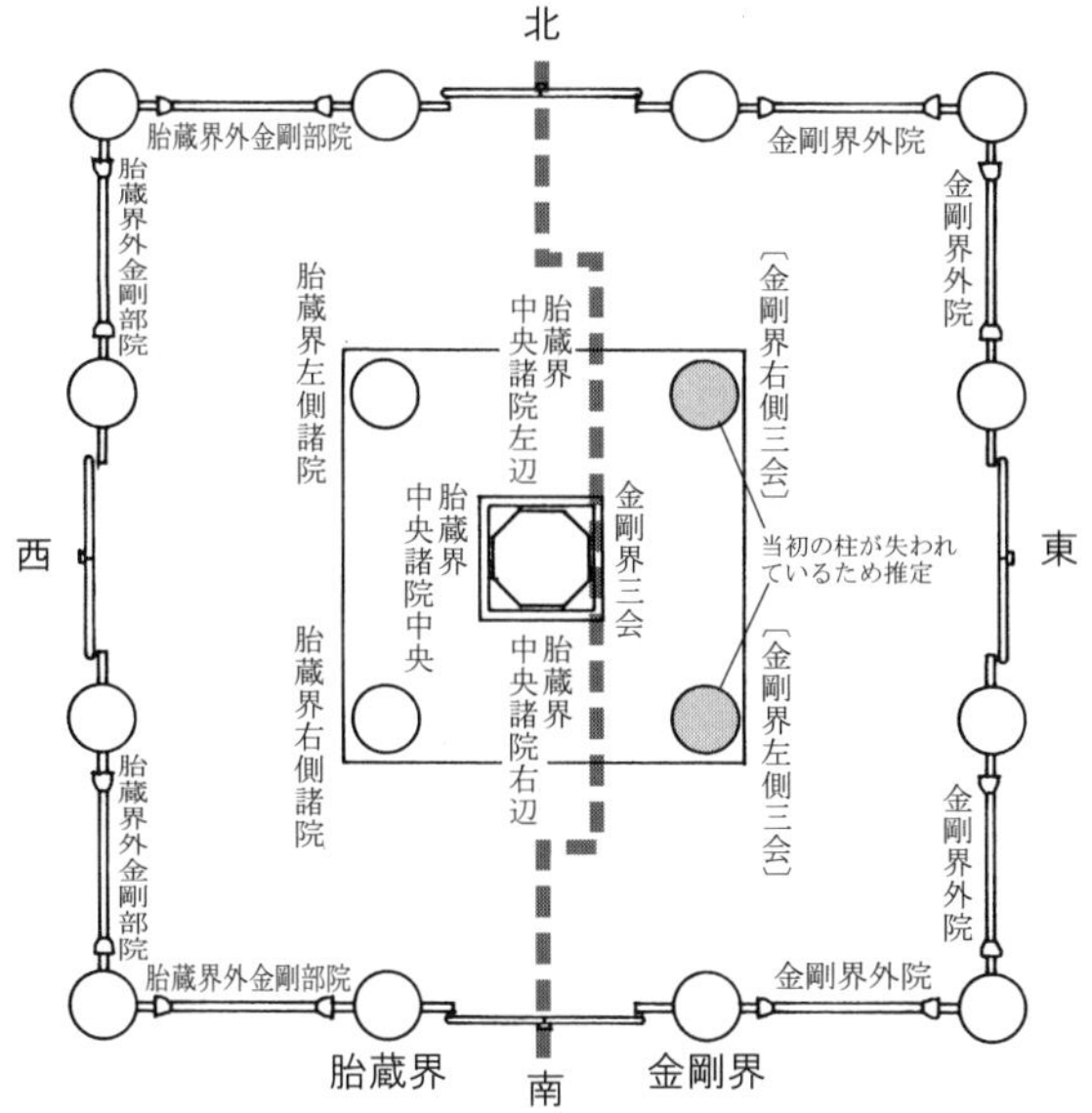

図2　醍醐塔壁画配置

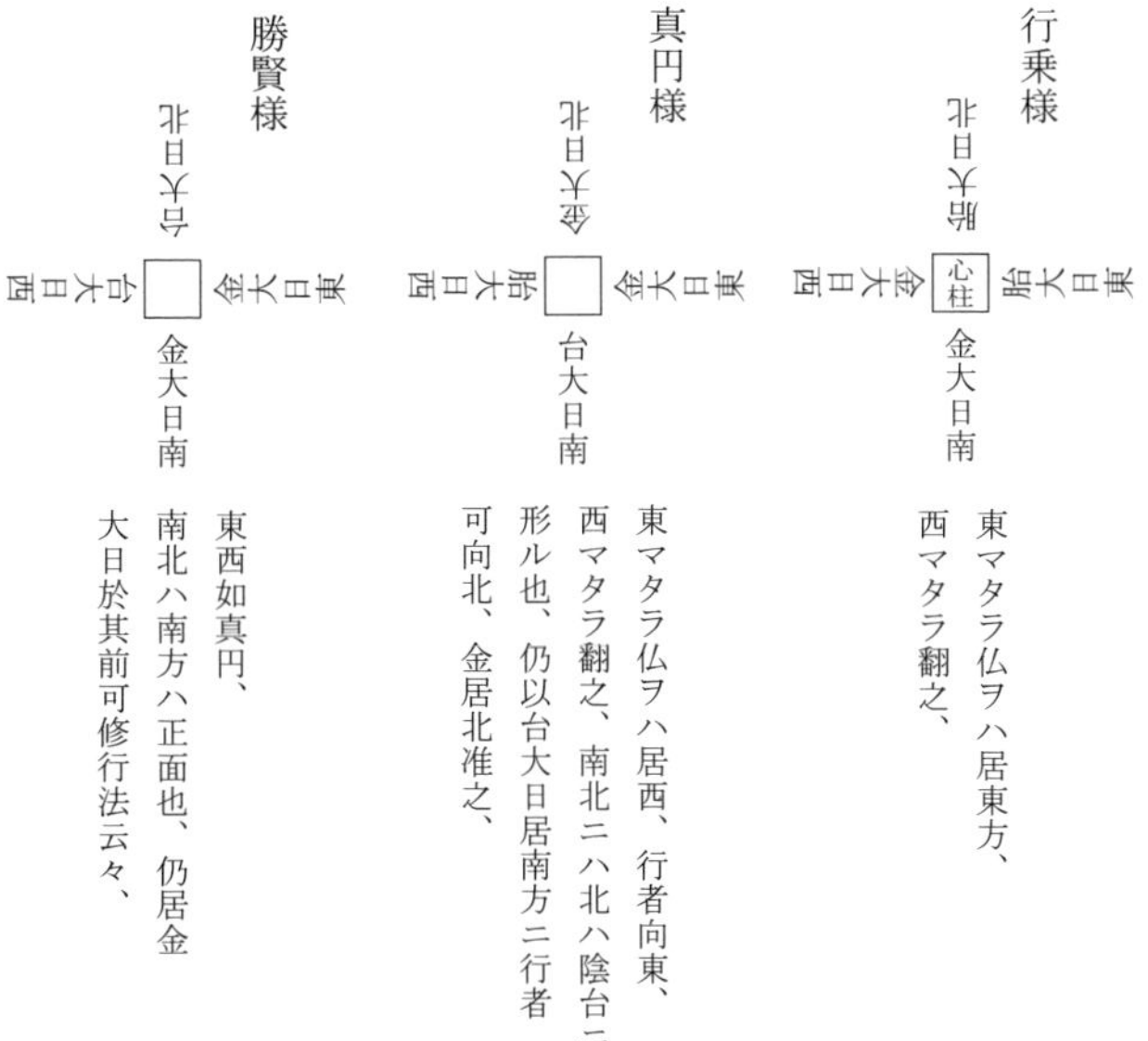

図3　『三僧記類聚』所収　蓮華王院塔指図（書き起し）

大日を配するが、これは、

東マタラ仏ヲハ居東方、西マタラ翻之、

とあるように、東の曼荼羅である胎蔵界の仏は東に据えるべきとの考えにもとづく。今日のわれわれにつうじる考え方といえよう。

これに対し、真円・勝賢の様では、東に金剛界大日、西に胎蔵界大日を配する、本来の曼荼羅の方位とは反対の構成が示される。その理由は、

東マタラ仏ヲハ居西、行者向東、西マタラ翻之、

と、東の曼荼羅は西側に据えて、行者は東に向かって供養法を修するためであるという。一方、行乗の様のように、塔の中で東側に胎蔵界大日如来を安置すると、行者は西に向かって胎蔵界を供養することになる。これでは、宮中真言院にみるように、東の曼荼羅である胎蔵界を東に向かって供養法を修する、本来の供養のあり方とは方位が反対になってしまうのである。つまり、真円・勝賢の様は、両界曼荼羅の方位の関係よりも、供養の方位を重視した構成、いわば供養法を重視した構成ということができよう。

この相論の結末について、「蓮華王院御塔御仏座位相論事」には、

此勝賢ノ定ニ被用ノ其時真円僧正不鰈シテ云、乳母子ナラツハ真言師ハ不可叶云々、

とあり、どうやら勝賢の様が採用されたらしい。勝賢の母（紀伊二位藤原朝子）は後白河院の乳母であり[22]、院と勝賢の深い関係が示唆される点も興味深い。

ともあれ、東大寺大仏殿の両界堂の方位は、醍醐寺五重塔の両界曼荼羅、蓮華王院五重塔の両界の大日如来と同じであり、この東西が反対になった両界曼荼羅は、密教の供養法のための構成として正当なもので、鎌倉再建東大

寺大仏殿の空間は真言密教の修法空間の系譜に位置づけられるのである。

第二章　毘盧遮那仏と大日如来

第一節　顕密融合の大日如来の系譜

鎌倉再建東大寺大仏殿では、大仏を本尊として長日最勝王講と長日両界供養法が修されており、大仏は顕教の毘盧遮那仏であるとともに、密教の両界曼荼羅、ひいてはその中尊大日如来でもあった。そもそも、密教では大日如来と毘盧遮那仏は同体とされるが、この思想は平安時代、どのように仏像や建築空間として具現化されていたのであろうか。この点については、すでに拙稿[23]で論じているところであるが、本稿の論旨とも密接に関係するので、概要を述べておきたい。

じつは、顕教の毘盧遮那仏と密教の大日如来を融合した仏は、鎌倉再建東大寺大仏殿の大仏以前、白河天皇の法勝寺金堂の中尊、さらにそれよりもさかのぼる藤原道長の法成寺金堂の中尊であらわれていた。すなわち、承暦元年（一〇七七）建立の法勝寺金堂の安置仏は胎蔵界五仏であったが、その中尊大日如来像は、「承暦元年十二月法勝寺供養記」に、

奉安置金色三丈二尺毘盧遮那如来像一体、花葉安置百体釈迦、

とあるように、花葉つまり蓮華座の花弁に百体の釈迦を安置したという。『三僧記類聚』「法勝寺金堂御仏[24]」にも、

胎蔵大日身光付十七尊、頂安多宝塔、已下十六尊羅髻形、与願施無畏之像也、毎所座蓮葉安一尊、即与願施無畏之像也、

とあるように、蓮華座の花弁一枚に一体の与願印・施無畏印の釈迦如来像をあらわしていた。

同様の形式の蓮華座は、治安二年（一〇二二）建立の法成寺金堂の中尊大日如来像ですでに認められ、法成寺の供養会について記した「不知記」[25]には、

　華高三丈二尺金色大日如来、坐中央百葉蓮華座、荘厳微妙也、一、蓮華葉上、百体釈迦又現、

とある。前掲「法勝寺金堂御仏」には法成寺金堂の安置仏についても詳細な記述があり、中尊大日如来像は、

　胎蔵大日 身光中付十七尊、頂ニ安遍知印、已下十六尊各別尊像也、左右ノ座ノ際ニ付四忿怒尊、所座蓮華葉上各安一尊、印相全同与願施無畏、

と、胎蔵界大日如来でありながら、やはり蓮華座の花弁一枚に一体の、与願印・施無畏印の釈迦如来像をあらわしていた。創建時の法勝寺は、建築や仏像の多くを法成寺にならっていたが[26]、中尊大日如来像の蓮華座の形式までも法成寺にならったのである。

　このように、蓮華座の花弁ごとに与願印・施無畏印という同じ印相の像を一尊あらわす形式は、東大寺大仏の蓮華座と同じく、『梵網経』に説かれる蓮華蔵世界の千釈迦をあらわしていると考えられる。つまり、法成寺金堂・法勝寺金堂の中尊は、顕教の蓮華蔵世界の毘盧遮那仏と、密教の両界曼荼羅の大日如来という、顕密の仏教的世界観の中心を一つに統合した仏であったといえよう[27]。しかも「法勝寺金堂御仏」によれば、この像の光背には胎蔵界曼荼羅の遍智院と四忿怒があらわされており、胎蔵界曼荼羅を意図したものであった。この仏像は、蓮華蔵世界と両界曼荼羅という、顕密の仏教的世界観を重ね合わせたものでもあった。

　それにしても、千釈迦をあらわした蓮華座に坐す大日如来についていえば、管見のかぎりでは密教の図像や経典・儀軌に図像上の典拠は見いだせない。では、この毘盧遮那仏と大日如来を融合した仏は、どのようにあらわれてきたのであろうか。

　平安時代の氏寺・御願寺の中心に据えられた仏をみていくと、九世紀末から十世紀初頭に毘盧遮那仏から大日如

来へ変化していることがわかる（**表1**を参照）[28]。長保三年（一〇〇一）供養、藤原行成の世尊寺で中尊を大日如来としたのを初見として[29]、摂関家の法成寺・平等院で大日如来を金堂あるいは本堂の中尊とし、これらのつづく天皇家の四円寺や六勝寺でも大日如来を中尊とするものが多くを占めている。すなわち、十世紀までの天皇・貴族の寺院においては、いまだ奈良時代からの毘盧遮那仏を中心とする仏教的世界観が存続しており、十一世紀になると密教の大日如来が台頭してきたのである。毘盧遮那仏と大日如来を統合した仏は、毘盧遮那仏から大日如来に変化する

表1　平安時代氏寺・御願寺の中尊

建築名	建立年代	中尊	脇侍						
法性寺本堂	十世紀	毘盧遮那仏							
法興院	正暦元年（九九〇）	丈六毘盧遮那	釈迦	薬師	六観音	五大尊			六天
積善寺	正暦五年（九九四）	丈六毘盧遮那仏	釈迦	薬師					六天
世尊寺	長保三年（一〇〇一）	大日如来			普賢	十一面観音	不動	降三世	
法成寺金堂	治安二年（一〇二二）	三丈二尺大日如来	釈迦	薬師	文殊	弥勒			六天
円教寺御願堂	長元七年（一〇三四）	丈六大日如来	釈迦	薬師					六天
平等院本堂	永承七年（一〇五二）	大日如来	釈迦	薬師			不動	大威徳	
円乗寺御願堂	天喜三年（一〇五五）	丈六釈迦如来			普賢	文殊	延命	如意輪	
円宗寺金堂	延久二年（一〇七〇）	二丈大日如来	一字金輪	薬師					六天
法勝寺金堂	承暦元年（一〇七七）	三丈二尺大日如来	多宝	開敷花	無量寿	天鼓雷音			六天
円勝寺金堂	大治三年（一一二八）	二丈大日如来	胎蔵界四仏						

初期段階の法成寺金堂中尊であらわれた。

法成寺金堂では胎蔵界大日如来を中尊としながらも、脇士が釈迦・薬師・弥勒・文殊という顕教の仏であったのに対し、法勝寺金堂では中尊胎蔵界大日如来は法成寺にならいつつ、脇士には胎蔵界四仏を安置し、密教の両界曼荼羅を明確にあらわしている。さらに金堂供養からおくれるものの永保三年（一〇八三）には、金剛界五仏を安置する高さ二七丈（約八一メートル）もの巨大な八角九重塔が完成し、金堂とあわせて両界曼荼羅を構成した。法成寺にならった法勝寺であったが、伽藍の中心に両界曼荼羅を掲げることで摂関家に対する天皇家の独自性を打ち出した。

第二節　法成寺金堂中尊の造立と東大寺

周知のように法成寺は、もとは道長が九体阿弥陀堂である無量寿院を創建したことに始まる。

摂関家が栄華をきわめる一方、病におかされ死の淵をさまよった道長であったが、寛仁三年（一〇一九）六月、病状が回復にむかうと、七月十六日に無量寿院の造立を発願、はやくも翌日には造営を開始した。そして、同年九月二十九日には東大寺で受戒し、寛仁四年（一〇二〇）二月十五日、無量寿院造営のため自ら土や木を運んだ。同年三月二十日に無量寿院を供養すると、四月二十七日には十斎堂・三昧堂の建設をはじめ、さらに金堂・五大堂を加え、治安二年（一〇二二）七月十四日に法成寺と寺名もあらためて供養した。その後も道長は法成寺で薬師堂を供養し、塔の建設もはじめている。

無量寿院建立の目的は、末法の世において、死を悟った道長が隠棲して来世を祈るためという、浄土教中心史観からの理解が通説となっている。源信『往生要集』などに説かれる厭離穢土・欣求浄土という思想にもとづき、金堂を中心とする法成寺の伽藍も、道長ほんとうのねらいは阿弥陀堂にあるとされてきた(30)。たしかに、無量寿院の発願当初は、来世にそなえることを目的としていたであろう。しかし、政治的に頂点をきわめ、いったんは病からも回復したこのときの道長は、死にそなえることはあるにしても、けっして現世を否定するような境涯ではない(31)。道長の精力的な建設・造仏によって姿をあらわした法成寺は、当時の京都ではほかに例を見ないほど多種多様な仏をそなえた、最大の伽藍であった。中尊は、それまでの摂関家の氏寺では丈六の規模であったのに対し、二倍の三丈二尺である。しかも、その供養会は准御斎会とされ、後一条天皇の行幸もあった(32)。まさに、時の最高権力者による大伽藍の創建というのがふさわしい。

こうした道長の法成寺建立の目論見は、『栄花物語』巻第一五「うたがひ」に、東大寺で受戒した後、伽藍を巡覧したさいに語ったとされる、「我御堂もかやうにせん」との言葉に端的にあらわれているといえよう。道長は寛仁三年九月二十九日、東大寺で受戒したが、『左経記』同日の条には、

辰剋登壇受戒、（中略）和尚僧正済信、羯磨権大僧都深覚、教授権大僧都林懐、（中略）次於大仏殿有御誦経事、

と、受戒後に大仏殿で誦経を修している。道長が顕教における鎮護国家の最高の仏である東大寺毘盧遮那仏を見て、法成寺金堂中尊の着想をえたことはじゅうぶん考えられる。

また、道長受戒の三役のうち、戒和尚を済信、羯磨師を深覚がつとめたが、深覚は広沢流の寛朝から受法し(33)、東寺長者や勧修寺長吏もつとめた真言密教僧で、このときの東大寺別当五十九世であった（『東大寺別当次第』、**表2**参照）。一方、済信は東大寺別当五十六世で、深覚とともに寛朝から受法し(34)、同じく東寺長者や勧修寺長吏もつとめた真言密教僧である。教授師林懐は興福寺別当なので、東大寺から出仕した二人はいずれも真言密教ということになる。密教において毘盧遮那仏と大日如来を同体とみなすことは先に述べたが、両者を融合した法成寺金堂中尊の

表2　東大寺別当一覧

代	名	就任年	宗派	所属	備考
1	良弁	天平勝宝四年（七五二）	華厳		
2	良興	天平宝字五年（七六一）	華厳		
3	良恵	天平神護元年（七六五）	華厳		
4	永興	宝亀元年（七七〇）	華厳		
5	忠恵	宝亀五年（七七四）	華厳		
6	霊義	宝亀九年（七七八）	華厳		
7	等定	延暦二年（七八三）	華厳		
8	永覚	延暦六年（七八七）	華厳		
9	禅雲	延暦十年（七九一）	華厳		
10	堪久	延暦十四年（七九五）	華厳		
11	源海	延暦十八年（七九九）	華厳		
12	定興	延暦二十二年（八〇三）	華厳		
13	海雲	大同元年（八〇六）	華厳		
14	空海	弘仁元年（八一〇）	**真言**		東寺長者始
15	義海	弘仁五年（八一四）			
16	静雲	弘仁十年（八一九）			
17	永念	弘仁十三年（八二二）			被建立真言院灌頂堂
18	興雲	天長三年（八二六）			
19	寛雲	天長七年（八三〇）			
20	心恵	承和元年（八三四）	華厳		被下真言院廿一僧置宣旨
21	実敏	承和五年（八三八）	**真言**		

22	正進	承和十年（八四三）	華厳		
23	真雅	承和十四年（八四七）	真言		
24	貞崇	仁寿元年（八五一）	真言		
25	済棟	斉衡二年（八五五）	法相		
26	真昶	貞観元年（八五九）			
27	祥勢	貞観十三年（八七一）	律	東大寺	
28	玄津	貞観十七年（八七五）	律	東大寺	始建東南院
29	真昶	元慶三年（八七九）			還着
30	安軌	元慶四年（八八〇）			
31	祥勢	元慶五年（八八一）	律		還着
32	勝皎	寛平二年（八九〇）			
33	恵珍	寛平二年（八九〇）	華厳	東大寺	
34	済棟	寛平六年（八九四）	法相	唐禅院	
35	道義	昌泰元年（八九八）	華厳	東大寺	
36	戒撰	延喜五年（九〇五）	法相	東大寺	
37	延惟	延喜九年（九〇九）	法相	東大寺	
38	智鎧	延喜十二年（九一二）	華厳	東大寺	
39	観宥	延喜十九年（九一九）	華厳		
40	延倣	延長二年（九二四）	三論	東南院	
41	基遍	延長六年（九二八）	華厳		
42	寛救	延長六年（九二八）	真言	東寺	
43	明珍	承平六年（九三六）			
44	寛救	天慶八年（九四五）	真言	東寺	還着
45	光智	天暦四年（九五〇）	華厳	東大寺	

46	法蔵	康保二年（九六五）	法相	東大寺	
47	観理	安和二年（九六九）	三論	東南院	
48	法縁	天禄二年（九七一）	三論	東南院	
49	湛照	貞元元年（九七六）	法相	東大寺	
50	寛朝	永観二年（九八四）	**真言**	東寺	（広沢流）
51	奝然	永祚元年（九八九）	三論	東大寺	
52	深覚	正暦三年（九九二）	**真言**		（寛朝から受法）
53	平崇	正暦五年（九九四）	三論	東大寺	
54	深覚	長和四年（一〇一五）	**真言**		還着
55	雅慶	長保元年（九九九）	**真言**	勧修寺	（寛朝から受法）
56	済信	寛弘二年（一〇〇五）	**真言**	仁和寺	（寛朝から受法）
57	澄心	寛弘四年（一〇〇七）	三論	東南院	
58	清寿	長和三年（一〇一四）	**真言**	仁和寺	寛朝資
59	深覚	長和五年（一〇一六）	**真言**		還着
60	朝晴	寛仁四年（一〇二〇）	三論	東南院	
61	観真	治安三年（一〇二三）	華厳	東大寺	
62	仁海	長元二年（一〇二九）	**真言**	醍醐寺	（小野流）
63	済慶	長元六年（一〇三三）	三論	東南院	
64	深観	長暦元年（一〇三七）	**真言**	禅林寺	深覚資
65	尋清	永承四年（一〇四九）	**真言**	仁和寺	
66	有慶	永承六年（一〇五一）	三論	東南院	
67	覚源	天喜三年（一〇五五）	**真言**	醍醐寺	（深覚・仁海から受法）
68	延幸	康平二年（一〇五九）	華厳	尊勝院	
69	有慶	治暦三年（一〇六七）	三論	東南院	還着

70	信覚	延久三年（一〇七一）	**真言**	勧修寺	（深覚・覚源・仁海から受法）
71	慶信	承保二年（一〇七五）	三論	東南院	
72	経範	嘉保二年（一〇九五）	**真言**	仁和寺	（性信から受法）
73	永観	康和二年（一一〇〇）	三論	禅林寺・東南院	
74	勝覚	長治元年（一一〇四）	**真言**	醍醐寺	（醍醐寺三宝院創建）
75	寛助	元永元年（一一一八）	**真言**	仁和寺	東寺長者兼法務（経範から受法）
76	勝覚	天治二年（一一二五）	**真言**	醍醐寺	還着、東寺長者
77	定海	大治四年（一一二九）	**真言**	醍醐寺	東寺長者、勝覚資
78	寛信	久安三年（一一四七）	**真言**・三論	勧修寺	東寺長者（厳覚から受法）
79	寛暁	仁平三年（一一五三）	**真言**	仁和寺	（仁和寺聖恵から受法）
80	寛遍	平治元年（一一五九）	**真言**		東寺長者（寛助から受法）
81	顕恵	永万二年（一一六六）	三論		
82	敏覚	安元元年（一一七五）	三論		
83	貞喜	治承四年（一一八〇）	**（真言）**		東寺長者（仁和寺世豪から受法）
84	定遍	寿永二年（一一八三）	**（真言）**		東寺長者（仁和寺寛遍から受法）
85	賀宝	文治二年（一一八六）	三論・**真言**	勧修寺	（寛信付法の行海から受法）
86	俊証	文治五年（一一八九）	**（真言）**		東寺一長者（仁和寺世豪から受法）
87	勝賢	建久三年（一一九二）	三論・**真言**	東南院	（醍醐寺実運から受法、醍醐寺座主）

「東大寺別当次第」（堀池春峰校訂『新修国分寺の研究』所収）による

（　）内は『血脈類集記』『野沢血脈集』『密教大辞典』および本稿での考察による

思想的背景として、東大寺における毘盧遮那仏の密教的解釈があったことが考えられるのである。

第三節　東大寺における毘盧遮那仏と大日如来の関係

平安時代の東大寺における毘盧遮那仏と大日如来の関係を見ていくと、保延六年（一一四〇）成立の『七大寺巡礼私記』に、

抑此像寺家皆謂大日、

とあるように、寺家は大仏を大日如来と呼んでいた。東大寺においても、十二世紀半ばには大仏殿の毘盧遮那仏を大日如来とみなしていたのである。では、この思想はいつまでさかのぼるのであろうか。

『東大寺続要録』諸院篇「尊勝院」にのせる応和元年（九六一）太政官符には、

昼則転読仁王般若、夜則転念尊勝大日薬師観音延命不動真言、

とあり、東大寺尊勝院では昼は仁王般若経を転読し、夜には尊勝・大日・薬師・観音・延命・不動の真言を念誦するとされる。尊勝院は、天暦四年（九五〇）東大寺別当光智が創建した院家で、毘盧遮那仏を本尊とし、「以華厳宗為院住僧」とあるように華厳宗の本拠であったが、ここでは顕密を兼修していた。同官符には、

華厳教者抽大日如来之肝心、

と、華厳教学と大日如来の関係をみとめている。さらに光智は、天暦十年（九五六）「東大寺別当光智置文」に、

光智勧請大日如来、三世十方諸尊聖衆、天神地祇、伽藍本願三代聖霊、

と記しているように、大日如来を頂点とした神仏からなる世界観をもっていたことが知られる。(35)

また、天喜三年（一〇五五）、東大寺領である丹波国多紀郡語河荘で丹波国司が国役を賦課しようとしたとき、

荘民は「大日如来御点顕給与り以後、肆百歳及多り[36]」あるいは「大日如来御点定三百□歳[37]」「此御庄本願大日如来為御点定処[38]」と、東大寺領を大日如来が点定すなわち統治する所として反発している。これが東大寺の本尊毘盧遮那仏を大日如来とみなす思想にもとづくことは明らかで、「毘盧遮那仏＝大日如来」という思想が地方の民衆へも浸透していたことが知られよう。さらに、康和四年（一一〇二）の「東大寺大仏殿大日悔過供田施入状[39]」には、「別当前権律師（永観）」が大日悔過供田を大仏殿に寄進したことが記されるが、横内裕人氏は大日悔過の本尊は大仏殿毘盧遮那仏であったと考える[40]。永観は康和二年（一一〇〇）に東大寺別当七十三世となっていた。

一方、顕密融合そのものは、具体的な建築空間や尊像の事象としては十世紀末には認められ、たとえば顕教の阿弥陀五尊と密教の阿弥陀五尊を融合した永延二年（九八八）銘をもつ線刻阿弥陀五尊鏡像、密教の大日如来と顕教の四方浄土変四仏（薬師・釈迦・阿弥陀・弥勒）をあわせて顕密融合の両界曼荼羅を構成した永延二年建立の円融寺五重塔などがあげられる[41]。しかし、思想的な顕密融合はよりはやく、天台ではすでに円仁（七九四〜八六四）・円珍（八一四〜八九一）の時代に、法華経と両界曼荼羅を結びつける円密一致が説かれていた。

東大寺の歴史のなかで密教とかかわる最初で最大の出来事は、弘仁元年（八一〇）の空海の別当就任である。周知のように空海は真言院を創建し、両界曼荼羅をもって鎮護国家の修法を修することを許されている。東大寺毘盧遮那仏を大日如来とみなす思想も、空海が東大寺別当第十四世に就いた九世紀初頭までさかのぼるとみるべきではなかろうか[42]。

ともかくも、東大寺において毘盧遮那仏と大日如来を結びつける思想は、早くも十世紀半ばにはあらわれていた。道長が東大寺で受戒した寛仁三年（一〇一九）には、毘盧遮那仏と大日如来は結びつけられていたわけで、この思想が道長受戒にさいし、真言密教の済信・深覚をつうじて、法成寺金堂中尊の構想に影響を与えたことはじゅうぶん考えられる。

さらにいえば、済信の付法に仁和寺御室性信がいることも見落とせない。性信は白河天皇の法勝寺供養会では証誠をつとめ、同寺検校にも補されている。金堂安置仏の座位をめぐる相論では意見を求められており[43]、金堂中尊である大日如来像の造立にも深くかかわっていたことが考えられる。毘盧遮那仏と大日如来が融合した法成寺金堂中尊の法勝寺金堂中尊への継承は、白河天皇の意志だけではなく、真言密教を中心とした当時の仏教の大きな流れでもあったことが考えられよう。

第四節　東大寺の密教と勝賢

［毘盧遮那仏＝大日如来］という思想が、大仏殿の鎌倉再建まで、東大寺のなかでどのように継承されたかを直接示す史料は見当たらない。そこで、手がかりを求めて鎌倉時代初頭までの別当の宗派についてまとめてみると、東大寺と真言密教の深い関係が見えてくる[44]（**表2**を参照）。すなわち、東大寺の真言密教は空海に始まるが、とくに永観二年（九八四）の第五十世寛朝以降は真言密教の別当が大きな割合を占め、三十八人のうち、じつに二十五人にのぼる。真言密教の別当が大仏を密教の大日如来と見なすのは、ごく自然なことである。のみならず、先に見たとおり真言密教とはされない光智・永観にも大日如来にたいする信仰が認められ、［毘盧遮那仏＝大日如来］思想の東大寺内での広がりがうかがえる。先にあげた『七大寺巡礼私記』の「抑此像寺家皆謂大日」という記述は、こうした東大寺での毘盧遮那仏の理解を端的にあらわしているといえよう。

次に、長日両界供養法を始めたとされる勝賢についてくわしく見ていきたい[45]。藤井恵介氏は、勝賢・重源とも高野山にかかわりが深いと指摘する[46]。しかし、勝賢・重源ともその法脈からは、むしろ醍醐寺との関係が注目される。

勝賢は藤原通憲（信西）の息で、平治元年（一一五九）四月、醍醐寺三宝院の実運から受法し、永暦元年（一一六〇）五月、醍醐寺座主第十八世となったが、応保二年（一一六二）四月、乗海らにより座主職を追われ、五月に座主を辞し高野山に移った。治承二年（一一七八）五月に乗海が没すると、ふたたび醍醐寺座主第二十世となり（〜治承三年〈一一七九〉十二月）、さらに寿永元年（一一八二）十月から建久四年（一一九三）十月同第二十二世と、三度も醍醐寺座主をつとめた。(47) 文治三年（一一八七）十二月には、東寺二長者ともなっている。(48)

東大寺との関係については、文治五年（一一八九）五月から文治六年（一一九〇）六月に東南院院主第十四世、(49) 建久三年（一一九二）十月から建久六年（一一九五）六月には東大寺別当第八十七世をつとめた。(50) 東南院は南都焼討で焼失していたが、建久元年（一一九〇）十月の大仏殿上棟にさいして後白河院の御所とするため、寝殿・中門廊以下を再建している。(51) 建久六年（一一九五）の大仏殿供養会では呪願をつとめ、建久七年（一一九六）、勝賢をもって大仏殿で長日両界供養法が始められたことはすでに述べたとおりである。東南院院主や東大寺別当となる以前も、元暦二年（一一八五）、再興された大仏胎内に籠めるべく後白河院から重源が賜った舎利を、醍醐山上で百箇日供養している。(52)

勝賢の灌頂や修法における事績にも重要なものがある。文治五年（一一八九）(53) および建久三年（一一九二）には後七日御修法の大阿闍梨をつとめた。(54) また、勝賢の付法には仁和寺御室守覚法親王がおり、守覚の『秘抄』『異尊抄』は、勝賢から伝授された諸尊法を類聚したものである。治承三年（一一七九）四月十二日、三宝院において勝賢が寛昭に授けた伝法灌頂の記録である『治承三年三宝院伝法灌頂私記』(55) は、後の三宝院流伝法灌頂の規範となっている。この灌頂は守覚法親王の意向により修されたもので、仁和寺にはこの灌頂の記録である『三宝院伝法灌頂私記三昧耶戒』をはじめ、勝賢の聖教を守覚が書写したものが多くのこされている。(56)

勝賢は後白河院とのかかわりも深く、母が後白河院の乳母であったことは先に述べた。嘉応元年（一一六九）六月十七日、後白河院出家にさいしての逆修に出仕し[57]、建久二年（一一九一）三月十三日、崩御のときには御前僧をつとめ[58]、建久四年（一一九三）二月二十五日の周忌法会でも呪願をつとめている[59]。応保二年に醍醐寺座主職を追われたのは、ほんらい乗海がなるべきところに勝賢が座主に就いたためであり、そこには後白河院の介入があった[60]。寿永元年（一一八二）十月、勝賢が三度目の醍醐寺座主に就いたときも後白河院の院宣によっていた。

勝賢は後白河院のために修法も修しており、木曽義仲上洛にさいして、寿永二年（一一八三）九月、法住寺殿において院の安穏、天下太平のため転法輪法を修し、十一月には蓮華王院での国土静謐のため百壇大威徳供にも出仕している[61]。また、元暦年間（一一八四〜一一八五）の源義経の謀反を調伏すべく、後白河院の命により鳥羽勝光明院宝蔵の宝珠をもって如法尊勝法を修し、文治元年（一一八五）八月、院宣により院御所である六条殿で、守覚法親王とともに孔雀経法を修している[62]。勝賢は院との密接な関係のもと、真言密教の中枢にいた。

第三章　長日両界供養法の系譜

第一節　後白河法皇による高野山大塔での両界供養法

先に述べたように長日両界供養法は、後白河院によって東大寺大仏殿のほかにも高野山大塔で修されている。文治二年（一一八六）五月の「後白河院々庁下文[63]」には、高野山大塔で「長日不断金剛胎蔵両部大法」を修すべく備後国大田庄をあてることを記すが、それは、

得彼寺沙門鑁阿今月三日解状称、（中略）然間近年以降、逆乱旁起華夷不閑、存者抱朝朝暮暮之怖畏、亡者招

生生世世之苦果、

とあるように、内乱後の惨状を憂えた、鑁阿の同月三日の解状にこたえるものであった。長日両界供養法は、

於当山根本大塔、昼夜不断可勤修金剛胎蔵両界供養法也、一界請定七十二口之浄侶、二界幷一百四十四口之智徳、時時結番、孜孜匪懈、

と、各界七十二人、あわせて一四四人の僧侶をもって修するとある。翌文治三年五月一日「行真《（後白河院）》起請文」[64]にも大塔での長日両界供養法について、

一界別七十二口、両界合百四十四口、殊所定置供僧也、一日夜間十二口僧、（中略）各兼祈現世之福利、未偏欣後生之菩提、（中略）臨終正念之宿願、順次往生之懇祈、

とある。

この高野山大塔での長日両界供養法について、上川通夫・久野修義・高橋昌明各氏は、後白河院による内乱の戦後処理、平和政策という意味を見いだしている。[65]たしかに、元暦二年（一一八五）壇の浦合戦で平氏が滅亡し、しかも起請文が書かれる前年、『高野春秋編年集録』文治二年（一一八六）四月二十二日の条には、

執行平氏怨霊追薦之大法事於大塔、是依院宣、

と、高野山大塔において院宣により平氏追悼の仏事を修したというから、こうした理解はもっともである。ただ、注意すべきは、高野山大塔での長日両界供養法は、平氏滅亡以前の寿永二年（一一八三）、すでに後白河院が発願していたことである。

すなわち、同年九月二日「後白河院々庁諷経文」[66]に、

於高野山、始修両部大法、専令四海安穏、宜満　仙院御願、

とあり、後白河院の御願により、「四海安穏」つまり鎮護国家のために「両部大法」を始めるとされている。この「両部大法」がどの建築で修されたかが問題となるが、同年十月二十二日の「宣旨案」[67]には、「応以播磨国管揖東郡内福井庄所当地利、支配当山大塔長日大法幷所所仏事用途」として、

鑁阿有発種種之善願、忝達法皇之叡聞、取出自蓮華王院之経蔵、賜以大師真筆之曼陀羅、殊就于当山大塔之宝前、宜修長日不断之供養法、一界嘱請七十二口之浄侶、二界定置百四十四口之禅僧、飾胎蔵金剛之壇場、致昼夜恒時之精勤、（中略）奉祈万歳千秋之宝祚、五畿七道之静謐、

とあるように、後白河院が鑁阿の善願を聞き、蓮華王院経蔵の「大師真筆之曼陀羅」すなわち高雄曼荼羅を賜り、福井庄をもって高野山大塔で「長日不断之供養法」すなわち長日両界供養法を修することになった。各界七十二人、あわせて一四四人の僧侶の構成も、文治三年の起請文に記された長日両界供養法と同じである。つまり、鑁阿の発願によって、後白河院は文治二年以前から大塔で長日両界供養法を修していたのである。

ところが、長日両界供養法が始められた翌年の元暦元年（一一八四）、文覚の働きかけにより高雄曼荼羅を福井庄とともに神護寺に寄進することになった[68]。鑁阿はあらためて後白河院に長日両界供養法の勤修をもとめ、福井庄にかわるものとして文治二年（一一八六）に備後国大田荘が寄進され、これをもって翌文治三年、先にあげた後白河院の起請文が書かれたのである。

『東大寺造立供養記』によれば東大寺大仏殿での長日両界供養法は「聖朝安穏、宝祚長遠、武家泰平、関東繁昌、四海安寧、万民快楽也」とあるように、鎮護国家のためであった。高野山大塔での長日両界供養法もほんらいは東大寺と同様に鎮護国家を掲げたもので、内乱が終結してからは、高野山大塔での長日両界供養法に、内乱の戦没者追善の意味も加わったというわけである。

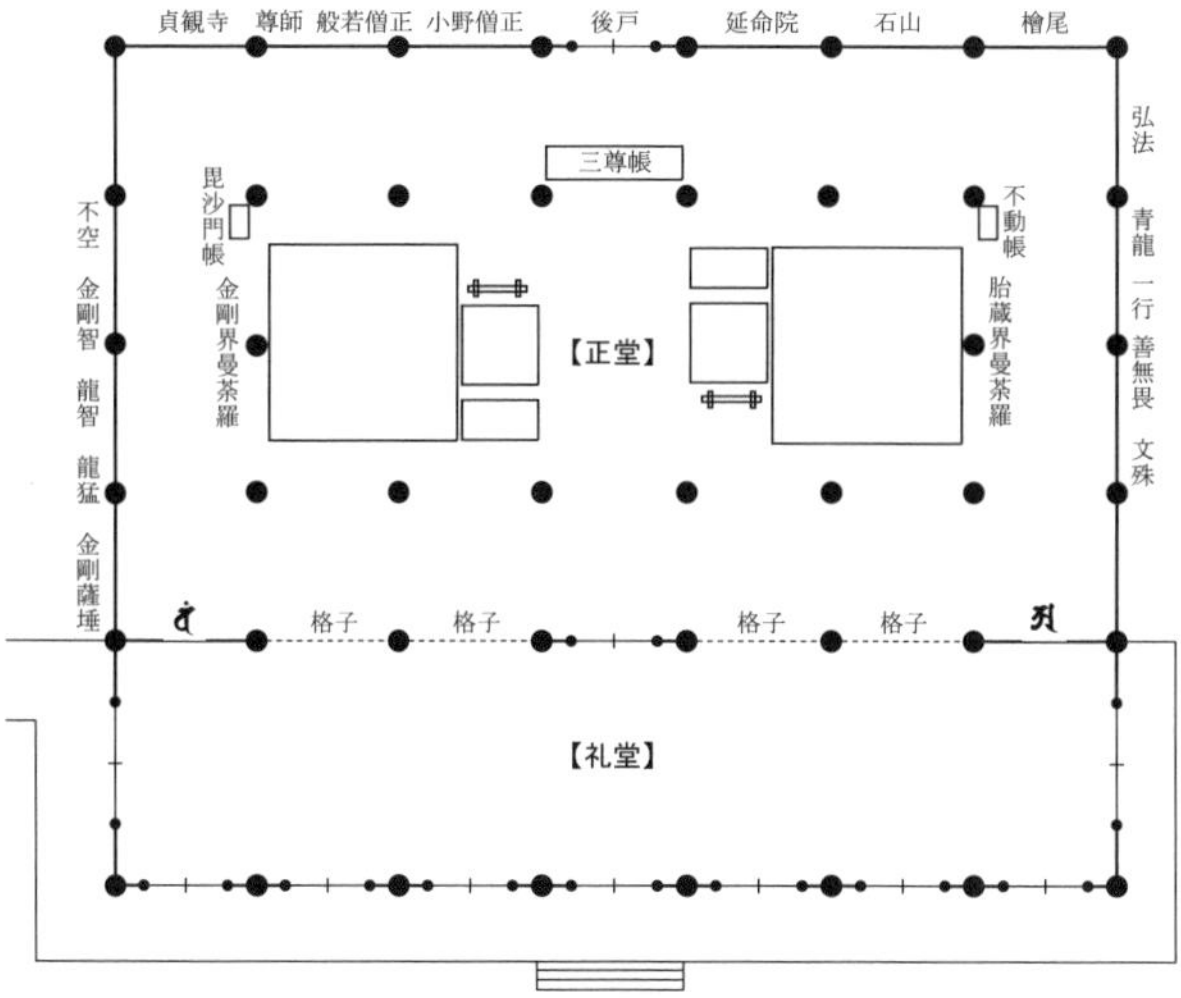

図4　醍醐寺三宝院空間構成概念図

高野山大塔は、もともと両界のうちの胎蔵界五仏を安置する東塔として建設されたのであるが、実態としては、平安中期には四仏に金剛界四仏が入り込んで、胎蔵界大日如来と金剛界四仏からなる両部不二の曼荼羅の様相を呈するようになっている[69]。平安時代後期から鎌倉時代にかけて成立した「高野山秘記[70]」では「両部会塔」、すなわち両界曼荼羅の塔とみなされていた。鎌倉再建東大寺大仏殿の毘盧遮那仏は両界曼荼羅でもあったので、その建築空間の意味は相通じる。

第二節　鳥羽院と両界供養法

はじめに述べたように、長日両界供養法は、後白河院よりも前、鳥羽院によって醍醐寺三宝院・高野山伝法院（大伝法院）で修されていた。

醍醐寺三宝院では、五間四面の仏堂に大日如来をはじめとする三尊と両界曼荼羅を安置した[71]（**図4**）。『醍醐雑事記』巻第四には、

権僧正御房令建立三宝院、永久三年十一月廿五日供養、導師厳覚僧都、（中略）次大僧正御房大厦造成之、被寄

進鳥羽院御願定置供僧十五人、毎日修供養法、白月十五日金剛界、黒月十五日胎蔵界也、

と、醍醐寺座主勝覚が永久三年（一一一五）三宝院を創建し、次の座主定海が完成させ、鳥羽院の御願による十五人の供僧によって毎日「供養法」を修した。この「供養法」とは、白月すなわち月前半の十五日間は金剛界供養法、黒月である後半の十五日間は胎蔵界供養法を修するものであった。『醍醐寺新要録』巻第一〇「三宝院篇」では、康治二年（一一四三）の官符を引いて、

以去天承元年十一月廿五日、寄進禅定仙院御願寺、以降置供僧十五人、毎日修両界供養法幷礼懺、（中略）所奉祈国家安穏、法皇万歳之宝算也、

とあり、三宝院で長日両界供養法が始められたのは、鳥羽院の御願寺となった天承元年（一一三一）のことで、その目的は「国家安穏」と「法皇万歳之宝算」を祈ることにあった。三宝院は醍醐寺の正式な座主房としての性格をそなえていたと考えられている[72]。長日両界供養法は、醍醐寺においても重要な位置にあった修法といえよう。また、勝覚は東大寺別当第七十四・七十六世、定海は第七十七世で、いずれも東大寺別当であったことも見落とせない（**表2**を参照）。先に述べたように、勝賢は醍醐寺で受法し、［勝覚―定海―元海―実運―勝賢］という法脈にあり、醍醐寺座主を三度もつとめたのである。東大寺大仏殿での長日両界供養法への醍醐寺の影響は無視できない。

これとほぼ同じ時期、覚鑁は鳥羽院に働きかけ、高野山に伝法院（大伝法院）を創建している。大治五年（一一三〇）、覚鑁は丈六金色尊勝仏頂を本尊とする一間四面の伝法堂を建立し、両界曼荼羅を安置して伝法会・尊勝供養法とともに「長日両部行法」を修した[73]。これは「禅定聖霊（白河天皇）仏果円満」と「太上天皇宝算延長」のためであった。しかし、伝法堂は狭く、また安置仏が不足しているため、覚鑁は「三間四面伝法堂」を建立して、大日如来像と金

剛薩埵像を加えることを鳥羽院に上奏し[74]、丈六尺大日如来、尊勝仏頂、金剛薩埵および七幅の両界曼荼羅を安置する大伝法院を建立した（**図5**[75]）。大伝法院は鳥羽院の御願寺となり、長承元年（一一三二）十月二十日の供養会には院の行幸もあった。

このように院政期には院の御願により、醍醐寺三宝院・大伝法院そして高野山大塔で長日両界供養法が修されていた。これらの堂塔は、いずれもが大日如来を中尊としていたのであり、大日如来としての性格もあわせもつ大仏を本尊とした鎌倉再建東大寺大仏殿につうじるのである。

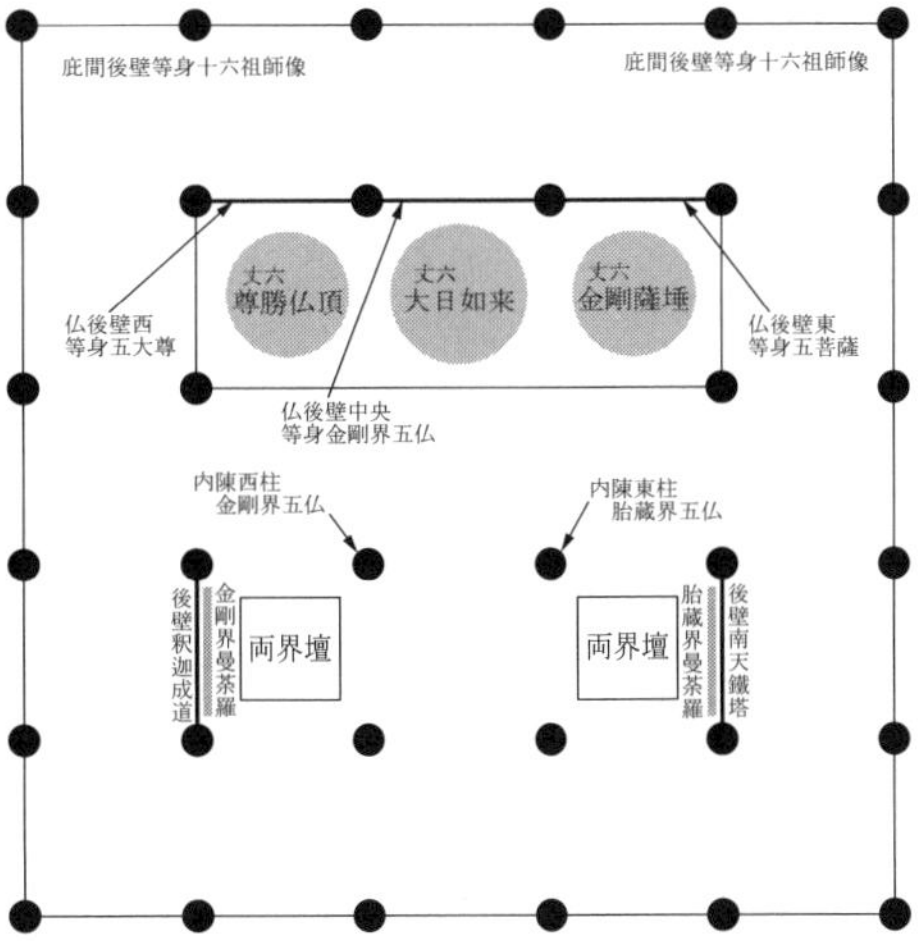

図5　大伝法院本堂空間構成概念図

ただし、以上のいずれの堂塔でも、長日両界供養法では絵画の両界曼荼羅が懸けられており、鎌倉再建東大寺大仏殿のように安置仏である仏像彫刻が本尊とはなっていない。では、堂塔の安置仏を本尊とした長日両界供養法はあったのだろうか。じつは、院政期の御願寺である法勝寺の金堂と八角九重塔がある（**図6**[76]）。

第三節　堂塔の安置仏を本尊とした両界供養法

「承暦元年十二月法勝寺供養記」[77]の「供養願文」には、

建七間四面瓦葺金堂一宇、（中略）即尋胎蔵之深理、修供養之行法、

とあり、法勝寺の金堂では胎蔵界の供養法を修するとある。「承暦元年法勝寺供養記」[78]には、供養会ののち供僧を

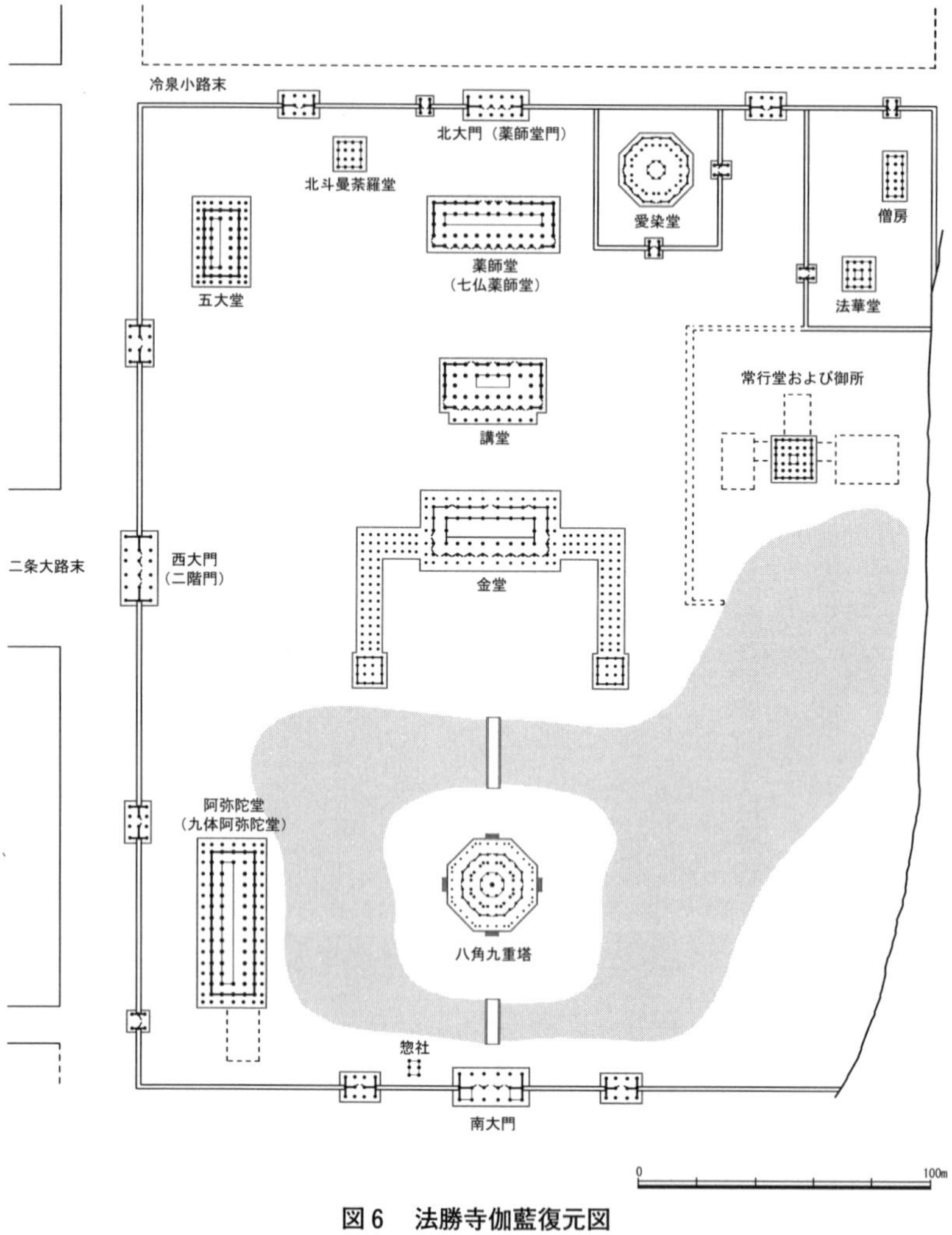
冷泉小路末
北大門（薬師堂門）
北斗曼荼羅堂
愛染堂
僧房
五大堂
薬師堂
（七仏薬師堂）
法華堂
常行堂および御所
講堂
二条大路末
西大門
（二階門）
金堂
阿弥陀堂
（九体阿弥陀堂）
八角九重塔
惣社
南大門
0
100m

図６　法勝寺伽藍復元図

補任し、

始諸堂例事、先於金堂有供養法事、主上祇候御前先是用心供養法具等也、

と、供僧によって金堂で供養法が修され、これが供養願文にある胎蔵界の供養法にあたることはいうまでもない。法勝寺金堂の大日如来は、毘盧遮那仏と大日如来をあわせた仏であり、この顕密融合の大日如来が胎蔵界供養法の本尊となっていたのである。まさに、鎌倉再建東大寺大仏殿につうじる空間といえよう。

なお、「承暦元年法勝寺供養記」にはつづけて、

次於講堂始大般若経是従今夜講一切経者、毎日大般若一巻可講之、

とあり、法勝寺講堂では、毎日、大般若経が講説されたことにも注意しておきたい(79)。講堂は釈迦・普賢・文殊からなる顕教の釈迦三尊を本尊とし、ここでは毎年十月に北京三会の一つで、論義会である大乗会も修された。南都三会のなかの興福寺維摩会、薬師寺最勝会はいずれも講堂で修されており、こうした意味において法勝寺講堂は南都の奈良時代からの講堂がもつ、講説・読経のための建築という性格を継承するものであった(80)。法勝寺では金堂が胎蔵界五仏を安置して胎蔵界供養法を修する密の空間、講堂は釈迦三尊を安置して読経・講説する顕の空間と、顕密の対比がなされているのである。たいして東大寺大仏殿では、こうした顕密の法会が大仏のもとに集約されている。

さて、法勝寺では金堂供養の四年後、八角九重塔が薬師堂・愛染堂とともに供養されており、「法勝寺御塔供養呪願文(81)」には、

始自今日、及至未来、於諸尊前、修供養法、法輪不退、到慈氏朝、

と、これらの堂塔では安置仏を本尊として供養法が修されたことがわかる。前掲「承暦元年法勝寺供養記」によれば、法勝寺では金堂のみならず、五大明王を安置する五大堂でも供僧により供養法が修された(82)。六勝寺の一つで、

法勝寺につづく尊勝寺では、康和四年（一一〇二）の供養会の後でやはり供僧を補任し、金堂や灌頂堂・薬師堂・曼荼羅堂（尊勝曼荼羅を安置）・五大堂・観音堂（六観音を安置）・塔（東西五重塔）で供養法を修している。これら院政期御願寺の堂塔では、安置仏からなる立体曼荼羅を本尊として、供僧により日常的に供養法が修されていたと考えられるのである[83]。

法勝寺八角九重塔については、供養法の方位についての興味深い記事もある。『長秋記』長承三年（一一三四）閏十二月十三日の条には、法金剛院三重塔の安置仏の選定をめぐる相論について記され、塔の方位を検討するなかで、

但法勝寺御塔供養南面也、其後以礼盤立東面、

と、法勝寺八角九重塔では、供養会では南面から供養し、その後に礼盤を東面に立てたとある。礼盤は供養法を修する行者（阿闍梨）の座であり、それをわざわざ東面に設けたのは、供僧による供養法を東から修するためと考えられる。八角九重塔は金剛界であり、この供養法の方位は東大寺大仏殿両界堂のうちの金剛界堂における金剛界供養法と同じである。このように法勝寺においては、供僧により金堂と九重塔の安置仏からなる両界曼荼羅を本尊として、それぞれ胎蔵界供養法、金剛界供養法が修されていたのであり、これら二つの曼荼羅・供養法の空間を一つの仏堂に集約したのが鎌倉再建東大寺大仏殿であった。

第四節　御願寺としての鎌倉再建東大寺大仏殿

東大寺において、毘盧遮那仏と密教の大日如来と結びつけようとする思想は十世紀半ばから認められ、十二世紀初頭には大仏殿毘盧遮那仏は大日如来ともみなされるようになっていた。平安時代、東大寺では毘盧遮那仏と大日

如来を同体とする思想が継承され、藤原道長の法成寺金堂中尊、白河天皇の法勝寺金堂中尊へ展開していった。では、［毘盧遮那仏＝大日如来］が鎮座する場で、長日両界供養法と長日最勝王講をあわせて修することは、どのような意味をもつのであろうか。

まず、長日両界供養法についていえば、両界供養法が修された法勝寺は、御願寺・氏寺伽藍に両界曼荼羅が顕現する画期であり、両界曼荼羅を宗教的イデオロギーの基盤とした白河天皇の構想を具現化したものと評することができる(84)。院政期の御願寺において、伽藍中心に据えられた両界曼荼羅としての堂塔空間で両界供養法を修することは、たんに真言密教の問題としてとらえるべきではなく、院政期の王権の宗教的イデオロギーとしてもとらえるべきで、後白河院によって再建が進められた東大寺大仏殿も同じ思想からとらえるべきであろう。

そもそも両界曼荼羅による鎮護国家法会としては、宮中真言院で正月八日から七日間修される後七日御修法があるが、後七日御修法とちょうど同じ期間、大極殿では高御座に毘盧遮那仏を安置し、その前の左右に高座を設け(85)、最勝王経を講説する御斎会が修される。ほんらい天皇の空間たる大極殿は、御斎会の期間、東大寺大仏殿と同じ、毘盧遮那仏を中心とする仏教空間と化すのである。鎌倉再建の大仏殿は、密教の［大日如来―両界供養法―後七日御修法］と顕教の［毘盧遮那仏―最勝王講―御斎会］という、平安時代からの顕密からなる鎮護国家仏教にもとづく空間ということができよう。

さらに院政期には、即位式において天皇は大極殿の高御座の上で智拳印を結び、それを金剛界大日如来の垂迹とみなす思想が生まれた(86)。院政期の大極殿の仏教的な意味は、毘盧遮那仏の空間であり、大日如来の空間でもあったわけである。この大極殿の仏教的意味は、同時代の法勝寺金堂や東大寺大仏殿とつうじる。つまり、白河天皇は王家の新たな鎮護国家の宗教思想の基盤を、顕教の毘盧遮那仏を中心とする蓮華蔵世界に加え、密教の大日如来を中心とする両界曼荼羅に求めた。それを大伽藍として具現化したのが法勝寺であり(87)、鎌倉再建東大寺大仏殿はその延長に位置づけられる。

後白河院は、東大寺再建にきわめて積極的であった。建久元年（一一九〇）の棟上げでは、棟木につけられた綱を、院自ら先頭に立って引いたという(88)。また、大仏背後の築山を撤去するさい、自らも土を運んだといい(89)、これは「大仏殿碑文(90)」に「創同盧遮那仏像、天皇以御袖入土、持運加御座」とある聖武天皇にならったものである。天平勝宝四年（七五二）四月九日の東大寺創建供養会で、聖武太上天皇が縷を通じて開眼に結縁した筆といわれている。天平開眼筆が「天平宝物筆」として正倉院に伝わっているが、ここには「文治元年八月廿八日開眼法皇用之天平筆」と記され、文治元年（一一八五）の大仏開眼供養でももちいられた。後白河院は自ら筆をとって眼を点じており、院の熱の入れようには並々ならぬものがある。このように、後白河院が自らの東大寺再建を聖武天皇の東大寺創建になぞらえ、それ以上の演出までしたのは、東大寺を再建する主体としての正統性を示すことはもとより(91)、院政期において仏教による鎮護国家を担う主体としての立場をあらわすところにあったと考えられる。

後白河院は大仏殿の完成を見とどけることなく、建久三年（一一九二）三月崩御した。院崩御の後、東大寺再建に積極的だったのが源頼朝であることは周知のとおりである。久野修義氏は、建久六年の供養会について、頼朝を「大檀越」とし、その軍隊が警固するさまに武士の時代の到来を認めつつも、頼朝は中門内にも入れなかったとして、王朝側に主導権があったとする(92)。この供養会では、後鳥羽天皇の行幸はもとより、仁和寺御室守覚法親王を証誠としてむかえ(93)、南庇に証誠と天皇が着座し、南栄（軒下）に公卿、南壇下に上官・殿上侍臣が坐すという、六勝寺など御願寺供養会に准ずる空間構成をとっていたことも見落とせない(94)。あくまでも東大寺大仏殿は、後白河院主導による王家の御願寺として再建・供養されたとみなすべきと考えられるのである。

おわりに

以上、鎌倉再建東大寺大仏殿の位置づけについて検討してきた。その中尊大仏は顕教の毘盧遮那仏と密教の大日如来を融合した仏であり、白河天皇の法勝寺金堂中尊と同じ系譜に位置づけられる。また、両界曼荼羅とみなされる大仏を本尊として長日両界供養法を修したことも、安置仏で両界曼荼羅を構成した法勝寺の金堂・八角九重塔で、それぞれ胎蔵界供養法・金剛界供養法を修したことにつうじる。長日両界供養法は、法勝寺以降、鳥羽院の御願により醍醐寺三宝院や高野山大伝法院で、後白河院の御願によって高野山大塔でも修されており、東大寺大仏殿での長日両界供養法は院との関係における真言密教の展開のなかにあった。

鎌倉再建東大寺大仏殿で修された両界曼荼羅と最勝王経にもとづく顕密の法会は、後七日御修法と御斎会という平安時代の鎮護国家仏教にそったものである。さらにいえば、［毘盧遮那仏＝大日如来］を本尊とするその空間は、御斎会では本尊として高御座に毘盧遮那仏をすえ、即位式では天皇が智拳印を結んで大日如来として高御座についた、顕密仏教空間としての大極殿につうじる。つまり、鎌倉再建東大寺大仏殿は、平安時代に王権と顕密仏教とのあいだで形成されてきた国家仏教のイデオロギーにもとづくものであったといえよう。東大寺大仏殿の鎌倉再建は、たんなる天平時代からの由緒をもつ東大寺の再建にとどまるものではなく、院政期王家の鎮護国家仏教を体現するものであった。換言すれば、後白河院にとって東大寺大仏殿の再建は、自らの御願寺の建立という意味をもっていたといえよう。それは六勝寺のような新たな寺院の創建ではなく、東大寺再建という形であらわれたわけである。

また、中世において八宗兼学を掲げた東大寺の中尊が、［毘盧遮那仏＝大日如来］であったことの意義も見落とせない。拙稿において、中世には王権と顕密権門寺社により、［大日如来＝毘盧遮那仏］を中心にすえ、両界曼荼羅を基盤として顕密が融合・重層した信仰世界が形成されたと論じたが、東大寺鎌倉再建という国家的建設事業をとおして、宗派をこえた仏教的世界観の中心が［大日如来＝毘盧遮那仏］であることが、あらためて確認されたのである。

このように見てくると、鎌倉再建東大寺大仏殿の顕密からなる空間は、けっして重源の独創ではないことがわかるであろう。重源が東大寺再建で重要な役割をはたしたことは事実であるし、長日両界供養法の実現を支えたのも重源であったろう。しかし、重源という巨人に帰着させてしまうことで見えなくなっていた、重要な歴史的背景があった。長日両界供養法・長日最勝王講は重源の思想とも合致するのであるが、それは中世顕密主義における鎮護国家仏教そのものであった。重源はその実践者であり、おそらくはこうした東大寺の鎮護国家仏教の理念を大仏殿の両界堂という建築装置として実現したところにこそ、重源の卓抜した構想力があらわれているというべきであろう。

とすれば、重源は東大寺再建でどのような仏教を実現しようとしたのか——次には、こうした宗教史上、文化史上の重要な論点が浮かび上がってこよう。近年、重源の仏教に、宋仏教の影響を積極的にみとめようとする研究が盛んになされている。東大寺の鎌倉再建では、南大門から知られる宋の建築様式・技法、いわゆる大仏様が採用されたことは周知のことである。しかし、重源によって再建された東大寺大仏殿の教義・思想上の基盤は顕密仏教であり、とくに密教を明確に打ち出した鎌倉再建東大寺大仏殿で、宋の様式をとることの意義は、どのように評価されるのであろうか。それは顕密仏教の空間なのか、それとも宋仏教の空間なのか。

中国で密教は九世紀後半には衰退し、南宋時代、密教は中国よりも日本の方が盛んであったことが『仏祖統記』

の鎧菴の言葉からも知られ、『元亨釈書』によれば中国に渡った俊芿は、すでにそこでは廃れてしまった密教の再興をゆだねられたほどであった[95]。じっさい、東大寺大仏殿の鎌倉再建において、宋から密教を導入する意味は見いだせない。形式としては宋風の装いながら、実現されたその空間の仏教的な本質は、日本の顕密仏教のものであったのではないか。それはあたかも法勝寺八角九重塔が形式上、中国的な新奇性を装ったのと同じように、東大寺では宋の様式（大仏様）に中国的な新奇性を求めたことも考えられる。

もちろん栄西による禅の導入に見るように、禅宗様という新しい様式の採用が、新しい仏教と結びついている場合もある。しかし後世、禅宗様は禅院以外の寺院建築にも広がっており、様式が必ずしも宗教思想あるいは教義を反映しているわけではない。重源の仏教および宋風の意義、ひいては中世日本における様式の意義そのものをあらためて問い直す必要があろう。

註

（1）大山喬平『鎌倉幕府』（小学館、一九七四年）、久野修義「東大寺大仏の再建と公武権力」（同『日本中世の寺院と社会』塙書房、一九九九年）。
（2）永村眞『中世東大寺の組織と経営』（塙書房、一九八九年）。
（3）上川通夫「院政と真言密教」（同『日本中世仏教形成論』校倉書房、二〇〇七年）、横内裕人『日本中世の仏教と東アジア』（塙書房、二〇〇八年）。
（4）藤井恵介①「弘安七年東大寺大仏殿図について」、②「高野山金堂の成立と両界曼荼羅を安置する仏堂」（同『密教建築空間論』中央公論美術出版、一九九八年）。
（5）横内裕人「南都と密教――東大寺盧遮那仏の変奏――」（前掲註（3）同著書）。
（6）横内裕人「重源における宋文化――日本仏教再生の試み――」（『アジア遊学』一二二、勉誠出版、二〇〇九年）。

（7）冨島義幸「院政期における法勝寺金堂の意義について」（『日本学研究』四、二〇〇一年）、同『密教空間史論』（法藏館、二〇〇七年）。
（8）冨島義幸「建築と景観の統合――中世顕密主義のコスモロジーと両界曼荼羅――」（苅部直他編『岩波講座日本の思想』七、岩波書店、二〇一三年）。
（9）冨島義幸「日本中世における灌頂・修法空間の展開」（森雅秀編『アジアの灌頂儀礼――その成立と伝播――』法藏館、二〇一四年）。
（10）総本山醍醐寺編『醍醐寺叢書　史料編　建築指図集　第一巻』（勉誠出版、二〇一二年）所収。
（11）『群書類従』巻第四三五。
（12）『続々群書類従』巻第七九四上。
（13）『鎌倉遺文』四三八〇。
（14）『東大寺年中行事』（東大寺図書館、一九五二）。
（15）この点について、前掲註（4）藤井①論文では「金剛界堂では西側から本尊毘盧遮那仏を礼拝し、胎蔵界堂では東側から礼拝する」とされ、金剛界堂、毘盧遮那仏いずれの西側から礼拝したのか、方位についての記述が不明瞭であり、東西反対であることについても言及していない。
（16）田中重久「醍醐寺五重塔の壁画」（『日本壁画の研究』東華社書房、一九四四年）、高田修「五重塔の沿革」（高田修編『醍醐寺五重塔の壁画』吉川弘文館、一九五九年）、濱田隆「醍醐寺五重塔壁画」（文化財保護委員会『醍醐寺五重塔図譜』一九六一年）。**図2**は高田編著書所収図に加筆。
（17）濱島正士「醍醐寺五重塔」（『日本建築史基礎資料集成　十一　塔婆Ⅰ』中央公論美術出版、一九八四年）。
（18）有賀祥隆「五重塔初重壁画」（『醍醐寺大観　第三巻　絵画』岩波書店、二〇〇一年）。
（19）竹居明男「『三僧記類聚』と禅覚僧都――仁和寺所蔵本にもとづく知見を中心に――」（『仁和寺研究』一、一九九九年）。『三僧記類聚』第六冊は『仁和寺研究』三（二〇〇二年）による。
（20）冨島義幸「醍醐寺五重塔の両界曼荼羅空間の構成について」（前掲註（7）同著書）。
（21）冨島義幸「塔における両界曼荼羅空間の諸相」（前掲註（7）同著書）。
（22）角田文衞「通憲の前半生」（同『王朝の明暗』東京堂出版、一九七七年）、土谷恵「鎌倉時代の寺院機構――鎌倉

初期の醍醐寺と座主職をめぐって――」（『論集日本仏教史　第四巻　鎌倉時代』雄山閣、一九八八年）、マイケル・ジャメンツ「『勝賢表白集』の解読」（松尾恒一編『東アジアの宗教文化――越境と変容――』岩田書院、二〇一四年）。

(23) 冨島義幸「法成寺金堂・法勝寺金堂の安置仏について」（『日本宗教文化史研究』一一―二、二〇〇七年）。
(24) 前掲註(23)冨島論文による。
(25) 藤田経世編『校刊美術史料　寺院編中』（中央公論美術出版、一九七五年）所収。
(26) 冨島義幸「法勝寺の伽藍形態とその特徴」（『日本建築学会計画系論文集』五一六、一九九九年）。
(27) 冨島義幸「寺院伽藍における両界曼荼羅空間の展開」（前掲註(7)冨島著書）。
(28) 前掲註(27)冨島論文所収。
(29) 『権記』同年二月二十九日の条。
(30) 家永三郎「法成寺の創建」（同『上代仏教思想史研究（新訂版）』法藏館、一九六六年）。こうした平安時代後期の伽藍の捉えかたは、清水擴氏による法勝寺伽藍の評価（清水擴「六勝寺伽藍の構成と性格」〈同『平安時代仏教建築史の研究――浄土教建築を中心に――』中央公論美術出版、一九九二年〉）にも受け継がれている。
(31) 北山茂夫『藤原道長』（岩波書店、一九七〇年）。
(32) 前掲「不知記」、『小右記』治安二年七月十四日の条。
(33) 『血脈類集記』第三「大僧正寛朝」によれば、永祚元年（九八九）十二月二日、広沢の遍照寺で受法した。
(34) 前掲註(33)「大僧正寛朝」によれば、先の深覚と同じ永祚元年（九八九）十二月二日、遍照寺で受法した。
(35) 冨島義幸「中世神仏世界の形成と両界曼荼羅」（前掲註(7)同著書）。
(36) 『平安遺文』七五六。
(37) 同八二二。
(38) 同八四九。
(39) 同一四七八。
(40) 前掲註(5)横内論文。
(41) 前掲註(21)冨島論文、冨島義幸「阿弥陀五尊の諸形式と中世仏教的世界観」（前掲註(7)同著書）。

(42)『東大寺要録』本願編一には、
大神宮禰宣延平日記云、(中略)当朝神国、尤可奉欽仰神明給也、而日輪者大日如来也、本地者盧舎那仏也、
と、『大神宮諸雑事記』を引き、聖武天皇による東大寺建立にさいして、勅使を伊勢神宮に参入させたことを記すなか、大日如来と毘盧遮那仏の関係を説いている。大日如来を説く教典は『大日経』であるが、この経典は聖武天皇による天平書写のなかにも存在し、天平神護二年(七六六)書写の『大日経』が西大寺にあることなどからすれば(宮坂宥勝『和訳大日経』〈東京美術、一九九二年〉、頼富本宏『『大日経』入門――慈悲のマンダラ世界――』〈大法輪閣、二〇〇〇年〉)、顕教の毘盧遮那仏とはことなる仏としての大日如来の存在が、東大寺創建期から日本で知られていた可能性も考えておく必要があろう。

(43) 前掲註(23)冨島論文。

(44) 平安時代の東大寺別当に、多くの真言密教僧がふくまれていたことは、すでに永村眞「東大寺別当・政所の変容」(前掲註(2)同著書)において述べられている。

(45) 勝賢については、藤井恵介「俊乗房重源と権僧正勝賢――東大寺東南院の聖宝御影堂の創建をめぐって――」(『南都仏教』四七、一九八一年)、土谷恵「中世初頭の仁和寺御流と三宝院流――守覚法親王と勝賢、請雨経法をめぐって――」(阿部泰郎・山崎誠編『守覚法親王と仁和寺御流の文献学的研究』勉誠出版、一九九八年)、木村真美子「後白河法皇と東大寺大仏再興――『因明入正理論疏紙背文書』を手がかりに――」(『年報中世史研究』三一、二〇〇六年)、杉本理「京都国立博物館所蔵『春記』紙背聖教と醍醐寺勝賢」(『年報中世史研究』三四、二〇〇九年)、西弥生「醍醐寺勝賢と「東寺」意識」(『古文書研究』七八、二〇一四年)、前掲註(22)ジャメンツ論文を参照。

(46) 前掲註(4)藤井②論文。

(47)『醍醐寺新要録』巻第一四「座主次第篇」。

(48)『玉葉』同月七日条。

(49)『鎌倉遺文』四四一「権僧正勝賢譲状案」。

(50)『東大寺別当次第』。

(51)『東大寺続要録』諸院篇。

(52)『東大寺続要録』供養篇本所収の重源大仏舎利奉納願文。

(53)「初度後七日御修法日記文治五先師胎蔵界」(『大日本史料』同年正月八日)。
(54)「建久三年壬子正月後七日御修法金剛界日記」(『大日本史料』同年正月八日)、『玉葉』同年正月八日の条。
(55)『大正新脩大蔵経』第七八巻、『続群書類従』巻第七五二所収。
(56)前掲註(45)土谷論文。
(57)『兵範記』同日の条に「今日太上皇令遁世給、(中略)次被始逆修、(中略)請僧十二口、同(少僧都)勝憲」とある。
(58)『玉葉』同日の条に「善知識上人湛敬本成房、仁和寺宮、勝賢僧正候之」とある。
(59)『玉葉』同日の条に「導師山階寺権別当範玄、呪願醍醐僧正勝賢也」とある。
(60)前掲註(45)土谷論文。
(61)横内裕人「密教修法からみた治承・寿永内乱と後白河院の王権——寿永二年法住寺殿転法輪法と蓮華王院百壇大威徳供をめぐって——」(前掲註(3)同著書)。
(62)前掲註(45)土谷論文。
(63)『宝簡集』一—三。
(64)『鎌倉遺文』二三三〇。
(65)上川通夫「後白河院の仏教構想」(古代学協会編『後白河院——動乱期の天皇——』吉川弘文館、一九九三年)、久野修義「中世寺院と社会・国家」(同『日本中世の寺院と社会』塙書房、一九九九年)、高橋昌明「高野山根本大塔領大田荘の始動と鑁阿の働き」(『学習院史学』五一、二〇一三年)。
(66)『宝簡集』一—二。
(67)『平安遺文』四一一二。
(68)「僧文覚起請文」(『平安遺文』四八九二)。「後白河上皇院宣」(『平安遺文』四一九八)には「大師御筆大曼荼羅二鋪、奉送之、早如本、可奉安置神護寺者、依　院宣、執達如件」とある。
(69)冨島義幸「寺院伽藍における両界曼荼羅空間の展開」(前掲註(7)同著書)。
(70)「高野山秘記」(国文学研究資料館編『真福寺善本叢刊9　中世高野山縁起集』臨川書店、一九九九年)。
(71)前掲註(9)冨島論文より転載。

(72) 前掲註(45)土谷論文。
(73) 『興教大師全集』巻第八所収「伝法院供養願文」。
(74) 醍醐寺蔵『根来要書』第一所収「覚鑁申状案」。『根来要書』は醍醐寺編『根来要書――覚鑁基礎史料集成――』(東京美術、一九九四年)による。
(75) 冨島義幸「創建大伝法院の建築・空間とその特徴――本堂と宝塔を中心に――」(『根来寺文化研究紀要』二、二〇〇五年)。
(76) 前掲註(26)冨島論文所収図に加筆。
(77) 前掲註(25)『校刊美術史料　寺院編中』所収。
(78) 前掲註(25)『校刊美術史料　寺院編中』所収。
(79) 「供養願文」には、「延暠諸宗之学徒、転読一切之経論」とある。
(80) 冨島義幸「白河――院政期〈王家〉の都市空間――」(院政期文化研究会編『院政期文化論集　第三巻　時間と空間』森話社、二〇〇三年)。
(81) 『朝野群載』巻第二所収。
(82) 法勝寺では、薬師堂に七仏薬師を安置して七仏薬師法が修され、愛染堂でも愛染王護摩、五大堂でも五壇法が修されていた。冨島義幸「五大堂の形態変化と五壇法の成立」、同「御願寺・氏寺の伽藍と密教修法」(前掲註(7)同著書)。
(83) 冨島義幸「修法と仏像――胎内の月輪種子を手がかりとして――」(『日本仏教綜合研究』八、二〇一〇年)。
(84) 冨島義幸「中世の王権と両界曼荼羅――結縁灌頂の神分投華をめぐって――」(前掲註(7)同著書)。
(85) 『延喜式』巻第一三「図書寮」。御斎会における大極殿の空間構成については、山本崇「御斎会とその鋪設――大極殿仏事考――」(『奈良文化財研究所紀要二〇〇四』、二〇〇四年)を参照。
(86) 上川通夫「中世寺院の構造と国家」(『日本史研究』三四四、一九九一年)、松本郁代『中世王権と即位灌頂――聖教のなかの歴史叙述――』(森話社、二〇〇五年)。
(87) 冨島義幸「塔・曼荼羅・王権――法勝寺八角九重塔と相国寺七重塔の意義をめぐって――」(長岡龍作編『仏教美術論集5　機能論――つくる・つかう・つたえる――』竹林舎、二〇一四年)。

(88)『玉葉』同年十月十九日の条、『東大寺造立供養記』。
(89)『東大寺続要録』造仏篇。
(90)『東大寺要録』巻二「縁起章第二」。
(91)この正統性は源頼朝の武家政権に対してのものであると考えられる。後白河法皇が東大寺再建において源頼朝を強く意識していたことは、前掲註(1)久野論文で指摘されている。
(92)久野修義「東大寺大仏の再建と公武権力」(同『日本中世の寺院と社会』塙書房、一九九九年)。
(93)『東大寺続要録』供養篇末「建久記」。
(94)冨島義幸「相国寺七重塔――安置仏と供養会の空間からみた建立の意義――」(『日本宗教文化研究』五―一、二〇〇一年)。本来、御願寺供養会では、証誠は金堂の庇、願主である天皇・院は裳層に着座する。しかし、醍醐寺蔵大仏殿指図(**図1**)をみると、大仏の前には「南庇」と呼ばれる柱間しかなく、裳層に相当する場がないため、証誠と天皇がともに「南庇」に着座したとみられる。
(95)横内裕人「自己認識としての顕密体制と「東アジア」」(前掲註(3)同著書)。

第四部　諸文献と東大寺

盧舎那如来と法王道鏡
――仏教からみた統治権の正当性――

堀　裕

はじめに

陸奥国の産金にあたって「三宝の奴」と称した聖武天皇は、「盧舎那仏」などの仏教的霊威と、従来から天皇の統治の正当性を支えてきた天神地祇・天皇霊（天皇の祖先霊）が、黄金を与えてくれたとした。しかもその黄金は、天から与えられると観念された祥瑞に位置付けられている。(1) こうした仏教的尊格と天神地祇、天皇霊を並べる言説は、その後、孝謙・称徳天皇の宣命でより明確化し、繰り返されていった。(2) これら三者がともに関わった例は、祥瑞とされた陸奥国の産金のほかにも、政治的危機への対応や皇位継承者の可否判定がある。つまり、三者はいずれも天皇を守護しているものと観念されていたのである。(3)

本稿は、天皇統治の正当性を支える霊的権威に加わった仏教的尊格の特色や、加わったことの意義を明らかにすることを目的とする。そこでとくに、次の二点を問題としたい。

第一に、仏教的尊格が加わった時期とその意義を明らかにすることである。

天皇の統治権の正当性を支える霊的権威一般に触れた研究は、仏教的尊格が加わった意義について、仏教の混入とするに止まるものが多い。それに対して、「皇位天授」の思想[4]に関する研究には注目すべき成果がみられる。「皇位天授」の思想とは、もっぱら、いわゆる称徳天皇の宣命に現れるもので、天皇や皇太子の地位に就くには、「天」による承認を示す「徴」が必要だとする考えである。

検討を始めるに当たって、「皇位天授」の思想を、八世紀の皇位継承観のなかに位置付け、相対化しておく必要がある。[5]前稿[6]では、岸俊男氏と東野治之氏[7]の説を継承し、少なくとも元正天皇から光仁天皇までの間はすべて、立太子か即位かのどちらかで、瑞亀などの皇位継承に関わる予兆・予祝を示す祥瑞、というよりも図讖が出現していることを示した。「天」の授ける「徴」とはこのようなものであり、「皇位天授」とは、八世紀一般にみられる現象ともいえる。

それでもなお、称徳天皇の言説を他と区別して析出する意義はどこにあるのだろうか。結論からいえば、天皇の統治権の正当性を支える霊的権威に、仏教的尊格が加入してきたことと、「天」の意向を知るための独特の手法に帰着すると考える。ただし、それらの特色が、いわゆる称徳天皇の時期に限られる訳ではない。

仏教的尊格の加入について、八重樫直比古氏[8]は、天命思想とともに、『金光明最勝王経』等を通じて、バラモン教の王権神授説の影響があったとした。そのうえで、皇位継承者を認定する「天」と、仏教的尊格である「諸聖」・天神地祇・天皇霊が同じものを指していることや、道鏡即位が問題となる宇佐八幡神託宣事件のあとには、「天」と称徳天皇の意志は一体化していったことなどを論じている。この説を受けた勝浦令子氏[9]は、「皇位天授」の思想が、実態として皇位「諸聖天神地祇御霊」授説であるとしている。

では、その始まりはいつなのであろうか。「皇位天授」の思想が析出された当初、金子武雄氏[10]等は、これが皇位を狙う道鏡の策謀であり、中国の天命思想の部分的な導入によって造作された論理と捉えてきた。しかし、その主体が称徳天皇であることを前提に、八重樫氏[11]は、聖武天皇による国分寺建立詔を踏まえ、仏教による護王の機能は、称徳天皇一代限りの問題ではなく、「聖武天皇一家」のものを継承した可能性があることを指摘している。つまり、聖武天皇の施策に起源があるとするのである。

他方で、「天」の意向を知るための手法とは、前稿で指摘したように、皇位継承に関わる事の正否を確認するため、天皇自身が行うウケヒであった。これもこの頃の「皇位天授」の特色である。この手法が初めて見られるのは、聖武天皇没後のことであった。

バラモン教の王権神授説の影響の可否はともかく、新たに加わった仏教的尊格が、天神地祇や天皇霊と並立している点からみて、まずは在来の天皇の統治権正当性の文脈のなかで考えるべきである[12]。その上で、仏教的尊格の加入は、冒頭で述べた陸奥国産金の時のほか、遡って国分寺建立詔までも含めて考える説もあり、また、聖武天皇没後とみる可能性もある。「皇位天授」の思想が、どのような目的のもとに、いかに展開していったのかを検討したい。

第二に、道鏡の就いた法王という地位が、皇位継承者であることを示すとする説の検証である。それは、法王任命の契機となった舎利出現が、道鏡を即位させるように命じた「天」の「徴」、つまり「皇位天授」とみることができるか否かを問うことになる。

本居宣長[13]が、法王について、「いづれにまれ、皇胤にあらざる人に、王といふ号を授け給へること、神代よりためしなく、理にそむきたる、いみしき大まがこと也」と述べたように、その呼称は特異である。法王の月料が供御に准じることや法王宮職を設置するなど[14]、法王就任を一つの契機として、道鏡即位の可能性が開かれたとみられ、天皇の地位に近かったことは間違いない。

そこから一歩進んで、法王が、称徳の皇位継承者であったかどうかは、意見が分かれる[15]。そのなかでも、東野氏[16]と勝浦氏の研究は重要である。勝浦氏は、「法王」とは、『金光明最勝王経』「王法正論品」を典拠にした用語で、仏教的な「正法」により統治する世俗世界の「王」であることや、皇太子である「法王」聖徳太子にもなぞらえたものであることを示し、称徳天皇は、前世で功徳を積むことによって、来世ではたとえ王統に生まれなくても即位できると観念していたことなどを論じた。ただし、これらの根拠には、いくつかの批判があり確定的とは言えない[17]。勝浦氏の論拠の核心部分であり、勝浦氏より早く東野氏が指摘していたのは、舎利出現によって、「天」（実態は仏）から道鏡が皇位継承者と認められたと理解する点にある。これが支持されてきたからこそ、勝浦氏を批判する研究も、法王を皇位継承者とする点は認めてきたのである[18]。

筆者は前稿で、法王を皇位継承者とする説を批判し、東野氏や勝浦氏が示した史料では十分な論拠とならないことを簡単に指摘した。本稿では、前稿では十分には尽くせなかった道鏡法王就任の史料の検証を行いたい。

以上、二つの面から天皇の統治権の正当性に加わった仏教的尊格の検討を行うことで、次の点を明らかにしたい。仏教的尊格の加入は、孝謙・称徳天皇が聖武天皇の在り方を継承した面も当然あるのだが、聖武天皇没後の孝謙・称徳天皇の統治権正当性と不可分の関係にあること。また法王は、天からの承認を得た地位ではなく、皇位継承者ではないことの二点である。

なお、「孝謙天皇」と「称徳天皇」は、原則としてそれぞれ一度目と二度目の在位の時を指し、とくに時期を指定しない場合は、「孝謙・称徳天皇」と表記する。

第一章　統治権の正当性と仏教

第一節　盧舎那仏と天皇の守護

神や仏を対象にした誓約行為はしばしばみられる。なかには神と仏が一緒に登場する場合もあった[19]。先行研究[20]に導かれながらこれらの史料を検討したい。

『日本書紀』天智天皇十年（六七一）十一月丙辰条によれば、天智天皇が没する直前、大友皇子が左大臣蘇我赤兄等とともに、近江大津宮の「内裏西殿織仏像前」で誓願した。「大友皇子手執二香鑪一、先起誓盟曰『六人同レ心奉二天皇詔一。若有レ違者必被二天罰一』云々。於レ是左大臣蘇我赤兄臣等手執二香鑪一随レ次而起。泣血誓盟曰『臣等五人、随二於殿下一奉二天皇詔一。若有レ違者四天王打。天神地祇亦復誅罰。卅三天證二知此事一。子孫当絶、家門必亡』云々。」ここに、「天罰」を下す主体として、「四天王」と「天神地祇」が同時に現れている。

同様の例は、「太上天皇沙弥勝満」と称した聖武天皇が、大安寺以下の十二ヶ寺に財物を施入した天平感宝元年（七四九）閏五月二十日勅[21]でもみられた。やはり文末で、「復誓、其後代有二不道之主・邪賊之臣一、若犯若破障而不レ行者、是人必得下破二辱十方三世諸仏菩薩・一切賢聖一之罪上、終当下落二大地獄一、無数劫中、永無中出離上。復十方一切諸天・梵王・帝釈・四天大王・天龍八部・金剛密跡・護法護塔大善神王及普天率土有大威力天神地祇・七廟尊霊幷佐命・立功大臣・将軍之霊等、共起二大禍一、永滅二子孫一。（後略）」とあった。

この天平感宝元年閏五月勅の誓願と文章構造がよく似ているのは、『類聚三代格』天平十三年（七四一）二月十四日国分寺建立勅の最後の一つ書きにある「願若悪君邪臣犯二破此願一者、彼人及二子孫一必遇二災禍一。世世長生下無二仏法一処上。」である。罰として災禍をもたらす主体は明示されず、当然含まれたであろう四天王などの仏教的尊格のほかは分からない。ただし、すでに指摘[22]があるように、国分寺建立勅の他の箇所では、天平感宝元年閏五月勅で取り上げられた、天神地祇や天皇霊、大臣として奉仕してきた人々も言及されており、罰を下す主体は両者同じであった可能性がある。なお、『日本書紀』と天平感宝元年閏五月勅を比較すると、罰する主体に相違がみられるが、後者が天皇の誓願であるため、単純に比較してよいかは断言できない[23]。

次に、誓願とは異なり、冒頭でも触れた、天平二十一年四月に行われた、聖武天皇の東大寺行幸の時の宣命[24]を取り上げげたい。

聖武天皇は、光明皇后と皇太子阿倍内親王（のちの孝謙天皇）とともに、東大寺の盧舎那仏像、いわゆる大仏に対して、臣従するかのように北面した。盧舎那仏像に向けては、自ら「三宝の奴」と称し、陸奥国の産金について「盧舎那仏の慈賜ひ福はへ賜物」と述べている。その後、親王や諸臣等をはじめとする人々に向けては、「三宝の勝神き大御言験を蒙り、天坐神・地坐神の相宇豆なひ奉、佐枳はへ奉り、又天皇御霊たちの恵賜ひ撫賜ふ事依て顕し示給ふ物」と述べ、さらに黄金を、天からの賜物とする「大瑞」と呼んだ。

天皇の統治権の正当性を象徴的に示す祥瑞出現に、「盧舎那仏」が関わったのである。先にみた『日本書紀』や天平感宝元年閏五月勅等では罰を下す仏教的尊格がみられたが、これが祥瑞出現の主体となった「盧舎那仏」と相違して当然のように思われる。けれども、次の例をみると、こののち「盧舎那仏」も、罰を下す主体に加わったようにみえる。

聖武天皇の一周忌を過ぎた時点で発覚した、天平勝宝九歳（七五七）七月の橘奈良麻呂の乱の時[25]には「此誠天地神の慈賜ひ護賜ひ、挂畏開闢已来御宇天皇大御霊たちの穢奴等を伎良ひ賜、棄賜ふに依て、又盧舎那如来・観世音菩薩、護法梵王・帝釈・四大天王の不可思議威神之力に依てし、此逆在悪奴等者顕出而悉罪に伏ぬらし」たと思うと述べた。神護景雲三年（七六九）五月の県犬養姉女の厭魅事件(26)では「盧舎那如来・最勝王経・観世音菩薩、護法善神梵王・帝釈・四大天王の不可思議威神力、挂畏開闢已来御宇天皇御霊、天地の神たちの護助奉つる力に依て、其等が穢く謀て為る厭魅事皆悉発覚ぬ。」とする。後者では、「最勝王経」を加え、さらに記載順において、仏教的尊格が天皇霊と天神地祇を越えている(27)。

八幡神託宣事件のあとの神護景雲三年九月にも、輔治能（和気）清麻呂と姉法均の八幡神託宣に関する報告が偽りだと発覚したことについて、「然此は諸聖等・天神地祇現給ひ悟給にこそ在れ」と述べ、さらに同年十月に、皇位を狙う者を戒めるなかで、皇位を求めても「猶諸聖・天神地祇・御霊の不免給不授給物」とある(28)。この「諸聖」とは「盧舎那如来」以下の仏教的尊格を指すとする説(29)が有力であり、先の例と同様なのである。

長岡龍作氏(30)は、ここに登場する護法善神以外の「盧舎那如来・最勝王経・観世音菩薩」について、東大寺大仏と、聖武天皇勅願で国分寺塔に安置された金字『金光明最勝王経』、藤原広嗣の乱の時に四畿内・七道諸国に造営を命じた七尺の観世音菩薩像(31)だとしたうえで、いずれも聖武天皇による護国事業によって生み出されたものだと述べた。

仮にこの指摘が正しいとすると(32)、孝謙・称徳天皇を守護する仏教的尊格とは、その中心に聖武天皇本願の仏菩薩と経典があったことになる。そうでなくても、このような観念が表出するのは、天平勝宝八歳五月に聖武天皇が没した後のことである。孝謙・称徳天皇が、亡くなった聖武天皇に代えて、仏教的尊格を、統治の正当性を保証するものとしたとみられる。もちろんこの前提として、聖武天皇の施策があった。やや憶測を逞しくすれば、そもそも、初めて天皇の統治権の正当性を示す霊的権威の中に、「盧舎那如来」を加えることになった陸奥国産金が、同年七月に行われた皇太子阿倍内親王への譲位と無関係であったとは考え難い。聖武天皇が、皇位の安定性に課題を抱えた孝謙・称徳天皇を守護するための手段であった可能性もあろう。

第二節　「皇位天授」の思想

仏教的尊格も関与する「皇位天授」の思想は、称徳天皇の宣命中に三度にわたって言及されている。いずれも皇位継承に関わる政治的な危機の時であった。

まず、藤原仲麻呂の乱ののち、淳仁天皇が廃され、それでも皇太子を定めない理由について述べた『続日本紀』天平宝字八年（七六四）十月丁丑条である。皇太子の位は、「天の不授所を得て在人は、受ても全く坐物にも不在、後に壊。故是以て念は、人の授るに依も不得、力を以て競べき物にも不在。猶天のゆるして授べき人は在らむと念て定不賜ぬにこそあれ」と述べる。

その後、廃帝擁立の動きを牽制するために述べた『続日本紀』天平神護元年（七六五）三月丙申条では、「然此位（皇太子位―筆者注）は、天地の置賜ひ授賜ふ位に在。故是以、朕も天地の明き奇き徴の授賜人は出なむと念て在。」とあった。

宇佐八幡宮託宣による道鏡即位が、実現しなかったあとの『続日本紀』神護景雲三年十月乙未朔条にもみられる。聖武天皇の遺詔を引用する形で、「此帝の位と云物は、天の授不給ぬ人に授ては保ことも不得。亦変て身も滅ぬる物そ。朕が立て在人と云とも、汝が心に不能と知、目に見てむ人をは改て立む事は、心のまにませよと。」と述べた。

最後の宣命によれば、「皇位天授」の思想は、聖武遺詔で言及されていたことになる。称徳天皇の作為の可能性もあるが、なんらかの形で、実際の遺詔で触れられたものと考えられる。というのも、勝浦氏等によれば、孝謙・

称徳天皇の時に、皇位継承に関わる「天地の明き奇き徴」が現れたとされたのは次の三例になる。天平勝宝九歳に道祖王廃太子と大炊王立太子にともなって出現した「天下大平」の瑞字と、天平神護二年の道鏡を法王に導いた舎利出現、そして神護景雲三年の道鏡即位を告げた宇佐八幡神の託宣である。

このうち、「天下大平」の瑞字は、確かに「皇位天授」の思想の顕現とみてよく、仏教的尊格が加わった例である。孝謙天皇は、道祖王を廃太子する理由を述べた上で、「故朕窃計、廃レ此立二大炊王一。躬自乞二三宝一、禱二神明一、政之善悪、願レ示二徴験一。」と自ら仏・神に誓願すると、「朕之住屋承塵帳裏」に、「天下大平之字」が現れたという。この「徴験」を「上天所レ祐、神明所レ標」であり、「仏法僧宝、先記二国家太平一。天地諸神、預示二宗社永固一。」と解釈し、仏・神が孝謙天皇の判断を可と認めたとした(33)。

聖武遺詔で触れられた「皇位天授」の思想の顕現が、聖武天皇の一周忌を目前にした時期にみられたことから、実際に聖武遺詔で触れられた可能性が高いといえよう。孝謙天皇が、茶番劇ともいえる誓願を行う必要があったのは、道祖王の立太子が、聖武天皇の遺詔によるものであったうえ、自らの天皇としての正当性も不安定な状態にあることから、皇位継承者の改廃を自身の判断では明確にし難くなっていたためと推測される。より注目すべきは、先に述べたように、孝謙天皇が、初めて「盧舎那如来・観世音菩薩」によって守られた時期と極めて近い点であり、両者の関連を想起させる点である。

以上、孝謙・称徳天皇は、仏教的尊格を積極的に利用し、自らの正当性を主張しているが、それは聖武天皇没後のことであった。その統治権正当性の根拠は、結局のところ父聖武天皇の存在であり、その没後は、聖武遺詔によって、「王を奴と成とも、奴を王と云とも、汝の為むまにまに(34)」と皇位継承者の交替を付託されたことにあったこととと関連するのである。これまでの研究が、仏教的尊格の加入を聖武天皇の影響と指摘してきたことは当然ではあるが、聖武天皇が没したことを考慮に入れなくてはならない。

第二章　法王と皇位継承者

第一節　祥瑞出現と王臣の助力

法王の問題を検討する前に、祥瑞や図讖の出現にみる王臣の役割を確認したい。そこで、先述の天平勝宝九歳（七五七）の瑞字出現を取りあげる。そのため、『続日本紀』天平宝字元年（七五七）四月辛巳条の勅の内容を、①から⑦までの構成要素に分けた**表1**を用いることとしよう。

表1に従って、改めて勅の概要を確認したい。①〔契機〕聖武遺詔によって皇太子となった道祖王は、聖武天皇のための喪の期間中の行いがよろしくないなど、素行に問題が多い。そこで、②〔祈禱〕孝謙天皇は、ひそかに道祖王廃太子と大炊王立太子を計画し、自ら仏神に祈り、その政の善悪について「徴験」を示してほしいと願った。すると、③〔結果〕天皇の住む建物の承塵の帳の裏に「天下大平」の文字が出現した。④〔解釈〕これは「上天」が祐けるところであり、「神明」が標したものである。これまでにないものであって、「仏法僧宝」が先に「国家大平」を記し、「天地諸神」があらかじめ「宗社永固」を示したものである。⑤〔対応〕このめでたい徴をうけとって、大いに喜ぶとともに、道祖王を廃太子とすることを決めた。

このように、「天下大平」の文字出現は、孝謙天皇の主体的な祈りがあり、その結果が直接廃太子と立太子という結果に結びついている。

とくに注目したいのは、次の⑥〔助力〕である。「亦、由二王公等尽レ忠匡弼一、感二此貴瑞一。豈朕一人所レ応二能致一。」とあって、孝謙天皇の力だけではなく、「王公等尽レ忠匡弼」が、「貴瑞」を導き出す役割を果たしたのだといい、それゆえ⑦〔喜びの共有〕「宜下与二王公・士庶一共奉二天貺一、以答二上玄一、洗二滌旧瑕一、遍蒙中新福上。可レ大二赦天下一。」となる。もちろんこれは孝謙天皇の謙遜にほかならない。天皇を欠いて「貴瑞」出現そのものがあり得ないことは明らかだが、ことさらに「王公等」の助力に触れているのである。

こうした言い回しは、必ずしも「皇位天授」の思想顕現時に限られるものではなく、一般に祥瑞出現時にもみられるのである。たとえば『日本書紀』白雉元年（六五〇）二月甲申条の白雉出現に触れた詔でも、「夫明聖之君獲二

表1　瑞字出現時の勅の構成

番号	項目	『続日本紀』天平宝字元年（天平勝宝九歳）四月辛巳条
①	契機	（先帝が遺詔で道祖王を皇太子としたが、行いがよろしくない。）
②	祈禱	故朕窃計、廃此立大炊王。躬自乞三宝、禱神明。政之善悪、願示徴験。
③	結果	於是、三月廿日戊辰、朕之住屋承塵帳裏、現天下大平之字、灼然昭著。
④	解釈	斯乃上天所祐、神明所標。遠覧上古、歴検往事、書籍所未載、前代所未聞。方知、仏法僧宝、先記国家大平。天地諸神、預示宗社永固。
⑤	対応	戴此休符、誠嘉誠躍。其不孝之子、慈父難矜。無礼之臣、聖主猶棄。宜従天教、却還本色。
⑥	助力	亦由王公等尽忠匡弼、感此貴瑞。豈朕一人所応能致。
⑦	喜びの共有	宜与王公・士庶共奉天貺、以答上玄、洗滌旧瑕、遍蒙新福。可大赦天下。（以下略）

斯祥瑞一、適其宜也。朕惟虚薄、何以享レ斯。蓋此専由下扶翼公卿・臣・連・伴造・国造等、各尽二丹誠一奉中遵制度上之所レ致也。是故、始二於公卿一及二百官等一、以二清白意一敬二奉神祇一、並受二休祥一、令レ栄二天下一。」とある。白雉出現と「扶翼公卿・臣・連・伴造・国造等」の行動との関係は、「天下大平」の文字出現と「王公等」の関係と同じである。

その後の祥瑞出現と王臣等の関係を概観しておきたい。『続日本紀』養老七年（七二三）十月乙卯条の白亀献上にともなう詔では、祥瑞出現について、「寔謂、以二朕不徳一、致二此顕貺一。宜下共二親王・諸王・公卿・大夫・百寮在レ位、同慶中斯瑞上。」と、喜びを共有するものの、王臣の助力には言及しない。その助力に言及するのは、先の「天下大平」の文字出現を含め、それよりあとになる。たとえば、『続日本紀』天平宝字元年八月甲午条では、蚕による瑞字「五月八日開下帝釈標知天皇命百年息」の出現について、「朕祗承二嘉符一、還恐二寡徳一。豈朕力之所レ致。是賢佐之成功。宜下与二王公一共辱中斯貺上。」と述べた箇所も挙げられよう。また、同じく『続日本紀』天応元年（七八一）正月辛酉朔条の詔でも、「伊勢斎宮」に現れた「美雲」について、「抑是朕之不徳、非二独臻レ茲。方知凡百之寮、相諧攸レ感。」と述べている。

これらの諸例[35]のなかでも、とくに注目すべきは、『続日本紀』神護景雲元年（七六七）八月癸巳条が引く景雲出現にともなう改元詔の構成である。先の**表1**にならい、構成要素に分けた**表2**に従って、その概要をみていきたい。なお番号は、**表1**と同じ基準にしているため、対応するもののない①や②等は**表2**には記されていない。

③〔結果〕伊勢国「等由気の宮」の上の「五色瑞雲」など種々の景雲出現の報告があり、それらは「瑞書」に従い大瑞と認定した。④〔解釈〕私が思うに、このような大瑞は「聖皇之御世」に「至徳」に感じて「天地の示現」するものと聞いている。けれども、私の徳が「天地の御心」を「感動」させることはないと思う。これは「大御神宮」の上に現れたので、やはり「大神の慈び示給へる物」である。また、「御世御世の先の皇が御霊の助給ひ慈給

へる物」なのだ。

そのうえで、⑥〈助力〉に注目したい。まず、大法師について「復去正月に、二七日之間、諸大寺の大法師等を奏請らへて、最勝王経を令講読まつり、又吉祥天の悔過を令仕奉るに、諸大法師等が如理く勤て坐さひ」と述べ、続いて諸臣について「又諸臣等の天下の政事を合理て奉仕に依てし」と述べる。僧俗ともに、理に合う働きをしたことを評価している。その結果として、「三宝も諸天も天地の神たちも、共に示現賜へる奇く貴き大瑞の雲」なのだと述べるのである。

これは、白雉出現の時と同じ論理展開であり、称徳天皇の存在を前提として、僧俗の奉仕・助力によって景雲が出現したのだと述べている[36]。祥瑞出現に、王臣や法師の助力があったとするのだが、これら王臣・法師の助力は、

表2　景雲出現時の詔の構成

番号	項目	『続日本紀』神護景雲元年八月癸巳条
③	結果	（六月から七月に「等由気の宮」の上など、各所で現れた景雲が、大瑞と認定）
④	解釈	然朕念行く、如是く大に貴く、奇異に在大瑞は、聖皇之御世に、至徳に感て天地の示現し賜物となも常も聞行す。是豈敢朕徳い天地の御心を令感動まつるべき事は无となも念行す。然此は大御神宮上に示顕給。故尚是は大神の慈び示給へる物なり。又掛も畏き御世御世の先の皇が御霊の助給ひ慈給へる物なり。
⑥	助力	復去正月に、二七日之間、諸大寺の大法師等を奏請らへて、最勝王経を令講読まつり、又吉祥天の悔過を令仕奉るに、諸大法師等が如理く勤て坐さひ、又諸臣等の天下の政事を合理て奉仕に依てし、三宝も諸天も天地の神たちも、共に示現賜へる奇く貴き大瑞の雲に在らしとなも念行す。
⑦	喜びの共有	故是以、奇く喜しき大瑞を頂に受給て、忍て黙在こと不得してなも、諸王たち臣たちを召て共に歓び尊び、天地の御恩を奉報べしとなも念行と詔ふ天皇が御命を、諸聞食と宣。（大赦・改元など以下略）

あくまで助力であって、彼らのために祥瑞が出現した訳ではないし、まして彼らが皇位継承者の可否を求める主体や皇位継承者そのものになる訳ではないのである。

第二節　舎利出現と法王

勝浦令子氏は、「天下大平」の瑞字出現と道鏡即位に関わる宇佐八幡宮託宣と同様、舎利出現も「皇位天授」の思想の顕現とみている。氏の言葉を引用すれば「称徳が三宝之法を永伝していくことを課題とする皇位継承者の使命を、「天」の授けた者、すなわち前世の積善や天の加護を受けて転生した人物に託すべきであると考えたと推定したい。道鏡がその託すべき人物であるか否かを判断するために、天皇自らが祈願した。その時に「舎利出現」という奇瑞があり、これによって天が道鏡を認定したと判断した。[37]」となる。

ところで、舎利出現による道鏡法王就任の分析に入る前に、前稿でも指摘した次の点を確認しておきたい。舎利出現の結果を示す史料には、「皇位天授」の思想の実例とみられる他の二例とは異なり、皇位継承の結果が安寧を招くとの予言である「天下大平」の文字・文言がない。また勝浦氏[38]自身、「皇位継承については、「諸聖天神地祇御霊」の授ける地位であり、三宝からの承認だけでなく」「天神地祇からの承認を必要とした。このために宇佐八幡託宣が行われた」と述べている。法王が果たして皇位継承者と呼べるのか疑問が残る。

これらを踏まえ、法王就任の契機となった舎利出現に関わる勅の構成を検討したい。舎利出現に触れた勅は二つある。『続日本紀』天平神護二年（七六六）十月壬寅条の宣命と、翌癸卯条の漢文勅であり、両者の内容を対比してまとめたのが**表3**である。④と⑤は順序が逆転しているが、それは**表1**の番号と対応しているためである。なお、法王就任に言及するのは、近臣や有力者の昇進に触れた宣命だけであり、広く官人を対象とした漢文勅は、その点

表3　舎利出現時の詔勅の構成

番号	項目	A『続日本紀』天平神護二年十月壬寅条	B『続日本紀』天平神護二年十月癸卯条
①②	契機祈禱	無上き仏の御法は、至誠心を以て拝尊び献れば、必異奇験をあらはし授賜物に伊末志けり。	去六月為有所思、発菩提心、帰無上道。
③	結果	然今示現賜へる如来の尊き大舎利は、常奉見よりは大御色も光照て甚美し。大御形も円満て別好く大ましませは、特に久須之く奇事を思議こと極難し。	因有霊示、緘器虔候。遂則舎利三粒見於緘器。
⑤	対応	是以、意中に昼も夜も倦怠こと无く、謹み礼まひ仕奉つつ侍り。	数月感歎、莫識所為。
④	解釈	是実に「化の大御身は縁に随て度導賜には、時を不過行に相応て慈び救賜」と云言に在らしとなむ念す。	朕聞「麟鳳五霊、王者嘉瑞。」至徳之世、史不絶書。未見全身舎利如是顕形。有感必通、良有以也。朕以虚薄、兢懼歴年、撫育乖方、氷谷在惕。豈念、至道凝寂、応微情而示真。円性湛然、結霊光而表質。孤園絶跡、久矣驚心。双林挽客、爛然満目。玄珪緑字、何以同年。西法東流、知在茲日。
⑥	助力	猶し法を興隆しむるには、人に依て継ひろむる物に在。故諸の大法師等を比岐為て、上と伊麻須太政大臣禅師の如理く勧行はしめ、教導賜に依てし、如此く奇く尊き験は顕賜へり。	
⑦ a	喜びの共有	然此の尊く宇礼志岐事を朕独のみや嘉と念てなも、太政大臣朕大師に法王の位授まつらくと勅天皇御命を諸聞食と宣。	猥荷希世之霊宝、盍同衆庶之歓心。宜可文武百官六位已下及内外有位加階一級。但正六位上者、廻授一子。其五位已上子孫年廿已上者、亦叙当蔭之階。普告遐邇知朕意焉。
⑦ b		復勅く、此の世間の位をば楽求たぶ事は都て無、一道に志て菩薩の行を脩ひ、人を度導むと云に、心は定て伊末須。可久波あれとも、猶朕が敬報まつる和佐としてなも此の位冠を授まつらくと、勅天皇が御命を諸聞食と宣。	
⑦ c		（円興を法臣、基真を法参議大律師等に任じる）	
⑦ d		（舎利出現した寺が藤原不比等旧邸にあり、その家の名を継承する藤原永手を左大臣に任じる）	
⑦ e		（皇太子時代からの師吉備真備に、その恩に報いるため右大臣に任じる）	

に触れていない。そこで分析の中心は自ずと前者の宣命となる。

①〔契機〕・②〔祈禱〕称徳は、漢文勅によれば、同じ天平神護二年の六月から「発二菩提心一、帰二無上道一」していた。それは宣命で「無上き仏の御法は、至誠心を以て拝尊び献れば、必異奇験をあらはし授賜物に伊末志けり」とあるのと同じ内容とみられる。称徳が、何かの可否を問うていた可能性はある。それに応じて、③〔結果〕すばらしい舎利が出現した。⑤〔対応〕宣命では「是以、意中に昼も夜も倦怠こと无く、謹み礼まひ仕奉つつ侍り」とあり、漢文勅では「数月感歎、莫レ識レ所レ為」とあることから、舎利出現後、数ヶ月の間祈っていたとみられる。④〔解釈〕宣命では、これは本当に「化の大御身は縁に随て度導賜には、時を不過行に相応て慈び救賜」ということなのだと思った、とある。漢文勅では、仏教的な奇瑞と儒教的な祥瑞を織り交ぜた文章となっている。

このあとが法王就任の段落になるが、それは次のように述べる。まず、「猶し法を興隆しむるには、人に依て継ひろむる物に在」とする。これは、たとえば『続日本紀』天平六年（七三四）十一月戊寅条の太政官奏に「仏教流伝、必在二僧尼一」とあるように、僧尼の存在意義を示す定形表現である。それをふまえ、「故諸の大法師等を比岐為て、上と伊麻須太政大臣禅師の如理く勧行はしめ、教導賜に依てし、如此く奇く尊き験は顕賜へり」と述べる。目的は道鏡個人の称揚であることはいうまでもないが、「如理」に示されるように、景雲出現の時にみた、僧俗の助力を讃えた表現（**表2**の⑥）と同じである。つまり、道鏡が評価されているのは、舎利出現にあたっての助力（⑥）に他ならない。

宣命は続けて、「然此の尊く宇礼志岐事を朕独のみや嘉と念てなも、太政大臣朕大師に法王の位授まつらく」と、法王就任に言及する。「天下大平」の瑞字や景雲等が出現した時の詔勅の分析を踏まえれば、これが⑦〔喜びの共有〕に分類されることは明らかであろう。さらに続けて、「復勅く、此の世間の位をば楽求たぶ事は都て無、一道に志て菩薩の行を脩ひ、人を度導むと云に、心は定て伊末須。可久波あれとも、猶朕が敬報まつる和佐としてなも此の位冠を授まつらく」とある。称徳が、「朕大師」道鏡に「敬報まつる和佐」として「此の位冠を授まつらく」とあるのも、〔喜びの共有〕とみてよい。

宣命ではさらに〔喜びの共有〕が続けられ、円興禅師を法臣に、基真禅師を法参議大律師と正四位上、さらに物部浄志朝臣の姓を授けた。舎利出現と関わる藤原不比等旧邸・法華寺と関わって右大臣藤原永手を左大臣に、称徳天皇の皇太子時代からの師である大納言吉備真備を右大臣にした。宣命の引用のあとには弓削浄人と道嶋嶋足への叙位が記される。また漢文勅では、「猥荷㆓希世之霊宝㆒、盍同㆓衆庶之歓心㆒。宜可㆔文武百官六位已下及内外有位加㆓階一級㆒。但正六位上者、廻授㆓一子㆒。其五位已上子孫年廿已上者、亦叙㆓当蔭之階㆒。普告㆓遐邇㆒知㆓朕意㆒焉。」とあって、より広範囲に〔喜びの共有〕がなされた。

このように宣命を読み解くと、道鏡の法王就任は、あくまで〔喜びの共有〕の一部に過ぎない。勝浦氏は、皇位継承者として「道鏡がその託すべき人物であるか否かを判断するために、天皇自らが祈願した。その時に「舎利出現」という奇瑞があり、これによって天が道鏡を認定したと判断した。」と述べた。しかし、称徳天皇が、何かの可否を求めた結果、舎利が出現し、それによって三宝から認められたと認識したとしても、それは道鏡が皇位継承者であることとは考え難いのである。

実は、このような宣命の理解は、決して目新しいものではない。早く金子武雄氏(39)は、舎利が出現した結果、「仏法に対する御信仰の厚くあらせられた天皇は、これを御信仰の御至誠の感応であると思し召されて、非常に感激して居られるのである。」「さうして、此の御感激は、「此の尊くうれしき事を、朕独のみや喜びむ」との思し召しとなって、先ず天皇の師であり、仏法興隆の第一の功労者であるとせられる道鏡に対して法王の位を授けられ、次に仏舎利の発見者基真、及びその師の円興に対して、夫々法参議大律師及び法臣の位を授けられ、更に法華寺の縁者としての永手に左大臣の位を、天皇の師としての真備に右大臣の位を授けて居られるのである。」と述べている。

最後に触れるべきは、勝浦氏が、法王を皇位継承者であることを示す論拠のひとつとして、注の中で触れた次の史料である。舎利出現が、基真の詐欺であったことを記す『続日本紀』神護景雲二年十二月甲辰条には、「作二毘沙門天像一、密置二数粒珠子於其前一、称為レ現二仏舎利一。道鏡仍欲下眩二耀時人一、以為中己瑞上。乃諷二天皇一、赦二天下一、賜二人爵一。」とあった。『続日本紀』編者は、道鏡が舎利出現を「己瑞」にしようとしたと評するが[40]、それは「赦二天下一、賜二人爵一」ことであり、法王になることではなかった。ただし、この「赦」は『続日本紀』等には見えない。このため、『続日本紀』の編纂過程で意図的に不採録とされた可能性もありえる。そこに法王の性格を示す記事があったかもしれないが、現段階では憶測の域を出ない。

おわりに

天神地祇や天皇霊など天皇の統治権の正当性を保証する霊的な権威に、仏教的尊格が加わったことの特色や意義を論じてきた。

仏教的尊格の加入は、聖武天皇の施策の影響であることは当然といえるが、その初見は、孝謙天皇への譲位を間近に控えた天平二十一年四月の陸奥国産金の時の「盧舎那仏」であった。あるいは、聖武天皇が孝謙・称徳天皇を守護するための方策であった可能性もある。それとともに、「盧舎那如来・最勝王経・観世音菩薩」などの仏教的尊格が天皇を守護したり、仏教的尊格が加わった「皇位天授」の思想によって、皇位継承者の可否を判断する手法が出現したのは、いずれも聖武天皇の没後であり、孝謙・称徳天皇だけが守護される対象であった。孝謙・称徳天皇が、仏教的尊格に依存したのは、父聖武天皇が没するなか、直系継承の道が絶たれた孝謙・称徳天皇の正当性がより不安定になったためとみられる。誤解を恐れず、比喩的に言えば、仏教的尊格が孝謙・称徳天皇を守護しているというよりも、故聖武天皇が守護していると言い換えることもできよう。

これと関連して、道鏡が任命された法王という地位を、皇位継承者とみる説がある。しかし、法王就任時の宣命の構造からみる限り、称徳天皇の意図がそこにあったとは考え難い。そもそも皇位継承者には、「王」でなく、「皇」の字があってしかるべきではなかろうか。もちろん、こののち、道鏡の振る舞いは過剰になり、宇佐八幡宮託宣事件へとつながっていったため、道鏡が、どこかで皇位継承者としての位置付けがなされた可能性は否定しない。けれども、称徳天皇自身が、道鏡を皇位継承者にするように意図したことを示す明確な史料は現在見当たらないのである。

改めて言うならば、天皇の権威の正当性に仏教的尊格が加わったこととは、確かに聖武天皇の影響ではあるものの、聖武天皇没後の孝謙・称徳天皇が、自らの正当性を補強するために強く打ち出した論理に他ならないのである。宇佐八幡託宣事件も、これを前提に考えるべきではなかろうか。

註

（1）『続日本紀』天平勝宝元年四月甲午朔条。

（2）関晃「律令国家と天命思想」（『日本古代の国家と社会　関晃著作集　第四巻』吉川弘文館、一九九七年、初出一九七七年）等。

（3）八重樫直比古「宣命における「天」と「諸聖」」（源了圓・玉懸博之編『国家と宗教——日本思想史論集——』思

文閣出版、一九九二年）参照。

（4）粂川定一「続日本紀宣命」（『上代日本文学講座』第四巻、春陽堂、一九三三年）等が言及する。

（5）早川庄八「律令国家・王朝国家における天皇」（『天皇と古代国家』講談社学術文庫、二〇〇〇年、初出一九八七年）は、八世紀の天命思想を天武直系以外の皇位継承者を排除する論理とする。

（6）堀裕「八世紀の図讖と皇位継承――孝謙・称徳天皇を中心に――」（永井隆之他編『カミと王の呪縛――日本中世のＮＡＴＩＯＮ３――』岩田書院、二〇一三年）。以下、前稿とはこの論文を指す。

（7）岸俊男『藤原仲麻呂』（吉川弘文館、一九六九年）、東野治之「飛鳥奈良朝の祥瑞災異思想」（『史料学遍歴』雄山閣、二〇一七年、初出一九六九年）。

（8）八重樫直比古「宣命における「天」と「諸聖」」（前掲）。

（9）勝浦令子「称徳天皇の「仏教と王権」――八世紀の「法王」観と聖徳太子信仰の特質――」（『日本古代の僧尼と社会』吉川弘文館、二〇〇〇年、初出一九九七年）。以下、特に注記しない限り、勝浦氏の説の引用はここからである。

（10）金子武雄『続日本紀宣命講』（高科書店、復刊一九八九年、初刊一九四一年、二七五・二七六、四八二～四八五頁）。

（11）八重樫直比古「宣命と仏教――『続日本紀』神護景雲三年十月乙未朔条の一考察――」（『日本思想史学』第二〇号、一九八八年）。このほか、石井公成「聖武天皇の詔勅に見える誓願と呪詛」（『華厳思想の研究』春秋社、一九九六年、初出一九九一年、四五九・四六〇頁）等多くの論文が、聖武天皇の意識の継承とみている。

（12）坂上康俊「古代の法と慣習」（『岩波講座　日本通史』第三巻、一九九四年）は、従来天皇の統治権の正当性を保証するのは、皇祖からの委託であったのに対し、聖武天皇が「三宝の奴」と称したような仏への臣従の論理は、唐の皇帝と天との関係に類似すると評価した。まずは、在来の統治権正当性の論理に引き付けて考える必要があると考える。

（13）本居宣長「続紀歴朝詔詞解」（『本居宣長全集』第七巻、筑摩書房、一九七一年、三九八頁）。

（14）『続日本紀』天平神護二年十月乙巳条、神護景雲元年三月己巳条。

（15）皇位継承者説に否定的な見解は、西岡虎之助『綜合日本史大系　第二巻　奈良朝』（内外書籍、一九二六年）、金

子武雄『続日本紀宣命講』（前掲）、北山茂夫『女帝と道鏡――天平末葉の政治と文化――』（講談社学術文庫、二〇〇八年、初出一九六九年）、寺尾清美「天皇変成の物語り――称徳宣命第41詔より――」（『古代文学』第三五号、一九九六年）、瀧浪貞子「孝謙女帝の皇統意識」（『日本古代宮廷社会の研究』思文閣出版、一九九一年）、中西康裕「道鏡事件」（『続日本紀と奈良朝の政変』吉川弘文館、二〇〇二年、初出一九九三年）等。皇位継承者説は、瀧川政次郎「法王と法王宮職」（『法制史論叢第4冊　律令諸制及び令外官の研究』角川書店、一九六七年、初出一九五四年）や、後述する東野治之氏と勝浦氏、谷本啓氏のほか、八重樫直比古「『金光明最勝王経』と道鏡事件」（石毛忠編『伝統と革新――日本思想史の探求――』ぺりかん社、二〇〇四年）、鷺森浩幸「王家と貴族」（『天皇と貴族の古代政治史』塙書房、二〇一八年、初出二〇〇四年）等。

(16)　東野治之「飛鳥奈良朝の祥瑞災異思想」（前掲）。

(17)　八重樫直比古「『金光明最勝王経』と道鏡事件」（前掲）、若井敏明「宇佐八幡宮神託事件と称徳天皇」（速見侑編『奈良・平安仏教の展開』吉川弘文館、二〇〇六年）、谷本啓「道鏡の大臣禅師・太政大臣禅師・法王」（『ヒストリア』第二一〇号、二〇〇八年）、東野治之「称徳天皇による法王・法臣の任命と鑑真の請来仏典」（『史料学遍歴』前掲、初出二〇一五年）等。

(18)　八重樫直比古「『金光明最勝王経』と道鏡事件」（前掲）は、『金光明最勝王経』が、法王となる条件に、王室への誕生を挙げている点を示し、客観的な立場では、法王を皇位継承者とする理解に疑念がもたれたが、称徳天皇の主観としては皇位継承者であるとした。東野治之「称徳天皇による法王・法臣の任命と鑑真の請来仏典」は、「法王」と「法臣」の典拠を、鑑真請来の天台智顗『維摩経文疏』に求め、法王が釈迦を指すとし、直接には政治的意味合いを持たず、聖徳太子の法王号と異なり皇位継承者でもなく、道鏡を仏教界の頂点に位置付けるための栄誉的地位だと述べる。そのうえで、舎利出現と連動していることから、「道鏡は一般人であることを超越したのであり、これによって即位への理由付けがなされたと考えられないことはない」とする。なお、若井敏明「宇佐八幡宮神託事件と称徳天皇」（前掲）は、皇位継承者ではなく、法王として天下を統治する構想をもっていたとする。

(19)　石井公成「聖武天皇の詔勅に見える誓願と呪詛」（前掲、四五〇・四五一頁）は、『金光明最勝王経』巻六・四天王護国品の「我等四王・無量天神薬叉之衆・贍部洲内所有天神」等と天神地祇との関係を取り上げた。

(20)　中田薫「起請文雑考」（『法制史論集』第三巻下、岩波書店、一九四三年、初出一九三二年）、石井公成「聖武天

皇の詔勅に見える誓願と呪詛」（前掲）、長岡龍作『日本の仏像――飛鳥・白鳳・天平の祈りと美――』（中央公論新社、二〇〇九年）等。
(21) 天平感宝元年閏五月二十日勅（『大日本古文書』第三巻、二四〇・二四一頁）。
(22) 長岡龍作『日本の仏像』（前掲）。
(23) 天平二十年二月十一日弘福寺牒（上島有編著『東寺文書聚英』図版篇、同朋舎出版、一九八五年）にも「護法四天大王衆」に対する誓願文がある。ただし、この文書は平安期の造作とする説がある。
(24)『続日本紀』天平勝宝元年四月甲午朔条。
(25)『続日本紀』天平宝字元年七月戊午条。
(26)『続日本紀』神護景雲三年五月丙申条。
(27) 石井公成「聖武天皇の詔勅に見える誓願と呪詛」（前掲）、勝浦令子「称徳天皇の「仏教と王権」」（前掲）。
(28)『続日本紀』神護景雲三年九月己丑条、同年十月乙未朔条。
(29) 本居宣長「続紀歴朝詔詞解」（前掲、四一六頁）。
(30) 長岡龍作『日本の仏像』（前掲）。
(31)『続日本紀』天平十二年九月己亥条。
(32) 宮中正月金光明最勝会では、大極殿の高御座に盧舎那仏を安置することから、「盧舎那如来」が常に東大寺大仏を指すのかなど検討の必要がある。
(33)『続日本紀』天平宝字元年四月辛巳条。
(34)『続日本紀』天平宝字八年十月壬申条。
(35)『続日本紀』天平宝字二年二月己巳条の「奇藤」の瑞字出現や、同書宝亀元年五月壬申条の白鹿等献上の場合、天皇が不徳なのに祥瑞が出現したため、臣下はともに良い政治をしようとする。
(36) こうした例は、中国にもあり（『冊府元亀』巻二六・帝王部・感応・開元十九年五月乙亥条等）、その影響があるとみられるが、このころの即位宣命の論理に通じる面もあって、倭・日本の政治体制を基盤とした表現ともいえる。
(37) 勝浦令子「称徳天皇の「仏教と王権」」（前掲、二三六頁）。なお、勝浦令子『孝謙・称徳天皇――出家しても政を行ふに豈障らず――』（ミネルヴァ書房、二〇一四年、二七〇頁）は、文後半部分を「称徳自らが祈願し、その時に「舎利出現」という奇瑞があった。道鏡が共同統治を託すべき人物であるか否かを判断するために、数ヶ月の逡巡を経て、称徳は仏が道鏡を法王とすることを認定したと、その時点では判断した。これによって尼天皇と僧法王の共同統治体制が現実化していった。」とし、道鏡を「皇位継承者」から「共同統治」者にしている。

(38) 勝浦令子「称徳天皇の「仏教と王権」」（前掲、二四〇頁）。

(39) 金子武雄『続日本紀宣命講』（前掲、三一九頁）。

(40) 「以為㆓己瑞㆒」とは、天の意志に反して祥瑞を自分のものとすることであり、東晋の安帝元興二年（四〇三）十月に「銭塘臨平湖水赤」となったのを桓玄が「諷」して「以為㆓己瑞㆒」したが、敗れた例（『宋書』巻三三・志二三・五行四・火沴水）等がある。

正倉院文書から見た奈良時代の悔過

栄原永遠男

はじめに

悔過とは「仏前に懺悔して、罪報を免れることを求める儀式[1]」であり、「懺悔」とも言った[2]。日本では古代から悔過が行われ続けてきており、これについて多くのすぐれた研究がなされてきた。

奈良時代の悔過の性格について、歴史学の立場から重要な指摘をしたのは、井上光貞である[3]。井上は、奈良時代の浄土教の性格を究明する重要な手がかりの一つとして、阿弥陀悔過に注目して、大略以下の点を指摘した。すなわち、奈良時代になると、阿弥陀仏・薬師如来・十一面観音・吉祥天などの礼拝対象によって特殊な名称の悔過が現れるようになった。これらはすべて招福除災的な雑密的な呪術的儀礼である点で共通していた。阿弥陀悔過については、法華寺阿弥陀浄土院の性格や、のちに検討する「阿弥陀悔過料資財帳」を根拠として、死者追善を目的とする法会である、とした。

これをうけて速水侑は[4]、次の諸点を指摘した。奈良朝末期に諸尊名を冠した悔過所が多く現れてくることは、それぞれの悔過が完全に分化し、目的に応じて別々の悔過所で悔過が修されるようになったように見えるが、悔過と悔過所やその本尊との関係は、それほど厳密なものでなかった。奈良朝の悔過は、勤修の対象とする尊名において数多く分化しながら、本質的には共通の性格として受容されていた。吉祥・薬師・阿弥陀・観音その他種々の悔過は、広い意味での現世利益的雑密的儀礼として、本質的に共通の基盤に立っていた。奈良時代の諸悔過は、国家的、密教的鎮護国家的性格を強く持っていたが、一方で、在来の神道的祭儀（祓禊）との関係も強かった、などである。

以上のように、井上・速水は、奈良時代の悔過は、本尊によって各種の名称で呼ばれるようになるものの、本質的には共通の基盤に立ち、追善的性格を持つことを主張した。井上説については多くの批判が寄せられてきた。なかでも竹居明男は「阿弥陀悔過料資財帳」の基礎的な検討をふまえて、阿弥陀悔過の特殊性に注意すべきであるとし、奈良時代の阿弥陀悔過（少なくとも東大寺阿弥陀堂で行われたもの）の性格を、単純に死者追善のための儀礼とすることは疑わしく、悔過を修する側の人間が自らの生前からの浄土往生の祈願をこめていた、と見るべきことを主張した。[5]

井上・速水が悔過の共通の基盤を指摘したのに対して、むしろ悔過の分化の面を強調したのが佐藤道子[6]・山岸常人[7]であった。両氏とも、七世紀後半の飛鳥時代の悔過は法会として未確立で、組織も未成立であり、祈願者の心身の清浄のための過程であり、願意達成の前提的・補助的手段であった、とする。

そして佐藤は、八世紀半ばには、称名悔過の詞章を個々の本尊にふさわしいものとすることで尊別悔過への分化が成立し、昼夜六時に悔過作法を勤修する儀礼形式が形成され、恒例行事化したとする。また山岸は、奈良時代には本尊の明確化・多様化が進み、十一面悔過・阿弥陀悔過・薬師悔過・文殊悔過・千手千眼悔過・吉祥悔過・五穀成熟経悔過・金光明経悔過・一切経悔過・千燈悔過などが行われた。期間・時期が固定化し、正月に吉祥悔過、二月または春秋に十一面悔過、三月に阿弥陀悔過、十二月に薬師悔過が行われたが、一部に堕落・頽廃・演出的側面も見られた。悔過の行われる場所は、諸国の諸寺ないし国分寺・山林寺院等、限定なく全国であった。一方中央では紫微中台十一面悔過所・菅原寺千手千眼悔過所・香山薬師寺薬師悔過所・上山寺悔過所・南吉祥悔過所・吉祥悔過所などの「悔過所」という悔過のための特定の建築・組織が天平宝字年間を中心に成立しており、悔過所は浄処に設置された、とする。

以上を要するに、山岸・佐藤によると、奈良時代には悔過法会の形式・内容・時期が固まり、悔過所も形成され、悔過は願意達成の手段となっていた、というのである。

さらに奈良時代以後への見通しとして、佐藤は、懺悔より祈願が重視されるようになり、仏名会の出現・盛行により、悔過は埋没していき、悔過色は減退し、荘厳性・芸術性が増加していく、とする。また山岸は、昼読経、夜悔過の読経悔過型法会は遅くとも奈良時代後期には行われていたが、八三〇～八五〇年ごろに増加し、九世紀半ばには両者が分離し始め、悔過部分は徐々に衰退していく、とする(8)。

以上のように、奈良時代の悔過については、井上・速水のように、一定程度の悔過の分化を認めつつも、共通の性格があるとする立場と、佐藤・山岸のように、奈良時代には悔過が分化していたことを強く見る立場との間で、認識の相違が認められる。また井上は、阿弥陀悔過に死者追善の性格があるとするのに対して、竹居は、阿弥陀悔過は他の悔過とは異なる特殊な性格があり、悔過を修める本人が自らの生前における浄土往生を祈願するものとしていて、やはり認識に大きな違いがある。

以上のように奈良時代の悔過に関する先行研究を整理すると、解決しなければならない課題がいくつかあることがわかる。それらは、次の三点に整理することができる。（1）奈良時代の悔過はみな共通の性格であるのか、それともそれぞれ異なった性格のものとして分化していたか、(2)その中で阿弥陀悔過のみに特殊な性格を認めることができるのか、(3)阿弥陀悔過の性格は、死者追善を願うものなのか、それとも自らの浄土往生の祈願のためなのか、である。これらは相互にからまりあう課題であるが、一応別の課題として検討していく必要があろう。

その場合、重要な点は、それぞれの史料的基礎である。これまでの奈良時代の悔過に関する先行研究では、多くの場合、『日本書紀』『続日本紀』に見える史料による分析にとどまってきた。しかるに、正倉院文書という第一次史料にある程度まとまった悔過関係史料が含まれているにもかかわらず[9]、その分析による悔過の研究はほとんどなされてこなかったと言って過言でない[10]。しかし、これらの史料を分析することによって、悔過の実態について詳細かつ直接的に知ることができるのである。奈良時代の悔過の実態解明にあたっては、まずもって第一次史料たる正倉院文書の分析を基本とすべきである[11]。

また、奈良時代の木簡の中には、ごくわずかであるが、悔過に関するものがある。これらの木簡史料は、正倉院文書とともに第一次史料として尊重すべきものであるが、これまたこれまでほとんど検討されていない。さらに、東大寺所蔵の重要文化財「阿弥陀悔過料資財帳」も、奈良時代の悔過に関する情報を伝えている。この史料については、これまで研究が重ねられてきたが、正倉院文書や木簡の関係史料と併せて検討する必要がある。木簡や「阿弥陀悔過料資財帳」も、正倉院文書に準ずる史料として扱っていく必要がある。

本稿では、まずこれらの第一次史料である正倉院文書[12]、木簡、「阿弥陀悔過料資財帳」に見える悔過について検討し、その結果を、編纂史料である『日本書紀』『続日本紀』その他の悔過と比較することによって、奈良時代の悔過の実態を総合的に明らかにすることを目的としている。

なお、私は、別稿で正倉院文書中の悔過関係史料の一部について検討したことがある。その結果のうち、もっとも注目しなければならない重要な点は、吉祥悔過所による悔過の本尊が仏二軀であったことである。(13) このことは、吉祥悔過所による悔過だからといって、簡単にその本尊を吉祥天と決めることはできないことを示している。このことは、少なくとも正倉院文書にあっては、悔過を担当する組織名と悔過の本尊とは必ずしも連動しないことを意味する。正倉院文書にとどまらず、奈良時代の悔過関係史料を研究する際、大いに注意しなければならない点である。この点に留意しつつ、まずは正倉院文書の悔過関係史料の検討から始めたい。

第一章　正倉院文書に見える悔過

第一節　天平二十一年（七四九）の悔過

正倉院文書に見える悔過関係の早い時期の史料として①がある。これは、これまでの悔過関係史料の一覧表(14)から落ちており、見過ごされてきた史料である。これは、天平二十年八月から同二十一年七月まで(15)の写経所の上日記録で(16)、日ごとの出勤状況を月ごとに整理したものである。

①「経師等上日帳」（続々修二四ノ六①(3)、(4)、(5)、④、一〇ノ三三六〜三四〇、三五二）(17)

天平廿年八月以来上日

（中略）

（職舎人）〔无位〕下村主道主　八月日十六夕十五　九月日八夕七　十月日廿七〔九〕夕廿八　十一月日廿六夕廿五　十二月日廿夕十九

正月悔過所　二月廿日〔悔〕過所　三月日十七夕十六　四月日廿八夕廿七　五月日十九夕十八　閏五月日一夕一　自余大寺

六月日八夕六　七月日十四夕十二　上日百九十六日　写〔校〕紙八千五百張　八月日十一夕十

（中略）

（坊舎人）少『任』初位上志斐連万呂　八月日廿六夕廿五廿四　九月日廿九夕廿七　十月日廿四夕廿三　十一月日十四夕十三　十二月日廿一廿二夕廿

正月日卅□廿九　二月日廿二夕廿　三月日十五夕十四　四月日十三夕十二　五月日廿七夕廿六　閏五月日廿九夕廿八

六月日七夕六　七月日廿九六夕十八　八月日十四夕十三　上日二百七十七八四催令写経三千六百十六巻、用紙五万八千四百廿三張、供奉卌九日悔過、鋳奉大仏供奉三度、千手卄一

輔不空卄一輔並高一丈五尺供奉礼仏十度、遣使十通向諸司并請本経之類、

（中略）

（未選舎人）中臣村山連首万呂　八月日廿一夕廿　九月日十七夕十六　十月日廿三夕廿二　十一月日十三夕十二

十二月日廿九夕廿四　正月悔過所　二月不　三月日十九夕十八　四月日廿八夕廿七　[redacted]

五月日廿夕十九　閏五月日九夕八　自余大寺　六月日十夕九　七月日廿八九夕十七　上日二百卅三

校紙六千三百張　八月日卅夕廿九

これによると、職舎人（皇后宮職の舎人）の下村主道主が、天平二十一年正月の一か月と二月の二十日間、また未選舎人の中臣村山連首万呂が同正月の一か月間、それぞれ「悔過所」で勤務したと記されている。この場合、「悔過所」は施設とも組織ともとれる。同年正月は大の月であるので、全日「悔過所」に出仕したとすると、上日日数は下道主が五十日、村山首万呂は三十日であったことになる。彼らは、皇后宮職その他から造東大寺司に出向し、写経所で勤務していたので、基本的には写経所で上日が記録される。しかし、一か月やそれ以上も「悔過所」で勤務したので、その分の上日は「悔過所」において記録されたであろう。造東大寺司では、写経所と「悔過所」

の両方からの上日報告を合算し、各人の上日全体を把握し、勤務評定に使用したはずである。

また、坊舎人（春宮坊の舎人）の志斐連万呂については「催令……供奉卌九日悔過」とあり、写経生たちが四十九日間「悔過」に供奉することを手配または指示している。

ここで注意したいのは、これらの記載には「悔過所」「卌九日悔過」とだけあって、本尊や使用経巻その他いかなる悔過なのか記していない点である。下道主と村山首万呂の場合はスペースの関係からの略称かもしれない。しかし、志斐万呂の場合は、詳しく書くことが十分可能であるのに、ただ「卌九日悔過」と期間を重視した書き方をしているだけで、悔過の性格を表す言葉を付加していないのである。このことから、この史料では、いかなる悔過かということよりも、悔過に関係者が参加したそのことに記載の力点があったことを読み取ることができる。

この上日帳の悔過と関係するのが『続日本紀』天平勝宝元年（天平二十一、七四九）正月丙寅朔条で、

廃朝、始従元日七七之内、令天下諸寺悔過、転読金光明経、又禁断天下殺生、

とある。これによると、天平勝宝元年（天平二十二）の元旦から四十九日間、天下の諸寺で悔過を行い、金光明経を転読することが命じられている。

これと先の上日帳の記載とを比較すると、時期的に一致し、志斐万呂が担当したのが四十九日で、日数がぴたりと合致し[18]、下道主が五十日間悔過所で勤務している点も同様である[19]。この点から、この時の指示によって行われたのが①の悔過であると見てよい。この指示には「天下の諸寺で悔過せよ」とあるので、①の「悔過所」は東大寺内に設けられていたのであろう。

この上日帳に見える多くの写経生のうち「悔過所」に行ったことが記されているのは二人だけである。また二人とも僧侶・沙弥ではないことからすると、悔過や読経そのものの要員としてではなく、事務方あるいは雑役として

参加したのであろう。悔過の性格について、①と同様に『続日本紀』にも「悔過」とのみあって、本尊名などが明記されていないことに注意する必要がある。

第二節　天平勝宝五年(七五三)の悔過

正倉院文書において、次の悔過の史料は②である。

②「写経奉請注文」(続々修一六ノ六⑨、一二ノ四四〇)

陀羅尼集経一部十二巻在帙占　法花経一部八巻在帙占

十一面経二巻玄奘三蔵訳

右、依板野命婦宣、奉請十一面

悔過所、使舎人「弥伊加保」、

天平勝宝五年五月一日検出他田「水主」

これは、「板野命婦」の宣により、写経所が、天平勝宝五年(七五三)五月一日に、陀羅尼集経一部十二巻、法花経一部八巻、十一面経二巻を「十一面悔過所」に送った送状である。整った筆跡から判断して正文であろう。日下に自署している他田水主がこの件の責任者で、「検出」すなわち経巻の保管場所からの取り出しをチェックし、送り出したのである。また、板野命婦とは板野采女粟国造若子のことで、孝謙女帝側近の女官である。使者の舎人「弥伊加保」は、他にもう一個所見えるだけで、写経所や造東大寺司側の人間ではない。孝謙天皇側の舎人であろう。

これらによって以下のことが想定できる。弥伊加保が、孝謙天皇の意を受けた板野命婦の宣を造東大寺司に伝えてきた。造東大寺司は写経所に対してこれに応じるように指示した。写経所はこれを受けて、他田水主が経巻を用意するとともに、送状を作成した。それが②である。造東大寺司から写経所にまわった弥伊加保は、②と経巻を受け取り、「十一面悔過所」に運んだ。正文と考えられる②が正倉院文書に残ったのは、「十一面悔過所」での用件が済んだあと、経巻と②が写経所に戻されてきたことを示している。

それでは、これらの経巻はなぜこの時に借用され、何に用いられたのか。この点については、『続日本紀』天平勝宝五年四月丙戌（十五日）条に注目する必要がある。

詔曰、頃者、皇太后、寝膳不安、稍延旬月、雖医薬療治、而猶未平復、以為、政治失宜、罹罪有徒、天遣此罰、警戒朕身、（下略）

これによると、天平勝宝五年四月十五日のしばらく前から、光明皇太后が病気になっていたことがわかる。そこで②で、病気平癒祈願の読経を「十一面悔過所」で行うために、それに用いる経巻が借り出されたのである。この読経の発願者が、光明皇太后の娘である孝謙天皇である可能性はますます高い。

そこで問題となるのは、陀羅尼集経、法花経、十一面経を読経した「十一面悔過所」とはどのような組織か、またどこにあったのか、という点である。そこで③に注目したい。

③「〈経疏出納帳〉」（塵芥二八②⑵裏、四ノ九一～九二）

（前略）

陀羅尼集経一部十二巻一切経内者　竹綵帙　牙籤

右、依次官佐伯宿祢判官石川朝臣天平勝宝五年二月一日宣、

奉請紫微中台十一面悔過所使舎人苅田益熊

知呉原生人
上馬甘

これは、写経所における経巻の貸し出し、収納等を記録した帳簿の一項である。②の約二か月半前の天平勝宝五年二月一日の造東大寺司次官佐伯宿祢今毛人と同判官石川朝臣豊麻呂の宣によって、陀羅尼集経一部十二巻を「紫微中台十一面悔過所」に送付した旨の記録である。

使者の「舎人苅田益熊」は他に見えず、写経所側の人間ではない。某所の舎人である彼が、造東大寺司に対して「紫微中台十一面悔過所」への陀羅尼集経の借用を申し込んできた。彼は、当然背後の人物の意を受けているはずである。これを受けて、造東大寺司の次官と判官が写経所あてに宣を出した。写経所側では、その指示に従って経巻を貸し出したのである。その際、おそらく送状が作成されたであろうから、苅田益熊はその送状と経巻を受け取って「紫微中台十一面悔過所」に持参したのであろう。

ここで注目したいのが、この時貸し出された陀羅尼集経が「一切経内」すなわち五月一日経の経巻であることである。この点は、造東大寺司次官と判官の宣が出された天平勝宝五年二月一日という時期と併せ考える必要がある。上述のように、同年四月十五日に光明皇太后が病気であることが公表されたが、その病気は「稍延旬月」とあり、しばらく前に発病したことが公表されている。正確にいつから病気となったかは明らかでないが、二月一日にはすでに体調に異常が生じていたのではないか。そうすると、③の経巻の貸し出しは、光明皇太后の病気平癒祈願のために、光明皇太后ゆかりの五月一日経の経巻が特に選ばれたものと考えることができる[20]。

以上から、②③により、天平勝宝五年の二月と五月に陀羅尼集経その他が写経所から貸し出されたことがわかる。これらはともに造東大寺司の外部からの経巻借用の要請に応じたものであった。②の宣を出した板野命婦や使者の舎人の弥伊加保は孝謙天皇側の人間であるが、③の使者の舎人の苅田益熊も同様の可能性が高い。

このように、②③の経巻の貸し出しは、光明皇太后の病気平癒祈願という同じ目的のために、ともに孝謙天皇の意志によって行われたと見られる。母の光明皇太后の病気平癒祈願の読経に、娘の孝謙天皇の発願で、光明皇太后ゆかりの経巻を用いたことになる。これによると、この悔過は、死者の追善のためではなく、発願主自らの浄土往生を祈願するためでもない。存命中の近親者の病気平癒という現世利益を祈願するものであったことになる。

②の経巻の送付先の「十一面悔過所」と、③の「紫微中台十一面悔過所」とは、これまで漠然と同じものと考えられてきたが、以上から、なお厳密には証明できないが、同じものである可能性をより強く見ることができるであろう。②③ともに孝謙天皇側の舎人が使者として来ているところから、「（紫微中台）十一面悔過所」は、おそらく東大寺の外にあったのであろう[21]。

以上から、天平勝宝五年段階で「十一面悔過所」という呼称が実在したことを改めて確認しておきたい。この悔過所には、③二月には陀羅尼集経のみ、②五月には陀羅尼集経・法花経・十一面経が送られており、経典が一定していない。これによって悔過が行われたとすると、経典がまだ固まっていない段階であったことを示している。また、二月と五月に行われているので、病状に対応するためもあってか、勤修の時期もまた固定していなかった。

ところで、②③は、厳密にいうと、「紫微中台十一面悔過所」に経巻が送られたことを示すだけである。読経が行われたことは確実であるが、悔過が行われたという記載はない。この点については、どのように考えられるであろうか。そこで④に注目したい。

④〈造東大寺司解（案）〉「造東大寺司解」（続修三〇⑦、三ノ六二六～六二七）

造東大寺司解　中香山寺供奉悔過事

仏聖僧二座
衆僧卌九人
定坐沙弥一人
以前、起今月廿一日、尽廿七日、供奉如前、仍
具状申上、謹解、
天平勝宝五年四月廿七日
判官大蔵伊美吉

これは、造東大寺司が「香山寺」で行われた「悔過」に参加した仏聖僧の座数、僧・沙弥の人数を某所（おそらくは太政官）に報告したものである。これによると、香山寺では悔過が天平勝宝五年四月二十一日から二十七日の七日間行われたことがわかる。この悔過は、香山寺で行われてはいるが、造東大寺司が解をもって報告しているので、香山寺が主催して行われたものではない。おそらく天皇家と関係があったと見られる。この悔過も、時期的に光明皇太后の病気平癒祈願の悔過であろう。すると、同じ目的の②③でも、読経だけでなく悔過も行われたと見てよい。ひるがえって、この④でも悔過とともに読経も行われたであろう。

④によると、香山寺の悔過は「仏」を本尊としたものであった。しかし、ただ「仏」とだけあって、いかなる仏であるか明記されていない。また、悔過についてもただ「悔過」とあるだけで、性格を表すような言葉は付されていないことに注意しておきたい。

以上、②③④に見える天平勝宝五年（七五三）の悔過について検討してきた。これらの悔過は、いずれも光明皇太后の病気平癒祈願のためのものであり、死者の追善を目的とするものではない。また孝謙天皇が自らの浄土往生

を願うために勤修を命じたものでもなかった。この悔過は、紫微中台十一面悔過所・香山寺で行われたことが確かめられるが、これ以外の場所でも一斉に行われた可能性がある。

これらの法会では、読経と悔過が行われていた。山岸常人の言う読経悔過型法会とは、昼に読経、夜に悔過を行うというものであった[22]。これまでの検討では、読経と悔過がセットで行われていたことまでは確認できたが、昼夜の別までは確かめられなかった。この点は次節で検討することとして、ここでは読経悔過型法会に類似する悔過が、天平勝宝五年にすでに行われていることを確認したい。

この悔過では、②で送られたのは陀羅尼集経・法花経・十一面経であり、③では陀羅尼集経のみが送られている。これらの経巻が悔過に用いられたとすると、同じ病気平癒祈願を目的とする場合でも、使用する経巻はまだ定まっていなかったことを推測させる。

「紫微中台十一面悔過所」で行われた悔過について、山岸・佐藤は十一面悔過であるとしている。冒頭で述べた吉祥悔過所の悔過の本尊が仏であった事例からすると、十一面悔過所における悔過であるからと言って、機械的に十一面観音を本尊とすることはできない。④の香山寺の悔過も一連の悔過とすると、ここでは本尊は「仏」であるので、観音を本尊とする悔過ではない。同じ目的の祈願のためにいくつかの種類の悔過が行われていたことになる。

次に、光明皇太后の病気平癒祈願の悔過が行われた時期は、③二月、④四月、②五月であった。病気に伴うものであるためか、臨時的でまだ定例的なものにはなっていない。

以上の経典や悔過の内容についての推定から、天平勝宝五年段階では、ある特定の願意達成のためにある特定の様式が対応するという関係は、まだ固定しておらず、定式化・定例化していないと見なければならない。

第三節　天平宝字二年（七五八）の悔過

正倉院文書によると、天平宝字二年にも悔過が行われたことがわかる。⑤⑥がそれに関する史料である。まず⑤に注目したい。

⑤〈造東大寺司写経所公文案帳〉「造東寺司牒」（続々修三ノ八②(2)裏、一三ノ四八五）

造東寺司　牒菅原寺三綱務所

千手千眼経伍拾巻黄紙黄漂綺帯朱頂軸

右、得佐官平栄師今月八日口状云、被

少僧都慈訓師同日宣偁、件経為転

読、千手千眼悔過所奉請者、今依宣

旨、随写畢、奉請如件、故牒、

天平宝字二年八月十七日主典正八位上安都宿祢「雄足」

次官従五位下高麗朝臣

これは、造東大寺司が菅原寺にあてた送状の正文である。天平宝字二年（七五八）八月八日に佐官平栄が、同日付の少僧都慈訓の宣を口頭で造東大寺司に伝えてきた。その内容は、千手千眼経五十巻を転読するために、それを菅原寺の「千手千眼悔過所」に送るようにとの指示である。そこで、造東大寺司は、宣の旨によって写し終わったものを送る旨のこの正文を作成し、写経所に指示して用意させた経巻にそえて送付したのである。

この千手千眼経は、天平宝字二年に行われた千四百巻経の一部分である。これを含む同年の三六〇〇巻の写経事業については、山本幸男の詳細な研究がある。[23] それによると、千巻経（すべて金剛般若経）、千四百巻経（千手千眼経一〇〇〇巻・新羂索経二八〇巻・薬師経一二〇巻）、千二百巻経（すべて金剛般若経。後金剛ともいう）の三つの写経事業は、孝謙天皇の御願の写経事業で、[24] いずれも光明皇太后の病気平癒祈願を目的とし、みな紫微内相藤原仲麻呂の宣によって行われた。はじめ千巻経と千二百巻経のセットで計画されたが、間に千四百巻経が割りこむ形で行われた。

この千四百巻経は、七月四日の仲麻呂の宣によって始められたが、『続日本紀』の同日（甲戌）条には、

勅、比来、皇太后寝膳不安、稍経旬日、朕思、延年済疾、莫若仁慈、宜令天下諸国、始自今日、迄今年十二月卅日、禁断殺生、又以猪鹿之類、永不得進御、又勅、縁有所思、免官奴婢并紫微中台奴婢、皆悉従良、

とあって、光明皇太后の病気が公表されている。おそらくこれ以前から病気であったが、このころ重篤化したのではないか。孝謙天皇の意を受けて仲麻呂が急きょ宣を出したのであろう。三六〇〇巻の写経事業の全体が、光明皇太后の病気平癒祈願のためのものであるが、特に千四百巻経の緊急性は高く、写された経巻が諸寺に送られ転読されたのであった。⑤はその一例なのである。

⑤の史料から知られるのは、菅原寺に「千手千眼悔過所」があり、そこに転読のために千手千眼経が送られたということであって、送付先で悔過が行われたかどうかまでは記されていないが、おそらく行われたのであろう。また、これと同時に諸寺（法華寺中嶋・法華寺・薬師寺・山階寺・元興寺）にも千手千眼経が送られたが、他に新羂索経（法華寺嶋院）・薬師経（香山薬師寺）も送られた。これによると、光明皇太后の病気平癒祈願という同じ目的のために、千手千眼経・新羂索経・薬師経というさまざまな経典が各所で転読されたのである。悔過も行われたとすると、ある特定の目的のためにある特定の経典によって特定の悔過を行うという対応関係はまだはっきりしていな

かったことになる。これは前節で述べたことと通じる。

次に⑥を取り上げよう。

⑥「香山薬師寺三綱牒」（続々修一八ノ六②㉗裏、一四ノ二二七〜二二八）

三綱牒　造寺司務所

請紺張二条「依政所判　付石君」

右、為千燈悔過衆僧宿所垣、所

請如前、

天平宝字二年十一月一日

寺主　小寺主「信忠」

『便充経所至宜分付事了之日、令返上之

主典阿刀連酒主』

この史料の地の文は、天平宝字二年十一月一日に、香山薬師寺が造東大寺司に対して、紺帳二条の借用を依頼した牒の正文である。この文書を受け取った造東大寺司は、写経所に対して要請に応じるように指示し、併せて用件が済んだら返上させるようにとも指示した。これを受けて写経所は「石君」[25]なるものに紺帳を運ばせた[26]。

この紺帳の使用目的は、「千燈悔過」の衆僧の宿所の周りに垣として張りめぐらせるためであった。香山薬師寺には、先の千四百巻経のうちの薬師経が同年九月十日に送られている[27]。時期が二か月弱ほど離れているので断言することはできないが、この薬師経がこの時の「千燈悔過」に使用されたのかもしれない。その場合は、孝謙天皇とこの悔過とのかかわりが考えられる。香山薬師寺、造東大寺司、写経所などが関係している点や時期から、この千燈悔過は光明皇太后の病気平癒祈願のためではなかろうか。

ここで「千燈悔過」という表現に注目したい。第一に、昼間でも堂内に燈明を点すことはあるが、千燈であることからすると、夜間の悔過であろう。天平勝宝五年の悔過の場合、読経と悔過の両方が行われていたことが確認できたが、その昼夜の別までは確かめられなかった。しかし、この天平宝字二年の事例にいたって、悔過が夜間に行われていたことが確認できた。山岸のいう読経悔過型法会が、この時点ですでに姿を見せているのである。山岸は、このタイプの法会は奈良時代後期には行われており、八三〇~八五〇年ごろに増加するとしている[28]が、その先蹤は確実に天平宝字二年に認められ、天平勝宝五年までさかのぼる可能性がある。

第二に、この悔過は「千燈悔過」という呼称だけで、本尊は明らかでない。上記のごとく、このころの悔過は、同じ目的のために各種の経典が用いられたり、悔過の性格を示すような語句が付されることはなかった。この場合もそれと同一線上においてとらえられる。本尊や経典が固定されるということがまだなく、悔過を行うことそのものが重要であった段階であろう。

次に⑦を検討したい。

⑦「阿弥陀悔過知識交名」（続々修四六ノ五④、一七ノ一一一~一一四）

阿弥陀悔過知識

安都雄足米五斗「（異筆）代出稲十斤」　銭五十文

上馬養銭五十文　勝屋主卅文

（下略）

この史料については、別に検討を加えた[29]。その要点のうち本稿と関係するのは、次の点である。この史料は、従来は後掲⑰と関係するもので、神護景雲元年（七六七）のものとされてきたが、それは誤りである。これに見える人々は千二百巻経（後金剛）の写経事業と関係が深く、この史料は天平宝字二年十月中ごろに作成されたものである。これによって、阿弥陀悔過が天平宝字二年に行われたことが明らかになった。竹居明男は、奈良時代に阿弥陀悔過が行われたことが明らかなのは、東大寺阿弥陀堂で行われたもののほかは、多度神宮寺のそれが知られるのみであるとする。[30] この阿弥陀悔過がどこで行われたのか明らかでないが、東大寺阿弥陀堂以外とすると、新たな事例となる。この悔過の費用は知識によって集められたが、この史料にあげられているのは、そのうち造東大寺司主典安都雄足が主導して集めた分である。

この史料の七十八名のうち、孝謙天皇の御願経である千二百巻経（後金剛）の写経事業と関係したのは五十名である。時期や、光明皇太后の病気平癒祈願のための写経事業関係者が参加しているところから見て、この「阿弥陀悔過」は、同じ目的の悔過である可能性が高い。したがって、死者追善のためではなく、自らの浄土往生を祈願するものでもない。生者の病気平癒を祈願する現世利益的なものである。

次に、「阿弥陀悔過」が悔過の名称として記されていることに注意したい。悔過所の事例を除いて、悔過そのものの呼称として、経典または本尊を示す言葉が付されているもっとも古い事例である。また、十月中ごろ前後に行われた可能性が高いが、後代の阿弥陀悔過のようにまだ三月には固定していなかった。なお、「阿弥陀悔過」について知識が組織されたことは興味深いが、これについては後述したい。

以上、天平宝字二年（七五八）の三つの悔過関係史料について検討してきた。いずれも光明皇太后の病気平癒祈願にかかわる悔過の可能性がある。第一は、八月の菅原寺の千手千眼悔過所における悔過で、千手千眼経の転読も行われた。第二は、十月中ごろ前後の阿弥陀悔過で、知識による悔過であった。第三は、十一月の香山薬師寺における千燈悔過で夜間に行われ、薬師経の読経が行われた可能性がある。これ以外に諸寺でも読経が行われたが、おそらく悔過を伴ったであろう。

以上によると、光明皇太后の病気平癒祈願という同じ目的のために、各寺で各種の経巻を用いた悔過が行われていたことがわかる。阿弥陀悔過もその中の一つであって、知識が組織された点が注目されるが、悔過そのものについては他の悔過と異なる特殊な性格は認められない。病気平癒祈願であるので、時期がばらばらであるのはある程度やむを得ないが、経巻、場所もさまざまであり、悔過として定式化されているとは言い難い。

第四節　天平宝字五年（七六一）の悔過

⑧「〈池原禾守牒〉」（続修二二③裏、一四ノ四五〇〜四五一）

牒写経所
請物部角折
牒、件人依常悔過事、自今月
廿五日、至来正月十五日、所請如件、
預可備物、宜急令参、故牒、
十二月廿五日池原禾守牒

これは、池原禾守が写経所にあてて出した牒で、「物部角折」を「常悔過」のために十二月二十五日から正月十五日まで借用したい、という内容である。天平宝字四年の十二月は大の月であるから、彼が請われた期間は二十一日間である。この文書には年紀が欠けているが、物部角折は、正倉院文書では天平宝字四年十月から五年三月の間にしか現れないので、天平宝字四年の文書としてよい。また彼はこの間「膳部」として見えるので、調理のために請われたのであろう。これによれば、この悔過は斎会を伴っていたと考えられる。このことは、後述する長屋王家木簡において、斎会に大炊司の女が召されていることと共通する。池原禾守は当時坤宮少疏の地位にあった。これによると、坤宮官が関係する悔過が、「常悔過」とあるように、恒例となっていたことがわかる。

これと関連して『続日本紀』天平宝字三年（七五九）六月丙辰（二十二日）条に注目したい。

参議従三位出雲守文室真人智努及少僧都慈訓奏、伏見、天下諸寺、毎年正月悔過、稍乖聖願、終非功徳、何者、修行護国、僧尼之道、而今、或曽不入寺、計官供於七日、或貪規兼得、着空名於両処、由斯、譏及三宝、無益施主、伏願、自今以後、停官布施、令彼貪僧無所希望、（中略）並付所司施行、

これによると、参議の文室智努と少僧都慈訓が奏上して、これまで天下の諸寺で毎年正月に悔過が行われてきたが、次第に僧らの綱紀が乱れてきたので、官による布施を停止したい、と申し出たのに対して、そのように施行された。「官供於七日」「官布施」とあるので、公的費用によって正月に七日間にわたって行われており、「毎年正月」とあるので恒例化していた。

ここに見える「天下諸寺」がどの寺を指すのか明らかでないが、『延喜式』玄蕃寮に、

凡諸国、起正月八日迄十四日、請部内諸寺僧於国庁、修吉祥悔過、国分寺僧専読最勝王経、不預此法、惣計七僧法服并布施料物、混合准価、平等布施、並用正税、其供養亦用正税、並見主税式、（下略）

とあることが参考となる。これによれば、諸国では正月八日から十四日の七日間、国分寺を除く部内諸寺の僧を国庁に請じて吉祥悔過を修め、その費用は正税から支出する、としている。これと『続日本紀』当該条とを比較すると、恒例化していること、正月であること、七日間であること、公費負担であることなどが共通する。

『続日本紀』では日程まではわからないが、『延喜式』では正月八日から十四日までとされている。これによると、⑧の「常悔過」がいかなる種類の悔過か不明であるが、物部角折が正月十五日まで請われている点は、『延喜式』の日程と合致する。これによって、天平宝字五年の時点で正月八日から十四日までの悔過が恒例化していることがわかる。⑧の坤宮官が関係した悔過も、『延喜式』玄蕃寮の悔過の前身にあたると見てよい。ただし、⑧の悔過がどこで行われたのかは明らかでないが、『続日本紀』のいう「天下諸寺」の内であったであろう。

このように『続日本紀』、⑧、『延喜式』の三つでは、多くの点で共通するが、いくつか重要な点で異なるところがある。第一に、勤修の場所は『続日本紀』では「天下諸寺」であるのに対して、『延喜式』では「国庁」である。第二に、『延喜式』では悔過の名称を「吉祥悔過」と明記するのに対して、『続日本紀』と⑧では「正月悔過」「常悔過」とだけ記されていることである。『続日本紀』の「正月悔過」の語は、文室智努と慈訓の奏の引用文中に見えるものであるので、天平宝字三年当時の用語法が保存されている可能性が高い。これによると、天平宝字三、四年ごろには「吉祥悔過」と呼ぶことはなく、ただ「悔過」と呼称されていたようである。このことは、いかなる本尊による悔過か、ということよりも、悔過そのものを勤修することのほうに意識が傾いていることを示す。

第五節　天平宝字六年（七六二）の悔過

⑨「造石山寺所解案」（続々修一八ノ三③、一五ノ一五六〜一五七）

造石山寺所解　申消息事

（中略）

一経堂西殿者、雖葺了、依无敷板、今間不得令奉悔過、但二月八日可奉供之、

（中略）

以前、消息、附秦足人、申上如件、以解、

天平宝字六年二月卅日案主下

これは、天平宝字六年（七六二）二月の造石山寺所から造東大寺司への報告文書で「造石山寺所解移牒符案」に写し込まれたものである。これによると、石山寺の経堂の西殿は、屋根は葺き終わったが敷板がまだなので、今は悔過はできないが二月八日には行うべきであるとしている。この「経堂西殿」は「経堂西仏堂」のことで、法備国師が奉入した三丈板殿を移築したものである。[31] 日付が二月三十日であるにもかかわらず二月八日に悔過をすべきであると言っているのは、時間的に矛盾するから、次の⑩のように、三月八日とすべきであろう。

⑩「造石山寺所符案」（続々修一八ノ三④⑴、一五ノ一五九～一六〇）

符　山作領等

（中略）

一二丈歩板廾余枚　七八寸桁等　柱等

右、以月八日可始悔過、仍件材且可用、宜承状、以明日早速進上之、今且趣、故符、

主典安都宿祢
六年三月六日

これも「造石山寺所解移牒符案」に見える同年三月六日の造石山寺所の符の写で、あて先は甲賀・田上山作所の領である。内容は、三月八日から悔過を始める予定であるので、使用予定の材を明日（七日）までに進上するように指示している。これは⑨と関係しているので、⑨の悔過の予定日は、三月八日の誤りとしてよい。

これら⑨⑩に見える悔過が実際に行われたかどうかは史料がない。材の到着が遅れて悔過が延期になれば、その

関係史料が「造石山寺所解移牒符案」にあるはずであるが、見当たらないので、三月八日から実施されたのであろう。これによって天平宝字六年三月に石山寺の経堂西殿で悔過が行われたが、例によってこの場合も「悔過」とあるのみで、本尊や使用経巻は記されず、どのような悔過であるのか明示していない点に注意する必要がある。また、三月八日から何日間行われたのかは明らかでない。

この悔過が行われたのが、次の史料と関連して三月である点に注意したい。

⑪〈造東大寺司解（案）〉「造東大寺司告朔解」（続修後集三三(1)＋続々修一八ノ三⑤裏＋続修後集三三(2)、五ノ一八八〜一九五）

（前略）

造香山薬師寺所別当弐人主典正六位上弥努連奥麻呂 史生従七位下麻柄勝全麻呂

単口捌伯肆拾肆人八十五人将領　五百八十二人雑工 百卌八人仕丁　卄九人雇人

（中略）

供奉薬師悔過所　功六十三人

（中略）

以前、三月中作物、并雑工等散役及官人上日、具件如前、謹解、

天平宝字六年四月一日主典従六位上阿刀連「酒主」

（下略）

これは、造東大寺司が、管下の諸所の天平宝字六年三月分の業務内容を報告している文書である。そのうちの

「造香山薬師寺所」の項によると、同所の人間が「薬師悔過所」にのべ六十三人供奉したという。この「薬師悔過所」は、香山薬師寺のものと見てよかろう。

香山薬師寺における悔過については、先に④を取り上げた。これと本史料とは、天平勝宝五年（七五三）四月と天平宝字六年（七六二）三月とで少し時間差があるが、④には場所が記されていなかったが、「薬師悔過所」で行われたのではないか。次に両者の時期に注意すると、④は四月に行われ、光明皇太后の病気平癒祈願のための臨時の悔過であった。⑪は三月に行われている。この両者で開催月が異なっており、後代の薬師悔過のように、まだ十二月には固定していなかった。

以上によると、同じ天平宝字六年三月に、㋑石山寺経堂西堂における悔過、㋺香山薬師寺の薬師悔過所の悔過、それに後述する㋩東大寺阿弥陀堂の阿弥陀悔過という三つの悔過が行われていたことが史料的に確認できる。このうち㋑は使用経巻や本尊が明らかでなく、その性格はつかみにくい。㋺と㋩も悔過が行われた契機は明らかでない[32]。しかし、同じ月に行われていることからすると、同じ目的の悔過である可能性がある。そうだとすると、ある願意達成のために異なる種類の悔過が行われていた可能性があることになる。

第六節　天平宝字八年（七六四）の悔過

天平宝字八年には、上山寺悔過所と吉祥悔過所であいついで悔過が行われたが、その史料がまとまって残っている。これについては別に論じたので[33]、ここでは本稿に特にかかわる点のみをあげておく。

まず三月上旬に上山寺悔過所が担当した悔過については、次の諸点が明らかとなった。

(イ)　上山寺という寺院は、天平宝字六年四月以前から存在し、少なくとも堂と僧房二棟があった。

(ロ) 上山寺には、天平宝字七年十二月には上山寺悔過所が存在した。
(ハ) 悔過は堂で夜間に行われた。
(ニ) 本尊は「菩薩四軀」であるが、いかなる菩薩かは明らかでない。この菩薩四軀は、悔過直前に造東大寺司管下の「造上山寺菩薩所」で制作された。
(ホ) 経典は、光明皇后ゆかりの五月一日経内の陀羅尼集経が用いられた。
(ヘ) 「悔過」の語は「上山寺御悔過所」「上山寺悔過所」という組織名の一部としてしか見えない。本尊名を付して悔過を呼称することはない。

次に、吉祥悔過所が担当して三月下旬から四月上旬にかけて行われた悔過については、以下のように言うことができる。

(ト) 吉祥悔過所には堂と僧房があった。
(チ) 悔過は堂で夜間に行われた。
(リ) 冒頭で指摘したように、吉祥悔過所における悔過であるが、本尊は仏二軀であり、吉祥天ではなかった。しかし、いかなる仏かは明らかでない。
(ヌ) 経典には、孝謙天皇ゆかりの百部最勝王経が用いられた。
(ル) この悔過を本尊名を付して呼称することはない。「悔過」の語も「吉祥悔過所」という組織名の一部として見えるほかは、わずかに「悔過僧」とあるのみである。

以上によると、「上山寺悔過所」は組織名であるが、「上山寺」は悔過が行われた場所を示す。「吉祥悔過所」という呼称も、本尊が仏であったことからすると、悔過が行われた場所が吉祥堂であることを示すのかもしれない。

吉祥堂には吉祥天は祀られていたであろうが、だからと言って吉祥天を本尊とする吉祥悔過が行われたとは限らない。この当時本尊名や経典名を付して悔過の性格を示すということはまだ一般化していなかった。なお、本例は、天平宝字八年段階で読経悔過型法会として悔過が行われた確かな事例である。

第七節　天平神護二もしくは三年（七六六、七六七）の悔過

⑫「北倉代中間下帳」には、大日古によると次のような断簡がある。そこに、北倉代中間から吉祥悔過所に対して小幡二十五旒を貸し出した記録がある。倉代とは、倉庫の納入品を一時的に置いておくための施設、あるいは倉として使用された建物であるとされている。東大寺正倉院にも本帳簿の「北倉代」や⑭「〈倉代西端雑物出入帳〉」の「倉代」、『東大寺要録』諸院章の正蔵院の項の「北倉代」があった。北倉代は、内部がいくつかに区切られており、本帳簿はその中間の収納物品の出し入れの記録である。

⑫「北倉代中間下帳」（続々修四四ノ九、一六ノ五八三～五八四、合点省略）

天□
十四日下瓷鉢参拾伍口
右、為供大仏、自内裏七種粥下充、付水取部県人足
主典建部「広足」　倉人田辺田道
本三綱目代僧「勝行」
廿一日下□緑綾裏
□

8 本三綱目代僧「勝行」
9 廿九日下小幡弐拾伍旒合緒　納小明櫃壱合
10 右、借充吉祥悔過所、付下部浄道
11 主典土師宿祢名□（道）
12 阿□□□□（刀与佐弥カ）

この帳簿は、現状で激しく損傷して多くの断簡に分かれており、年紀は、題籤の天平宝字八年（七六四）のほか、天平神護二年（七六六）、神護景雲二年（七六八）、宝亀三年（七七二）、宝亀四年などが見える。断簡の配列が大日古の通りでよいのか、写真だけでは容易に判断できない。そこで、右に記した断簡が果たして一つの断簡なのか、文字は正確なのか、時期はいつか、などの問題点を検討する必要がある。

写真による限りであるが、一～七行目と八～十二行目とがそれぞれ一つの断簡であることは読み取れる。両者はつながっていて、大日古のように全体で一断簡のようであるが、確かでなく、この前後の断簡の配列にも問題があるようである。ここでは、安全を見て一～七行目と八～十二行目とを一応別個の断簡とし、後者のみで年紀を検討するのが妥当である。次に、十二行目の「阿□□□□」だが、写真では「阿」もその下の字数も判別できなかった。

八～十二行目の記載で、年代決定の手がかりとなるのは、勝行が目代であった期間、下部浄道の活動時期、土師宿祢名道が造東大寺司主典であった期間などである。勝行は、天平宝字六年七月から天平神護三年七月まで目代であることが確かめられる。また土師宿祢名道は、天平神護二年八月から同三年二月まで造東大寺司主典として史料に現れる。これらに対して下部浄道は下部舎人ともあり、天平宝字八年の吉祥悔過所関係の史料にしか見えない。

しかし、舎人クラスの人物が史料に見えないことはふつうであるので、天平宝字八年にしか活動しなかったと考える必要はない。

　これによると、八～十二行目部分は、天平神護二年もしくは三年のものと見てよい。下部浄道は天平宝字八年に吉祥悔過所の舎人であったが、この時も同様で、北倉代中間から貸し出される小幡を吉祥悔過所から借りに来ていたのであろう。そうすると、吉祥悔過所は、天平宝字八年からこの時まで継続しており、おそらく毎年悔過を行ってきたと考えられる。

第八節　宝亀二年（七七一）の悔過

⑬「物部道成請暇解」（続々修三九ノ二62裏、一七ノ五八八）
　物部道成解　申請暇事
　合参箇日
　右、為奉知識悔過、請如件之、
　仍注状、以解、
　　　　　　　宝亀二年潤三月六日

　これは、物部道成が知識悔過のために三日間の休暇を請う内容の請暇解である。彼は経師で、宝亀元年七月から三年十二月まで写経所に出仕したことが知られる。この場合は、休暇をとって写経所から外に出て悔過を行っているので、彼の私宅もしくは私的に関係する場所で知識による悔過が行われていたことになる。彼は、この請暇解以外にも、御燈を献ずるために休暇を請うているので(34)、彼の生活は仏教的環境のもとにあった可能性がある。

この悔過は、これまで検討してきた悔過が、天皇家あるいは国家とかかわりが深かったのに対して、私的な悔過が行われていたことを示す貴重な事例である。『日本霊異記』に見える悔過などとの関連で理解すべきものである。ただし、何を本尊とし、どのような経典が用いられたのか明示されていないことに注意する必要がある。

またこの請暇解は、知識による悔過が宝亀二年（七七二）ごろ行われていたことを示しているが、悔過が知識と関係することは、前掲天平宝字二年の⑦「阿弥陀悔過知識交名」にも、また後述の⑰「阿弥陀悔過料資財帳」の天平宝字六年三月の「会」の場合にも知られる。天平宝字年間ごろから知識による悔過が増えてきたのであろう。⑦は、光明皇太后の病気平癒祈願の悔過のための知識で、写経所・造東大寺司という組織を介するものである。これに対してこの⑬は、経師の家もしくは同族のレベルでの知識であろう。

第九節　宝亀四年（七七三）の悔過

⑭「〈倉代西端雑物出入帳〉」（続修後集四〇①、二一ノ二三四～二三五　合点等省略）

倉代西端　　宝亀四年

正月

七日下緋端畳参拾枚「以同月廿一日返上」

右、為用吉祥悔過所借下、付別当僧徳意、

僧「恵瑶」　史生小治田「年足」　倉人志斐枚万呂

廿八日下緋端畳柒拾枚　絁紺帳伍条別五副緋裹

右件二種物、為用上十一面悔過衆僧座料下充、

付法師実忠　　見使参林師
可信　　本三綱「恵瑶」　　目代僧　　造寺史生大和「虫麻呂」
倉人志斐「枚万呂」

この倉代と⑫「北倉代中間下帳」の北倉代との関係は明らかでないが、本帳簿の倉代は内部がいくつかに区画されており、これはその西端の区画内の物品の出入記録である。

正月七日条は、畳を「吉祥悔過所」に貸し出したことを示している。おそらく翌八日から始まる悔過に使用するためであろう。先に『延喜式』玄蕃寮に見える正月八日から十四日までの「吉祥悔過」の前身にあたる悔過が天平宝字三年（七五九）段階で恒例化していたことを指摘し、それは天平神護二または三年（七六六、七六七）段階でも推定されるとしたが、本史料の宝亀四年（七七三）においても言いうることになる。

次に、正月二十八日条は、十一面悔過衆僧の座料として畳と絁帳を貸し出したことを示す。ここで「十一面悔過」とあることに注意する必要がある。これまでの③「紫微中台十一面悔過所」、②「十一面悔過所」や、⑤「千手千眼悔過所」、⑪「薬師悔過所」、天平宝字八年の「吉祥悔過所」などは、施設名とも組織名ともとれるが、この「十一面悔過」は悔過そのものの呼称である。

また「上」とあることに注意したい。「上」が倉代から見て空間的な上方を意味するのであれば、当時の東大寺正倉院は現在の正倉院地区に相当するであろうから、そこから上方とは、上院地区あるいは丸山地区が候補となる。畳と絁帳の貸し出しが実忠に付されたことからすると、上院地区の方が妥当である。当時、ここで十一面悔過が行われていたのである。

第十節　宝亀五年の悔過

⑮宝亀四年十二月一日以降の「奉写一切経所食口帳」に悔過の史料が含まれているが、これらについては、従来の悔過一覧表から漏れており、検討されたことがない。その宝亀五年正月八日、九日条には、

仕丁六人別一升二合 一人充吉祥悔過所

とある（続修後集二〇⑧裏、二二ノ二八六、続々修四〇ノ二④、二二ノ三六九）。また同十日から十三日まで仕丁六人のところに「一人充」とだけあるが（二二ノ三六九～三七〇）、これも同じことの省略であろう。さらに同十四日条には、

案主一人　校生四人　仕丁六人已上十一人別一升二合 一人充吉祥院

とある（続修後集二〇⑫裏、六ノ三六一）。

これによると、宝亀五年正月八日から十四日までの七日間、写経所から仕丁一人が「吉祥悔過所」「吉祥院」に出向いていたことがわかる。この「吉祥悔過所」「吉祥院」は、写経所の帳簿に寺院名の断りなく記されているので、東大寺内にあったものと考えられる。

これは、前述の『続日本紀』天平宝字三年六月丙辰（二十二日）条の、毎年正月の七日間に天下諸寺で行われていた「悔過」や、『延喜式』玄蕃寮の諸国における正月八日から十四日までの「吉祥悔過」に合致し、前節の⑭「〈倉代西端雑物出入帳〉」に見える宝亀四年正月七日に緋端畳を吉祥悔過所に貸し出したこととも対応する。

これによると、天平宝字三年ごろから毎年正月八日から十四日までの「悔過」が定例化しており、遅くとも宝亀四年、五年には「吉祥悔過所」が担当したことがわかる。

第二章　木簡に見える悔過

前章では、正倉院文書に見える悔過について検討してきた。次に、正倉院文書と並ぶ第一次史料である木簡に注目しよう。悔過に関する木簡はほとんど出土していないが、ここでは次の一点を取り上げたい。

⑯・移　務所　　立薦三枚旦風悔過布施文
　　　　　　　　　　　右二種今急進
・大炊司女一人依斎会而召
　遣仕丁刑部諸男　　　　二月廿日
　　　　　　　　　　　　家令
　　　　　　　　　　　　　　369・33・4 011

これは長屋王家木簡の一点で、ＳＤ四七五〇から出土した。[35] したがって時期は、和銅三年（七一〇）から霊亀三年（七一七）を中心とする時期のものである。差出の主体は故高市皇子宮家と考えられる。同じ遺構からは、横材で「悔」の文字が読み取れるものが出土しているが、これも悔過にかかわるものであろう。

「旦風悔過布施文」について、「布施文」という語は、正倉院文書では通例、布施申請の書類のことを言う。それが長屋王家木簡にも適用できるとすると、旦風で行う悔過に要する布施の申請書類の意味であることになる。すると、この木簡は、故高市皇子宮家の家政機関が、長屋王家の家政機関に対して、次の三点を申し送ったものである。第一に、立薦三枚と旦風における悔過の布施申請書類を急いで送る、第二に、斎会のために大炊司の女一人を召す、第三に、これらのために仕丁の刑部諸男を遣わす、である。そしてこの木簡は仕丁の刑部諸男が持参したのであろう。

旦風は、舘野和己が指摘するように、明日香村稲渕の龍福寺の西の、飛鳥川の対岸の丘陵部の頂辺を指し、悔過はそこにあった山寺で行われたらしい。[36] その悔過の実務は故高市皇子宮家の家政機関が担当したが、布施の費用や人員の一部は長屋王家の家政機関が負担したことになる。この悔過の斎会に大炊司の女の派遣が求められたことは、前述の天平宝字四年（七六〇）の「常悔過」の際に、膳部の物部角折が求められたことと共通する。悔過には斎会が伴う場合があり、そのための調理要員が用意されたのである。

ここでは「旦風悔過」という表現に注意したい。「旦風」は悔過が行われた場所を示しており、「上山寺悔過所」と同じ用法である。何を本尊としてどの経典を用いたのかなど、悔過の性格にかかわることは何も示されない。この点は、これまでの正倉院文書に見える悔過の多くと共通している。(37)

勝浦令子は、この木簡の二月二十日という日付と、大宝元年（七〇一）の吉野行幸の日付とが同じであることから、文武天皇追善の悔過であるとしている。(38)しかし、この木簡の日付は、布施文を送った日であり、悔過の日付とは言い切れないこと、文武天皇の吉野行幸は大宝二年には七月十一日に出発したが、こちらの日付とは合わないことなどから、成立の可能性は低いと考える。これによれば、「旦風悔過」を死者追善の悔過と見る必要はない。

第三章　「阿弥陀悔過料資財帳」に見える悔過

第一次史料に準ずる史料として⑰「阿弥陀悔過料資財帳」を取り上げる。本資財帳は、阿弥陀堂やそこに安置された宝殿、浄土信仰、また悔過に関する重要史料として、これまで多くの研究が行われてきた。(39)それによると、本資財帳は、悔過に用いるさまざまな資財の由来と現状を、いったん神護景雲元年八月三十日の時点で整理・把握して作成したものに、それ以降の物品の増減が追記されたものを、宝亀九年以後に写したものである、とされている。(40)全体は目録部分（ⓐ）、物品の集積に関する部分（ⓑ～ⓕ）、破損紛失物リスト（ⓖⓗ）に分かれる。

⑰「阿弥陀悔過料資財帳」（東大寺文書、五ノ六七一～六八三、朱書、朱点、墨点等省略）

阿弥陀悔過□

ⓐ宝殿一基

（中略）

以上目録

ⓑ阿弥陀浄土変一鋪

宝殿一基　柒　八角　高一丈六尺三寸

（中略）

阿弥陀仏像一軀

観世音菩薩像一軀

得大勢菩薩像一軀　以上二𦬇并在雑玉宝冠

右三座仏𦬇、並壊金色、

（中略）

阿弥陀経卌八巻

観无量寿経一巻

双観无量寿経二巻　以上並白紙　紫表　赤木軸

（中略）

右、以天平十三年三月造作畢、安置浄土

并来集物等、如件、

ⓒ観无量寿経一巻　金字紫紙及表　水精軸　綺紐

阿弥陀経卌八巻　色紙及表　石軸　綺紐

（中略）

布衣七領　四深染　三赤染

右、以天平宝字六年三月会時奉納、

ⓓ花厳経一部　八十巻石軸　帙八枚　雑綵

法花経一部　八巻金字 紫紙水精軸　帙一枚　表画山水形

梵網経二巻　色紙石軸

随願薬師経一巻　色紙沈軸

十一面経一巻　色紙　琥碧軸　以上褁帛一条

花厳経疏一部　本末廾四巻 慧苑師　帙二枚　雑綵

法花疏一部　十巻基法師　帙一枚　受使沙弥戒足

最勝王経疏一部　六巻 慧照師　帙一枚　雑綵

（中略）

右、以時々従家奉納、

ⓔ　時三綱等買　（詳細省略）

ⓕ　時三綱等新造物并買田　（詳細省略）

ⓖ破不用物（詳細省略）

ⓗ失物

（中略）

堂幡一首　　小幡一首　以上二種、天平宝字六年三月為用様奉入家之

右、悔過料資財見物、并所失状、注顕如件、

神護景雲元年八月卅日別当僧聞崇

事知大法師平栄

冒頭の「阿弥陀悔過□」の部分は大きく破損しているが、次の文字は残画から「料」の可能性が高く、末尾の「悔過料資財」と対応して「阿弥陀悔過料」となると考えられる。このうち「阿弥陀悔過」の語は、この資財帳の成立から見て、神護景雲元年時点で使用されたものであり、次の天平十三年や天平宝字六年において使用されていたとは必ずしも言えない。(41)

ⓑによると、天平十三年三月に、中心に阿弥陀三尊を配する宝殿一基が造作され、浄土三部経も備えられた。「阿弥陀悔過料」「悔過料資財」の記載から、この時に阿弥陀堂で悔過が行われたと見てよい。しかし、その時期は必ずしも明確ではない。

次にⓒには、天平宝字六年三月の「会」の時に、観无量寿経一巻・阿弥陀経四十八巻の計四十九巻と小幡・花机・仏供机・布衣七領が奉納されたとあるが、奉納の主体は明らかでない。この布衣七領が悔過を勤修する僧が七人であることを意味するとすれば、経巻は一人あたり七巻となる。一日一巻の七日間の悔過であったかもしれない。この「会」も東大寺阿弥陀堂で行われた悔過の「会」であるが、その名称は記されていない。

この天平宝字六年三月には、前述のように、⑨⑩では同月八日から石山寺の経堂の西の仏堂で、また⑪では同月中に香山薬師寺の薬師悔過所でも悔過が行われていた。これに本資財帳のものと併せて三つの悔過が同月中に行われたことになる。これらはいずれも目的が明らかでないが、相互に連関するものであるとすると、同じ契機の悔過がさまざまな内容で行われたことになる。阿弥陀悔過はその一つなのであって、他と異なる特殊な悔過と認める必要はない。

次に、ⓓにあげられている経典その他は「以時々従家奉納」とあって「家」から奉納されたものであるとされている。またⓗには、堂幡・小幡は、天平宝字六年三月の「会」に用いるための様として「家」に奉入したとある。これらの「家」がどういう実態であるのか明らかでないが[42]、本資財帳に見える悔過に「家」の協力があったことを示している。これは⑦⑬の「知識」と通じるものである。

第四章　編纂史料に見える悔過

前章までの第一次史料による検討の結果、奈良時代の悔過については、全体として未分化である状況が浮かび上がってきた。これに対して、編纂史料では奈良時代の悔過はどのように表現されているであろうか。

その場合、注意しなければならないのは、編纂の時期である。これまで作成されてきた悔過の一覧表[43]では、『日本霊異記』『元亨釈書』『東大寺要録』『日本三代実録』『政事要略』『日本高僧伝要文抄』『類聚三代格』などの編纂ものに見える悔過が、正倉院文書や木簡などの悔過とともに区別されずに並列されている。しかし、これらの編纂諸史料の場合、悔過の名称やその運営組織の名称などの個別具体的な呼称となると、その史料が設定しているその時点に実際に用いられていたかどうか、保証できないことに留意する必要がある。

たとえば『日本霊異記』中巻第十一話には、「聖武天皇御世」のこととして、紀伊国伊刀郡桑原の狭屋寺の尼たちが「十一面観音悔過」に奉仕したことが見える。従来はこれによって、聖武天皇のころに悔過が行われ、それは「十一面観音悔過」と呼称されたとされてきた。しかし、よく知られているように、『日本霊異記』は、延暦初期ごろに下巻までの全体が一応まとめ上げられ、弘仁ごろに増補の手が加わって成立したと推定されている。[44]これによれば、紀伊国で悔過が行われたとして、その悔過を聖武天皇の当時に実際に「十一面観音悔過」と呼称していたかどうかは、確言できないのである。同様のことが他の編纂諸史料の悔過に関する記述についても言うことができる。

結局、八世紀に編纂が終了したものは、『日本書紀』（養老四年〈七二〇〉五月奏上）と『続日本紀』（延暦十六年〈七九七〉二月奏進）だけであるので、この二史料に見える法会としての悔過[45]の関係史料に注目すると、二つのタイプがあることがわかる。一つは「悔過」や「読経悔過」「行道懺悔」とのみ表現するもので、もう一つは固有名詞＋悔過とするものである。このうち後者の史料は、以下のようである。

(イ)『続日本紀』天平十六年（七四四）十二月壬辰（四日）条

令天下諸国、薬師悔過七日、

(ロ)『続日本紀』天平十七年（七四五）九月癸酉（十九日）条

天皇不予、勅平城・恭仁留守、固守宮中、悉追孫王等、詣難波宮、遣使取平城宮鈴印、又令京師・畿内諸寺及諸名山・浄処、行薬師悔過之法、奉幣、祈祷賀茂・松尾等神社、令諸国所有鷹鵜並以放去、度三千八百人出家、

(ハ)『続日本紀』神護景雲元年（七六七）正月己未（八日）条

勅、「畿内七道諸国、一七日間、各於国分金光明寺、行吉祥天悔過之法、因此功徳、天下太平、風雨順時、五

穀成熟、兆民快楽、十方有情、同霑此福、」

㈡『続日本紀』神護景雲元年（七六七）八月癸巳（十六日）条

改元神護景雲、詔曰、「（中略）復去正月尓二七日之間、諸大寺乃大法師等乎奏請良倍天、最勝王経乎令講読末都利、又吉祥天乃悔過乎令仕奉流尓、諸大法師等我如理久勤天坐佐比、又諸臣等乃天下乃政事乎合理天奉仕尓依天之、三宝毛諸天毛天地乃神太知毛、共仁示現賜幣流奇久貴伎大瑞乃雲尓在良之止奈毛念行須、故、是以、奇久喜之支大瑞乎頂尓受給天忍天黙在去止不得之天奈毛、諸王多知臣多知乎召天共尓歓備尊備、天地乃御恩乎奉報倍之止奈毛念行止、詔布天皇我御命遠、諸聞食止宣、（下略）」

㈭『続日本紀』神護景雲三年（七六九）正月丁丑（八日）条

御東内、始行吉祥悔過、

㈬『続日本紀』宝亀二年（七七一）正月辛未（十三日）条

停天下諸国吉祥悔過、

㈩『続日本紀』宝亀三年（七七二）十一月丙戌（十日）条

詔曰、「頃者、風雨不調、頻年飢荒、欲救此禍、唯憑冥助、宜於天下諸国々分寺、毎年正月一七日之間、行吉祥悔過、以為恒例、」

これらをよく見ると、悔過に関する表記はさらに二つの場合に分かれることに気づく。第一の場合は㈠㈡㈭㈬のように『続日本紀』の地の文にあるもので、第二の場合は㈧㈡㈩のように、引用された詔勅や奏の文中に記されたものである。このうち前者の場合は、先に『日本霊異記』の事例をあげて述べた場合と共通する面があって、『続日本紀』に架けられているその時点で、たとえば㈠の「薬師悔過」がそのように称されていたという保証はない。

つまり『続日本紀』に配列されている年代の用語とするには不安がある。(イ)(ロ)天平十六、十七年の「薬師悔過」は、尊別悔過の早い事例として注意されてきたが、その根拠としては問題があると考えられる。

これに対して後者では、詔勅や奏が出された当時の用語が保存されている可能性が高いと判断される。(ハ)「吉祥天悔過之法」、(ニ)「吉祥天乃悔過」、(ト)「吉祥悔過」の三例である。このうち(イ)(ロ)は吉祥天を本尊とする悔過であることは明らかである。(ト)も同じであろう。これらの神護景雲ごろ以降、本尊名を付して悔過を呼ぶことが一般化していったと見られる。

おわりに——奈良時代悔過の実相——

本稿では、奈良時代の悔過について、正倉院文書・木簡・⑰「阿弥陀悔過料資財帳」などの第一次史料を中心に検討し、その結果と『日本書紀』『続日本紀』の編纂史料とを比較検討してきた。その結果を整理したのが**表1**である。これによりながら、本稿における論点を示したい。

第一に、天平勝宝五年以降、正倉院文書には「十一面悔過所」「千手千眼悔過所」「薬師悔過所」「上山寺（御）悔過所」「吉祥悔過所」などの固有名詞＋悔過所という名称が見えてくる。なお『日本書紀』『続日本紀』にはこのような用例は見られない。このうち「十一面悔過所」「千手千眼悔過所」「薬師悔過所」「吉祥悔過所」については、固有名詞部分が何を示しているのか検討する必要がある。

正倉院文書における用例によると、「十一面」については、経では十一面観世音一品経、十一面観世音経、十一面観（世）音神呪経、十一面観世音神呪心経、十一面経、十一面陀羅尼経、十一面切福徳三昧経などがあり、疏・

陀羅尼では十一面（経）義疏、十一面経疏、十一面経陀羅尼、十一面根本陀羅尼、十一面神呪心経義疏がある。「千手千眼」については、千手千眼観世音菩薩広大円満無礙大悲心陀羅尼経、千手千眼観世音菩薩姥陀羅尼身経、千手千眼経、千手千眼神呪経、千手千眼陀羅尼経など、「薬師」では薬師経、薬師（瑠璃光）七仏本願功徳経、薬師如来本願経、薬師瑠璃光如来本願功徳経、薬師経疏など、「吉祥」では（仏説）八吉祥経、八吉祥（神）呪経、（仏説）十吉祥経などがある。これらによれば、「十一面」「千手千眼」「薬師」「吉祥」という語句だけでは経典を特定できないので、これらの固有名詞が経典名を意味するとは考えられない。吉祥悔過所の悔過の本尊が仏であったことを考慮すると、悔過の本尊名とも簡単には言えない。

これに対して「上山寺悔過所」は、悔過を運営した組織名と考えられるが、そのうちの「上山寺」は悔過を行った場所と見てよい。木簡の「旦風悔過文」の「旦風」も同様であろう。このように悔過を行った場所を冠する用例があることからすると、「十一面」「千手千眼」「薬師」「吉祥」も十一面観音堂、千手堂、薬師堂、吉祥堂という悔過勤修の場所を示していると考えてもよいのではないか。これらの諸堂は、十一面観音、千手観音、薬師如来、吉祥天を本尊とし、それを悔過の本尊とすることもあったかもしれないが、他から仏像を移座してそれを本尊とする悔過が行われることもあった。

第二に、悔過の呼称については、天平神護年間までは、正倉院文書、『日本書紀』『続日本紀』（第四章参照）では、たんに「悔過」や「読経悔過」「行道懺悔」とのみ表現する場合が多い。他に「千燈悔過」「常悔過」「知識悔過」などの用例もあるが、いずれも本尊や使用経典の名称にもとづくものではない。しかし、神護景雲年間から「吉祥悔過」、宝亀年間には「十一面悔過」などの呼称が現れてくる。また延暦年間には「薬師悔過」が見える。これらの趨勢からすると、神護景雲年間から吉祥悔過を先導として、本尊名を付した悔過が現れてくるようになる。尊別

表1　悔過関係史料

史料番号	文献名	年	月日	日数	場所・組織名	悔過名など	本尊	経典	備考
	『日本書紀』	皇極1	7月25日		寺々	悔過		大乗経典	蘇我大臣の報のうち、祈雨
	『日本書紀』	朱鳥1	6月19日		川原寺	(悔過)			燃燈供養、大斎
	『日本書紀』	朱鳥1	7月2日		宮中	(悔過)			僧正・僧都等
	『日本書紀』	持統5	5月18日			悔過			詔のうち、公卿百寮人、禁断酒宍
⑯	長屋王家木簡	和銅3～霊亀3			旦風	悔過			旦風悔過布施文、斎会
	『続日本紀』	天平11	7月14日以降	7日7夜	天下諸寺	転読、悔過		五穀成熟経	詔のうち
⑰	「阿弥陀悔過料資財帳」5ノ671～683	天平13	3月			(阿弥陀悔過)	阿弥陀仏1軀	阿弥陀経48巻 観无量寿経1巻 双観无量寿経2巻	宝殿1基、阿弥陀浄土変1鋪
	『続日本紀』	天平16	12月4日以降	7日間	天下諸国	(薬師悔過)			
	『続日本紀』	天平17	9月19日		京師・畿内諸寺、諸名山・浄処	(薬師悔過之法)			
	『続日本紀』	勝宝1	元日より	49日間	天下諸寺	(悔過、転読)		金光明経	
①	「経師等上日帳」10ノ336～340、352	天平21	1～2月	49日間	悔過所	悔過			
	『続日本紀』	勝宝1	12月18日	7日間	梨原宮新殿(神宮)	(悔過)			僧40口
	『続日本紀』	勝宝2	4月4日以降			行道懺悔		薬師経	勅のうち

③	「〈経疏出納帳〉」4ノ91～92	勝宝5	2月1日以降		紫微中台十一面悔過所			陀羅尼集経1部12巻	一切経内、使舎人苅田益熊
④	〈造東大寺司解（案）〉「造東大寺司解」3ノ626～627	勝宝5	4月21～27日	7日間	香山寺	悔過	仏		仏聖僧2座、衆僧49人、定坐沙弥1人
②	「写経奉請注文」12ノ440	勝宝5	5月1日以降		十一面悔過所			陀羅尼集経1部12巻 法花経1部8巻 十一面経2巻	板野命婦宣、使舎人弥伊加保
	『続日本紀』天平宝字元年8月18日条	宝字1	5月8日が終りの日			悔過			勅のうち、奉為太上天皇周忌、設斎
⑤	〈造東大寺司写経所公文案帳〉「造東寺司牒」13ノ485	宝字2	8月17日以降		菅原寺・千手千眼悔過所	転読		千手千眼経50巻	少僧都慈訓8月8日宣
⑦	「阿弥陀悔過知識交名」17ノ111～114	宝字2	10月中ごろ			阿弥陀悔過			知識
⑥	「香山薬師寺三綱牒」14ノ217～218	宝字2	11月1日以降			千燈悔過			紺帳2条 千燈悔過衆僧宿所垣
	『続日本紀』天平宝字3年6月22日条		毎年正月	7日間	天下諸寺	悔過			参議文室智努・少僧都慈訓奏のうち官供、官布施
⑧	「〈池原禾守牒〉」14ノ450～451	宝字4				常悔過			12月25日～正月15日、物部角折（膳部）を請う
⑨⑩	「造石山寺所符案」「造石山寺所解案」15ノ156～157、159～160	宝字6	3月8日より開始		石山寺・経堂西殿	悔過			
⑰	「阿弥陀悔過料資財帳」5ノ671～683	宝字6	3月			（阿弥陀悔過）	阿弥陀仏1軀	観无量寿経1巻 阿弥陀経48巻	小幡44首、花机2前、仏供机、布衣7領

⑪	〈造東大寺司解（案）〉「造東大寺司告朔解」5ノ188～195	宝字6	3月中		香山薬師寺・薬師悔過所				供奉薬師悔過所　功63人
	「上山寺御悔過所供養料物請用注文」ほか	宝字8	3月8～15日 3月9～15日 3月9～16日	8日間 7日間 8日間	上山寺御悔過所		菩薩像4軀	陀羅尼集経1部12巻	坤宮一切経内
	〈吉祥悔過所解案〉「仏聖僧供奉料奉請解」ほか	宝字8	3月24～4月8日 3月17～4月10日	15日間 24日間	吉祥悔過所 南吉祥悔過所	悔過	仏2軀	最勝王経7部70巻	一百部内
	『続日本紀』宝亀元年10月28日条	宝字8			山林寺院	読経悔過			僧綱言に引く勅のうち
⑫	「北倉代中間下帳」16ノ583～584	神護2もしくは3			吉祥悔過所				小幡25旒、付下部浄道
	『続日本紀』	神護2	4月22日			行道懺悔			勅のうち
	『続日本紀』	景雲1	正月8日以降	7日間	畿内七道諸国国分金光明寺	吉祥天悔過之法			勅のうち
	『続日本紀』神護景雲元年8月16日条	景雲1	正月	14日間	諸大寺	吉祥天乃悔過		最勝王経	詔のうち
	『続日本紀』	景雲3	正月8日以降		東内	（吉祥悔過）			
	『続日本紀』	宝亀2	正月13日		天下諸国	（吉祥悔過）			停む
⑬	「物部道成請暇解」17ノ588	宝亀2	閏3月6日以降			知識悔過			請暇3日
	『続日本紀』宝亀3年11月10日条	宝亀3	正月	7日間	天下諸国国分寺	吉祥悔過			詔のうち。恒例とすべし
⑭	「〈倉代西端雑物出入帳〉」21ノ234～235	宝亀4	正月8日以降		吉祥悔過所				緋端畳30枚の貸出、付別当僧徳意

⑭	「〈倉代西端雑物出入帳〉」21ノ234～235	宝亀4	正月28日以降			上十一面悔過			緋端畳70枚、絁紺帳5条の貸出、衆僧座料、付法師実忠
⑮	「奉写一切経所食口帳」22ノ369～370、6ノ361	宝亀5	正月8～14日	7日間	吉祥悔過所				仕丁1人

＊年月日は悔過の時期であって当該史料の年紀ではない。年紀に注意を要する場合は史料の日付を記した。
＊備考欄の一部以外は、当該史料の表記に従う。
＊「悔過名など」欄の（ ）は、地の文の部分に見えるため、その当時の表記であることが保証されない場合。
＊天平宝字8年の上山寺悔過所、吉祥悔過所関係の史料は、栄原「上山寺悔過所と吉祥悔過所」（『南都仏教』100）参照。

悔過の成立は、この時以降とすべきである。

これと関係して、『続日本紀』では、編纂史料であることに注意すると、詔勅や奏の文中に見えるものについては、その詔勅や奏が出された当時の用語が保存されている可能性が高いと判断されるが、地の文の部分の用例については、それが架けられている時期の用語とは言い切れない。これによると、天平十六年の「薬師悔過」、同十七年の「薬師悔過之法」は、これまで尊別悔過の早い事例として注意されてきたが、その根拠としては問題がある。

第三に、天平勝宝五年における紫微中台十一面悔過所の悔過（陀羅尼集経、法花経、十一面経）、香山寺の悔過、天平宝字二年の菅原寺の千手千眼悔過所の悔過（千手千眼経）、香山薬師寺の千燈悔過、⑦「阿弥陀悔過知識交名」の阿弥陀悔過は、みな光明皇太后の病気平癒祈願のために行われた。これらはいずれも孝謙天皇とのかかわりが想定され、存命中の近親者の病気平癒を祈願するという現世利益を求める悔過であり、死者の追善や、自らの浄土往生を願うものではない。

また、同じ病気平癒祈願を目的とする悔過が、各所で右の括弧内のようなさまざまな経典を用いて行われている状況から見て、特定の目的に対して特定の悔過を行うという対応関係はまだ成立していないし、悔過として定式化されているとは言い難い。また、施行時期は、病気の状況によるにせよ、一定していない。そのさまざまな悔過と並んで阿弥陀悔過が行われていることからすると、阿弥陀悔過も他の悔過と同等と見たほうがよい。竹居明男は、阿弥陀悔過のみを他から切り離して特殊な悔過とし、自らの生前からの浄土往生の祈願が込められていたとするが、[46]そのようには考えられない。

しかし、奈良時代において、死者追善の悔過がまったく行われなかったかというと、そうではない。『続日本紀』天平宝字元年八月甲午（十八日）条には、

勅曰（中略）即下群臣議、便奏云、「維天平勝宝九歳々次丁酉夏五月八日者、是陛下奉為太上天皇周忌、設斎悔過之終日也、於是、帝釈感皇帝・皇后之至誠、開通天門、下鑑勝業、標陛下之御宇、授百年之遠期、日月所臨、咸看聖胤繁息、乾坤所載、悉知宝祚延長、仁化滂流、寓内安息、慈風遠洽、国家全平之験也、（下略）」

とあって、聖武太上天皇の追善の悔過がたしかに行われている。しかし、これは孤立した事例であり、聖武太上天皇という特別な人物であるが故のものであろう。奈良時代に死者追善の悔過が盛行したとは思えない。

第四に、『続日本紀』天平宝字三年（七五九）六月丙辰（二十二日）条によると、毎年正月に七日間の悔過が行われていたことがわかる。『延喜式』玄蕃寮では、この悔過は吉祥悔過で正月八日から十四日の七日間行うとされている。⑧「常悔過」は、日付の一致から、これらの悔過に相当する。⑫「北倉代中間下帳」に見える天平神護二年ないし三年の吉祥悔過所に関係する悔過は、天平宝字八年から毎年行われてきたと推定できた。また、⑭「〈倉代西端雑物出入帳〉」では宝亀四年正月に吉祥悔過所で悔過が行われ、⑮食口帳によると、宝亀五年正月八～十四日におそらく東大寺内の吉祥悔過所（吉祥院）で悔過が行われていたことがわかるので、さらにこの年まで続けられていたことが推定される。このように、吉祥悔過所の悔過は天平宝字年間から恒例化していたと見られる。[47]

第五に、天平宝字二年の⑦「阿弥陀悔過知識交名」は、千二百巻経に関係した人々の知識による銭の提出のリストであった。また宝亀二年の⑬「物部道成請暇解」からは、私的レベルの知識によって悔過が行われていたことがうかがえた。⑰「阿弥陀悔過料資財帳」の天平宝字六年三月の「会」も知識が関係しているらしかった。このように、奈良時代の悔過は知識によって行われる場合があったことが注意される。

第六に、天平宝字二年十一月の⑥「香山薬師寺三綱牒」には「千燈悔過」という語が見え、天平宝字八年では悔過が夜間に行われたことが確認できた。また、読経と悔過のセットは天平勝宝五年時点でも確認できるので、悔過が夜間に行われることは、ここまでさかのぼるのではないか。先述のように山岸は、このタイプの法会を読経悔過型とし、奈良時代後期には行われ、八三〇～八五〇年ごろ増加するとした。正倉院文書を検討することによって、天平宝字二年には確実に認められ、さらに天平勝宝五年までさかのぼる可能性があることが判明した。

第七に、奈良時代の悔過は、同じ目的のためにさまざまな場所でさまざまな経典を用いて行われていた。一部に恒例化の動きがあったとはいえ、行われる時期も固定化されていなかった。本尊の明確化は進んでいたとは言えない。全体としてまだ未分化の段階にあったと考えられる。阿弥陀悔過だけが他の悔過とは異なる特殊な性格を持っていたとは考えられない。阿弥陀悔過は、井上光貞が言う[48]ような死者追善を目的として行われたものではなく、また自らの浄土往生を祈願するためのものでもなかった。阿弥陀悔過を含めて奈良時代の悔過は、存命中の近親者の病気平癒祈願などの現世利益的なものであった。

本稿で検討してきた悔過は、⑬を除き、東大寺をはじめとする官大寺や律令官司がかかわるものである。しかしそれだけでなく、社会の中にも広がっていたことを⑬が示している。それらの社会における悔過の実態を明らかにし、それと本稿の結果とを総合することによって、奈良時代の悔過の全体像を明らかにすることができる。それは次の課題とし、本稿はそれに至る検討の一段階として位置付けられるものである。

註

（1）中村元『佛教語大辞典　縮刷版』（東京書籍、一九八一年五月）。
（2）藤近恵市「阿弥陀仏と悔過」（『印度学仏教学研究』四六ノ二、一九九八年三月）は、大阿弥陀経と舎利弗悔過経の悔過思想の特徴を検討し、相互比較を行っている。
（3）井上光貞『日本浄土教成立史の研究』（『井上光貞著作集』第七巻、岩波書店、一九八五年十二月）第一章。
（4）速水侑『観音信仰』（塙書房、一九七〇年八月、七一～七四ページ、もと「奈良朝の観音悔過」『北大史学』九、一九六四年九月）。
（5）竹居明男「東大寺の阿弥陀堂――同寺蔵『阿弥陀悔過料資財帳』の一考察――」（『日本古代仏教の文化史』吉川弘文館、一九九八年五月、もと『古代文化』三〇ノ九、一〇、一九七八年九月、十月）。
（6）佐藤道子「懺悔と祈願の法会」（『悔過会と芸能』法藏館、二〇〇二年五月）。
（7）山岸常人「二月堂の成立」（『中世寺院社会と仏堂』塙書房、一九九〇年二月、もと「東大寺二月堂の創建と紫微中台十一面悔過所」『南都仏教』四五、一九八〇年十二月）。
（8）山岸常人「悔過会の変容」（註（7）著書、もと「悔過から修正・修二会へ――平安時代前期悔過会の変容――」『南都仏教』五二、一九八四年六月）。
（9）竹居明男「「悔過」年表」（『古代研究』六、一九七五年五月）。山岸註（7）、（8）論文所収の悔過一覧表などに、正倉院文書中の悔過関係史料も挙げられている。しかし、後述のように漏れ落ちがある。
（10）堀一郎は、奈良時代の悔過について、祓・禊と通じ、天皇が発願して年穀豊穣、国家平安、御悩平癒、怨敵退散などを祈り、朝儀として勤修された面が著しく、個人的には得度・授戒の際に必ず営んだ、などの諸点を指摘した。そのうえで、吉祥天悔過・薬師悔過・仏名悔過・十一面悔過・読経悔過その他を取り上げ、延暦年間以前の古代の関係史料を提示している。早い時期になされた基礎的な史料整理と検討といえる。しかし、正倉院文書中の悔過関係史料については、わずかに数点存在することを指摘しただけにとどまり、分析までは及ばなかった。堀一郎『上

代日本仏教文化史　上　仏法篇・法要行事篇』（大東出版社、一九四一年七月、復刻、臨川書店、一九七五年三月）の法要行事篇の第三章「懺法悔過」。

(11)　正倉院文書を用いた悔過の主たる研究として、これまであげたものの他には、福山敏男『奈良朝の東大寺』（高桐書院、一九四七年四月）、千葉乗隆「奈良時代の吉祥悔過」（『龍谷史壇』三二、一九四九年十二月）、山本幸男「天平宝字六年～八年の御願経書写」（『写経所文書の基礎的研究』吉川弘文館、二〇〇二年二月）、中林隆之「古代王権と悔過法要」（『日本古代国家の仏教編成』塙書房、二〇〇七年二月）、大艸啓「造東大寺司における官人社会――「阿弥陀悔過知識交名」に見る――」「造東大寺司と法会事業」（ともに『奈良時代の官人社会と仏教』法藏館、二〇一四年十月）、栄原永遠男「上山寺悔過所と吉祥悔過所」（『南都仏教』一〇〇号、二〇一八年刊行予定）などをあげることができる。

(12)　正倉院文書に見える経典などの扱いについては、一定の注意が必要である。その点については、栄原永遠男「写経から『華厳経』関係経典の普及を考える」（藤丸要編『華厳――無礙なる世界を生きる――』龍谷大学仏教学叢書⑤、自照社出版、二〇一六年三月）で指摘しておいた。また同様の指摘は、大艸啓「奈良時代浄土信仰論の再検討」（『真宗研究』五九、二〇一五年一月）でもなされている。

(13)　註(11)栄原論文。

(14)　註(9)年表参照。

(15)　その後、次年度の天平二十一年八月分の上日を追記している。

(16)　上日帳については、栄原永遠男「上日帳について」（上横手雅敬監修、井上満郎・杉橋隆夫編『古代・中世の政治と文化』思文閣出版、一九九四年四月）。

(17)　文書名の「　」は『大日本古文書（編年）』（大日古）、〈　〉は東京大学史料編纂所『正倉院文書目録』による。「〈　〉」は両者同じ場合を示す。一〇ノ三三八などは大日古の巻ページを示す。

(18)　中臣村山連首万呂は正月の三十日は悔過所で勤務したが、二月は「不」とある。「不」の意味は不明であるので、悔過所で勤務したのかどうか、勤務したとすると何日なのかは明らかでない。

(19)　「悔過畢日」を一日加算する事例がある。〈吉祥悔過所解案〉「吉祥悔過所請雑物解案帳」（続修別集一〇⑥裏、一六ノ四九三）。

(20)　②の陀羅尼集経は帙と占を備えており、③も同様である。この点から、両者が同一の経巻である可能性も考えられる。

(21)　周知のごとく、福山敏男は②の「十一面悔過所」と③の「紫微中台十一面悔過所」を同じものと見たが、その根拠は、②③の時期的近接と名称の近似以上のものではない。本稿では、悔過の発願や目的、経典の奉請関係の分析を通じて、福山説をわずかだけ補強できたのではないかと考えている。また福山は、③から「十一面悔過所」は「内裏あたり」にあったとした。東大寺外にあったとする点は賛成であるが、二条大路木簡の分析から、天平十二年（七四〇）の恭仁遷都まで光明皇后の皇后宮が長屋王邸跡にあったとする見解を考慮すると、これとは時期が違うが、紫微中台の悔過所であるからと言って、簡単に「内裏あたり」とは言い切れない。

(22)　註(8)山岸常人論文

(23)　山本幸男『写経所文書の基礎的研究』（吉川弘文館、二〇〇二年二月）。

(24)　千巻経は六月十六日、千四百巻経は七月四日、千二百巻経は八月十六日のいずれも紫微内相の宣によって写経が開始されている。淳仁天皇の即位は八月一日であるので、厳密には前二者は孝謙天皇の時期、後者は淳仁天皇の時期となる。しかし、山本が註(23)著書で指摘するように、千巻経と千二百巻経は当初から一連の写経事業として計画されていたので、千二百巻経は書写の実際は淳仁天皇の時期に行われたとしても、孝謙天皇の発願に由来すると見られる。

(25)　「石君」は、藤原仲麻呂が購入して東大寺に寄進した奴と同名である（「近江国司解案」九ノ二五五）。おそらく同一人物であろう。

(26)　大日古は「依政所判　付石君」を地の文と区別していないが、異筆である。

(27)　天平宝字二年九月十日「香山薬師寺三綱牒」（続々修一八ノ六裏、四ノ三一三〜三一四）。

(28)　註(8)山岸常人論文

(29)　栄原永遠男「奈良時代の阿弥陀悔過——「阿弥陀悔過知識交名」について——」（続日本紀研究会編『続日本紀と古代社会——創立六十周年記念——』塙書房、二〇一四年十二月）。なお大艸啓「造東大寺司における官人社会——「阿弥陀悔過知識交名」に見る——」（『奈良時代の官人社会と仏教』法藏館、二〇一四年十月）でも本史料が検討され、拙稿といくつか重なる論点が提示されている。

(30) 註(5)竹居明男論文
(31) 「造石山寺所雑物用帳」(続々修四四ノ六、一五ノ三一四～三四二)の一五ノ三一七、福山敏男「奈良時代に於ける石山寺の造営」(『日本建築史の研究』桑名文星堂、一九四三年十月、綜芸舎覆刻、一九八〇年十二月)。なお、福山は「三月八日」としているが、原文書は「二月八日」となっている。
(32) 『続日本紀』によって天平宝字六年三月ごろの記事を検してみると、保良宮の造営、新羅遠征計画の準備が進んでいたことが知られる。また六月二十三日には藤原仲麻呂の妻宇比良古が没している。これらのうちいずれかによって各所で種々の悔過が集中して行われた可能性が考えられるが、詳細は明らかでない。
(33) 註(11)栄原論文
(34) 宝亀三年九月一日「物部道成請暇解」(続修二〇⑲、六ノ三九六)。
(35) 奈良国立文化財研究所『平城宮発掘調査出土木簡概報(二一)——長屋王家木簡一——』(一九八九年五月)七ページ、寺崎保広「奈良・平城京跡」(『木簡研究』一一号、一九八九年十一月)。
(36) 舘野和己「長屋王家木簡の舞台」(『日本古代の交通と社会』塙書房、一九九八年二月、もと宮川秀一編『日本史における国家と社会』思文閣出版、一九九二年十一月)。
(37) 悔過に関する木簡の主なものとして、他に平城宮東院地区西辺出土の二六六三号木簡がある(第二二次南調査、奈良国立文化財研究所『平城宮木簡二』一九八〇年一月、奈良国立文化財研究所『平城宮発掘調査出土木簡概報(三)』一九六五年十月、一一ページ、鬼頭清明「奈良・平城京跡(第二二次南)」『木簡研究』四号、一九八二年十一月)。これは、「□過所解」と書き出されているが、上部が折れている。このため「悔過所」と見てもよかろうが、その上に何らかの文字があるのかどうかという、本稿がもっとも注目している点が不明であるのは残念である。
(38) 勝浦令子「木簡からみた北宮写経」(『史論』四四、一九九一年三月)。
(39) ⑰「阿弥陀悔過料資財帳」を用いた研究は多いが、それ自体を研究したものとして、石田茂作「正倉院御物と阿弥陀院資財帳」(『仏教芸術』二三、一九五四年十二月)、栗原治夫「阿弥陀悔過料資財帳」(『奈良六大寺大観 第十一巻 東大寺三』岩波書店、一九七二年二月)、註(5)竹居明男論文。
(40) 註(39)栗原治夫、註(5)竹居明男論文。実見でも確認した。
(41) 平成二十四年(二〇一二)八月十四日実見。

(42) 山本栄吾「福寿寺考（上・下）」（『芸林』七―一、二、一九五六年二、四月）は、この「家」を藤原家とする。豪華な堂を建てることができ、豪華な品々を奉納することのできることからする推論にとどまっており、証明されていない。
(43) 註(9)年表参照。
(44)「解説（中田祝夫執筆部分）」（『新編日本古典文学全集10　日本霊異記』小学館、一九九五年九月）は、延暦六年ごろに下巻までの全体が一応まとめ上げられ、弘仁十三年ごろに増補の手が加わって成立したと推定している。「解説（春日和男執筆部分）」（『日本古典文学大系70　日本霊異記』岩波書店、一九六七年三月）は、延暦四～六年に一つの区切りがあり、弘仁十四年以前にも一つの時期がある。いったん完成した初稿本に、下巻の後半に追補し、完全な形として編集を終わったのは弘仁十四年前後のこととしている。
(45)『続日本紀』和銅四年（七一一）十月甲子（二十三日）条、養老四年（七二〇）三月己巳（十七日）条、天平十二年（七四〇）九月癸丑（二十九日）条、天平宝字三年（七五九）五月庚辰（十五日）条、天平宝字五年（七六一）八月癸丑朔条では、「過を悔いて」の意味で「悔過」の語が用いられている。法会として悔過が行われていないので、以下の考察からは省いている。
(46) 註(5)竹居明男論文
(47) ⑰「阿弥陀悔過料資財帳」の阿弥陀悔過が、天平十三年以後毎年行われていたとすると（註(3)井上著書ではそのように理解している）、悔過の恒例化の早い事例となる。
(48) 註(3)井上光貞著書

『東大寺要録』にみる本願聖武天皇とその文書

佐藤　信

はじめに

本稿では、『東大寺要録』巻六「封戸水田章」の最初に配置されている古文書群がどのように位置づけられてきたかということを考えたい。『東大寺要録』は十二世紀初めに成立し、その後に手が入っている部分があるが、その中で本願聖武天皇がどう位置づけられているかみえてくるのではないか。特に聖武天皇の「勅施入」が、東大寺の所領を保証するものとして非常に重視されたということがある。その関係についてあとづけてみたい。

第一章　『東大寺要録』巻六「封戸水田章」

第一節　『東大寺要録』巻六「封戸水田章」の文書群

『東大寺要録』巻六「封戸水田章」の冒頭には「御筆勅書云」として「勅旨」が掲げられ、それに続けて封戸・

表1　『東大寺要録』封戸水田章の所収文書対照表

『東大寺要録』			東大寺献納図書（中倉14）	『大日本古文書（編年）』	
第一文書①	「勅旨」	天平勝宝元年	「東大寺封戸勅書」	「聖武天皇施入勅願文」	三ノ二四七
第二文書②	「勅施入封庄願文 銅銘」	天平勝宝元年	「勅書銅板」（裏面）	「聖武天皇施入勅願銅版札」	一二ノ三九四～三九五
第三文書③	（勅）	天平勝宝元年閏4月20日			
第四文書④	「造寺司　牒三綱所」	天平勝宝4年10月25日	「造寺司牒三綱務所諸国封戸事」	「造東寺司牒」	三ノ五八七～五八九
第五文書⑤	「勅」	天平宝字4年7月23日	「東大寺封戸処分勅書」	「淳仁天皇東大寺封戸勅」	四ノ四二六

水田の領有にかかわる五通の文書が掲げられている（**表1**）。これらの文書群は、その文書そのものが東大寺に伝わり、それが明治初年に皇室に献納され、今日「東大寺献納図書」の一部（中倉14）として正倉院に収められている。

『東大寺要録』では、さらにこの五通の後に、『類聚三代格』に載る東大寺領関係の太政官符など関係文書が掲げられ、その後に「封戸廿一箇国二千七百戸」の目録、諸国諸庄田地の「長徳四年注文定」や「湛照僧都分付帳」などが続いている。

①御筆勅書云

勅旨

封戸伍仟戸

右、奉入造東大寺料、其造寺事畢之後、壱仟戸者、用修理破壊料、四仟戸者、用供養十方三宝料、永年莫動以為福田、伏願、以此無尽之財宝、因施无相之如来、普度無辺之有情、欲証無余之極果、

天平勝宝元年

平城宮御宇太上天皇法名勝満

藤原皇太后法名

今帝法名隆基

②勅施入封庄願文 銅銘

施

封五千戸

水田一万町

以前、捧上件物遠限日月、窮未来際、敬納彼三宝分、依此発願太上天皇沙弥勝満、諸仏擁護、法薬薫質、万病消除、寿命延長、一切所願、皆使満足、令法久住、抜済群生、天下大地、人民快楽、法界有情、

共成仏道、以代々国主、為我寺檀越、若我寺興復、天下興復、若我寺衰弊、天下衰弊、復誓其後、代有不道之主、邪賊之臣、若犯若破障而不行者、是人必得破辱、十方三世諸仏菩薩一切賢聖之罪、終当堕大地獄、無数劫中、永無出離、十方一切諸天梵王、護塔大善神王、及普天率土、有勢威力、天神地祇、七廟尊霊、並佐命立功大臣将軍霊、共起太禍、永滅子孫、若不犯触、敬勤行者、世々累福、終継子孫、共出塵域、早登覚岸、

天平勝宝元年

平城宮御宇太上天皇法名勝満
已上金銅銘

③以天平勝宝二年二月廿二日、天皇並太后、専行幸於東大寺、割食封伍仟烟、施入人封之分、奴二百口而入言、
一、願天神地祇、共相和順、恒将福慶、永護国家、
一、願開闢以降先帝尊霊、長幸珠林、同遊宝刹、
一、願太上天皇、々太夫人藤原及皇后藤原氏、皇帝

子已上親王、及正一位左大臣橘諸兄等、同資此福
倶遊彼岸、
一、願後代有悪邪臣、破損此願者、必得破辱三世仏菩薩
一切賢聖之罪、長生无仏法家、常落大地獄、无数劫中
永不出離、復十方一切諸天、梵王帝釈、四天王、天龍八
部、金剛蜜跡、護法護塔、大善神王、及普天率土有
勢威力、天神地祇、七廟尊霊、并命立功大臣将軍
之霊等、共起太禍、永滅子孫、若不犯破、共出塵域、
早登覚岸、

天平勝宝元年閏四月廿日、奉勅正一位左大臣橘宿祢諸兄
右大臣従二位藤原豊成

④造寺司　牒三綱所
合奉宛封一千戸
下野国弐佰伍十戸
芳賀郡石田郷五十戸　足利郡土師郷五十戸
梁田郡深川郷五十戸　都賀郡高栗郷五十戸
塩屋郡片岡郷五十戸
若狭国伍十戸
遠敷郡玉置郷
越後国二百戸
頚城郡瞻君郷五十戸　賀茂郡殖栗郷五十戸
盤(磐)船郡山家郷五十戸　雑太郡播多郷五十戸

丹波国五十戸　竹野郡納（網）野郷
阿波国一百戸　板野郡高野郷五十戸　美馬郡御津郷五十戸
讃岐国一百五十戸　山田郡宮処郷五十戸　鵜足郡川津郷五十戸　香川郡中間郷五十戸
伊与国壱百戸　風早郡粟井郷五十戸　温泉郡橘樹郷五十戸
土佐国一百戸　土左郡鴨部郷五十戸　吾川郡大野郷五十戸
以前、寺家雑用料、永配封、当年所輸之物為始、
奉宛如件、今以状牒、々到准状、故牒
天平勝宝四年十月二十五日　主典従七位上阿刀連酒主
次官正五位上兼行下総員外介佐伯宿祢今毛人　判官正六位上大蔵伊美吉万里
判官正六位上石川朝臣豊麻呂
判官正六位下上毛野君使
判官従六位下安部朝臣真道
主典従七位下美努連　仮
主典従七位下紀朝臣　仮

⑤勅　後人書之　在御印二十面
東大寺封五千戸
右、平城宮御宇後太上天皇、々帝、皇太后、以天平勝宝

二年二月廿二日、専自参向於東大寺、永用件封入寺家
訖、而造寺了後、種々用事未宣分明、因茲今追議定如左、
　営造修理塔寺精舎分一千戸
　供養三宝并常住僧分二千戸
　官家修行諸仏事分　二千戸
　　天平宝字四年七月廿三日太師従一位藤原恵美朝臣

これらの文書をみると、①からの順序で記されていることから、『東大寺要録』編纂の際に、東大寺の経済的基盤となる封戸・水田などの所領の領有の根拠として、本願聖武天皇の権威を重視していたことが知られる。次節では、「封戸水田章」の冒頭に載せられたこれらの聖武天皇関係文書群を、正倉院に伝わる文書そのものと比較しながら検討してみたい。

第二節　文書群の検討

最初の①「御筆勅書」は「勅旨」と書き始めるもので、五〇〇〇戸の封戸を施入する勅旨ということで正倉院（中倉14）では「東大寺封戸勅書」とされている。天平勝宝元年（七四九）に、聖武太上天皇・光明皇太后・孝謙天皇が東大寺に五〇〇〇戸の封戸を勅施入したとする「勅書」であるが、署名部分を含めて気になる記載がみられる。『大日本古文書（編年）』は「聖武天皇施入勅願文」（三巻二四七ページ）として載せるが、

以下ノ四通ハ、従来諸説アリテ、文体書式等疑フベキモノナキニアラズト雖モ、前ニ収メタル二通ノ勅願文ト関係セルヲ以テ、併セテコ、ニ収ム、

という説明のもとに掲載している。『続日本紀』では、孝謙天皇の天平勝宝二年（七五〇）二月壬午（二十三日）条に「益大倭金光明寺封三千五百戸、通前五千戸」とあり、本文書と齟齬する。

この文書は「天平勝宝当時の原本そのものではないと考えられており、内容上も後世に手が加えられている可能性は否定できない(1)」とされる。そうした文書が『東大寺要録』では本願聖武天皇の「御筆勅書」として位置づけられていることは留意される。

『東大寺要録』では、「勅旨」の文字の前に朱合点が付され「御筆勅書云」とある。正倉院中倉にある原本では、表紙の見返に、

標紙、依虫損無形、久安四年改替畢、
本標紙外題云、　御筆勅書云々

とあり、現在の表紙は久安四年（一一八四）につくり替えたものであるけれども、元の表紙の外題には「御筆勅書云々」とあったことがわかる。『東大寺要録』の「御筆勅書云」は、このことを示しているのであろう。①は装丁も含めて大事にされてきたということができる。

②については、次節で改めて取り上げる。

③は、天平勝宝二年二月二十二日の史料で、天平勝宝元年（七四九）閏四月二十日の孝謙天皇の「勅」を橘宿祢諸兄や藤原豊成が奉ったというものである。しかし、冒頭などの体裁について、勅の原文に後の手が加わった可能性があろう。

④「造寺司　牒三綱所」は、正倉院（中倉14）では「造寺司牒三綱務所諸国封戸事」、『大日本古文書』では「造東寺司牒」（三巻五八七～五八九ページ）とされる。俗官である「造寺司」が僧官である「東大寺三綱」に宛てて出した天平勝宝四年（七五二）十月二十五日付の「牒」で、一〇〇〇戸の封戸を造東大寺司から三綱に移管する内容で、東大寺にとって有利な内容が記載されている。「造東寺印」という公印が三十六顆あり、次官の佐伯宿祢今毛人以下の自署があるなど「正文」といってよいのではないか。

天平勝宝四年は大仏の開眼供養会の年にあたるので、おそらく大仏が一応完成したということで、造東大寺司の管理下にあった諸国封戸のうち一〇〇〇戸を東大寺の三綱の管理下に移したということだと推測する。東大寺三綱にとって重要な文書で大切にされてきたといってよい。

⑤は、廃帝（淳仁天皇）の天平宝字四年（七六〇）七月二十三日の「勅」で、東大寺の五〇〇〇戸の封戸を三つに分け、一〇〇〇戸を「営造修理塔寺精舎分」、二〇〇〇戸を「供養三宝并常住僧分」、二〇〇〇戸を「官家修行諸仏事分」とするというものである。①の五〇〇〇戸の使途を三つに分けたのである。末尾の日下に「太師従一位藤原恵美朝臣」すなわち藤原仲麻呂とあり、全文仲麻呂の一筆と考えられている。「天皇御璽」の「内印」が二十顆捺されている。

この時の天皇は淳仁天皇であるが、この号は明治時代につけられたもので、恵美押勝の乱後廃位され、近代に至るまで「廃帝」と呼ばれ、『続日本紀』にも「廃帝」とある。(2) 内印が捺されたこの文書は「正文」であるといってよい。

内容的には、①で一〇〇〇戸は「修理破壊料」に、四〇〇〇戸は「供養十方三宝料」に充てると定められていたが、⑤では後者から二〇〇〇戸を「官家修行諸仏事分」に割きとるというものである。東大寺のためではなく国家の政事、仏教行事に使うと限定されたことが、東大寺にとっては問題であり、また「廃帝」を所領の根拠として使うという点でも問題が残る。さらに恵美押勝が反乱者になったということにも問題があった。そのことを証明するかのように、『東大寺要録』では⑤に続けて次の追記が付随する。

或書云、恵美大臣被誅罪、依分東大寺封也、今案之、本願聖主施五千戸、於一千戸者、配修理料、於四千戸者、為供養三宝料也、然供養三宝料之内、減二千戸、成官家功徳分、乍云功徳分、背本願旨趣耳、

「恵美押勝が反乱を起こして罪に誅せられたのは、東大寺の封を分割したためである。今考えてみると、本願聖主の聖武天皇は五〇〇〇戸を施入し、一〇〇〇戸は東大寺の修理料、四〇〇〇戸は東大寺の三宝供養のために用いると定めたのに、四〇〇〇戸のうちから二〇〇〇戸を減らして官家の諸仏事のため使用することに限定することにしたのは、本願の旨趣に背く」としている。この追記の筆者は「そのために罪に誅せられた」というニュアンスで書いている。追記にみえるように、東大寺にとって不利な内容であることが、勅の正文であるにもかかわらず、この文書が①②に比べてやや低く評価されている所以であろう。

以上の①～⑤は、『東大寺要録』の「封戸水田章」の最初に掲げられただけでなく、最初の行に「御筆勅書云」とあり、聖武天皇の直筆であるという伝承とともに、東大寺にとっては所領を保証する非常に重要な文書群として位置づけられてきた。『東大寺要録』編纂の際に、東大寺の経済基盤となる封戸水田の領有の根拠として、本願聖武天皇の権威を大変重視していることが知られる。

第二章　聖武天皇の文書

第一節　「聖武天皇勅書銅板」をめぐって

本章では、②について検討する。これは『東大寺要録』には「勅施入封庄願文 銅銘」とあり、「勅書銅板」の裏面に記されているものである。引用の末尾に「以上、金銅銘」とあるので、金で鍍金されていたのであろう。表側の銘文は、『東大寺要録』巻二「縁起章」に「銅銘文在印蔵」として引用されている。

この銅板は印蔵に伝わったものであるが、明治初年に皇室に献納され、正倉院中倉に納められてきた。縦三二・七センチメートル、横二〇・六センチメートルの大きさの薄板で、表面と裏面ともに陰刻の界線の中に陰刻の銘文がある。表面は十四行で一行二十八～二十九字、裏面も十四行で一行最大二十七字である。

〔表銘刻文〕

菩薩戒弟子皇帝沙弥勝満、稽首十方三世諸仏法僧、去天平十三年歳
次辛巳春二月十四日、朕発願称広為蒼生、遍求景福、天下諸国、各合敬

造金光明四天王護国之僧寺、并写金光明最勝王経十部、住僧廾人、施封五十戸、水田十町、又於其寺、造七重塔一区、別写金字金光明最勝王経一部、安置塔中、又造法華滅罪之尼寺、并写妙法蓮華経十部、住尼十人、水田十町、所冀聖法之盛、与天地而永流、擁護之恩、被幽明而恒満、天地神祇、共相和順、恒将福慶、永護国家、開闢已降、先帝尊霊、長幸珠林、同遊宝刹、又願太上天皇、太皇后藤原氏、皇太子已下、親王及大臣等、同資此福、倶到彼岸、藤原氏先後太政大臣、及皇后先妣従一位橘氏大夫人之霊識、恒奉先帝而陪遊浄土、長顧後代而常衛聖朝、乃至自古已来至於今日、身為大臣、竭忠報国者、及見在子孫、倶因此福、各継前範、堅守君臣之例、長紹父祖之名、広給群生、通該庶品、同辞愛網、共出塵籠者、今以天平勝宝五年正月十五日、荘厳已畢、仍置塔中、伏願前日之志、悉皆成就、若有後代、聖主賢卿、承成此願、乾坤到福、愚君拙臣、改替此願、神明効訓、

〔裏銘刻文〕

施

封五千戸

水田一万町

以前、捧上件物、遠限日月、窮未来際、敬納彼三宝分、依此発願太上天

皇沙弥勝満、諸仏擁護、法薬薫質、万病消除、寿命延長、一切所願、皆使満足、令法久住、抜済群生、天下大地、人民快楽、法界有情、共成仏道、以代代国王、為我寺檀越、若我寺興復、天下興復、若我寺衰弊、天下衰弊、復誓其後代、有不道之主、邪賊之臣、若犯若破障而不行者、是人必得破辱、十方三世諸仏菩薩一切賢聖之罪、終当堕大地獄、無数劫中、永無出離、十方一切諸天梵天、護塔大善神王、及普天率土、有勢威力、天神地祇、七廟尊霊、并佐命立功大臣将軍霊、共起太禍、永滅子孫、若不犯触、敬勤行者、世々累福、終継子孫、共塵域早登覚岸、

天平勝宝元年

平城宮御宇太上天皇法名勝満

第二節 「聖武天皇勅書銅板」の位置づけ

表銘刻文は、天平十三年（七四一）の国分寺建立の勅を要約した内容である。諸国に「金光明寺四天王護国之僧寺」を造り僧二十人をおく。封五十戸と水田十町を施入する。七重塔一区を建て、別に金字の金光明最勝王経一部を塔の中に安置する。「法華滅罪之尼寺」についても書かれている。最後に事業の目的や誰のためにするかが書かれている。そして「今天平勝宝五年正月十五日を以て荘厳已に畢る。仍ち塔中に置く」とあるように、この銅板を天平勝宝五年（七五三）に荘厳が終わった塔の中に安置したと記している。塔中に置くというのは、金字の金光明最勝王経一部とともに塔に安置することを意味していると考えられる。どの塔に納められたかという点について、

堀池春峰氏は、天平勝宝五年（七五三）に銅板が安置されたのは西塔であり、西塔が落雷で焼失した承平四年（九三四）か、別当光智が西塔を修復した天徳三年（九五九）に取り出されたと考えられた。(3) この十世紀半ばは、東大寺復興をめざす動きが盛んになる時期で、それに合わせて銅板が出現したことになると指摘される。(4)

この表銘については問題があり、「文体書式等に疑義ありとせられ、また銅板の製作年代も奈良朝を降るものと考えられる」(5) とされている。久安三年（一一四七）四月の「東大寺印蔵文書目録」(6) に「銅勅施入文一枚」とあり、嘉承元年（一一〇六）成立の『東大寺要録』「諸院章」の印蔵の項に「銘一枚 注伽藍縁起」とみられることから、十二世紀には強調される文書として位置づけられていたことがわかる。

表銘に「藤原氏先後の太政大臣」とあるが、『続日本紀』天平宝字四年（七六〇）八月甲子（七日）条によると、この時の勅で南卿（藤原武智麻呂）と北卿（藤原房前）に太政大臣が贈られているので、銘中にみえる天平勝宝五年（七五三）より下って天平宝字四年以後に書かれたことになる。

また、平安時代の中頃に表裏一体でつくられたものではないかというのが、喜田貞吉(7)、中井真孝(8)、鈴木景二(9)氏の説である。鈴木氏は、表裏銘ともに平安時代後期にできたもので、その時期の東大寺復興を歴史的背景として、その経済的な根拠を主張しようという面があるのではないか、とされた。

これに対して、東野治之氏は、『正倉院文書』続修一①の「聖武太上天皇願文（案）」（大日本古文書未収）が表銘の下書きにあたり、造東大寺司官人の安都雄足の筆で、彼の下書きをもとにつくられたものが「聖武天皇勅書銅板」（以下、「勅書銅板」）でよいのではないか、したがって奈良時代のもので平安時代後期には下らない、と指摘された。(10) 今は多くの研究者が、これに従って奈良時代のものとみてよかろうと考えている。また東野氏は、内容的には天平宝字四年（七六〇）以降にしかわからないことも書かれているので、製作されたのは天平宝字末年と想定している。私もそれでよいと思う。

表銘は造東大寺司の主典が文案を練っている。国分寺建立の勅を引用しているが、そのものではなく、造東大寺司の側で勅を踏まえてつくられたということになる。

東野氏は、「勅書銅板」は金字の最勝王経といっしょに納められたのだろうと推定しておられ、私も大筋はそれでいいと思う。ただ東野氏は天平宝字七年（七六三）頃といわれているが、私は天平宝字八年（七六四）の可能性を指摘したい。その根拠は二つある。一つめは「北倉代楽具等欠失文」（続修別集三五①、大日本古文書「楽具欠失解」五巻四八四～四八五頁）である。

楽頭襖子壱領 白橡臈纈
帛汗衫壱領　帛袷袴参腰
右、為用東西二塔并七月十五日会、以去
四月廿五日、請高麗楽二具之中所
失、仍探求可進状、注以解、
　　天平宝字八年七月十八日浄人小萱万呂
　　　　魚主
　　　　九月
検察
三綱　　少都恵瑶

可信乗軌
造寺司

主典志斐連麻呂
史生土師名道
案主建部広足
倉人呉服息人　秦息成

（下略）

これには、天平宝字八年（七六四）七月十五日に東西両塔の供養が行われたとある。その供養のために高麗楽の奉納が目指されたということは、塔の完成を記念する式典ではないか。天平宝字八年九月に起こる恵美押勝の乱の直前のことであり、塔は恵美押勝派の勧進だと考えられよう。天平宝字八年（七六四）に東西両塔の供養が行われる頃、今は一面しか残っていないが、銅板が最勝王経十巻とともに東西両塔に奉納されたのではないか。

もう一つの根拠は「東大寺権別当実忠二十九箇条事」(11)である。その第七条に、

一、構上東塔露盤事
　露盤一具　高八丈三尺　第一盤径一丈二尺
右、諸調度物甚重、構上甚高、諸工匠等申云、不得構上、皆悉辞退、尓時、実忠承僧正命、親登御塔、量其便宜、催工夫等、二三月内構上已畢、亦匏形

中、安置金字最勝王経一部、仏舎利十粒、維時宝字八年歳次甲辰、

とあり、実忠が天平宝字八年（七六四）に東塔に露盤を上げたとある。この年に東西両塔の供養が行われ、その時に「勅書銅板」も奉納されたと考える。

以上から、「勅書銅板」は天平宝字八年に東西両塔に納められたのではないか。

次に裏銘は、天平勝宝元年に封戸五〇〇〇戸、水田一万町を施入したことを表すもので、表銘とはやや異なる書風で銘記するが、いくつか問題点がある。水田一万町というのは、『続日本紀』天平勝宝元年（七四九）七月乙巳（十三日）条では、大倭国国分金光明寺の墾田地として四〇〇〇町が上限枠として認められているが、一万町はどこにもみえない破格の数字である。これについては鈴木景二氏の指摘通り、平安時代後期の偽銘であることは研究者の間で異論がない。ある段階で「勅書銅板」が降ろされ、裏面を追刻して、また納められたことになる。鈴木氏のいわれるように、平安時代の東大寺復興と関連して西塔に奉納することになったということでよかろう。

第三章　『東大寺要録』における本願聖武天皇文書

前章では「勅書銅板」について検討してきた。表銘は、おそらく天平十三年（七四一）の国分寺建立の勅、そして天平勝宝五年（七五三）の動きを踏まえて作成されたものであろう。一方、裏銘には「若し我寺興複せば、天下興複し、若し我寺衰弊せば、天下衰弊せん」とある。これに相似する文章は、『東大寺要録』の序文にも「寺家の

衰弊は災変を普天に示し、伽藍の興複は豊稔を率土に呈す」とある。鈴木景二氏は、この点に注目して、銅板は平安後期に重視されたことを指摘されている。また、中世の東大寺における聖武天皇の位置づけについては、久野修義氏の指摘がある。[12] 裏銘の場合、そうした平安時代の事情を踏まえて書かれ、タイアップする形で『東大寺要録』の序文が書かれ、「封戸水田章」において「勅書銅板」として掲げられていることにつながるのではないかと思う。「聖武天皇勅書銅板」の「勅書銅板」という名称が何時つけられたのか、今のところ限定できないが、①が「御筆勅書」といわれるようになった延長と考えることができるのではないか。『東大寺要録』「封戸水田章」の冒頭の文書のあり方が、本願聖武天皇の勅書によって東大寺の経済基盤の根拠が遡るのだ、という主張と重なることになる。

『東大寺要録』の序文は、前述のように、裏銘からは東大寺の興廃が天下の盛衰に対応することが受け継がれ、表銘からも「若有後代聖主賢卿、承成此願、乾坤致福、愚君拙臣、改替此願、神明効訓」の部分が、「若聖主賢卿、承成我願、恒将福慶、永護国家、若愚君拙臣、改替我願、毎起大禍、永滅子孫」として継承されている。このように、「勅書銅板」は『東大寺要録』の段階では重要な存在とされたのであった。表銘は奈良時代のものであるが、裏面は『東大寺要録』編纂時期に近い可能性があり、重視されたことが指摘できる。

以上みてきた文書群は、奈良時代以降、印蔵に大切に保管され、『東大寺要録』では「御筆勅書」として強調され、何度も編まれた東大寺の文書目録でも「勅筆」だと強調されてきたのであった。最終的に明治初年、東大寺から皇室に献納されるという段階でも、天皇家と結びつく位置づけが強調されたのであろう。

おわりに

「勅書銅板」は、紙の文書ではなく銅板として作成されたことが重要なことであった。東大寺関係では、これ以外に「大仏殿碑文」もある。『東大寺要録』「縁起章」第二には「障子銘文也」とあり、平安時代後期の『朝野群戴』巻一六（仏事上）には「東大寺大仏殿仏前板文」とある。東大寺の由来を書いた重要な文書として、板に書かれて多くの人の目にふれたものである。

紙の文書は、正倉院文書のように大事に保存されれば長く残るが、焼失など時代の変遷のなかで失われてしまうことも多い。後で訂正がきかない金石文の場合は、長く残るものとして奈良時代からつくられていたことになる。紙の文書以外に、金石文や板の文書にも注目する必要があろう。

文書の機能を「継続と変化」という観点で見た場合、作成時点における文書の機能を考える必要がある。「勅書銅板」の表銘は、天平十三年（七四一）の国分寺建立勅や天平勝宝五年（七五三）の塔中安置を踏まえて、つくられたのは天平宝字年間であろう。そしてそれを「勅書銅板」として、塔に奉納したのが天平宝字八年（七六四）ではないかと推測した。

その後、西塔が承平四年（九三四）に焼失した時に降ろされて、裏面に追刻が行われた。その後また塔に奉納されたが、降ろされて印蔵に納められ、それが「御筆勅書」だということで機能していくことになる。その過程で、『東大寺要録』にも記載され継承されるということもあった。最終的には、明治初年に皇室に献納されるところまで、東大寺の勅願を証する文書として機能し続けたということである。文書の機能がどう続いてきたか、その時々で機能が変わっていく面もあるという点で、重要な事例といえよう。

本稿では、これまでの「勅書銅板」の先行研究によりながら、現在は正倉院中倉に納められているいくつかの東大寺から献納された紙の文書群とあわせて、『東大寺要録』の冒頭にある文書の歴史的な位置づけについて、研究途上の知見をまとめた。ご批正をお願いしたい。

註

（1）正倉院事務所編『正倉院宝物4　中倉Ⅰ』（毎日新聞社、一九九四年）
（2）『大日本史』にも「廃帝」とある。
（3）堀池春峰「勝宝感神聖武皇帝銅板詔書」（『大日本仏教全書』九九　解題三、鈴木学術財団、一九七三年）
（4）鈴木景二「聖武天皇勅書銅板と東大寺」（『奈良史学』五、一九八七年）
（5）松嶋順正『正倉院宝物銘文集成』（吉川弘文館、一九七八年）
（6）『大日本古文書』東大寺文書之三（東南院文書之三）第五櫃第一七巻
（7）喜田貞吉「国分寺の創設と東大寺の草創」（『喜田貞吉著作集』六、平凡社、一九八〇年）もと一九三八年
（8）中井真孝「延暦僧録と国分寺建立勅」（『日本古代仏教制度史の研究』法藏館、一九九一年）
（9）鈴木景二前掲註（4）論文、同「正倉院文書続修第一巻の聖武太上天皇願文――聖武天皇勅書銅板関連文書――」（奈良古代史談話会『奈良古代史論集』二、真陽社、一九九一年）
（10）東野治之「正倉院文書の筆者――聖武天皇勅書銅板の成立をめぐって――」（『書の古代史』岩波書店、一九九四年）、同「聖武天皇勅書銅板」（『日本古代金石文の研究』岩波書店、二〇〇四年、もと「古代の書と文章」岩波講座『日本通史』六、古代五、一九九五年）
（11）『東大寺要録』雑事章第十
（12）久野修義「中世東大寺と聖武天皇」（『日本中世の寺院と社会』塙書房、一九九九年）

平安時代における東大寺の教学と法会

永村　眞

はじめに

平安院政期に撰述された「東大寺要録」（以下「要」と略称）によれば、東大寺には「六宗達者、住此伽藍、三学行人、萃此大寺」（序）、「六宗・三学之士、満寺余僧房」（本願章）との意識が継承されており、「六宗」「三学」を修めた寺僧により、「聖教流布」つまり釈尊の経説が相承・布弘され「興隆仏法」が実現したとする。そして創建期の「六宗」は、空海により請来された真言宗、鑑真がもたらした天台宗を加えた「八宗」となり（「要」諸宗章）、「八宗兼学之仏法」つまり日本に伝来した仏法はすべて東大寺に伝持されるという意識が、少なくとも平安院政期には定着していたと思われる（「東大寺続要録」供養篇）。

しかし鎌倉前期に至り、「当寺者、大小二乗並窓、権実両教兼学之地也、所以自往日及当世、応　公請之人、勤大業之才、多以三論之家、来於花厳之室」との一文に明らかなように、東大寺が掲げた「八宗」であるが、実質的には「華厳」「三論」両宗のみが伝持され（「同前」仏法篇）、「八宗兼学」の実体はすでに失われていた。実は華厳・三論両宗のみが相承される東大寺教学の実態を史料上でたどるならば、その淵源はすでに平安時代に確認されるのである。

そこで本論では、奈良時代からの連続のもとで、平安時代の東大寺において、「諸会章五付相折」・「諸宗章勒」（「要」序）に象徴される具体的な法会や教学活動が、いかなる環境のもとで実現し、「仏法興隆」が果たされたのかを、「東大寺要録」などの編纂された寺誌とともに、同寺に伝来する「聖教」により検討を加えることにしたい。

なお「聖教」であるが、その用例を一覧する限り、第一に釈尊の教説という意味で、これを端緒として、第二に「宗」「流」などの祖師が語り門葉が拠り所とする教説、第三に寺僧の修学活動のなかで生まれた教学史料へと、語義の裾野をひろげていった。そして本論では第三の、極めて多くの寺僧集団が、その修学のなかで撰述・書写した教学史料という意味で用いる。

なお現在、東大寺図書館に架蔵される平安時代成立の「聖教」に目を向けるならば、年紀の記されるものとして、延長六年（九二八）「三性唱私記」（一〇一架一五号）、嘉承二年（一一〇七）・承安五年（一一七五）「三論大義抄」（一二三架一九六号）、天永二年（一一一一）「勧学講論義草」（一二三架二五四号A）、天永四年（一一一三）「因明論疏四相違略注釈」（一一一架一五七号）、仁平二年（一一五二）「法華義疏抄」巻二（一二三架二〇号）、仁安二年（一一六七）「竪義草」（一〇四架九〇五号）、承安二年（一一七二）「瑜伽論抄」（一一四架六号）、寿永三年（一一八四）「玄疏問答」第一〜第三（一〇四架一一一号）、この他年紀は明記されていないが、「義章問答」第二（一〇四架一三二号）、「倶舎論要文」中十巻（一〇四架三〇二号）、「法華論義草」（一〇四架三〇五号）、「大灌頂疏」巻四（一一一架一七〇号）、「法華玄賛第九抄」（一一四架八号）、「唯識論義抄」（一一四架一四〇号）、「法華抄出三之末理抄」（一二三架一二号）などが見いだされる。これらを一覧すると、その過半は疏釈・抄出であるが、天永二年の「勧学講論義草」などの論義・竪義草も散見され、それらの成立時期は平安院政期に集中しているが、時代の寺僧による修学活動の一端がうかがわれよう。またこれらの「聖教」のみでの断定は憚られるが、その多くが三論・法相宗による修学の痕跡を語るもので、華厳宗に関わるものが少ない。また鎌倉時代に成立した「聖教」の多さと比較すると量的に大きな差があり、その理由として「聖教」を生みだす教学活動の場が、相対的に少なかったことが考えられる。

第一章　東大寺の法要

「東大寺要録」諸会章の冒頭に、

当伽藍者、常行仏事、殊営功徳、鴻鐘六時響、永息六道苦、梵唄四季唱、速招四徳果、是則恒転法輪之砌、進修不退之地者也、春開花厳大会、各転八十軸之真言、秋展般若法筵、悉読六百巻之妙文、夏捧一万蓮花、持供千葉台之舎那、冬挑十千燈明、用献大遍照之母駄、如是殊勝広大事業、唯限寺家、他寺他処非有此事、施人能弘道、其在吾寺歟、可謂、国家修福之処、道俗来儀之台矣、諸院・諸堂、各別行事具不可陳、

として、東大寺における法会勤修の意義が記される。すなわち「息六道苦」・「招四徳果」という「功徳」を生みだす「仏事」として、春・秋・夏・冬に「花厳大会」（華厳会）・「般若法筵」（般若会）・「一万蓮花」（万華会）・「一千燈明」（千燈会）に代表される諸法会が年中行事として勤修されていた。これほどに「殊勝広大」な法会勤修は、「吾寺」東大寺なればこその「事業」であり、「国家修福」「道俗来儀」に相応しい場と言うことができる。また「諸院」と「諸堂」にはおのおのに「行事」（法会）が勤修され、これらは「聖皇之計」「本願之構」、つまり聖武天皇以来の公家（天皇）の計らいによって実現したものとする。このように東大寺の基本的な機能であるが、年中行

事として勤修される諸法会によって、広く衆生にわたる「六道苦」を除き「四徳果」をもたらすとともに、「国家修福」つまり天皇の「福」の実現がはかられたわけである。

右に掲げた東大寺の諸法会は、職衆による所作により構成される法要を核にして成立するが、寺僧が勤修する法要とは異質の所作、たとえば舞楽・雅楽がこれに加わることもあった。また法会の中核をなす法要には多様な形式があり、その変遷によって東大寺法会の時代的な特徴が明らかになるわけである。そこで創建期から時代とともに形式を多様化して勤修される東大寺の法要を、主に「東大寺要録」により概観することにしたい。

Ａ　読経

天平二年（七三〇）、「請僧六百人於宮中、読誦大般若経、為除災異故也」（「要」本願章）として、「災異」を除かんがために「宮中」に「六百人」の寺僧を請じて「大般若経」を「読誦」し、同年に、「令僧尼読金光明経、若無此経者、便転最勝王経、令国家平安」（同前）と、「国家平安」のために「金光明経」もしくは「最勝王経」を「僧尼」に「読」ませた。さらに天平十五年（七四三）にも、「為読金光明最勝王経、請衆僧於金光明寺、（中略）故以今年正月十四日、勧請海内出家之衆於所住処、限七々日、転読大乗金光明最勝王経」（同前）とあるように、「出家之衆」を請じて「金光明最勝王経」の「転読」が命じられている。

このように「除災異」・「国家平安」を祈念して、「大般若経」・「金光明最勝王経」などの経典読誦が盛んに行われるようになった。そこで「請僧六百人」が同音で読経する場合、その唱え方に統一を図らねばならず、延暦二十五年（八〇六）に諸宗年分度者の「学業」を定めた太政官符に、「得度」の条件として、「須各依本業疏、読法華・金光明二部経漢音及訓」とあるように（「類聚三代格」巻二）、「漢音及訓」による読経を義務づけていることも首肯できよう。この読経は、仏教伝来以来、最も早い時期から寺院社会に定着していた法要形式といえる。

B　講説

天平十二年（七四〇）「於金鐘山寺、良弁僧正奉為聖朝、請審祥師初講花厳経」（『要』本願章）として、良弁は新羅僧の審祥を金鐘寺に請じて「花厳経」の講説を行った。新たにもたらされた「華厳経」の内容を、多くの寺僧が理解するためには、新羅僧審祥による経についての詳細な講説が不可欠である。しかも審祥による華厳経講説が、東大寺と華厳宗の成立に重要な役割を果たしたことは既知の通りである。[1] また天平勝宝元年（七四九）閏五月廿日、東大寺などに下した「詔」には、「以花厳経為本、一切大乗小乗経律抄疏章等、必為転読・講説、悉令尽竟」（『要』雑事章）として、「花厳経」を基礎に、大小乗にわたる一切の「経律抄疏章等」の「講説」によりその理解を究めることが命じられている。さらに天平勝宝四年（七五二）には「以四月八日、設齊東大寺、欲講花厳経」（『要』供養章）とあり、大仏開眼供養にあたり、隆尊律師によって「花厳経」が「講」説され、「方広妙門」つまり大乗の妙理が説かれた。承和元年（八三四）には、空海により東大寺内に創建された真言院において、「心経秘鍵奥書云、承和元年仲春之月、於東大寺真言院開演云云」（『要』諸院章）として「心経秘鍵」が「開演」（講説）されている。このように経疏・論疏や祖師の教えについて、講師の「講説」により理解を深めるという修学方法が、すでに奈良時代前半にはとられていた。

C　悔過

天平十六年（七四四）十二月、聖武天皇は「令天下諸国悔過」として、諸国諸寺における「薬師悔過」の勤修を命じた（『要』本願章）。悔過とは生きとし生けるものの犯した罪業を三宝に懺悔し、その功徳により天下太平・五穀豊穣・万民快楽などを祈願する法要であり、修正会・修二会などとして勤修された。天平勝宝四年（七五二）、「和尚（実忠）始行十一面悔過、至于大同四年、合七十年、毎年始自二月朔日、二七日夜、修毎日六時行法」（『要』諸院章）として、実忠和尚が二月朔日から「二七日夜」の間、「六時」にわたる「十一面悔過」を創始し、以後大同四年（八〇九）まで「七十年」にわたり継続的に勤修したという。この二月に勤修される「十一面悔過」の道場が「二月堂」と呼ばれ、その法要には新たな所作が付け加えられ、二月堂修二会として今日まで継修されている(2)。

以上のように、奈良時代の東大寺においては、「読経」「講説」「悔過」が寺内法会における法要の柱として勤修されており、華厳宗以下の諸宗がいかに受容されていたかを確認することができる。そして平安時代に入ると、新たな法要が寺内に登場し定着することになる。

D　論義

「東大寺要録」諸会章の「法華会」項には、「恵運僧都記録云、弘仁二年十二月卅日、東大寺講堂、方広会登高座、竪義竪義、三部十八被文常数為空前、（中略）十一年春三月、於東大寺羂索院、法花会登高座、竪義、五重唯識章、冬十二月十五日、講堂方広会登高座、竪義、仮実等三類、天長之初年秋九月、小僧都」として、「恵運僧都記録」が付記される。恵運僧都は、弘仁二年（八一一）に東大寺講堂で催された「方広会」に「登高座」して「竪義」を、同十一年（八二〇）羂索院における「法花会」、同年講堂での方広会にも「竪義」を勤めている。「竪義」論義は、竪者として「五重唯識章」などから義名を定め、まさに「義」（主張）を「竪」て、これに問者が「難」（疑問、批判）を投じ、この竪者・問者により交わされる問答は、最後に精義の判定によって決着するのである。また同書の諸院章「天地院」項に、「古老相伝云、去昌泰之比、延義講師勤天地院八講々師、而七大寺諸僧、莫非延義大徳之弟子也、聴聞衆中雖勧論義、諸人〔延義脱カ〕弟子各々辞退無人論議、于時衆中有一老翁、鬢髪皓白、俄出衆中、先挙疑声、為三論議、其語巧妙、其義甚深、衆人異之、延義大徳牒論義、一々答畢、爰老翁陳云、三論義中、一論義者已成其答、一論義者未決也、一論義者全不成答、初承聖者智恵分斉顧為佳耳、我是文殊也、語畢忽然不現、凡遇文殊生中三度云々」との記事が見られる。古老の伝として、昌泰年中（八九八～九〇一）に「天地院八講」、つまり法華八講において「論義」が催されたという。この「天地院八講」では延義大徳が「講師」を勤め、その場には「七大寺諸僧」が「聴聞衆」に招請されていたが、いずれも延義の弟子であった。延義の講説を承けて、「論義」（問答）をなすよう「聴聞衆」を促したが、誰も「問」を発することがなかった。ところが「衆中」から一人の老翁が「疑声」をあげ、三点の「問」を延義に投げかけた。延義はこれに答えたものの、老翁は三「問」の内で一問は「答」がなされたが、他の二問には明確な「答」はないと断じ、延義に対し「初承聖者知恵分斉」としては「佳」とすべきであると、いささか厳しい評価を下した上で、自らは「文殊」の化身であると語り忽然と消えたという。この伝承の正否はさておき、「天地院八講」では講師の講説を踏まえ問者との問答を交わす講問「論義」がなされていた。同じく諸会章の二月に、「八幡宮御八講、始自廿日四ヶ日、於御社礼殿修之、諸宗学徒七十人并所司等参会、第三日僧供政所、余三ヶ日結衆勤仕之、」として、少なくとも平安院政期には、八幡宮においても「諸宗学徒七十人」以下が「参会」して法華八講が催されていたことが知られる。

　このように竪義論義と講問論義は、平安時代以降に寺内法会のなかに相次いで登場し、講説を聴聞するのみならず、問答を通して経論の要諦への理解を深める修学方法が定着していたわけである。

E　密教祈禱

上記のような顕教の法要とは別に、空海がもたらした真言密教に基づく法要も東大寺に定着していた。弘仁十三年（八二二）に空海によって「灌頂道場」を中核とする東大寺真言院が創建され、「息災増益之法」（「要」諸院章）が勤修された。しかしそれ以前に、すでに「今聞、古人云、（中略）然則二月十二日夜、至後夜時、練行衆等下集井辺、向彼明神在所、加持井水、以加持力故其水盈満、于時汲取香水瓶、不令断絶」（同前）とあるように、実忠により創始された修二会において、「六時行法」の中で「神名帳」を読み「諸神」を「勧請」する作法のなかで、「香水」を供するに先立ち「井水」を「加持」する作法がなされたとされる。この「古人」の説による限り、奈良時代の東大寺において「加持力」を求める密教作法がなされていたわけである。また真言院が創建された翌弘仁十四年（八二三）「三月癸亥、令百僧於東大寺行薬師法、欲除疫疾」（「要」雑事章之余）として、「除疫疾」のために東大寺において百口の請僧による「薬師法」が勤修された。さらに「東宝塔破壊年久、修造無期、就中覆盤西方上金一枚、去天禄二年七月中、為救神火、切斫六尺、従彼隙雨露滴入、心柱漸朽、可成大害」とあるように、天禄二年（九七一）東塔への落雷を恐れて露盤の一部を切り除いたため、そこから雨露が入り心柱が朽ちて倒壊の恐れがあるため、寛弘六年（一〇〇九）に大規模な修理がなされ、その折に「経典・真言等」が塔内に安置されたが、その「真言」とは「尊勝陀羅尼・仏眼真言・光明真言各一巻」であった（「要」雑事章）。このように奈良時代より密教（雑密）の加持祈禱が寺内では勤修されており、空海により真言密教（純密）がもたらされ東大寺真言院が創建された後も、寺内では雑密に基づく加持が存続していた。その一方で、東大寺における真言密教の定着を支えたのが、「夫真言教門、諸仏之肝心、如来之秘要、凡在仏子、必可修習矣」（「要」諸宗章）として、仏性を覚る術として「真言教門」を重視する意識であったことは注目すべきである。

F　念仏

東大寺阿弥陀院は、「阿弥陀院流記在印蔵、水田六十町、従五位上石田女王建立、延暦十七年八月廿六日」（『要』諸院章）とあるように、延暦十七年（七九八）石田女王により創建されたという。ところがこれに先立つ神護景雲元年（七六七）成立の「阿弥陀悔過資財帳」が伝存し、これによれば東大寺内に「阿弥陀仏像一軀」「阿弥陀浄土変一鋪」などを安置する阿弥陀堂があり、同堂において阿弥陀悔過が催されていたことが知られる。また天慶元年（九三八）明珍僧都により念仏院が創建されており、奈良時代以来、阿弥陀信仰に基づく堂宇と法会が寺内で勤修されていたことが確認できる。さらに「三昧堂、治安元年、仁仙大法師与助慶聖人同心、所創建也、同造僧坊令住六口三昧僧、修法華三昧之行、又毎年夏中、修百ヶ日講、并始自八月十五日三ヶ日不断念仏、于今無絶」（同前）として、治安元年（一〇二一）仁専・助慶により創建された三昧堂では、「六口三昧僧」による「法華三昧」と「不断念仏」が継続的に勤修されていた。東大寺における阿弥陀信仰は、凝然「浄土法門源流章」に「浄土教観不為別宗、各随自宗解釈法義」とあるように、「浄土教観」は諸宗がおのおの「解釈」に基づき「法義」を受容して寺僧の信心を支えるとともに、そのような環境のもとで、念仏が寺内法会の一画をなして継承されたのである。

以上のように、創建期より平安時代を通して、東大寺における宗教活動の一端を、法会という一面から通観した。古代から中世を通して東大寺で勤修された顕・密・浄土にわたる法要の形は、いずれも平安時代に寺内に登場しており、冒頭に掲げた「聖教」が生まれる契機となった講説・論義と密教法会が、寺内の教学活動の中で果たした役割が明らかとなろう。

第二章　学侶と法会出仕

東大寺に「六宗」と真言・天台が受容されて諸宗が修学される姿は、「東大寺要録」諸宗章の、「僧衆集住不倦寒暑、三面僧坊諸宗並窓、小乗・大乗鑽仰既旧、四方禅院衆彦連枢、半字・満字翫味弥新、花厳・三論各談五教・八不之理、天台・法相手演四教・三時之義、真言・戒律能修三蜜・五篇之行、成実・倶舎妙弘三蔵・四含之教、紹隆之業於茲盛矣」との文言に明らかである。つまり「僧衆」が止住する「三面僧坊」「禅院」には、「小乗・大乗」にわたる「諸宗」が相承され、八宗の教学がおのおの教説を掲げて仏法紹隆を実現していた。そして東大寺の仏法興隆を支えたのが、「僧衆」「衆彦」であることは言うまでもない。

東大寺僧が「学侶」と「堂衆」という寺内階層を構成し、おのおのが固有の集団を形成するのは平安院政期以降のことである(3)。そして平安時代の東大寺で勤修される諸法会において、「(八月)十一日、講功徳経於羂索院行之、但花厳宗講之」、「(十月)十八日、龍樹供於東南院行之、但三論宗」、「(十一月)三十講於政所房、撰吉日、諸宗学徒相共修之」、「(十二月)十五日、方広会於講堂行之、在竪義、学衆始役也、三ヶ日、」(「要」諸会章)等々とあるように、その勤修にあたり中心的な役割を果たしたのは、「三論宗」・「花厳宗」などの「学侶」(「学徒」、「学衆」)であった。寺内では三面僧坊と東南院・尊勝院などの院家に止住する「学侶」が、実質的に東大寺の教学・法会を支えており、その具体的な修学形態を、平安時代に勤修された諸法会にうかがうことにしたい。「東大寺要録」諸宗章に掲げられる「東大寺華厳別供縁起」には、

天平十二年庚辰十月八日、金鐘山寺奉為聖朝、請審祥師、初講花厳経、(中略)遂以天平十六年歳次甲申、帰命三宝、降勅百寮、肇建知識華厳別供、(中略)但屈請新羅学生審祥大徳而講説、(中略)慈訓僧都、鏡忍僧都、

円証大徳、請為複師、請十六徳為聴衆、三年講六十巻経、講師命終、則三複師請講師、各尽二十巻経了、（中略）講六十経并疏廿巻了、（中略）自此以後、古経及疏、新経及疏、講演繁多不可数量、又諸寺六宗中、説華厳皆後東大寺初所起也、僧正臨終時、偏以花厳一乗、付属宗道天皇、

として、華厳宗が成立する端緒となった、天平十二年（七四〇）の「天皇御年四十満賀之設講」に創始された華厳経講説が記されている。同十六年（七四四）に「知識華厳別供」が設置され、華厳宗僧の修学を支える組織的・経済的な条件が整えられた(4)。この華厳経講説では、まず「新羅学生審祥大徳」を講師として、慈訓・鏡忍・円証を複師に、さらに十六僧を聴衆として招請した。そして審祥が六十巻の「華厳経」とその経「疏廿巻」をめぐる講説を三年にわたり続け、慈訓以下の複師が綿密にその内容の継承を図るとともに、聴衆もまたその理解につとめた。三年にわたる審祥の講説が終わった後は、慈訓以下の三人の「複師」が「講師」となり、おのおの二十巻の「華厳経」と経疏の講説を継続した。審祥の講説は、「古経」つまり「六十巻経」（六十華厳）と経「疏二十巻」として法蔵撰「華厳経探玄記」が用いられたが、後に「新経」（八十華厳）とその「疏」として慧苑述「続華厳略疏刊定記」が用いられ、寺内では古・新両「華厳経」の理解が深められたわけである。なお重要文化財に指定されている「続華厳略疏刊定記」（一〇一部五～九号）は、この華厳経講説を契機として成立した可能性が高い。

また天平勝宝五年（七五三）に、聖武天皇と中宮宮子の追善供養として、戒壇院北堂を道場として「国忌」としての梵網会が創始された。その由緒と内実を語る嘉承元年（一一〇六）に草された「梵網会縁起」（「要」雑事章）によれば、

敬白三世諸仏・現前大衆、毎年今日、払灑木叉紫檀、移留花蔵之法会、荘厳尸羅宝殿、講演梵網之妙典、（中略）毎年今日、令講梵網奥旨者也、伏惟中宮聖母、（中略）而以去天平勝宝五年七月十九日、玉輿遷於雲路、

金蓋赴於浄界矣、自爾以降、至于嘉承元年歳時丙戌、所経三百年也、積年代而久被修御態者、大衆悉知其趣、仰願千花百億釈迦尊、三世十方諸如来、塵数薩埵諸共証明知見給、御願成就給乎、

次神分、次祈如常、次勧請、

（中略）

梵網経盧舎那仏説菩薩心地品第十

将釈此経、略可有三門、大意・釈名・入文判尺也、初大意者、夫以赫々蓮台趣三界、而秀詩茫々花蔵開千葉、（中略）所以有識・有心皆入仏戒、共六道四生誰独不帰、前仏・後仏所誦持、学位大士豈無諷詠哉、

経大意如此、

第二題目者、梵網経者一部惣名、盧舎那仏説菩薩心地品者、此品別号、第十者次数也、故云、第三入文解尺者、此経本有一百一十二巻六十一品之中、此品第十心地法門品而成上下巻、即上巻明地前卅心、地上十地、下巻顕十重四十八軽戒、分為序・正・流通三段、初爾時尺迦牟尼仏下是序分、次尺迦牟尼仏下是正宗分、後如一切下流通分也、文々句々具如経文并疏記章文、

とあるように、法会の次第は、冒頭の表白から神分・祈願・勧請の後に、講師により「梵網経盧舎那仏説菩薩心地品第十」をめぐる経釈が続いた。この梵網会の中核的な所作は、「梵網之妙典」を「講演」する経釈である。経釈は「経大意」、「釈名」（「題目」）、「入文判尺」（「入文解釈」）の「三門」から構成される。まず第一の「経大意」では、「自非心地宝階無登台、不全尸羅神跡誰蹈其境乎」として、覚悟にとっての戒律の意義を踏まえ、「有識・有心」（衆生）は誰もが「仏戒」に帰してこれを持し、また「前仏・後仏」や仏道に励む有徳は、誰もが本経を誦持するとして、同経の意義を語る。第二の「題目」として、「梵網経盧舎那仏説菩薩心地品第十」を「梵網経」「盧舎

那仏説菩薩心地品」「第十」の経題・品号・「次数」に区分し、第三の「入文解尺」では「梵網経」の全一一二巻、六十一品の中で、「第十心地法門品」の位置を示す。さらに上巻に「地前卅心・地上十地」とある菩薩位の地前・地上について、下巻は「十重四十八軽戒」の菩薩戒について、「経文并疏記章文」により「序分」「正宗分」「流通分」の「三段」に分かち解釈がなされる。このように梵網会は「梵網経」の読誦とあわせて、経論の講説が「経大意」「題目」「入文解尺」という側面からなされ、特に「入文解尺」については「序・正・流通三段」という三段階を経て「解尺」がなされたことが知られる。この「三門」「三段」からなる経釈の中に、学侶による日常的な修学活動の成果が盛り込まれ、またその内容によって講師の学識に対する評価がなされたことであろう。

講説を中核とする華厳経講説・梵網会などは、古代東大寺において多様な檀越の願念のもとに創始され、また学侶による修学活動の中核的な法会として、寺内学侶により継続的に勤修された。ただし寺内で催された講説（講経会）において、講師により唱えられた説草の類が作成されたことは確かであるが、「東大寺要録」に引用される表白などを除いて、伝来する東大寺の「聖教」類の中に多くを見いだし得ない。

第三章　論義と「聖教」

東大寺に伝存する「聖教」を一見すると、講説における説草に比して、平安時代に寺内に登場した論義会の「聖教」（問答草）が多く作成されており、その生成の場としての論義会に注目したい。

「東大寺続要録」仏法篇の「大乗義章卅講」項には、

保延二年、始行、撰召三論一宗之学徒、令修三十座之講行、一向以大乗義章為宛文、分二百余科、令問答論談、

於施供等用途者、□□而定範法印院務之時、被副三論疏了、云義章之精談、云論疏之問答、共闘智弁、
互决雌雄者也、

とあり、保延二年（一一三六）に浄影寺慧遠撰にかかる「大乗義章」を用いた論義会として「大乗義章卅講」が創始された。この「大乗義章卅講」は、「三論一宗之学徒」を招請して催され、「大乗義章」から「二百余」の「科」文を定めて「問答」における「配文」とし、個々の科文をめぐる「問答論談」により「互决雌雄」する論義会であった。なお鎌倉前期に東南院院主の定範法印が、「大乗義章」に加えて「三論疏」に「配文」を求めることとし、「義章之精談」と「論疏之問答」により三論宗徒の教学修得の一助とした。「大乗義章卅講」においては、「二百余科」の「配文」により「三十座」の「問答」がなされたわけで、その場には三論宗僧の講師・問者が招請され、両者共に出仕に先立ち「配文」をめぐる講説と問難を準備して会場に持参したはずである。講師と問者が準備する講説・問難は、いずれも「聖教」として法要の中で用いられ、さらに相承されることになる。

この「大乗義章卅講」への出仕を契機として生まれたとは確言はできないが、東大寺図書館に「義章問答」第二（一〇四架一三二号）が伝来する。その外題に「義章問答第二　頼超之」とあるように、「大乗義章」の要諦をめぐる問答が列記された「義章問答」は、平安院政期に活躍した三論宗僧の頼超により書写されたもので、その成立はさらに時代をさかのぼる(5)。

義章問答新旧要第二

問、引龍樹所説、明二蔵結集、爾於何処結集摩訶衍耶、
章教迹義云、龍樹上云、○文殊・阿難、於鉄圍山集摩訶衍、為菩提蔵云々、
問、考論文第百巻也、雖定文殊・阿難結集大乗、更不云鉄圍山、而何如此引文耶、

答、
花厳澄観師云、随疏演抄以纂霊記及刊定記所説日照之、
金剛仙論第一云、在鉄圍山外二界中間、結集大乗法蔵云々、
宣律師感応記云、又付文殊、大鉄圍山諸菩薩等住処、九地有八万人、当令略之所云々、珠林十二引之、

右の「義章問答」第二冒頭の問答には、「龍樹所説」を引き、「摩訶衍」（大乗）が「結集」された場についての「問」をめぐり、「大乗義章」の「衆経教迹義」により、「鉄圍山」で「結集」がなされ「菩薩蔵」とされたとあるが、「論文」にはただ「文殊・阿難」が「大乗」を「結集」したとあるのみで、「鉄圍山」とは記されておらず、しからばいずれの「文」を典拠として引いたのかと問う。この「問」に対する「答」は成されたであろうが、本書には記されず、この「問」に関わる典拠として「花厳澄観師云」説や「金剛仙論」・「宣律師感応記」が掲げられるのみである。このように「大乗義章」の「精談」のなかで、「問」「答」とともに典拠を付記した聞書として生まれた「義章問答」は、平安院政期の学侶による修学活動の内実を語る「聖教」である。そして「義章門答」などを参照しながら、「大乗義章」の「科」文を「配文」として「問答」を交わす論義会が、「宗」僧の修学を支える場として平安院政期以降に寺内で盛んに勤修されることになった。

さて天慶元年（九三八）に明珍僧都により創建された念仏院（新院）は衰退を経て、仁治三年（一二四二）に別当定親により三論宗を掲げる新禅院として再興された。しかし興福寺西金堂衆により破却された後、文永四年（一二六七）には中道上人聖守の手で「修習三論・四曼之教法」する道場として再建が図られ、弘安四年（一二八一）には亀山院の「御祈願所」とされた（『東大寺続要録』諸院篇）。この新禅院の院主聖然の手で、「恵日古光鈔」十冊（一一三架一五三号一～一〇）が編述されている。本書は寺外の論義会において交わされた問答について、特に「問」

二二五題について、主たる出拠を類聚した問答料簡と呼ばれる顕宗「聖教」である。(6)

ところで同じく聖然の書写にかかる問答料簡として、「春花略鈔」（一一三架一九二号）が東大寺図書館に架蔵される。(7) その本奥書には、

写本云、嘉禎二年七月晦日、恵日抄之内、貞禅僧都抄之外、論義抄出之畢、為東南院毎日講問者也、

三論沙門智舜記之、

とあり、嘉禎二年（一二三六）三論宗僧の智舜が東南院毎日講問者出仕のため「恵日抄」より問答料簡を編述し、本書は智舜が止住した光明山寺に因んで「光明山集」とも呼ばれた。さらに書写奥書には、

徳治二年九月下旬、以先師上人自筆之本、加書写之了、　沙門聖然（花押）

とあり、徳治二年（一三〇七）に聖然の手で智舜撰述「光明山集」に加筆がなされ、「春花略鈔」が成立したことが知られる。聖然が書写・加筆した「春花略鈔」と、その編述にかかる「恵日古光鈔」は、いずれも論義会の問答料簡を列記したものであるが、実は後者は「問」を主要な出拠ごとに分類したものであり、その成立は前者が書写された徳治二年を下るものと考えられる。

さて「恵日古光鈔」の記述を見るならば、たとえば巻一では、まず「大乗玄論」「浄名玄論」「二諦章」ごとに、標目として「問」が掲げられ、本文に移ると、個々の「問」に続いて、「問答」と関連する料簡としての典拠が引用される。たとえば、「大乗玄義」を主な典拠とする巻一の第三問は、安元二年（一一七六）の維摩会における問答であるが、その標目には「問、信円、円経、二尊、花厳経中初発心時、便成正覚云々、爾者、何位初発心耶」として「問」の要約が記され、さらに本文に、

安元二ー維摩、信円問貞敏、建永二ー粟田口、円経問貞乗、文暦元ー維摩、公尊問道宝、

問、花厳経中、初発心時、便成正覚文、爾者、今此初発心何位可云耶、進云、此上発心文、付之、既云初発心、何地上耶、何況今此文、既在初発心品、則在十住法門中、何云初地耶、依之浄影大師十住初心文、加之、涅槃経発心畢竟二(マヽ)無別文、大師自外凡十信発心云々、此文又可同耶、

として「問」の展開が詳記され、ここで「答」は省略されている。さらに「問」に続いて、以下に「大乗玄論仏性義」「浄名玄一」「義章十禅義」「章無上菩薩義」「花厳」「百論序」「大乗玄教迹義」「涅槃経」「仁王疏」「花玄」「宝屈」などの典拠と、「禅那院云」との聞書が掲げられる。

本「問」は、安元二年の維摩会、建永二年（一二〇七）の粟田口御八講、文暦元年（一二三四）の維摩会において、講師として出仕した三論宗徒の貞敏・貞乗・道宝による「講」説をめぐり、問者である延暦寺信円、興福寺円経、園城寺公尊らとの間で交わされた問答に関わる。

その「問」の内容としては、「花厳経」中に「初発心時、便成正覚」つまり初めて発心した時、かりそめにも覚悟が得られるとの偈があるが、この発心とは悟りに至る階梯の中でどのような位置にあるとするか、さらにすでに「初発心」というが、これは十地の中でいずれの段階にあるものかと「問」が続く。さらに「初発心時、便成正覚」との偈は、「華厳経」の「初発心菩薩功徳品」を出拠とするが、「十住法門」（「華厳経」菩薩十住品）にもあり、どうして「十地」に及ばぬ「十住」にありながら、「初地」と言うのかと疑問が続く。ここで「大乗義章」を著した浄影大師慧遠には「十住初心」との言がある。また「涅槃経」には「発心畢竟二不別」との一文があるが、これは大師の説く「下凡十信発心」と同義と言えるかと問う。なお末尾に禅那院珍海の「何故、初地名初発心、後成正覚耶」との問答が記されており、「問」にさまざまな疑問が重ねられるが、問答の中心はやはり「初地」に「正覚」が得られるか否かということにあった。

さて「問」を柱に「答」とともに典拠を掲げる「春花略鈔」や「恵日古光鈔」には、東大寺三論宗僧の修学活動の実態がうかがわれる。すなわち「大乗義章」などの論疏を出拠とする問題について、いかに典拠を広範に探し説得力のある問答を展開するかが学侶の重要な修学の目標であり、その意図のもとにさまざまな「聖教」が編述された。論義会に出仕するために、日常的に「問・答」の内容を学ぶとともに、その典拠となる経論や経論疏、さらに先学の問答草や問答料簡などの「聖教」を集め書写する、ここに修学活動の重要な柱があったことは確かである。しかも「恵日古光鈔」は、主に寺外の論義会に講師として招請された三論宗徒への「問」を掲げ、「答」ずるための典拠を列記した「聖教」であり、問答の場を一覧する限り、最勝講・院最勝講・御斎会・二間仁王講・法勝寺御八講等々の勅会が過半を占めることから、平安院政期以来の勅会に出仕した先学の問答を踏まえ、これらへの出仕を意識して編述・相承されたわけである。

ところで新禅院聖然は、「春花略鈔」「恵日古光鈔」などを書写・編述するにあたり、三論宗僧の修学を支えるために問答料簡を編述しており、平安時代より寺内では「宗」に対する強い意識が存在していた。「東大寺続要録」諸院篇「東南院」項には、

当院家者、当寺別当道義律師、延喜四年七月二日夜、発三百余人夫工等、壊渡香積寺字佐伯院、所建于当寺南大門東腋也、其後律師、延喜四年、於大衆中付属于聖宝、為備後代之亀鏡、即請寺司之署判、（中略）次三論長者、諸宗〔寺カ〕三論宗中、殊撰器量、以官符所補来也、而延久三年、永以東南院々主可為此宗長者之由、被宣旨以来、于今無違乱矣、

として、貞観十七年（八七五）に聖宝により創建された東南院では（「要」諸院章）、延喜四年（九〇四）に別当道義により佐伯院の本堂が東大寺に移建され、「大衆」の承認のもとに聖宝に「付属」されて同院薬師堂となり、院家

としての整備が図られた。また東南院の院主には、三論宗僧の中から「器量」のものが選ばれ、あわせて「三論長者」に補され、これを兼ねることになった。東南院は開祖聖宝の修学する「宗」により、三論・真言兼学の院家として存続したが、その院主は三論宗長者として、寺内外の三論宗僧の中核をなし、以後同院を拠点にして、四箇大乗（天台・法相・華厳・三論）の一角を占める三論宗の興隆が図られたのである。

東大寺内には三面僧房とは別に諸堂の僧房、さらに平安中期以降に院家が次々に創建されることになり、これら院・房において特定の「宗」が修学・相承されて、寺家の仏法興隆を基底で支えることになった。それゆえに「龍樹供於東南院行之、但三論宗」（「要」諸会章）とあるように、院家において「宗」に固有の法会が勤修されるとともに、寺内外で開催される論義会に出仕するための加行としての講・会が院家で催され、問答料簡・問答草・短尺というような「聖教」が編述された。平安院政期以降に洛中において勅会として盛んに勤修された論義会には、四箇大乗に属する四箇大寺（延暦・園城・興福・東大四箇寺）の寺僧が招請されて問答を交わした(8)。これらの論義会では、公請を受けて招請された宗僧の学識のみならず、「宗」の存在を寺内外に顕示することになり、「宗」を継承する院家にとっては重要な関心事であった。そこで、院家が催す講・会などへの出仕を契機として、さらに多くの「聖教」が編述され、それらが院家の法流を通して伝授されたのである。

おわりに

本論では、平安時代の東大寺において、いかなる環境のもとに仏法興隆がなされたのかを、「東大寺要録」に主要な素材を求め、加えて伝来する「聖教」に目をむけながら検討を試みた。

『東大寺要録』諸会章に明らかな通り、創建期より平安時代を通して、読経・講説・論義・密教祈禱・念仏などの多様な形式の法要が登場し、それらを中核として恒例・臨時の寺内法会が勤修された。これらの法会が勤修される背景には、東大寺が掲げる「八宗兼学之仏法」という仏法受容の意識があったことは言うまでもない。あわせて東大寺の仏法興隆を支えたのは、華厳宗を始めとする教学の布弘のために勤修された講説（講経会）や論義会（問答）といった法会に出仕する、諸宗教学を修学した学侶（宗僧）集団の存在であった。平安後期以降、東大寺では主に三論・華厳両宗を中心に、院家を拠点として宗僧集団の継承を図るとともに、「宗」教学の興隆を図るために講・会を催し、寺内外における論義会に出仕を進めることになった。とりわけ平安院政期に洛中の諸寺などで公家が催す勅会は、四箇大乗に属する三論・華厳両宗を相承する東大寺の仏法興隆を顕示する格好の場であり、宗僧にとっても自らの学識を示す良き機会でもあった。それゆえに、寺内院家における講・会、さらには勅会としての論義会の場への出仕を契機として、宗僧の修学活動の中で数多くの「聖教」が生まれた。平安院政期以降の論義会勤修の広まりの中で、問・答の内実を高めるための経論・疏釈の博捜により、学侶層の修学活動が大きく変容を遂げており、ここに仏法受容の時代的な特質が見られるのである。

このように隆盛を遂げた洛中の論義会は鎌倉時代以降も継続して勤修され、その開催が鎌倉前期の東大寺復興にともなう教学復興を後押ししたことは確かである。そのような勅会の勤修という契機も一因としてあって、平安院政期に広まった問答を柱とする修学活動が、平安最末の東大寺焼亡から教学復興を実現する重要な前提条件となったと考える。

註

（1）堀池春峰「金鐘寺私考」「華厳経講説より見た良弁と審詳」（『南都仏教史の研究』上　東大寺篇〈法藏館、一九八〇年〉所収）参照。

（2）二月堂修二会については、『南都仏教』五二号、一九八四年「二月堂特集」参照。

（3）拙稿「寺内僧団の形成と年預五師」「寺内諸階層の形成」（『中世東大寺の組織と経営』〈塙書房、一九八九年〉所収）参照。

（4）「別供」については、佐藤泰弘「東大寺東南院と三論供家」（『甲南大学紀要』一四四号、二〇〇五年）参照。

（5）頼超は、寿永三年（一一八四）に「（維摩経）玄疏問答」第一・二・三を書写し、特に第一・二は「東大寺北院」で書写していることから（一〇四架一一一号一〜三）、平安院政期に活躍した三論宗の学侶であったことが知られる。

（6）「恵日古光鈔」については、拙稿「論義と聖教――「恵日古光鈔」を素材として――」（『中世寺院史料論』〈吉川弘文館、二〇〇〇年〉所収）参照。

（7）「春花略鈔光明山集」については、拙稿「鎌倉時代の東大寺三論宗――三論聖教「春花略鈔」を通して――」（『史艸』四〇号、一九九九年）参照。

（8）「四箇大乗」「四箇大寺」ついては、拙稿「中世寺院の秩序意識」（『日本宗教文化史研究』一九号、二〇〇六年）参照。

『東大寺要録』の撰述目的と撰者

遠藤基郎

はじめに

『東大寺要録』（以下、『要録』と略す）の成立については、安藤更生・堀池春峰によって次のように整理されている。東大寺別当永観の時に編集が開始され、次の勝覚の時、序の年紀嘉承元年（一一〇六）にほぼ完成し、さらに勝覚の任期最終年である元永元年（一一一八）頃まで手が入れられ、さらに以後も別当定海期の長承三年（一一三四）に観厳（雑事章之余奥書）などによって増補がなされた、と。[1]

さらに堀池はその撰述目的について、①摂関政治確立による興福寺の隆盛と東大寺寺勢の衰微、②荘園退転、③六勝寺成立による天皇家の東大寺崇敬姿勢の後退、への危機感に基づいて、東大寺のかつての栄光の歴史を振り返ることで、寺僧の反省自覚を求め、同時に白河院政による王権復興という新しい流れの中で、東大寺の未来への願望をこめたもの、と整理した。

これに対して、久野修義は、十一世紀半ばより、荘園拡大の論理として東大寺が打ち出した「本願聖霊（聖武）

勅施入」の論理が、『要録』序文の冒頭に「原夫東大寺者、平城宮御宇勝実威神皇帝御願、天下第一大伽藍也。（略）施入水田一万町、以供養三宝。割分食封五千烟、而撫育衆僧」と掲げられ、かつまた同年の東大寺解状（後述）でも同様の表現があることに注目する。すでに十一世紀半ばより開始された中世東大寺への胎動を確固たるものとするための企て、すなわち「東大寺が中世寺院として成立していく一環として、この『要録』の序文も読まれるべき」と主張した（2）。

鎌倉後期においても、「本願聖霊勅施入」は東大寺の正統性を支える有効な論理としてあったから、久野の指摘は従うべきであろう。しかし、一方でまさに嘉承元年というこの時期に、『要録』の成立した事情が曖昧となった憾みなしとはしない。後述のように『要録』は同時代の他寺の寺誌に比して抜きんでた完成度を誇る。完成度の高さは、もちろん撰述者の能力の高さによるであろうが、同時に相応の強い動機づけ＝危機意識が想定される。

したがって小論では、「危機感」を読み取ろうとする堀池の指摘もなお有効であると考える。ただし、同時代の歴史背景一般のみで説明するのでなく、さらに掘り込んで嘉承元年前後の東大寺、という具体的な状況に即して考えたい。そのことは、不詳とされる撰者についての仮説の提示をも可能とするだろう。

予定調和ではない東大寺僧侶集団の葛藤に多少なりとも向き合いつつ文化遺産としての『要録』の成り立ちを再考すること。これが小論の目論見である（3）。

第一章　当該期の東大寺別当と事績

白河院によって確立された院政という政治形態は、天皇家の王権がそれまでとは異なる統治者の相貌へと転換したことを示す。聖俗を問わずあらゆる社会集団がこの新しい王権の形態との関係を再構築することを求められた。その成否が集団の行方を定めることとなる。

東大寺にとって鍵となるのは長官僧である別当であって、その重要性についてはすでに多くの論者が多角的に明らかにしている。(4) それらによりつつ『要録』が成立する前後の期間、七代の別当につき、その人間関係・事績などを整理するならば表のとおりになる。

別当名	任期	出身	人間関係	事績
慶信	承保二年（一〇七五）正月十四日～ 嘉保元年（一〇九四）十二月二十六日 在任二十年	東大寺東南院院主	白河天皇生母茂子の兄弟、鳥羽天皇生母苡子のオジ	修復：食堂、大仏殿東庇、同乾角母屋柱、千手院壁、勅封蔵、東塔蓋層角木、南大門西大垣 修造：八幡宮礼殿、広目天
経範	嘉保二年（一〇九五）六月二十二日～ 康和二年（一一〇〇）五月　在任五年	仁和寺、東寺長者	醍醐源氏経信子	修造：真言院
永観	康和二年（一一〇〇）五月二十一日～ 康和四年　在任二年	東大寺、法勝寺供僧	光孝源氏国経（文章生）子、往生人、白河院帰依	修復：勅封蔵、食堂登廊 修造：七重塔、回廊楽門
（別当未補）	康和四・五年　在位一年			
勝覚	長治元年（一一〇四）五月二十九日～ 永久五年（一一一七）　在任十四年	醍醐寺	村上源氏俊房子・堀河天皇母賢子の父方従兄弟、白河院の戒師・護持僧	修造：大仏殿四面回廊など
寛助	元永元年（一一一八）四月二十八日～ 天治二年（一一二五）正月十五日（卒） 在任七年	仁和寺	宇多源氏、白河院近臣僧	修造：戒壇院、食堂、東南院主房

勝覚（再任）	天治二年（一一二五）七月二十日～大治三年（一一二八）在任四年			
定海	大治四年（一一二九）五月二十日～永治元年（一一四一）十二月二十八日在任十三年	醍醐寺・三宝院	村上源氏顕房子・堀河天皇母賢子兄弟	修造：東室・講堂・北室、大仏殿瓦葺、戒壇院・西室・上司蔵修造、八幡宮玉垣、橋など

別当七名のうち寺内出身は慶信と永観のみであり、以外は寺外真言宗僧侶である。(5)

永観以後はいずれも白河院と近い関係にあって、その補任は白河院の強い意向によるものであった。白河は真言密教に帰依していたから、その結果として寺外真言僧が多数を占めることとなったのである。(6)

このことは、院政期の東大寺にとって一定の利点があった。朝廷の支援のもと、多数の修造事業が遂行され、あるいは荘園が確保されるという果実をもたらしたからである。別当の在任期間は原則四年間であるが、当該期はそれ以上の長期にわたることが一般的であり、さらに再任されるものもいた。このことは、寺外真言宗別当を東大寺全体として認めていたことを物語っている。

しかしこれはあくまでも白河親政・院政期を総体として観察した場合の結論であって、こと『要録』成立以前の時期にあっては、注意を要する。

経範

問題は、経範（仁和寺、東寺長者）である。すでに久野修義が強調するように、彼を挟む前後の、慶信・永観が寺僧によって「能治」の別当として賞賛されているのに対し、経範は「不治」として寺僧により糾弾された。(7)康和元年（一〇九九）閏九月、「衆徒注三十五箇条不治行縁、擬講以下五十余人列立陣頭、訴申」（「東大寺別当次第」）として、朝廷にその罷免を強訴している。院政期は寺社強訴が多発した時代であったが、興福寺・延暦寺と違い東大寺はその形跡がほとんどない。この経範解任要求の強訴はきわめて特異な事態であった。朝廷＝白河院は、いったんは強訴側を処分したが、最終的には経範停任となる。寺僧側の勝利であった。

残念ながら、寺僧が書き連ねた三十五箇条の内容は不明である。久野によれば「不治別当」たる理由の一つは、修造実績であった。経範の実績は真言院のみであって明らかに前後の別当に比べて見劣りする。三十五箇条に含まれたことであろう。

三十五箇条の内容が唯一わかるものがある。木本荘をめぐる相論での失態である。

東大寺末寺崇敬寺領紀伊国木本荘は、源有政によって押領され、朝廷において争われることとなった。その際、有政側が提出した東大寺別当の下文につき崇敬寺は次のように反論した[8]。

又東大寺別当件庄非安倍寺（崇敬寺）沙汰由、被成其下文者、是誰人下文哉。代代未聞其裁、若大僧都経範之裁定歟。大衆所　奏達之卅五箇条悪事中、是其詮也。何以彼為証験哉。

すなわち、問題の下文は、おそらく別当経範のものであって、東大寺大衆が同人を弾劾した三十五箇条の随一である、と述べている。末寺の少ない東大寺において、その保全は大きな意味を持つから、経範は別当としての務めを十全に果たしていないと非難されたのであろう。

荘園の損失という点では、鞆田荘による寺領伊賀国玉滝荘の押領についても、非難の対象であったと考えられる。天皇家領である六条院領鞆田荘が成立するにおよび、隣接する東大寺領玉滝荘は、これに取り込まれることとなった。現地に派遣された天皇家側の使者院庁官は、自らへの賄賂と引き換えに取り込みの停止を持ち掛ける。しかし別当経範はこれを拒否。その結果、玉滝荘を失う(9)。経範が拒んだのは「正義感」からなどではないだろう。おそらく白河院に阿《おもね》ったためと推測される。玉滝荘は、華厳宗の本所尊勝院領であったから、華厳宗はその重要な宗財を失ったこととなる。

別当経範には、サポート役として寺内僧尊勝院僧である権別当定暹（『要録』別当章）が配されていた。これは寺外別当に対して、寺内意志の影響力を及ぼすための措置でもあったのだろうが、効き目がなかったと言える。

ただし経範が完全に怠慢であったとは言えない。嘉保三年（一〇九六）九月七日東大寺三綱連署申文案(10)は、修造の用途となる諸国よりの封戸が確保できるよう、朝廷として国司に厳命することを要求した。案のために書判の有無は確認できないものの、差出には、都維那・権座主・上座とならび「別当権少僧都」がある。また封戸を未進する若狭守藤原行綱と別当経範は争っており、封戸確保に努めていたことも確認できる(11)。

にもかかわらず彼が東大寺寺僧によって排斥されたのは、そもそもの別当就任の動機によるところが大きいと推測される。東大寺別当補任を求める奏状には次のようにある(12)。

爰経範苟為大師之門跡。而公請労積、年臈共高。寔雖慙才幹之拙、尚仰当理運之仁、意望之処誰謂非拠矣。就中、祖師弘法大師、元者大安寺住僧也。而依勅命、被移住於東大寺之日、於寺中建立南院、安置仏像経論而既為一房。然顧倒後、修造無人之間、有基趾之処、無堂舎之実。雖致愁吟、非補彼寺別当職者、難励複旧之計。若有朝恩者、寺家修造之隙、欲建立件南院矣。

祖師空海の流れをうけるものとして、祖師建立の東大寺南院荒廃は見るに忍びなく、是非ともその復興を遂げたい。そのために東大寺別当に補任してほしい、と願い出ているのである。経範の真言宗仏事の興行への意欲は強い。たとえば寛治六年（一〇九二）にも仁寿殿観音供再興を朝廷に進言する(13)。経範の修造実績が、真言院のみであったことは、「寺家修造の隙に、くだんの南院を建立せんと欲す」という言葉とは裏腹に、真言院修造を優先したことを示す。このことこそが、華厳・三論宗の本所たる東大寺寺僧には受け入れがたいものであったと見るよりほかないだろう。

経範の辞任により東大寺寺僧は勝利を得るが、その代償として余計な損失がもたらされた。寺領大和国雑役免荘（九箇所）への国役所課である。同荘は文字通り、国衙からの雑役を免除されていた。しかるに「抑件九ケ所自往古為寺領無対捍。而前前別当法印経範、依大衆之訴不致寺務執行之間、国司恣充課種種之切物。因茲田堵等或負渡他名、或以威猛不勤仕寺役者[14]」とあるように、対立の結果、別当の職務放棄が発生し、国衙による侵害が発生した。寺内僧侶集団と寺外別当との対立は、深刻な傷跡を残したのであった。

永観

替わって別当となった永観は、東大寺出身、特に東大寺別当深観・有慶の弟子であったのみならず、白河院の帰依を得ていた。これは、東大寺僧侶集団の歓迎することであったろう。彼は一種の勧進聖的経営手腕をもって、わずかのうち目覚ましい成果を残している[15]。

また五味文彦によれば、この時に永観の命によって文書目録が作成され、その後代々の別当ごとに目録作成が引き継がれたという。後述の通り、『要録』編纂に際しては、東大寺文書が利用された。この永観のもとでの文書目録作成の影響が想定される。

しかし永観は、任期半ばにて別当を辞する。康和三年（一一〇一）には、華厳会における三綱などの赤袈裟着用を原因とする興福寺との抗争、翌四年にも手掻会での興福寺の乱闘を原因とする東大寺衆徒の強訴などの紛争が起こっており、こうしたことが関係しているように思われる。

注目すべきは、永観辞任の後、新別当勝覚就任まで、約一年間、東大寺別当不在期のあることである。推測するに、真言僧を補任させたい白河院本人の意向と、東大寺僧をという東大寺側の意向、二つの意向の拮抗により人選が難航した結果だろう。この時期、東大寺が頻繁に強訴の動きを示していたことで、朝廷側が慎重にならざるを得なかった可能性は高い。

勝覚

新別当勝覚は真言宗醍醐寺僧。(16) 摂関家に次ぐ高位貴族村上源氏の出であり、白河院の姻族であった。院の影響力のもと再び寺外真言僧の補任となったのである。もっとも醍醐寺はその開基聖宝が東大寺東南院を起こしたこともあって、真言宗でありながら東大寺との縁は強い。東大寺側を納得させるに相応しい真言宗高僧であった。

そして経範と決定的に違うのは、長期在任〈長治元年〈一一〇四〉～元永元年〈一一一八〉〉の上、天治二年〈一一二五〉には再任となった点である。ただし、これを強権的な白河院の前に東大寺僧が屈服した結果、と見ることはできない。勝覚は東大寺寺僧の支持を勝ち得るだけの実績を残しているからである。

永観と異なり自ら主体となって修造事業を推進することはなかったものの、朝廷による造東大寺行事所設置を実現し、受領成功などを引き出して、大仏殿四面回廊修造を果たしている。ちなみに造東大寺行事所の設置は、延喜一八年〈九一八〉設置の造東大寺講堂使に加えて、貞観十二年〈八七〇〉より長久三年〈一〇四二〉にかけてその存在が確認される俗別当をならったものであろう。造東大寺長官が修造事業のみならず荘園興行をも推進したゆえんである。(17)

そして別当勝覚の活躍が目覚ましいのもその荘園興行であった。列挙となるが、紀伊国木本荘[18]、大和国雑役免荘[19]、伊賀国黒田荘、美濃国大井・茜部荘[20]、伊賀国玉滝荘[21]、摂津国猪名荘[22]などで、相論や国役停止請求などを展開している。

勝覚は寺外別当ではあったが、経範とは違い、寺内出身の前任者の路線を継承して、東大寺興行を勤めたことは明らかである。そして、東大寺僧集団との認識の共有を端的に示すものこそが、久野の注目する「本願聖霊勅施入」の論理である[23]。嘉承元年（一一〇六）八月に東大寺封戸・荘園一般の興行を、東大寺解状において要求した際に、「抑本願聖霊施入状云、以代代国王、為我寺檀越。若我寺興復、天下興復。若我寺褁弊、天下褁弊。者、倩願皇朝之泰平、偏在伽藍之保護。尤可欽仰者」、あるいは「如本願聖霊勅施入文者、置三千戸之封物。寺家用途、以之可足。有一万町之領田。学徒供料、以之可余」、「況乎於当寺者、所割置之封戸・庄園、聖武天皇宸筆起請也。尤為規模、只在此文。」と見えるのがそれである[24]。いわば勝覚と東大寺僧は認識を共有することで協調関係を構築し、お互いの利益を勝ち得たのであった[25]。そして「本願聖霊勅施入」の論理は、『要録』もまた高らかに宣言するところであった（前述）。

経範・永観・別当不在期の不安定さ、対照的な勝覚のもとでの安定的な興行。その任初に成立した『要録』。そして別当勝覚と『要録』に共通する「本願聖霊勅施入」の論理。これらに鑑みるならば、『要録』は、東大寺寺僧集団と寺外別当との間での情報共有手段の一つとして評価すべきではないか、との見通しが得られる。東大寺文書および『要録』そのものの分析を通して、この問題を考えたい。

第二章　情報共有手段としての『要録』

第一節　勝覚への説明文書

『要録』について検討する前提として、現存する別当勝覚期の東大寺文書から、情報共有の実例を見ておこう。一つ目は、長治元年（一一〇四）六月十四日東大寺雑文書注進状である[26]（一部改行を／にて表記〈以下同〉。上の番号は便宜上付す）。

注進　御寺雑文書等事
　合
①雑役免古免判一巻枚員卅七枚／又別紙一巻但一任料、員四枚、／　当前司免判一巻／　雑役公田官物弁輔（便補）御寺
済物文一巻　／　雑文書一束
已上雑役免
②玉滝文書案幷庁目代注文一束
③猪名御庄代代免判一巻員四十三枚
④永隆寺文一束
古宣旨等一束員八枚
⑤悔過田施入帳一巻
⑥庄庄瓦土瓦木充文、木工・鍛冶・車借等文一束

雑文一束
鉄尺一
右、注進如件、
長治元年六月十四日　　権上座朝秀

前述の通り、別当永観任初の康和二年に三綱によって文書目録が作成された。右の文書目録もまた新別当勝覚任初に作成されたものである。多くは五味の整理した永観の事績に関わる。すなわち①大和国香菜免田の雑役免化の取り組み、②鞆田荘の平正盛との相論、③学生供施入に伴う寺領実検、⑤大仏殿大日悔過供としての長屋荘内田地施入、などである。前別当永観との継続性への期待がうかがわれる。

⑥は、瓦や手工業者関連の帳簿であって次に触れる修造事業関連注進状と一連のものであろう。このほか④の永隆寺（伴寺）は東大寺北隣にあった末寺である。関連文書はないが、たとえば同じく末寺崇敬寺領紀伊国木本荘の相論は、元別当経範が末寺領を把握していなかったことが一因であったことを勘案すれば、末寺の実態を示すためのものであったのかもしれない。

この文書目録に続き、長治元年七月・八月にかけて、修造事業に関する注進状が複数作成された[27]。

あ　長治元年七月二十日東大寺用木色目注進状、木津川における木材運搬拠点である泉木津の木屋に保管中の材木や図面を報告。

い　同日東大寺修理材木注進状、登廊・東室馬道・東西学門・南大門前橋・上司蔵・大垣・八幡宮など八つの施設の修造に使用した資材（木材・釘）の報告。

う　同年八月五日東大寺修理用材実検注進状、いのうち材木分についての検分報告。

㋓　同月十八日東大寺修理料釘等注進状、使用先は不明だが金槌・釘などの報告。
㋔　（長治元年）東大寺修理料物注文（後欠）、㋑と同じ八箇所の修造に使用した材木および食料の報告。
㋕　（長治元年）東大寺料物注進状（後欠）、「康和四年十一月十九日以後」から「長治元年五月以前」の「中食」、工食、葺・筏師・車借・車力用途の報告。

以上のうち㋕の言う康和四年十一月十九日から長治元年五月以前とは、永観辞任以降勝覚就任にいたる別当不在期間を指している。つまりこれらはこの間の修造事業の状況報告であって、今後の修造事業の参考資料として新別当勝覚に示されたものであろう。

以上の文書目録と修造関連報告文書は、東大寺が当面する諸課題を勝覚に説明しようとする東大寺寺内からの働きかけとして評価すべきである。新別当勝覚への期待を感じるのはうがち過ぎであろうか。

第二節　『要録』を読み直す

堀池の指摘するように、『要録』は、東大寺の歴史と活動を知る上で、格好の手引書である。本書を通覧すれば、聖武天皇の発願という卓越した由緒（本願章）、さまざまな歴史上の人物との関わり（縁起章）、修造事業に伴う祝祭（供養章）、堂舎の一覧とその来歴（諸院章）、年間諸法会の一覧とその財務（諸会章）、歴代別当の事績と歴代戒和上の一覧（別当章）、財源である封戸・荘園の一覧（封戸水田章）を、俯瞰的に学ぶことが可能である。

安元元年（一一七五）八月七日の朝廷より東大寺への返却文書目録(28)に「寺家要録一巻第六巻」とあって、寺内にての保管が明らかである。これとは別に、東大寺の歴史と活動・運営の全体を学ぶテキストとして、歴代別当が重用した形跡がある。

現存する醍醐寺本の親本は、別当定親（任期仁治二年〈一二四一〉～文応元年〈一二六〇〉、鶴岡八幡宮別当）の指示により、その就任時である仁治二年に寛乗（後に聖守と改名）が書写したものであった。[29]寺外新別当の教材とするためであろう。

あるいは、その際、寛乗は、校訂本として『要録』巻一・巻五「故慈恩院法印御本」を用いているが、「故慈恩院法印」とは、文暦元年（一二三四）に東大寺別当を務めた頼恵（東大寺僧）のことである。また巻一〇の本奥書には「建保二年九月八日、於慈恩院閑亭、走筆書之」ともある。別当就任以前の書写である。頼恵のオジには、別当成宝（任期承元四年〈一二一〇〉～建保元年〈一二一三〉、勧修寺僧）がおり、頼恵自身、別当となり得る家柄であった。自身の将来を見据えての書写であった可能性は否定できまい。

このように別当となる人物が踏まえておくべき基本資料として『要録』は重宝されている。このことは、後付けとなるが、そもそも別当、特に寺外別当向け基本資料として制作されたゆえと理解できないだろうか。

そう考えると、記事の意図が理解しやすい部分が二つある。

その一つ目は、別当章の第七十四代僧都勝覚に続く『延喜式』の引用である。

第七十四／僧都勝覚長治元年任。五月二十九日／寺務十四年（略）／俗別当右中弁藤原為隆／以前僧俗別当次第、依旧記粗注載之。

延喜式云、

凡諸大寺　有封寺別当三綱。以四年為秩限。遷代之日、即責解由。但廉節可称之徒不論年限。殊録功績申官褒賞。自余諸寺依官符任別当及尼寺鎮並同此例。（略）

凡諸大寺別当三綱有闕者、須五師大衆簡定能治廉節之僧、別当三綱共署申送。（略）

凡僧綱不得輙任諸寺別当。若不獲已者、待別勅任之。東大寺別当従僧沙弥童子各二人。（略）

別当は五師・大衆によって選出されるという条項は、別当に対する五師・大衆の優位を含意する。さらに僧綱別当は原則禁止という条項は、寺外高位僧別当は本来のあり様からの逸脱であることをほのめかしている。経範のように独走し東大寺寺僧集団の反発を起こすのではなく、その意志を尊重し協調関係の中で別当としての勤めを果たすよう牽制しているように私には読める。

もちろんこの引用自体は、勝覚の任終、そして天仁二年（一一〇九）頃の造東大寺司長官為隆補任にあたる「俗別当右中弁藤原為隆」などの記述の後ろにあるから、『要録』が最初の形を整えた嘉承元年当初のものではない。しかし『要録』撰者の一貫した意図とみてよいと思われる。

いま一つ注目したいのは、真言宗に関わる記述である。真言僧にとって、空海の開いた東大寺真言院は一種の聖地であり、それゆえに経範のような積極的な介入が生じた。東大寺にとってこれは、歓迎せざる事態であった。諸院章においては、東大寺での灌頂道場設置を認める承和二年（八三五）五月九日の太政官符を掲げた後に、次の「弘法大師遺告」を引用する。

弘法大師遺告

（略）彼寺《（大安寺）》為本寺也。而彼御弟子等皆令入住也。随吾以彼寺為本寺也。但依勅命渡東大寺、建立南院。此間出世弟子等、便宜入住東大寺也。方今案本意、吾先師御寺、大安寺是勝地也矣。先師嘗地被建立也。須吾弟子後生門徒等、入彼寺為本寺。仕奉尺迦大師。

これによれば、空海の本寺は大安寺であって、東大寺は勅命により移ったものに過ぎず、いま一時的に弟子たちも東大寺にはいっているが、今後は大安寺をこそ本寺とせよ、と空海は述べたこととなる。この遺告に従えば、別当経範の真言院興行は祖師の教えと違う、との含意がこの引用に籠められているように感じられる。真言僧の過剰な介入への牽制とも言えよう。

しかしこれとは矛盾するようではあるが、末寺章では、東寺・醍醐寺・勧修寺・金剛峯寺を末寺として位置づけている。これは、寺外真言宗別当を受け入れざるを得ない状況であったとしても、本寺東大寺とすることで寺僧集団の優位を再確認するためと解釈できるだろう。

さらに裏書として醍醐寺の開基である聖宝の伝記が引用されている。東大寺にて法相・華厳を学んだのち、寺内三面僧房の一房に住し、同房に居着いていた鬼神を追い払ったことなど、東大寺との因縁が記され、ついで空海からの真言宗受法に話が及んでいる。この裏書が書き込まれた時期は特定できないものの、同じ醍醐寺僧であった別当勝覚に向けてのものと考えても差し支えないだろう。

強引な解釈の嫌いはあるが、以上の諸点を総合的に判断して、『要録』は寺外真言宗別当に東大寺の由緒を説明することを企図した書物であるとの結論を提示したい。

第三章　撰者探究の試み

現在の『要録』は、序のある嘉承元年（一一〇六）に最初の形を整える。すなわち序を書いた人物をその撰者とみることは異論がないだろう。全体の序以外にも、諸院章・諸会章・諸宗章にも序文がある。これらはいずれも非常に流麗な漢文であり、筆者の文筆能力の高さを示している。

その人物像は、堀池の整理によれば以下の通りになる。

①　本願・縁起・供養・諸院付神社・諸会付相折・諸宗・別当付和上・封庄・末寺・雑事という『要録』の構成は、興福寺・大安寺・薬師寺の諸縁起など他寺の寺誌と比較して、抜きんでた水準にあり、構想力の備わった人物。

②　引用書目は、正史およびそれに準ずる史料（六国史・格・式他）、寺社関係記録（『延暦僧録』・縁起類他）、伝記・説話（家伝・『日本霊異記』他）、文書・経典奥書・碑文（東大寺印蔵文書・東大寺献物帳・聖武天皇勅旨一切経奥書他）など幅広い。多様な情報にアクセスできる人物。

③　引用書目のうち東大寺印蔵文書は厳重な管理体制が取られていることから、閲覧を認められるだけの、寺内の高い地位の人物。

右の条件に適う当該期の東大寺僧を選び出すためには、本来、悉皆的な調査が必要である。しかし現段階ではその準備はできておらず、ここでは、これまでその活躍が注目されている東南院覚樹（承暦三年〈一〇七九〉～保延五年〈一一三九〉）という人物に絞り込んで論を進めたい。

覚樹については、追塩千尋・横内裕人などの先行研究によってその事績が明らかとなっている[30]。覚樹は、摂関家に次ぐ家格を誇る村上源氏の出身である。父、顕房は白河院に嫁した賢子と師子の実父であった。その親族は僧侶を多数輩出する、兄弟には隆覚（興福寺）・定海（醍醐寺）・覚雅（東大寺）、オイには明恵（東大寺）・景雅（仁和寺）・覚法（仁和寺御室）、さらに重要なことは、父方従兄弟に東大寺別当勝覚がいる点である。

寛治六年（一〇九二）十三歳で、東大寺別当を勤めた三論宗本所東南院慶信に入門し、嘉保二年（一〇九五）慶信没後には三論宗長者・東南院門主を継いだ。承徳二年（一〇九八）には、南都学僧の登龍門たる維摩会竪者を勤め、その後も南都・北京の大会に出仕。その学識は僧侶社会のみならず公家社会に知れ渡ることとなる。

長治二年（一一〇五）および翌嘉承元年にかけては、東大寺学僧よりの維摩会出仕者の選定権が、三論宗長者、東大寺別当いずれに属するかをめぐって、別当勝覚と対立した。本件は朝廷に持ち込まれ、先例通り両者が協議して選定を行うようにとの裁定が嘉承三年に下された。実質、三論宗長者の優位の確認であったと横内は指摘している。

そうした立場から三論宗の教学振興を図り、論義会としての大乗義章三十講を開設するとともに教材となる聖教を収集した東南院経蔵を整備した。あわせて倶舎宗の復興にも努めている。

三論宗のみならず寺内での指導性も確認される。前述の別当永観任期の終わり頃、康和三年（一一〇一）および翌四年、東大寺と興福寺との間での抗争があった際に、東大寺側の代表として問題解決の中心となったのも覚樹であった。

東大寺三論宗長者としての矜恃、東大寺全体を指導する立場。そして『要録』の序成立の、嘉承元年（一一〇六）には、二十七歳と気鋭の学侶であったこと。覚樹は『要録』編纂の中心的役割を担うに相応しい。この考えは以下の三点からも補強される。

文筆家であること

「東南院院務次第」（『大日本仏教全書』東大寺叢書）において覚樹は、「幼学魯誥、稟三論・三密之教養於慶信法印、倶究底徴、（中略）名翼遥翔宋朝」と賞されている。このうち「魯誥」とは、『書経』のうち、君主の臣下に対する文体・文例のこと、と解釈できる。覚樹は幼年より大陸の典籍に親しんでいたのであった。仏教教学の面においても優れ、その名は宋朝に知られていたとする。

なお大陸仏典への関心については、東大寺末寺となった観世音寺を介して、朝鮮半島よりの書籍の入手にも勤めていたことが知られている[31]。

覚樹は当代第一級の歌人である源俊頼との交流が確認される。また実家村上源氏は当代随一の文人貴族大江匡房と繋がりがあり、覚樹にもそれが及んだ可能性があると追塩は指摘する。

『要録』の序文に見る漢文の素養、多種多様な文献を収集し、他の寺誌類を越えた高い構成力を発揮する人物として、覚樹は相応しい人物であった。

引用書目について、六国史や格式など朝廷の公的な記録に及んでいることも注目したい。現代と異なり、これらの朝廷記録は公刊されていたわけではないから、これらにアクセスできるのは限定される。この点、上級貴族村上源氏出身の覚樹にはその機会がふんだんにあっただろう。特に村上源氏は故実の家であったから[32]、これらの文献を所蔵していた可能性は高い。

さらに注目したいのは、雑事章に村上天皇の日記があることである[33]。村上源氏出身の覚樹であればこそ、閲覧・引用ができたと考えられるだろう。

戒律への関心の高さ

覚樹は、戒律についても造詣が深かったとされる[34]。「菩薩戒通受遣疑鈔」（覚盛撰）には、戒律の碩徳の一人として、有名な中川寺の実範とともに覚樹の名前がある。ただし著作は残っておらず、その具体的な思想内容は不明であるとされる。

一方、『要録』もまた戒律に言及するところが多い。まず別当章において、戒和上次第を立て、初代法進大僧都

（鑑真弟子）以下の歴代和上を列挙する。別当にならぶ存在として位置づけているのである。さらに雑事章には受戒関連として、「東大寺授戒方軌巻一　最初戒和上唐大僧都法進式」、寛和二年（九八六）の「太上法皇御受戒記円融院」、そして天慶三年（九四〇）三月二十五日の「東大寺始行授戒作法記」などを記す。

『要録』の成立した院政期初頭は、戒律がもっとも衰微した時代と考えられており、『要録』のこの詳細さは異彩を放っている。伝統ある戒壇を備える東大寺ならでは、とも言えるが、ここでは覚樹との共通性に注目したい。あるいは、『要録』編纂をとおして、東大寺の本領受戒への認識を新たにし、戒律への造詣を深めたと想定することも可能だろう。

真言宗との連携

すでに述べたように嘉承年間初年、維摩会出仕僧選出をめぐって覚樹は別当勝覚と争っていた。しかしこの対立は一時的なものに過ぎず、むしろ連携こそが基調である。

一つ目は実弟覚雅の醍醐寺入寺である。覚雅は東大寺僧であったが、時期は不明であるものの勝覚の弟子となっている（『尊卑分脈』）。やがて実兄である醍醐寺座主定海のもとで「凡僧別当」を勤める[35]。ちなみに定海は、勝覚二期目を引き継ぎ大治四年（一一二九）より、東大寺別当となっている。

二つ目は、その定海の後に東大寺別当となった寛信を門弟としたことである[36]。寛信は東寺長者・勧修寺長吏となる真言高僧として知られる。彼が、覚樹に入門したのは、阿闍梨位を得たばかりの康和五年（一一〇三）のことであり、白河院の命によるものであった。「本醍醐寺人」（『中右記』嘉承元年五月十三日条）とも見えている。翌長治元年に勝覚が別当に就任することを勘案すれば、何らかの関連性はあるとみるべきで、そもそもの発案者はいずれであれ、別当有力候補との関係を考慮して覚樹が受け入れたのは明らかだろう。

ところで寛信については世俗の関係も重要である。その実家は有能な中級貴族勧修寺流であり、兄弟は直後に造東大寺長官となる為隆がいる。具体的な事実は不明であるが、造東大寺長官と東大寺を結びつける重要な役割を担ったと想定される。

そして前述の通り、別当定海を継いで、寛信は東大寺別当となる。その事績として知られるものに、印蔵文書の整理がある。[37]印蔵文書は、訴訟などの際、東大寺の正統性を主張するための公験となるものであるから、その整理は『要録』の編纂の理念と通底する。これとは別に、寛信が『東寺要集』（永久元年〈一一一三〉）・『勧修寺旧記』（保延五年〈一一三九〉）・『東寺長者補任』（久安元年〈一一四五〉）を編んでいる点も注目したい。これも『要録』の手法を学んだものと言えるからである。すなわち『要録』は、東寺などにも影響を及ぼしたとすら言い得る。

やや話が複雑になったが、寺外真言僧別当に向けての説明資料として『要録』を仮定した場合、覚樹の進めた真言僧との連携は、共通する方針に基づくものとしてよい。この点からも覚樹が『要録』編纂の最有力候補となろう。

さらに言えば、寛信による印蔵文書整理・『東寺要集』他の編纂も、『要録』編纂者である覚樹から学んだゆえと考えると通りがよいのではないか。[38]

おわりに

以上、憶測に憶測を重ねたが、『要録』の中心的撰者を覚樹とした上で、彼の立場から整理しておきたい。

覚樹は、白河院に嫁した賢子と師子の兄弟であり、白河院を軸に展開する朝廷政治の実情を熟知していた。加えて東南院は、寛治三年、高野山行幸の途中白河院が宿所として以来、奈良における院の宿所としての地位を確立した。すなわち覚樹は日常的生活空間においても院の政治力を意識する立場にあったのである。

東大寺別当であった慶信より三論宗を継承した覚樹にとって、寺内僧よりの東大寺別当が理想であったろう。しかし白河院の真言僧重視という現実において、それが困難であることは、自明であったに相違ない。選択肢はほぼ一つである。寺外真言僧別当を受け入れた上で、東大寺の振興を図る工夫を探究することである。決して、別当経範のもとでの失敗を繰り返すことはできない。

そのための方策の一つが、血縁関係などの世俗の縁や師弟関係によって、真言僧と東大寺の連携を構築することであり、いま一つが、寺外別当に東大寺の歴史や自己認識を共有してもらうことであった。そうした動機から『要録』は、寺外別当勝覚任初に成立したのである。

この覚樹の目論見は成功し、以後、寺外真言宗別当との協調関係が維持される。天皇家の王権と密着した真言宗の力を利用しながらも、それに呑み込まれることなく華厳・三論、そして戒律という東大寺本来の教学・法灯の維持・継承を果たしたのであった。

註

（1）安藤更生「東大寺要録撰述年代の研究」（『早稲田大学大学院文学研究科紀要』七、一九六一年）、堀池春峰「東大寺要録編纂について」（『南都仏教史の研究　上　東大寺篇』法藏館、一九八〇年）。

（2）久野修義「中世東大寺と聖武天皇」（『日本中世の寺院と社会』塙書房、一九九九年）。

（3）テキストの成立を論ずる以上、本来成立時期と考えられる嘉承段階でのテキストの復元・確定作業が前提となるべきである。しかし現段階ではその準備がなく、したがって論証としての不備は免れない。この点はあらかじめ断っておく。

（4）五味文彦「永観と「中世」」、同「院政期の東大寺文書」（ともに『院政期社会の研究』山川出版社、一九八四年）、永村眞「東大寺別当・政所の変容」（『中世東大寺の組織と経営』塙書房、一九八九年）、土谷恵「房政所と寺家政所」（『中世寺院の社会と芸能』吉川弘文館、二〇〇一年）、新井孝重「東大寺の修造構造」（『東大寺領黒田荘の研究』校倉書房、二〇〇一年）、高橋一樹「知行国支配と中世荘園の立荘」、同「寺領荘園の立荘」（ともに『中世荘園制と鎌倉幕府』塙書房、二〇〇四年）、岡野浩二「氏寺統制と伽藍修造」（『平安時代の国家と寺院』塙書房、二〇〇九年）、守田逸人「中世東大寺領の成立」（『日本中世社会成立史論』校倉書房、二〇一〇年）。

（5）真言宗僧侶の別当の概要は、前掲註（4）永村論文。

（6）その代表が「法の関白」と称された寛助である。槇道雄「法の関白と院政」（『院近臣の研究』続群書類従完成会、二〇〇一年）参照。

（7）久野修義「中世寺院成立に関する一考察」（『日本中世の寺院と社会』塙書房、一九九九年）。

（8）長治元年（一一〇四）八月二日紀伊国崇敬寺別当頼慶請文（筒井寛聖氏所蔵東大寺文書、『平安遺文』一六二五号、以下『平』一六二五のように表記）。

（9）永久三年（一一一五）五月廿五日東大寺別当・三綱解草案（東大寺成巻文書、『大日本古文書　東大寺文書之六』二七〇号、以下『大古』六―二七〇のように表記）。

（10）東南院文書、『大古』一―二三二。

（11）嘉保三年十月三十日官宣旨（成巻文書、『大古』六―二五七）。

（12）嘉保二年（一〇九五）六月廿二日太政官牒（東南院文書、『大古』一―六一）。

（13）「東寺長者補任」（『大日本史料』三編四冊一一七頁）。

（14）永久四年（一一一六）三月二十七日東大寺請文案（京都大学所蔵東大寺文書、『平』一八五四）。

（15）前掲註（4）五味「永観と「中世」」、近本謙介「平安時代の東大寺における修験と浄土教」（『論集　平安時代の東大寺――密教興隆と末法到来のなかで――』ザ・グレイトブッダ・シンポジウム論集第一一号、東大寺、二〇一四年）。

（16）勝覚については、藤井雅子「権僧正勝覚による三宝院創始とその付法」、同編「三宝院権僧正勝覚略年譜」（『醍醐寺文化財研究所研究紀要』醍醐寺文化財研究所、二三、二〇一五年）が詳細である。
(17) 前掲註(4)岡野論文。
(18) 長治元年（一一〇四）八月二日東大寺所司大衆等解案（土代）（未成巻文書、『大古』二一―一八四七）、天永二年（一一一一）九月四日東大寺解案（筒井寛聖氏所蔵東大寺文書、『平』一七五一）。
(19) 嘉承元年（一一〇六）八月十八日東大寺牒案（未成巻文書、『平』一六六四）・同二年十月東大寺政所下文案（未成巻文書、『平』一六七八）。
(20) 天仁二年（一一〇九）九月十四日官宣旨案、天永三年二月七日官宣旨案（前欠）（内閣文庫所蔵東大寺文書、『大古』五―九九（三六）・（三五））。
(21) 永久三年（一一一五）四月三十日鳥羽天皇宣旨（東南院文書、『大古』二―四八八）。
(22) 永久四年三月二十七日東大寺請文案（京都大学所蔵東大寺文書、『平』一八五四）。
(23) 前掲註(2)久野論文。
(24) 嘉承元年八月五日官宣旨（成巻文書、『大古』六―二五三）。
(25) 解状本体は残存せず、その署名に別当勝覚が加わったかを具体的に跡づけることは不可能であるものの、当該期の東大寺解においては別当も署判している事例の多いことに鑑みれば、この解状においても同様であったと見て大過あるまい。
(26) 未成巻文書、『平』一六一四。
(27) 以下、ⓐ～ⓕはいずれも東南院文書、順に『大古』一―二三四・二三五・二三七・二三八・二三六・二三三となる。
(28) 早稲田大学所蔵荻野研究室収集文書、『平』三七〇〇。
(29) 前掲註(1)堀池論文。
(30) 追塩千尋「東大寺覚樹について」（『中世南都の僧侶と寺院』吉川弘文館、二〇〇六年）。横内裕人「平安期東大寺の僧侶と学問」（『論集　平安時代の東大寺――密教興隆と末法到来のなかで――』ザ・グレイトブッダ・シンポジウム論集第一一号、東大寺、二〇一四年）。以下の追塩、横内の論はこの二篇による。
(31) 平林盛得「「弘賛法華伝」保安元年初伝説存疑」（『書陵部紀要』二〇、一九六八年）。

(32) 細谷勘資『中世宮廷儀式書成立史の研究』第一編「平安後期の儀式作法と儀式書」(勉誠出版、二〇〇七年)。
(33) 諸会章にも見えているが、これは書写時点での錯簡の可能性がある。あるいは、諸会章分については、それに続く戒壇院の記事の奥に「已上忍辱山寛遍僧正記文」とあって、これが村上天皇の日記引用まで及ぶとすれば、東大寺別当寛遍(村上源氏源師房の子)の可能性もなくはない。
(34) 蓑輪顕量『中世初期南都戒律復興の研究』第二章「戒律復興運動初期の動向」(法藏館、一九九九年)。
(35)『醍醐寺座主次第』阿闍梨大法師定海項、保延二年十月十一日。
(36) 前掲註(30)横内論文。
(37) 堀池春峰「印蔵と東大寺文書の伝来」(『南都仏教史の研究　上　東大寺篇』法藏館、一九七〇年)。
(38) 循環論法の誹りは免れないものの、寛信の東南院入門が『要録』撰述期間と重なることから、撰述の動機の一つが寛信の存在であった可能性もある。

『東大寺続要録』と聖守

横内裕人

はじめに

東大寺の二大寺誌のひとつに数えられる『東大寺続要録』（以下、『続要録』）は、鎌倉時代に復興された東大寺の歴史を記す重要史料である。しかし、『続要録』には著者が明示されておらず、また現在の構成は成立当初のものではないことが先学により指摘されている。

過日、筆者を含む有志は「東大寺続要録研究会」を結成して『続要録』の本文校訂を進め、平成二十五年に校訂本を刊行する機会に恵まれた(1)。その編纂過程で進めた『続要録』の記事の裏取りや書誌学的調査と諸本の調査の過程で、上記の問題点について若干の新知見を得ることができた。本稿では、その一端を紹介し、『続要録』の基礎的研究の一助としたい。

まず、『続要録』の概要を記す。

現在、東大寺図書館には文明年間の古写本九冊本のほか、近世書写の零本が架蔵される。巻間には近世以降の写本があるが、いずれも東大寺文明本を祖本としている。[2]また大東急記念文庫等に、鎌倉時代に遡ると思われる写本断簡が存する（後述）。

東大寺九冊本は、体裁は袋綴装冊子本で表紙は一部を除き原表紙。現在付けられている外題には排列を示す巻号はなく、「造仏篇」・「供養篇本」・「供養篇末」・「諸会篇本」・「仏法篇」・「諸院篇」・「拝堂篇」・「寺領章」（傍点横内）・「宝蔵篇」から構成されている。

各冊の記載内容は、「造仏篇」が平氏により焼失した大仏殿以下の伽藍復興の記録、「供養篇本」・「供養篇末」が後白河院・源頼朝・後鳥羽院らによる復興記念の供養法会などの次第、「諸会篇」が鎌倉時代に開催された東大寺の年中行事、「仏法篇」が次々と再興・創始される講会、「諸院篇」が鎌倉時代に新設されていく院家とその由緒、「拝堂篇」が東大寺別当の就任儀式、「寺領章」が鎌倉時代の寺領、「宝蔵篇」が正倉院の開封記録、となっている。いずれも鎌倉復興以降の記事が中心である。

前述のように、『続要録』には撰者が明示されていないものの、先行研究により、東大寺真言院の中道上人聖守（一二一五〜一二八七カ）とする説が有力である。[3]その妥当性の検討は後述するが、聖守についての概要を摘記しておこう。

聖守は、東大寺学侶厳寛得業を父にもち、実弟には東大寺戒壇院中興円照（一二二一〜一二七七）がいる。当初、寛乗と名乗り、東大寺学侶として交衆したが、仁治三年（一二四二）、父の死去に伴い遁世し、聖守と改名。三論・真言を兼学し、東南院院主との深い繋がりをもった。建治三年（一二七七）から弘安五年（一二八二）まで東大寺大勧進を勤めている。

後述のように、彼は『続要録』編纂に深く関わっていると推定されている。その理由のひとつに『続要録』に先行する東大寺の寺誌、『東大寺要録』（以下、『要録』）を自筆で書写しており、東大寺の歴史に深い関心を抱いていたことが挙げられる。これまた広く知られているように、『続要録』は『要録』との密接な連関をもっていた。聖守と『続要録』との関係を探る手始めに、まずは、『要録』・『続要録』の関係についての知見を整理しておこう。

第一章　『続要録』研究の課題

第一節　東大寺本の概要と研究史

現在、東大寺図書館には『要録』（以下、東大寺本『要録』）十冊と『続要録』（以下、東大寺本『続要録』）九冊が伝来している。東大寺本『要録』は文明十七年（一四八五）に年預順円が書写し（巻第六）【図1〜3】、東大寺本『続要録』は同文明十七年に任憲が書写し（拝堂篇奥書）【図4〜6】、同十九年某が書写した（供養篇末奥書）。両者は、一部を除き、装訂・料紙・表紙・寸法など、ほぼ同一の体裁で八幡宮新造屋に伝来したものである。まとまった形で伝来した古写本ではあるが、残念ながら東大寺本『要録』・『続要録』は、いずれも成立当初のオリジナルの形を伝えたものではない。

現在、醍醐寺には『要録』（以下、醍醐寺本『要録』）巻第一、巻第二の二巻が伝来している。醍醐寺本は、仁治二年（一二四一）寛乗（＝聖守）自筆書写になるもので、東大寺本の親本に該当する。このうち、醍醐寺本巻第二「縁起章」は、寺領荘園に関する文書を収載している東大寺本巻第二と全く内容が異なっており、醍醐寺本こそ当初の形を忠実に伝えている。一方の東大寺本『要録』巻第二の素性を探るなかで、東大寺本『続要録』との関わりが種々取り沙汰されてきた。

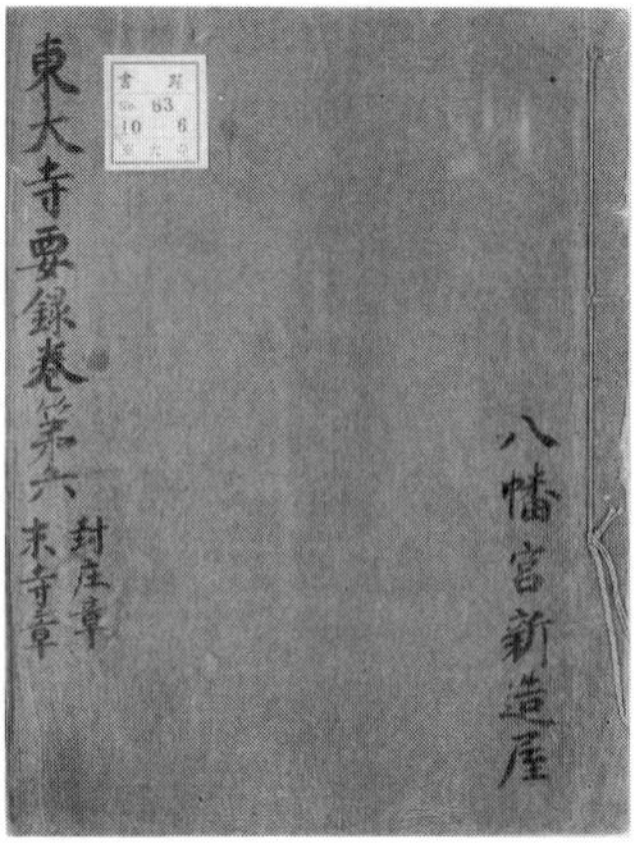

図1　東大寺図書館蔵　東大寺要録巻第六　表紙▶

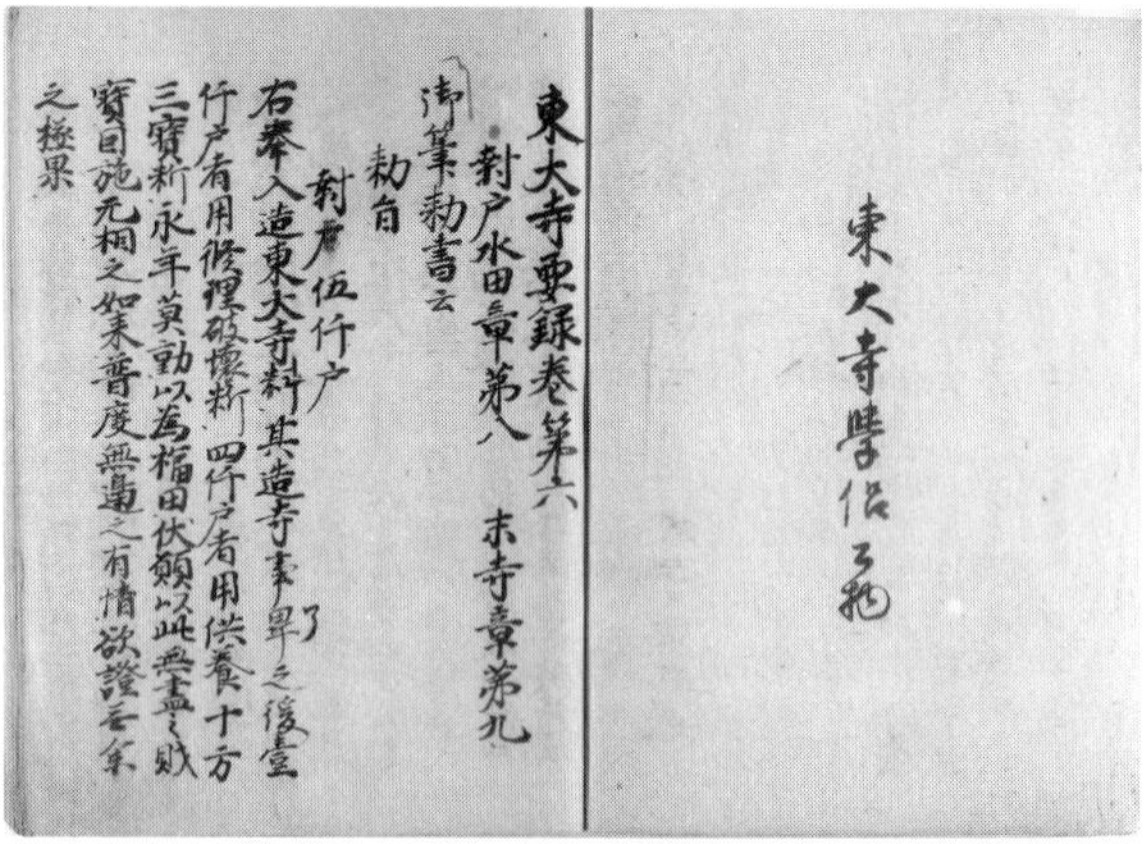

◀図2　同　帖首

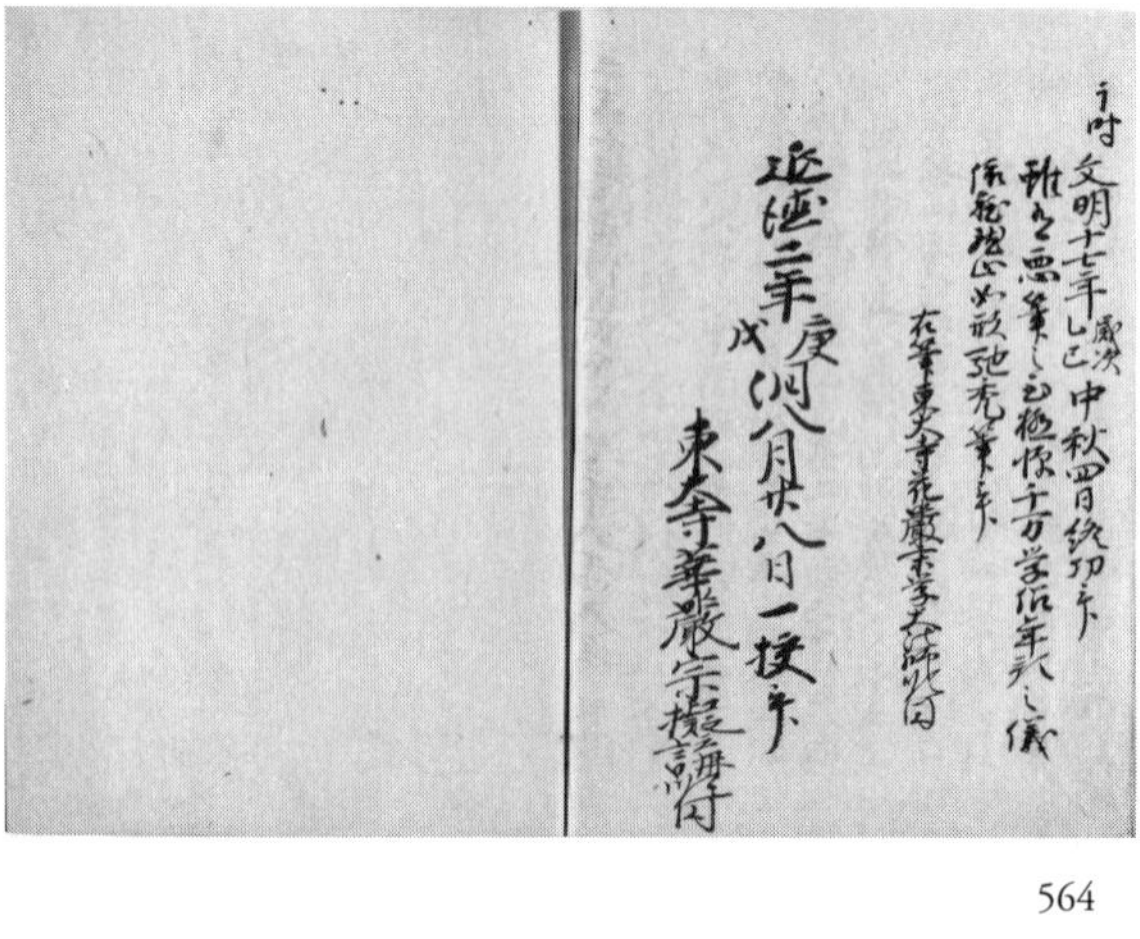

図3　同　帖末▶

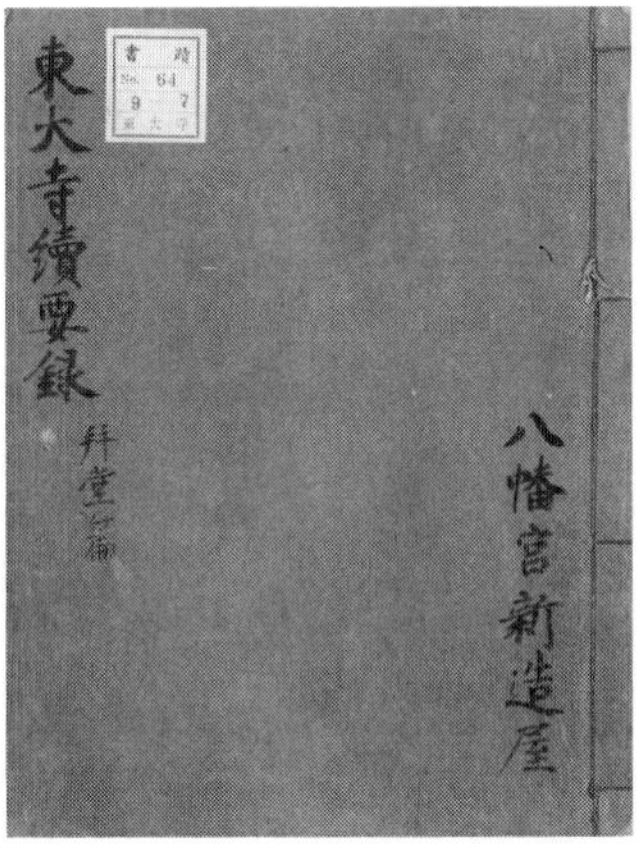

◀図 4　東大寺図書館蔵　東大寺続要録拝堂篇表紙

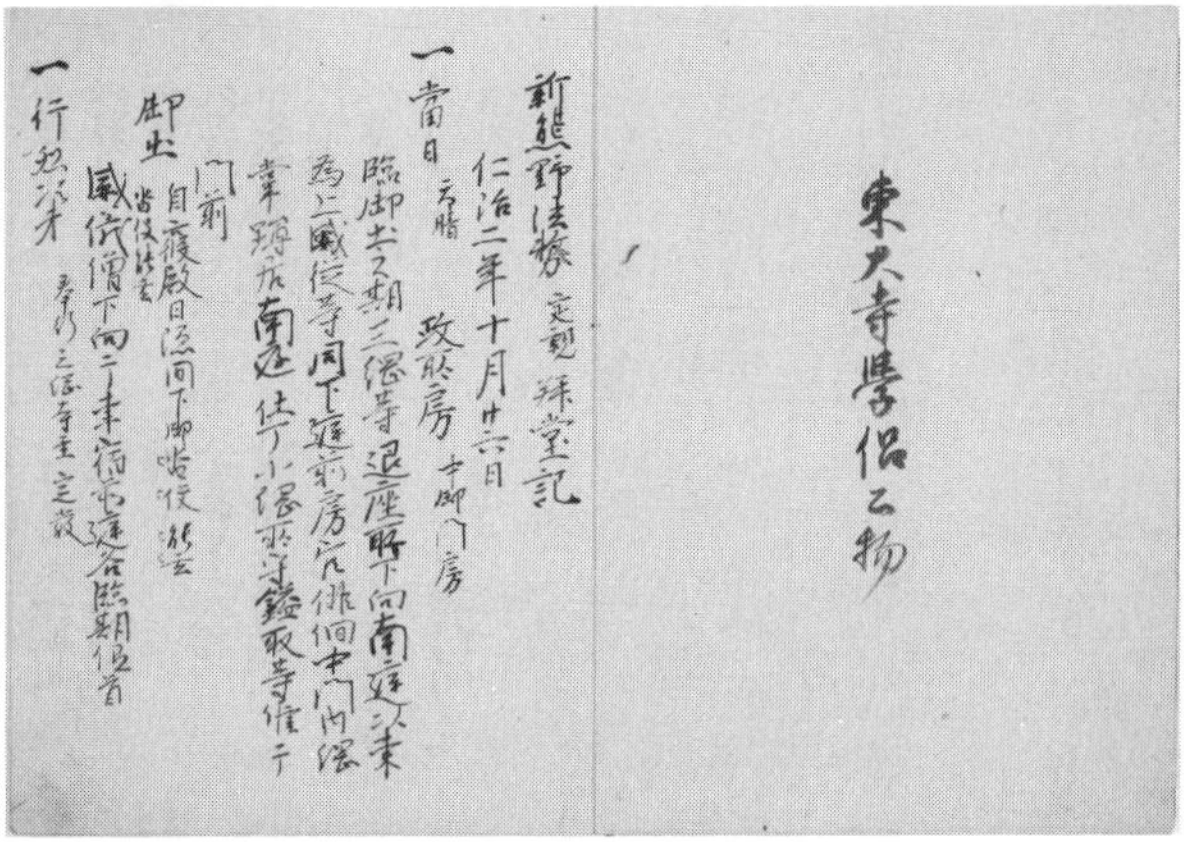

図 5　同　帖首▶

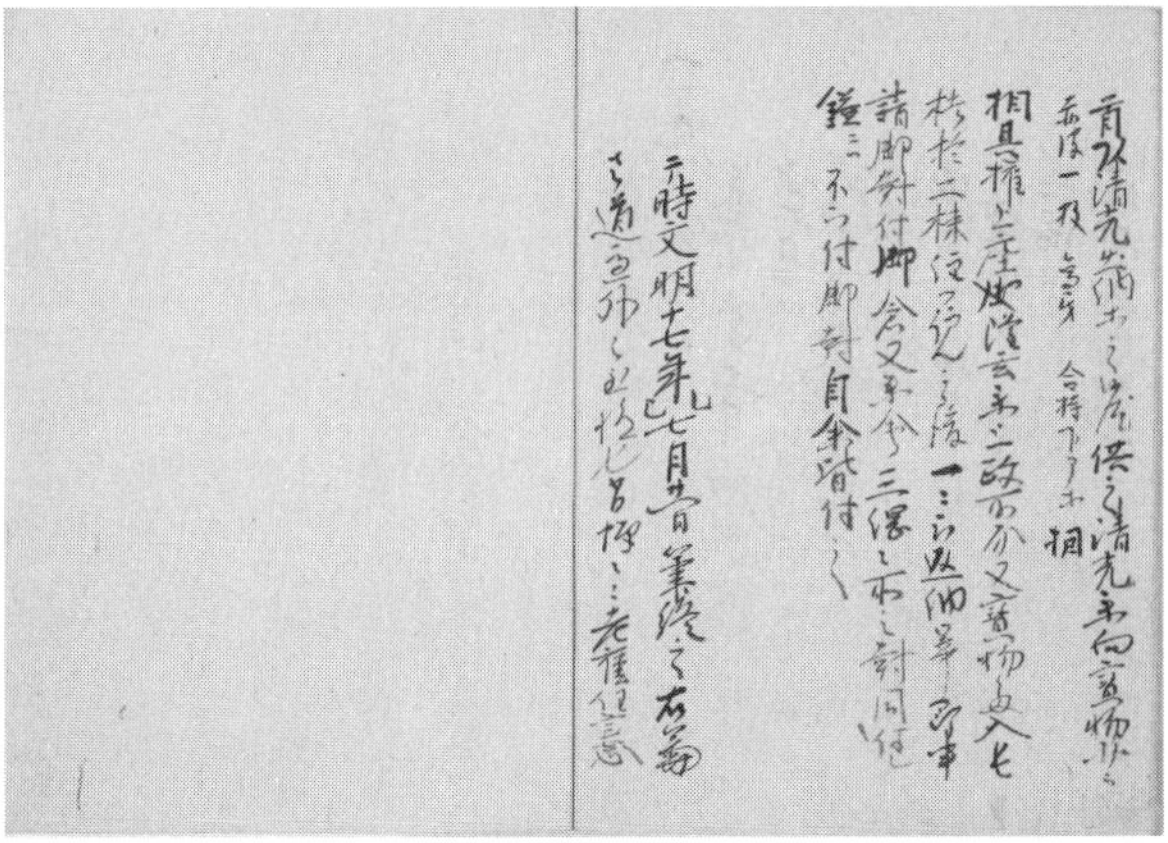

◀図 6　同　帖末

その有力な説のひとつに、〝東大寺本『要録』巻第二は早くに失われたため、東大寺本『続要録』から一冊を抜き出し充当した〟との考えがある。

『続々群書類従』（『続要録』）の凡例では、次のように推察されている。

> 但し西村兼文氏の続群書一覧には凡て十巻とし、寺領章を第九（第八。横内注）と第十（第九。横内注）との二巻とし、其第九には「官符院宣御教書寄附状自建久至応安」とあれど、東大寺現存本には此篇なし、恐くは正録縁起章中に、建久より応安に至る文書あれば、それを続録中のものと見なして十巻の数に充てたるものなるべし、本編は巻次を正録によりて造仏篇第十と次第せり(4)。

続々群書類従の編者は、西村兼文が、本来東大寺本『続要録』にはない巻第九として建久から応安にいたる「寺領証文編」を掲出していることから、これと内容的に一致する東大寺本『要録』巻第二を東大寺本『続要録』巻第九と見なしたのだろうと指摘した。これによれば、西村兼文が、東大寺本『続要録』巻第九「寺領証文篇」なる一書の存在を仮定し、東大寺本『要録』巻第二がそれに該当すると考えた、ということになる（ただし、『続要録』巻第九を抜き出して『要録』巻第二に充てたとは言っていない点に注意）。

その後、筒井英俊師は、自身が校訂された『要録』の凡例において、次のように述べられた(5)。

> この國寶本（東大寺本。横内注）は巻二を缺き官符院宣等の文書を以て補つてゐるが、これは寶暦年間書寫せられたる滋野井文庫本に依つて續要録巻九寺領證文篇である事が判明したので、續要録上梓の際挿入する事にして除き醍醐寺本巻二を以て之を補ふ事にした。

師は自蔵の旧滋野井文庫本をもとに、東大寺本『要録』巻第二が、もとは『続要録』巻第九であると考えられた。これは滋野井文庫本『続要録』の中で「東大寺続要録第九寺領証文篇」の外題をもつ冊が、内容は東大寺本『続要録』巻第二であることからの推定である（滋野井文庫本の体裁については後述する）。

安藤更生氏は、東大寺本の体裁を検討し、東大寺本『要録』巻第二が東大寺本『続要録』から編入されたものとの説を補強している(6)。その考察は下記のとおりである。

東大寺本『要録』巻第二は、以下の点で他冊と体裁が異なる。外題筆跡が新しい、見返「東大寺学侶公物」の識語がない、首題・尾題がない、料紙が薄い。また綴じ糸は巻第二・十は、その他より細い。東大寺本『要録』の表紙は前後ともに薄茶色渋紙を用いるのが原則であるが、巻第二・九・十の後表紙のみ焦茶色である。東大寺本『要録』巻第二の筆跡は、東大寺本『続要録』寺領章の一部と同一である。

安藤は、上記をもとに、東大寺本『要録』巻第二が、どのように補われたのかを検討している。まず欠巻となっていた巻第二を補う際、全十冊の表紙の体裁を揃えるために、巻第十の後表紙を新しい巻第二の前表紙に充て、第二・第十の後表紙は新しく他の料紙を用いた。巻第二の筆跡は『続要録』寺領章と同筆であることから、『要録』巻第二は『続要録』にあったことは確実であり、『続要録』寺領章（の一部、横内注）を抜き出して、『要録』巻第二に転入したのである、と。

安藤の書誌学的な調査を踏まえた考察は説得力があり、『要録』巻第二は、もと『続要録』寺領証文篇であるとの説が有力となった。

堀池春峰氏も安藤氏の説をほぼ踏襲し、東大寺本『要録』巻第二は東大寺本『続要録』寺領証文篇であるとし、その理由を、袋綴装の綴じ糸が同じ、外題が同筆、裏表紙も同質の「褐色染」など類似点が多い点に求めた(7)。文明十七年頃の東大寺本完成時点において、『続要録』寺領証文篇が『要録』巻第二に充当されたと見なしている。

ところが近年、稲葉伸道氏は『続要録』の成立・撰者をめぐる考察を行うなかで、構成について従来の説に再考を迫る見解を述べた(8)。

まず、引用された文書の下限・内容表記から、『続要録』は弘安四年（一二八一）以降、正応二年（一二八九）までの間に成立したとする。次に、収載文書のソースは、勧進所・印蔵・世親講衆・東南院・尊勝院・聖守保管文書（年預五師保管物寺文書を使わず）であり、地の文では聖守のみ実名表記していることから、聖守撰の可能性を指摘。以上により、『続要録』の撰者が聖守であることは、確定したと考えて良い。

構成については、当初は「諸会篇末」が存在していた可能性を指摘。これを現在の九冊と合わせれば十冊となることから、東大寺本『要録』第二を『続要録』寺領章寺領証文篇とした先行研究を再考する必要性を喚起した。東大寺本『要録』第二は、『続要録』の他篇と比べると収録文書の年代が異なり、聖守没後の文書も記載されている。このことから『続要録』とは全くの別本である可能性と、もとは『続要録』寺領章の後半に当たるもので、聖守没後の文書を書き継いだものを含んでいる可能性の両論を併記している。

稲葉氏の研究により成立年代、撰者が確定し、『続要録』の位置づけが明快になった。残る課題は、やはりその構成についてである。以下、章を変えて、東大寺本『要録』巻第二の位置づけについて考えてみたい。

第二章　東大寺本『続要録』の構成

第一節　書誌情報の概要

まずは東大寺本『続要録』の書誌学的な情報についてまとめた表を掲げる。参考までに、ほぼ同時に書写された東大寺本『要録』についてのそれも付け加えておく（**表1**）。

『要録』が「東大寺要録巻第二」などと整序された外題・首題をもつのに対し、『続要録』は、巻号をもたないものがほとんどである。供養篇が第二（親本外題）・宝蔵篇が第十（首題）であることがわかるのみで、造仏篇は「東大寺雑記第一」と別のタイトルが付されているものもある。

これも先学が指摘しているように、『東大寺雑集録』巻一には「一、東大寺要録十冊　続要録十冊（中略）、一、続要録　造仏下　諸院篇　仏法篇　諸会篇　拝堂篇出仕之式事繁故略之　宝蔵篇　供養章」と『続要録』十冊の内訳が知られるが、現行の続要録と一致していない。特に「寺領章」が含まれていない点が気になるところである。

寛政四年（一七九二）の柴野栗山・住吉広行の調査では、要録十冊・続要録九冊と算定されているという(9)。この時までには、現在収蔵されている冊数の形になっている。

第二節　滋野井文庫本をめぐる問題

前述のように、東大寺本『要録』巻第二が、もと東大寺本『続要録』巻第九寺領証文篇であるとの説の根拠になっていたのが、滋野井文庫本に付けられていた外題である。確かに、東大寺本『要録』巻第二の本文をもつ冊が、外題「東大寺続要録第九寺領証文篇」は、見返墨書「東大寺続要録巻第九　寺領證文篇　官符　院宣　御教書　寄進状」となっており、一見、滋野井本が、東大寺本『続要録』のオリジナルの状況を残したごとくにも思えなくもない。しかし、東大寺本『続要録』には、そもそも一貫した巻号がなかったのに対し、滋野井文庫本は第一から十までの通し番号が振られており、滋野井文庫本が東大寺本を直接そのまま書写したのではない点に、まず注意される。さらにその扉題について注目したい。

東大寺続要録巻第一／宝暦九年（一七五九）三月廿八日書写功終

表1

東大寺図書館本架蔵番号	外題	見返識語	首題	奥書	裏表紙	表紙裏打紙	備考
要録1	東大寺要録巻第一本願章	東大寺學侶公物	東大寺要録巻第一	新禅院本云／仁治二年九月十九日於東大寺千手院／以故慈恩院法印御本令書写之畢、／三論真言兼学沙門阿闍梨寛乗判／一交了、	薄茶		
要録2	東大寺要録巻第二（異筆、続要録7と同筆）	なし	なし	なし	濃焦茶		
要録3	東大寺要録巻第三供養章之餘	東大寺學侶公物	東大寺要録巻第三	新禅院本云／仁治二暦之天首秋四日之朝書写之畢、／于時大臣得業御房法勝寺御八講参勤之／間出南都金陵之学窓入北城白河之宿所、聴聞之前見物之後為安然之間令写之了、後見尤可随喜者歟而已、／東大寺顕密両宗学者金陵青龍末資寛乗判／一交了、	薄茶		
要録4	東大寺要録巻第四諸院章付神社諸會章	東大寺學侶公物	東大寺要録巻第四	なし	薄茶		

要録5	東大寺要録巻第五（諸會章之餘付相折／諸宗章／別當章）	東大寺學侶公物	東大寺要録巻第五	新禅院本云／仁治二年六月八日於東大寺千手院之蓬屋以／故慈恩院法印御秘蔵本書写之、于時日輪近地龍／雲巻天、青草変色赤土揚塵、洪河流細土沢虚／乾之間、自今日於大仏殿令転読之畢、／東大寺三論真言末葉行道沙門寛乗判／『未交之、重可終其功之、判』／一交了	薄茶		
要録6	東大寺要録巻第六（封庄章／末寺章）	東大寺學侶公物	東大寺要録巻第六	于時／文明十七年歳次乙巳中秋四日終功畢、／雖有悪筆之至極憚千万学侶、年預之儀／依難黙止、如形馳禿筆畢、／右筆東大寺花厳末学大法師順円／延徳二年庚戌潤八月廿八日一校畢、／東大寺華厳宗擬講順円	薄茶		
要録7	東大寺要録巻第七雑事章一	東大寺學侶公物	東大寺要録巻第七	新禅院本云／仁治二年暮秋九日誂右衛門志延氏／令書之処、不堪右筆之間、文字左道者也、	薄茶		

				就中写本可急進之由連々有／其催、仍不校合可謂不中用為之如何、／三論真言兼学沙門阿闍梨大法師寛乗判／春秋廿七夏臈十二廻／一交了、			
要録8	東大寺要録巻第八雑事章二	東大寺學侶公物	東大寺要録巻第八	新禅院本奥書／仁治二年九月十一日以他筆書之了、／真言宗阿闍梨寛乗判／一交了、	薄茶		
要録9	東大寺要録巻第九雑事章三	東大寺學侶公物	東大寺要録巻第九	なし	濃焦茶		
要録10	東大寺要録巻第十雑事章四	東大寺學侶公物	東大寺要録巻第十	写本云／建保二年九月八日於慈恩院閑亭走／筆書之　釈字阿	濃焦茶	東大寺要録巻第三（表紙）	
続要録1	東大寺續要録造佛篇	東大寺學侶公物	東大寺雑記第一	一交了、	薄茶		
続要録2	東大寺續要録供養篇【末】（摺消）□文治記　建仁記	東大寺學侶公物	なし、本文冒頭傍注「表書續要録第二供養篇云々文治」	一交了、	薄茶	東大寺要録巻第八（表紙）	「以上者建仁記同也」（建仁記文末）、「此巻者別之巻也、依為少巻寄此」（諸供養記冒頭）

続要録3	東大寺續要録供養篇末 建久記	東大寺學侶公物	なし、本文冒頭傍注「建久記」	于時文明十九年丁未林鐘下旬第二天終功訖、翼日一校之、	薄茶	東大寺要録巻第九（表紙）	「與建久記同也」（巻末）
続要録4	東大寺續要録諸會篇本	東大寺學侶公物	東大寺／諸會篇	一交畢、	薄茶		
続要録5	東大寺續要録佛法篇	東大寺學侶公物、標目あり	佛法篇	一交了、	薄茶	東大寺要録巻第一（後表紙、天地逆）	
続要録6	東大寺續要録諸院篇	東大寺學侶公物	諸院篇	一交訖、	薄茶	東大寺要録巻第十（後表紙、天地逆）	
続要録7	東大寺續要録拝堂篇	東大寺學侶公物	なし	于時文明十七年乙巳七月廿一筆終之、右篇左道慮外之至極也、有憚々々、老雀仁憲	薄茶	東大寺要録巻第四（表紙）、東大寺要録巻第七（後表紙、天地逆）	
続要録8	東大寺續要録寺領章（異筆、要録2と同筆）	なし	「續要録寺領章」（後筆）	なし	濃焦茶		
続要録9	東大寺續要録寶藏篇	東大寺學侶公物	東大寺續要録第十	以寫本交合畢、	薄茶	裏書押紙ニアリヲシ處惣之又一ヶ處新筆無之又寺務次第一紙落タリ／東大寺要録巻第五（表紙）	

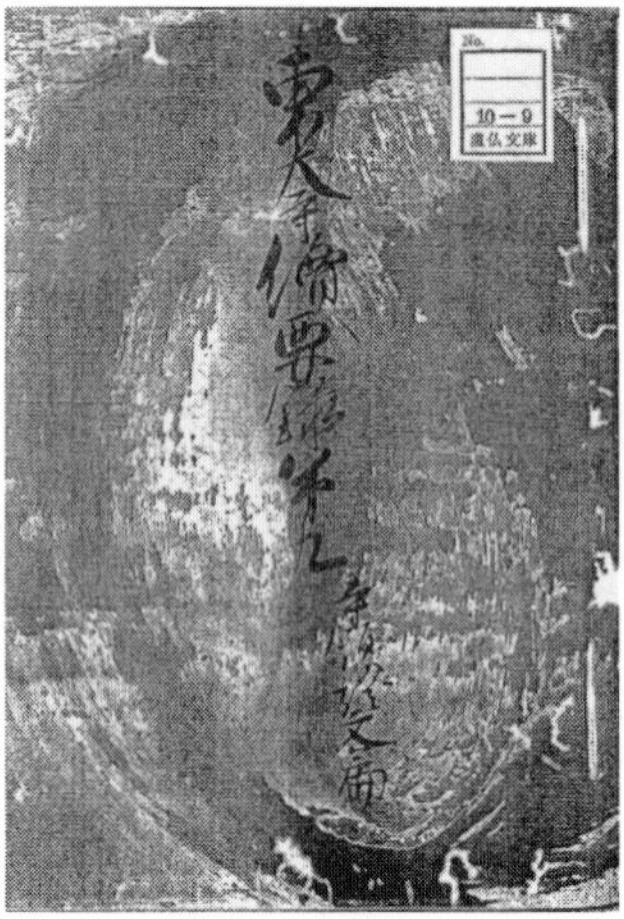

図７　筒井家蔵　滋野井文庫本東大寺続要録巻第九　表紙

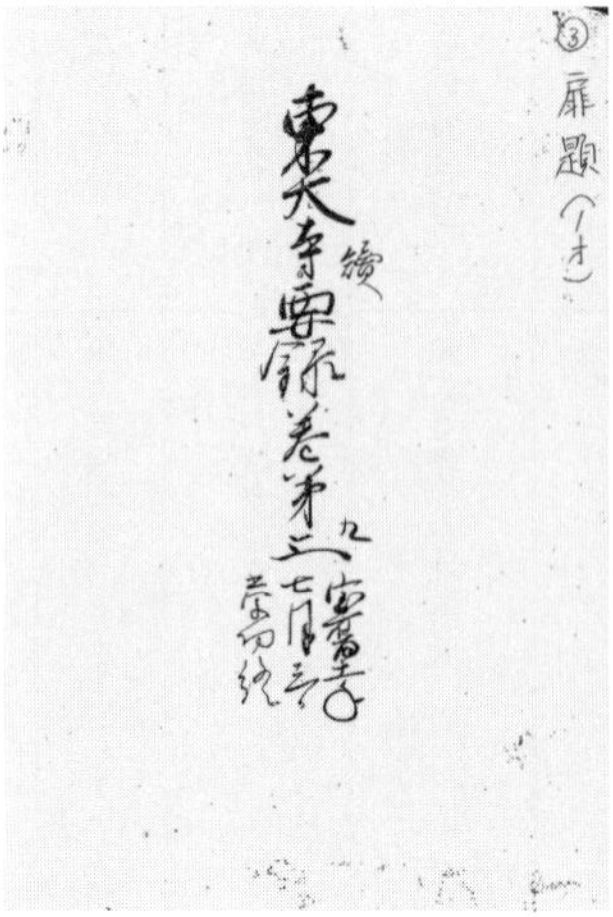

図８　同　扉題

東大寺続要録巻第二／宝暦九年五月十五日書写功終
東大寺続要録第三／宝暦九年七月廿六日書写功終
東大寺続要録第四諸會篇／宝暦十一年七月七日書写之畢
東大寺続要録第五佛法篇／宝暦十一年七月十日書写之畢
東大寺続要録第六諸院篇／宝暦十一年七月廿七日書写功畢
東大寺続要録巻第七宝暦八十二十八書写功終
東大寺続要録第八寺領章／宝暦十一年七月廿日書写畢
東大寺。「續」要録巻第二「九」宝暦十一年七月三日〜書写功終
東大寺続要録第十寶藏篇／宝暦十一年七月十八日書写之畢

以上によれば、今問題にしている第九の扉題は、もともと「東大寺要録巻第二」であったものを、「東大寺続要録巻第九」に訂正していることがわかる【図７・８】。つまり、『続要録』の第九寺領証文篇を『要録』の第二に編入したのではなく、逆に『要録』巻第二から『続要録』巻第九に編入したとみるべきなのである。宝暦十一年滋野井文庫本書写者が、『要録』巻第二の内容を見て、『続要録』と判断して空いている第九に入れ、外題・見返に巻号・題を付け直したものと推測される[10]。少なくとも『要録』巻第二は、『続要録』の「巻第九」ではないことになる。『続要

録』の一部であった可能性については後述する。

第三章　東大寺本『続要録』寺領章と『要録』巻第二の関係

さて、次に東大寺本『続要録』の形態について書誌学的な考察を試み、安藤が行った考察結果との整合を図ってみたい【図9～12】。

特に寺領章は、他の東大寺本の首題が「篇」となっているのに対し「章」を用いていること、また安藤・堀池が指摘する『要録』巻第二との一致点がみられること、『要録』巻第二には聖守死後の文書を含むことなど特殊な状況が看取され、注意が必要である。これらを念頭に考察を試みる。

第一節　形態の観察

①『続要録』表紙裏打墨書について

東大寺本『要録』・『続要録』の表紙のなかには、裏打紙に『要録』の旧表紙を用いているものがある（**表1**）。一部に墨書があるが、おそらくは『要録』書写時の覚外題かと思われる。『要録』の仮表紙を『続要録』表紙裏打紙に転用したのであろう。(11) 造仏篇と寺領章には、墨書は確認できない。

②表紙について

表紙について観察すると下記のような特徴が見られる（**表1**）。

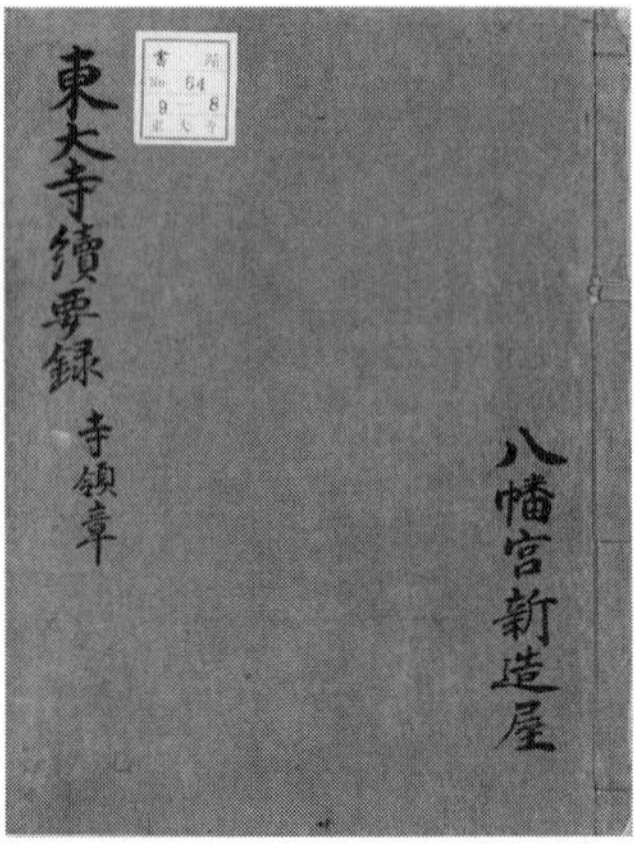

図 9　東大寺図書館蔵　東大寺続要録寺領章　表紙

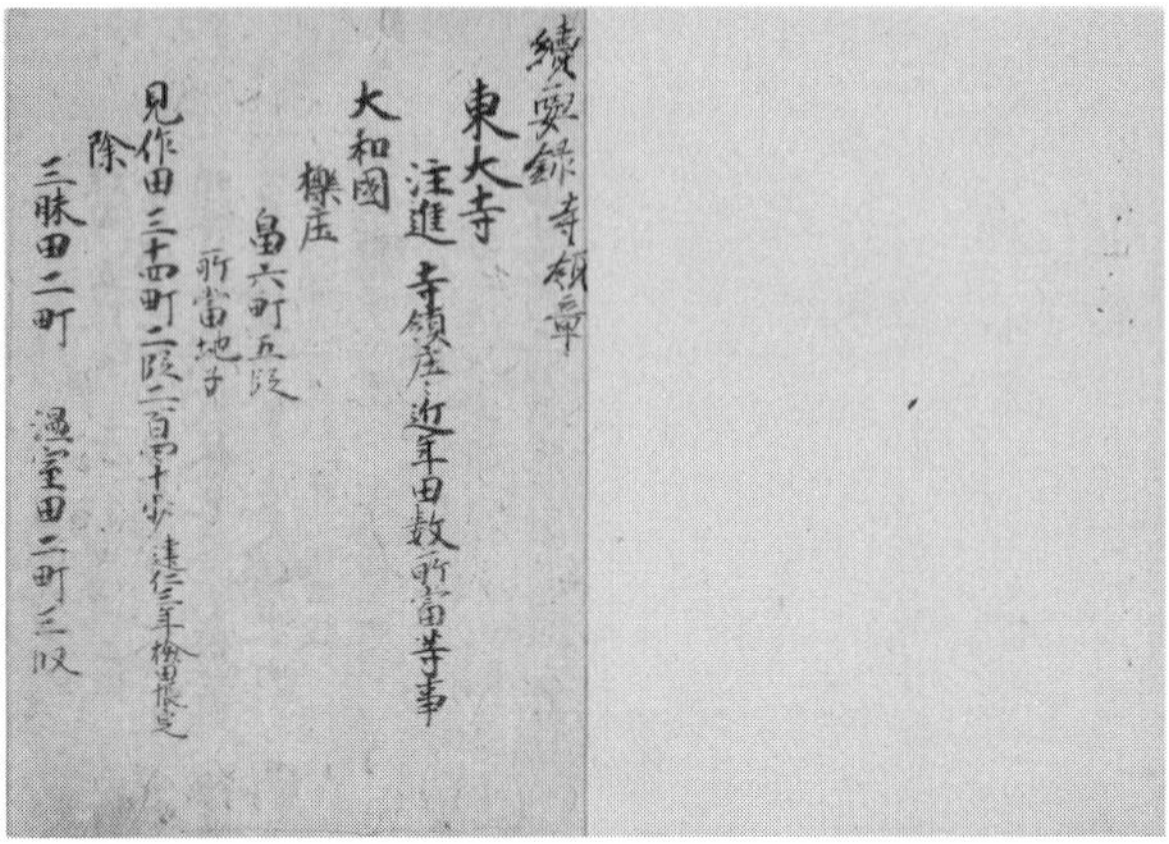

図10　同　帖首

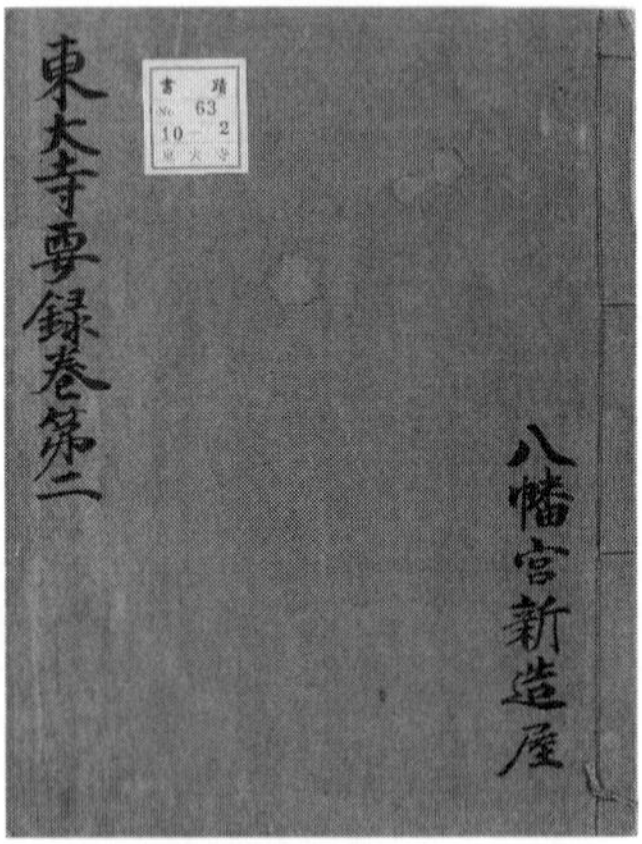

図11　東大寺図書館蔵　東大寺要録巻第二　表紙

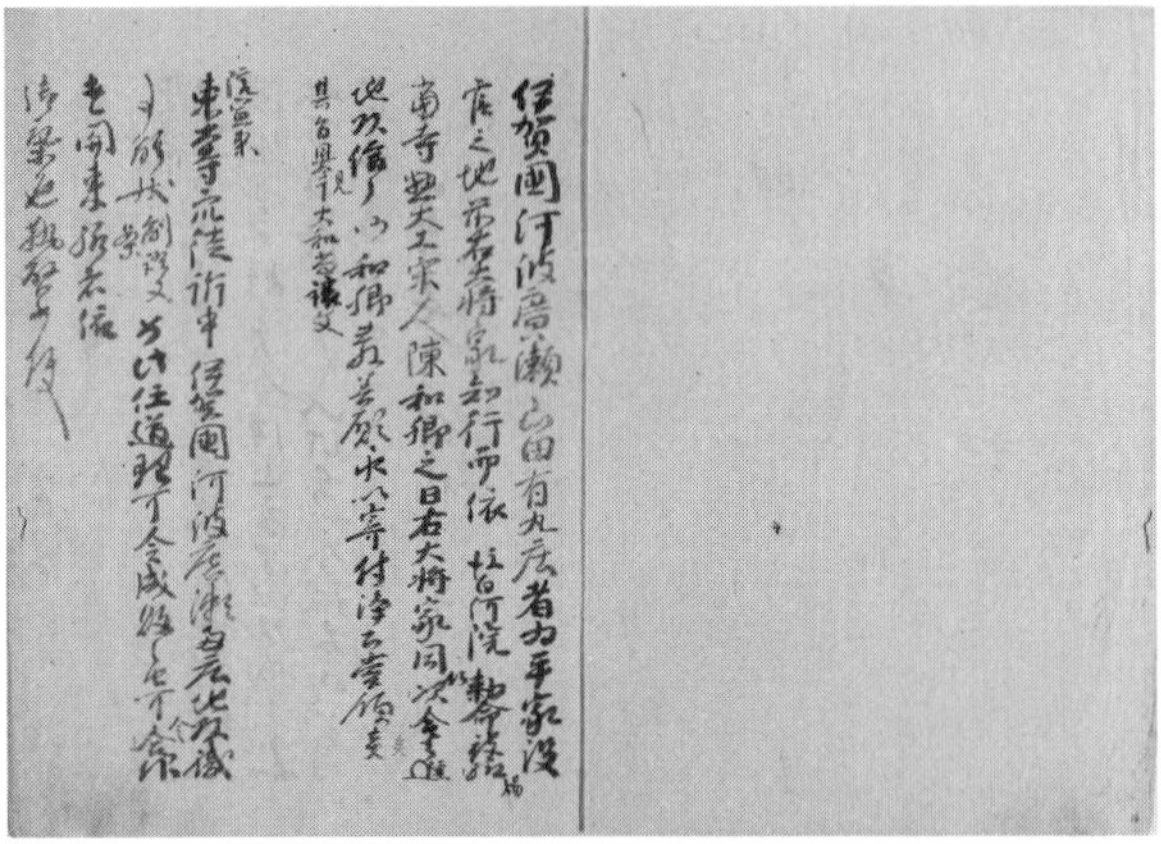

図12　同　帖首

・外題は、寺領章を除き同筆である。また寺領章と『要録』巻第二とは同筆である（堀池前掲）。
・首題は、かならずしも統一はされていない。寺領章は後筆である（『要録』巻第二の首題はない）。
・表紙は薄茶で統一されているが、寺領章裏表紙のみ濃焦茶色である。これは『要録』巻第二、同九、同十と同一である。また、寺領章と『要録』巻第二は、綴じ穴が別にある。
・見返は「東大寺学侶公物」と記されるが、寺領章と『要録』巻第二には記載がない。

以上から、『続要録』のなかでは寺領章のみ異質であることが確認できる。寺領章と『要録』巻第二は、文明年間の書写・仕立て以降に補われたものと考えられる。その転入の際に、『要録』巻第九・同十の裏表紙を、寺領章・『要録』巻第二の前表紙に転用し、『要録』巻第二・同九・同十と寺領章の裏表紙には濃焦茶色紙を新補したと考えられる。寺領章と『要録』巻第二は、後世同時に補われた冊子なのである。

③寺領章の筆跡

安藤が指摘するように、『要録』巻第二【図13】と寺領章の後半部分【図14】は同筆と考えられる。この両冊は同時に書写されたと考えるべきであろう(12)。

以上から、文明年間の『要録』・『続要録』書写が行われて以降、寺領に関わる文書を収載した袋綴装冊子本を二冊に分割し、前半を『要録』巻第二に、後半を『続要録』寺領章に、それぞれ充当したものであると考える。

第二節　内容の考察

さて、それでは『要録』巻第二・『続要録』寺領章のもととなった冊子はどのような性格の本と考えられるであ

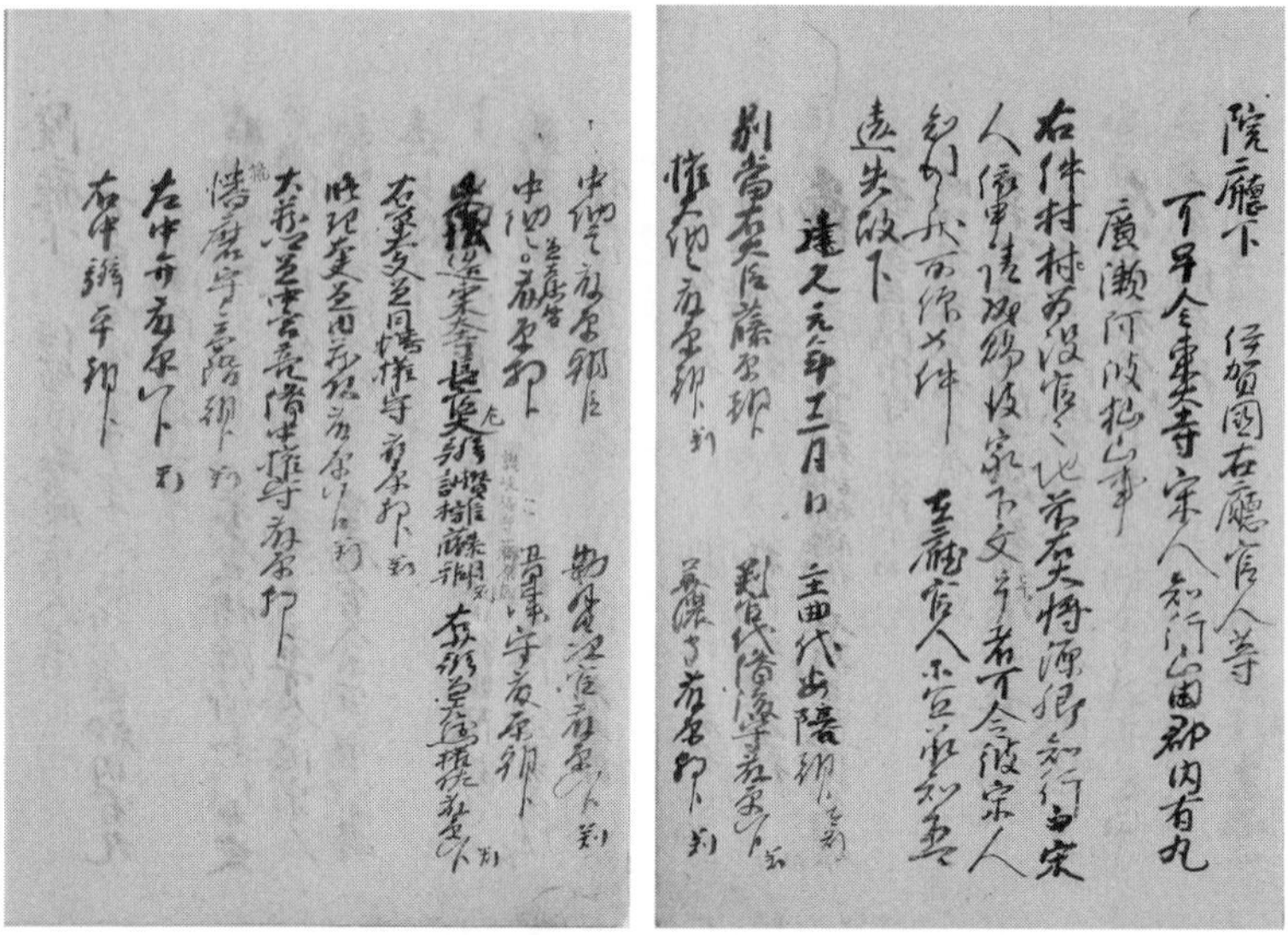

図13　東大寺図書館蔵　東大寺要録巻第二　3丁オ・ウ

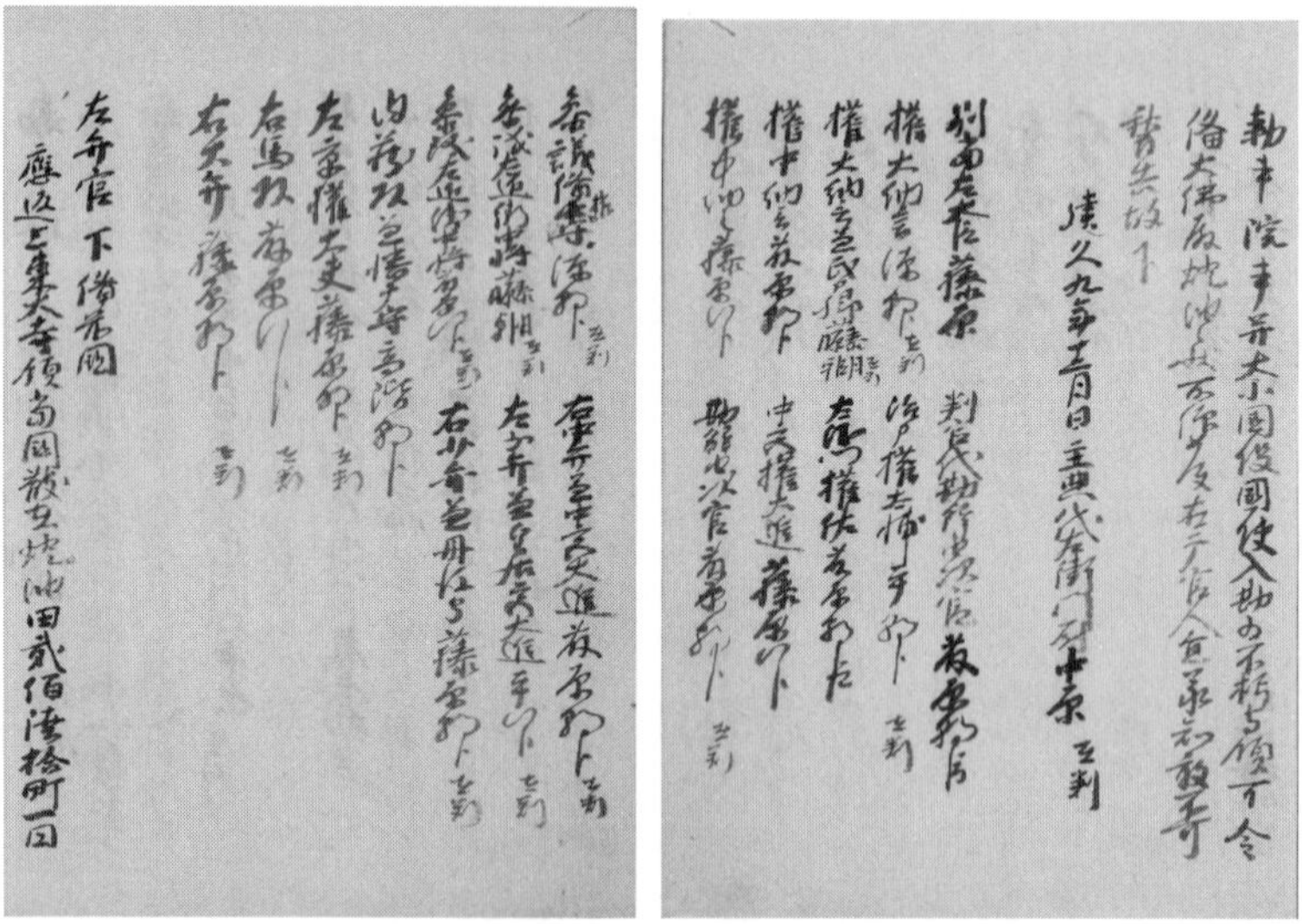

図14　東大寺図書館蔵　東大寺続要録寺領章　21丁オ・ウ

ろうか。

まず寺領章には、三通の文書が収載されている。稲葉伸道氏によれば、いずれも東南院に保管伝来したものと推定されるという(13)。

では『要録』巻第二をみよう。全体を通じての書き方について。「伊賀国阿波・広瀬・山田有丸庄者……」などと、地の文でそれぞれの荘園についての歴史・概要を掲げ、続いて関連文書を引用する。

①阿波・広瀬・山田有丸荘：地の文で平家没官領・源頼朝知行・陳和卿知行の由来を説き、承久年間の大江広綱の地頭職停止相論文書を収載。承久相論時の東大寺別当は東南院定範である。重源・東南院領。

②大部荘：地の文のみ。重源の再興・陳和卿知行・東大寺への寄進・重源進止の由来を説く。ここで注目されるのが、次の一文である。「遂申下　官符充募諸供料了、彼官符書載供僧篇之初、可見之」この官符は不明であるが、「供僧篇」なる記録の存在が確認できる。東大寺における「供僧」とは、学生供・顕密供の供僧をさす可能性がある(14)。重源・東南院領。

③槇野荘：地の文のみ。顚倒寺領の再建・建久七年官符による顕密供領認定の由来を記す。東南院領。

③長洲荘：地の文で本願勅施入の由来および建保年間の鴨社との相論について記す。相論関係文書を引載。

④大井荘：地の文で建暦年間の下司職相論・北条政子による地頭職寄進の由緒を記し、相論関係文書を引載(15)。政子と交渉したのは、「へたうそう上の御はう」成宝である。

⑤玉滝杣：地の文はなし。建久・建暦年間の信楽荘との相論関係文書を中心に収載。別当成宝任中。

⑥猪名荘：地の文はなし。建暦三年造住吉役免除の文書。別当成宝任中。

⑦寺領全体：地の文はなし。承久三年、寺領二十三箇所の武士狼藉を止める官宣旨。同年、地頭・兵糧米を停止

する官宣旨。別当不在。

⑧伊賀国鞆田荘：地の文はなし。⑦を受けての承久三年官宣および貞応元年の閉門に関する文書。朝廷と交渉しているのは別当成宝。

⑨槇野荘：地の文はなし。天福元年の地頭職停止交渉に関する文書。別当定豪。

⑩木本荘：地の文で寛元三年の預所職相論の来歴を記し、関連文書を引用。別当定親。

⑪大仏供荘：関東から東大寺鎮守八幡宮に寄進した文書を掲げ、続けて地の文において、定豪、定親、定済と譲渡された経緯を述べ、貞応三年より文永四年まで領家職は東南院門跡が相承してきたが、北条時宗が領家職を武家祇候人に充てたため、衆徒訴訟に至るも寺家に返付されない事情を委しく記す。東南院領。

⑫御油荘：地の文で「近来」退転の事情と別当定済による朝廷との交渉事情を記し、関連文書を収載。

⑬櫟荘：長大な地の文があり、荘内巌池の用水相論に至る経緯を記す。関連文書を引用したのちに、再度、地の文が続く。別当は定済。

⑭大井庄楽田郷地頭職：地の文はなく、文書のみ引載する。別当は定済。

⑮大仏殿仏餉料田：地の文はなく、文書のみ引用。弘安元年、正応元年、嘉元四年、正和二年、正和五年、元応二年、某年、応安五年の文書で、聖守没後の文書が含まれている。

以上をまとめると①重源領の由来をもち、東南院領となった荘園が多い。『続要録』寺領章に収載される文書が、東南院に関係するという稲葉氏の所論を踏まえると、『続要録』寺領章と一連のものであった可能性は高い。また内容は、東大寺別当定親・定済に関わる文書が多い。定親は聖守の師、定済は聖守の兄弟弟子であり、『続要録』の撰者たる聖守との関係が予測できよう。

実は、『要録』巻第二の作者が推測できる箇所がある。⑬の地の文に作者を示す「予」が登場するのである。

「件文書者定在印蔵歟、能々可捜求之由、予令申定厳了、仍其後開印蔵求出此文書、備　上覧止濫訴了」

「予」は文永八年（一二七二）、執行定厳に命じて相論の支証となる文書を印蔵から取り出させ訴訟を指揮し、勝訴に導いている。(16)「予」はすなわち『要録』巻第二の記主と考えられるが、聖守の可能性はあるのだろうか。聖守が東大寺大勧進であったのは、建治三年（一二七七）から弘安五年（一二八二）であり、大勧進としての活動ではなさそうである。だが、たとえば文永五年（一二六八）に聖守の命で印蔵文書を取り出した事例があり、(17)印蔵文書の撰出に関与し、東大寺のために別当定済の訴訟を支えた可能性があった。聖守にとって、定済は兄弟弟子であり、関係が深い。「予」が聖守である可能性は大変高いと考えられる。

以上から、『要録』巻第二と『続要録』寺領章は、もともと同一の冊であり、撰者は聖守の可能性が高いといえるのではないだろうか。(18)となれば、もともとは『続要録』のうちに含まれる寺領関係集一冊があったのではないか。これを仮に〝寺領篇〟と呼んでおきたい。また、②に記載されていた「供僧篇」なる書も『続要録』を構成していた可能性もでてくる。

これまでの検討を踏まえ、東大寺本の成立を推定しておこう。

文明十七年前後に、新禅院本（現・醍醐寺本）『要録』を書写した東大寺本『要録』十冊が完成した。そしてほぼ同時に、『続要録』が書写され、東大寺本『続要録』が完成した。(19)その後、『要録』の第二「縁起章」、『続要録』の〝寺領篇〟・「供養篇」などが失われた。さらに、ある段階で文明書写の『続要録』とは別に伝来していた〝寺領篇〟を前後二冊に分割し、前半を『要録』巻第二に、後半を『続要録』寺領章に充当した。いまだ不明な点が多いが、(20)右のように想定しておく。

第四章　『続要録』の原本をめぐって

さて、醍醐寺本『要録』の書写者であり、『続要録』の撰者として度々名が上がった聖守は、『続要録』編纂に際して、自らの手許にあった文書正文や、収集書写した関連文書を典拠として利用していることが知られている[21]（後述）。だが残念ながら、『続要録』の聖守自筆原本は見つかっていなかった。今回調査を進めるなかで、自筆原本、あるいは草稿とみられる史料が三種見いだされたので、以下に報告する。

第一節　『続要録』の原本・草稿

①「大井荘下司職文書案」（断簡）

東大寺未成巻文書３―71号に所収[22]。（建暦元年）五月二十四日関東御教書と（建暦元年）五月二十六日行俊書状は、その同文が、東大寺本『要録』巻第二の伊賀国阿波・広瀬・山田有丸の項目に引用される。筆跡は聖守の速筆のものとも判断され、『続要録』の草稿あるいは材料として聖守が書写した文書と考えられる。

②「東寺仏舎利供養記」（断簡）

早稲田大学荻野研究室収集文書諸国文書に収載され、翻刻がある[23]。「一、東寺御舎利奉入真言院設供養事」に始まる文章で全文聖守の筆になる。断簡ではあるが、東大寺本『続要録』供養篇の項「一、東寺御舎利奉入真言院設供養事」の前半部分に全く一致する。文中に聖守自身による字句の訂正が散見することから、これは『続要録』の

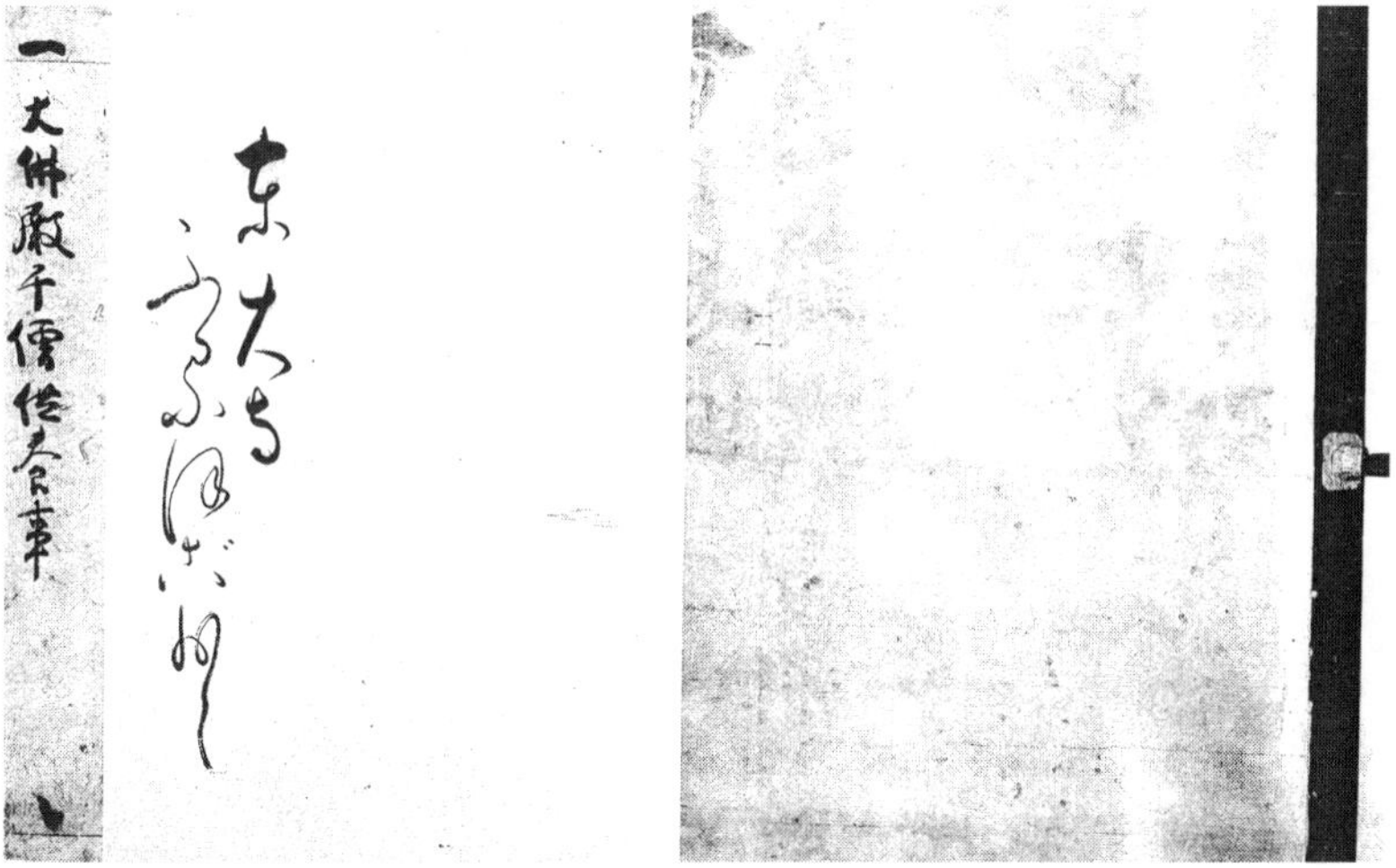

図15　大東急記念文庫所蔵　東大寺続要録供養篇本・断簡

草稿本とみて間違いないだろう。

③「東大寺反古文書」（断簡）

大東急記念文庫所蔵になる文書で聖守自筆の断簡である。本史料については、公開されている情報がないことから、以下、書誌および関係する本文を載せておく【図15】。

書誌

体裁　巻子装（全八紙）

法量　縦二七・〇糎　横第一紙三八・九糎、第二紙二二・八糎、第三紙三一・一糎、第四紙二八・五糎、第五紙三四・四糎、第六紙二七・八糎、第七紙三八・〇糎、第八紙二三・三糎

内容　第一～四紙　聖守自筆東大寺続要録供養篇本（紙背文書あり）、第五・六紙　性賢書状（紙背論義草断簡　第七・八紙同筆）、第七・八紙　論義草断簡（建治二年十二月八日聖守雇筆奥書）

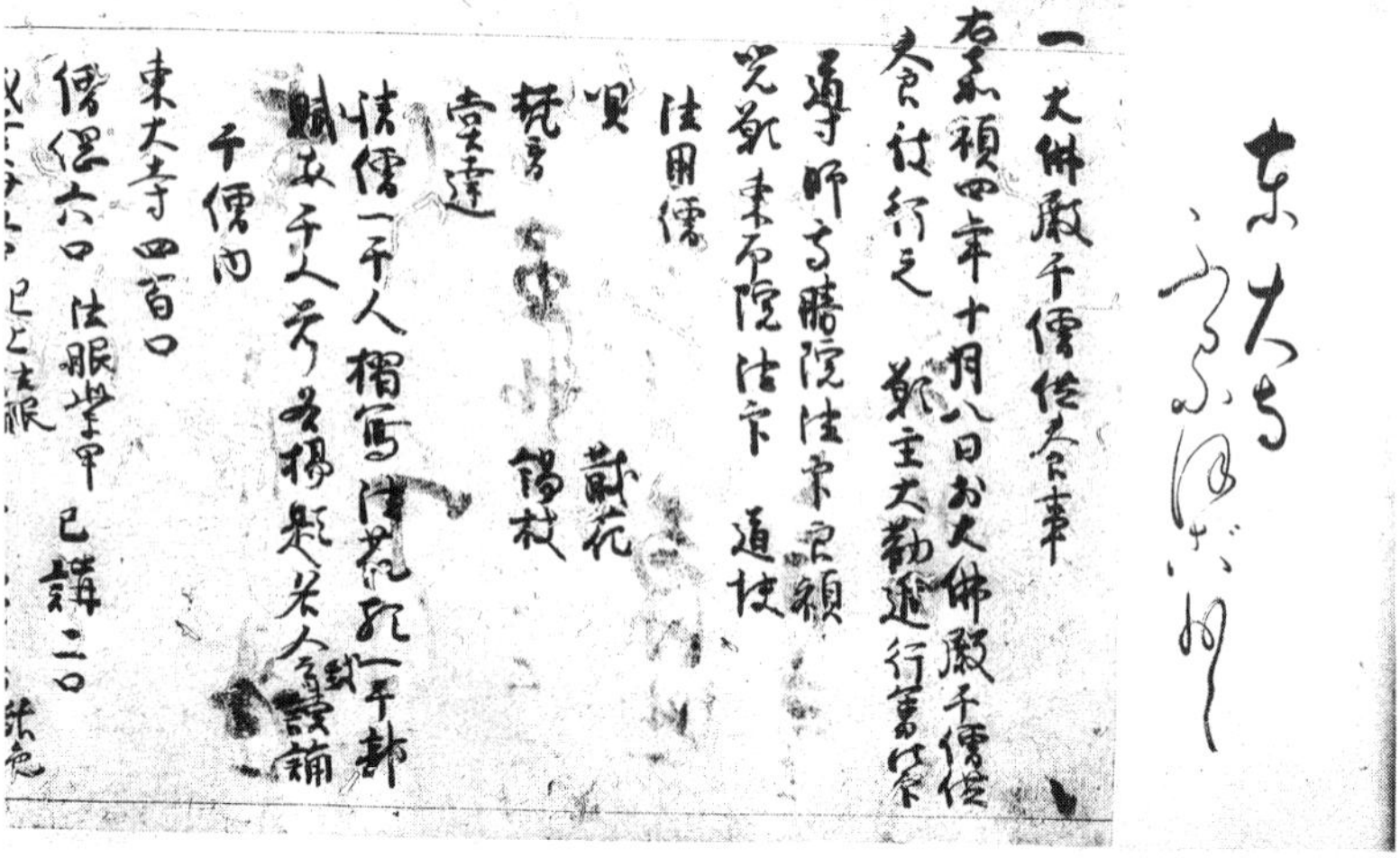

釈文

（第一紙）
一、大佛殿千僧供養事
右、嘉禎四年十月八日於大佛殿千僧供
養被行之、　願主大勧進行勇法印
導師尊勝院法印　良禎
咒願東南院法印　道快
　法用僧
　唄　　　　散花
　梵音　　　錫杖
　堂達
請僧一千人、摺寫法花経一千部、
賦安千人前、各揚題名、令〇「致」讀誦、
　千僧内
東大寺四百口
僧綱六口法服、紫甲　已講二口
成業卅五口已上法服、青甲　中﨟八十三口鈍色、五帖
（第二紙）（中欠）

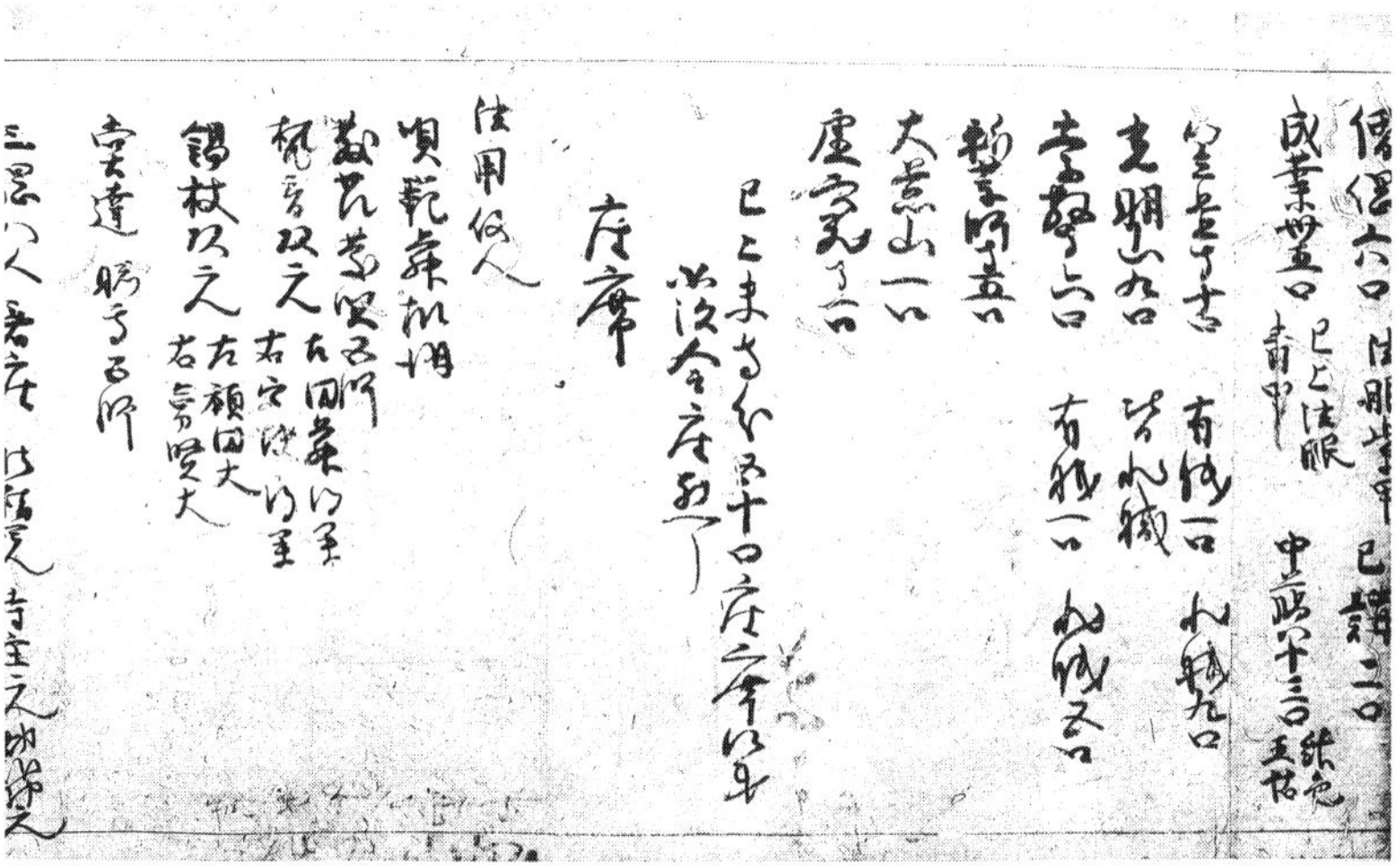

笠置寺十口　有職一口　非職九口
光明山九口　皆非職
崇敬寺六口　有職一口　非職五口
新薬師寺五口
大慈山一口
虚空蔵寺一口
已上末寺分五十口座席次第
　如次令座烈了、
　　座席
（第三紙）（中欠）
法用役人
唄範舜擬講
散花慶賢五師
梵音頭二人左円舜得業、右定快得業
錫杖頭二人左禎円大、右勇賢大
堂達瞻尊五師

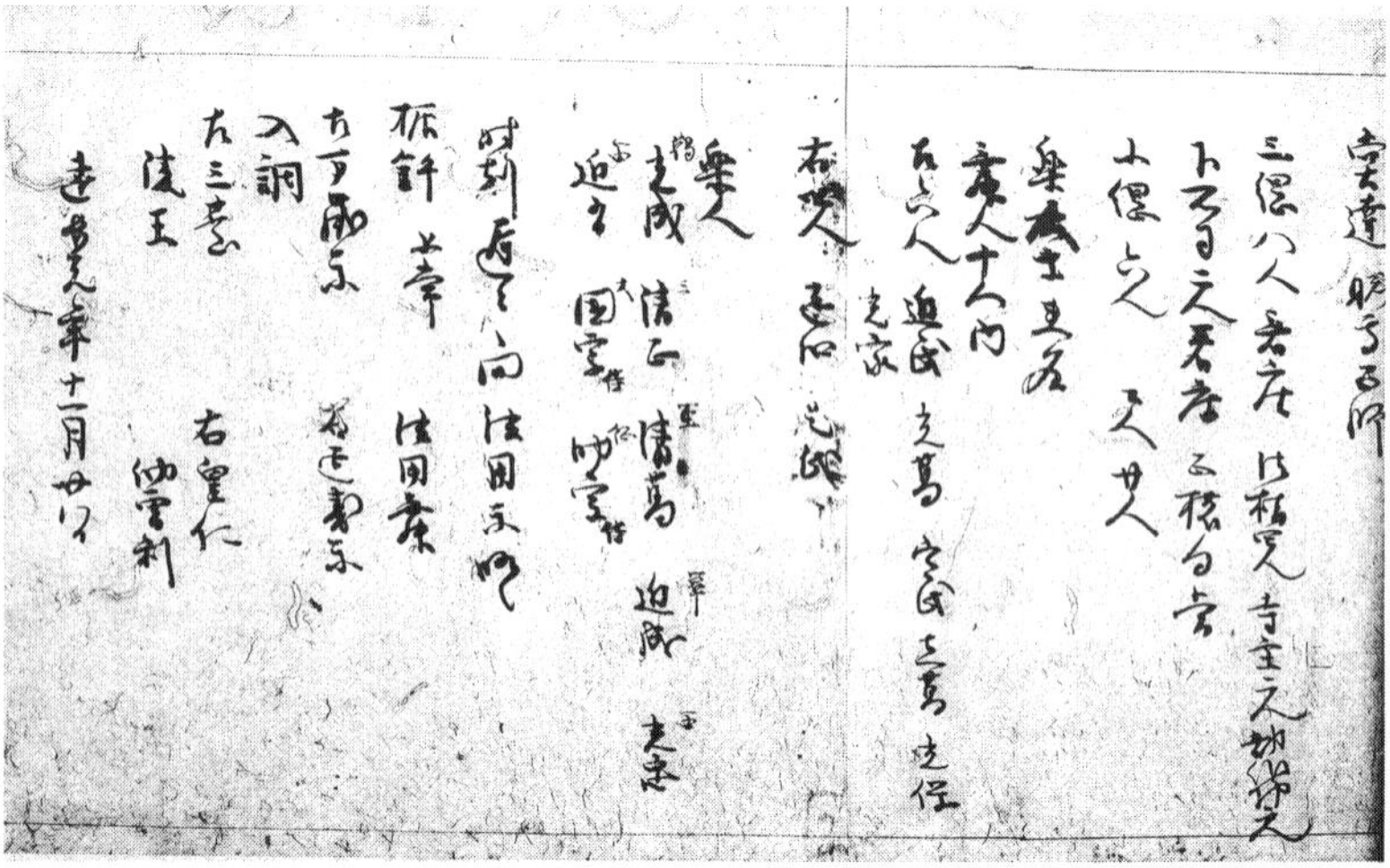

三綱八人着座　法橋四人　寺主二人　都維那二人
下所司二人着座　正権勾當
小綱六人　公人廿人
楽人等交名
舞人十人内
左六人近氏光家　光葛　定氏　志葛　光保
右四人遠弘　足氏
(第四紙)
楽人
鞨光成　三清正　笙清葛　篳近成　笛光忠
笛近有　大國宗侍　鉦助宗侍

時刻遅々之間、法用楽略之、
振鉾如常、　法用舞
左万歳楽　右延喜楽
入調
左三臺　右皇仁
陵王　納曽利

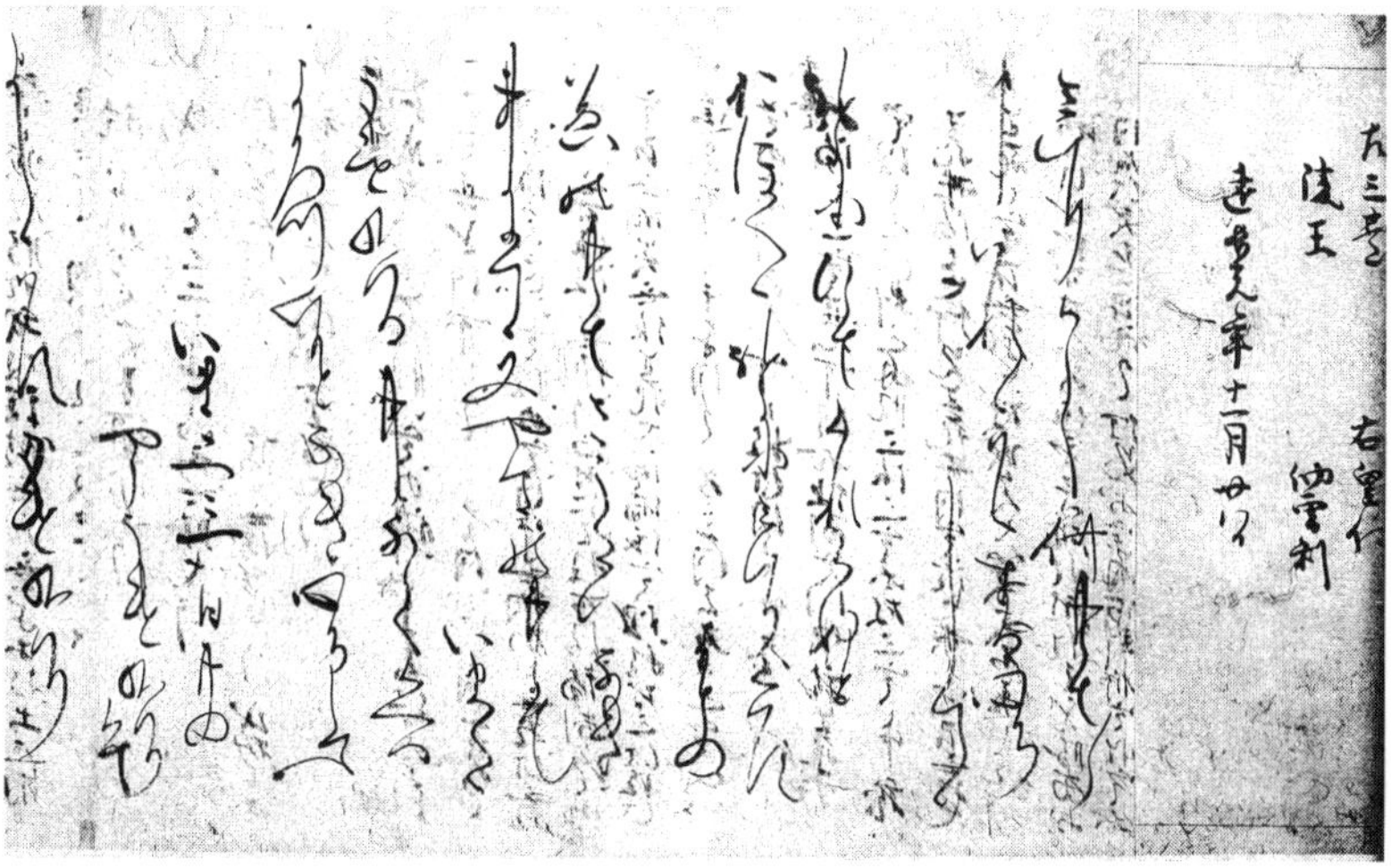

建長元年十一月廿八日
（第五紙）
まひり候て何事は、
申いれ候はんする心ち
して候、
ことにひはくれ候ぬと
おほへ候、ことにまいり候はす、
もとの
いゑの事はさうたいなき
事にて候、又やまの事は、
いまた
うけ給はる事なく候へは、
よろつほとなき心ちして候、
いま二三日事の
やううけ給はり
候て、
（第六紙）
よく候はす、うけ給はり

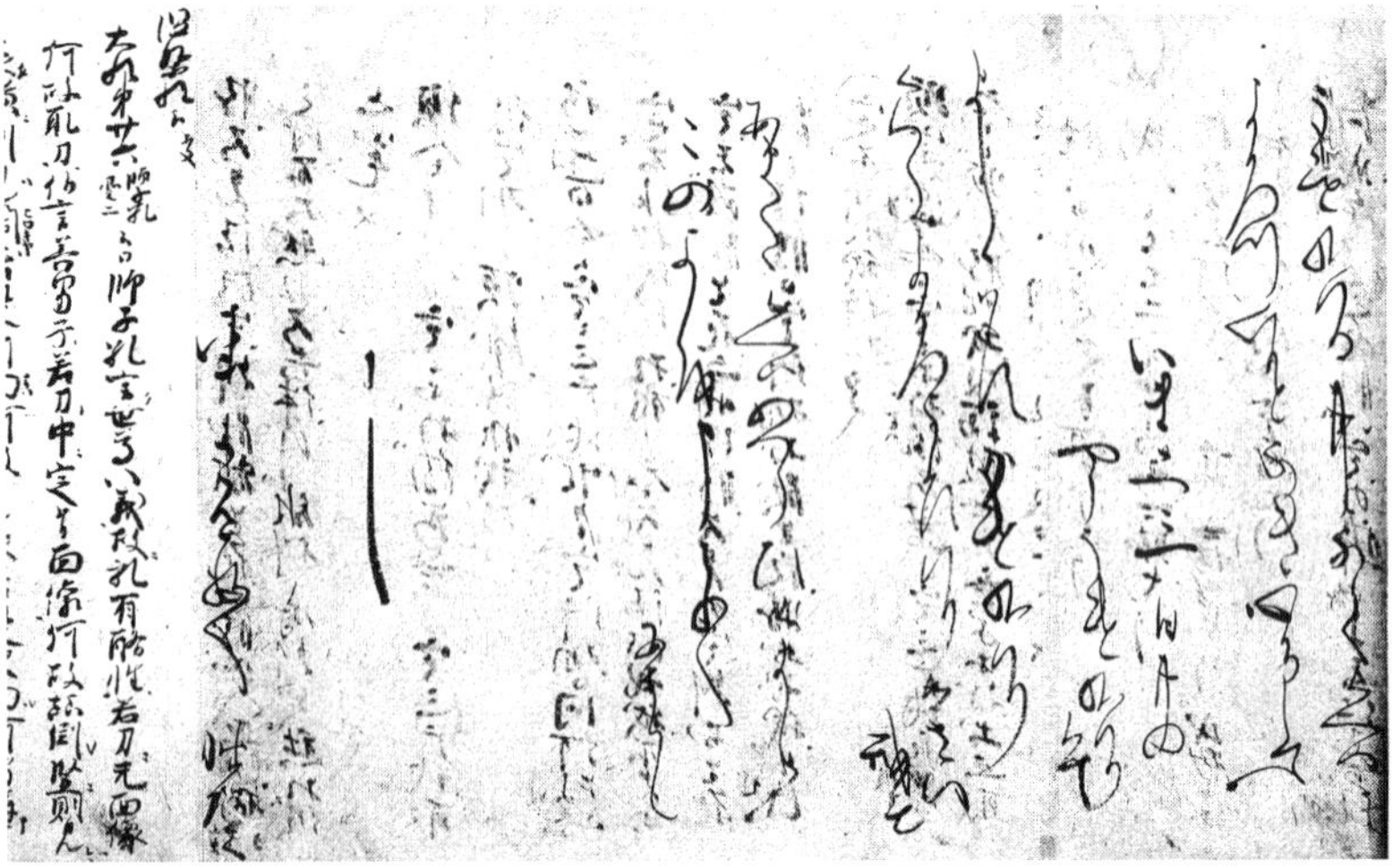

候は、よろこひいり候、さい
　　　　　戒も
あまた候へは、わつらひ候ましく候、
このよしを申可入候、
　　　あなかしく、
（切封墨引痕）
　東左近殿へ　性賢

（第七紙）
涅槃経云、□文
大経第廿六師子孔品之二云。師子孔言ク、世尊、以義故ニ乳有酪性、
若刀无面像
何故取刀、仏言、善男子、若刀ノ中ニ定有面像、何故顛倒、
豎ニ則見レ
長ク横ニ則見ハ闊《ヒロキ》ヤ、若是自面《ツラハ》何故見長、若是他面ハ何得稱
テ言
是己カ面。、世尊眼光到テ彼ニ、見面長、善男子、而此眼光
ハ實ニ
不到彼ニ、何ヲ以故、近遠一時ニ倶ニ得見故ニ、不見中間ノ

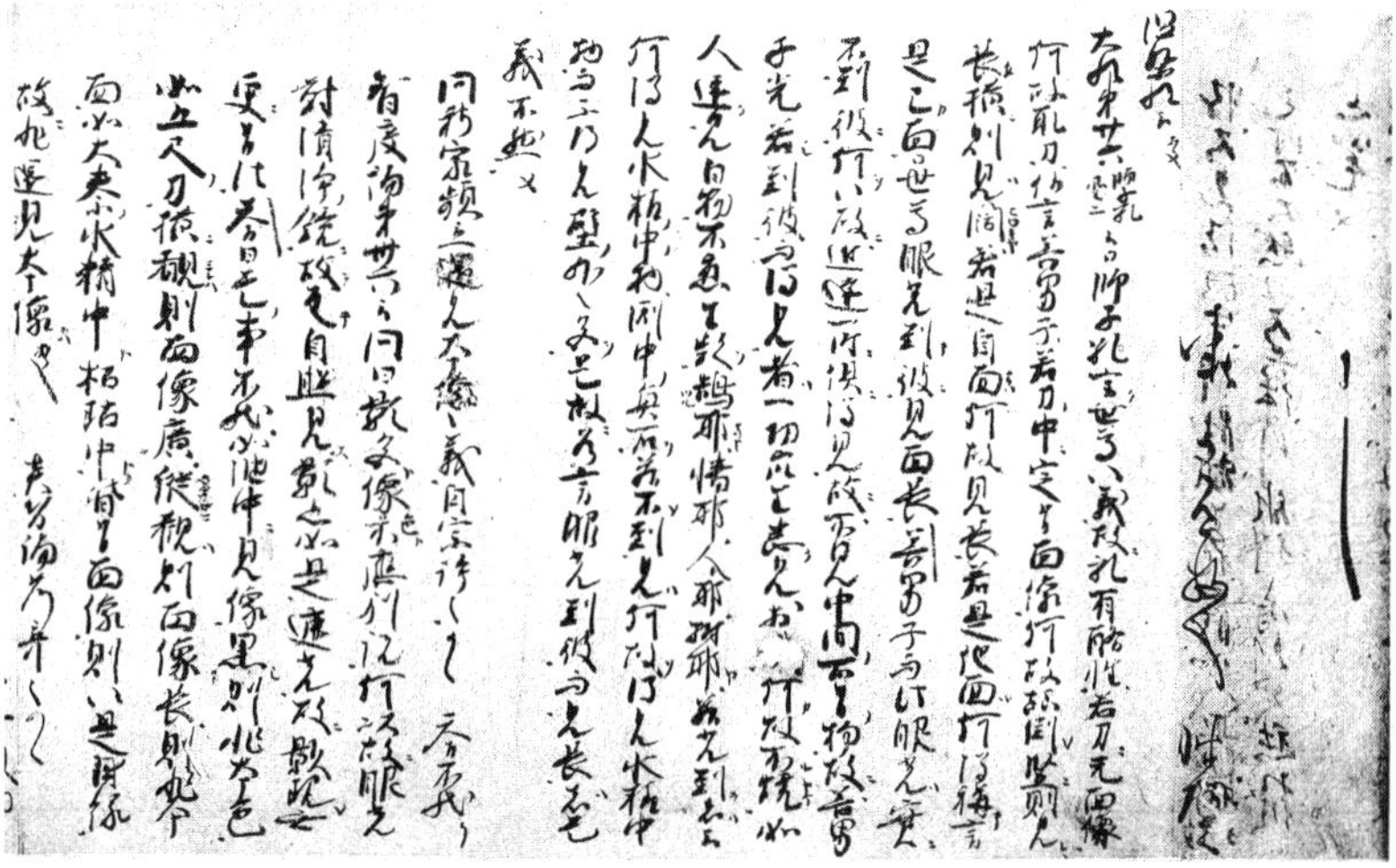

所有ノ物故ニ、善男
子、光若シ到彼而得見者ハ、一切衆生悉ク見於□（火）何カ故不ル
焼《ヤケ》如
人遠ク見白物、不應生疑ヲ、鵠《ツルナリヤ》耶、幡耶、人耶、樹耶《ヤ》、若光
到ラ者《ハ》、云
何得見水精ノ中ノ物、淵中ノ魚石ヲ、若不シテ到見ハ、何故ソ
得見水精中
物、而不得見壁ノ外之色ヲ、是故ニ若言眼光到彼而見長者ハ
是
義不然、文
問新家頻立還見本像之義、自宗許之、如何、答不然ラ、
眼光
智度論第卅六云、問曰、影色ト像。「色ト」不應別説、何以故ニ、
對清浄ノ鏡ニ故ニ反テ自照見ス、影亦如是遮光故ニ影現レ無
更ニ有法、答曰、是ノ事不然、如油中ニ見像、黒シ則非本
色、
如五尺ノ刀、横ニ観《ミレ》ハ則面像廣縦《タテ□》ニ観ハ則面像長則非本
面、如大秦ノ水精中ト柘榴中ト、皆有面像、則以是因縁

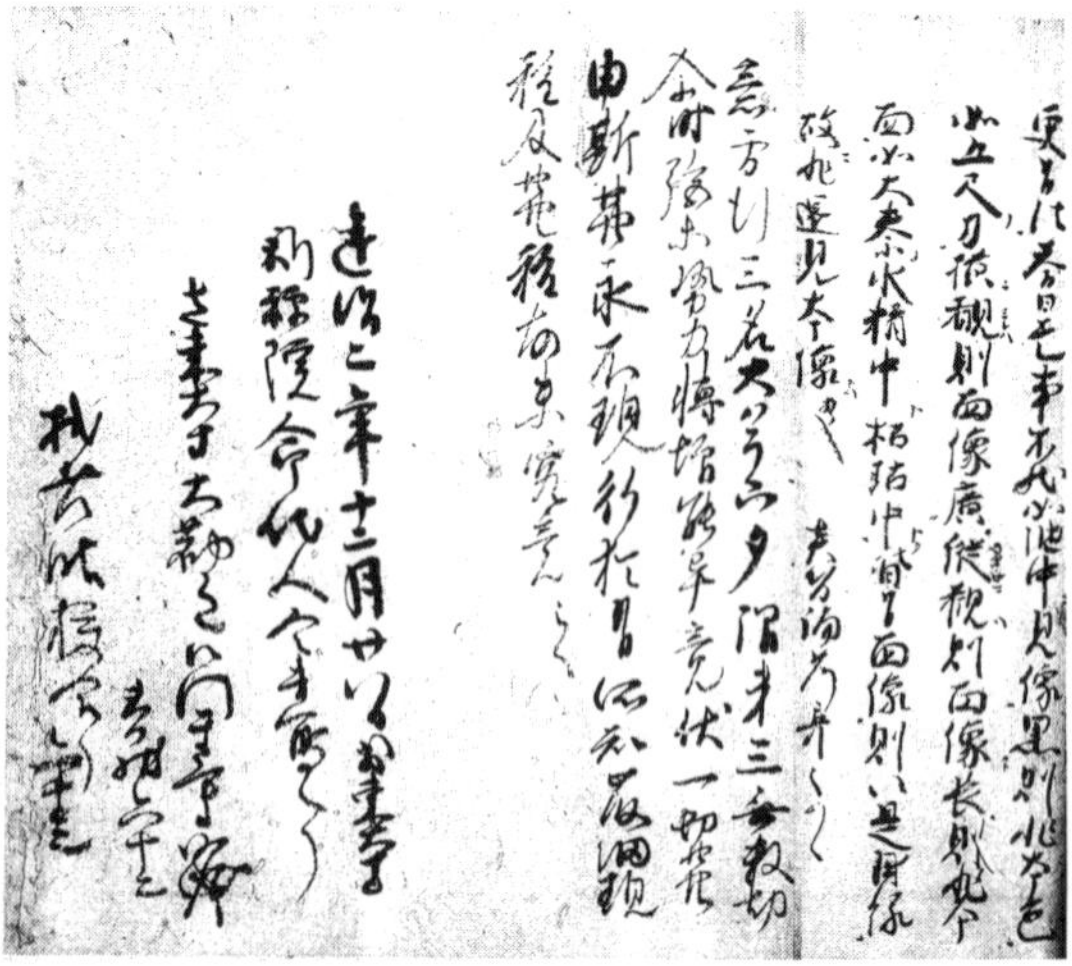

故ニ非還見本像ニハ、□文　大智論如何弁之云々、

（第八紙）（中欠）

（成唯識論）

意方行、三名大ハラ蜜タ、謂才三無数劫、
爾時施等勢力轉増能畢竟伏一切煩悩、
由斯煩悩永不現行、猶有所知微細現
種及煩悩種故未究竟云々、

建治二年十二月廿八日於東大寺
新禅院命他人令書寫之了、
造東大寺大勧進沙門聖守（花押）
春秋六十二
拭老眼校合了、六十三

（以上）

第一紙から第四紙までが、東大寺本『続要録』供養篇本「一、大仏殿千僧供養事」に続く文章に一致する。ただし第一・二・三紙の各間に本文の欠がある。装訂は続紙。速筆ではあるが筆跡が整っており、天地界を引いた料紙を用いていることから、聖守による自筆中書本とみてよいだろう。

第二節　その他の編纂材料

その他に聖守が自ら書写した写本で、『続要録』編纂の参考とされた可能性がある文書が散見する。いずれも東南院院主職をめぐり、師の定親と道快との間で争われた相論に関係する文書である。

東南院住侶等申状案（東大寺未成巻文書10―22）

東南院院主職相論文書案（東大寺未成巻文書10―15～17）

後者の聖守自筆奥書に、「遁世之身、雖無其要、為後代聊記置之、披見之輩、必可哀者歟、／釈聖守（花押）」と見えるが、後代のために史料を収集し歴史書を編纂せんとする強い意志が窺える。こうした姿勢が結実し、後に『続要録』が完成するに至ったのである。

おわりに――聖守の特殊性――

最後に聖守が『続要録』を撰述した動機について触れておきたい。

前述のように、稲葉氏は『続要録』の成立を弘安四年（一二八一）～正応二年（一二八九）までの間とし、「そのような時代背景（横内注：弘安徳政、弘安七年神領興行令）のなかで東大寺の歴史と復興の現状を記録するために『東大寺続要録』が作成されたと考えることは、あながち無理な推定とはいえないであろう。」と述べた[24]。鎌倉後期の政治史に即応した寺誌の作成という評価にまずもって従いたい。

さらに加えて聖守という僧侶の個性にも注目してみたい。

すでに先学がまとめた聖守の伝記に明らかなように[25]、東大寺学侶の家に生まれた聖守は、はじめ寛乗と名乗って東大寺三論宗の学侶となり、父の死を契機に仁治三年（一二四二）遁世して聖守と称した。弟円照による戒壇院再興に協力しつつ、白毫寺・法園寺の律宗・念仏寺院の興隆に努めた。同時に東大寺真言院・新禅院を再興し、建治三年（一二七七）から弘安五年（一二八二）まで東大寺大勧進を勤めた。生粋の東大寺僧として育ち、学侶と遁世僧の二つの道を生きた僧侶であった。

大勧進としての聖守は「大勧進聖守上人ト云人有テ、重源和尚ノ不終功事ヲ悲ミ、自身命ヲ捨、広ク知識奉加ヲ唱テ、手自土ヲ運ヒ、地ヲ運ヒテ、仏客僧庵如元造立畢ヌ」（『東大寺縁起絵詞』）とあるように、重源の再来とされ、鎌倉後期の東大寺伽藍を再建・整備した人物として評価されていた[26]。

聖守の属性として注目されるのは、遁世以後も、さらには大勧進就任以後も、学侶連署状にその名を連ねている点である。たとえば、以下のとおり。

文永五年正月二十四日東大寺衆徒宛行状「伝灯大法師位聖守」（鎌九八四三）
文永六年九月日東大寺学侶連署起請文「伝灯大法師位聖守（花押）」（鎌一〇五〇四）
弘安元年三月日東大寺大仏殿心経請定「聖守大法師」（鎌一三〇一二）
弘安三年四月美濃茜部庄宿願心経転読衆徒請定案「聖守大法師」（鎌一三九一二）

聖守は、大法師であり、かつ上人として、学侶と遁世僧の両面を兼ね備え、東大寺の興隆に努めた。

彼の活動は、学業・人材の興隆というソフト面と七堂伽藍・院家の興隆というハード面の興隆の双方に向けられた。その過程で、聖守は数多くの公武との交渉、他権門との相論に臨み、記録・文書がもつ情報の重要性を認識していったと考えられる。

たとえば、第三章第二節⑬にあったように、聖守は印蔵文書の内容を熟知しており、寺家執行を通じて訴訟の証拠文書の選定に関わっていた[27]（前述）。また、大勧進時代にも、相論に関与していた形跡があるが、弘安四年の聖守書状によれば[28]、猪名荘に関する相論について「本願之御時ハ寺家進止田数数多候之由伝承候、当時減少云々、然ハ存知其次第、内々於関東申合案内者、御沙汰有便之様ニ申候ハ丶、其趣申給寺解候て、内々をハ相構候て、於関東可申沙汰之由申候き、只今無左右出訴訟ハ努々不可有事候」と、本願聖武以来の歴史に通暁していることを前提に、鎌倉幕府との「内々」の交渉を主導し相論を勝訴に導く方途を寺家に指示している。さらに同書状において、豊田荘における地頭との相論に際しても「文書」を利用するよう示唆している。また、「唐禅院文書ハちと書替候て可進候、鑑真大和尚根本勅施入之地候、仍被載和尚伝歟、文書田地多候」など「和尚伝」なる一書を引き合いに出し、訴訟に利用する文書や文言の指示を行っている。東大寺の歴史を知悉した人物ならではの行動といえるのではないだろうか。

弘安三年には印蔵文書を収めていた公験唐櫃を造り替えた[29]。この唐櫃は仁平三年（一一五三）に東大寺別当寛信が印蔵文書を整理した際に保存管理のため製作した五合の収納箱である。聖守は相論において文書・記録が果たす情報の重要性を熟知しており、製作から百有余年を経て、おそらくは破損が進んでいたであろう唐櫃を、東大寺の由緒を護るために造り替えたのだと思われる。翌年、東大寺執行に宛てたと思われる書状のなかで、印蔵文書撰出において自身が作成した「辛櫃」の使い心地を尋ねている書状が残る[30]。

このような東大寺史のアーカイブ化の必要性をもっともよく認識していた人物により、『続要録』は編まれたのであった。

東大寺僧による東大寺僧のための復興の歴史として『続要録』が生み出されたのは、学侶時代に『要録』の書写を通じて、別当を支え寺家を興隆するための寺誌の重要性を認識したところから出発したのであろう。そして鎌倉時代に再建なった東大寺に生まれた僧侶として、重源に始まる再生の歴史を造仏篇・供養篇で描き出し、東大寺学侶の立場では諸会篇・仏法篇の編集を通じて理想に迫る東大寺像を実写し、大勧進として諸院篇を編み、法と僧侶を支える院家の興隆を記録しようとした。それは、先にみたように、学侶時代から日々書きためたであろう諸記録なしには生み出されなかった。『続要録』は東大寺とともにあった聖守ならではの寺誌であったのである。

註

（1）筒井寛秀監修『東大寺続要録』（国書刊行会、二〇一三年）。
（2）前掲筒井寛秀監修『東大寺続要録』「凡例」を参照のこと。
（3）稲葉伸道「中世東大寺における記録と歴史の編纂――『東大寺続要録』について――」（『統合テクスト学研究』一―二、二〇〇三年）。
（4）『続々群書類従』巻第十一宗教部（続々群書類従完成会、一九六九年）。ちなみに『続群書一覧』の該当箇所を掲げると、

巻八　寺領章　建久七年十一月三日御教書諸国箇所附也
巻九　寺領証文篇　官符　院宣　御教書　寄附状　自建久至応安年間

とある。
（5）筒井英俊校訂『東大寺要録』（国書刊行会、一九七一年）。
（6）安藤更生「東大寺要録撰述年代の研究」（『奈良美術研究』校倉書房、一九六二年〈初出一九六一年〉）。同氏にはほかに「『東大寺要録』の醍醐寺本とその筆者に就いて」（同上）があり、醍醐寺本書写者の寛乗が聖守であることを論証している。
（7）堀池春峰「東大寺要録編纂について」（『南都仏教史の研究　上　東大寺篇』法藏館、一九八〇年）。
（8）稲葉伸道「鎌倉後期の東大寺とテクストの形成」（『統合テクスト学研究』三―二、二〇〇五年）。

（9）　堀池前掲論文。

（10）　滋野井文庫本の外題情報は、西村兼文の『続群書一覧』と一致していることから、西村は滋野井文庫本と同系列の写本をもとに記したものと考えられる。

（11）　『続要録』宝蔵篇の前表紙裏打には、「東大寺要録巻第五」の題をもつ『要録』旧仮表紙が使用されているが、題の右側に「裏書押紙二アリ　ヲシ処惣之又一ヶ処新筆無之又寺務次第一紙落タリ」の墨書がある。「裏書押紙」とあることから、『要録』の親本は巻子本と推定される。東大寺本『要録』巻第五には、「裏書云」として、二ヶ所、細字にて追筆がある。参考までに以下に掲げる。

28ウ　第五十三代別当平崇条「裏書云／清澄庄公験云長保四年十二月七日別当平崇　已上裏」

29オ　第五十五代別当大僧都雅慶条「裏書云／寛弘二年三月八日奏状云権別当律師別当僧正法印大和尚位」

（12）　寺領章の本文1オは、手脂の汚れやけばだちが確認できる。これは表紙がない状態で永く保管されていたことの表れであろう。『要録』巻第二の本文1オには汚れがないことから、もとは寺領章・『要録』巻第二の順番で綴じられていた可能性もある。ただし寺領章の最終丁全体には若干の汚れがあり、『要録』巻第二の最終丁に汚損はない。寺領章と『要録』巻第二は、もともと同一冊であったが、早くに二冊に分割されていたのかもしれない。

（13）　稲葉前掲註（3）論文。建保二年五月日東大寺領荘園田数所当注進状は、前年に別当に就任した東南院主定範に提出したものと考えられ、建久九年十二月日後鳥羽院庁下文・建久七年十一月三日官宣旨は重源が東南院主定範に譲った備後国野田荘に関するものである。

（14）　東大寺における「供僧」の用例とそれに関わる文書を以下に示す（傍点は横内）。

①建久八年六月十五日重源譲状（鎌倉遺文〈以下鎌〉九八〇）

其仏事相節者、大仏殿両界供養法壇供并供僧十二口料弐百参拾肆斛

②（貞永元年九月日）東大寺申状（鎌四三八〇）

（周防国椹野庄）重源上人重申立之、如元寄附之日、以当庄之地利、相宛大仏殿長日最勝講顕密供僧四十二口并鎮守八幡宮御供料以下中門法華両堂禅衆往来二百口用途料内、所勤来聖朝御願也

③正安元年十一月日東大寺年中行事用途帳（鎌二〇三〇八）

一　大仏殿長日最勝講事

講衆三十人「比内二十九口、僧綱已講成業勤之、今一口中﨟一﨟勤之、已上三十人」
　密十二人　当寺九口、今三口、末寺光明山笠置寺崇敬寺
供料口別六石九斗　大部庄　北伊賀庄　槻野庄等所下、東南院料斗定、
一　百口学生供事
　供僧々綱已講成業中﨟入之、
　本学生供料「茜部庄役口別　美絹一疋・綿十両所下也、此外等分加分米、簗瀬庄所下也、」
　新学生供料
　米一石三斗　大豆七斗八合升定　出作・新庄両庄役
一　五十学生供事
　供僧中﨟　方広衆等
　　供料宮野庄役「元者雖為二石、近年一石下之、」
④（嘉元二年四月□日）東大寺衆徒等申状土代（鎌二一八一二）
　三面僧房領大和国窪庄「抑留年貢候間供僧等以次第之儀……」

(15) 典拠となった文書が東大寺文書中に残る（後述）。
(16) 地の文には「披印蔵尋文書之処、即求出其文書了、仍備　上覧之剋、可停止彼等新儀之由被宣下了」とも記されている。
(17) 東大寺三綱文書請取状（鎌九五一七）。
(18) 当然であるが、もし撰者が聖守だとすると、⑬の聖守没後の文書を含む部分は、後世の追記となる。
(19) 少なくとも巻第十まであった可能性があるが（宝蔵篇首題「東大寺続要録巻十」とある）、当初の巻数は不明とせざるをえない。
(20) 『東大寺雑集録』巻一に記された『続要録』十冊の構成は「造仏下《（篇?）》　諸院篇　仏法篇　諸会篇　拝堂篇　宝蔵篇　供養章《（ママ）》」である。供養篇・諸会篇は本末に分かれていたことが知られるから、以上を合わせると、全九冊となり、「続要録十冊」とあるのには合わない。仮にこれに、〝寺領篇〟「供僧篇」を加えると計十一冊となる。
(21) 稲葉前掲註（3）論文。

聖守の手許にあった文書正文
東大寺別当并三綱等連署真言院敷地去状（正倉院寺務所所蔵東南院文書7櫃、諸院編真言院で引用）
聖守自筆の文書案文
東南院院主職相論文書案（東大寺未成巻文書10―20、諸院編東南院に利用）
新熊野法印任吉書日記（薬師院文書1―12、拝堂記と関連）。

(22)（建暦元年）五月二十四日某御教書案（鎌一八七六）・（建暦元年）五月二十六日行俊大井荘下司職請文案（鎌一八七八）からなる。

(23) 早稲田大学図書館編『早稲田大学所蔵荻野研究室収集文書　上巻』（一九七八年、吉川弘文館）所収四二二号文書。早稲田大学古典籍僧綱データベースにて写真版が公開されている（http://www.wul.waseda.ac.jp/kotenseki/index.html　二〇一七年七月十八日現在）。紙背文書「東大寺大仏開眼供養勘文」（同四二〇号）も聖守筆と判断される。

(24) 稲葉前掲註(5)論文三五頁。

(25) 久野修義「中世寺院の僧侶集団」（『日本中世の寺院と社会』塙書房、一九九九年）、追塩千尋「東大寺聖守の宗教活動」（『中世南都仏教の展開』吉川弘文館、二〇一一年）。父厳寛は学侶で得業、弟円照は遁世僧で大勧進を勤め、弟賢舜は学侶として年預五師を勤めている。

(26)『東大寺縁起絵詞』第十巻（小山正文・小島恵昭・渡邉信和「『東大寺縁起絵詞』の研究」『同朋学園仏教文化研究所紀要』九号、一九八七年）

(27) また次の聖守書状には、聖守が文書の撰出に意を砕いていることが窺われる記述がある（東大史料編纂所所蔵、貴1―16（1））。釈読案を示す。

「上司御房　聖守」（第一紙端裏ウハ書）
「　尚々これよりも可申遣候、／早々彼寂如之許へ可被仰遣候、／一定不法事出来候ぬと上人へ／故随彼法師□重ニ／申置候／之間如此／御沙汰候、
先日関東僧順正房／所申者文書内、所残六通返進之候、今ハ一通も／不残候、彼請文候と承候、／付此使やかて可御沙汰給／候、此文書内一両通／相構可申出之由頻彼仁／雖令申候、寺家文書尤寺内候之／条、返々其憚

候、如法難渋／候ハ于大略責返候了、／仍貴状遣に候しかとも／無力候、彼ニハ属他人可／申之由申之間、其ハいかにも／候へくに忌計尤違方事／更々不可叶と申て被返候者／返之候、兼又天地院不断経／文書内未納箱券契／相残候、付天地院聖ハ知足／院ニ寂如と申物之□き々／以遣御使可残文書等可／納之由申と風聞候、早々可納／入と可被仰遣候、如此事後代ニハ／不法事等出来候、仍申候也、／早々可有御沙汰候、恐々謹言、
　　九月廿日　聖守」

(28)（弘安四年六月十六日）聖守書状（鎌一四四二二）。

(29) 皆川完一「公験唐櫃と東大寺文書」（『正倉院文書と古代中世史料の研究』吉川弘文館、二〇一二年、初出一九八三年）、堀池春峰「東大寺文書とその伝来」（『特別展東大寺文書の世界』奈良国立博物館、一九九九年）。参考に箱側面の銘文を掲げる。「弘安三年庚申十月廿九日／造替五合辛櫃納入累代公験／造東大寺大勧進沙門聖守」

(30) 聖守書状（東大史料編纂所所蔵、貴1―16（2））。釈読案を示す。
「勧進中新三綱事」（端裏書）
「新三綱事已被申入候哉、／任補状など被成下候者／可申遣其由候、無心本之／様ニ常ニ申候、／抑当時印蔵文書被撰／事候歟、さやうにも候者と如此／便宜可令辛櫃候、于時参候天／可見候、恐々謹言、
「弘安四年」
　　八月五日　聖守」

【付記】 本稿は、第六回東大寺要録研究会で行った研究報告「東大寺続要録と聖守」を活字化したものである（二〇一三年九月二十二日　於東大寺金鐘会館）。なお、その後、稲葉伸道氏が同研究会において「東大寺本『東大寺要録』第二巻（『東大寺続要録』）について」と題した研究報告をされた（二〇一五年六月二十日　於東大寺金鐘会館）。稲葉氏は、本論集での活字化を辞退されたため、本稿においては、稲葉氏の報告により得た知見は利用しなかった。

また、脱稿後に、聖守自筆とおぼしき『続要録』零巻に接した。『続要録』供養篇本に含まれる「一、行基舎利供養事」の全文に該当する。小谷城郷土館所有になり、現在、堺市博物館に寄託されている。モノクロの写真が、大阪狭山市市制施行30周年記念郷土資料館特別展図録『行基伝承――受け継がれた記憶――』（大阪狭山市郷土資料館、二〇一七年）に掲載されている。未調査のため、寸法・装訂等の書誌情報は不明ながら、筆跡から聖守自筆

と判断できる。聖守自筆の『続要録』の多くが、断簡の形で伝来している。これは原『続要録』の形態を推測する上で留意が必要な点といえよう。

訓点資料研究の一側面
——東大寺関係資料を手懸かりとして——

宇都宮啓吾

はじめに

訓点とは漢文を読むために記入された注記・仮名・諸符号のことを言い、これらの訓点の記入されている文献を訓点資料と言う。稿者は、この訓点資料がどのような背景に基づいて加点（訓点を記入すること）されたのか、またどのような環境のもとで加点・訓読されたのかといった問題に関心を向けている。

訓点資料の研究は、主に、日本語の歴史的研究の一ジャンルとして、漢文に施された訓点の反映する言語の解明、特に、以下のごとき点を中心として、国語学の中でも独自の領域を占め、また、大きな成果が挙げられてきた。

○いわゆる、古典語研究として、文字・表記・文法・語彙等々の解明
○漢文訓読法の歴史的変遷や博士家諸家や諸宗派・諸流派などにおける訓読法の相違の解明
○ヲコト点の創始や消長を巡るヲコト点展開史の解明（ヲコト点とは、漢文を訓読する際に、形〈・－／十　」—な

ど〉と位置〈漢字一字を□と見た時、その左下・左中・左上・中央など〉とによって頻出する助詞や助動詞、活用語尾などの文字〈仮名〉の代用として表記に用いたもので、各時代、博士家諸家や諸宗派・諸流派などによって、ヲコト点の様式や使用する形式が異なっている)

○本邦の訓点資料と中国・朝鮮半島における訓点資料との関連に関する分析

また、訓点資料研究の全体的趨勢について、築島裕氏は以下のごとき三点を挙げている。(1)

一、研究対象の文献の範囲が、平安時代初期中心から、平安時代全般、さらに鎌倉時代以降にまで、拡大されたこと。

二、訓点資料の中から口語の資料を発掘しようとする試みから、訓点資料自体の内部に、口語と文語との両要素が含まれていると認識され、その複雑な性格の分析に努力が払われるようになったこと。

三、訓点資料の内部に存するところの、学問上の流派による、学説・訓法の相違や対立と、その国語史上における位置づけについての関心が注がれる段階に及んできたこと。

さらには、近年の「注目すべき新しい観点」である本邦典籍史の問題として、「経蔵本を全部調査して調書を作成する過程で、訓点資料が歴代典籍文書の中でどのような位置を占めるのか、又、典籍文書史・仏教史・漢学史との間に如何なる関連を有するかといふ問題提起」に基づき、経蔵における訓点資料の伝存状況の問題や同一文献における複数の訓説の存在から見た学派による訓説の伝承の問題を発展途上の課題として提示している。

その一方で、中田祝夫氏は早くにその著書『古點本の國語學的研究』の中で、以下のごときことを指摘している。(2)

ヲコト点は単なる時代の新古のみならず、その加点者を推測せしめるものがある。特定のヲコト点はある宗派・学派の人々に用ゐられるのがきまりであつて、自己の宗派・学派に用ゐならされて来なかつたものを、自分のほしいままに用ゐることがない。ある人およびある宗派がただ一種のヲコト点しか用ゐないとは断言できないが、二種を用ゐる場合でも、そこにもまたしかるべき理由が見出されるものであつて、とにかくヲコト点を調査して行くと、その加点した書本の伝本系統にある暗示を受ける場合があることは疑へない。ここにも従来いはれなかつたヲコト点と書誌学との交渉が成り立つのであつて、これを実地に指摘するのが、前章の目的でもあり、今後の研究課題でもある。

僧侶の場合は仏教活動における経典理解の営為として、また、博士家の場合は漢籍理解の営為として、基本的には、入室や家学の継承によって学んだヲコト点を使用するため、使用したヲコト点の種類から、ヲコト点使用者の素性を明らかにすることが可能となる。たとえば、西墓点使用者であれば、加点者を三井寺関係僧、円堂点使用者であれば、加点者を仁和寺関係者と推定するがごときである。また、入室や家学の継承といった当初におけるヲコト点の学習だけでなく、新たにヲコト点を学ぶ場合であっても、伝法灌頂などや何らかの教学的関係に基づいた背景が存する。すなわち、研究者の視点から見れば、ヲコト点がヲコト点使用者の素性や教学的背景を窺わせる標示的機能を有すると解することができる。

このことを手懸かりとすることによって、中田氏が指摘するように、「ヲコト点と書誌学との交渉が成り立つ」

ところであり、また、前掲の築島氏の指摘する意味での「本邦典籍史」としての視点だけでなく、ヲコト点から僧侶や博士家の「教学的・修学的」側面を分析することが可能となり、言語学研究としては「言語行動史」の研究として捉えられるところでもあり、僧侶・博士家諸家の人的・書承的交流の解明として、典籍文書史・仏教史・漢学史などに大きく関わるものと考えられる。

このようなヲコト点や訓点資料に基づく僧侶・博士家諸家の人的・書承的交流の解明や周辺領域との関連に基づく「言語行動史」に関する研究としては、中田氏以降、築島氏によって真言僧における西墓点使用者を巡る問題を論じたもの(3)などにその方向性を見ることができるが、それを正面から取り上げた研究としては、小林芳規氏の角筆文献を巡る一連の研究(4)や稿者の研究(5)などがわずかにあるばかりで、いまだ、発展途上の分野であり、訓点資料研究の方向の一つとしてさらに進められていくべきものと思われる。

そこで、本稿においては、訓点資料研究の一側面として、右のごとき視点に基づき、東大寺に関わる訓点資料を対象に、稿者の従来の研究をも踏まえながら、訓点資料研究の方法に関する小見を述べることとしたい。

第一章　ヲコト点を巡る諸問題

訓点資料を用いた分析としては、大きく二点、「はじめに」で触れたヲコト点の使用に関する問題と、加点そのものに関する問題である。

後者の問題については後述するとして、ここではヲコト点の使用に関する問題を扱うこととしたい。

第一節　順暁和尚点の消長

ヲコト点使用と東大寺周辺との関わりとして従来より指摘の存するものとしては、石山寺淳祐（八九〇～九五三）創始とされるヲコト点の形式、順暁和尚点が挙げられる。

この順暁和尚点は、淳祐によって創始され、淳祐の法嗣の間でのみ継承されたために、そのヲコト点の存在をもって当該訓点資料の加点者（訓点を付した人物）を石山寺淳祐ないしはその法嗣と推定できるものであるが、この順暁和尚点は、十一世紀初頭までは使用されるものの、それ以降は衰頽の一途を辿ってほとんどが使用されず、その代わりに、石山寺では東大寺点（南都・真言宗小野流で広く使用されるヲコト点の形式）が使用されるようになることが築島氏によって指摘され[6]、また、その理由として、次の二点が挙げられている。

○永承四年（一〇四九）深観（一〇〇三～一〇五七）が石山寺座主に補せられたこと

○「淳祐は、石山寺の教学の祖として後代に至るまで崇敬されてゐるが、そのヲコト点は必ずしも尊重されず、後に伝承されないで亡びてしまったと判断される。その原因としては、確言できないが、淳祐の直接の弟子の中にこの点流を更に後世まで伝える程の有力な学僧が無かったこと、この点法が奇異なもので馴染みにくかったことなどが挙げられるかも知れない。」

前者については、勧修寺深覚について出家し、東大寺別当を務め、永承元年（一〇四六）には東寺長者、また、高野山座主を兼務した深観が永承四年に石山寺座主に補せられたことを指摘している。深観はその来歴からも窺われるように真言宗小野流を受けており、その真言宗小野流所用のヲコト点が東大寺点であることから、淳祐より後の石山寺では、この深覚—深観の流れ（いわゆる、座主方）が中心となったことが窺われる。

また、後者の問題については、順暁和尚点の点法が特異である点、特に、中田氏が指摘する「ヲコト点の一元同祖論」[7]（点図集などにその名の見える主たるヲコト点が一つのヲコト点に端を発して諸種に派生したとするもの）から外れる点は、天台宗山門派における宝幢院点も同様であるが、宝幢院点が当時の学僧らによって受け入れられてその使用の勢力を拡大したこととは反対に、淳祐創始の順暁和尚点が淳祐とその周辺の法嗣以外には受け入れられなかったものと考えられ、築島氏の指摘は首肯できる。[8]

言わば、ヲコト点法の消長から、寺院内部における教学的集団・法累の勢力の推移といったものまでもが窺えることとなる。この問題は、ヲコト点の消長の背景を当時の石山寺の教学的実態に求めたものであるが、見方を変えれば、寺院史の一顕現として、訓点資料を位置づけることが可能である。

第二節　東大寺図書館蔵『弘賛法華伝』を巡る問題

前掲のごとく、東大寺における教学の実態を、個別の聖教・典籍からの分析によって検討する有り様について指摘したところであるが、訓点資料を用いた分析は、それに留まらず、教学的交流の実態を窺うことができる点にも注目できる。

この問題について、稿者は、東大寺図書館蔵『弘賛法華伝』の次の奥書を手懸かりに述べたことがある。[9]

東大寺図書館蔵『弘賛法華伝』には第五群点（池上阿闍梨点と覚しい天台系のヲコト点）が施されており、その奥書は以下の通りである。

大日本國保安元年七月八日於大宰府勸俊源
法師書寫畢宋人蘇景自高麗國奉渡聖
教之中有此法花傳仍□（写？）留兩本所令書寫之
羊僧覺樹記之
此書本奥在此日記

この奥書によれば、本書は、東大寺東南院九代院主として三論宗の学僧である覚樹によって宋商（蘇景）が高麗に渡って請来した高麗続蔵経（義天版）百巻余の一部であったことが知られる。また、本書の書写には、覚樹が俊源に勧めて書写させたことも知られる。

　詳細は旧稿に譲るが、俊源は天台宗山門派の僧侶で、覚樹の兄弟である大原僧都相覚の弟子にあたり、また、俊源の従兄弟が覚樹・相覚の父親である源顕房の室になるといった血縁関係に基づく交流が背景となって新知見である高麗続蔵経の書写・加点の行なわれたことが知られる。同時に、東大寺東南院院主の請来で東大寺に伝来した写本に天台系のヲコト点が施される背景を知ることが可能となる。

　このことを手懸かりとして、現在伝わる高麗続蔵経を収集し、その奥書や識語から書写・伝持に関わった人物の関係を観てみると、図〈高麗続蔵経を巡る相関図〉のごとく、そこには緊密な人間関係が窺われることが知られ、そこには、仁和寺御室覚行法親王の下で新知見を共有する教学的集団の存在とそこで活躍する僧侶の実態が窺われた。

　さらには、この高麗続蔵経の書写と伝持を巡る人々のうち、真言宗小野流を汲む僧侶が、本来は天台宗寺門派三井寺所用の西墓点を使用し、それぞれに繋がっていることをも指摘した（図〈真言宗僧における西墓点使用者〉）。す

〈真言宗僧における西墓点使用者〉

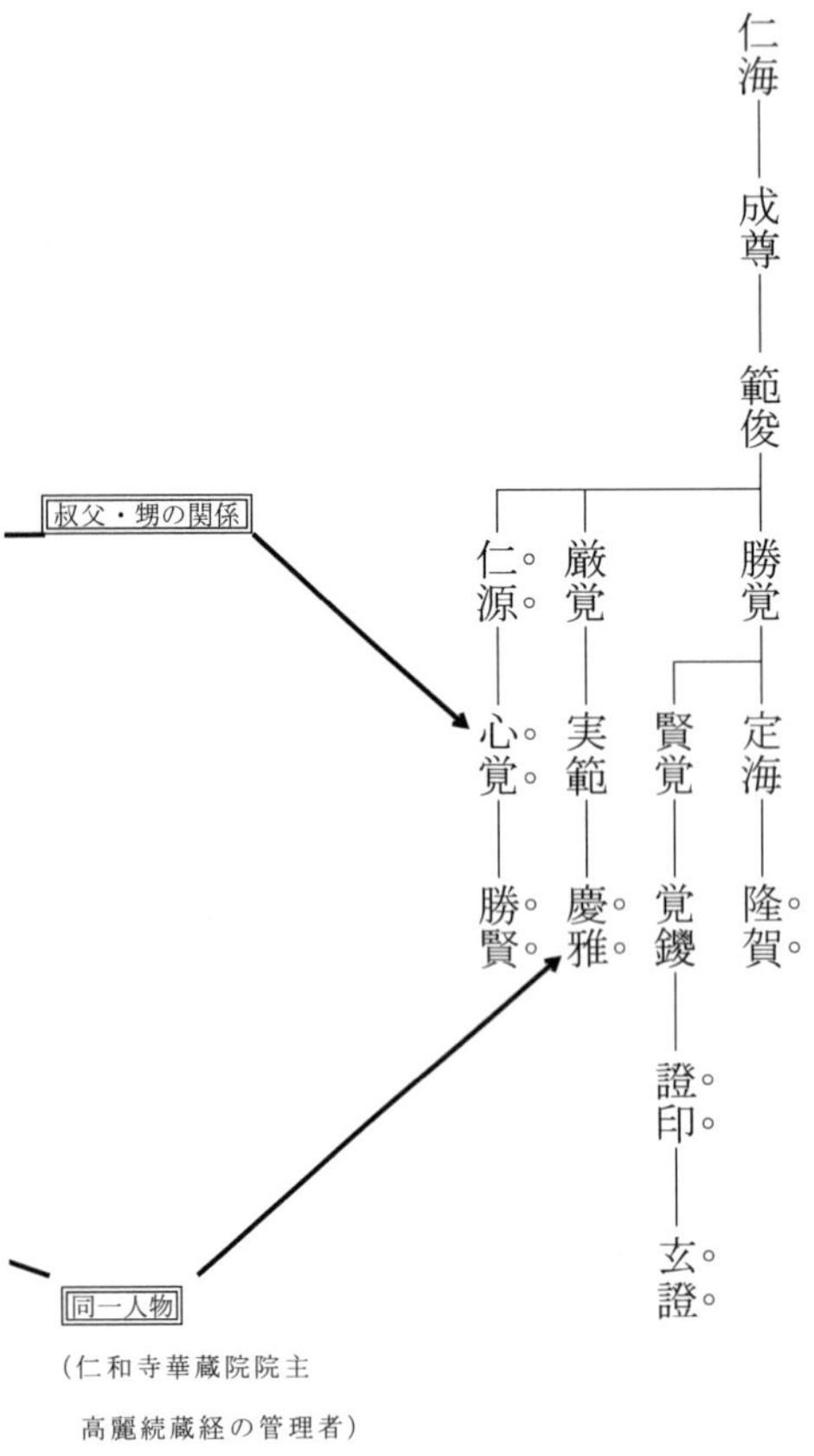

本来、天台宗寺門派の僧侶が使用するヲコト点である西墓点を真言宗の僧侶が使用している。

このことは、これらの僧侶が自分の宗派の学問だけでなく、他宗の学問を学んでいることが知られる。

⟶ 仏教界における真言宗僧の教学的交流の実態が知られる。

〈高麗続蔵経を巡る相関図〉

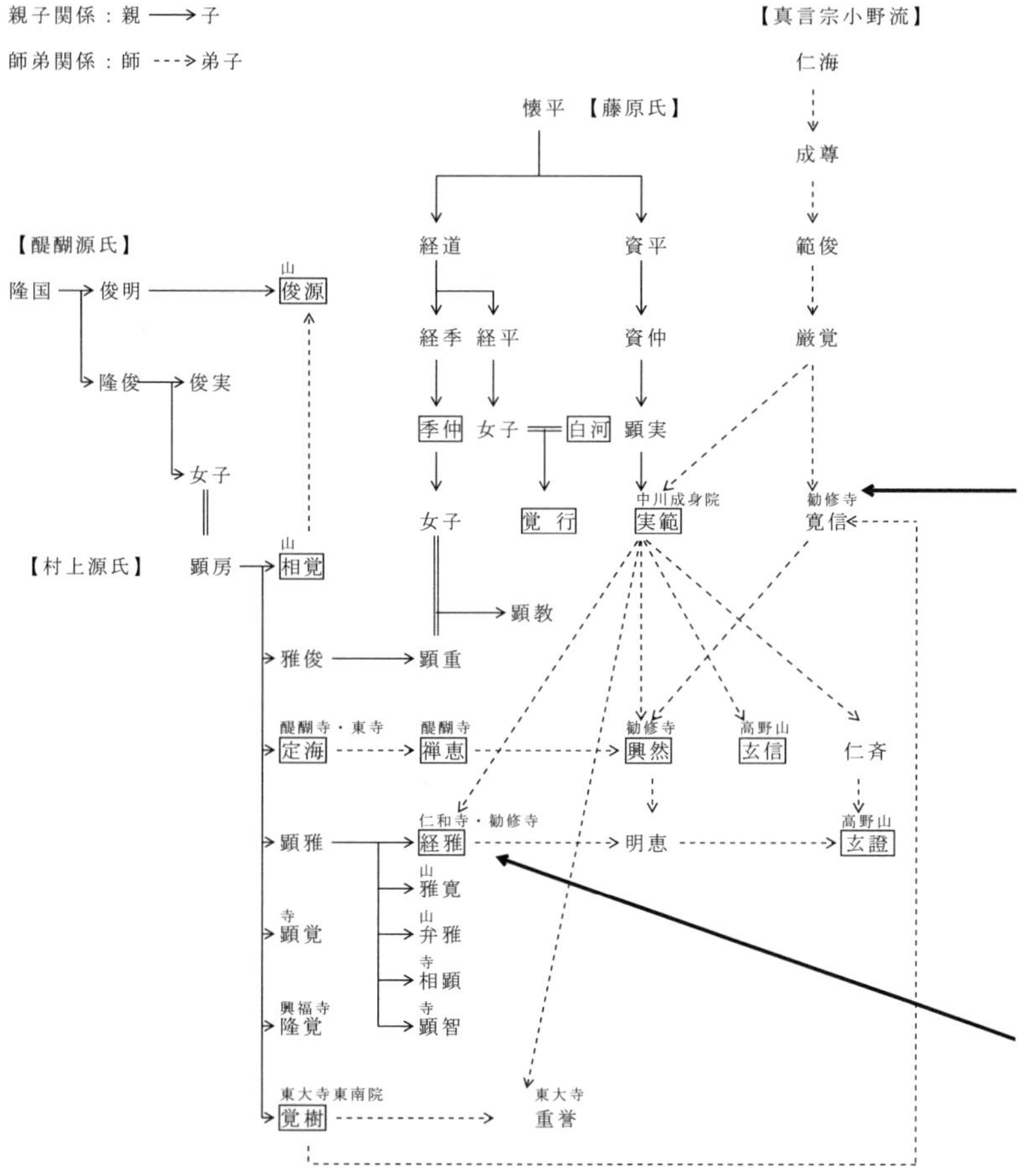

※村上源氏出身僧を核として、緊密な人間関係に基づく義天版の輸入・流布（書写・伝持）の実態が窺われる。

なわち、仁和寺御室覚行法親王の下で新知見の導入に関与した集団が、他宗（天台宗寺門派）との教学的交流をも行なっていたことを意味しており、そこには院政下の政治的配慮に基づく教学的集団の形成、また、真言宗と天台宗寺門派との交流の可能性の窺われることを指摘した。

なお、この『弘賛法華伝』の書写者である俊源は、白河院近臣である源俊明の息、『宇治大納言物語』の作者かとされる源隆国の孫に当たる人物であり、(10)また、東大寺覚樹が院主となった東南院別所の光明山は、『今昔物語集』の出典とされる『注好選』の書写の地であり、諸宗派・諸流派が交流し、聖らの集う地でもある。さらに、この覚樹周辺、真言宗小野流を汲む仁和寺華厳院慶雅（覚樹の甥）や新義真言宗の祖である覚鑁、小田原迎接房僧隆賀（覚樹の弟の醍醐寺座主定海の弟子で興福寺法相をも学ぶ）らは、前述のごとく、白河院政下において天台宗寺門派、特に鳥羽僧正覚猷の聖教を披閲し、天台宗寺門派所用の西墓点を用いている。

これらの問題は、従来、『今昔物語集』の出典を巡る問題の中で取り扱われ、また、『今昔物語集』撰者の可能性をも議論された人物が含まれる。(11)

こういった諸宗派・諸流派の交流の実態が、直接的に『今昔物語集』撰者論と繋がるか否かはともかくとしても、これらの実態が単なる法脈や血縁による繋がりを越えた密接な関係を形成し、多岐にわたる情報の共有化もなし得るものと考えられる点において、このような教学的集団が説話形成の土壌となっていることは疑いのないところであり、訓点資料を巡る人的紐帯の問題が、このような領域とも関わり得るものと考えられる。

第三節　東大寺における池上阿闍梨点資料

本邦典籍史の問題として、それぞれの寺院経蔵におけるヲコト点本の伝存状況を明らかにし、その総体における各経蔵の教学的傾向として、自宗派のヲコト点本を主とする「純粋派」と他宗派のヲコト点本をも伝存する「雑揉派」の傾向の二種の存することを述べ、また、それに基づく分析を行なったものに築島氏の論考が存する。(12)このような視点から、東大寺関係聖教を眺めた時、天台宗所用の池上阿闍梨点に注目できる。

東大寺においてその所用とは言い難いヲコト点に、池上阿闍梨点の存することは、先の『弘賛法華伝』を巡る問題で述べたところであるが、東大寺辺において加点されたと考えられる池上阿闍梨点資料には、ほかに、東大寺図書館蔵『法華文句』古点の第五群点本が伝存し、さらに同蔵『法華二十八品略釈』延久二年（一〇七〇）点、同蔵『新修往生伝』保元三年（一一五八）点などが存し、その素性を検討することが必要となる。従来、池上阿闍梨点については、紀伝道の博士家点との類似性ゆえにそれとの識別も困難であったため、その成立の背景や伝播の過程が明らかではなく、東大寺関係資料における池上阿闍梨点の使用についても、「東大寺においては、少なくとも、十一世紀初頭頃から以降、延暦寺との間に何等かの教学的交流があって」(13)といった漠然とした推測に留まっていたが、拙稿(14)において、大谷大学蔵『三国祖師影』を手懸かりに、長暦二年（一〇三八）に山門寺門の諍争（長暦二年十月、三井寺の明尊を天台座主に補任する件について異を唱えた延暦寺衆徒が蜂起し、朝廷がこの責任を皇慶にとらせようとした事件）を嫌った天台僧延殷（皇慶の資でもある僧）（九六八～一〇五〇）が醍醐寺に移住、仁海より受法灌頂し、その中で『三国祖師影』に池上阿闍梨点を施したことを指摘した。すなわち、この時期に、延殷を始めとした天台僧らが醍醐寺、特に真言宗小野流の祖である仁海のもとに集っており、結果として天台教学が大きく真言宗小野流へと伝わる要因ともなり、(15)また、池上阿闍梨点が流布したものと考えられる。

たとえば、次の石山寺蔵『菩薩戒経』や天理図書館・京都国立博物館他蔵『南海寄帰内法伝』の宝幢院点資料の加点者として知られている成禅についても、次の奥書ならびに紙背墨書から、興福寺遊学中に自己の出自（天台宗山門派皇慶門流）である宝幢院点を使用したものとされており、当時における比叡山延暦寺と興福寺との教学的交流の証として注目されてきたが、

○石山寺蔵『菩薩戒経』（一切経蔵三五函一一号）

（朱）「長和五年（一〇一六）十月十三日於大和国興福寺傳讀既了　僧成禪／于時師朝匠穀斷」　（／は改行、以下同）

この成禅も、延殷と同様に醍醐寺蔵『伝法灌頂師資相承血脈』にその名が見え、仁海付法の弟子として「弁成房上人叡山住侶後住上酉酉（醍醐）」と記される。是のごとく、当時の天台宗における諍争を嫌った僧侶らの、他宗派、もしくは、他寺院への移住に基づく活動を確認することができる。このような諸宗派の交流については注目すべきであり、前述した、東大寺図書館蔵『弘賛法華伝』の所持者であった覚樹は真言宗小野流としてその所用には東大寺点を使用しており、それにも関わらず、此書に池上阿闍梨点と覚しき天台系第五群点の加点された背景には、覚樹の縁者である俊源も延殷と同じく、池上阿闍梨皇慶の流れを汲んでいることを考えれば、彼らについても、右と同様の流れの中で解釈する可能性が存する。

すなわち、同時期における東大寺関係資料に確認される天台系資料の存在、ここでは、東大寺点に併存する形で加点された池上阿闍梨点資料や東大寺図書館蔵本における池上阿闍梨点資料についても、この十一世紀前半以降における天台教学が東大寺を含めた真言宗小野流へと流入した結果として見ることも必要になるものと思われる。

第四節　高山寺蔵『華厳宗種性義抄』を巡る問題

今まで述べて来たごとく、訓点資料におけるヲコト点使用の実態から諸宗の交流が窺えるところであり、ここではさらに、前述の高麗続蔵経を巡る教学圏の一員でもあり、高麗続蔵経の目録の所持者であった明恵（一一七三〜一二三二）に関わる訓点資料に注目してみたい。そこで、まず、高山寺蔵『華厳宗種性義抄』を手懸かりとする。

此書には、仁和寺浄光房頼尊（一〇二五〜一〇九一）の流において使用されたヲコト点の浄光房点が施されており、次の奥書によれば、建久九年（一一九八）、高雄山神護寺の僧房において東大寺華厳僧朝覚の訓点本を書写・移点をしたものであることが知られる。

（一一九八）
建久九年九月八日戌時許於神護寺中門脇／房以東大寺花嚴宗沙門朝覺本／書寫了
（追筆一）同月十四夜子時許移点了
（追筆二）同月十五日交勘了／花嚴宗興眞之本

浄光房点は、東大寺僧の所用ではないため、東大寺華厳僧らが神護寺における修学の過程において書写・移点したことが窺われる。そこで、この訓点の背景を考えることとしたい。

この建久九年九月頃には、明恵が高雄山神護寺で華厳宗を談じている時期であり、『高山寺明恵上人行状（仮名行状）』上・五一〜五二丁によれば、文覚より「此處ヲモテ華嚴宗興隆ノ地トシテ、此禪公幷兒共教訓シテ住セシメ給ハ、」との言を受け、また、「同九年八月廿五日始テ探玄記第一巻五六人ノ衆ト共ニ此ヲ談ス」とあり、「建久九年戊午秋末」に紀州筏立へ移る直前の頃と考えられる。なお、この時期において、明恵は、次に示す高山寺蔵『明恵上人手鏡』（第四部第一六四函：書籍としての設えは江戸期、ただし、それぞれの古筆切は鎌倉初期写）「第四面・探玄記之の一端が窺える。

二」の奥書から、「東大寺経蔵本」を書写していたことが知られ、神護寺における明恵と東大寺との教学的な交流

「『建久九年十□□□時於紀州林中筏師草庵対義□房／喜海奉仕一遍読□□□喜海元是華厳法師之同学也華厳□衆／籠此林中之尅彼沙門尋迹遂来求於華厳見聞玄理当来同値／偶仏会仍籠居之間無他事談之云々／入於深山思惟華厳／不求名聞　不求利養　唯願正為　金剛種子　当本得預　花厳海衆』／建久三年六月十七日夜終夜以写／本一校了（於神護寺）卯始許同寺住僧大法師（成弁改名華厳）／但彼写本者是東大寺経蔵本書也」

また、『華厳探玄記』の奥書からは「東大寺尊勝院御経蔵本」を書写していたことが知られ、神護寺における明恵と東大寺尊勝院との教学的な交流の一端も窺えるところである。

建久五年六月四日未尅許於神護寺／書写了　成弁大法師

写本東大寺尊勝院御経蔵本書也

一方で、高山寺経蔵の浄光房点資料の存在については、それが円楽寺に由来するものであることが築島氏によって指摘されており、円楽寺と浄光房点との関わりについて、次のごとく指摘している。[16]

圓樂寺は、仁和寺諸院家記によれば、仁海の弟子成典僧正（九五八〜一〇四四）の開創であるが、奥書の宗範

（一〇八七〜一一五三）も同じく寛助の灌頂弟子であり（血脈類聚記第四）、山城僧都、嚴淨院僧都と称した。寛助と頼尊とは共に大御室性信の灌頂弟子の間柄である（高山寺藏本眞言血脈）。恐らくこのような近い關係から、保延の頃から以後、圓樂寺にも淨光房点が行われ始め、鎌倉時代初期にまで至ったのであろう。

そして、この円楽寺由来の浄光房点資料に関して、明恵が手沢していた資料に、高山寺蔵『大宝広博楼閣経』三帖（第一部一九号）が伝存しており、ここには、明恵（「金剛仏子成弁」）の奥書が存し、円楽寺経蔵本が神護寺において書写・移点されたこと、ならびに、それらを明恵が手沢していたことが窺われる。

建久第七歳霜月十二日於神護寺北院以／円樂寺經藏之本書點了／求法仏子性憲

（別筆）「建永元年十一月廿三日於法性寺／禪定殿下御壇所御修法之間一見了　金剛佛子成弁」

右のごときことからすれば、高山寺蔵『華厳宗種性義抄』についても、此書が円楽寺由来で仁和寺華厳を伝える浄光房点資料を東大寺僧が書写・移点したものと考えられる。

つまり、高山寺蔵『華厳宗種性義抄』を手懸かりとすることで、この当時、神護寺が明恵を核として華厳教学の拠点の一つとなり、東大寺経蔵本が書写され、また、明恵が探玄記を講ずる一方、そこに集う東大寺僧侶も存し、彼らが仁和寺華厳をも修学するといった教学的な交流（東大寺華厳と仁和寺華厳の交流）の存したことが確認できる。

以上、ここでは、ヲコト点使用の趨勢（消長）と教学との関係に基づく分析、ならびに、本来の所用としないヲコト点使用の背景から見た諸宗派・諸流派の教学的交流の分析という二点について述べた。

い。

第二章　訓点本を巡る諸問題

次に、訓点資料の伝持や書写を巡る問題についても述べてみたい。

この訓点資料の伝持や書写を巡る問題については、当時における訓点資料の位置づけを確認することから始めたい。

経典などに加点することが「経典解釈の営為」であることは疑うべくもないことであるが、十一世紀以降になると、次の高山寺蔵『悉曇字紀』（第一部第二三六号）の奥書のごとく、加点すること自体が功徳となるとする認識が起こり、十二世紀以降にはその認識が強くなることが指摘されており[17]、それ以降、本文と訓点（訓点による訓読）とは一体化の方向へと進んでいく。

元永元年（一一一八）十月十九日於二大曼荼羅寺一於二慈心房之
阿闍梨御本一書写了　求法沙門経雅本也
願以二書点功一衆生之二極楽一

たとえば、『諸嗣宗脈紀』の真言宗・光宝（遍知院成賢—光宝）の注には、次のごとき記述が存する。

本ハ勧修寺成宝徒以二大事付レ許移醍山一成賢ニ受法ス賢譲二座主一後不順ニノ追二放之一宝持二秘書一下二関東一賜二勅

使一追レ之橋本ノ宿ニメ一夜写レ之使急不レ写レ点

右の注は、醍醐寺を追放された光宝が秘書とともに関東下向を試みたが、勅使によって返還せざるを得ず、一夜のみの書写を行なったが、急なことで訓点までは書写し得なかったことを記している。

この注は、本来は本文と訓点とを共に伝えるべきでありながら、訓点を伝えることができなかったためにあえて記されたものであり、本文とともに、そこに記された訓読、言わば、先師の教えをも伝えることが重要であり、本文と訓点とが一体で伝えられることの意義が窺える。

そのため、たとえば、大乗寺蔵『韶州曹渓山六祖師壇経』（重要文化財・鎌倉後期頃写）においては、当初、鎌倉後期頃と思しい墨点が施されていたが、傍訓に関しては非常に丁寧に削り消されてその上から白色の顔料が塗布されるという強い意志に基づく訓点抹消が確認でき、その背景には本文と訓点（経典解釈）との乖離が存するものと考えられ、此書末尾の「道元書」（実際には、道元書写の転写本）との記述や紙背仮名消息の存在から本文・典籍としては尊重されたが、訓点については〝相応しくない〃ものと解されたと考えられ、訓法自体が相応しいものではなかった、言い換えれば、訓法によって示された教相理解が相応しくなかった等の理由で訓点が抹消された例として見ることができる。[18]

つまり、本文のみならず、その正確な解釈としての訓点も合わせて伝えられることが重要であり、訓点資料の伝持の意義が確認できるところである。そして、そのような背景に基づいて、聖教の形成においても、そういった〝筋の良い〃聖教（それぞれの宗派・流派における正確な経典理解に基づく訓点資料）の書写が求められることも認識すべきものと思われる。

そこで、右のごとき視点から、ヲコト点とは別に、訓点資料における加点の意義や伝持を巡る問題について考えてみたい。

第一節　東大寺図書館蔵『華厳祖師伝』を巡る問題

ここでは、東大寺図書館蔵『華厳祖師伝』に注目してみたい。

建治元年乙亥晩夏之比自華之洛之西梅（マヽ）尾之中
高山寺恵月房弁清之許借寄此書之点本畢
点本殊為大切之間当巻者表誂興福住（マヽ）住侶
性現房成真令書写之裏誂春日山麓四恩院
住呂願忍房覚玄令書写之即誂彼院家院主
如円房朝海令付仮名并指姓畢此裏書仮名
并姓者土御門大納言入道顕定卿之所記録也
以彼禅門自筆之点本写之可為無雙之証本
也而已

右の奥書によれば、東大寺尊勝院の宗性が『華厳祖師伝』を、表は興福寺性現房成真に、裏は四恩院願忍房覚玄に書写させ、訓点などを四恩院院主である如円房朝海に付けさせ、また、裏書の訓点については土御門大納言入道顕定自筆点本に基づくものであることが知られる。

前述、神護寺において明恵が東大寺尊勝院本の書写をしたごとく、ここでは尊勝院院主の宗性が高山寺明恵の弟子の弁清所持の点本を書写したことが知られ、また、「点本殊為大切」と記すように、本文とその訓読とが一体となった「点本」を重んじていることが窺われる。そして、そのような「点本」をあえて、他寺の僧侶、特に興福寺四恩院院主如円房朝海に書写せしめている点には注目できる。前章において、本来の所用と異なるヲコト点使用の背景を検討したごとく、奥書の記述などを踏まえることで同様の分析を行なうことも可能となる。

四恩院は、『興福寺濫觴記』によれば、建保三年に興福寺覚遍上人の供養として弟子の行蓮房が建立、東大寺と興福寺との境界に位置し、そこには、十三重塔があり、春日明神の本地仏である釈迦如来、薬師如来、地蔵菩薩、観音菩薩、文殊菩薩が祀られていたとされる。そして、ここには、南都の大般若経の読誦資料における証本[19]の存していたことが、飛鳥路東明寺蔵本[20]や興聖寺蔵本などの諸経において確認できる。

○天福二年孟秋下旬之比重校了　尭藝／以四恩院勝本校点了　忍辱山　之栄実　（東明寺蔵本　巻第五五九）

○於四恩院之本一校了　（興聖寺蔵本　巻第二〇八）

また、四恩院では、同時期において、心性によって弘長三年（一二六三）から十数度にわたって妙法蓮華経が開版されている[21]。

このような点からすれば、当時において、四恩院は経典読誦や経典研究の拠点と見なされており、そのような背景から、重要な点本の書写において興福寺四恩院院主如円房朝海らが起用されたものと考えられる。そして、そこには、宗性と朝海ら四恩院の僧侶との人的紐帯も確認できる。

さらには、本書の裏書は、村上源氏・土御門大納言入道顕定（建長七年〈一二五五〉出家）の自筆点本に基づいて移点したことが知られる。この裏書ならびに訓点の漢籍訓読の箇所については、明経道・清原家の訓読と一致することが指摘されており、この点からすれば、土御門大納言顕定、もしくは、土御門家の学問が清原家と関わることを示すものと考えられる。(22)

右のごとく、ヲコト点のみならず、訓読とその奥書とを関わらせて分析することによって、当時における教学や人的紐帯・交流の一端が窺われ、また、前述のごとく、その加点や移点の背景にある〝筋の良さ〟や〝教学的権威〟にも注目できるところである。

第二節　運慶願経を巡る問題

次に、加点行為自体や訓点本の伝持自体も研究の対象になるものと思われ、この点について、前掲の高麗続蔵経を巡る伝持の問題として指摘したところではあるが、加点行為そのものの意義という視点に着目して、運慶願経を取り上げてみたい。

運慶願経は、鎌倉初期の仏師として著名な運慶（?〜一二二三）が寿永二年（一一八三）に発願書写させた『妙法蓮華経』八巻で、本来は二部存したものと考えられるが、現存一部の経典である。この巻第八の奥書によれば、色紙工に沐浴精進させ、浄衣を着せて紙を漉かせ、打紙加工を行なった料紙を用い、書写の際には善男善女に勧めて一行ごとに礼作させ、宝号・念仏を唱えさせる中で、書手珍賀と栄印が写経を行なったとあり、現存のものは珍賀書写のものである。

寿永二年（一一八三）歳次癸卯六月五日戊戌辰時始之、同七日庚子酉時書畢／願主僧運慶并女大施主阿古丸執筆僧珍賀／抑大願為躰、書写経二部也、其内此経者、去安元年中之比発心、語色紙工／沐浴精進、令着浄衣、殊吸霊水、奉儲料紙畢、其後自然送年序、而間宿願開発／今年四月八日壬寅初打紙、爰女大施主阿古丸、又発心相語色紙工、精進如前、儲料紙／同時打紙、同廿八日壬戌功畢、同廿九日請二人書手同日同時点、両筆書写間計／毎日行数、勧男女、行別三度礼拝勤之、同唱宝号并念仏、随分納三業其中、於／書手二人珍賀栄印者、沐浴闕日、殊致精誠、例時懺法无怠、所志行儀者半如法也、如此／功畢、件硯水者三ケ所之霊水也（以下略）

奥書の傍線部には「点」との記述が存し、一見、加点の旨を記すように思えるが、奥書によれば、料紙を用意し、打紙を行なった後にこの「点」の記述があり、次いで書写が行なわれている。この順序からすれば、此経への加点を意味するものとは考え難く、また、此経の訓点も、仮名字体から考えるならば、院政期のものと認めることはできず、十四世紀頃のものとすることが妥当と思われる。

此経の制作に際しては、奥書のごとくに、並々ならぬ配慮（「所志行儀者半如法也」）が行なわれ、その伝持においても厳重に行なわれていたものと考えられる。とするならば、このような重要な経典、また、制作当初においては訓点の施されていない経典に、後の人物があえて加点を行なった背景については検討すべき課題と考えられる。稿者は、装飾経において修学のために訓点が施されることは一般にはなく、あえて加点される場合には相応の背景の存することを述べたことがあり、[23] この点から考えれば、運慶願経への加点自体も特別な事情や意識に基づくものと考えることができる。

現時点においては、その背景を明らかにする確証を得ていないため、今後の課題とせざるを得ないが、「加点の意義」という点において重要と思われるため、問題提起として言及すると共に、後見、特に他領域における知見を俟ちたい。

おわりに

以上、本稿では、訓点資料研究の一端として、訓点資料の分析を行なってきた。その対象として個別の東大寺関係資料を用い、その取り上げ方自体は網羅的でないものの、その主たる研究の視点については紹介し得たものと思われる。それらを纏めるならば以下のごとくになる。

○ヲコト点展開史（ヲコト点使用の趨勢・消長）と教学との関係に基づく分析
○本来の所用としないヲコト点使用の背景から見た諸宗派・諸流派の教学的交流
○奥書を手懸かりとした訓点本の素性や加点・移点の背景の分析
○加点自体の意義や加点本の伝持の分析

そして、これらを組み合わせ、また、積み重ねていくことによって、東大寺を始め、諸寺院や聖教に関する新たな知見がさらに得られるものと考えられる。

訓点資料に施されたヲコト点や仮名字体から加点者の素性を探るといった、単純な、言わば〝書誌学的な知見〟に留まらず、右のごとき視点を導入することは、日本語学研究における「言語行動史」の研究という領域を超えて、諸種の隣接領域とも関わりながら、典籍書写や典籍理解の訓読という、本邦典籍史の問題として新たに捉え直すことができるものと思われる。そのような視点から今後とも研究を進めていきたい。諸賢のご批正を仰ぐ次第である。

註

（1）築島裕『平安時代訓點本論考　研究篇』三頁（汲古書院、一九九六年）。
（2）中田祝夫『古點本の國語學的研究　総論篇』五四〇頁（講談社、一九五四年／改訂版、勉誠社、一九七九年）。
（3）築島裕「古訓点資料に現われた十一・十二世紀の仏教諸宗教学の交流――園城寺を中心として――」（古代学協会『後期摂関時代史の研究』吉川弘文館、一九九〇年）。
（4）小林芳規『角筆文献の国語学的研究』（汲古書院、一九八七年）。
同『角筆文献研究導論』（汲古書院、二〇〇四～二〇〇五年）。
同『角筆のひらく文化史　見えない文字を読み解く』（岩波書店、二〇一四年）。
（5）後述で触れる拙稿等。
（6）前掲註（1）築島裕『平安時代訓點本論考　研究篇』七四〇・七四一頁。
（7）中田祝夫『古點本の國語學的研究　譯文篇』五二六頁（講談社、一九五八年／改訂版、勉誠社、一九七九年）。
（8）拙稿「十一世紀における天台宗山門派皇慶門流のヲコト点について」（『訓点語と訓点資料』第一三二輯、二〇一四年三月）。
（9）拙稿「十二世紀における義天版の書写とその伝持について――訓点資料を手懸かりとした諸宗交流の問題――」（『南都仏教』第八一号、二〇〇二年二月）。
拙稿「院政期訓点資料研究の一問題――真言宗における教学的交流を巡って――」（『日本語の研究』四（一）、二〇〇八年一月）。
（10）前掲註（9）において図を作成した際には校正が至らず、源隆国・俊明らの注記として「【醍醐源氏】」とすべきところを「【藤原氏】」としていた不明を訂正する。

(11) 高橋貢「「今昔物語集」撰者考――東大寺僧覚樹説をめぐって――」(『日本文学研究』一二、一九七六年一一月)。
(12) 前掲註(1)築島裕『平安時代訓點本論考　研究篇』第一部第一章第二節「ヲコト點から見た諸寺經藏本の性格」。
(13) 前掲註(1)築島裕『平安時代訓點本論考　研究篇』四八八頁。
(14) 拙稿「久安六年本『三国祖師影』の訓点について――池上阿闍梨点を巡る一問題――」(『大阪大谷国文』四四、二〇一四年三月)。
(15) 光明真言法に関しても、源信撰『二十五三昧起請』において光明真言土沙加持の記述が存するように天台宗において主として行なわれる修法であったが、真言宗においては応徳元年九月の白河天皇皇后藤原賢子の葬儀に際して光明真言法が修されており、仁海の弟子である義範から始まることにも注目できる。
(16) 前掲註(1)築島裕『平安時代訓點本論考　研究篇』八三九頁。
(17) 築島裕「加点の功徳」(平山輝男博士米寿記念会編『日本語研究諸領域の視点』下、明治書院、一九九六年)。
(18) この点については、拙稿「訓点資料とその料具」(『訓点語と訓点資料』一二六、二〇一一年三月)で指摘した。
(19) 読誦における証本の存在についてはすでに、川瀬一馬博士に指摘(『日本書誌学之研究』〈講談社、一九七一年〉)が存し、また、それを踏まえて沼本克明博士に次のような指摘(沼本克明『平安鎌倉時代に於る日本漢字音に就ての研究』〈武蔵野書院、一九八二年〉本論第一部第二章)が存する。
平安時代から鎌倉時代にかけて、すでに赤尾本・四恩院本・妻室本など、証本とすべき価値が定まっていたと思しき点が存し、そしてそれらが、興福寺に結びつくと推定されることは興味ある点である。
(20) 拙稿「東明寺蔵『大般若波羅密多経』の訓点について」(国語文学史研究会編『国語文字史の研究』七、和泉書院、二〇〇三年)。
(21) 稲城信子「興福寺四恩院住僧・心性の法華経開版――中世南都の出版文化について――」(日野照正博士頌寿記念論文集『歴史と佛教の論集』自照社出版、二〇〇〇年)。
(22) 東大寺図書館蔵『華厳祖師伝』裏書の訓読が清原家のものと一致する点については、小林芳規『平安鎌倉時代に於る漢籍訓読の国語史的研究』(東京大学出版会、一九六七年)第六章第一節・一三五八頁において、「論語について東大寺は清原家と關係が考えられそうである」とするが、その訓読が土御門顕定の点本による以上、東大寺と清原家という大きな枠組みにおける直接の関係として見なすことはできない。

（23）　前掲註（18）拙稿「訓点資料とその料具」。

［付記］　本稿は、平成二十九年度日本学術振興会科学研究費補助金（基盤研究（B）「新義真言系聖教の形成と教学的交流に関する基礎的研究」〈課題番号：17H02342・代表者：宇都宮啓吾〉）の成果の一つである。

あとがき

「東大寺の新研究」シリーズは、十六回にわたって開催した「東大寺要録研究会」における報告（そのリストは東大寺の新研究1序参照）に基づいて執筆していただいた論文と、関係する研究者に執筆を依頼したものとの合計六十四編を、内容によって次の三巻にわかって、順次刊行してきたもので、本巻がその最終巻となる。

東大寺の美術と考古　東大寺の新研究1　二〇一六年三月刊
歴史のなかの東大寺　同　2　二〇一七年三月刊
東大寺の思想と文化　同　3　二〇一八年三月刊

各巻の題にも現れているように、文献史学・考古学・美術史学・建築史学・仏教学・仏教史学・歴史地理学・国語学・情報学・分析科学などの多くの分野における先端の研究を収録することができた。

私は、東大寺にご縁をいただいてから七年になるが、この間思い知ったことは、東大寺の奥深さ、幅の広さである。それ以前は、古代史の研究を志すものとして、人並みに東大寺に関心を持ち、わずかながら言及もしてきた。しかし、いざ東大寺史研究所の一員として東大寺に向きあってみると、東大寺は新たな相貌を現し始めた。あたかも暗闇でどこにライトを向けても、仏像・経巻・古文書・遺跡などが次々と浮かび上がる感がする。ライトの光の届かない先にもそれは延々と広がっているようである。現在も、寺内で古文書等の史料が新たに見つかるということが時にある。実感として東大寺の研究は果てしないと思うが、わずかでも一歩を進めることはできないか、思いめぐらしてきた。

東大寺と関係することになって、次に感じたことは、研究が分散している現状である。私は文献史学の古代史分野で東大寺のことを研究しているが、同じ文献史学でも中世史・近世史などの研究には通じていない。古代の時代についても、すぐ近くで建築・美術・彫刻・教学・考古学等の研究が精力的に進められているのに、よく承知していない。

これは、私の不勉強以外のなにものでもないのであるが、それだけでもないような気がする。それぞれが、隣接分野の研究に無関心またはアクセス不十分である。各分野の研究精度が高まり、容易に他分野から入り込むことができなくなったためともいえるが、あまりにもったいない状況である。ある分野に関心を持つ人々が、隣接分野の研究に接しやすい場を提供することはできないか。

そのようなことを考えながら「東大寺史の総合的再構成――『東大寺要録』を中心に――」というテーマで科学研究費補助金を申請したところ、幸いにも平成二十四～二十七年度の四年間、基盤研究（B）に採択された。この研究は、その後一年間延長して、平成二十九年三月末に終了することができた。冒頭にあげた「東大寺要録研究会」はこの基盤研究の活動の一つであった。したがって、この三冊は、科学研究費の研究成果報告書としての意味を持っている。

本シリーズは、大胆にも「東大寺の新研究」を謳っている。最先端の研究論文を収録しているという点では確かにそうであるが、無限に続く「新研究」の一階梯を占めるものにすぎないであろう。しかし、これからの新たな研究の基礎あるいは出発点となることができれば、編者の一人として望外の喜びである。

最後に、本シリーズの基礎となった科学研究費による研究に支援を惜しまれなかった東大寺、数多くの力作名編をご執筆いただいた各位、出版不況の中かかる大部の書籍を刊行していただいた法藏館に心より御礼申し上げる。

二〇一八年三月三十一日

栄原永遠男

執筆者紹介（五十音順）

石井公成（いしい　こうせい）
一九五〇年生まれ。専攻は仏教学・仏教文化史。駒澤大学仏教学部教授。主な著作に『華厳思想の研究』（春秋社、一九九六年）。

宇都宮啓吾（うつのみや　けいご）
一九六六年生まれ。専攻は日本語学（訓点語学）。大阪大谷大学文学部教授。主な著作に『坂東本『顯浄土眞實教行證文類』角点の研究』（共著、東本願寺出版部、二〇一五年）。

海野　聡（うんの　さとし）
一九八三年生まれ。専攻は建築史。独立行政法人国立文化財機構奈良文化財研究所研究員。主な著作に『奈良時代建築の造営体制と維持管理』（吉川弘文館、二〇一五年）。

遠藤基郎（えんどう　もとお）
一九六三年生まれ。専攻は日本中世史・古文書学。東京大学史料編纂所准教授。主な著作に『中世王権と王朝儀礼』（東京大学出版会、二〇〇八年）。

大谷由香（おおたに　ゆか）
一九七八年生まれ。専攻は日本仏教。龍谷大学講師。主な著作に『中世後期　泉涌寺の研究』（法藏館、二〇一七年）。

児島大輔（こじま　だいすけ）
一九七五年生まれ。専攻は美術史。大阪市立美術館学芸員。主な論文に「福寿寺から大養徳国金光明寺へ——東大寺前身寺院に関する二三の問題——」（大橋一章博士古稀記念会編『てら　ゆき　めぐれ　大橋一章博士古稀記念美術史論集』中央公論美術出版、二〇一三年）。

栄原永遠男
→奥付に記載。

佐藤　信
→奥付に記載。

冨島義幸（とみしま　よしゆき）
一九六六年生まれ。専攻は日本建築史。京都大学大学院工学研究科准教授。主な著作に『密教空間史論』（法藏館、二〇〇七年）。

長岡龍作（ながおか　りゅうさく）
一九六〇年生まれ。専攻は東洋日本美術史。東北大学大学院文学研究科教授。主な著作に『仏像——祈りと風景——』（敬文社、二〇一四年）。

中西俊英（なかにし　としひで）
一九八三年生まれ。専攻は東アジアの仏教思想。東大寺華厳学研究所研究員。主な論文に「法蔵における吉蔵と元暁の影響——『中論』解釈の東アジア的展開の一例として——」（『古典解釈の東アジア的展開——宗教文献を中心として——』、京都大学人文社会系研究所、二〇一七年）。

永村　眞（ながむら　まこと）
一九四八年生まれ。専攻は日本仏教史、寺院史料論。日本女子大学名誉教授、東大寺学術顧問。主な著作に『中世寺院史料論』（吉川弘文館、二〇〇〇年）。

野呂　靖（のろ　せい）
一九七九年生まれ。専攻は仏教学。龍谷大学文学部准教授。主な論文に「普一国師志玉の華厳学――『五教章視聴記』を中心に――」（『印度学仏教学研究』六四巻二号、二〇一五年）。

堀　　裕（ほり　ゆたか）
一九六九年生まれ。専攻は日本古代史。東北大学大学院文学研究科准教授。主な論文に「天皇と日宋の仏教文化」（『論集日宋交流期の東大寺――奝然上人一千年大遠忌にちなんで――』ザ・グレイトブッダ・シンポジウム論集第一五号、東大寺、二〇一七年）。

蓑輪顕量（みのわ　けんりょう）
一九六〇年生まれ。専攻は仏教学（日本仏教）。東京大学大学院人文社会系研究科教授。主な著作に『日本仏教史』（春秋社、二〇一五年）。

山岸公基（やまぎし　こうき）
一九六〇年生まれ。専攻は日本・東洋美術史。奈良教育大学教授。主な論文に「法隆寺再建をめぐる政治情況と五重塔塔本四面具」（『密教図像』第二六号、二〇〇七年）。

山岸常人（やまぎし　つねと）
一九五二年生まれ。専攻は建築史。京都大学大学院工学研究科教授。主な論文に「神社建築の形成過程――平安時代前期・中期を中心に――」（『史林』第九八巻五号、二〇一五年）。

山口隆介（やまぐち　りゅうすけ）
一九八二年生まれ。専攻は日本・東洋美術史。奈良国立博物館主任研究員。主な論文に「快慶作品の造像銘記に関する二、三の知見」（『鹿園雑集』二〇、二〇一八年）。

横内裕人（よこうち　ひろと）
一九六九年生まれ。専攻は日本中世史。京都府立大学文学部教授。主な著作に『日本中世の仏教と東アジア』（塙書房、二〇〇八年）。

吉川真司
→奥付に記載。

【編者略歴】

栄原永遠男（さかえはら　とわお）
1946年生まれ。専攻は日本古代史、正倉院文書。東大寺史研究所所長、東大寺学術顧問、大阪歴史博物館館長。主な著書に『正倉院文書入門』（角川学芸出版、2011年）がある。

佐藤　信（さとう　まこと）
1952年生まれ。専攻は日本古代史。東京大学大学院人文社会系研究科教授。主な著書に『日本古代の宮都と木簡』（吉川弘文館、1997年）がある。

吉川真司（よしかわ　しんじ）
1960年生まれ。専攻は日本古代史。京都大学大学院文学研究科教授。主な著書に『律令官僚制の研究』（塙書房、1998年）がある。

東大寺の新研究3
東大寺の思想と文化

二〇一八年三月三一日　初版第一刷発行

編　者　栄原永遠男
　　　　佐藤　信
　　　　吉川　真司
発行者　西村　明高
発行所　株式会社　法藏館
　　　　京都市下京区正面通烏丸東入
　　　　郵便番号　六〇〇-八一五三
　　　　電話　〇七五-三四三-〇〇三〇（編集）
　　　　　　　〇七五-三四三-五六五六（営業）

印刷・製本　亜細亜印刷株式会社

Printed in Japan
ISBN 978-4-8318-6023-1 C3021

東大寺の新研究1
東大寺の美術と考古　栄原永遠男・佐藤　信・吉川真司編　一七、〇〇〇円

東大寺の新研究2
歴史のなかの東大寺　栄原永遠男・佐藤　信・吉川真司編　一七、〇〇〇円

正倉院文書と造寺司官人　山本幸男著　一一、〇〇〇円

中世寺社と国家・地域・史料　稲葉伸道編　一二、〇〇〇円

悔過会と芸能　佐藤道子著　一四、〇〇〇円

ザ・グレイトブッダ・シンポジウム論集　GBS実行委員会編　各二、〇〇〇円

第三号・論集　カミとほとけ――宗教文化とその歴史的基盤／第四号・論集　近世の奈良・東大寺／第五号・論集　鎌倉期の東大寺復興――重源上人とその周辺／第六号・論集　日本仏教史における東大寺戒壇院／第七号・論集　東大寺法華堂の創建と教学／第八号・論集　東大寺二月堂――修二会の伝統とその思想／第九号・論集　光明皇后――奈良時代の福祉と文化／第十号・論集　華厳文化の潮流／第十一号・論集　平安時代の東大寺――密教興隆と末法到来のなかで／第十二号・論集　中世東大寺の華厳世界――戒律・禅・浄土／第十三号・論集　仏教文化遺産の継承――自然・文化・東大寺／第十四号・論集　古代東大寺の世界――『東大寺要録』を読み直す／第十五号・論集　日宋交流期の東大寺――奝然上人一千年大遠忌にちなんで
（第一号、第二号品切）